AVIS.

IL ſe vend une grande quantité de Livres de M. Barreme, contre-faits & remplis de fautes d'impreſſion.

Le Public eſt averti que M. Barreme ayant vendu ſes Ouvrages, *on ne peut diſtinguer les bons d'avec les contre-faits, qui ſont ordinairement remplis de fautes dans les Calculs.* Que lorſqu'ils ſont ſignés par un des Libraires aſſociés auxdits Ouvrages, ils ſont vendus publiquement au moins deux livres dix ſols le Volume : les Libraires de Province qui les débitent, ont toujours un nombre conſidérable d'Exemplaires expoſés au choix de l'Acheteur, & ils auront toujours au-dehors de leurs Boutiques les Affiches des *Œuvres de M. Barreme.*

Leſdits Ouvrages ſe diſtribuent chez Didot, Nyon, Savoye & Compagnie.

Les contre-faits ſont vendus furtivement ; ceux qui les débitent, n'ont jamais la hardieſſe d'en expoſer en vente pluſieurs Exemplaires à la fois.

Les Comptes faits
DE M. BARREME

Ce Livre est un composé de Multiplications resoluës.

La Multiplication est toujours formée de trois nombres.

1. Le prix } ou { le Multiplicateur
2. La quantité } ou { le nombre multipli
3. La solution } ou { le produit

Le prix est toujours au haut de chaque page.

La quantité commence chaq. ligne

La Solution ou LE COMPTE FAIT finit chaque ligne.

Le prix placé au haut de chaque page convient a touttes sortes de Monnoies et de Marchandises. c'est pourquoi il est accompagné du mot Chose qui est un terme generique.

en 1755.
Avec Privilege du Roy.

LES COMPTES FAITS
ou
LE TARIF GENERAL
de touttes les
Monnoyes.
Se Vend 60. sols à Paris chés
Nyon Quai des Augustins.
Savoye Rue Saint Jacques.

Scotin Laîné Sc.

CATALOGUE

Des Nouvelles Editions des Œuvres de M. Barreme.

LE Livre des Comptes Faits, ou Tarif General de toutes les Monnoyes, tant anciennes que nouvelles. Nouvelle Edition, augmentée du Tarif des Glaces. 50 sols.

Le Livre Necessaire, ou Tarif General des Interests, des Escomptes, des Changes & des Divisions toutes faites, 50 sols.

Le Livre facile pour apprendre l'Arithmetique sans Maître, augmenté dans cette derniere Edition du Traité d'Arithmétique, nécessaire à l'Arpentage & au Toisé, & de la Méthode de mesurer toute sorte de Terrein, tel qu'il puisse être, 50 sols.

Le Traité des Parties Doubles, on Methode aisée pour apprendre à tenir en Parties Doubles les Livres du Commerce & des Finances, in 8°. grand papier, seconde Edition, 4 liv.

La distribution generale des Livres de M. Barreme, se fait à Paris chez Didot, Nyon, Savoye & Compagnie.

On a resolu de faire débiter les Livres de M. Barreme dans toutes les principales Villes de France, afin d'empêcher le débit des contre-faits.

Les Libraires qui voudront vendre les Livres de M. Barreme, pourront s'adresser à un des Libraires ci-dessus nommez, qui leur offre une remise & une composition raisonnable.

LE LIVRE
DES
COMPTES-FAITS,
OU
TARIF GÉNÉRAL
DES MONNOYES.

Avec lequel on peut faire toutes ſortes de Comptes des Monnoyes tant anciennes que nouvelles, & autres Comptes de Multiplication par entier & par fraction, quelques difficiles qu'ils ſoient, pourvû qu'on ſçache l'Addition.

ORDRE DE CE LIVRE.

IL commence par les plus petits prix, & même par les parties de Deniers.

Il continue par le prix des Deniers.

Puis par Sols & Deniers,

Enſuite par Livres, Sols & Deniers :

Ainſi augmentant toujours à grand prix.

Le dernier prix finira à dix mille livres, *& le dernier compte finira* à trois cens millions.

Obſervation ſur les parties de Deniers contenues aux ſept premiers Tarifs ſuivans.

Une Semipite *eſt la huitiéme partie d'un Denier ou demi-quart d'un Denier.*

Une Pite *eſt le quart d'un Denier.*

Et une Obole *eſt la moitié d'un Denier.*

PRIVILEGE DU ROY.

LOUIS, par la Grace de Dieu, Roi de France & de Navarre : A nos Amés & Féaux Conseillers, les Gens tenans nos Cours de Parlement, Maîtres des Requêtes ordinaires de notre Hôtel, Grand-Conseil, Prevôt de Paris, Baillifs, Sénéchaux, leurs Lieutenans Civils, & autres nos Justiciers qu'il appartiendra. SALUT : Notre bien amé MICHEL-ETIENNE DAVID pere, Libraire à Paris, ancien Adjoint de sa Communauté; Nous ayant fait remontrer qu'il souhaiteroit continuer à faire réimprimer & donner au Public, *les Oeuvres du Sieur Barrême*, s'il Nous plaisoit lui accorder nos Lettres de Privilége sur ce nécessaire : offrant pour cet effet de les faire réimprimer de bon papier & beaux caracteres, suivant la feüille imprimée & attachée pour modele sous le contre-scel des Présentes : A CES CAUSES, voulant traiter favorablement ledit Exposant, Nous lui avons permis & permettons, par ces Présentes, de faire réimprimer lesdites *Oeuvres dudit Sieur Barrême*, contenant, *les Comptes-Faits, l'Arithmétique, le Livre Nécessaire, & ses autres Oeuvres;* en un ou plusieurs volumes, conjointement ou séparément, & autant de fois que bon lui semblera, & de les vendre, faire vendre & débiter par tout notre Royaume, pendant le tems de quinze années consécutives, à compter du jour de la date desdites Présentes : Faisons défenses à toutes sortes de personnes de quelque qualité & condition qu'elles soient, d'en introduire d'impression étrangere dans aucun lieu de notre obéissance; comme aussi à tous Libraires-Imprimeurs & autres, d'imprimer, faire imprimer, vendre, faire vendre, débiter ni contrefaire lesdites Oeuvres dudit sieur Barrême, contenant les Comptes-Faits, l'Arithmétique, le Livre Nécessaire & ses autres Oeuvres, en tout ni en partie, ni d'en faire aucuns extraits sous quelque prétexte que ce soit d'augmentation, correction, changement de titre, même en feüilles, Livres séparés, ou autrement, sans la permission expresse & par écrit dudit Exposant, ou de ceux qui auront droit de lui, à peine de confiscation des Exemplaires contre-faits; de six mille livres d'amende contre chacun des contrevenans, dont un tiers à Nous, un tiers à l'Hôtel-Dieu de Paris, l'autre tiers audit Exposant, & de tous dépens, dommages & intérêts; à la charge que ces Présentes seront enregistrées tout au long sur le Registre de la Communauté des Imprimeurs & Libraires de Paris, dans trois mois de la date d'icelles : que l'impression desdites Oeuvres sera faite dans notre Royaume & non ailleurs, & que l'Impétrant se conformera en tout aux Réglemens de la Librairie, & notamment à celui du dixiéme Avril 1725. qu'avant de l'exposer en vente, les Manuscrits ou Imprimés qui auront servi de Copie à l'impression desdites Oeuvres, seront remis dans le même état où les Approbations y auront été données, ès mains de notre très-cher & Féal Chevalier, le Sieur

Daguesseau, Chancelier de France, Commandeur de nos Ordres; & qu'il en sera ensuite remis deux Exemplaires de chacun dans notre Bibliotheque publique, un dans celle de notre Château du Louvre, un dans celle de notre très-cher & Féal Chevalier, le Sieur Daguesseau, Chancelier de France, Commandeur de nos Ordres, le tout à peine de nullité des Présentes; du contenu desquelles vous mandons & enjoignons de faire joüir l'Exposant ou ses Ayans cause, pleinement & paisiblement, sans souffrir qu'il leur soit fait aucun trouble ou empêchement. Voulons qu'à la copie desdites Présentes, qui sera imprimée tout au long au commencement ou à la fin desdites Oeuvres, soit tenue pour dûement signifiée, & qu'aux copies collationnées par l'un de nos amés & féaux Conseillers & Sécrétaires, foy soit ajoûtée comme à l'Original. Commandons au premier notre Huissier ou Sergent, de faire pour l'exécution d'icelles tous Actes requis & nécessaires, sans demander autre permission, & nonobstant clameur de Haro, Charte Normande & Lettres à ce contraires: CAR, tel est notre plaisir. DONNE' à Paris, le vingt-uniéme jour du mois d'Août l'an de grace mil sept cens quarante un, & de notre Regne le vingt-sixiéme. Par le Roi en son Conseil. SAINSON.

J'ai associé au présent Privilége, Messieurs NYON & DIDOT, pour chacun un quart. MICHEL-ANTOINE DAVID, DAMONNEVILLE & ARMAND, chacun pour un seiziéme. GANDOUIN, CHISTOPHE DAVID, SAVOYE, DURAND, chacun pour un trente-deuxiéme. Fait à Paris, ce treiziéme Septembre mil sept cens quarante-un.

DAVID, *Pere.*

Registré ensemble la Cession ci derrière sur le Registre dix de la Chambre Royale & Syndicale des Libraires & Imprimeurs de Paris, N°. 546. fol. 539. conformément aux anciens Réglemens, confirmés par celui du 28 Février 1723. A Paris, ce 20 Septembre 1741.

SAUGRAIN, *Syndic.*

INSTRUCTION

Pour se bien servir de ce Livre.

Chaque Feüillet contient trois choses.

Le PRIX,
La QUANTITÉ,
& Le COMPTE-fait.

Le PRIX *est toujours au haut du feüillet.*
La QUANTITÉ *commence les lignes*, &
Le COMPTE-fait *finit chaque ligne.*

Par le PRIX *il faut entendre la valeur*
d'une seule Chose,
d'une Aune,
d'un Marc,
d'un Cent,
d'un Millier,
d'une Toise, *d'une* Ration *ou autre* Chose.

Par la QUANTITÉ *il faut entendre* le nombre *qu'on veut compter, ou la quantité de la Marchandise qui commence par tout depuis* 2 *jusqu'à la quantité de* 1000. 10000, *ou* 100000, *&* *même jusqu'à* 500000.

Par le COMPTE-fait *il faut entendre* combien *le tout* monte, *& toujours le compte se trouve fait au bout de chaque ligne.*

A une Semipite la chose, *qui est* le huitiéme d'un Denier.

2 valent *une pite*	40 valent			5 d	
3 v *pite & semipite*	50 v			6 d *pite*	
4 v *obole*	60 v			7 d *obole*	
5 v *obole & semipite*	70 v			8 d *ob. p.*	
6 v *obole & pite*	80 v			10 d	
7 v *ob. pite & semip.*	90 v			11 d *pite*	
8 v 1 denier	100 v		1 ſ		*obole*
9 v 1 d *semipite*	200 v		2 ſ	1	
10 v 1 d *pite*	300 v		3 ſ	1	*obole*
11 v 1 d *pite & semip.*	400 v		4 ſ	2	
12 v 1 d *obole*	500 v		5 ſ	2	*obole*
13 v 1 d *ob. & semip.*	600 v		6 ſ	3	
14 v 1 d *obole & pite*	700 v		7 ſ	3	*obole*
15 v 1 d *ob. p. & sem.*	800 v		8 ſ	4	
16 v 2 d	900 v		9 ſ	4	*obole*
17 v 2 d *semipite*	1000 v		10 ſ	5	
18 v 2 d *pite*	2000 v	1 L		10	
19 v 2 d *pite & semip.*	3000 v	1 L	11 ſ	3	
20 v 2 d *obole*	4000 v	2 L	1 ſ	8	
21 v 2 d *ob. & semip.*	5000 v	2 L	12 ſ	1	
22 v 2 d *obole & pite*	6000 v	3 L	2 ſ	6	
23 v 2 d *ob. p. & sem.*	7000 v	3 L	12 ſ	11	
24 v 3 d	8000 v	4 L	3 ſ	4	
25 v 3 d *semipite*	9000 v	4 L	13 ſ	9	
26 v 3 d *pite*	10000 v	5 L	4 ſ	2	
27 v 3 d *pite & semip.*	20000 v	10 L	8 ſ	4	
28 v 3 d *obole*	30000 v	15 L	12 ſ	6	
29 v 3 d *ob. & semip.*	40000 v	20 L	16 ſ	8	
30 v 3 d *obole & pite*	50000 v	26 L		10	
31 v 3 d *ob. p. & sem.*	60000 v	31 L	5 ſ		
32 v 4 d	70000 v	36 L	9 ſ	2	
33 v 4 d *semipite*	80000 v	41 L	13 ſ	4	
34 v 4 d *pite*	90000 v	46 L	17 ſ	6	
35 v 4 d *pite & semip.*	100000 v	52 L	1 ſ	8	
36 v 4 d *obole*	200000 v	104 L	3 ſ	4	
37 4 d *ob. & semip.*	300000 v	156 L	5 ſ		
38 v 4 d *obole & pite*	400000 v	208 L	6 ſ	8	
39 v 4 d *ob. p. & sem.*	500000 v	260 L	8 ſ	4	

A une Pite la chose, *qui est* le quart d'un Denier.

2	vale. *obole*	40	valent 10 d
3	v *ob. & pite*	50	v 1 ſ *obole*
4	v 1 d	60	v 1 ſ 3 d
5	v 1 d *pite*	70	v 1 ſ 5 d *obole*
6	v 1 d *obole*	80	v 1 ſ 8 d
7	v 1 d *ob. & pite*	90	v 1 ſ 10 d *obole*
8	v 2 d	100	v 2 ſ 1
9	v 2 d *pite*	200	v 4 ſ 2
10	v 2 d *obole*	300	v 6 ſ 3
11	v 2 d *ob. & pite*	400	v 8 ſ 4
12	v 3 d	500	v 10 ſ 5
13	v 3 d *pite*	600	v 12 ſ 6
14	v 3 d *obole*	700	v 14 ſ 7
15	v 3 d *ob. & pite*	800	v 16 ſ 8
16	v 4 d	900	v 18 ſ 9
17	v 4 d *pite*	1000	v 1 L 10
18	v 4 d *obole*	2000	v 2 L 1 ſ 8
19	v 4 d *ob. & pite*	3000	v 3 L 2 ſ 6
20	v 5 d	4000	v 4 L 3 ſ 4
21	v 5 d *pite*	5000	v 5 L 4 ſ 2
22	v 5 d *obole*	6000	v 6 L 5 ſ
23	v 5 d *ob. & pite*	7000	v 7 L 5 ſ 10
24	v 6 d	8000	v 8 L 6 ſ 8
25	v 6 d *pite*	9000	v 9 L 7 ſ 6
26	v 6 d *obole*	10000	v 10 L 8 ſ 4
27	v 6 d *ob. & pite*	20000	v 20 L 16 ſ 8
28	v 7 d	30000	v 31 L 5 ſ
29	v 7 d *pite*	40000	v 41 L 13 ſ 4
30	v 7 d *obole*	50000	v 52 L 1 ſ 8
31	v 7 d *ob. & pite*	60000	v 62 L 10 ſ
32	v 8 d	70000	v 72 L 18 ſ 4
33	v 8 d *pite*	80000	v 83 L 6 ſ 8
34	v 8 d *obole*	90000	v 93 L 15 ſ
35	v 8 d *ob. & pite*	100000	v 104 L 3 ſ 4
36	v 9 d	200000	v 208 L 6 ſ 8
37	v 9 d *pite*	300000	v 312 L 10 ſ
38	v 9 d *obole*	400000	v 416 L 13 ſ 4
39	v 9 d *ob. & pite*	500000	v 520 L 16 ſ 8

A Pite & Semipite la chose ; *qui est* les trois huitiémes d'un Denier.

2	valent	*obole pite*	40	valent	1 ſ 3 d
3	v	1 d *semipite*	50	v	1 ſ *6 ob. p.*
4	v	1 d *obole*	60	v	1 ſ 10 *obole*
5	v	1 d *ob. pite sem.*	70	v	2 ſ 2 pite
6	v	2 d *pite*	80	v	2 ſ 6
7	v	2 d *ob. sem.*	90	v	2 ſ 9 *ob. p.*
8	v	3 d	100	v	3 ſ 1 *obole*
9	v	3 d *pite sem.*	200	v	6 ſ 3
10	v	3 d *obole pite*	300	v	9 ſ 4 *obole*
11	v	4 d *semipite*	400	v	12 ſ 6
12	v	4 d *obole*	500	v	15 ſ 7 *obole*
13	v	4 d *ob. p. semip.*	600	v	18 ſ 9
14	v	5 d *pite*	700	v	1 L 1 ſ 10 *obole*
15	v	5 d *obole semip.*	800	v	1 L 5 ſ
16	v	6 d	900	v	1 L 8 ſ 1 *obole*
17	v	6 d *pite semipite*	1000	v	1 L 11 ſ 3
18	v	6 d *obole pite*	2000	v	3 L 2 ſ 6
19	v	7 d *semipite*	3000	v	4 L 13 ſ 9
20	v	7 d *obole*	4000	v	6 L 5 ſ
21	v	7 d *ob. pite sem.*	5000	v	7 L 16 ſ 3
22	v	8 d *pite*	6000	v	9 L 7 ſ 6
23	v	8 d *obole semip.*	7000	v	10 L 18 ſ 9
24	v	9 d	8000	v	12 L 10 ſ
25	v	9 d *pite semipite*	9000	v	14 L 1 ſ 3
26	v	9 d *obole pite*	10000	v	15 L 12 ſ 6
27	v	10 d *semipite*	20000	v	31 L 5 ſ
28	v	10 d *obole*	30000	v	46 L 17 ſ 6
29	v	10 d *ob. pite sem.*	40000	v	62 L 10 ſ
30	v	11 d *pite*	50000	v	78 L 2 ſ 6
31	v	11 d *obole semip.*	60000	v	93 L 15 ſ
32	v	1 ſ	70000	v	109 L 7 ſ 6
33	v	1 ſ *pite semipite*	80000	v	125 L
34	v	1 ſ *obole pite*	90000	v	140 L 12 ſ 6
35	v	1 ſ 1 d *semipite*	100000	v	156 L 5 ſ
36	v	1 ſ 1 d *obole*	200000	v	312 L 10 ſ
37	v	1 ſ 1 d *ob. pite sem.*	300000	v	468 L 15 ſ
38	v	1 ſ 2 d *pite*	400000	v	625 L
39	v	1 ſ 2 d *obole semip.*	500000	v	781 L 5 ſ

A une Obole la chose, *qui est* la moitié d'un Denier.

2 valent		1 d	40 valent		1 ſ	8 d
3 v		1 d *obole*	50 v		2 ſ	1 d
4 v		2 d	60 v		2 ſ	6 d
5 v		2 d *obole*	70 v		2 ſ	11
6 v		3 d	80 v		3 ſ	4
7 v		3 d *obole*	90 v		3 ſ	9
8 v		4 d	100 v		4 ſ	2
9 v		4 d *obole*	200 v		8 ſ	4
10 v		5 d	300 v		12 ſ	6
11 v		5 d *obole*	400 v		16 ſ	8
12 v		6 d	500 v	1 L		10
13 v		6 d *obole*	600 v	1 L	5 ſ	
14 v		7 d	700 v	1 L	9 ſ	2
15 v		7 d *obole*	800 v	1 L	13 ſ	4
16 v		8 d	900 v	1 L	17 ſ	6
17 v		8 d *obole*	1000 v	2 L	1 ſ	8
18 v		9 d	2000 v	4 L	3 ſ	4
19 v		9 d *obole*	3000 v	6 L	5 ſ	
20 v		10 d	4000 v	8 L	6 ſ	8
21 v		10 d *obole*	5000 v	10 L	8 ſ	4
22 v		11 d	6000 v	12 L	10 ſ	
23 v		11 d *obole*	7000 v	14 L	11 ſ	8
24 v	1 ſ		8000 v	16 L	18 ſ	4
25 v	1 ſ	*obole*	9000 v	18 L	15 ſ	
26 v	1 ſ	1 d	10000 v	20 L	16 ſ	8
27 v	1 ſ	1 d *obole*	20000 v	41 L	13 ſ	4
28 v	1 ſ	2 d	30000 v	62 L	10 ſ	
29 v	1 ſ	2 d *obole*	40000 v	83 L	6 ſ	8
30 v	1 ſ	3 d	50000 v	104 L	3 ſ	4
31 v	1 ſ	3 d *obole*	60000 v	125 L		
32 v	1 ſ	4 d	70000 v	145 L	16 ſ	8
33 v	1 ſ	4 d *obole*	80000 v	166 L	13 ſ	4
34 v	1 ſ	5 d	90000 v	187 L	10 ſ	
35 v	1 ſ	5 d *obole*	100000 v	208 L	6 ſ	8
36 v	1 ſ	6 d	200000 v	416 L	13 ſ	4
37 v	1 ſ	6 d *obole*	300000 v	625 L		
38 v	1 ſ	7 d	400000 v	833 L	6 ſ	8
39 v	1 ſ	7 d *obole*	500000 v	1041 L	13 ſ	4

A une Obole Semipite la choſe, *qui eſt* les cinq huitiémes d'un Denier.

2 valent		1 d	*pite*
3 v		1 d	*ob. pit. ſem.*
4 v		2 d	*obole*
5 v		3 d	*ſemipite*
6 v		3 d	*obole & pite*
7 v		4 d	*pite & ſem.*
8 v		5 d	
9 v		5 d	*obole & pite*
10 v		6 d	*pite*
11 v		6 d	*ob.p. & ſem.*
12 v		7 d	*obole*
13 v		8 d	*ſemipite*
14 v		8 d	*obole & pite*
15 v		9 d	*pite & ſem.*
16 v		10 d	
17 v		10 d	*obole & ſem.*
18 v		11 d	*pite*
19 v		11 d	*ob.p. & ſem.*
20 v	1 ſ	d	*obole*
21 v	1 ſ	1 d	*ſemipite*
22 v	1 ſ	1 d	*obole & pite*
23 v	1 ſ	2 d	*pite & ſem.*
24 v	1 ſ	3 d	
25 v	1 ſ	3 d	*obole & ſem.*
26 v	1 ſ	4 d	*pite*
27 v	1 ſ	4 d	*ob.p. & ſem.*
28 v	1 ſ	5 d	*obole*
29 v	1 ſ	6 d	*ſemipite*
30 v	1 ſ	6 d	*obole & pite*
31 v	1 ſ	7 d	*pite & ſem.*
32 v	1 ſ	8 d	
33 v	1 ſ	8 d	*obole & ſem.*
34 v	1 ſ	9 d	*pite*
35 v	1 ſ	9 d	*ob.p. & ſem.*
36 v	1 ſ	10 d	*obole*
37 v	1 ſ	11 d	*ſemipite*
38 v	1 ſ	11 d	*obole & pite*
39 v	2 ſ	d	*pite & ſem.*

40 valent		2 ſ	1 d
50 v		2 ſ	7 *pite*
60 v		3 ſ	1 *obole*
70 v		3 ſ	7 *ob.p.*
80 v		4 ſ	2
90 v		4 ſ	8 *pite*
100 v		5 ſ	2 *obole*
200 v		10 ſ	5
300 v		15 ſ	7 *obole*
400 v	1 L		10
500 v	1 L	6 ſ	*obole*
600 v	1 L	11 ſ	3
700 v	1 L	16 ſ	5 *obole*
800 v	2 L	1 ſ	8
900 v	2 L	6 ſ	10 *obole*
1000 v	2 L	12 ſ	1
2000 v	5 L	4 ſ	2
3000 v	7 L	16 ſ	3
4000 v	10 L	8 ſ	4
5000 v	13 L		5
6000 v	15 L	12 ſ	6
7000 v	18 L	4 ſ	7
8000 v	20 L	16 ſ	8
9000 v	23 L	8 ſ	9
10000 v	26 L		10
20000 v	52 L	1 ſ	8
30000 v	78 L	2 ſ	6
40000 v	104 L	3 ſ	4
50000 v	130 L	4 ſ	2
60000 v	156 L	5 ſ	
70000 v	182 L	5 ſ	10
80000 v	208 L	6 ſ	8
90000 v	234 L	7 ſ	6
100000 v	260 L	8 ſ	4
200000 v	520 L	16 ſ	8
300000 v	781 L	5 ſ	
400000 v	1041 L	13 ſ	4
500000 v	1302 L	1 ſ	8

A une Obole & Pite la choſe ; *qui eſt les trois quarts d'un Denier.*

2 valent	1 d *obole*	40 valent	2 ſ 6 d
3 v	2 d *pite*	50 v	3 ſ 1 *obole*
4 v	3 d	60 v	3 ſ 9
5 v	3 d *ob. & pite*	70 v	4 ſ 4 *obole*
6 v	4 d *obole*	80 v	5 ſ
7 v	5 d *pite*	90 v	5 ſ 7 *obole*
8 v	6 d	100 v	6 ſ 3
9 v	6 d *ob. & pite*	200 v	12 ſ 6
10 v	7 d *obole*	300 v	18 ſ 9
11 v	8 d *pite*	400 v	1 L 5 ſ
12 v	9 d	500 v	1 L 11 ſ 3
13 v	9 d *ob. & pite*	600 v	1 L 17 ſ 6
14 v	10 d *obole*	700 v	2 L 3 ſ 9
15 v	11 d *pite*	800 v	2 L 10 ſ
16 v	1 ſ	900 v	2 L 16 ſ 3
17 v	1 ſ *ob. & pite*	1000 v	3 L 2 ſ 6
18 v	1 ſ 1 d *obole*	2000 v	6 L 5 ſ
19 v	1 ſ 2 d *pite*	3000 v	9 L 7 ſ 6
20 v	1 ſ 3 d	4000 v	12 L 10 ſ
21 v	1 ſ 3 d *ob. & pite*	5000 v	15 L 12 ſ 6
22 v	1 ſ 4 d *obole*	6000 v	18 L 15 ſ
23 v	1 ſ 5 d *pite*	7000 v	21 L 17 ſ 6
24 v	1 ſ 6 d	8000 v	25 L
25 v	1 ſ 6 d *ob. & pite*	9000 v	28 L 2 ſ 6
26 v	1 ſ 7 d *obole*	10000 v	31 L 5 ſ
27 v	1 ſ 8 d *pite*	20000 v	62 L 10 ſ
28 v	1 ſ 9 d	30000 v	93 L 15 ſ
29 v	1 ſ 9 d *ob. & pite*	40000 v	125 L
30 v	1 ſ 10 d *obole*	50000 v	156 L 5 ſ
31 v	1 ſ 11 d *pite*	60000 v	187 L 10 ſ
32 v	2 ſ	70000 v	218 L 15 ſ
33 v	2 ſ *ob. & pite*	80000 v	250 L
34 v	2 ſ 1 d *obole*	90000 v	281 L 5 ſ
35 v	2 ſ 2 d *pite*	100000 v	312 L 10 ſ
36 v	2 ſ 3 d	200000 v	625 L
37 v	2 ſ 3 d *ob. & pite*	300000 v	937 L 10 ſ
38 v	2 ſ 4 d *obole*	400000 v	1250 L
39 v	2 ſ 5 d *pite*	500000 v	1562 L 10 ſ

A une Obole, Pite & Semipite la chose, *qui est* sept huitiémes, ou les $\frac{3}{4}$ & $\frac{1}{2}$ d'1 Denier.

2 vale.		1 d	*ob. & pite*
3 v		2 d	*obole semip.*
4 v		3 d	*obole*
5 v		4 d	*pite & sem.*
6 v		5 d	*pite*
7 v		6 d	*semipite*
8 v		7 d	
9 v		7 d	*ob.p.semip.*
10 v		8 d	*obole pite*
11 v		9 d	*obole semip.*
12 v		10 d	*obole*
13 v		11 d	*pite semip.*
14 v	1 ſ	d	*pite*
15 v	1 ſ	1 d	*semipite*
16 v	1 ſ	2 d	
17 v	1 ſ	2 d	*ob.p.semip.*
18 v	1 ſ	3 d	*obole pite*
19 v	1 ſ	4 d	*ob. semipite*
20 v	1 ſ	5 d	*obole*
21 v	1 ſ	6 d	*pite semipit.*
22 v	1 ſ	7 d	*pite*
23 v	1 ſ	8 d	*semipite*
24 v	1 ſ	9 d	
25 v	1 ſ	9 d	*ob.p.semip.*
26 v	1 ſ	10 d	*obole pite*
27 v	1 ſ	11 d	*ob. semipite*
28 v	2 ſ	d	*obole*
29 v	2 ſ	1 d	*pite semip.*
30 v	2 ſ	2 d	*pite*
31 v	2 ſ	3 d	*semipite*
32 v	2 ſ	4 d	
33 v	2 ſ	4 d	*ob.p.semip.*
34 v	2 ſ	5 d	*obole pite*
35 v	2 ſ	6 d	*obole semip.*
36 v	2 ſ	7 d	*obole*
37 v	2 ſ	8 d	*pite semip.*
38 v	2 ſ	9 d	*pite*
39 v	2 ſ	10 d	*semipite*

40 valent		2 ſ	11 d
50 v		3 ſ	7 *obole*
60 v		4 ſ	4 *obole*
70 v		5 ſ	1 *pite*
80 v		5 ſ	10
90 v		6 ſ	6 *ob.p.*
100 v		7 ſ	3 *obole*
200 v		14 ſ	7
300 v	1 L	1 ſ	10 *obole*
400 v	1 L	9 ſ	2
500 v	1 L	16 ſ	5 *obole*
600 v	2 L	3 ſ	9
700 v	2 L	11 ſ	*obole*
800 v	2 L	18 ſ	4
900 v	3 L	5 ſ	7 *obole*
1000 v	3 L	12 ſ	11
2000 v	7 L	5 ſ	10
3000 v	10 L	18 ſ	9
4000 v	14 L	11 ſ	8
5000 v	18 L	4 ſ	7
6000 v	21 L	17 ſ	6
7000 v	25 L	10 ſ	5
8000 v	29 L	3 ſ	4
9000 v	32 L	16 ſ	3
10000 v	36 L	9 ſ	2
20000 v	72 L	18 ſ	4
30000 v	109 L	7 ſ	6
40000 v	145 L	16 ſ	8
50000 v	182 L	5 ſ	10
60000 v	218 L	15 ſ	
70000 v	255 L	4 ſ	2
80000 v	291 L	13 ſ	4
90000 v	328 L	2 ſ	6
100000 v	364 L	11 ſ	8
200000 v	729 L	3 ſ	4
300000 v	1093 L	15 ſ	
400000 v	1458 L	6 ſ	8
500000 v	1822 L	18 ſ	4

2 valent	2 d	39 valent	3 ſ 3 d
3 valent	3 d	40 valent	3 ſ 4 d
4 valent	4	50 valent	4 ſ 2
5 valent	5	60 valent	5 ſ
6 valent	6	70 valent	5 ſ 10
7 valent	7	80 valent	6 ſ 8
8 valent	8	90 valent	7 ſ 6
9 valent	9	100 valent	8 ſ 4
10 valent	10	200 valent	16 ſ 8
11 valent	11	300 valent	1 L 5 ſ
12 valent	1 ſ	400 valent	1 L 13 ſ 4
13 valent	1 ſ 1	500 valent	2 L 1 ſ 8
14 valent	1 ſ 2	600 valent	2 L 10 ſ
15 valent	1 ſ 3	700 valent	2 L 18 ſ 4
16 valent	1 ſ 4	800 valent	3 L 6 ſ 8
17 valent	1 ſ 5	900 valent	3 L 15 ſ
18 valent	1 ſ 6	1000 valent	4 L 3 ſ 4
19 valent	1 ſ 7	2000 valent	8 L 6 ſ 8
20 valent	1 ſ 8	3000 valent	12 L 10 ſ
21 valent	1 ſ 9	4000 valent	16 L 13 ſ 4
22 valent	1 ſ 10	5000 valent	20 L 16 ſ 8
23 valent	1 ſ 11	6000 valent	25 L
24 valent	2 ſ	7000 valent	29 L 3 ſ 4
25 valent	2 ſ 1	8000 valent	33 L 6 ſ 8
26 valent	2 ſ 2	9000 valent	37 L 10 ſ
27 valent	2 ſ 3	10000 valent	41 L 13 ſ 4
28 valent	2 ſ 4	20000 valent	83 L 6 ſ 8
29 valent	2 ſ 5	30000 valent	125 L
30 valent	2 ſ 6	40000 valent	166 L 13 ſ 4
31 valent	2 ſ 7	50000 valent	208 L 6 ſ 8
32 valent	2 ſ 8	60000 valent	250 L
33 valent	2 ſ 9	70000 valent	291 L 13 ſ 4
34 valent	2 ſ 10	80000 valent	333 L 6 ſ 8
35 valent	2 ſ 11	90000 valent	375 L
36 valent	3 ſ	100000 valent	416 L 13 ſ 4
37 valent	3 ſ 1	200000 valent	833 L 6 ſ 8
38 valent	3 ſ 2	300000 valent	1250 L

A 1 d par Jour, pour 1 An revient à 1 L 10 ſ 5 d

A 2 Deniers la chose.

2 valent	4 d	39 valent	6 ſ 6 d
3 valent	6 d	40 valent	6 ſ 8 d
4 valent	8	50 valent	8 ſ 4
5 valent	10	60 valent	10 ſ
6 valent	1 ſ	70 valent	11 ſ 8
7 valent	1 ſ 2	80 valent	13 ſ 4
8 valent	1 ſ 4	90 valent	15 ſ
9 valent	1 ſ 6	100 valent	16 ſ 8
10 valent	1 ſ 8	200 valent	1 L 13 ſ 4
11 valent	1 ſ 10	300 valent	2 L 10 ſ
12 valent	2 ſ	400 valent	3 L 6 ſ 8
13 valent	2 ſ 2	500 valent	4 L 3 ſ 4
14 valent	2 ſ 4	600 valent	5 L
15 valent	2 ſ 6	700 valent	5 L 16 ſ 8
16 valent	2 ſ 8	800 valent	6 L 13 ſ 4
17 valent	2 ſ 10	900 valent	7 L 10 ſ
18 valent	3 ſ	1000 valent	8 L 6 ſ 8
19 valent	3 ſ 2	2000 valent	16 L 13 ſ 4
20 valent	3 ſ 4	3000 valent	25 L
21 valent	3 ſ 6	4000 valent	33 L 6 ſ 8
22 valent	3 ſ 8	5000 valent	41 L 13 ſ 4
23 valent	3 ſ 10	6000 valent	50 L
24 valent	4 ſ	7000 valent	58 L 6 ſ 8
25 valent	4 ſ 2	8000 valent	66 L 13 ſ 4
26 valent	4 ſ 4	9000 valent	75 L
27 valent	4 ſ 6	10000 valent	83 L 6 ſ 8
28 valent	4 ſ 8	20000 valent	166 L 13 ſ 4
29 valent	4 ſ 10	30000 valent	250 L
30 valent	5 ſ	40000 valent	333 L 6 ſ 8
31 valent	5 ſ 2	50000 valent	416 L 13 ſ 4
32 valent	5 ſ 4	60000 valent	500 L
33 valent	5 ſ 6	70000 valent	583 L 6 ſ 8
34 valent	5 ſ 8	80000 valent	666 L 13 ſ 4
35 valent	5 ſ 10	90000 valent	750 L
36 valent	6 ſ	100000 valent	833 L 6 ſ 8
37 valent	6 ſ 2	200000 valent	1666 L 13 ſ 4
38 valent	6 ſ 4	300000 valent	2500 L

A 2 d par Jour, pour 1 An revient à 3 L 10 d

2 valent	6 d
3 valent	9 d
4 valent	1 ſ
5 valent	1 ſ 3
6 valent	1 ſ 6
7 valent	1 ſ 9
8 valent	2 ſ
9 valent	2 ſ 3
10 valent	2 ſ 6
11 valent	2 ſ 9
12 valent	3 ſ
13 valent	3 ſ 3
14 valent	3 ſ 6
15 valent	3 ſ 9
16 valent	4 ſ
17 valent	4 ſ 3
18 valent	4 ſ 6
19 valent	4 ſ 9
20 valent	5 ſ
21 valent	5 ſ 3
22 valent	5 ſ 6
23 valent	5 ſ 9
24 valent	6 ſ
25 valent	6 ſ 3
26 valent	6 ſ 6
27 valent	6 ſ 9
28 valent	7 ſ
29 valent	7 ſ 3
30 valent	7 ſ 6
31 valent	7 ſ 9
32 valent	8 ſ
33 valent	8 ſ 3
34 valent	8 ſ 6
35 valent	8 ſ 9
36 valent	9 ſ
37 valent	9 ſ 3
38 valent	9 ſ 6
39 valent	9 ſ 9 d
40 valent	10 ſ
50 valent	12 ſ 6
60 valent	15 ſ
70 valent	17 ſ 6
80 valent	1 L
90 valent	1 L 2 ſ 6
100 valent	1 L 5 ſ
200 valent	2 L 10 ſ
300 valent	3 L 15 ſ
400 valent	5 L
500 valent	6 L 5 ſ
600 valent	7 L 10 ſ
700 valent	8 L 15 ſ
800 valent	10 L
900 valent	11 L 5 ſ
1000 valent	12 L 10 ſ
2000 valent	25 L
3000 valent	37 L 10 ſ
4000 valent	50 L
5000 valent	62 L 10 ſ
6000 valent	75 L
7000 valent	87 L 10 ſ
8000 valent	100 L
9000 valent	112 L 10 ſ
10000 valent	125 L
20000 valent	250 L
30000 valent	375 L
40000 valent	500 L
50000 valent	625 L
60000 valent	750 L
70000 valent	875 L
80000 valent	1000 L
90000 valent	1125 L
100000 valent	1250 L
200000 valent	2500 L
300000 valent	3750 L

A 3 d par Jour, pour 1 An revient à 4 L 11 ſ 3 d

2 valent	8 d	39 valent	13 ſ
3 valent	1 ſ	40 valent	13 ſ 4 d
4 valent	1 ſ 4	50 valent	16 ſ 8 d
5 valent	1 ſ 8	60 valent	1 L
6 valent	2 ſ	70 valent	1 L 3 ſ 4
7 valent	2 ſ 4	80 valent	1 L 6 ſ 8
8 valent	2 ſ 8	90 valent	1 L 10 ſ
9 valent	3 ſ	100 valent	1 L 13 ſ 4
10 valent	3 ſ 4	200 valent	3 L 6 ſ 8
11 valent	3 ſ 8	300 valent	5 L
12 valent	4 ſ	400 valent	6 L 13 ſ 4
13 valent	4 ſ 4	500 valent	8 L 6 ſ 8
14 valent	4 ſ 8	600 valent	10 L
15 valent	5 ſ	700 valent	11 L 13 ſ 4
16 valent	5 ſ 4	800 valent	13 L 6 ſ 8
17 valent	5 ſ 8	900 valent	15 L
18 valent	6 ſ	1000 valent	16 L 13 ſ 4
19 valent	6 ſ 4	2000 valent	33 L 6 ſ 8
20 valent	6 ſ 8	3000 valent	50 L
21 valent	7 ſ	4000 valent	66 L 13 ſ 4
22 valent	7 ſ 4	5000 valent	83 L 6 ſ 8
23 valent	7 ſ 8	6000 valent	100 L
24 valent	8 ſ	7000 valent	116 L 13 ſ 4
25 valent	8 ſ 4	8000 valent	133 L 6 ſ 8
26 valent	8 ſ 8	9000 valent	150 L
27 valent	9 ſ	10000 valent	166 L 13 ſ 4
28 valent	9 ſ 4	20000 valent	333 L 6 ſ 8
29 valent	9 ſ 8	30000 valent	500 L
30 valent	10 ſ	40000 valent	666 L 13 ſ 4
31 valent	10 ſ 4	50000 valent	833 L 6 ſ 8
32 valent	10 ſ 8	60000 valent	1000 L
33 valent	11 ſ	70000 valent	1166 L 13 ſ 4
34 valent	11 ſ 4	80000 valent	1333 L 6 ſ 8
35 valent	11 ſ 8	90000 valent	1500 L
36 valent	12 ſ	100000 valent	1666 L 13 ſ 4
37 valent	12 ſ 4	200000 valent	3333 L 6 ſ 8
38 valent	12 ſ 8	300000 valent	5000 L

A 4 d par Jour, pour 1 An revient à 6 L 1 ſ 8 d

2 valent			10 d
3 valent		1 ſ	3 d
4 valent		1 ſ	8
5 valent		2 ſ	1
6 valent		2 ſ	6
7 valent		2 ſ	11
8 valent		3 ſ	4
9 valent		3 ſ	9
10 valent		4 ſ	2
11 valent		4 ſ	7
12 valent		5 ſ	
13 valent		5 ſ	5
14 valent		5 ſ	10
15 valent		6 ſ	3
16 valent		6 ſ	8
17 valent		7 ſ	1
18 valent		7 ſ	6
19 valent		7 ſ	11
20 valent		8 ſ	4
21 valent		8 ſ	9
22 valent		9 ſ	2
23 valent		9 ſ	7
24 valent		10 ſ	
25 valent		10 ſ	5
26 valent		10 ſ	10
27 valent		11 ſ	3
28 valent		11 ſ	8
29 valent		12 ſ	1
30 valent		12 ſ	6
31 valent		12 ſ	11
32 valent		13 ſ	4
33 valent		13 ſ	9
34 valent		14 ſ	2
35 valent		14 ſ	7
36 valent		15 ſ	
37 valent		15 ſ	5
38 valent		15 ſ	10
39 valent		16 ſ	3
40 valent		16 ſ	8
50 valent	1 L		10
60 valent	1 L	5 ſ	
70 valent	1 L	9 ſ	2
80 valent	1 L	13 ſ	4
90 valent	1 L	17 ſ	6
100 valent	2 L	1 ſ	8
200 valent	4 L	3 ſ	4
300 valent	6 L	5 ſ	
400 valent	8 L	6 ſ	8
500 valent	10 L	8 ſ	4
600 valent	12 L	10 ſ	
700 valent	14 L	11 ſ	8
800 valent	16 L	13 ſ	4
900 valent	18 L	15 ſ	
1000 valent	20 L	16 ſ	8
2000 valent	41 L	13 ſ	4
3000 valent	62 L	10 ſ	
4000 valent	83 L	6 ſ	8
5000 valent	104 L	3 ſ	4
6000 valent	125 L		
7000 valent	145 L	16 ſ	8
8000 valent	166 L	13 ſ	4
9000 valent	187 L	10 ſ	
10000 valent	208 L	6 ſ	8
20000 valent	416 L	13 ſ	4
30000 valent	625 L		
40000 valent	833 L	6 ſ	8
50000 valent	1041 L	13 ſ	4
60000 valent	1250 L		
70000 valent	1458 L	6 ſ	8
80000 valent	1666 L	13 ſ	4
90000 valent	1875 L		
100000 valent	2083 L	6 ſ	8
200000 valent	4166 L	13 ſ	4
300000 valent	6250 L		

A 5 d par Jour, pour 1 An revient à 7 L 12 ſ 1 d

2 valent	1 ſ	39 valent	19 ſ 6 d
3 valent	1 ſ 6 d	40 valent	1 L
4 valent	2 ſ	50 valent	1 L 5 ſ
5 valent	2 ſ 6	60 valent	1 L 10 ſ
6 valent	3 ſ	70 valent	1 L 15 ſ
7 valent	3 ſ 6	80 valent	2 L
8 valent	4 ſ	90 valent	2 L 5 ſ
9 valent	4 ſ 6	100 valent	2 L 10 ſ
10 valent	5 ſ	200 valent	5 L
11 valent	5 ſ 6	300 valent	7 L 10 ſ
12 valent	6 ſ	400 valent	10 L
13 valent	6 ſ 6	500 valent	12 L 10 ſ
14 valent	7 ſ	600 valent	15 L
15 valent	7 ſ 6	700 valent	17 L 10 ſ
16 valent	8 ſ	800 valent	20 L
17 valent	8 ſ 6	900 valent	22 L 10 ſ
18 valent	9 ſ	1000 valent	25 L
19 valent	9 ſ 6	2000 valent	50 L
20 valent	10 ſ	3000 valent	75 L
21 valent	10 ſ 6	4000 valent	100 L
22 valent	11 ſ	5000 valent	125 L
23 valent	11 ſ 6	6000 valent	150 L
24 valent	12 ſ	7000 valent	175 L
25 valent	12 ſ 6	8000 valent	200 L
26 valent	13 ſ	9000 valent	225 L
27 valent	13 ſ 6	10000 valent	250 L
28 valent	14 ſ	20000 valent	500 L
29 valent	14 ſ 6	30000 valent	750 L
30 valent	15 ſ	40000 valent	1000 L
31 valent	15 ſ 6	50000 valent	1250 L
32 valent	16 ſ	60000 valent	1500 L
33 valent	16 ſ 6	70000 velent	1750 L
34 valent	17 ſ	80000 valent	2000 L
35 valent	17 ſ 6	90000 valent	2250 L
36 valent	18 ſ	100000 valent	2500 L
37 valent	18 ſ 6	200000 valent	5000 L
38 valent	19 ſ	300000 valent	7500 L

A 6 d par Jour, pour 1 An revient à 9 L 2 ſ 6 d.

2 valent	1 ſ 2 d			39 valent	1 L	2 ſ	9
3 valent	1 ſ 9 d			40 valent	1 L	3 ſ	4
4 valent	2 ſ 4			50 valent	1 L	9 ſ	2
5 valent	2 ſ 11			60 valent	1 L	15 ſ	
6 valent	3 ſ 6			70 valent	2 L		10
7 valent	4 ſ 1			80 valent	2 L	6 ſ	8
8 valent	4 ſ 8			90 valent	2 L	12 ſ	6
9 valent	5 ſ 3			100 valent	2 L	18 ſ	4
10 valent	5 ſ 10			200 valent	5 L	16 ſ	8
11 valent	6 ſ 5			300 valent	8 L	15 ſ	
12 valent	7 ſ			400 valent	11 L	13 ſ	4
13 valent	7 ſ 7			500 valent	14 L	11 ſ	8
14 valent	8 ſ 2			600 valent	17 L	10 ſ	
15 valent	8 ſ 9			700 valent	20 L	8 ſ	4
16 valent	9 ſ 4			800 valent	23 L	6 ſ	8
17 valent	9 ſ 11			900 valent	26 L	5 ſ	
18 valent	10 ſ 6			1000 valent	29 L	3 ſ	4
19 valent	11 ſ 1			2000 valent	58 L	6 ſ	8
20 valent	11 ſ 8			3000 valent	87 L	10 ſ	
21 valent	12 ſ 3			4000 valent	116 L	13 ſ	4
22 valent	12 ſ 10			5000 valent	145 L	16 ſ	8
23 valent	13 ſ 5			6000 valent	175 L		
24 valent	14 ſ			7000 valent	204 L	3 ſ	4
25 valent	14 ſ 7			8000 valent	233 L	6 ſ	8
26 valent	15 ſ 2			9000 valent	262 L	10 ſ	
27 valent	15 ſ 9			10000 valent	291 L	13 ſ	4
28 valent	16 ſ 4			20000 valent	583 L	6 ſ	8
29 valent	16 ſ 11			30000 valent	875 L		
30 valent	17 ſ 6			40000 valent	1166 L	13 ſ	4
31 valent	18 ſ 1			50000 valent	1458 L	6 ſ	8
32 valent	18 ſ 8			60000 valent	1750 L		
33 valent	19 ſ 3			70000 valent	2041 L	13 ſ	4
34 valent	19 ſ 10			80000 valent	2333 L	6 ſ	8
35 valent 1 L	5			90000 valent	2625 L		
36 valent 1 L	1 ſ			100000 valent	2916 L	13 ſ	4
37 valent 1 L	1 ſ 7			200000 valent	5833 L	6 ſ	[illegible]
38 valent 1 L	2 ſ 2			300000 valent	8750 L		

A 7 d par Jour, pour 1 An revient à 10 L 12 ſ 11 d

2 valent	1 ſ 4 d	39 valent	1 L 6 ſ
3 valent	2 ſ	40 valent	1 L 6 ſ 8
4 valent	2 ſ 8	50 valent	1 L 13 ſ 4
5 valent	3 ſ 4	60 valent	2 L
6 valent	4 ſ	70 valent	2 L 6 ſ 8
7 valent	4 ſ 8	80 valent	2 L 13 ſ 4
8 valent	5 ſ 4	90 valent	3 L
9 valent	6 ſ	100 valent	3 L 6 ſ 8
10 valent	6 ſ 8	200 valent	6 L 13 ſ 4
11 valent	7 ſ 4	300 valent	10 L
12 valent	8 ſ	400 valent	13 L 6 ſ 8
13 valent	8 ſ 8	500 valent	16 L 13 ſ 4
14 valent	9 ſ 4	600 valent	20 L
15 valent	10 ſ	700 valent	23 L 6 ſ 8
16 valent	10 ſ 8	800 valent	26 L 13 ſ 4
17 valent	11 ſ 4	900 valent	30 L
18 valent	12 ſ	1000 valent	33 L 6 ſ 8
19 valent	12 ſ 8	2000 valent	66 L 13 ſ 4
20 valent	13 ſ 4	3000 valent	100 L
21 valent	14 ſ	4000 valent	133 L 6 ſ 8
22 valent	14 ſ 8	5000 valent	166 L 13 ſ 4
23 valent	15 ſ 4	6000 valent	200 L
24 valent	16 ſ	7000 valent	233 L 6 ſ 8
25 valent	16 ſ 8	8000 valent	266 L 13 ſ 4
26 valent	17 ſ 4	9000 valent	300 L
27 valent	18 ſ	10000 valent	333 L 6 ſ 8
28 valent	18 ſ 8	20000 valent	666 L 13 ſ 4
29 valent	19 ſ 4	30000 valent	1000 L
30 valent	1 L	40000 valent	1333 L 6 ſ 8
31 valent	1 L 8	50000 valent	1666 L 13 ſ 4
32 valent	1 L 1 ſ 4	60000 valent	2000 L
33 valent	1 L 2 ſ	70000 valent	2333 L 6 ſ 8
34 valent	1 L 2 ſ 8	80000 valent	2666 L 13 ſ 4
35 valent	1 L 3 ſ 4	90000 valent	3000 L
36 valent	1 L 4 ſ	100000 valent	3333 L 6 ſ 8
37 valent	1 L 4 ſ 8	200000 valent	6666 L 13 ſ 4
38 valent	1 L 5 ſ 4	300000 valent	10000 L

A 8 d par Jour, pour 1 An revient à 12 L 3 ſ 4 d

A 9 Deniers la chose.

2 valent	1 ſ 6 d
3 valent	2 ſ 3 d
4 valent	3 ſ
5 valent	3 ſ 9
6 valent	4 ſ 6
7 valent	5 ſ 3
8 valent	6 ſ
9 valent	6 ſ 9
10 valent	7 ſ 6
11 valent	8 ſ 3
12 valent	9 ſ
13 valent	9 ſ 9
14 valent	10 ſ 6
15 valent	11 ſ 3
16 valent	12 ſ
17 valent	12 ſ 9
18 valent	13 ſ 6
19 valent	14 ſ 3
20 valent	15 ſ
21 valent	15 ſ 9
22 valent	16 ſ 6
23 valent	17 ſ 3
24 valent	18 ſ
25 valent	18 ſ 9
26 valent	19 ſ 6
27 valent	1 L 3
28 valent	1 L 1 ſ
29 valent	1 L 1 ſ 9
30 valent	1 L 2 ſ 6
31 valent	1 L 3 ſ 3
32 valent	1 L 4 ſ
33 valent	1 L 4 ſ 9
34 valent	1 L 5 ſ 6
35 valent	1 L 6 ſ 3
36 valent	1 L 7 ſ
37 valent	1 L 7 ſ 9
38 valent	1 L 8 ſ 6
39 valent	1 L 9 ſ 3
40 valent	1 L 10 ſ
50 valent	1 L 17 ſ 6
60 valent	2 L 5 ſ
70 valent	2 L 12 ſ 6
80 valent	3 L
90 valent	3 L 7 ſ 6
100 valent	3 L 15 ſ
200 valent	7 L 10 ſ
300 valent	11 L 5 ſ
400 valent	15 L
500 valent	18 L 15 ſ
600 valent	22 L 10 ſ
700 valent	26 L 5 ſ
800 valent	30 L
900 valent	33 L 15 ſ
1000 valent	37 L 10 ſ
2000 valent	75 L
3000 valent	112 L 10 ſ
4000 valant	150 L
5000 valent	187 L 10 ſ
6000 valent	225 L
7000 valent	262 L 10 ſ
8000 valent	300 L
9000 valent	337 L 10 ſ
10000 valent	375 L
20000 valent	750 L
30000 valent	1125 L
40000 valent	1500 L
50000 valent	1875 L
60000 valent	2250 L
70000 valent	2625 L
80000 valent	3000 L
90000 valent	3375 L
100000 valent	3750 L
200000 valent	7500 L
300000 valent	11250 L

A 9 d par Jour, pour 1 An revient à 13 L. 13 ſ 9 d

A 10 Deniers la choſe.

2 valent		1 ſ	8 d
3 valent		2 ſ	6 d
4 valent		3 ſ	4
5 valent		4 ſ	2
6 valent		5 ſ	
7 valent		5 ſ	10
8 valent		6 ſ	8
9 valent		7 ſ	6
10 valent		8 ſ	4
11 valent		9 ſ	2
12 valent		10 ſ	
13 valent		10 ſ	10
14 valent		11 ſ	8
15 valent		12 ſ	6
16 valent		13 ſ	4
17 valent		14 ſ	2
18 valent		15 ſ	
19 valent		15 ſ	10
20 valent		16 ſ	8
21 valent		17 ſ	6
22 valent		18 ſ	4
23 valent		19 ſ	2
24 valent	1 L		
25 valent	1 L		10
26 valent	1 L	1 ſ	8
27 valent	1 L	2 ſ	6
28 valent	1 L	3 ſ	4
29 valent	1 L	4 ſ	2
30 valent	1 L	5 ſ	
31 valent	1 L	5 ſ	10
32 valent	1 L	6 ſ	8
33 valent	1 L	7 ſ	6
34 valent	1 L	8 ſ	4
35 valent	1 L	9 ſ	2
36 valent	1 L	10 ſ	
37 valent	1 L	10 ſ	10
38 valent	1 L	11 ſ	8
39 valent	1 L	12 ſ	6
40 valent	1 L	13 ſ	4
50 valent	2 L	1 ſ	8
60 valent	2 L	10 ſ	
70 valent	2 L	18 ſ	4
80 valent	3 L	6 ſ	8
90 valent	3 L	15 ſ	
100 valent	4 L	3 ſ	4
200 valent	8 L	6 ſ	8
300 valent	12 L	10 ſ	
400 valent	16 L	13 ſ	4
500 valent	20 L	16 ſ	8
600 valent	25 L		
700 valent	29 L	3 ſ	4
800 valent	33 L	6 ſ	8
900 valent	37 L	10 ſ	
1000 valent	41 L	13 ſ	4
2000 valent	83 L	6 ſ	8
3000 valent	125 L		
4000 valent	166 L	13 ſ	4
5000 valent	208 L	6 ſ	8
6000 valent	250 L		
7000 valent	291 L	13 ſ	4
8000 valent	333 L	6 ſ	8
9000 valent	375 L		
10000 valent	416 L	13 ſ	4
20000 valent	833 L	6 ſ	8
30000 valent	1250 L		
40000 valent	1666 L	13 ſ	4
50000 valent	2083 L	6 ſ	8
60000 valent	2500 L		
70000 valent	2916 L	13 ſ	4
80000 valent	3333 L	6 ſ	8
90000 valent	3750 L		
100000 valent	4166 L	13 ſ	4
200000 valent	8333 L	6 ſ	8
300000 valent	12500 L		

A 10 d par Jour, pour 1 An revient à 15 L 4 ſ 2 d

A 11 Deniers la choſe.

2 valent		1 ſ	10	39 valent	1 L	15 ſ	9
3 valent		2 ſ	9	40 valent	1 L	16 ſ	8
4 valent		3 ſ	8	50 valent	2 L	5 ſ	10
5 valent		4 ſ	7	60 valent	2 L	15 ſ	
6 valent		5 ſ	6	70 valent	3 L	4 ſ	2
7 valent		6 ſ	5	80 valent	3 L	13 ſ	4
8 valent		7 ſ	4	90 valent	4 L	2 ſ	6
9 valent		8 ſ	3	100 valent	4 L	11 ſ	8
10 valent		9 ſ	2	200 valent	9 L	3 ſ	4
11 valent		10 ſ	1	300 valent	13 L	15 ſ	
12 valent		11 ſ		400 valent	18 L	6 ſ	8
13 valent		11 ſ	11	500 valent	22 L	18 ſ	4
14 valent		12 ſ	10	600 valent	27 L	10 ſ	
15 valent		13 ſ	9	700 valent	32 L	1 ſ	8
16 valent		14 ſ	8	800 valent	36 L	13 ſ	4
27 valent		15 ſ	7	900 valent	41 L	5 ſ	
18 valent		16 ſ	6	1000 valent	45 L	16 ſ	8
19 valent		17 ſ	5	2000 valent	91 L	13 ſ	4
20 valent		18 ſ	4	3000 valent	137 L	10 ſ	
21 valent		19 ſ	3	4000 valent	183 L	6 ſ	8
22 valent	1 L		2	5000 valent	229 L	3 ſ	4
23 valent	1 L	1 ſ	1	6000 valent	275 L		
24 valent	1 L	2 ſ		7000 valent	320 L	16 ſ	8
25 valent	1 L	2 ſ	11	8000 valent	366 L	13 ſ	4
26 valent	1 L	3 ſ	10	9000 valent	412 L	10 ſ	
27 valent	1 L	4 ſ	9	10000 valent	458 L	6 ſ	8
28 valent	1 L	5 ſ	8	20000 valent	916 L	13 ſ	4
29 valent	1 L	6 ſ	7	30000 valent	1375 L		
30 valent	1 L	7 ſ	6	40000 valent	1833 L	6 ſ	8
31 valent	1 L	8 ſ	5	50000 valent	2291 L	13 ſ	4
32 valent	1 L	9 ſ	4	60000 valent	2750 L		
33 valent	1 L	10 ſ	3	70000 valent	3208 L	6 ſ	8
34 valent	1 L	11 ſ	2	80000 valent	3666 L	13 ſ	4
35 valent	1 L	12 ſ	1	90000 valent	4125 L		
36 valent	1 L	13 ſ		100000 valent	4583 L	6 ſ	8
37 valent	1 L	13 ſ	11	200000 valent	9166 L	13 ſ	4
38 valent	1 L	14 ſ	10	300000 valent	13750 L		

A 11 d par Jour, pour 1 An revient à 16 L 14 ſ 7 d

A 1 Sol la choſe.

2 valent	2 ſ	39 valent	1 L 19 ſ
3 valent	3 ſ	40 valent	2 L
4 valent	4 ſ	50 valent	2 L 10 ſ
5 valent	5 ſ	60 valent	3 L
6 valent	6 ſ	70 valent	3 L 10 ſ
7 valent	7 ſ	80 valent	4 L
8 valent	8 ſ	90 valent	4 L 10 ſ
9 valent	9 ſ	100 valent	5 L
10 valent	10 ſ	200 valent	10 L
11 valent	11 ſ	300 valent	15 L
12 valent	12 ſ	400 valent	20 L
13 valent	13 ſ	500 valent	25 L
14 valent	14 ſ	600 valent	30 L
15 valent	15 ſ	700 valent	35 L
16 valent	16 ſ	800 valent	40 L
17 valent	17 ſ	900 valent	45 L
18 valent	18 ſ	1000 valent	50 L
19 valent	19 ſ	2000 valent	100 L
20 valent	1 L	3000 valent	150 L
21 valent	1 L 1 ſ	4000 valent	200 L
22 valent	1 L 2 ſ	5000 valent	250 L
23 valent	1 L 3 ſ	6000 valent	300 L
24 valent	1 L 4 ſ	7000 valent	350 L
25 valent	1 L 5 ſ	8000 valent	400 L
26 valent	1 L 6 ſ	9000 valent	450 L
27 valent	1 L 7 ſ	10000 valent	500 L
28 valent	1 L 8 ſ	20000 valent	1000 L
29 valent	1 L 9 ſ	30000 valent	1500 L
30 valent	1 L 10 ſ	40000 valent	2000 L
31 valent	1 L 11 ſ	50000 valent	2500 L
32 valent	1 L 12 ſ	60000 valent	3000 L
33 valent	1 L 13 ſ	70000 valent	3500 L
34 valent	1 L 14 ſ	80000 valent	4000 L
35 valent	1 L 15 ſ	90000 valent	4500 L
36 valent	1 L 16 ſ	100000 valent	5000 L
37 valent	1 L 17 ſ	200000 valent	10000 L
38 valent	1 L 18 ſ	300000 valent	15000 L

A 1 ſ par Jour, pour 1 An revient à 18 L 5 ſ.

A 1 Sols 1 Denier la chose.

2 valent		2 ſ	2
3 valent		3 ſ	3
4 valent		4 ſ	4
5 valent		5 ſ	5
6 valent		6 ſ	6
7 valent		7 ſ	7
8 valent		8 ſ	8
9 valent		9 ſ	9
10 valent		10 ſ	10
11 valent		11 ſ	11
12 valent		13 ſ	
13 valent		14 ſ	1
14 valent		15 ſ	2
15 valent		16 ſ	3
16 valent		17 ſ	4
17 valent		18 ſ	5
18 valent		19 ſ	6
19 valent	1 L		7
20 valent	1 L	1 ſ	8
21 valent	1 L	2 ſ	9
22 valent	1 L	3 ſ	10
23 valent	1 L	4 ſ	11
24 valent	1 L	6 ſ	
25 valent	1 L	7 ſ	1
26 valent	1 L	8 ſ	2
27 valent	1 L	9 ſ	3
28 valent	1 L	10 ſ	4
29 valent	1 L	11 ſ	5
30 valent	1 L	12 ſ	6
31 valent	1 L	13 ſ	7
32 valent	1 L	14 ſ	8
33 valent	1 L	15 ſ	9
34 valent	1 L	16 ſ	10
35 valent	1 L	17 ſ	11
36 valent	1 L	19 ſ	
37 valent	2 L		1
38 valent	2 L	1 ſ	2
39 valent	2 L	2 ſ	3
40 valent	2 L	3 ſ	4
50 valent	2 L	14 ſ	2
60 valent	3 L	5 ſ	
70 valent	3 L	15 ſ	10
80 valent	4 L	6 ſ	8
90 valent	4 L	17 ſ	6
100 valent	5 L	8 ſ	4
200 valent	10 L	16 ſ	8
300 valent	16 L	5 ſ	
400 valent	21 L	13 ſ	4
500 valent	27 L	1 ſ	8
600 valent	32 L	10 ſ	
700 valent	37 L	18 ſ	4
800 valent	43 L	6 ſ	8
900 valent	48 L	15 ſ	
1000 valent	54 L	3 ſ	4
2000 valent	108 L	6 ſ	8
3000 valent	162 L	10 ſ	
4000 valent	216 L	13 ſ	4
5000 valent	270 L	16 ſ	8
6000 valent	325 L		
7000 valent	379 L	3 ſ	4
8000 valent	433 L	6 ſ	8
9000 valent	487 L	10 ſ	
10000 valent	541 L	13 ſ	4
20000 valent	1083 L	6 ſ	8
30000 valent	1625 L		

Les 3 quarts	9 d
le demi	6 d
le quart	3 d
le huitiéme	1 d
Les 2 tiers	8 d
le tiers	4 d
le ſixiéme	2 d
le douziéme	1 d

A 1 ſ 1 d par Jour, pour 1 An revient à 19 L 15 ſ 5 d

A 1 Sols 2 Deniers la chofe.

2 valent		2 ſ	4	39 valent	2 L	5 ſ	6
3 valent		3 ſ	6	40 valent	2 L	6 ſ	8
4 valent		4 ſ	8	50 valent	2 L	18 ſ	4
5 valent		5 ſ	10	60 valent	3 L	10 ſ	
6 valent		7 ſ		70 valent	4 L	1 ſ	8
7 valent		8 ſ	2	80 valent	4 L	13 ſ	4
8 valent		9 ſ	4	90 valent	5 L	5 ſ	
9 valent		10 ſ	6	100 valent	5 L	16 ſ	8
10 valent		11 ſ	8	200 valent	11 L	13 ſ	4
11 valent		12 ſ	10	300 valent	17 L	10 ſ	
12 valent		14 ſ		400 valent	23 L	6 ſ	8
13 valent		15 ſ	2	500 valent	29 L	3 ſ	4
14 valent		16 ſ	4	600 valent	35 L		
15 valent		17 ſ	6	700 valent	40 L	16 ſ	8
16 valent		18 ſ	8	800 valent	46 L	13 ſ	4
17 valent		19 ſ	10	900 valent	52 L	10 ſ	
18 valent	1 L	1 ſ		1000 valent	58 L	6 ſ	8
19 valent	1 L	2 ſ	2	2000 valent	116 L	13 ſ	4
20 valent	1 L	3 ſ	4	3000 valent	175 L		
21 valent	1 L	4 ſ	6	4000 valent	233 L	6 ſ	8
22 valent	1 L	5 ſ	8	5000 valent	291 L	13 ſ	4
23 valent	1 L	6 ſ	10	6000 valent	350 L		
24 valent	1 L	8 ſ		7000 valent	408 L	6 ſ	8
25 valent	1 L	9 ſ	2	8000 valent	466 L	13 ſ	4
26 valent	1 L	10 ſ	4	9000 valent	525 L		
27 valent	1 L	11 ſ	6	10000 valent	583 L	6 ſ	8
28 valent	1 L	12 ſ	8	20000 valent	1166 L	13 ſ	4
29 valent	1 L	13 ſ	10	30000 valent	1750 L		
30 valent	1 L	15 ſ					
31 valent	1 L	16 ſ	2	Les 3 quarts		10 d	
32 valent	1 L	17 ſ	4	le demi		7 d	
33 valent	1 L	18 ſ	6	le quart		3 d	
34 valent	1 L	19 ſ	8	le huitiéme		1 d	
35 valent	2 L		10	Les 2 tiers		9 d	
36 valent	2 L	2 ſ		le tiers		5 d	
37 valent	2 L	3 ſ	2	le fixiéme		2 d	
38 valent	2 L	4 ſ	4	le douziéme		1 d	

A 1 ſ 2 d par Jour, pour 1 An revient à 21 L 5 ſ 10 d

A 1 Sols 3 Deniers la chose.

2 valent	2 ſ 6
3 valent	3 ſ 9
4 valent	5 ſ
5 valent	6 ſ 3
6 valent	7 ſ 6
7 valent	8 ſ 9
8 valent	10 ſ
9 valent	11 ſ 3
10 valent	12 ſ 6
11 valent	13 ſ 9
12 valent	15 ſ
13 valent	16 ſ 3
14 valent	17 ſ 6
15 valent	18 ſ 9
16 valent	1 L
17 valent	1 L 1 ſ 3
18 valent	1 L 2 ſ 6
19 valent	1 L 3 ſ 9
20 valent	1 L 5 ſ
21 valent	1 L 6 ſ 3
22 valent	1 L 7 ſ 6
23 valent	1 L 8 ſ 9
24 valent	1 L 10 ſ
25 valent	1 L 11 ſ 3
26 valent	1 L 12 ſ 6
27 valent	1 L 13 ſ 9
28 valent	1 L 15 ſ
29 valent	1 L 16 ſ 3
30 valent	1 L 17 ſ 6
31 valent	1 L 18 ſ 9
32 valent	2 L
33 valent	2 L 1 ſ 3
34 valent	2 L 2 ſ 6
35 valent	2 L 3 ſ 9
36 valent	2 L 5 ſ
37 valent	2 L 6 ſ 3
38 valent	2 L 7 ſ 6
39 valent	2 L 8 ſ 9
40 valent	2 L 10 ſ
50 valent	3 L 2 ſ 6
60 valent	3 L 15 ſ
70 valent	4 L 7 ſ 6
80 valent	5 L
90 valent	5 L 12 ſ 6
100 valent	6 L 5 ſ
200 valent	12 L 10 ſ
300 valent	18 L 15 ſ
400 valent	25 L
500 valent	31 L 5 ſ
600 valent	37 L 10 ſ
700 valent	43 L 15 ſ
800 valent	50 L
900 valent	56 L 5 ſ
1000 valent	62 L 10 ſ
2000 valent	125 L
3000 valent	187 L 10 ſ
4000 valent	250 L
5000 valent	312 L 10 ſ
6000 valent	375 L
7000 valent	437 L 10 ſ
8000 valent	500 L
9000 valent	562 L 10 ſ
10000 valent	625 L
20000 valent	1250 L
30000 valent	1875 L

Les 3 quarts	11 d
le demi	7 d
le quart	4 d
le huitiéme	2 d
Les 2 tiers	10 d
le tiers	5 d
le ſixieme	2 d
le douziéme	1 d

A 1 ſ 3 d par Jour, pour 1 An revient à 22 L 16 ſ 3 d

A 1 Sols 4 Deniers la chose.

2 valent	2 ſ 8	39 valent	2 L 12 ſ
3 valent	4 ſ	40 valent	2 L 13 ſ 4
4 valent	5 ſ 4	50 valent	3 L 6 ſ 8
5 valent	6 ſ 8	60 valent	4 L
6 valent	8 ſ	70 valent	4 L 13 ſ 4
7 valent	9 ſ 4	80 valent	5 L 6 ſ 8
8 valent	10 ſ 8	90 valent	6 L
9 valent	12 ſ.	100 valent	6 L 13 ſ 4
10 valent	13 ſ 4	200 valent	13 L 6 ſ 8
11 valent	14 ſ 8	300 valent	20 L
12 valent	16 ſ	400 valent	26 L 13 ſ 4
13 valent	17 ſ 4	500 valent	33 L 6 ſ 8
14 valent	18 ſ 8	600 valent	40 L
15 valent	1 L	700 valent	46 L 13 ſ 4
16 valent	1 L 1 ſ 4	800 valent	53 L 6 ſ 8
17 valent	1 L 2 ſ 8	900 valent	60 L
18 valent	1 L 4 ſ	1000 valent	66 L 13 ſ 4
19 valent	1 L 5 ſ 4	2000 valent	133 L 6 ſ 8
20 valent	1 L 6 ſ 8	3000 valent	200 L
21 valent	1 L 8 ſ	4000 valent	266 L 13 ſ 4
22 valent	1 L 9 ſ 4	5000 valent	333 L 6 ſ 8
23 valent	1 L 10 ſ 8	6000 valent	400 L
24 valent	1 L 12 ſ	7000 valent	466 L 13 ſ 4
25 valent	1 L 13 ſ 4	8000 valent	533 L 6 ſ 8
26 valent	1 L 14 ſ 8	9000 valent	600 L
27 valent	1 L 16 ſ	10000 valent	666 L 13 ſ 4
28 valent	1 L 17 ſ 4	20000 valent	1333 L 6 ſ 8
29 valent	1 L 18 ſ 8	30000 valent	2000 L
30 valent	2 L		
31 valent	2 L 1 ſ 4	Les 3 quarts	1 ſ
32 valent	2 L 2 ſ 8	le demi	8 d
33 valent	2 L 4 ſ	le quart	4 d
34 valent	2 L 5 ſ 4	le huitiéme	2 d
35 valent	2 L 6 ſ 8	Les 2 tiers	10 d
36 valent	2 L 8 ſ	le tiers	5 d
37 valent	2 L 9 ſ 4	le ſixiéme	2 d
38 valent	2 L 10 ſ 8	le douziéme	1 d

A 1 ſ 4 d par Jour, pour 1 An revient à 24 L 6 ſ 8 d

A 1 Sols 5 Deniers la chose.

2 valent		2 ſ	10	
3 valent		4 ſ	3	
4 valent		5 ſ	8	
5 valent		7 ſ	1	
6 valent		8 ſ	6	
7 valent		9 ſ	11	
8 valent		11 ſ	4	
9 valent		12 ſ	9	
10 valent		14 ſ	2	
11 valent		15 ſ	7	
12 valent		17 ſ		
13 valent		18 ſ	5	
14 valent		19 ſ	10	
15 valent	1 L	1 ſ	3	
16 valent	1 L	2 ſ	8	
17 valent	1 L	4 ſ	1	
18 valent	1 L	5 ſ	6	
19 valent	1 L	6 ſ	11	
20 valent	1 L	8 ſ	4	
21 valent	1 L	9 ſ	9	
22 valent	1 L	11 ſ	2	
23 valent	1 L	12 ſ	7	
24 valent	1 L	14 ſ		
25 valent	1 L	15 ſ	5	
26 valent	1 L	16 ſ	10	
27 valent	1 L	18 ſ	3	
28 valent	1 L	19 ſ	8	
29 valent	2 L	1 ſ	1	
30 valent	2 L	2 ſ	6	
31 valent	2 L	3 ſ	11	
32 valent	2 L	5 ſ	4	
33 valent	2 L	6 ſ	9	
34 valent	2 L	8 ſ	2	
35 valent	2 L	9 ſ	7	
36 valent	2 L	11 ſ		
37 valent	2 L	12 ſ	5	
38 valent	2 L	13 ſ	10	
39 valent	2 L	15 ſ	3	
40 valent	2 L	16 ſ	8	
50 valent	3 L	10 ſ	10	
60 valent	4 L	5 ſ		
70 valent	4 L	19 ſ	2	
80 valent	5 L	13 ſ	4	
90 valent	6 L	7 ſ	6	
100 valent	7 L	1 ſ	8	
200 valent	14 L	3 ſ	4	
300 valent	21 L	5 ſ		
400 valent	28 L	6 ſ	8	
500 valent	35 L	8 ſ	4	
600 valent	42 L	10 ſ		
700 valent	49 L	11 ſ	8	
800 valent	56 L	13 ſ	4	
900 valent	63 L	15 ſ		
1000 valent	70 L	16 ſ	8	
2000 valent	141 L	13 ſ	4	
3000 valent	212 L	10 ſ		
4000 valent	283 L	6 ſ	8	
5000 valent	354 L	3 ſ	4	
6000 valent	425 L			
7000 valent	495 L	16 ſ	8	
8000 valent	566 L	13 ſ	4	
9000 valent	637 L	10 ſ		
10000 valent	708 L	6 ſ	8	
20000 valent	1416 L	13 ſ	4	
30000 valent	2125 L			

Les 3 quarts	1 ſ
le demi	8 d
le quart	4 d
le huitiéme	2 d
Les 2 tiers	11 d
le tiers	5 d
le ſixiéme	2 d
le douziéme	1 d

A 1 ſ 5 d par Jour, pour 1 An revient à 25 L 17 ſ 1 d

A 1 Sols 6 Deniers la chose.

2 valent	3 ſ
3 valent	4 ſ 6
4 valent	6 ſ
5 valent	7 ſ 6
6 valent	9 ſ
7 valent	10 ſ 6
8 valent	12 ſ
9 valent	13 ſ 6
10 valent	15 ſ
11 valent	16 ſ 6
12 valent	18 ſ
13 valent	19 ſ 6
14 valent	1 L 1 ſ
15 valent	1 L 2 ſ 6
16 valent	1 L 4 ſ
17 valent	1 L 5 ſ 6
18 valent	1 L 7 ſ
19 valent	1 L 8 ſ 6
20 valent	1 L 10 ſ
21 valent	1 L 11 ſ 6
22 valent	1 L 13 ſ
23 valent	1 L 14 ſ 6
24 valent	1 L 16 ſ
25 valent	1 L 17 ſ 6
26 valent	1 L 19 ſ
27 valent	2 L 6
28 valent	2 L 2 ſ
29 valent	2 L 3 ſ 6
30 valent	2 L 5 ſ
31 valent	2 L 6 ſ 6
32 valent	2 L 8 ſ
33 valent	2 L 9 ſ 6
34 valent	2 L 11 ſ
35 valent	2 L 12 ſ 6
36 valent	2 L 14 ſ
37 valent	2 L 15 ſ 6
38 valent	2 L 17 ſ
39 valent	2 L 18 ſ 6
40 valent	3 L
50 valent	3 L 15 ſ
60 valent	4 L 10 ſ
70 valent	5 L 5 ſ
80 valent	6 L
90 valent	6 L 15 ſ
100 valent	7 L 10 ſ
200 valent	15 L
300 valent	22 L 10 ſ
400 valent	30 L
500 valent	37 L 10 ſ
600 valent	45 L
700 valent	52 L 10 ſ
800 valent	60 L
900 valent	67 L 10 ſ
1000 valent	75 L
2000 valent	150 L
3000 valent	225 L
4000 valent	300 L
5000 valent	375 L
6000 valent	450 L
7000 valent	525 L
8000 valent	600 L
9000 valent	675 L
10000 valent	750 L
20000 valent	1500 L
30000 valent	2250 L

Les 3 quarts	1 ſ 1 d
le demi	9 d
le quart	4 d
le huitiéme	2 d
Les 2 tiers	1 ſ
le tiers	6 d
le ſixiéme	3 d
le douziéme	1 d

A 1 ſ 6 d par Jour, pour 1 An revient à 27 L 7 ſ 6 d.

A 1 Sols 7 Deniers la chose.

2 valent		3 ſ	2
3 valent		4 ſ	9
4 valent		6 ſ	4
5 valent		7 ſ	11
6 valent		9 ſ	6
7 valent		11 ſ	1
8 valent		12 ſ	8
9 valent		14 ſ	3
10 valent		15 ſ	10
11 valent		17 ſ	5
12 valent		19 ſ	
13 valent	1 L		7
14 valent	1 L	2 ſ	2
15 valent	1 L	3 ſ	9
16 valent	1 L	5 ſ	4
17 valent	1 L	6 ſ	11
18 valent	1 L	8 ſ	6
19 valent	1 L	10 ſ	1
20 valent	1 L	11 ſ	8
21 valent	1 L	13 ſ	3
22 valent	1 L	14 ſ	10
23 valent	1 L	16 ſ	5
24 valent	1 L	18 ſ	
25 valent	1 L	19 ſ	7
26 valent	2 L	1 ſ	2
27 valent	2 L	2 ſ	9
28 valent	2 L	4 ſ	4
29 valent	2 L	5 ſ	11
30 valent	2 L	7 ſ	6
31 valent	2 L	9 ſ	1
32 valent	2 L	10 ſ	8
33 valent	2 L	12 ſ	3
34 valent	2 L	13 ſ	10
35 valent	2 L	15 ſ	5
36 valent	2 L	17 ſ	
37 valent	2 L	18 ſ	7
38 valent	3 L		2

39 valent	3 L	1 ſ	9
40 valent	3 L	3 ſ	4
50 valent	3 L	19 ſ	2
60 valent	4 L	15 ſ	
70 valent	5 L	10 ſ	10
80 valent	6 L	6 ſ	8
90 valent	7 L	2 ſ	6
100 valent	7 L	18 ſ	4
200 valent	15 L	16 ſ	8
300 valent	23 L	15 ſ	
400 valent	31 L	13 ſ	4
500 valent	39 L	11 ſ	8
600 valent	47 L	10 ſ	
700 valent	55 L	8 ſ	4
800 valent	63 L	6 ſ	8
900 valent	71 L	5 ſ	
1000 valent	79 L	3 ſ	4
2000 valent	158 L	6 ſ	8
3000 valent	237 L	10 ſ	
4000 valent	316 L	13 ſ	4
5000 valent	395 L	16 ſ	8
6000 valent	475 L		
7000 valent	554 L	3 ſ	4
8000 valent	633 L	6 ſ	8
9000 valent	712 L	10 ſ	
10000 valent	791 L	13 ſ	4
20000 valent	1583 L	6 ſ	8
30000 valent	2375 L		

Les 3 quarts	1 ſ	2 d
le demi		9 d
le quart		5 d
le huitiéme		2 d
Les 2 tiers	1 ſ	
le tiers		6 d
le ſixiéme		3 d
le douziéme		1 d

A 1 ſ 7 d par Jour, pour 1 An revient à 28 L 17 ſ 11 d

A 1 Sols 8 Deniers la chose.

2 valent	3 ſ 4
3 valent	5 ſ
4 valent	6 ſ 8
5 valent	8 ſ 4
6 valent	10 ſ
7 valent	11 ſ 8
8 valent	13 ſ 4
9 valent	15 ſ
10 valent	16 ſ 8
11 valent	18 ſ 4
12 valent	1 L
13 valent	1 L 1 ſ 8
14 valent	1 L 3 ſ 4
15 valent	1 L 5 ſ
16 valent	1 L 6 ſ 8
17 valent	1 L 8 ſ 4
18 valent	1 L 10 ſ
19 valent	1 L 11 ſ 8
20 valent	1 L 13 ſ 4
21 valent	1 L 15 ſ
22 valent	1 L 16 ſ 8
23 valent	1 L 18 ſ 4
24 valent	2 L
25 valent	2 L 1 ſ 8
26 valent	2 L 3 ſ 4
27 valent	2 L 5 ſ
28 valent	2 L 6 ſ 8
29 valent	2 L 8 ſ 4
30 valent	2 L 10 ſ
31 valent	2 L 11 ſ 8
32 valent	2 L 13 ſ 4
33 valent	2 L 15 ſ
34 valent	2 L 16 ſ 8
35 valent	2 L 18 ſ 4
36 valent	3 L
37 valent	3 L 1 ſ 8
38 valent	3 L 3 ſ 4
39 valent	3 L 5 ſ
40 valent	3 L 6 ſ 8
50 valent	4 L 3 ſ 4
60 valent	5 L
70 valent	5 L 16 ſ 8
80 valent	6 L 13 ſ 4
90 valent	7 L 10 ſ
100 valent	8 L 6 ſ 8
200 valent	16 L 13 ſ 4
300 valent	25 L
400 valent	33 L 6 ſ 8
500 valent	41 L 13 ſ 4
600 valent	50 L
700 valent	58 L 6 ſ 8
800 valent	66 L 13 ſ 4
900 valent	75 L
1000 valent	83 L 6 ſ 8
2000 valent	166 L 13 ſ 4
3000 valent	250 L
4000 valent	333 L 6 ſ 8
5000 valent	416 L 13 ſ 4
6000 valent	500 L
7000 valent	583 L 6 ſ 8
8000 valent	666 L 13 ſ 4
9000 valent	750 L
10000 valent	833 L 6 ſ 8
20000 valent	1666 L 13 ſ 4
30000 valent	2500 L

Les 3 quarts	1 ſ 3 d
le demi	10 d
le quart	5 d
le huitiéme	2 d
Les 2 tiers	1 ſ 1 d
le tiers	7 d
le ſixiéme	3 d
le douziéme	1 d

A 1 ſ 8 d par Jour, pour 1 An revient à 30 L 8 ſ 4 d

A 1 Sols 9 Deniers la chose.

2 valent		3 ſ	6
3 valent		5 ſ	3
4 valent		7 ſ	
5 valent		8 ſ	9
6 valent		10 ſ	6
7 valent		12 ſ	3
8 valent		14 ſ	
9 valent		15 ſ	9
10 valent		17 ſ	6
11 valent		19 ſ	3
12 valent	1 L	1 ſ	
13 valent	1 L	2 ſ	9
14 valent	1 L	4 ſ	6
15 valent	1 L	6 ſ	3
16 valent	1 L	8 ſ	
17 valent	1 L	9 ſ	9
18 valent	1 L	11 ſ	6
19 valent	1 L	13 ſ	3
20 valent	1 L	15 ſ	
21 valent	1 L	16 ſ	9
22 valent	1 L	18 ſ	6
23 valent	2 L		3
24 valent	2 L	2 ſ	
25 valent	2 L	3 ſ	9
26 valent	2 L	5 ſ	6
27 valent	2 L	7 ſ	3
28 valent	2 L	9 ſ	
29 valent	2 L	10 ſ	9
30 valent	2 L	12 ſ	6
31 valent	2 L	14 ſ	3
32 valent	2 L	16 ſ	
33 valent	2 L	17 ſ	9
34 valent	2 L	19 ſ	6
35 valent	3 L	1 ſ	3
36 valent	3 L	3 ſ	
37 valent	3 L	4 ſ	9
38 valent	3 L	6 ſ	6
39 valent	3 L	8 ſ	3
40 valent	3 L	10 ſ	
50 valent	4 L	7 ſ	6
60 valent	5 L	5 ſ	
70 valent	6 L	2 ſ	6
80 valent	7 L		
90 valent	7 L	17 ſ	6
100 valent	8 L	15 ſ	
200 valent	17 L	10 ſ	
300 valent	26 L	5 ſ	
400 valent	35 L		
500 valent	43 L	15 ſ	
600 valent	52 L	10 ſ	
700 valent	61 L	5 ſ	
800 valent	70 L		
900 valant	78 L	15 ſ	
1000 valent	87 L	10 ſ	
2000 valent	175 L		
3000 valent	262 L	10 ſ	
4000 valent	350 L		
5000 valent	437 L	10 ſ	
6000 valent	525 L		
7000 valent	612 L	10 ſ	
8000 valent	700 L		
9000 valent	787 L	10 ſ	
10000 valent	875 L		
20000 valent	1750 L		
30000 valent	2625 L		

Les 3 quarts	1 ſ	4 d
le demi		10 d
le quart		5 d
le huitiéme		2 d
Les 2 tiers	1 ſ	2 d
le tiers		7 d
le sixiéme		3 d
le douziéme		1 d

A 1 ſ 9 d par Jour, pour 1 An revient à 31 L 18 ſ 9 d

A 1 Sols 10 Deniers la choſe.

2 valent		3 ſ	8
3 valent		5 ſ	6
4 valent		7 ſ	4
5 valent		9 ſ	2
6 valent		11 ſ	
7 valent		12 ſ	10
8 valent		14 ſ	8
9 valent		16 ſ	6
10 valent		18 ſ	4
11 valent	1 L		2
12 valent	1 L	2 ſ	
13 valent	1 L	3 ſ	10
14 valent	1 L	5 ſ	8
15 valent	1 L	7 ſ	6
16 valent	1 L	9 ſ	4
17 valent	1 L	11 ſ	2
18 valent	1 L	13 ſ	
19 valent	1 L	14 ſ	10
20 valent	1 L	16 ſ	8
21 valent	1 L	18 ſ	6
22 valent	2 L		4
23 valent	2 L	2 ſ	2
24 valent	2 L	4 ſ	
25 valent	2 L	5 ſ	10
26 valent	2 L	7 ſ	8
27 valent	2 L	9 ſ	6
28 valent	2 L	11 ſ	4
29 valent	2 L	13 ſ	2
30 valent	2 L	15 ſ	
31 valent	2 L	16 ſ	10
32 valent	2 L	18 ſ	8
33 valent	3 L		6
34 valent	3 L	2 ſ	4
35 valent	3 L	4 ſ	2
36 valent	3 L	6 ſ	
37 valent	3 L	7 ſ	10
38 valent	3 L	9 ſ	8

39 valent	3 L	11 ſ	6
40 valent	3 L	13 ſ	4
50 valent	4 L	11 ſ	8
60 valent	5 L	10 ſ	
70 valent	6 L	8 ſ	4
80 valent	7 L	6 ſ	8
90 valent	8 L	5 ſ	
100 valent	9 L	3 ſ	4
200 valent	18 L	6 ſ	8
300 valent	27 L	10 ſ	
400 valent	36 L	13 ſ	4
500 valent	45 L	16 ſ	8
600 valent	55 L		
700 valent	64 L	3 ſ	4
800 valent	73 L	6 ſ	8
900 valent	82 L	10 ſ	
1000 valent	91 L	13 ſ	4
2000 valent	183 L	6 ſ	8
3000 valent	275 L		
4000 valent	366 L	13 ſ	4
5000 valent	458 L	6 ſ	8
6000 valent	550 L		
7000 valent	641 L	13 ſ	4
8000 valent	733 L	6 ſ	8
9000 valent	825 L		
10000 valent	916 L	13 ſ	4
20000 valent	1833 L	6 ſ	8
30000 valent	2750 L		

Les 3 quarts	1 ſ	4 d
le demi		11 d
le quart		5 d
le huitiéme		3 d
Les 2 tiers	1 ſ	3 d
le tiers		7 d
le ſixiéme		3 d
le douziéme		2 d

A 1 ſ 10 d par Jour, pour l'An revient à 33 L 9 ſ 2 d

A 1 Sols 11 Deniers la chose.

2 valent		3 ſ	10
3 valent		5 ſ	9
4 valent		7 ſ	8
5 valent		9 ſ	7
6 valent		11 ſ	6
7 valent		13 ſ	5
8 valent		15 ſ	4
9 valent		17 ſ	3
10 valent		19 ſ	2
11 valent	1 L	1 ſ	1
12 valent	1 L	3 ſ	
13 valent	1 L	4 ſ	11
14 valent	1 L	6 ſ	10
15 valent	1 L	8 ſ	9
16 valent	1 L	10 ſ	8
17 valent	1 L	12 ſ	7
18 valent	1 L	14 ſ	6
19 valent	1 L	16 ſ	5
20 valent	1 L	18 ſ	4
21 valent	2 L		3
22 valent	2 L	2 ſ	2
23 valent	2 L	4 ſ	1
24 valent	2 L	6 ſ	
25 valent	2 L	7 ſ	11
26 valent	2 L	9 ſ	10
27 valent	2 L	11 ſ	9
28 valent	2 L	13 ſ	8
29 valent	2 L	15 ſ	7
30 valent	2 L	17 ſ	6
31 valent	2 L	19 ſ	5
32 valent	3 L	1 ſ	4
33 valent	3 L	3 ſ	3
34 valent	3 L	5 ſ	2
35 valent	3 L	7 ſ	1
36 valent	3 L	9 ſ	
37 valent	3 L	10 ſ	11
38 valent	3 L	12 ſ	10
39 valent	3 L	14 ſ	9
40 valent	3 L	16 ſ	8
50 valent	4 L	15 ſ	10
60 valent	5 L	15 ſ	
70 valent	6 L	14 ſ	2
80 valent	7 L	13 ſ	4
90 valent	8 L	12 ſ	6
100 valent	9 L	11 ſ	8
200 valent	19 L	3 ſ	4
300 valent	28 L	15 ſ	
400 valent	38 L	6 ſ	8
500 valent	47 L	18 ſ	4
600 valent	57 L	10 ſ	
700 valent	67 L	1 ſ	8
800 valent	76 L	13 ſ	4
900 valent	86 L	5 ſ	
1000 valent	95 L	16 ſ	8
2000 valent	191 L	13 ſ	4
3000 valent	287 L	10 ſ	
4000 valent	383 L	6 ſ	8
5000 valent	479 L	3 ſ	4
6000 valent	575 L		
7000 valent	670 L	16 ſ	8
8000 valent	766 L	13 ſ	4
9000 valent	862 L	10 ſ	
10000 valent	958 L	6 ſ	8
20000 valent	1916 L	13 ſ	4
30000 valent	2875 L		

Les 3 quarts	1 ſ	5 d
le demi		11 d
le quart		6 d
le huitiéme		3 d
Les 2 tiers	1 ſ	3 d
le tiers		8 d
le ſixiéme		4 d
le douziéme		2 d

A 1 ſ 11 d par Jour, pour 1 An revient à 34 L 19 ſ 7 d

A 2 Sols la chose.

2 valent		4 ſ
3 valent		6 ſ
4 valent		8 ſ
5 valent		10 ſ
6 valent		12 ſ
7 valent		14 ſ
8 valent		16 ſ
9 valent		18 ſ
10 valent	1 L	
11 valent	1 L	2 ſ
12 valent	1 L	4 ſ
13 valent	1 L	6 ſ
14 valent	1 L	8 ſ
15 valent	1 L	10 ſ
16 valent	1 L	12 ſ
17 valent	1 L	14 ſ
18 valent	1 L	16 ſ
19 valent	1 L	18 ſ
20 valent	2 L	
21 valent	2 L	2 ſ
22 valent	2 L	4 ſ
23 valent	2 L	6 ſ
24 valent	2 L	8 ſ
25 valent	2 L	10 ſ
26 valent	2 L	12 ſ
27 valent	2 L	14 ſ
28 valent	2 L	16 ſ
29 valent	2 L	18 ſ
30 valent	3 L	
31 valent	3 L	2 ſ
32 valent	3 L	4 ſ
33 valent	3 L	6 ſ
34 valent	3 L	8 ſ
35 valent	3 L	10 ſ
36 valent	3 L	12 ſ
37 valent	3 L	14 ſ
38 valent	3 L	16 ſ
39 valent	3 L	18 ſ
40 valent	4 L	
50 valent	5 L	
60 valent	6 L	
70 valent	7 L	
80 valent	8 L	
90 valent	9 L	
100 valent	10 L	
200 valent	20 L	
300 valent	30 L	
400 valent	40 L	
500 valent	50 L	
600 valent	60 L	
700 valent	70 L	
800 valent	80 L	
900 valent	90 L	
1000 valent	100 L	
2000 valent	200 L	
3000 valent	300 L	
4000 valent	400 L	
5000 valent	500 L	
6000 valent	600 L	
7000 valent	700 L	
8000 valent	800 L	
9000 valent	900 L	
10000 valent	1000 L	
20000 valent	2000 L	
30000 valent	3000 L	

Les 3 quarts	1 ſ	6 d
le demi	1 ſ	
le quart		6 d
le huitiéme		3 d
Les 2 tiers	1 ſ	4 d
le tiers		8 d
le ſixiéme		4 d
le douziéme		2 d

A 2 ſ par Jour, pour 1 An revient à 36 L 10 ſ

A 2 Sols 1 Denier la chose.

2 valent		4 ſ	2
3 valent		6 ſ	3
4 valent		8 ſ	4
5 valent		10 ſ	5
6 valent		12 ſ	6
7 valent		14 ſ	7
8 valent		16 ſ	8
9 valent		18 ſ	9
10 valent	1 L		10
11 valent	1 L	2 ſ	11
12 valent	1 L	5 ſ	
13 valent	1 L	7 ſ	1
14 valent	1 L	9 ſ	2
15 valent	1 L	11 ſ	3
16 valent	1 L	13 ſ	4
17 valent	1 L	15 ſ	5
18 valent	1 L	17 ſ	6
19 valent	1 L	19 ſ	7
20 valent	2 L	1 ſ	8
21 valent	2 L	3 ſ	9
22 valent	2 L	5 ſ	10
23 valent	2 L	7 ſ	11
24 valent	2 L	10 ſ	
25 valent	2 L	12 ſ	1
26 valent	2 L	14 ſ	2
27 valent	2 L	16 ſ	3
28 valent	2 L	18 ſ	4
29 valent	3 L		5
30 valent	3 L	2 ſ	6
31 valent	3 L	4 ſ	7
32 valent	3 L	6 ſ	8
33 valent	3 L	8 ſ	9
34 valent	3 L	10 ſ	10
35 valent	3 L	12 ſ	11
36 valent	3 L	15 ſ	
37 valent	3 L	17 ſ	1
38 valent	3 L	19 ſ	2
39 valent	4 L	1 ſ	3
40 valent	4 L	3 ſ	4
50 valent	5 L	4 ſ	2
60 valent	6 L	5 ſ	
70 valent	7 L	5 ſ	10
80 valent	8 L	6 ſ	8
90 valent	9 L	7 ſ	6
100 valent	10 L	8 ſ	4
200 valent	20 L	16 ſ	8
300 valent	31 L	5 ſ	
400 valent	41 L	13 ſ	4
500 valent	52 L	1 ſ	8
600 valent	62 L	10 ſ	
700 valent	72 L	18 ſ	4
800 valent	83 L	6 ſ	8
900 valent	93 L	15 ſ	
1000 valent	104 L	3 ſ	4
2000 valent	208 L	6 ſ	8
3000 valent	312 L	10 ſ	
4000 valent	416 L	13 ſ	4
5000 valent	520 L	16 ſ	8
6000 valent	625 L		
7000 valent	729 L	3 ſ	4
8000 valent	833 L	6 ſ	8
9000 valent	937 L	10 ſ	
10000 valent	1041 L	13 ſ	4
20000 valent	2083 L	6 ſ	8
30000 valent	3125 L		

Les 3 quarts	1 ſ	6 d
le demi	1 ſ	
le quart		6 d
le huitiéme		3 d
Les 2 tiers	1 ſ	4 d
le tiers		8 d
le ſixiéme		4 d
le douziéme		2 d

A 2 ſ 1 d par Jour, pour 1 An revient à 38 L 5 d

A 2 Sols 2 Deniers la chose.

2	valent		4 ſ	4
3	valent		6 ſ	6
4	valent		8 ſ	8
5	valent		10 ſ	10
6	valent		13 ſ	
7	valent		15 ſ	2
8	valent		17 ſ	4
9	valent		19 ſ	6
10	valent	1 L	1 ſ	8
11	valent	1 L	3 ſ	10
12	valent	1 L	6 ſ	
13	valent	1 L	8 ſ	2
14	valent	1 L	10 ſ	4
15	valent	1 L	12 ſ	6
16	valent	1 L	14 ſ	8
17	valent	1 L	16 ſ	10
18	valent	1 L	19 ſ	
19	valent	2 L	1 ſ	2
20	valent	2 L	3 ſ	4
21	valent	2 L	5 ſ	6
22	valent	2 L	7 ſ	8
23	valent	2 L	9 ſ	10
24	valent	2 L	12 ſ	
25	valent	2 L	14 ſ	2
26	valent	2 L	16 ſ	4
27	valent	2 L	18 ſ	6
28	valent	3 L		8
29	valent	3 L	2 ſ	10
30	valent	3 L	5 ſ	
31	valent	3 L	7 ſ	2
32	valent	3 L	9 ſ	4
33	valent	3 L	11 ſ	6
34	valent	3 L	13 ſ	8
35	valent	3 L	15 ſ	10
36	valent	3 L	18 ſ	
37	valent	4 L		2
38	valent	4 L	2 ſ	4
39	valent	4 L	4 ſ	6
40	valent	4 L	6 ſ	8
50	valent	5 L	8 ſ	4
60	valent	6 L	10 ſ	
70	valent	7 L	11 ſ	8
80	valent	8 L	13 ſ	4
90	valent	9 L	15 ſ	
100	valent	10 L	16 ſ	8
200	valent	21 L	13 ſ	4
300	valent	32 L	10 ſ	
400	valent	43 L	6 ſ	8
500	valent	54 L	3 ſ	4
600	valent	65 L		
700	valent	75 L	16 ſ	8
800	valent	86 L	13 ſ	4
900	valent	97 L	10 ſ	
1000	valent	108 L	6 ſ	8
2000	valent	216 L	13 ſ	4
3000	valent	325 L		
4000	valent	433 L	6 ſ	8
5000	valent	541 L	13 ſ	4
6000	valent	650 L		
7000	valent	758 L	6 ſ	8
8000	valent	866 L	13 ſ	4
9000	valent	975 L		
10000	valent	1083 L	6 ſ	8
20000	valent	2166 L	13 ſ	4
30000	valent	3250 L		

Les 3 quarts	1 ſ	7 d
le demi	1 ſ	1 d
le quart		6 d
le huitiéme		3 d
Les 2 tiers	1 ſ	5 d
le tiers		8 d
le sixiéme		4 d
le douziéme		2 d

A 2 ſ 2 d par Jour, pour 1 An revient à 39 L 10 ſ 10 d

2 valent	4 ſ 6
3 valent	6 ſ 9
4 valent	9 ſ
5 valent	11 ſ 3
6 valent	13 ſ 6
7 valent	15 ſ 9
8 valent	18 ſ
9 valent	1 L 3
10 valent	1 L 2 ſ 6
11 valent	1 L 4 ſ 9
12 valent	1 L 7 ſ
13 valent	1 L 9 ſ 3
14 valent	1 L 11 ſ 6
15 valent	1 L 13 ſ 9
16 valent	1 L 16 ſ
17 valent	1 L 18 ſ 3
18 valent	2 L 6
19 valent	2 L 2 ſ 9
20 valent	2 L 5 ſ
21 valent	2 L 7 ſ 3
22 valent	2 L 9 ſ 6
23 valent	2 L 11 ſ 9
24 valent	2 L 14 ſ
25 valent	2 L 16 ſ 3
26 valent	2 L 18 ſ 6
27 valent	3 L 9
28 valent	3 L 3 ſ
29 valent	3 L 5 ſ 3
30 valent	3 L 7 ſ 6
31 valent	3 L 9 ſ 9
32 valent	3 L 12 ſ
33 valent	3 L 14 ſ 3
34 valent	3 L 16 ſ 6
35 valent	3 L 18 ſ 9
36 valent	4 L 1 ſ
37 valent	4 L 3 ſ 3
38 valent	4 L 5 ſ 6
39 valent	4 L 7 ſ 9
40 valent	4 L 10 ſ
50 valent	5 L 12 ſ 6
60 valent	6 L 15 ſ
70 valent	7 L 17 ſ 6
80 valent	9 L
90 valent	10 L 2 ſ 6
100 valent	11 L 5 ſ
200 valent	22 L 10 ſ
300 valent	33 L 15 ſ
400 valent	45 L
500 valent	56 L 5 ſ
600 valent	67 L 10 ſ
700 valent	78 L 15 ſ
800 valent	90 L
900 valent	101 L 5 ſ
1000 valent	112 L 10 ſ
2000 valent	225 L
3000 valent	337 L 10 ſ
4000 valent	450 L
5000 valent	562 L 10 ſ
6000 valent	675 L
7000 valent	787 L 10 ſ
8000 valent	900 L
9000 valent	1012 L 10 ſ
10000 valent	1125 L
20000 valent	2250 L
30000 valent	3375 L

Les 3 quarts	1 ſ 8 d
le demi	1 ſ 1 d
le quart	7 d
le huitiéme	3 d
Les 2 tiers	1 ſ 6 d
le tiers	9 d
le ſixieme	4 d
le douziéme	2 d

A 2 ſ 3 d par Jour, pour 1 An revient à 41 L 1 ſ 3 d

A 2 Sols 4 Deniers la choſe.

2 valent		4 ſ 8
3 valent		7 ſ
4 valent		9 ſ 4
5 valent		11 ſ 8
6 valent		14 ſ
7 valent		16 ſ 4
8 valent		18 ſ 8
9 valent	1 L	1 ſ
10 valent	1 L	3 ſ 4
11 valent	1 L	5 ſ 8
12 valent	1 L	8 ſ
13 valent	1 L	10 ſ 4
14 valent	1 L	12 ſ 8
15 valent	1 L	15 ſ
16 valent	1 L	17 ſ 4
17 valent	1 L	19 ſ 8
18 valent	2 L	2 ſ
19 valent	2 L	4 ſ 4
20 valent	2 L	6 ſ 8
21 valent	2 L	9 ſ
22 valent	2 L	11 ſ 4
23 valent	2 L	13 ſ 8
24 valent	2 L	16 ſ
25 valent	2 L	18 ſ 4
26 valent	3 L	8
27 valent	3 L	3 ſ
28 valent	3 L	5 ſ 4
29 valent	3 L	7 ſ 8
30 valent	3 L	10 ſ
31 valent	3 L	12 ſ 4
32 valent	3 L	14 ſ 8
33 valent	3 L	17 ſ
34 valent	3 L	19 ſ 4
35 valent	4 L	1 ſ 8
36 valent	4 L	4 ſ
37 valent	4 L	6 ſ 4
38 valent	4 L	8 ſ 8
39 valent	4 L	11 ſ
40 valent	4 L	13 ſ 4
50 valent	5 L	16 ſ 8
60 valent	7 L	
70 valent	8 L	3 ſ 4
80 valent	9 L	6 ſ 8
90 valent	10 L	10 ſ
100 valent	11 L	13 ſ 4
200 valent	23 L	6 ſ 8
300 valent	35 L	
400 valent	46 L	13 ſ 4
500 valent	58 L	6 ſ 8
600 valent	70 L	
700 valent	81 L	13 ſ 4
800 valent	93 L	6 ſ 8
900 valent	105 L	
1000 valent	116 L	13 ſ 4
2000 valent	233 L	6 ſ 8
3000 valent	350 L	
4000 valent	466 L	13 ſ 4
5000 valent	583 L	6 ſ 8
6000 valent	700 L	
7000 valent	816 L	13 ſ 4
8000 valent	933 L	6 ſ 8
9000 valent	1050 L	
10000 valent	1166 L	13 ſ 4
20000 valent	2333 L	6 ſ 8
30000 valent	3500 L	

Les 3 quarts	1 ſ	9 d
le demi	1 ſ	2 d
le quart		7 d
le huitiéme		3 d
Les 2 tiers	1 ſ	6 d
le tiers		9 d
le ſixiéme		4 d
le douziéme		2 d

A 2 ſ 4 d par Jour, pour 1 An revient à 42 L 11 ſ 8 d

A 2 Sols 5 Deniers la chose.

2	valent		4 ſ	10
3	valent		7 ſ	3
4	valent		9 ſ	8
5	valent		12 ſ	1
6	valent		14 ſ	6
7	valent		16 ſ	11
8	valent		19 ſ	4
9	valent	1 L	1 ſ	9
10	valent	1 L	4 ſ	2
11	valent	1 L	6 ſ	7
12	valent	1 L	9 ſ	
13	valent	1 L	11 ſ	5
14	valent	1 L	13 ſ	10
15	valent	1 L	16 ſ	3
16	valent	1 L	18 ſ	8
17	valent	2 L	1 ſ	1
18	valent	2 L	3 ſ	6
19	valent	2 L	5 ſ	11
20	valent	2 L	8 ſ	4
21	valent	2 L	10 ſ	9
22	valent	2 L	13 ſ	2
23	valent	2 L	15 ſ	7
24	valent	2 L	18 ſ	
25	valent	3 L		5
26	valent	3 L	2 ſ	10
27	valent	3 L	5 ſ	3
28	valent	3 L	7 ſ	8
29	valent	3 L	10 ſ	1
30	valent	3 L	12 ſ	6
31	valent	3 L	14 ſ	11
32	valent	3 L	17 ſ	4
33	valent	3 L	19 ſ	9
34	valent	4 L	2 ſ	2
35	valent	4 L	4 ſ	7
36	valent	4 L	7 ſ	
37	valent	4 L	9 ſ	5
38	valent	4 L	11 ſ	10
39	valent	4 L	14 ſ	3
40	valent	4 L	16 ſ	8
50	valent	6 L		10
60	valent	7 L	5 ſ	
70	valent	8 L	9 ſ	2
80	valent	9 L	13 ſ	4
90	valent	10 L	17 ſ	6
100	valent	12 L	1 ſ	8
200	valent	24 L	3 ſ	4
300	valent	36 L	5 ſ	
400	valent	48 L	6 ſ	8
500	valent	60 L	8 ſ	4
600	valent	72 L	10 ſ	
700	valent	84 L	11 ſ	8
800	valent	96 L	13 ſ	4
900	valent	108 L	15 ſ	
1000	valent	120 L	16 ſ	8
2000	valent	241 L	13 ſ	4
3000	valent	362 L	10 ſ	
4000	valent	483 L	6 ſ	8
5000	valent	604 L	3 ſ	4
6000	valent	725 L		
7000	valent	845 L	16 ſ	8
8000	valent	966 L	13 ſ	4
9000	valent	1087 L	10 ſ	
10000	valent	1208 L	6 ſ	8
20000	valent	2416 L	13 ſ	4
30000	valent	3625 L		

Les 3 quarts	1 ſ	10 d
le demi	1 ſ	2 d
le quart		7 d
le huitiéme		3 d
Les 2 tiers	1 ſ	7 d
le tiers		10 d
le sixiéme		5 d
le douziéme		2 d

A 2 ſ 5 d par Jour, pour 1 An revient à 44 L 2 ſ 1 d.

À 2 Sols 6 Deniers la chose.

2 valent	5 ſ
3 valent	7 ſ 6
4 valent	10 ſ
5 valent	12 ſ 6
6 valent	15 ſ
7 valent	17 ſ 6
8 valent	1 L
9 valent	1 L 2 ſ 6
10 valent	1 L 5 ſ
11 valent	1 L 7 ſ 6
12 valent	1 L 10 ſ
13 valent	1 L 12 ſ 6
14 valent	1 L 15 ſ
15 valent	1 L 17 ſ 6
16 valent	2 L
17 valent	2 L 2 ſ 6
18 valent	2 L 5 ſ
19 valent	2 L 7 ſ 6
20 valent	2 L 10 ſ
21 valent	2 L 12 ſ 6
22 valent	2 L 15 ſ
23 valent	2 L 17 ſ 6
24 valent	3 L
25 valent	3 L 2 ſ 6
26 valent	3 L 5 ſ
27 valent	3 L 7 ſ 6
28 valent	3 L 10 ſ
29 valent	3 L 12 ſ 6
30 valent	3 L 15 ſ
31 valent	3 L 17 ſ 6
32 valent	4 L
33 valent	4 L 2 ſ 6
34 valent	4 L 5 ſ
35 valent	4 L 7 ſ 6
36 valent	4 L 10 ſ
37 valent	4 L 12 ſ 6
38 valent	4 L 15 ſ
39 valent	4 L 17 ſ 6
40 valent	5 L
50 valent	6 L 5 ſ
60 valent	7 L 10 ſ
70 valent	8 L 15 ſ
80 valent	10 L
90 valent	11 L 15 ſ
100 valent	12 L 10 ſ
200 valent	25 L
300 valent	37 L 10 ſ
400 valent	50 L
500 valent	62 L 10 ſ
600 valent	75 L
700 valent	87 L 10 ſ
800 valent	100 L
900 valent	112 L 10 ſ
1000 valent	125 L
2000 valent	250 L
3000 valent	375 L
4000 valent	500 L
5000 valent	625 L
6000 valent	750 L
7000 valent	875 L
8000 valent	1000 L
9000 valent	1125 L
10000 valent	1250 L
20000 valent	2500 L
30000 valent	3750 L
Les 3 quarts	1 ſ 10 d
le demi	1 ſ 3 d
le quart	7 d
le huitiéme	3 d
Les 2 tiers	1 ſ 8 d
le tiers	10 d
le ſixiéme	5 d
le douziéme	2 d

A 2 ſ 6 d par Jour, pour 1 An revient à 45 L 12 ſ 6 d

2 valent		5 ſ	2
3 valent		7 ſ	9
4 valent		10 ſ	4
5 valent		12 ſ	11
6 valent		15 ſ	6
7 valent		18 ſ	1
8 valent	1 L		8
9 valent	1 L	3 ſ	3
10 valent	1 L	5 ſ	10
11 valent	1 L	8 ſ	5
12 valent	1 L	11 ſ	
13 valent	1 L	13 ſ	7
14 valent	1 L	16 ſ	2
15 valent	1 L	18 ſ	9
16 valent	2 L	1 ſ	4
17 valent	2 L	3 ſ	11
18 valent	2 L	6 ſ	6
19 valent	2 L	9 ſ	1
20 valent	2 L	11 ſ	8
21 valent	2 L	14 ſ	3
22 valent	2 L	16 ſ	10
23 valent	2 L	19 ſ	5
24 valent	3 L	2 ſ	
25 valent	3 L	4 ſ	7
26 valent	3 L	7 ſ	2
27 valent	3 L	9 ſ	9
28 valent	3 L	12 ſ	4
29 valent	3 L	14 ſ	11
30 valent	3 L	17 ſ	6
31 valent	4 L		1
32 valent	4 L	2 ſ	8
33 valent	4 L	5 ſ	3
34 valent	4 L	7 ſ	10
35 valent	4 L	10 ſ	5
36 valent	4 L	13 ſ	
37 valent	4 L	15 ſ	7
38 valent	4 L	18 ſ	2

39 valent	5 L		9
40 valent	5 L	3 ſ	4
50 valent	6 L	9 ſ	2
60 valent	7 L	15 ſ	
70 valent	9 L		10
80 valent	10 L	6 ſ	8
90 valent	11 L	12 ſ	6
100 valent	12 L	18 ſ	4
200 valent	25 L	16 ſ	8
300 valent	38 L	15 ſ	
400 valent	51 L	13 ſ	4
500 valent	64 L	11 ſ	8
600 valent	77 L	10 ſ	
700 valent	90 L	8 ſ	4
800 valent	103 L	6 ſ	8
900 valent	116 L	5 ſ	
1000 valent	129 L	3 ſ	4
2000 valent	258 L	6 ſ	8
3000 valent	387 L	10 ſ	
4000 valent	516 L	13 ſ	4
5000 valent	645 L	16 ſ	8
6000 valent	775 L		
7000 valent	904 L	3 ſ	4
8000 valent	1033 L	6 ſ	8
9000 valent	1162 L	10 ſ	
10000 valent	1291 L	13 ſ	4
20000 valent	2583 L	6 ſ	8
30000 valent	3875 L		

Les 3 quarts	1 ſ	11 d
le demi	1 ſ	3 d
le quart		7 d
le huitiéme		3 d
Les 2 tiers	1 ſ	8 d
le tiers		10 d
le sixiéme		5 d
le douziéme		2 d

A 2 ſ 7 d par Jour, pour 1 An revient à 47 L 2 ſ 11 d

A 2 Sols 8 Deniers la choſe.

2	valent	5 ſ 4
3	valent	8 ſ
4	valent	10 ſ 8
5	valent	13 ſ 4
6	valent	16 ſ
7	valent	18 ſ 8
8	valent	1 L 1 ſ 4
9	valent	1 L 4 ſ
10	valent	1 L 6 ſ 8
11	valent	1 L 9 ſ 4
12	valent	1 L 12 ſ
13	valent	1 L 14 ſ 8
14	valent	1 L 17 ſ 4
15	valent	2 L
16	valent	2 L 2 ſ 8
17	valent	2 L 5 ſ 4
18	valent	2 L 8 ſ
19	valent	2 L 10 ſ 8
20	valent	2 L 13 ſ 4
21	valent	2 L 16 ſ
22	valent	2 L 18 ſ 8
23	valent	3 L 1 ſ 4
24	valent	3 L 4 ſ
25	valent	3 L 6 ſ 8
26	valent	3 L 9 ſ 4
27	valent	3 L 12 ſ
28	valent	3 L 14 ſ 8
29	valent	3 L 17 ſ 4
30	valent	4 L
31	valent	4 L 2 ſ 8
32	valent	4 L 5 ſ 4
33	valent	4 L 8 ſ
34	valent	4 L 10 ſ 8
35	valent	4 L 13 ſ 4
36	valent	4 L 16 ſ
37	valent	4 L 18 ſ 8
38	valent	5 L 1 ſ 4
39	valent	5 L 4 ſ
40	valent	5 L 6 ſ 8
50	valent	6 L 13 ſ 4
60	valent	8 L
70	valent	9 L 6 ſ 8
80	valent	10 L 13 ſ 4
90	valent	12 L
100	valent	13 L 6 ſ 8
200	valent	26 L 13 ſ 4
300	valent	40 L
400	valent	53 L 6 ſ 8
500	valent	66 L 13 ſ 4
600	valent	80 L
700	valent	93 L 6 ſ 8
800	valent	106 L 13 ſ 4
900	valent	120 L
1000	valent	133 L 6 ſ 8
2000	valent	266 L 13 ſ 4
3000	valent	400 L
4000	valent	533 L 6 ſ 8
5000	valent	666 L 13 ſ 4
6000	valent	800 L
7000	valent	933 L 6 ſ 8
8000	valent	1066 L 13 ſ 4
9000	valent	1200 L
10000	valent	1333 L 6 ſ 8
20000	valent	2666 L 13 ſ 4
30000	valent	4000 L

Les 3 quarts	2 ſ
le demi	1 ſ 4 d
le quart	8 d
le huitiéme	4 d
Les 2 tiers	1 ſ 9 d
le tiers	10 d
le ſixiéme	5 d
le douziéme	2 d

A 2 ſ 8 d par Jour pour 1 An revient à 48 L 13 ſ 4 d

2 valent		5 ſ	6
3 valent		8 ſ	3
4 valent		11 ſ	
5 valent		13 ſ	9
6 valent		16 ſ	6
7 valent		19 ſ	3
8 valent	1 L	2 ſ	
9 valent	1 L	4 ſ	9
10 valent	1 L	7 ſ	6
11 valent	1 L	10 ſ	3
12 valent	1 L	13 ſ	
13 valent	1 L	15 ſ	9
14 valent	1 L	18 ſ	6
15 valent	2 L	1 ſ	3
16 valent	2 L	4 ſ	
17 valent	2 L	6 ſ	9
18 valent	2 L	9 ſ	6
19 valent	2 L	12 ſ	3
20 valent	2 L	15 ſ	
21 valent	2 L	17 ſ	9
22 valent	3 L		6
23 valent	3 L	3 ſ	3
24 valent	3 L	6 ſ	
25 valent	3 L	8 ſ	9
26 valent	3 L	11 ſ	6
27 valent	3 L	14 ſ	3
28 valent	3 L	17 ſ	
29 valent	3 L	19 ſ	9
30 valent	4 L	2 ſ	6
31 valent	4 L	5 ſ	3
32 valent	4 L	8 ſ	
33 valent	4 L	10 ſ	9
34 valent	4 L	13 ſ	6
35 valent	4 L	16 ſ	3
36 valent	4 L	19 ſ	
37 valent	5 L	1 ſ	9
38 valent	5 L	4 ſ	6
39 valent	5 L	7 ſ	3
40 valent	5 L	10 ſ	
50 valent	6 L	17 ſ	6
60 valent	8 L	5 ſ	
70 valent	9 L	12 ſ	6
80 valent	11 L		
90 valent	12 L	7 ſ	6
100 valent	13 L	15 ſ	
200 valent	27 L	10 ſ	
300 valent	41 L	5 ſ	
400 valent	55 L		
500 valent	68 L	15 ſ	
600 valent	82 L	10 ſ	
700 valent	96 L	5 ſ	
800 valent	110 L		
900 valant	123 L	15 ſ	
1000 valent	137 L	10 ſ	
2000 valent	275 L		
3000 valent	412 L	10 ſ	
4000 valent	550 L		
5000 valent	687 L	10 ſ	
6000 valent	825 L		
7000 valent	962 L	10 ſ	
8000 valent	1100 L		
9000 valent	1237 L	10 ſ	
10000 valent	1375 L		
20000 valent	2750 L		
30000 valent	4125 L		

Les 3 quarts	2 ſ	
le demi	1 ſ	4 d
le quart		8 d
le huitiéme		4 d
Les 2 tiers	1 ſ	10 d
le tiers		11 d
le ſixiéme		5 d
le douziéme		2 d

A 2 ſ 9 d par Jour, pour 1 An revient à 50 L 3 ſ 9 d.

A 2 Sols 10 Deniers la choſe.

2 valent		5 ſ	8
3 valent		8 ſ	6
4 valent		11 ſ	4
5 valent		14 ſ	2
6 valent		17 ſ	
7 valent		19 ſ	10
8 valent	1 L	2 ſ	8
9 valent	1 L	5 ſ	6
10 valent	1 L	8 ſ	4
11 valent	1 L	11 ſ	2
12 valent	1 L	14 ſ	
13 valent	1 L	16 ſ	10
14 valent	1 L	19 ſ	8
15 valent	2 L	2 ſ	6
16 valent	2 L	5 ſ	4
17 valent	2 L	8 ſ	2
18 valent	2 L	11 ſ	
19 valent	2 L	13 ſ	10
20 valent	2 L	16 ſ	8
21 valent	2 L	19 ſ	6
22 valent	3 L	2 ſ	4
23 valent	3 L	5 ſ	2
24 valent	3 L	8 ſ	
25 valent	3 L	10 ſ	10
26 valent	3 L	13 ſ	8
27 valent	3 L	16 ſ	6
28 valent	3 L	19 ſ	4
29 valent	4 L	2 ſ	2
30 valent	4 L	5 ſ	
31 valent	4 L	7 ſ	10
32 valent	4 L	10 ſ	8
33 valent	4 L	13 ſ	6
34 valent	4 L	16 ſ	4
35 valent	4 L	19 ſ	2
36 valent	5 L	2 ſ	
37 valent	5 L	4 ſ	10
38 valent	5 L	7 ſ	8
39 valent	5 L	10 ſ	6
40 valent	5 L	13 ſ	4
50 valent	7 L	1 ſ	8
60 valent	8 L	10 ſ	
70 valent	9 L	18 ſ	4
80 valent	11 L	6 ſ	8
90 valent	12 L	15 ſ	
100 valent	14 L	3 ſ	4
200 valent	28 L	6 ſ	8
300 valent	42 L	10 ſ	
400 valent	56 L	13 ſ	4
500 valent	70 L	16 ſ	8
600 valent	85 L		
700 valent	99 L	3 ſ	4
800 valent	113 L	6 ſ	8
900 valent	127 L	10 ſ	
1000 valent	141 L	13 ſ	4
2000 valent	283 L	6 ſ	8
3000 valent	425 L		
4000 valent	566 L	13 ſ	4
5000 valent	708 L	6 ſ	8
6000 valent	850 L		
7000 valent	991 L	13 ſ	4
8000 valent	1133 L	6 ſ	8
9000 valent	1275 L		
10000 valent	1416 L	13 ſ	4
20000 valent	2833 L	6 ſ	8
30000 valent	4250 L		

Les 3 quarts	2 ſ	1 d
le demi	1 ſ	5 d
le quart		8 d
le huitiéme		4 d
Les 2 tiers	1 ſ	10 d
le tiers		11 d
le ſixiéme		6 d
le douziéme		3 d

A 2 ſ 10 d par Jour, pour 1 An revient à 51 L 14 ſ 2 d

A 2 Sols 11 Deniers la chose.

2 valent		5 ſ	10
3 valent		8 ſ	9
4 valent		11 ſ	8
5 valent		14 ſ	7
6 valent		17 ſ	6
7 valent	1 L		5
8 valent	1 L	3 ſ	4
9 valent	1 L	6 ſ	3
10 valent	1 L	9 ſ	2
11 valent	1 L	12 ſ	1
12 valent	1 L	15 ſ	
13 valent	1 L	17 ſ	11
14 valent	2 L		10
15 valent	2 L	3 ſ	9
16 valent	2 L	6 ſ	8
17 valent	2 L	9 ſ	7
18 valent	2 L	12 ſ	6
19 valent	2 L	15 ſ	5
20 valent	2 L	18 ſ	4
21 valent	3 L	1 ſ	3
22 valent	3 L	4 ſ	2
23 valent	3 L	7 ſ	1
24 valent	3 L	10 ſ	
25 valent	3 L	12 ſ	11
26 valent	3 L	15 ſ	10
27 valent	3 L	18 ſ	9
28 valent	4 L	1 ſ	8
29 valent	4 L	4 ſ	7
30 valent	4 L	7 ſ	6
31 valent	4 L	10 ſ	5
32 valent	4 L	13 ſ	4
33 valent	4 L	16 ſ	3
34 valent	4 L	19 ſ	2
35 valent	5 L	2 ſ	1
36 valent	5 L	5 ſ	
37 valent	5 L	7 ſ	11
38 valent	5 L	10 ſ	10
39 valent	5 L	13 ſ	9
40 valent	5 L	16 ſ	8
50 valent	7 L	5 ſ	10
60 valent	8 L	15 ſ	
70 valent	10 L	4 ſ	2
80 valent	11 L	13 ſ	4
90 valent	13 L	2 ſ	6
100 valent	14 L	11 ſ	8
200 valent	29 L	3 ſ	4
300 valent	43 L	15 ſ	
400 valent	58 L	6 ſ	8
500 valent	72 L	18 ſ	4
600 valent	87 L	10 ſ	
700 valent	102 L	1 ſ	8
800 valent	116 L	13 ſ	4
900 valent	131 L	5 ſ	
1000 valent	145 L	16 ſ	8
2000 valent	291 L	13 ſ	4
3000 valent	437 L	10 ſ	
4000 valent	583 L	6 ſ	8
5000 valent	729 L	3 ſ	4
6000 valent	875 L		
7000 valent	1020 L	16 ſ	8
8000 valent	1166 L	13 ſ	4
9000 valent	1312 L	10 ſ	
10000 valent	1458 L	6 ſ	8
20000 valent	2916 L	13 ſ	4
30000 valent	4375 L		

Les 3 quarts	2 ſ	2 d
le demi	1 ſ	5 d
le quart		9 d
le huitiéme		4 d
Les 2 tiers	1 ſ	11 d
le tiers	1 ſ	
le sixiéme		6 d
le douziéme		3 d

A 2 ſ 11 d par Jour, pour 1 An revient à 53 L 4 ſ 7 d

A 3 Sols la chose.

2 valent		6 ſ
3 valent		9 ſ
4 valent		12 ſ
5 valent		15 ſ
6 valent		18 ſ
7 valent	1 L	1 ſ
8 valent	1 L	4 ſ
9 valent	1 L	7 ſ
10 valent	1 L	10 ſ
11 valent	1 L	13 ſ
12 valent	1 L	16 ſ
13 valent	1 L	19 ſ
14 valent	2 L	2 ſ
15 valent	2 L	5 ſ
16 valent	2 L	8 ſ
17 valent	2 L	11 ſ
18 valent	2 L	14 ſ
19 valent	2 L	17 ſ
20 valent	3 L	
21 valent	3 L	3 ſ
22 valent	3 L	6 ſ
23 valent	3 L	9 ſ
24 valent	3 L	12 ſ
25 valent	3 L	15 ſ
26 valent	3 L	18 ſ
27 valent	4 L	1 ſ
28 valent	4 L	4 ſ
29 valent	4 L	7 ſ
30 valent	4 L	10 ſ
31 valent	4 L	13 ſ
32 valent	4 L	16 ſ
33 valent	4 L	19 ſ
34 valent	5 L	2 ſ
35 valent	5 L	5 ſ
36 valent	5 L	8 ſ
37 valent	5 L	11 ſ
38 valent	5 L	14 ſ
39 valent	5 L	17 ſ
40 valent	6 L	
50 valent	7 L	10 ſ
60 valent	9 L	
70 valent	10 L	10 ſ
80 valent	12 L	
90 valent	13 L	10 ſ
100 valent	15 L	
200 valent	30 L	
300 valent	45 L	
400 valent	60 L	
500 valent	75 L	
600 valent	90 L	
700 valent	105 L	
800 valent	120 L	
900 valent	135 L	
1000 valent	150 L	
2000 valent	300 L	
3000 valent	450 L	
4000 valent	600 L	
5000 valent	750 L	
6000 valent	900 L	
7000 valent	1050 L	
8000 valent	1200 L	
9000 valent	1350 L	
10000 valent	1500 L	
20000 valent	3000 L	
30000 valent	4500 L	

Les 3 quarts	2 ſ	3 d
le demi.	1 ſ	6 d
le quart		9 d
le huitiéme		4 d
Les 2 tiers	2 ſ	
le tiers	1 ſ	
le ſixiéme		6 d
le douziéme		3 d

A 3 ſ par Jour, pour 1 An revient à 54 L 15 ſ

A 3 Sols 1 Denier la choſe.

2 valent		6 ſ	2
3 valent		9 ſ	3
4 valent		12 ſ	4
5 valent		15 ſ	5
6 valent		18 ſ	6
7 valent	1 L	1 ſ	7
8 valent	1 L	4 ſ	8
9 valent	1 L	7 ſ	9
10 valent	1 L	10 ſ	10
11 valent	1 L	13 ſ	11
12 valent	1 L	17 ſ	
13 valent	2 L		1
14 valent	2 L	3 ſ	2
15 valent	2 L	6 ſ	3
16 valent	2 L	9 ſ	4
17 valent	2 L	12 ſ	5
18 valent	2 L	15 ſ	6
19 valent	2 L	18 ſ	7
20 valent	3 L	1 ſ	8
21 valent	3 L	4 ſ	9
22 valent	3 L	7 ſ	10
23 valent	3 L	10 ſ	11
24 valent	3 L	14 ſ	
25 valent	3 L	17 ſ	1
26 valent	4 L		2
27 valent	4 L	3 ſ	3
28 valent	4 L	6 ſ	4
29 valent	4 L	9 ſ	5
30 valent	4 L	12 ſ	6
31 valent	4 L	15 ſ	7
32 valent	4 L	18 ſ	8
33 valent	5 L	1 ſ	9
34 valent	5 L	4 ſ	10
35 valent	5 L	7 ſ	11
36 valent	5 L	11 ſ	
37 valent	5 L	14 ſ	1
38 valent	5 L	17 ſ	2
39 valent	6 L		3
40 valent	6 L	3 ſ	4
50 valent	7 L	14 ſ	2
60 valent	9 L	5 ſ	
70 valent	10 L	15 ſ	10
80 valent	12 L	6 ſ	8
90 valent	13 L	17 ſ	6
100 valent	15 L	8 ſ	4
200 valent	30 L	16 ſ	8
300 valent	46 L	5 ſ	
400 valent	61 L	13 ſ	4
500 valent	77 L	1 ſ	8
600 valent	92 L	10 ſ	
700 valent	107 L	18 ſ	4
800 valent	123 L	6 ſ	8
900 valent	138 L	15 ſ	
1000 valent	154 L	3 ſ	4
2000 valent	308 L	6 ſ	8
3000 valent	462 L	10 ſ	
4000 valent	616 L	13 ſ	4
5000 valent	770 L	16 ſ	8
6000 valent	925 L		
7000 valent	1079 L	3 ſ	4
8000 valent	1233 L	6 ſ	8
9000 valent	1387 L	10 ſ	
10000 valent	1541 L	13 ſ	4
20000 valent	3083 L	6 ſ	8
30000 valent	4625 L		

Les 3 quarts	2 ſ	3 d
le demi	1 ſ	6 d
le quart		9 d
le huitiéme		5 d
Les 2 tiers	2 ſ	
le tiers	1 ſ	
le ſixiéme		6 d
le douziéme		3 d

A 3 ſ 1 d par Jour, pour 1 An revient à 56 L 5 ſ 5 d

A 3 Sols 2 Deniers la chose.

2	valent		6 ſ	4
3	valent		9 ſ	6
4	valent		12 ſ	8
5	valent		15 ſ	10
6	valent		19 ſ	
7	valent	1 L	2 ſ	2
8	valent	1 L	5 ſ	4
9	valent	1 L	8 ſ	6
10	valent	1 L	11 ſ	8
11	valent	1 L	14 ſ	10
12	valent	1 L	18 ſ	
13	valent	2 L	1 ſ	2
14	valent	2 L	4 ſ	4
15	valent	2 L	7 ſ	6
16	valent	2 L	10 ſ	8
17	valent	2 L	13 ſ	10
18	valent	2 L	17 ſ	
19	valent	3 L		2
20	valent	3 L	3 ſ	4
21	valent	3 L	6 ſ	6
22	valent	3 L	9 ſ	8
23	valent	3 L	12 ſ	10
24	valent	3 L	16 ſ	
25	valent	3 L	19 ſ	2
26	valent	4 L	2 ſ	4
27	valent	4 L	5 ſ	6
28	valent	4 L	8 ſ	8
29	valent	4 L	11 ſ	10
30	valent	4 L	15 ſ	
31	valent	4 L	18 ſ	2
32	valent	5 L	1 ſ	4
33	valent	5 L	4 ſ	6
34	valent	5 L	7 ſ	8
35	valent	5 L	10 ſ	10
36	valent	5 L	14 ſ	
37	valent	5 L	17 ſ	2
38	valent	6 L		4
39	valent	6 L	3 ſ	6
40	valent	6 L	6 ſ	8
50	valent	7 L	18 ſ	4
60	valent	9 L	10 ſ	
70	valent	11 L	1 ſ	8
80	valent	12 L	13 ſ	4
90	valent	14 L	5 ſ	
100	valent	15 L	16 ſ	8
200	valent	31 L	13 ſ	4
300	valent	47 L	10 ſ	
400	valent	63 L	6 ſ	8
500	valent	79 L	3 ſ	4
600	valent	95 L		
700	valent	110 L	16 ſ	8
800	valent	126 L	13 ſ	4
900	valent	142 L	10 ſ	
1000	valent	158 L	6 ſ	8
2000	valent	316 L	13 ſ	4
3000	valent	475 L		
4000	valent	633 L	6 ſ	8
5000	valent	791 L	13 ſ	4
6000	valent	950 L		
7000	valent	1108 L	6 ſ	8
8000	valent	1266 L	13 ſ	4
9000	valent	1425 L		
10000	valent	1583 L	6 ſ	8
20000	valent	3166 L	13 ſ	4
30000	valent	4750 L		

Les 3 quarts	2 ſ	5 d
le demi	1 ſ	7 d
le quart		9 d
le huitiéme		5 d
Les 2 tiers	2 ſ	1 d
le tiers	1 ſ	1 d
le sixiéme		6 d
le douziéme		3 d

A 3 ſ 2 d par Jour, pour 1 An revient à 57 L 15 ſ 10 d

2 valent	6 ſ 6
3 valent	9 ſ 9
4 valent	13 ſ
5 valent	16 ſ 3
6 valent	19 ſ 6
7 valent	1 L 2 ſ 9
8 valent	1 L 6 ſ
9 valent	1 L 9 ſ 3
10 valent	1 L 12 ſ 6
11 valent	1 L 15 ſ 9
12 valent	1 L 19 ſ
13 valent	2 L 2 ſ 3
14 valent	2 L 5 ſ 6
15 valent	2 L 8 ſ 9
16 valent	2 L 12 ſ
17 valent	2 L 15 ſ 3
18 valent	2 L 18 ſ 6
19 valent	3 L 1 ſ 9
20 valent	3 L 5 ſ
21 valent	3 L 8 ſ 3
22 valent	3 L 11 ſ 6
23 valent	3 L 14 ſ 9
24 valent	3 L 18 ſ
25 valent	4 L 1 ſ 3
26 valent	4 L 4 ſ 6
27 valent	4 L 7 ſ 9
28 valent	4 L 11 ſ
29 valent	4 L 14 ſ 3
30 valent	4 L 17 ſ 6
31 valent	5 L - 9
32 valent	5 L 4 ſ
33 valent	5 L 7 ſ 3
34 valent	5 L 10 ſ 6
35 valent	5 L 13 ſ 9
36 valent	5 L 17 ſ
37 valent	6 L 3
38 valent	6 L 3 ſ 6
39 valent	6 L 6 ſ 9
40 valent	6 L 10 ſ
50 valent	8 L 2 ſ 6
60 valent	9 L 15 ſ
70 valent	11 L 7 ſ 6
80 valent	13 L
90 valent	14 L 12 ſ 6
100 valent	16 L 5 ſ
200 valent	32 L 10 ſ
300 valent	48 L 15 ſ
400 valent	65 L
500 valent	81 L 5 ſ
600 valent	97 L 10 ſ
700 valent	113 L 15 ſ
800 valent	130 L
900 valent	146 L 5 ſ
1000 valent	162 L 10 ſ
2000 valent	325 L
3000 valent	487 L 10 ſ
4000 valent	650 L
5000 valent	812 L 10 ſ
6000 valent	975 L
7000 valent	1137 L 10 ſ
8000 valent	1300 L
9000 valent	1462 L 10 ſ
10000 valent	1625 L
20000 valent	3250 L
30000 valent	4875 L

Les 3 quarts	2 ſ 5 d
le demi	1 ſ 7 d
le quart	10 d
le huitiéme	5 d
Les 2 tiers	2 ſ 2 d
le tiers	1 ſ 1 d
le ſixieme	6 d
le douziéme	3 d

A 3 ſ 3 d par Jour, pour 1 An revient à 59 L 6 ſ 3 d

A 3 Sols 4 Deniers la chose.

2 valent	6 ſ 8
3 valent	10 ſ
4 valent	13 ſ 4
5 valent	16 ſ 8
6 valent	1 L
7 valent	1 L 3 ſ 4
8 valent	1 L 6 ſ 8
9 valent	1 L 10 ſ
10 valent	1 L 13 ſ 4
11 valent	1 L 16 ſ 8
12 valent	2 L
13 valent	2 L 3 ſ 4
14 valent	2 L 6 ſ 8
15 valent	2 L 10 ſ
16 valent	2 L 13 ſ 4
17 valent	2 L 16 ſ 8
18 valent	3 L
19 valent	3 L 3 ſ 4
20 valent	3 L 6 ſ 8
21 valent	3 L 10 ſ
22 valent	3 L 13 ſ 4
23 valent	3 L 16 ſ 8
24 valent	4 L
25 valent	4 L 3 ſ 4
26 valent	4 L 6 ſ 8
27 valent	4 L 10 ſ
28 valent	4 L 13 ſ 4
29 valent	4 L 16 ſ 8
30 valent	5 L
31 valent	5 L 3 ſ 4
32 valent	5 L 6 ſ 8
33 valent	5 L 10 ſ
34 valent	5 L 13 ſ 4
35 valent	5 L 16 ſ 8
36 valent	6 L
37 valent	6 L 3 ſ 4
38 valent	6 L 6 ſ 8
39 valent	6 L 10 ſ
40 valent	6 L 13 ſ 4
50 valent	8 L 6 ſ 8
60 valent	10 L
70 valent	11 L 13 ſ 4
80 valent	13 L 6 ſ 8
90 valent	15 L
100 valent	16 L 13 ſ 4
200 valent	33 L 6 ſ 8
300 valent	50 L
400 valent	66 L 13 ſ 4
500 valent	83 L 6 ſ 8
600 valent	100 L
700 valent	116 L 13 ſ 4
800 valent	133 L 6 ſ 8
900 valent	150 L
1000 valent	166 L 13 ſ 4
2000 valent	333 L 6 ſ 8
3000 valent	500 L
4000 valent	666 L 13 ſ 4
5000 valent	833 L 6 ſ 8
6000 valent	1000 L
7000 valent	1166 L 13 ſ 4
8000 valent	1333 L 6 ſ 8
9000 valent	1500 L
10000 valent	1666 L 13 ſ 4
20000 valent	3333 L 6 ſ 8
30000 valent	5000 L

Les 3 quarts	2 ſ 6 d
le demi	1 ſ 8 d
le quart	10 d
le huitiéme	5 d
Les 2 tiers	2 ſ 2 d
le tiers	1 ſ 1 d
le ſixiéme	6 d
le douziéme	3 d

A 3 ſ 4 d par Jour, pour 1 An revient à 60 L 16 ſ 8 d

2 valent		6 ſ	10
3 valent		10 ſ	3
4 valent		13 ſ	8
5 valent		17 ſ	1
6 valent	1 L		6
7 valent	1 L	3 ſ	11
8 valent	1 L	7 ſ	4
9 valent	1 L	10 ſ	9
10 valent	1 L	14 ſ	2
11 valent	1 L	17 ſ	7
12 valent	2 L	1 ſ	
13 valent	2 L	4 ſ	5
14 valent	2 L	7 ſ	10
15 valent	2 L	11 ſ	3
16 valent	2 L	14 ſ	8
17 valent	2 L	18 ſ	1
18 valent	3 L	1 ſ	6
19 valent	3 L	4 ſ	11
20 valent	3 L	8 ſ	4
21 valent	3 L	11 ſ	9
22 valent	3 L	15 ſ	2
23 valent	3 L	18 ſ	7
24 valent	4 L	2 ſ	
25 valent	4 L	5 ſ	5
26 valent	4 L	8 ſ	10
27 valent	4 L	12 ſ	3
28 valent	4 L	15 ſ	8
29 valent	4 L	19 ſ	1
30 valent	5 L	2 ſ	6
31 valent	5 L	5 ſ	11
32 valent	5 L	9 ſ	4
33 valent	5 L	12 ſ	9
34 valent	5 L	16 ſ	2
35 valent	5 L	19 ſ	7
36 valent	6 L	3 ſ	
37 valent	6 L	6 ſ	5
38 valent	6 L	9 ſ	10
39 valent	6 L	13 ſ	3
40 valent	6 L	16 ſ	8
50 valent	8 L	10 ſ	10
60 valent	10 L	5 ſ	
70 valent	11 L	19 ſ	2
80 valent	13 L	13 ſ	4
90 valent	15 L	7 ſ	6
100 valent	17 L	1 ſ	8
200 valent	34 L	3 ſ	4
300 valent	51 L	5 ſ	
400 valent	68 L	6 ſ	8
500 valent	85 L	8 ſ	4
600 valent	102 L	10 ſ	
700 valent	119 L	11 ſ	8
800 valent	136 L	13 ſ	4
900 valent	153 L	15 ſ	
1000 valent	170 L	16 ſ	8
2000 valent	341 L	13 ſ	4
3000 valent	512 L	10 ſ	
4000 valent	683 L	6 ſ	8
5000 valent	854 L	3 ſ	4
6000 valent	1025 L		
7000 valent	1195 L	16 ſ	8
8000 valent	1366 L	13 ſ	4
9000 valent	1537 L	10 ſ	
10000 valent	1708 L	6 ſ	8
20000 valent	3416 L	13 ſ	4
30000 valent	5125 L		

Les 3 quarts	2 ſ 6 d
le demi	1 ſ 8 d
le quart	10 d
le huitiéme	5 d
Les 2 tiers	2 ſ 3 d
le tiers	1 ſ 2 d
le ſixiéme	7 d
le douziéme	3 d

A 3 ſ 5 d par Jour, pour 1 An revient à 62 L 7 ſ 1 d

2 valent		7 ſ	
3 valent		10 ſ	6
4 valent		14 ſ	
5 valent		17 ſ	6
6 valent	1 L	1 ſ	
7 valent	1 L	4 ſ	6
8 valent	1 L	8 ſ	
9 valent	1 L	11 ſ	6
10 valent	1 L	15 ſ	
11 valent	1 L	18 ſ	6
12 valent	2 L	2 ſ	
13 valent	2 L	5 ſ	6
14 valent	2 L	9 ſ	
15 valent	2 L	12 ſ	6
16 valent	2 L	16 ſ	
17 valent	2 L	19 ſ	6
18 valent	3 L	3 ſ	
19 valent	3 L	6 ſ	6
20 valent	3 L	10 ſ	
21 valent	3 L	13 ſ	6
22 valent	3 L	17 ſ	
23 valent	4 L		6
24 valent	4 L	4 ſ	
25 valent	4 L	7 ſ	6
26 valent	4 L	11 ſ	
27 valent	4 L	14 ſ	6
28 valent	4 L	18 ſ	
29 valent	5 L	1 ſ	6
30 valent	5 L	5 ſ	
31 valent	5 L	8 ſ	6
32 valent	5 L	12 ſ	
33 valent	5 L	15 ſ	6
34 valent	5 L	19 ſ	
35 valent	6 L	2 ſ	6
36 valent	6 L	6 ſ	
37 valent	6 L	9 ſ	6
38 valent	6 L	13 ſ	
39 valent	6 L	16 ſ	6
40 valent	7 L		
50 valent	8 L	15 ſ	
60 valent	10 L	10 ſ	
70 valent	12 L	5 ſ	
80 valent	14 L		
90 valent	15 L	15 ſ	
100 valent	17 L	10 ſ	
200 valent	35 L		
300 valent	52 L	10 ſ	
400 valent	70 L		
500 valent	87 L	10 ſ	
600 valent	105 L		
700 valent	122 L	10 ſ	
800 valent	140 L		
900 valent	157 L	10 ſ	
1000 valent	175 L		
2000 valent	350 L		
3000 valent	525 L		
4000 valent	700 L		
5000 valent	875 L		
6000 valent	1050 L		
7000 valent	1225 L		
8000 valent	1400 L		
9000 valent	1575 L		
10000 valent	1750 L		
20000 valent	3500 L		
30000 valent	5250 L		

Les 3 quarts	2 ſ	7 d
le demi	1 ſ	9 d
le quart		10 d
le huitiéme		5 d
Les 2 tiers	2 ſ	4 d
le tiers	1 ſ	2 d
le ſixiéme		7 d
le douziéme		3 d

A 3 ſ 6 d par Jour, pour 1 An revient à 63 L 17 ſ 6 d.

A 3 Sols 7 Deniers la chose.

2 valent		7 ſ	2
3 valent		10 ſ	9
4 valent		14 ſ	4
5 valent		17 ſ	11
6 valent	1 L	1 ſ	6
7 valent	1 L	5 ſ	1
8 valent	1 L	8 ſ	8
9 valent	1 L	12 ſ	3
10 valent	1 L	15 ſ	10
11 valent	1 L	19 ſ	5
12 valent	2 L	3 ſ	
13 valent	2 L	6 ſ	7
14 valent	2 L	10 ſ	2
15 valent	2 L	13 ſ	9
16 valent	2 L	17 ſ	4
17 valent	3 L		11
18 valent	3 L	4 ſ	6
19 valent	3 L	8 ſ	1
20 valent	3 L	11 ſ	8
21 valent	3 L	15 ſ	3
22 valent	3 L	18 ſ	10
23 valent	4 L	2 ſ	5
24 valent	4 L	6 ſ	
25 valent	4 L	9 ſ	7
26 valent	4 L	13 ſ	2
27 valent	4 L	16 ſ	9
28 valent	5 L		4
29 valent	5 L	3 ſ	11
30 valent	5 L	7 ſ	6
31 valent	5 L	11 ſ	1
32 valent	5 L	14 ſ	8
33 valent	5 L	18 ſ	3
34 valent	6 L	1 ſ	10
35 valent	6 L	5 ſ	5
36 valent	6 L	9 ſ	
37 valent	6 L	12 ſ	7
38 valent	6 L	16 ſ	2
39 valent	6 L	19 ſ	9
40 valent	7 L	3 ſ	4
50 valent	8 L	19 ſ	2
60 valent	10 L	15 ſ	
70 valent	12 L	10 ſ	10
80 valent	14 L	6 ſ	8
90 valent	16 L	2 ſ	6
100 valent	17 L	18 ſ	4
200 valent	35 L	16 ſ	8
300 valent	53 L	15 ſ	
400 valent	71 L	13 ſ	4
500 valent	89 L	11 ſ	8
600 valent	107 L	10 ſ	
700 valent	125 L	8 ſ	4
800 valent	143 L	6 ſ	8
900 valent	161 L	5 ſ	
1000 valent	179 L	3 ſ	4
2000 valent	358 L	6 ſ	8
3000 valent	537 L	10 ſ	
4000 valent	716 L	13 ſ	4
5000 valent	895 L	16 ſ	8
6000 valent	1075 L.		
7000 valent	1254 L	3 ſ	4
8000 valent	1433 L	6 ſ	8
9000 valent	1612 L	10 ſ	
10000 valent	1791 L	13 ſ	4
20000 valent	3583 L	6 ſ	8
30000 valent	5375 L		

Les 3 quarts	2 ſ	8 d
le demi	1 ſ	9 d
le quart		10 d
le huitiéme		5 d
Les 2 tiers	2 ſ	5 d
le tiers	1 ſ	2 d
le ſixiéme		7 d
le douziéme		4 d

A 3 ſ 7 d par Jour, pour 1 An revient à 65 L 7 ſ 11 d

A 3 Sols 8 Deniers la chose.

2 valent		7 ſ	4
3 valent		11 ſ	
4 valent		14 ſ	8
5 valent		18 ſ	4
6 valent	1 L	2 ſ	
7 valent	1 L	5 ſ	8
8 valent	1 L	9 ſ	4
9 valent	1 L	13 ſ	
10 valent	1 L	16 ſ	8
11 valent	2 L		4
12 valent	2 L	4 ſ	
13 valent	2 L	7 ſ	8
14 valent	2 L	11 ſ	4
15 valent	2 L	15 ſ	
16 valent	2 L	18 ſ	8
17 valent	3 L	2 ſ	4
18 valent	3 L	6 ſ	
19 valent	3 L	9 ſ	8
20 valent	3 L	13 ſ	4
21 valent	3 L	17 ſ	
22 valent	4 L		8
23 valent	4 L	4 ſ	4
24 valent	4 L	8 ſ	
25 valent	4 L	11 ſ	8
26 valent	4 L	15 ſ	4
27 valent	4 L	19 ſ	
28 valent	5 L	2 ſ	8
29 valent	5 L	6 ſ	4
30 valent	5 L	10 ſ	
31 valent	5 L	13 ſ	8
32 valent	5 L	17 ſ	4
33 valent	6 L	1 ſ	
34 valent	6 L	4 ſ	8
35 valent	6 L	8 ſ	4
36 valent	6 L	12 ſ	
37 valent	6 L	15 ſ	8
38 valent	6 L	19 ſ	4
39 valent	7 L	3 ſ	
40 valent	7 L	6 ſ	8
50 valent	9 L	3 ſ	4
60 valent	11 L		
70 valent	12 L	16 ſ	8
80 valent	14 L	13 ſ	4
90 valent	16 L	10 ſ	
100 valent	18 L	6 ſ	8
200 valent	36 L	13 ſ	4
300 valent	55 L		
400 valent	73 L	6 ſ	8
500 valent	91 L	13 ſ	4
600 valent	110 L		
700 valent	128 L	6 ſ	8
800 valent	146 L	13 ſ	4
900 valent	165 L		
1000 valent	183 L	6 ſ	8
2000 valent	366 L	13 ſ	4
3000 valent	550 L		
4000 valent	733 L	6 ſ	8
5000 valent	916 L	13 ſ	4
6000 valent	1100 L		
7000 valent	1283 L	6 ſ	8
8000 valent	1466 L	13 ſ	4
9000 valent	1650 L		
10000 valent	1833 L	6 ſ	8
20000 valent	3666 L	13 ſ	4
30000 valent	5500 L		

Les 3 quarts	2 ſ	9 d
le demi	1 ſ	10 d
le quart		11 d
le huitiéme		6 d
Les 2 tiers	2 ſ	5 d
le tiers	1 ſ	3 d
le ſixiéme		7 d
le douziéme		4 d

A 3 ſ 8 d par Jour, pour 1 An revient à 66 L 18 ſ 4 d

A 3 Sols 9 Deniers la chose.

2 valent	7 ſ 6
3 valent	11 ſ 3
4 valent	15 ſ
5 valent	18 ſ 9
6 valent	1 L 2 ſ 6
7 valent	1 L 6 ſ 3
8 valent	1 L 10 ſ
9 valent	1 L 13 ſ 9
10 valent	1 L 17 ſ 6
11 valent	2 L 1 ſ 3
12 valent	2 L 5 ſ
13 valent	2 L 8 ſ 9
14 valent	2 L 12 ſ 6
15 valent	2 L 16 ſ 3
16 valent	3 L
17 valent	3 L 3 ſ 9
18 valent	3 L 7 ſ 6
19 valent	3 L 11 ſ 3
20 valent	3 L 15 ſ
21 valent	3 L 18 ſ 9
22 valent	4 L 2 ſ 6
23 valent	4 L 6 ſ 3
24 valent	4 L 10 ſ
25 valent	4 L 13 ſ 9
26 valent	4 L 17 ſ 6
27 valent	5 L 1 ſ 3
28 valent	5 L 5 ſ
29 valent	5 L 8 ſ 9
30 valent	5 L 12 ſ 6
31 valent	5 L 16 ſ 3
32 valent	6 L
33 valent	6 L 3 ſ 9
34 valent	6 L 7 ſ 6
35 valent	6 L 11 ſ 3
36 valent	6 L 15 ſ
37 valent	6 L 18 ſ 9
38 valent	7 L 2 ſ 6

39 valent	7 L 6 ſ 3
40 valent	7 L 10 ſ
50 valent	9 L 7 ſ 6
60 valent	11 L 5 ſ
70 valent	13 L 2 ſ 6
80 valent	15 L
90 valent	16 L 17 ſ 6
100 valent	18 L 15 ſ
200 valent	37 L 10 ſ
300 valent	56 L 5 ſ
400 valent	75 L
500 valent	93 L 15 ſ
600 valent	112 L 10 ſ
700 valent	131 L 5 ſ
800 valent	150 L
900 valant	168 L 15 ſ
1000 valent	187 L 10 ſ
2000 valent	375 L
3000 valent	562 L 10 ſ
4000 valent	750 L
5000 valent	937 L 10 ſ
6000 valent	1125 L
7000 valent	1312 L 10 ſ
8000 valent	1500 L
9000 valent	1687 L 10 ſ
10000 valent	1875 L
20000 valent	3750 L
30000 valent	5625 L

Les 3 quarts	2 ſ 9 d
le demi	1 ſ 10 d
le quart	11 d
le huitiéme	6 d
Les 2 tiers	2 ſ 6 d
le tiers	1 ſ 3 d
le ſixiéme	8 d
le douziéme	4 d

A 3 ſ 9 d par Jour, pour 1 An revient à 68 L 8 ſ 9 d

2 valent		7 ſ	8
3 valent		11 ſ	6
4 valent		15 ſ	4
5 valent		19 ſ	2
6 valent	1 L	3 ſ	
7 valent	1 L	6 ſ	10
8 valent	1 L	10 ſ	8
9 valent	1 L	14 ſ	6
10 valent	1 L	18 ſ	4
11 valent	2 L	2 ſ	2
12 valent	2 L	6 ſ	
13 valent	2 L	9 ſ	10
14 valent	2 L	13 ſ	8
15 valent	2 L	17 ſ	6
16 valent	3 L	1 ſ	4
17 valent	3 L	5 ſ	2
18 valent	3 L	9 ſ	
19 valent	3 L	12 ſ	10
20 valent	3 L	16 ſ	8
21 valent	4 L		6
22 valent	4 L	4 ſ	4
23 valent	4 L	8 ſ	2
24 valent	4 L	12 ſ	
25 valent	4 L	15 ſ	10
26 valent	4 L	19 ſ	8
27 valent	5 L	3 ſ	6
28 valent	5 L	7 ſ	4
29 valent	5 L	11 ſ	2
30 valent	5 L	15 ſ	
31 valent	5 L	18 ſ	10
32 valent	6 L	2 ſ	8
33 valent	6 L	6 ſ	6
34 valent	6 L	10 ſ	4
35 valent	6 L	14 ſ	2
36 valent	6 L	18 ſ	
37 valent	7 L	1 ſ	10
38 valent	7 L	5 ſ	8
39 valent	7 L	9 ſ	6
40 valent	7 L	13 ſ	4
50 valent	9 L	11 ſ	8
60 valent	11 L	10 ſ	
70 valent	13 L	8 ſ	4
80 valent	15 L	6 ſ	8
90 valent	17 L	5 ſ	
100 valent	19 L	3 ſ	4
200 valent	38 L	6 ſ	8
300 valent	57 L	10 ſ	
400 valent	76 L	13 ſ	4
500 valent	95 L	16 ſ	8
600 valent	115 L		
700 valent	134 L	3 ſ	4
800 valent	153 L	6 ſ	8
900 valent	172 L	10 ſ	
1000 valent	191 L	13 ſ	4
2000 valent	383 L	6 ſ	8
3000 valent	575 L		
4000 valent	766 L	13 ſ	4
5000 valent	958 L	6 ſ	8
6000 valent	1150 L		
7000 valent	1341 L	13 ſ	4
8000 valent	1533 L	6 ſ	8
9000 valent	1725 L		
10000 valent	1916 L	13 ſ	4
20000 valent	3833 L	6 ſ	8
30000 valent	5750 L		

Les 3 quarts	2 ſ	11 d
le demi	1 ſ	11 d
le quart	1 ſ	
le huitiéme		6 d
Les 2 tiers	2 ſ	7 d
le tiers	1 ſ	3 d
le sixiéme		8 d
le douziéme		4 d

A 3 ſ 10 d par Jour, pour 1 An revient à 69 L 19 ſ 2 d.

A 3 Sols 11 Deniers la choſe.

2 valent		7 ſ	10
3 valent		11 ſ	9
4 valent		15 ſ	8
5 valent		19 ſ	7
6 valent	1 L	3 ſ	6
7 valent	1 L	7 ſ	5
8 valent	1 L	11 ſ	4
9 valent	1 L	15 ſ	3
10 valent	1 L	19 ſ	2
11 valent	2 L	3 ſ	1
12 valent	2 L	7 ſ	
13 valent	2 L	10 ſ	11
14 valent	2 L	14 ſ	10
15 valent	2 L	18 ſ	9
16 valent	3 L	2 ſ	8
17 valent	3 L	6 ſ	7
18 valent	3 L	10 ſ	6
19 valent	3 L	14 ſ	5
20 valent	3 L	18 ſ	4
21 valent	4 L	2 ſ	3
22 valent	4 L	6 ſ	2
23 valent	4 L	10 ſ	1
24 valent	4 L	14 ſ	
25 valent	4 L	17 ſ	11
26 valent	5 L	1 ſ	10
27 valent	5 L	5 ſ	9
28 valent	5 L	9 ſ	8
29 valent	5 L	13 ſ	7
30 valent	5 L	17 ſ	6
31 valent	6 L	1 ſ	5
32 valent	6 L	5 ſ	4
33 valent	6 L	9 ſ	3
34 valent	6 L	13 ſ	2
35 valent	6 L	17 ſ	1
36 valent	7 L	1 ſ	
37 valent	7 L	4 ſ	11
38 valent	7 L	8 ſ	10
39 valent	7 L	12 ſ	9
40 valent	7 L	16 ſ	8
50 valent	9 L	15 ſ	10
60 valent	11 L	15 ſ	
70 valent	13 L	14 ſ	2
80 valent	15 L	13 ſ	4
90 valent	17 L	12 ſ	6
100 valent	19 L	11 ſ	8
200 valent	39 L	3 ſ	4
300 valent	58 L	15 ſ	
400 valent	78 L	6 ſ	8
500 valent	97 L	18 ſ	4
600 valent	117 L	10 ſ	
700 valent	137 L	1 ſ	8
800 valent	156 L	13 ſ	4
900 valent	176 L	5 ſ	
1000 valent	195 L	16 ſ	8
2000 valent	391 L	13 ſ	4
3000 valent	587 L	10 ſ	
4000 valent	783 L	6 ſ	8
5000 valent	979 L	3 ſ	4
6000 valent	1175 L		
7000 valent	1370 L	16 ſ	8
8000 valent	1566 L	13 ſ	4
9000 valent	1762 L	10 ſ	
10000 valent	1958 L	6 ſ	8
20000 valent	3916 L	13 ſ	4
30000 valent	5875 L		

Les 3 quarts	2 ſ	11 d
le demi	1 ſ	11 d
le quart	1 ſ	
le huitiéme		6 d
Les 2 tiers	2 ſ	7 d
le tiers	1 ſ	4 d
le ſixiéme		8 d
le douziéme		4 d

A 3 ſ 11 d par Jour, pour 1 An revient à 71 L 9 ſ 7 d

A 4 Sols la chose.

2 valent	8 ſ
3 valent	12 ſ
4 valent	16 ſ
5 valent	1 L
6 valent	1 L 4 ſ
7 valent	1 L 8 ſ
8 valent	1 L 12 ſ
9 valent	1 L 16 ſ
10 valent	2 L
11 valent	2 L 4 ſ
12 valent	2 L 8 ſ
13 valent	2 L 12 ſ
14 valent	2 L 16 ſ
15 valent	3 L
16 valent	3 L 4 ſ
17 valent	3 L 8 ſ
18 valent	3 L 12 ſ
19 valent	3 L 16 ſ
20 valent	4 L
21 valent	4 L 4 ſ
22 valent	4 L 8 ſ
23 valent	4 L 12 ſ
24 valent	4 L 16 ſ
25 valent	5 L
26 valent	5 L 4 ſ
27 valent	5 L 8 ſ
28 valent	5 L 12 ſ
29 valent	5 L 16 ſ
30 valent	6 L
31 valent	6 L 4 ſ
32 valent	6 L 8 ſ
33 valent	6 L 12 ſ
34 valent	6 L 16 ſ
35 valent	7 L
36 valent	7 L 4 ſ
37 valent	7 L 8 ſ
38 valent	7 L 12 ſ
39 valent	7 L 16 ſ
40 valent	8 L
50 valent	10 L
60 valent	12 L
70 valent	14 L
80 valent	16 L
90 valent	18 L
100 valent	20 L
200 valent	40 L
300 valent	60 L
400 valent	80 L
500 valent	100 L
600 valent	120 L
700 valent	140 L
800 valent	160 L
900 valent	180 L
1000 valent	200 L
2000 valent	400 L
3000 valent	600 L
4000 valent	800 L
5000 valent	1000 L
6000 valent	1200 L
7000 valent	1400 L
8000 valent	1600 L
9000 valent	1800 L
10000 valent	2000 L
20000 valent	4000 L
30000 valent	6000 L

Les 3 quarts	3 ſ
le demi	2 ſ
le quart	1 ſ
le huitiéme	6 d
Les 2 tiers	2 ſ 8 d
le tiers	1 ſ 4 d
le ſixiéme	8 d
le douziéme	4 d

A 4 ſ par Jour, pour 1 An revient à 73 L

A 4 Sols 1 Denier la chose.

2 valent		8 ſ	2
3 valent		12 ſ	3
4 valent		16 ſ	4
5 valent	1 L		5
6 valent	1 L	4 ſ	6
7 valent	1 L	8 ſ	7
8 valent	1 L	12 ſ	8
9 valent	1 L	16 ſ	9
10 valent	2 L		10
11 valent	2 L	4 ſ	11
12 valent	2 L	9 ſ	
13 valent	2 L	13 ſ	1
14 valent	2 L	17 ſ	2
15 valent	3 L	1 ſ	3
16 valent	3 L	5 ſ	4
17 valent	3 L	9 ſ	5
18 valent	3 L	13 ſ	6
19 valent	3 L	17 ſ	7
20 valent	4 L	1 ſ	8
21 valent	4 L	5 ſ	9
22 valent	4 L	9 ſ	10
23 valent	4 L	13 ſ	11
24 valent	4 L	18 ſ	
25 valent	5 L	2 ſ	1
26 valent	5 L	6 ſ	2
27 valent	5 L	10 ſ	3
28 valent	5 L	14 ſ	4
29 valent	5 L	18 ſ	5
30 valent	6 L	2 ſ	6
31 valent	6 L	6 ſ	7
32 valent	6 L	10 ſ	8
33 valent	6 L	14 ſ	9
34 valent	6 L	18 ſ	10
35 valent	7 L	2 ſ	11
36 valent	7 L	7 ſ	
37 valent	7 L	11 ſ	1
38 valent	7 L	15 ſ	2
39 valent	7 L	19 ſ	3
40 valent	8 L	3 ſ	4
50 valent	10 L	4 ſ	2
60 valent	12 L	5 ſ	
70 valent	14 L	5 ſ	10
80 valent	16 L	6 ſ	8
90 valent	18 L	7 ſ	6
100 valent	20 L	8 ſ	4
200 valent	40 L	16 ſ	8
300 valent	61 L	5 ſ	
400 valent	81 L	13 ſ	4
500 valent	102 L	1 ſ	8
600 valent	122 L	10 ſ	
700 valent	142 L	18 ſ	4
800 valent	163 L	6 ſ	8
900 valent	183 L	15 ſ	
1000 valent	204 L	3 ſ	4
2000 valent	408 L	6 ſ	8
3000 valent	612 L	10 ſ	
4000 valent	816 L	13 ſ	4
5000 valent	1020 L	16 ſ	8
6000 valent	1225 L		
7000 valent	1429 L	3 ſ	4
8000 valent	1633 L	6 ſ	8
9000 valent	1837 L	10 ſ	
10000 valent	2041 L	13 ſ	4
20000 valent	4083 L	6 ſ	8
30000 valent	6125 L		

Les 3 quarts	3 ſ	
le demi	2 ſ	
le quart	1 ſ	
le huitiéme		6 d
Les 2 tiers	2 ſ	8 d
le tiers	1 ſ	4 d
le ſixiéme		8 d
le douziéme		4 d

A 4 ſ 1 d par Jour, pour 1 An revient à 74 L 10 ſ 5 d

2 valent		8 ſ	4	
3 valent		12 ſ	6	
4 valent		16 ſ	8	
5 valent	1 L		10	
6 valent	1 L	5 ſ		
7 valent	1 L	9 ſ	2	
8 valent	1 L	13 ſ	4	
9 valent	1 L	17 ſ	6	
10 valent	2 L	1 ſ	8	
11 valent	2 L	5 ſ	10	
12 valent	2 L	10 ſ		
13 valent	2 L	14 ſ	2	
14 valent	2 L	18 ſ	4	
15 valent	3 L	2 ſ	6	
16 valent	3 L	6 ſ	8	
17 valent	3 L	10 ſ	10	
18 valent	3 L	15 ſ		
19 valent	3 L	19 ſ	2	
20 valent	4 L	3 ſ	4	
21 valent	4 L	7 ſ	6	
22 valent	4 L	11 ſ	8	
23 valent	4 L	15 ſ	10	
24 valent	5 L			
25 valent	5 L	4 ſ	2	
26 valent	5 L	8 ſ	4	
27 valent	5 L	12 ſ	6	
28 valent	5 L	16 ſ	8	
29 valent	6 L		10	
30 valent	6 L	5 ſ		
31 valent	6 L	9 ſ	2	
32 valent	6 L	13 ſ	4	
33 valent	6 L	17 ſ	6	
34 valent	7 L	1 ſ	8	
35 valent	7 L	5 ſ	10	
36 valent	7 L	10 ſ		
37 valent	7 L	14 ſ	2	
38 valent	7 L	18 ſ	4	
39 valent	8 L	2 ſ	6	
40 valent	8 L	6 ſ	8	
50 valent	10 L	8 ſ	4	
60 valent	12 L	10 ſ		
70 valent	14 L	11 ſ	8	
80 valent	16 L	13 ſ	4	
90 valent	18 L	15 ſ		
100 valent	20 L	16 ſ	8	
200 valent	41 L	13 ſ	4	
300 valent	62 L	10 ſ		
400 valent	83 L	6 ſ	8	
500 valent	104 L	3 ſ	4	
600 valent	125 L			
700 valent	145 L	16 ſ	8	
800 valent	166 L	13 ſ	4	
900 valent	187 L	10 ſ		
1000 valent	208 L	6 ſ	8	
2000 valent	416 L	13 ſ	4	
3000 valent	625 L			
4000 valent	833 L	6 ſ	8	
5000 valent	1041 L	13 ſ	4	
6000 valent	1250 L			
7000 valent	1458 L	6 ſ	8	
8000 valent	1666 L	13 ſ	4	
9000 valent	1875 L			
10000 valent	2083 L	6 ſ	8	
20000 valent	4166 L	13 ſ	4	
30000 valent	6250 L			

Les 3 quarts	3 ſ	1 d
le demi	2 ſ	1 d
le quart	1 ſ	
le huitiéme		6 d
Les 2 tiers	2 ſ	9 d
le tiers	1 ſ	5 d
le ſixiéme		8 d
le douziéme		4 d

A 4 ſ 2 d par Jour, pour 1 An revient à 76 L 10 d

2 valent		8 ſ	6
3 valent		12 ſ	9
4 valent		17 ſ	
5 valent	1 L	1 ſ	3
6 valent	1 L	5 ſ	6
7 valent	1 L	9 ſ	9
8 valent	1 L	14 ſ	
9 valent	1 L	18 ſ	3
10 valent	2 L	2 ſ	6
11 valent	2 L	6 ſ	9
12 valent	2 L	11 ſ	
13 valent	2 L	15 ſ	3
14 valent	2 L	19 ſ	6
15 valent	3 L	3 ſ	9
16 valent	3 L	8 ſ	
17 valent	3 L	12 ſ	3
18 valent	3 L	16 ſ	6
19 valent	4 L		9
20 valent	4 L	5 ſ	
21 valent	4 L	9 ſ	3
22 valent	4 L	13 ſ	6
23 valent	4 L	17 ſ	9
24 valent	5 L	2 ſ	
25 valent	5 L	6 ſ	3
26 valent	5 L	10 ſ	6
27 valent	5 L	14 ſ	9
28 valent	5 L	19 ſ	
29 valent	6 L	3 ſ	3
30 valent	6 L	7 ſ	6
31 valent	6 L	11 ſ	9
32 valent	6 L	16 ſ	
33 valent	7 L		3
34 valent	7 L	4 ſ	6
35 valent	7 L	8 ſ	9
36 valent	7 L	13 ſ	
37 valent	7 L	17 ſ	3
38 valent	8 L	1 ſ	6

39 valent	8 L	5 ſ	9
40 valent	8 L	10 ſ	
50 valent	10 L	12 ſ	6
60 valent	12 L	15 ſ	
70 valent	14 L	17 ſ	6
80 valent	17 L	[illegible]	
90 valent	19 L	2 ſ	6
100 valent	21 L	5 ſ	
200 valent	42 L	10 ſ	
300 valent	63 L	15 ſ	
400 valent	85 L		
500 valent	106 L	5 ſ	
600 valent	127 L	10 ſ	
700 valent	148 L	15 ſ	
800 valent	170 L		
900 valent	191 L	5 ſ	
1000 valent	212 L	10 ſ	
2000 valent	425 L		
3000 valent	637 L	10 ſ	
4000 valent	850 L		
5000 valent	1062 L	10 ſ	
6000 valent	1275 L		
7000 valent	1487 L	10 ſ	
8000 valent	1700 L		
9000 valent	1912 L	10 ſ	
10000 valent	2125 L		
20000 valent	4250 L		
30000 valent	6375 L		

Les 3 quarts	3 ſ	2 d
le demi	2 ſ	1 d
le quart.	1 ſ	1 d
le huitiéme		6 d
Les 2 tiers	2 ſ	10 d
le tiers	1 ſ	5 d
le ſixieme		8 d
le douziéme		4 d

A 4 ſ 3 d par Jour, pour 1 An revient à 77 L 11 ſ 3 d

A 4 Sols 4 Deniers la chose.

2 valent	8 ſ 8
3 valent	13 ſ
4 valent	17 ſ 4
5 valent	1 L 1 ſ 8
6 valent	1 L 6 ſ
7 valent	1 L 10 ſ 4
8 valent	1 L 14 ſ 8
9 valent	1 L 19 ſ
10 valent	2 L 3 ſ 4
11 valent	2 L 7 ſ 8
12 valent	2 L 12 ſ
13 valent	2 L 16 ſ 4
14 valent	3 L 8
15 valent	3 L 5 ſ
16 valent	3 L 9 ſ 4
17 valent	3 L 13 ſ 8
18 valent	3 L 18 ſ
19 valent	4 L 2 ſ 4
20 valent	4 L 6 ſ 8
21 valent	4 L 11 ſ
22 valent	4 L 15 ſ 4
23 valent	4 L 19 ſ 8
24 valent	5 L 4 ſ
25 valent	5 L 8 ſ 4
26 valent	5 L 12 ſ 8
27 valent	5 L 17 ſ
28 valent	6 L 1 ſ 4
29 valent	6 L 5 ſ 8
30 valent	6 L 10 ſ
31 valent	6 L 14 ſ 4
32 valent	6 L 18 ſ 8
33 valent	7 L 3 ſ
34 valent	7 L 7 ſ 4
35 valent	7 L 11 ſ 8
36 valent	7 L 16 ſ
37 valent	8 L 4
38 valent	8 L 4 ſ 8
39 valent	8 L 9 ſ
40 valent	8 L 13 ſ 4
50 valent	10 L 16 ſ 8
60 valent	13 L
70 valent	15 L 3 ſ 4
80 valent	17 L 6 ſ 8
90 valent	19 L 10
100 valent	21 L 13 ſ 4
200 valent	43 L 6 ſ 8
300 valent	65 L
400 valent	86 L 13 ſ 4
500 valent	108 L 6 ſ 8
600 valent	130 L
700 valent	151 L 13 ſ 4
800 valent	173 L 6 ſ 8
900 valent	195 L
1000 valent	216 L 13 ſ 4
2000 valent	433 L 6 ſ 8
3000 valent	650 L
4000 valent	866 L 13 ſ 4
5000 valent	1083 L 6 ſ 8
6000 valent	1300 L
7000 valent	1516 L 13 ſ 4
8000 valent	1733 L 6 ſ 8
9000 valent	1950 L
10000 valent	2166 L 13 ſ 4
20000 valent	4333 L 6 ſ 8
30000 valent	6500 L

Les 3 quarts	3 ſ 3 d
le demi	2 ſ 2 d
le quart	1 ſ 1 d
le huitiéme	6 d
Les 2 tiers	2 ſ 10 d
le tiers	1 ſ 5 d
le ſixiéme	8 d
le douziéme	4 d

A 4 ſ 4 d par Jour, pour 1 An revient à 79 L 1 ſ 8 d.

2 valent		8 ſ	10
3 valent		13 ſ	3
4 valent		17 ſ	8
5 valent	1 L	2 ſ	1
6 valent	1 L	6 ſ	6
7 valent	1 L	10 ſ	11
8 valent	1 L	15 ſ	4
9 valent	1 L	19 ſ	9
10 valent	2 L	4 ſ	2
11 valent	2 L	8 ſ	7
12 valent	2 L	13 ſ	
13 valent	2 L	17 ſ	5
14 valent	3 L	1 ſ	10
15 valent	3 L	6 ſ	3
16 valent	3 L	10 ſ	8
17 valent	3 L	15 ſ	1
18 valent	3 L	19 ſ	6
19 valent	4 L	3 ſ	11
20 valent	4 L	8 ſ	4
21 valent	4 L	12 ſ	9
22 valent	4 L	17 ſ	2
23 valent	5 L	1 ſ	7
24 valent	5 L	6 ſ	
25 valent	5 L	10 ſ	5
26 valent	5 L	14 ſ	10
27 valent	5 L	19 ſ	3
28 valent	6 L	3 ſ	8
29 valent	6 L	8 ſ	1
30 valent	6 L	12 ſ	6
31 valent	6 L	16 ſ	11
32 valent	7 L	1 ſ	4
33 valent	7 L	5 ſ	9
34 valent	7 L	10 ſ	2
35 valent	7 L	14 ſ	7
36 valent	7 L	19 ſ	
37 valent	8 L	3 ſ	5
38 valent	8 L	7 ſ	10
39 valent	8 L	12 ſ	3
40 valent	8 L	16 ſ	8
50 valent	11 L		10
60 valent	13 L	5 ſ	
70 valent	15 L	9 ſ	2
80 valent	17 L	13 ſ	4
90 valent	19 L	17 ſ	6
100 valent	22 L	1 ſ	8
200 valent	44 L	3 ſ	4
300 valent	66 L	5 ſ	
400 valent	88 L	6 ſ	8
500 valent	110 L	8 ſ	4
600 valent	132 L	10 ſ	
700 valent	154 L	11 ſ	8
800 valent	176 L	13 ſ	4
900 valent	198 L	15 ſ	
1000 valent	220 L	16 ſ	8
2000 valent	441 L	13 ſ	4
3000 valent	662 L	10 ſ	
4000 valent	883 L	6 ſ	8
5000 valent	1104 L	3 ſ	4
6000 valent	1325 L		
7000 valent	1545 L	16 ſ	8
8000 valent	1766 L	13 ſ	4
9000 valent	1987 L	10 ſ	
10000 valent	2208 L	6 ſ	8
20000 valent	4416 L	13 ſ	4
30000 valent	6625 L		

Les 3 quarts	3 ſ	3 d
le demi	2 ſ	2 d
le quart	1 ſ	1 d
le huitiéme		6 d
Les 2 tiers	2 ſ	11 d
le tiers	1 ſ	6 d
le ſixiéme		9 d
le douziéme		4 d

A 4 ſ 5 d par Jour, pour 1 An revient à 80 L 12 ſ 1 d

2 valent		9 ſ	
3 valent		13 ſ	6
4 valent		18 ſ	
5 valent	1 L	2 ſ	6
6 valent	1 L	7 ſ	
7 valent	1 L	11 ſ	6
8 valent	1 L	16 ſ	
9 valent	2 L		6
10 valent	2 L	5 ſ	
11 valent	2 L	9 ſ	6
12 valent	2 L	14 ſ	
13 valent	2 L	18 ſ	6
14 valent	3 L	3 ſ	
15 valent	3 L	7 ſ	6
16 valent	3 L	12 ſ	
17 valent	3 L	16 ſ	6
18 valent	4 L	1 ſ	
19 valent	4 L	5 ſ	6
20 valent	4 L	10 ſ	
21 valent	4 L	14 ſ	6
22 valent	4 L	19 ſ	
23 valent	5 L	3 ſ	6
24 valent	5 L	8 ſ	
25 valent	5 L	12 ſ	6
26 valent	5 L	17 ſ	
27 valent	6 L	1 ſ	6
28 valent	6 L	6 ſ	
29 valent	6 L	10 ſ	6
30 valent	6 L	15 ſ	
31 valent	6 L	19 ſ	6
32 valent	7 L	4 ſ	
33 valent	7 L	8 ſ	6
34 valent	7 L	13 ſ	
35 valent	7 L	17 ſ	6
36 valent	8 L	2 ſ	
37 valent	8 L	6	6
38 valent	8 L	11 ſ	

39 valent	8 L	15 ſ	6
40 valent	9 L		
50 valent	11 L	5 ſ	
60 valent	13 L	10 ſ	
70 valent	15 L	15 ſ	
80 valent	18 L		
90 valent	20 L	5 ſ	
100 valent	22 L	10 ſ	
200 valent	45 L		
300 valent	67 L	10 ſ	
400 valent	90 L		
500 valent	112 L	10 ſ	
600 valent	135 L		
700 valent	157 L	10 ſ	
800 valent	180 L		
900 valent	202 L	10 ſ	
1000 valent	225 L		
2000 valent	450 L		
3000 valent	675 L		
4000 valent	900 L		
5000 valent	1125 L		
6000 valent	1350 L		
7000 valent	1575 L		
8000 valent	1800 L		
9000 valent	2025 L		
10000 valent	2250 L		
20000 valent	4500 L		
30000 valent	6750 L		

Les 3 quarts	3 ſ	4 d
le demi	2 ſ	3 d
le quart	1 ſ	1 d
le huitiéme		6 d
Les 2 tiers	3 ſ	
le tiers	1 ſ	6 d
le ſixiéme		9 d
le douziéme		4 d

A 4 ſ 6 d par Jour, pour 1 An revient à 82 L 2 ſ 6 d

2 valent		9 ſ	2
3 valent		13 ſ	9
4 valent		18 ſ	4
5 valent	1 L	2 ſ	11
6 valent	1 L	7 ſ	6
7 valent	1 L	12 ſ	1
8 valent	1 L	16 ſ	8
9 valent	2 L	1 ſ	3
10 valent	2 L	5 ſ	10
11 valent	2 L	10 ſ	5
12 valent	2 L	15 ſ	
13 valent	2 L	19 ſ	7
14 valent	3 L	4 ſ	2
15 valent	3 L	8 ſ	9
16 valent	3 L	13 ſ	4
17 valent	3 L	17 ſ	11
18 valent	4 L	2 ſ	6
19 valent	4 L	7 ſ	1
20 valent	4 L	11 ſ	8
21 valent	4 L	16 ſ	3
22 valent	5 L		10
23 valent	5 I	5 ſ	5
24 valent	5 L	10 ſ	
25 valent	5 L	14 ſ	7
26 valent	5 L	19 ſ	2
27 valent	6 L	3 ſ	9
28 valent	6 L	8 ſ	4
29 valent	6 L	12 ſ	11
30 valent	6 L	17 ſ	6
31 valent	7 L	2 ſ	1
32 valent	7 L	6 ſ	8
33 valent	7 L	11 ſ	3
34 valent	7 L	15 ſ	10
35 valent	8 L		5
36 valent	8 L	5 ſ	
37 valent	8 L	9 ſ	7
38 valent	8 L	14 ſ	2
39 valent	8 L	18 ſ	9
40 valent	9 L	3 ſ	4
50 valent	11 L	9 ſ	2
60 valent	13 L	15 ſ	
70 valent	16 L		10
80 valent	18 L	6 ſ	8
90 valent	20 L	12 ſ	6
100 valent	22 L	18 ſ	4
200 valent	45 L	16 ſ	8
300 valent	68 L	15 ſ	
400 valent	91 L	13 ſ	4
500 valent	114 L	11 ſ	8
600 valent	137 L	10 ſ	
700 valent	160 L	8 ſ	4
800 valent	183 L	6 ſ	8
900 valent	206 L	5 ſ	
1000 valent	229 L	3 ſ	4
2000 valent	458 L	6 ſ	8
3000 valent	687 L	10 ſ	
4000 valent	916 L	13 ſ	4
5000 valent	1145 L	16 ſ	8
6000 valent	1375 L		
7000 valent	1604 L	3 ſ	4
8000 valent	1833 L	6 ſ	8
9000 valent	2062 L	10 ſ	
10000 valent	2291 L	13 ſ	4
20000 valent	4583 L	6 ſ	8
30000 valent	6875 L		

Les 3 quarts	3 ſ	5 d
le demi	2 ſ	3 d
le quart	1 ſ	2 d
le huitiéme		7 d
Les 2 tiers	3 ſ	
le tiers	1 ſ	6 d
le ſixiéme		9 d
le douziéme		4 d

A 4 ſ 7 d par Jour, pour 1 An revient à 83 L 12 ſ 11 d

A 4 Sols 8 Deniers la choſe.

2 valent		9 ſ	4
3 valent		14 ſ	
4 valent		18 ſ	8
5 valent	1 L	3 ſ	4
6 valent	1 L	8 ſ	
7 valent	1 L	12 ſ	8
8 valent	1 L	17 ſ	4
9 valent	2 L	2 ſ	
10 valent	2 L	6 ſ	8
11 valent	2 L	11 ſ	4
12 valent	2 L	16 ſ	
13 valent	3 L		8
14 valent	3 L	5 ſ	4
15 valent	3 L	10 ſ	
16 valent	3 L	14 ſ	8
17 valent	3 L	19 ſ	4
18 valent	4 L	4 ſ	
19 valent	4 L	8 ſ	8
20 valent	4 L	13 ſ	4
21 valent	4 L	18 ſ	
22 valent	5 L	2 ſ	8
23 valent	5 L	7 ſ	4
24 valent	5 L	12 ſ	
25 valent	5 L	16 ſ	8
26 valent	6 L	1 ſ	4
27 valent	6 L	6 ſ	
28 valent	6 L	10 ſ	8
29 valent	6 L	15 ſ	4
30 valent	7 L		
31 valent	7 L	4 ſ	8
32 valent	7 L	9 ſ	4
33 valent	7 L	14 ſ	
34 valent	7 L	18 ſ	8
35 valent	8 L	3 ſ	4
36 valent	8 L	8 ſ	
37 valent	8 L	12 ſ	8
38 valent	8 L	17 ſ	4
39 valent	9 L	2 ſ	
40 valent	9 L	6 ſ	8
50 valent	11 L	13 ſ	4
60 valent	14 L		
70 valent	16 L	6 ſ	8
80 valent	18 L	13 ſ	4
90 valent	21 L		
100 valent	23 L	6 ſ	8
200 valent	46 L	13 ſ	4
300 valent	70 L		
400 valent	93 L	6 ſ	8
500 valent	116 L	13 ſ	4
600 valent	140 L		
700 valent	163 L	6 ſ	8
800 valent	186 L	13 ſ	4
900 valent	210 L		
1000 valent	233 L	6 ſ	8
2000 valent	466 L	13 ſ	4
3000 valent	700 L		
4000 valent	933 L	6 ſ	8
5000 valent	1166 L	13 ſ	4
6000 valent	1400 L		
7000 valent	1633 L	6 ſ	8
8000 valent	1866 L	13 ſ	4
9000 valent	2100 L		
10000 valent	2333 L	6 ſ	8
20000 valent	4666 L	13 ſ	4
30000 valent	7000 L		

Les 3 quarts	3 ſ	6 d
le demi	2 ſ	4 d
le quart	1 ſ	2 d
le huitiéme		7 d
Les 2 tiers	3 ſ	1 d
le tiers	1 ſ	6 d
le ſixiéme		9 d
le douziéme		4 d

A 4 ſ 8 d par Jour, pour 1 An revient à 85 L 3 ſ 4 d

A 4 Sols 9 Deniers la chose.

2 valent	9 ſ 6
3 valent	14 ſ 3
4 valent	19 ſ
5 valent	1 L 3 ſ 9
6 valent	1 L 8 ſ 6
7 valent	1 L 13 ſ 3
8 valent	1 L 18 ſ
9 valent	2 L 2 ſ 9
10 valent	2 L 7 ſ 6
11 valent	2 L 12 ſ 3
12 valent	2 L 17 ſ
13 valent	3 L 1 ſ 9
14 valent	3 L 6 ſ 6
15 valent	3 L 11 ſ 3
16 valent	3 L 16 ſ
17 valent	4 L 9
18 valent	4 L 5 ſ 6
19 valent	4 L 10 ſ 3
20 valent	4 L 15 ſ
21 valent	4 L 19 ſ 9
22 valent	5 L 4 ſ 6
23 valent	5 L 9 ſ 3
24 valent	5 L 14 ſ
25 valent	5 L 18 ſ 9
26 valent	6 L 3 ſ 6
27 valent	6 L 8 ſ 3
28 valent	6 L 13 ſ
29 valent	6 L 17 ſ 9
30 valent	7 L 2 ſ 6
31 valent	7 L 7 ſ 3
32 valent	7 L 12 ſ
33 valent	7 L 16 ſ 9
34 valent	8 L 1 ſ 6
35 valent	8 L 6 ſ 3
36 valent	8 L 11 ſ
37 valent	8 L 15 ſ 9
38 valent	9 L 6
39 valent	9 L 5 ſ 3
40 valent	9 L 10 ſ
50 valent	11 L 17 ſ 6
60 valent	14 L 5 ſ
70 valent	16 L 12 ſ 6
80 valent	19 L
90 valent	21 L 7 ſ 6
100 valent	23 L 15 ſ
200 valent	47 L 10 ſ
300 valent	71 L 5 ſ
400 valent	95 L
500 valent	118 L 15 ſ
600 valent	142 L 10 ſ
700 valent	166 L 5 ſ
800 valent	190 L
900 valant	213 L 15 ſ
1000 valent	237 L 10 ſ
2000 valent	475 L
3000 valent	712 L 10 ſ
4000 valent	950 L
5000 valent	1187 L 10 ſ
6000 valent	1425 L
7000 valent	1662 L 10 ſ
8000 valent	1900 L
9000 valent	2137 L 10 ſ
10000 valent	2375 L
20000 valent	4750 L
30000 valent	7125 L

Les 3 quarts	3 ſ 6 d
le demi	2 ſ 4 d
le quart	1 ſ 2 d
le huitiéme	7 d
Les 2 tiers	3 ſ 2 d
le tiers	1 ſ 7 d
le sixiéme	9 d
le douziéme	5 d

A 4 ſ 9 d par Jour, pour 1 An revient à 86 L 13 ſ 9 d

A 4 Sols 10 Deniers la chose.

2 valent		9 ſ	8
3 valent		14 ſ	6
4 valent		19 ſ	4
5 valent	1 L	4 ſ	2
6 valent	1 L	9 ſ	
7 valent	1 L	13 ſ	10
8 valent	1 L	18 ſ	8
9 valent	2 L	3 ſ	6
10 valent	2 L	8 ſ	4
11 valent	2 L	13 ſ	2
12 valent	2 L	18 ſ	
13 valent	3 L	2 ſ	10
14 valent	3 L	7 ſ	8
15 valent	3 L	12 ſ	6
16 valent	3 L	17 ſ	4
17 valent	4 L	2 ſ	2
18 valent	4 L	7 ſ	
19 valent	4 L	11 ſ	10
20 valent	4 L	16 ſ	8
21 valent	5 L	1 ſ	6
22 valent	5 L	6 ſ	4
23 valent	5 L	11 ſ	2
24 valent	5 L	16 ſ	
25 valent	6 L		10
26 valent	6 L	5 ſ	8
27 valent	6 L	10 ſ	6
28 valent	6 L	15 ſ	4
29 valent	7 L		2
30 valent	7 L	5 ſ	
31 valent	7 L	9 ſ	10
32 valent	7 L	14 ſ	8
33 valent	7 L	19 ſ	6
34 valent	8 L	4 ſ	4
35 valent	8 L	9 ſ	2
36 valent	8 L	14 ſ	
37 valeat	8 L	18 ſ	10
38 valent	9 L	3 ſ	8
39 valent	9 L	8 ſ	6
40 valent	9 L	13 ſ	4
50 valent	12 L	1 ſ	8
60 valent	14 L	10 ſ	
70 valent	16 L	18 ſ	4
80 valent	19 L	6 ſ	8
90 valent	21 L	15 ſ	
100 valent	24 L	3 ſ	4
200 valent	48 L	6 ſ	8
300 valent	72 L	10 ſ	
400 valent	96 L	13 ſ	4
500 valent	120 L	16 ſ	8
600 valent	145 L		
700 valent	169 L	3 ſ	4
800 valent	193 L	6 ſ	8
900 valent	217 L	10 ſ	
1000 valent	241 L	13 ſ	4
2000 valent	483 L	6 ſ	8
3000 valent	725 L		
4000 valent	966 L	13 ſ	4
5000 valent	1208 L	6 ſ	8
6000 valent	1450 L		
7000 valent	1691 L	13 ſ	4
8000 valent	1933 L	6 ſ	8
9000 valent	2175 L		
10000 valent	2416 L	13 ſ	4
20000 valent	4833 L	6 ſ	8
30000 valent	7250 L		

Les 3 quarts	3 ſ	7 d
le demi	2 ſ	5 d
le quart	1 ſ	2 d
le huitiéme		7 d
Les 2 tiers	3 ſ	2 d
le tiers	1 ſ	7 d
le ſixiéme		9 d
le douziéme		5 d

A 4 ſ 10 d par Jour, pour 1 An revient à 88 L 4 ſ 2 d

2 valent		9 ſ	10		39 valent	9 L	11 ſ	9
3 valent		14 ſ	9		40 valent	9 L	16 ſ	8
4 valent		19 ſ	8		50 valent	12 L	5 ſ	10
5 valent	1 L	4 ſ	7		60 valent	1[illegible] L	15 ſ	
6 valent	1 L	9 ſ	6		70 valent	17 L	4 ſ	2
7 valent	1 L	14 ſ	5		80 valent	19 L	13 ſ	4
8 valent	1 L	19 ſ	4		90 valent	22 L	2 ſ	6
9 valent	2 L	4 ſ	3		100 valent	24 L	11 ſ	8
10 valent	2 L	9 ſ	2		200 valent	49 L	3 ſ	4
11 valent	2 L	14 ſ	1		300 valent	73 L	15 ſ	
12 valent	2 L	19 ſ			400 valent	98 L	6 ſ	8
13 valent	3 L	3 ſ	11		500 valent	122 L	18 ſ	4
14 valent	3 L	8 ſ	10		600 valent	147 L	10 ſ	
15 valent	3 L	13 ſ	9		700 valent	172 L	1 ſ	8
16 valent	3 L	18 ſ	8		800 valent	196 L	13 ſ	4
17 valent	4 L	3 ſ	7		900 valent	221 L	5 ſ	
18 valent	4 L	8 ſ	6		1000 valent	245 L	16 ſ	8
19 valent	4 L	13 ſ	5		2000 valent	491 L	13 ſ	4
20 valent	4 L	18 ſ	4		3000 valent	737 L	10 ſ	
21 valent	5 L	3 ſ	3		4000 valent	983 L	6 ſ	8
22 valent	5 L	8 ſ	2		5000 valent	1229 L	3 ſ	4
23 valent	5 L	13 ſ	1		6000 valent	1475 L		
24 valent	5 L	18 ſ			7000 valent	1720 L	16 ſ	8
25 valent	6 L	2 ſ	11		8000 valent	1966 L	13 ſ	4
26 valent	6 L	7 ſ	10		9000 valent	2212 L	10 ſ	
27 valent	6 L	12 ſ	9		10000 valent	2458 L	6 ſ	8
28 valent	6 L	17 ſ	8		20000 valent	4916 L	13 ſ	4
29 valent	7 L	2 ſ	7		30000 valent	7375 L		
30 valent	7 L	7 ſ	6					
31 valent	7 L	12 ſ	5		Les 3 quarts	3 ſ	8 d	
32 valent	7 L	17 ſ	4		le demi	2 ſ	5 d	
33 valent	8 L	2 ſ	3		le quart	1 ſ	3 d	
34 valent	8 L	7 ſ	2		le huitiéme		7 d	
35 valent	8 L	12 ſ	1		Les 2 tiers	3 ſ	3 d	
36 valent	8 L	17 ſ			le tiers	1 ſ	8 d	
37 valent	9 L	1 ſ	11		le ſixiéme		10 d	
38 valent	9 L	6 ſ	10		le douziéme		5 d	

A 4 ſ 11 d par Jour, pour 1 An revient à 89 L 14 ſ 7 d

	L	ſ
2 valent		10 ſ
3 valent		15 ſ
4 valent	1 L	
5 valent	1 L	5 ſ
6 valent	1 L	10 ſ
7 valent	1 L	15 ſ
8 valent	2 L	
9 valent	2 L	5 ſ
10 valent	2 L	10 ſ
11 valent	2 L	15 ſ
12 valent	3 L	
13 valent	3 L	5 ſ
14 valent	3 L	10 ſ
15 valent	3 L	15 ſ
16 valent	4 L	
17 valent	4 L	5 ſ
18 valent	4 L	10 ſ
19 valent	4 L	15 ſ
20 valent	5 L	
21 valent	5 L	5 ſ
22 valent	5 L	10 ſ
23 valent	5 L	15 ſ
24 valent	6 L	
25 valent	6 L	5 ſ
26 valent	6 L	10 ſ
27 valent	6 L	15 ſ
28 valent	7 L	
29 valent	7 L	5 ſ
30 valent	7 L	10 ſ
31 valent	7 L	15 ſ
32 valent	8 L	
33 valent	8 L	5 ſ
34 valent	8 L	10 ſ
35 valent	8 L	15 ſ
36 valent	9 L	
37 valent	9 L	5 ſ
38 valent	9 L	10 ſ
39 valent	9 L	15 ſ
40 valent	10 L	
50 valent	12 L	10 ſ
60 valent	15 L	
70 valent	17 L	10 ſ
80 valent	20 L	
90 valent	22 L	10 ſ
100 valent	25 L	
200 valent	50 L	
300 valent	75 L	
400 valent	100 L	
500 valent	125 L	
600 valent	150 L	
700 valent	175 L	
800 valent	200 L	
900 valent	225 L	
1000 valent	250 L	
2000 valent	500 L	
3000 valent	750 L	
4000 valent	1000 L	
5000 valent	1250 L	
6000 valent	1500 L	
7000 valent	1750 L	
8000 valent	2000 L	
9000 valent	2250 L	
10000 valent	2500 L	
20000 valent	5000 L	
30000 valent	7500 L	

	ſ	d
Les 3 quarts	3 ſ	9 d
le demi	2 ſ	6 d
le quart	1 ſ	3 d
le huitiéme		7 d
Les 2 tiers	3 ſ	4 d
le tiers	1 ſ	8 d
le ſixiéme		10 d
le douziéme		5 d

A 5 ſ par Jour, pour 1 An revient à 91 L 5 ſ

2 valent		10 ſ	2
3 valent		15 ſ	3
4 valent	1 L		4
5 valent	1 L	5 ſ	5
6 valent	1 L	10 ſ	6
7 valent	1 L	15 ſ	7
8 valent	2 L		8
9 valent	2 L	5 ſ	9
10 valent	2 L	10 ſ	10
11 valent	2 L	15 ſ	11
12 valent	3 L	1 ſ	
13 valent	3 L	6 ſ	1
14 valent	3 L	11 ſ	2
15 valent	3 L	16 ſ	3
16 valent	4 L	1 ſ	4
17 valent	4 L	6 ſ	5
18 valent	4 L	11 ſ	6
19 valent	4 L	16 ſ	7
20 valent	5 L	1 ſ	8
21 valent	5 L	6 ſ	9
22 valent	5 L	11 ſ	10
23 valent	5 L	16 ſ	11
24 valent	6 L	2 ſ	
25 valent	6 L	7 ſ	1
26 valent	6 L	12 ſ	2
27 valent	6 L	17 ſ	3
28 valent	7 L	2 ſ	4
29 valent	7 L	7 ſ	5
30 valent	7 L	12 ſ	6
31 valent	7 L	17 ſ	7
32 valent	8 L	2 ſ	8
33 valent	8 L	7 ſ	9
34 valent	8 L	12 ſ	10
35 valent	8 L	17 ſ	11
36 valent	9 L	3 ſ	
37 valent	9 L	8 ſ	1
38 valent	9 L	13 ſ	2
39 valent	9 L	18 ſ	3
40 valent	10 L	3 ſ	4
50 valent	12 L	14 ſ	2
60 valent	15 L	5 ſ	
70 valent	17 L	15 ſ	10
80 valent	20 L	6 ſ	8
90 valent	22 L	17 ſ	6
100 valent	25 L	8 ſ	4
200 valent	50 L	16 ſ	8
300 valent	76 L	5 ſ	
400 valent	101 L	13 ſ	4
500 valent	127 L	1 ſ	8
600 valent	152 L	10 ſ	
700 valent	177 L	18 ſ	4
800 valent	203 L	6 ſ	8
900 valent	228 L	15 ſ	
1000 valent	254 L	3 ſ	4
2000 valent	508 L	6 ſ	8
3000 valent	762 L	10 ſ	
4000 valent	1016 L	13 ſ	4
5000 valent	1270 L	16 ſ	8
6000 valent	1525 L		
7000 valent	1779 L	3 ſ	4
8000 valent	2033 L	6 ſ	8
9000 valent	2287 L	10 ſ	
10000 valent	2541 L	13 ſ	4
20000 valent	5083 L	6 ſ	8
30000 valent	7625 L		

Les 3 quarts	3 ſ	9 d
le demi	2 ſ	6 d
le quart	1 ſ	3 d
le huitiéme		8 d
Les 2 tiers	3 ſ	4 d
le tiers	1 ſ	8 d
le ſixiéme		10 d
le douziéme		5 d

A 5 ſ 1 d par Jour, pour 1 An revient à 92 L 15 ſ 5 d

A 5 Sols 2 Deniers la choſe.

2 valent		10 ſ	4
3 valent		15 ſ	6
4 valent	1 L		8
5 valent	1 L	5 ſ	10
6 valent	1 L	11 ſ	
7 valent	1 L	16 ſ	2
8 valent	2 L	1 ſ	4
9 valent	2 L	6 ſ	6
10 valent	2 L	11 ſ	8
11 valent	2 L	16 ſ	10
12 valent	3 L	2 ſ	
13 valent	3 L	7 ſ	2
14 valent	3 L	12 ſ	4
15 valent	3 L	17 ſ	6
16 valent	4 L	2 ſ	8
17 valent	4 L	7 ſ	10
18 valent	4 L	13 ſ	
19 valent	4 L	18 ſ	2
20 valent	5 L	3 ſ	4
21 valent	5 L	8 ſ	6
22 valent	5 L	13 ſ	8
23 valent	5 L	18 ſ	10
24 valent	6 L	4 ſ	
25 valent	6 L	9 ſ	2
26 valent	6 L	14 ſ	4
27 valent	6 L	19 ſ	6
28 valent	7 L	4 ſ	8
29 valent	7 L	9 ſ	10
30 valent	7 L	15 ſ	
31 valent	8 L		2
32 valent	8 L	5 ſ	4
33 valent	8 L	10 ſ	6
34 valent	8 L	15 ſ	8
35 valent	9 L		10
36 valent	9 L	6 ſ	
37 valent	9 L	11 ſ	2
38 valent	9 L	16 ſ	4
39 valent	10 L	1 ſ	6
40 valent	10 L	6 ſ	8
50 valent	12 L	18 ſ	4
60 valent	15 L	10 ſ	
70 valent	18 L	1 ſ	8
80 valent	20 L	13 ſ	4
90 valent	23 L	5 ſ	
100 valent	25 L	16 ſ	8
200 valent	51 L	13 ſ	4
300 valent	77 L	10 ſ	
400 valent	103 L	6 ſ	8
500 valent	129 L	3 ſ	4
600 valent	155 L		
700 valent	180 L	16 ſ	8
800 valent	206 L	13 ſ	4
900 valent	232 L	10 ſ	
1000 valent	258 L	6 ſ	8
2000 valent	516 L	13 ſ	4
3000 valent	775 L		
4000 valent	1033 L	6 ſ	8
5000 valent	1291 L	13 ſ	4
6000 valent	1550 L		
7000 valent	1808 L	6 ſ	8
8000 valent	2066 L	13 ſ	4
9000 valent	2325 L		
10000 valent	2583 L	6 ſ	8
20000 valent	5166 L	13 ſ	4
30000 valent	7750 L		

Les 3 quarts	3 ſ	10 d
le demi	2 ſ	7 d
le quart	1 ſ	4 d
le huitiéme		8 d
Les 2 tiers	3 ſ	6 d
le tiers	1 ſ	9 d
le ſixiéme		10 d
le douziéme		5 d

A 5 ſ 2 d par Jour, pour 1 An revient à 94 L 5 ſ 10 d.

2 valent	10 ſ 6
3 valent	15 ſ 9
4 valent	1 L 1 ſ
5 valent	1 L 6 ſ 3
6 valent	1 L 11 ſ 6
7 valent	1 L 16 ſ 9
8 valent	2 L 2 ſ
9 valent	2 L 7 ſ 3
10 valent	2 L 12 ſ 6
11 valent	2 L 17 ſ 9
12 valent	3 L 3 ſ
13 valent	3 L 8 ſ 3
14 valent	3 L 13 ſ 6
15 valent	3 L 18 ſ 9
16 valent	4 L 4 ſ
17 valent	4 L 9 ſ 3
18 valent	4 L 14 ſ 6
19 valent	4 L 19 ſ 9
20 valent	5 L 5 ſ
21 valent	5 L 10 ſ 3
22 valent	5 L 15 ſ 6
23 valent	6 L 9
24 valent	6 L 6 ſ
25 valent	6 L 11 ſ 3
26 valent	6 L 16 ſ 6
27 valent	7 L 1 ſ 9
28 valent	7 L 7 ſ
29 valent	7 L 12 ſ 3
30 valent	7 L 17 ſ 6
31 valent	8 L 2 ſ 9
32 valent	8 L 8 ſ
33 valent	8 L 13 ſ 3
34 valent	8 L 18 ſ 6
35 valent	9 L 3 ſ 9
36 valent	9 L 9 ſ
37 valent	9 L 14 ſ 3
38 valent	9 L 19 ſ 6
39 valent	10 L 4 ſ 9
40 valent	10 L 10 ſ
50 valent	13 L 2 ſ 6
60 valent	15 L 15 ſ
70 valent	18 L 7 ſ 6
80 valent	21 L
90 valent	23 L 12 ſ 6
100 valent	26 L 5 ſ
200 valent	52 L 10 ſ
300 valent	78 L 15 ſ
400 valent	105 L
500 valent	131 L 5 ſ
600 valent	157 L 10 ſ
700 valent	183 L 15 ſ
800 valent	210 L
900 valent	236 L 5 ſ
1000 valent	262 L 10 ſ
2000 valent	525 L
3000 valent	787 L 10 ſ
4000 valent	1050 L
5000 valent	1312 L 10 ſ
6000 valent	1575 L
7000 valent	1837 L 16 ſ
8000 valent	2100 L
9000 valent	2362 L 10 ſ
10000 valent	2625 L
20000 valent	5250 L
30000 valent	7875 L

Les 3 quarts	3 ſ 11 d
le demi	2 ſ 7 d
le quart	1 ſ 4 d
le huitiéme	8 d
Les 2 tiers	3 ſ 6 d
le tiers	1 ſ 9 d
le ſixieme	10 d
le douziéme	5 d

A 5 ſ 3 d par Jour, pour 1 An revient à 95 L 16 ſ 3 d

A 5 Sols 4 Deniers la chose.

2 valent		10 ſ 8
3 valent		16 ſ
4 valent	1 L	1 ſ 4
5 valent	1 L	6 ſ 8
6 valent	1 L	12 ſ
7 valent	1 L	17 ſ 4
8 valent	2 L	2 ſ 8
9 valent	2 L	8 ſ
10 valent	2 L	13 ſ 4
11 valent	2 L	18 ſ 8
12 valent	3 L	4 ſ
13 valent	3 L	9 ſ 4
14 valent	3 L	14 ſ 8
15 valent	4 L	
16 valent	4 L	5 ſ 4
17 valent	4 L	10 ſ 8
18 valent	4 L	16 ſ
19 valent	5 L	1 ſ 4
20 valent	5 L	6 ſ 8
21 valent	5 L	12 ſ
22 valent	5 L	17 ſ 4
23 valent	6 L	2 ſ 8
24 valent	6 L	8 ſ
25 valent	6 L	13 ſ 4
26 valent	6 L	18 ſ 8
27 valent	7 L	4 ſ
28 valent	7 L	9 ſ 4
29 valent	7 L	14 ſ 8
30 valent	8 L	
31 valent	8 L	5 ſ 4
32 valent	8 L	10 ſ 8
33 valent	8 L	16 ſ
34 valent	9 L	1 ſ 4
35 valent	9 L	6 ſ 8
36 valent	9 L	12 ſ
37 valent	9 L	17 ſ 4
38 valent	10 L	2 ſ 8
39 valent	10 L	8 ſ
40 valent	10 L	13 ſ 4
50 valent	13 L	6 ſ 8
60 valent	16 L	
70 valent	18 L	13 ſ 4
80 valent	21 L	6 ſ 8
90 valent	24 L	
100 valent	26 L	13 ſ 4
200 valent	53 L	6 ſ 8
300 valent	80 L	
400 valent	106 L	13 ſ 4
500 valent	133 L	6 ſ 8
600 valent	160 L	
700 valent	186 L	13 ſ 4
800 valent	213 L	6 ſ 8
900 valent	240 L	
1000 valent	266 L	13 ſ 4
2000 valent	533 L	6 ſ 8
3000 valent	800 L	
4000 valent	1066 L	13 ſ 4
5000 valent	1333 L	6 ſ 8
6000 valent	1600 L	
7000 valent	1866 L	13 ſ 4
8000 valent	2133 L	6 ſ 8
9000 valent	2400 L	
10000 valent	2666 L	13 ſ 4
20000 valent	5333 L	6 ſ 8
30000 valent	8000 L	

Les 3 quarts	4 ſ
le demi	2 ſ 8 d
le quart	1 ſ 4 d
le huitiéme	8 d
Les 2 tiers	3 ſ 6 d
le tiers	1 ſ 9 d
le ſixiéme	11 d
le douziéme	5 d

A 5 ſ 4 d par Jour, pour 1 An revient à 97 L 6 ſ 8 d

2 valent		10 ſ	10
3 valent		16 ſ	3
4 valent	1 L	1 ſ	8
5 valent	1 L	7 ſ	1
6 valent	1 L	12 ſ	6
7 valent	1 L	17 ſ	11
8 valent	2 L	3 ſ	4
9 valent	2 L	8 ſ	9
10 valent	2 L	14 ſ	2
11 valent	2 L	19 ſ	7
12 valent	3 L	5 ſ	
13 valent	3 L	10 ſ	5
14 valent	3 L	15 ſ	10
15 valent	4 L	1 ſ	3
16 valent	4 L	6 ſ	8
17 valent	4 L	12 ſ	1
18 valent	4 L	17 ſ	6
19 valent	5 L	2 ſ	11
20 valent	5 L	8 ſ	4
21 valent	5 L	13 ſ	9
22 valent	5 L	19 ſ	2
23 valent	6 L	4 ſ	7
24 valent	6 L	10 ſ	
25 valent	6 L	15 ſ	5
26 valent	7 L		10
27 valent	7 L	6 ſ	3
28 valent	7 L	11 ſ	8
29 valent	7 L	17 ſ	1
30 valent	8 L	2 ſ	6
31 valent	8 L	7 ſ	11
32 valent	8 L	13 ſ	4
33 valent	8 L	18 ſ	9
34 valent	9 L	4 ſ	2
35 valent	9 L	9 ſ	7
36 valent	9 L	15 ſ	
37 valent	10 L	ſ	5
38 valent	10 L	5 ſ	10
39 valent	10 L	11 ſ	3
40 valent	10 L	16 ſ	8
50 valent	13 L	10	10
60 valent	16 L	5 ſ	
70 valent	18 L	19 ſ	2
80 valent	21 L	13 ſ	4
90 valent	24 L	7 ſ	6
100 valent	27 L	1 ſ	8
200 valent	54 L	3 ſ	4
300 valent	81 L	5 ſ	
400 valent	108 L	6 ſ	8
500 valent	135 L	8 ſ	4
600 valent	162 L	10 ſ	
700 valent	189 L	11 ſ	8
800 valent	216 L	13 ſ	4
900 valent	243 L	15 ſ	
1000 valent	270 L	16 ſ	8
2000 valent	541 L	13 ſ	4
3000 valent	812 L	10 ſ	
4000 valent	1083 L	6 ſ	8
5000 valent	1354 L	3 ſ	4
6000 valent	1625 L		
7000 valent	1895 L	16 ſ	8
8000 valent	2166 L	13 ſ	4
9000 valent	2437 L	10 ſ	
10000 valent	2708 L	6 ſ	8
20000 valent	5416 L	13 ſ	4
30000 valent	8125 L		

Les 3 quarts	4 ſ	
le demi	2 ſ	8 d
le quart	1 ſ	4 d
le huitiéme		8 d
Les 2 tiers	3 ſ	7 d
le tiers	1 ſ	10 d
le ſixiéme		11 d
le douziéme		5 d

A 5 ſ 5 d par Jour, pour 1 An revient à 98 L 17 ſ 1 d

A 5 Sols 6 Deniers la choſe.

2 valent	11 ſ
3 valent	16 ſ 6
4 valent	1 L 2 ſ
5 valent	1 L 7 ſ 6
6 valent	1 L 13 ſ
7 valent	1 L 18 ſ 6
8 valent	2 L 4 ſ
9 valent	2 L 9 ſ 6
10 valent	2 L 15 ſ
11 valent	3 L ſ 6
12 valent	3 L 6 ſ
13 valent	3 L 11 ſ 6
14 valent	3 L 17 ſ
15 valent	4 L 2 ſ 6
16 valent	4 L 8 ſ
17 valent	4 L 13 ſ 6
18 valent	4 L 19 ſ
19 valent	5 L 4 ſ 6
20 valent	5 L 10 ſ
21 valent	5 L 15 ſ 6
22 valent	6 L 1 ſ
23 valent	6 L 6 ſ 6
24 valent	6 L 12 ſ
25 valent	6 L 17 ſ 6
26 valent	7 L 3 ſ
27 valent	7 L 8 ſ 6
28 valent	7 L 14 ſ
29 valent	7 L 19 ſ 6
30 valent	8 L 5 ſ
31 valent	8 L 10 ſ 6
32 valent	8 L 16 ſ
33 valent	9 L 1 ſ 6
34 valent	9 L 7 ſ
35 valent	9 L 12 ſ 6
36 valent	9 L 18 ſ
37 valent	10 L 3 6
38 valent	10 L 9 ſ
39 valent	10 L 14 ſ 6
40 valent	11 L
50 valent	13 L 15 ſ
60 valent	16 L 10 ſ
70 valent	19 L 5 ſ
80 valent	22 L
90 valent	24 L 15 ſ
100 valent	27 L 10 ſ
200 valent	55 L
300 valent	82 L 10 ſ
400 valent	110 L
500 valent	137 L 10 ſ
600 valent	165 L
700 valent	192 L 10 ſ
800 valent	220 L
900 valent	247 L 10 ſ
1000 valent	275 L
2000 valent	550 L
3000 valent	825 L
4000 valent	1100 L
5000 valent	1375 L
6000 valent	1650 L
7000 valent	1925 L
8000 valent	2200 L
9000 valent	2475 L
10000 valent	2750 L
20000 valent	5500 L
30000 valent	8250 L

Les 3 quarts	4 ſ 2 d
le demi	2 ſ 9 d
le quart	1 ſ 4 d
le huitiéme	8 d
Les 2 tiers	3 ſ 8 d
le tiers	1 ſ 10 d
le ſixiéme	11 d
le douziéme	5 d

A 5 ſ 6 d par Jour, pour 1 An revient à 100 L 7 ſ 6 d

A 5 Sols 7 Deniers la chose.

2 valent		11 ſ	2		39 valent	10 L	17 ſ	9
3 valent		16 ſ	9		40 valent	11 L	3 ſ	4
4 valent	1 L	3 ſ	4		50 valent	13 L	19 ſ	2
5 valent	1 L	7 ſ	11		60 valent	16 L	15 ſ	
6 valent	1 L	13 ſ	6		70 valent	19 L	10 ſ	10
7 valent	1 L	19 ſ	1		80 valent	22 L	6 ſ	8
8 valent	2 L	4 ſ	8		90 valent	25 L	2 ſ	6
9 valent	2 L	10 ſ	3		100 valent	27 L	18 ſ	4
10 valent	2 L	15 ſ	10		200 valent	55 L	16 ſ	8
11 valent	3 L	1 ſ	5		300 valent	83 L	15 ſ	
12 valent	3 L	7 ſ			400 valent	111 L	13 ſ	4
13 valent	3 L	12 ſ	7		500 valent	139 L	11 ſ	8
14 valent	3 L	18 ſ	2		600 valent	167 L	10 ſ	
15 valent	4 L	3 ſ	9		700 valent	195 L	8 ſ	4
16 valent	4 L	9 ſ	4		800 valent	223 L	6 ſ	8
17 valent	4 L	14 ſ	11		900 valent	251 L	5 ſ	
18 valent	5 L		6		1000 valent	279 L	3 ſ	4
19 valent	5 L	6 ſ	1		2000 valent	558 L	6 ſ	8
20 valent	5 L	11 ſ	8		3000 valent	837 L	10 ſ	
21 valent	5 L	17 ſ	3		4000 valent	1116 L	13 ſ	4
22 valent	6 L	2 ſ	10		5000 valent	1395 L	16 ſ	8
23 valent	6 L	8 ſ	5		6000 valent	1675 L		
24 valent	6 L	14 ſ			7000 valent	1954 L	3 ſ	4
25 valent	6 L	19 ſ	7		8000 valent	2233 L	6 ſ	8
26 valent	7 L	5 ſ	2		9000 valent	2512 L	10 ſ	
27 valent	7 L	10 ſ	9		10000 valent	2791 L	13 ſ	4
28 valent	7 L	16 ſ	4		20000 valent	5583 L	6 ſ	8
29 valent	8 L	1 ſ	11		30000 valent	8375 L		
30 valent	8 L	7 ſ	6					
31 valent	8 L	13 ſ	1		Les 3 quarts		4 ſ	3 d
32 valent	8 L	18 ſ	8		le demi		2 ſ	10 d
33 valent	9 L	4 ſ	3		le quart		1 ſ	5 d
34 valent	9 L	9 ſ	10		le huitiéme			8 d
35 valent	9 L	15 ſ	5		Les 2 tiers		3 ſ	8 d
36 valent	10 L	1 ſ			le tiers		1 ſ	10 d
37 valent	10 L	6 ſ	7		le ſixiéme			11 d
38 valent	10 L	12 ſ	2		le douziéme			5 d

A 5 ſ 7 d par Jour, pour 1 An revient à 101 L 17 ſ 11 d

2 valent	11 ſ 4
3 valent	17 ſ
4 valent	1 L 2 ſ 8
5 valent	1 L 8 ſ 4
6 valent	1 L 14 ſ
7 valent	1 L 19 ſ 8
8 valent	2 L 5 ſ 4
9 valent	2 L 11 ſ
10 valent	2 L 16 ſ 8
11 valent	3 L 2 ſ 4
12 valent	3 L 8 ſ
13 valent	3 L 13 ſ 8
14 valent	3 L 19 ſ 4
15 valent	4 L 5 ſ
16 valent	4 L 10 ſ 8
17 valent	4 L 16 ſ 4
18 valent	5 L 2 ſ
19 valent	5 L 7 ſ 8
20 valent	5 L 13 ſ 4
21 valent	5 L 19 ſ
22 valent	6 L 4 ſ 8
23 valent	6 L 10 ſ 4
24 valent	6 L 16 ſ
25 valent	7 L 1 ſ 8
26 valent	7 L 7 ſ 4
27 valent	7 L 13 ſ
28 valent	7 L 18 ſ 8
29 valent	8 L 4 ſ 4
30 valent	8 L 10 ſ
31 valent	8 L 15 ſ 8
32 valent	9 L 1 ſ 4
33 valent	9 L 7 ſ
34 valent	9 L 12 ſ 8
35 valent	9 L 18 ſ 4
36 valent	10 L 4 ſ
37 valent	10 L 9 ſ 8
38 valent	10 L 15 ſ 4
39 valent	11 L 1
40 valent	11 L 6 ſ 8
50 valent	14 L 3 ſ 4
60 valent	17 L
70 valent	19 L 16 ſ 8
80 valent	22 L 13 ſ 4
90 valent	25 L 10 ſ
100 valent	28 L 6 ſ 8
200 valent	56 L 13 ſ 4
300 valent	85 L
400 valent	113 L 6 ſ 8
500 valent	141 L 13 ſ 4
600 valent	170 L
700 valent	198 L 6 ſ 8
800 valent	226 L 13 ſ 4
900 valent	255 L
1000 valent	283 L 6 ſ 8
2000 valent	566 L 13 ſ 4
3000 valent	850 L
4000 valent	1133 L 6 ſ 8
5000 valent	1416 L 13 ſ 4
6000 valent	1700 L
7000 valent	1983 L 6 ſ 8
8000 valent	2266 L 13 ſ 4
9000 valent	2550 L
10000 valent	2833 L 6 ſ 8
20000 valent	5666 L 13 ſ 4
30000 valent	8500 L

Les 3 quarts	4 ſ 3 d
le demi	2 ſ 10 d
le quart	1 ſ 5 d
le huitiéme	8 d
Les 2 tiers	3 ſ 9 d
le tiers	1 ſ 10 d
le ſixiéme	11 d
le douziéme	6 d

A 5 ſ 8 d par Jour, pour 1 An revient à 103 L 8 ſ 4 d

A 5 Sols 9 Deniers la choſe.

2 valent		11 ſ	6
3 valent		17 ſ	3
4 valent	1 L	3 ſ	
5 valent	1 L	8 ſ	9
6 valent	1 L	14 ſ	6
7 valent	2 L		3
8 valent	2 L	6 ſ	
9 valent	2 L	11 ſ	9
10 valent	2 L	17 ſ	6
11 valent	3 L	3 ſ	3
12 valent	3 L	9 ſ	
13 valent	3 L	14 ſ	9
14 valent	4 L		6
15 valent	4 L	6 ſ	3
16 valent	4 L	12 ſ	
17 valent	4 L	17 ſ	9
18 valent	5 L	3 ſ	6
19 valent	5 L	9 ſ	3
20 valent	5 L	15 ſ	
21 valent	6 L		9
22 valent	6 L	6 ſ	6
23 valent	6 L	12 ſ	3
24 valent	6 L	18 ſ	
25 valent	7 L	3 ſ	9
26 valent	7 L	9 ſ	6
27 valent	7 L	15 ſ	3
28 valent	8 L	1 ſ	
29 valent	8 L	6 ſ	9
30 valent	8 L	12 ſ	6
31 valent	8 L	18 ſ	3
32 valent	9 L	4 ſ	
33 valent	9 L	9 ſ	9
34 valent	9 L	15 ſ	6
35 valent	10 L	1 ſ	3
36 valent	10 L	7 ſ	
37 valent	10 L	12 ſ	9
38 valent	10 L	18 ſ	6
39 valent	11 L	4 ſ	3
40 valent	11 L	10 ſ	
50 valent	14 L	7 ſ	6
60 valent	17 L	5 ſ	
70 valent	20 L	2 ſ	6
80 valent	23 L		
90 valent	25 L	17 ſ	6
100 valent	28 L	15 ſ	
200 valent	57 L	10 ſ	
300 valent	86 L	5 ſ	
400 valent	115 L		
500 valent	143 L	15 ſ	
600 valent	172 L	10 ſ	
700 valent	201 L	5 ſ	
800 valent	230 L		
900 valant	258 L	15 ſ	
1000 valent	287 L	10 ſ	
2000 valent	575 L		
3000 valent	862 L	10 ſ	
4000 valent	1150 L		
5000 valent	1437 L	10 ſ	
6000 valent	1725 L		
7000 valent	2012 L	10 ſ	
8000 valent	2300 L		
9000 valent	2587 L	10 ſ	
10000 valent	2875 L		
20000 valent	5750 L		
30000 valent	8625 L		

Les 3 quarts	4 ſ	3 d
le demi	2 ſ	10 d
le quart	1 ſ	5 d
le huitiéme		9 d
Les 2 tiers	3 ſ	10 d
le tiers	1 ſ	11 d
le ſixiéme		11 d
le douziéme		6 d

A 5 ſ 9 d par Jour, pour 1 An revient à 104 L 18 ſ 9 d

A 5 Sols 10 Deniers la chose.

2 valent		11 ſ	8	39 valent	11 L	7 ſ	6
3 valent		17 ſ	6	40 valent	11 L	13 ſ	4
4 valent	1 L	3 ſ	4	50 valent	14 L	11 ſ	8
5 valent	1 L	9 ſ	2	60 valent	17 L	10 ſ	
6 valent	1 L	15 ſ		70 valent	20 L	8 ſ	4
7 valent	2 L		10	80 valent	23 L	6 ſ	8
8 valent	2 L	6 ſ	8	90 valent	26 L	5 ſ	
9 valent	2 L	12 ſ	6	100 valent	29 L	3 ſ	4
10 valent	2 L	18 ſ	4	200 valent	58 L	6 ſ	8
11 valent	3 L	4 ſ	2	300 valent	87 L	10 ſ	
12 valent	3 L	10 ſ		400 valent	116 L	13 ſ	4
13 valent	3 L	15 ſ	10	500 valent	145 L	16 ſ	8
14 valent	4 L	1 ſ	8	600 valent	175 L		
15 valent	4 L	7 ſ	6	700 valent	204 L	3 ſ	4
16 valent	4 L	13 ſ	4	800 valent	233 L	6 ſ	8
17 valent	4 L	19 ſ	2	900 valent	262 L	10 ſ	
18 valent	5 L	5 ſ		1000 valent	291 L	13 ſ	4
19 valent	5 L	10 ſ	10	2000 valent	583 L	6 ſ	8
20 valent	5 L	16 ſ	8	3000 valent	875 L		
21 valent	6 L	2 ſ	6	4000 valent	1166 L	13 ſ	4
22 valent	6 L	8 ſ	4	5000 valent	1458 L	6 ſ	8
23 valent	6 L	14 ſ	2	6000 valent	1750 L		
24 valent	7 L			7000 valent	2041 L	13 ſ	4
25 valent	7 L	5 ſ	10	8000 valent	2333 L	6 ſ	8
26 valent	7 L	11 ſ	8	9000 valent	2625 L		
27 valent	7 L	17 ſ	6	10000 valent	2916 L	13 ſ	4
28 valent	8 L	3 ſ	4	20000 valent	5833 L	6 ſ	8
29 valent	8 L	9 ſ	2	30000 valent	8750 L		
30 valent	8 L	15 ſ					
31 valent	9 L		10	Les 3 quarts		4 ſ	4 d
32 valent	9 L	6 ſ	8	le demi		2 ſ	11 d
33 valent	9 L	12 ſ	6	le quart		1 ſ	5 d
34 valent	9 L	18 ſ	4	le huitiéme			9 d
35 valent	10 L	4 ſ	2	Les 2 tiers		3 ſ	10 d
36 valent	10 L	10 ſ		le tiers		1 ſ	11 d
37 valent	10 L	15 ſ	10	le ſixiéme		1 ſ	
38 valent	11 L	1 ſ	8	le douziéme			6 d

A 5 ſ 10 d, par Jour, pour 1 An revient à 106 L 9 ſ 2 d

A 5 Sols 11 Deniers la chose.

2 valent		11 ſ	10
3 valent		17 ſ	9
4 valent	1 L	3 ſ	8
5 valent	1 L	9 ſ	7
6 valent	1 L	15 ſ	6
7 valent	2 L	1 ſ	5
8 valent	2 L	7 ſ	4
9 valent	2 L	13 ſ	3
10 valent	2 L	19 ſ	2
11 valent	3 L	5 ſ	1
12 valent	3 L	11 ſ	
13 valent	3 L	16 ſ	11
14 valent	4 L	2 ſ	10
15 valent	4 L	8 ſ	9
16 valent	4 L	14 ſ	8
17 valent	5 L		7
18 valent	5 L	6 ſ	6
19 valent	5 L	12 ſ	5
20 valent	5 L	18 ſ	4
21 valent	6 L	4 ſ	3
22 valent	6 L	10 ſ	2
23 valent	6 L	16 ſ	1
24 valent	7 L	2 ſ	
25 valent	7 L	7 ſ	11
26 valent	7 L	13 ſ	10
27 valent	7 L	19 ſ	9
28 valent	8 L	5 ſ	8
29 valent	8 L	11 ſ	7
30 valent	8 L	17 ſ	6
31 valent	9 L	3 ſ	5
32 valent	9 L	9 ſ	4
33 valent	9 L	15 ſ	3
34 valent	10 L	1 ſ	2
35 valent	10 L	7 ſ	1
36 valent	10 L	13 ſ	
37 valent	10 L	18 ſ	11
38 valent	11 L	4 ſ	10
39 valent	11 L	10 ſ	9
40 valent	11 L	16 ſ	8
50 valent	14 L	15 ſ	10
60 valent	17 L	15 ſ	
70 valent	20 L	14 ſ	2
80 valent	23 L	13 ſ	4
90 valent	26 L	12 ſ	6
100 valent	29 L	11 ſ	8
200 valent	59 L	3 ſ	4
300 valent	88 L	15 ſ	
400 valent	118 L	6 ſ	8
500 valent	147 L	18 ſ	4
600 valent	177 L	10 ſ	
700 valent	207 L	1 ſ	8
800 valent	236 L	13 ſ	4
900 valent	266 L	5 ſ	
1000 valent	295 L	16 ſ	8
2000 valent	591 L	13 ſ	4
3000 valent	887 L	10 ſ	
4000 valent	1183 L	6 ſ	8
5000 valent	1479 L	3 ſ	4
6000 valent	1775 L		
7000 valent	2070 L	16 ſ	8
8000 valent	2366 L	13 ſ	4
9000 valent	2662 L	10 ſ	
10000 valent	2958 L	6 ſ	8
20000 valent	5916 L	13 ſ	4
30000 valent	8875 L		

Les 3 quarts	4 ſ	5 d
le demi	2 ſ	11 d
le quart	1 ſ	6 d
le huitiéme		9 d
Les 2 tiers	3 ſ	11 d
le tiers	2 ſ	
le ſixiéme	1 ſ	
le douziéme		6 d

A 5 ſ 11 d par Jour, pour 1 An revient à 107 L 19 ſ 7 d

A 6 Sols la chose.

2	valent		12 ſ
3	valent		18 ſ
4	valent	1 L	4 ſ
5	valent	1 L	10 ſ
6	valent	1 L	16 ſ
7	valent	2 L	2 ſ
8	valent	2 L	8 ſ
9	valent	2 L	14 ſ
10	valent	3 L	
11	valent	3 L	6 ſ
12	valent	3 L	12 ſ
13	valent	3 L	18 ſ
14	valent	4 L	4 ſ
15	valent	4 L	10 ſ
16	valent	4 L	16 ſ
17	valent	5 L	2 ſ
18	valent	5 L	8 ſ
19	valent	5 L	14 ſ
20	valent	6 L	
21	valent	6 L	6 ſ
22	valent	6 L	12 ſ
23	valent	6 L	18 ſ
24	valent	7 L	4 ſ
25	valent	7 L	10 ſ
26	valent	7 L	16 ſ
27	valent	8 L	2 ſ
28	valent	8 L	8 ſ
29	valent	8 L	14 ſ
30	valent	9 L	
31	valent	9 L	6 ſ
32	valent	9 L	12 ſ
33	valent	9 L	18 ſ
34	valent	10 L	4 ſ
35	valent	10 L	10 ſ
36	valent	10 L	16 ſ
37	valent	11 L	2 ſ
38	valent	11 L	8 ſ
39	valent	11 L	14 ſ
40	valent	12 L	
50	valent	15 L	
60	valent	18 L	
70	valent	21 L	
80	valent	24 L	
90	valent	27 L	
100	valent	30 L	
200	valent	60 L	
300	valent	90 L	
400	valent	120 L	
500	valent	150 L	
600	valent	180 L	
700	valent	210 L	
800	valent	240 L	
900	valent	270 L	
1000	valent	300 L	
2000	valent	600 L	
3000	valent	900 L	
4000	valent	1200 L	
5000	valent	1500 L	
6000	valent	1800 L	
7000	valent	2100 L	
8000	valent	2400 L	
9000	valent	2700 L	
10000	valent	3000 L	
20000	valent	6000 L	
30000	valent	9000 L	

Les 3 quarts	4 ſ	6 d
le demi	3 ſ	
le quart	1 ſ	6 d
le huitiéme		9 d
Les 2 tiers	4 ſ	
le tiers	2 ſ	
le ſixiéme	1 ſ	
le douziéme		6 d

A 6 ſ par Jour, pour 1 An revient à 109 L 10 ſ

A 6 Sols 1 Denier la chose.

2 valent		12 ſ	2
3 valent		18 ſ	3
4 valent	1 L	4 ſ	4
5 valent	1 L	10 ſ	5
6 valent	1 L	16 ſ	6
7 valent	2 L	2 ſ	7
8 valent	2 L	8 ſ	8
9 valent	2 L	14 ſ	9
10 valent	3 L		10
11 valent	3 L	6 ſ	11
12 valent	3 L	13 ſ	
13 valent	3 L	19 ſ	1
14 valent	4 L	5 ſ	2
15 valent	4 L	11 ſ	3
16 valent	4 L	17 ſ	4
17 valent	5 L	3 ſ	5
18 valent	5 L	9 ſ	6
19 valent	5 L	15 ſ	7
20 valent	6 L	1 ſ	8
21 valent	6 L	7 ſ	9
22 valent	6 L	13 ſ	10
23 valent	6 L	19 ſ	11
24 valent	7 L	6 ſ	
25 valent	7 L	12 ſ	1
26 valent	7 L	18 ſ	2
27 valent	8 L	4 ſ	3
28 valent	8 L	10 ſ	4
29 valent	8 L	16 ſ	5
30 valent	9 L	2 ſ	6
31 valent	9 L	8 ſ	7
32 valent	9 L	14 ſ	8
33 valent	10 L		9
34 valent	10 L	6 ſ	10
35 valent	10 L	12 ſ	11
36 valent	10 L	19 ſ	
37 valent	11 L	5 ſ	1
38 valent	11 L	11 ſ	2

39 valent	11 L	17 ſ	3
40 valent	12 L	3 ſ	4
50 valent	15 L	4 ſ	2
60 valent	18 L	5 ſ	
70 valent	21 L	5 ſ	10
80 valent	24 L	6 ſ	8
90 valent	27 L	7 ſ	6
100 valent	30 L	8 ſ	4
200 valent	60 L	16 ſ	8
300 valent	91 L	5 ſ	
400 valent	121 L	13 ſ	4
500 valent	152 L	1 ſ	8
600 valent	182 L	10 ſ	
700 valent	212 L	18 ſ	4
800 valent	243 L	6 ſ	8
900 valent	273 L	15 ſ	
1000 valent	304 L	3 ſ	4
2000 valent	608 L	6 ſ	8
3000 valent	912 L	10 ſ	
4000 valent	1216 L	13 ſ	4
5000 valent	1520 L	16 ſ	8
6000 valent	1825 L		
7000 valent	2129 L	3 ſ	4
8000 valent	2433 L	6 ſ	8
9000 valent	2737 L	10 ſ	
10000 valent	3041 L	13 ſ	4
20000 valent	6083 L	6 ſ	8
30000 valent	9125 L		

Les 3 quarts	4 ſ	6 d
le demi	3 ſ	
le quart	1 ſ	6 d
le huitiéme		9 d
Les 2 tiers	4 ſ	
le tiers	2 ſ	
le sixiéme	1 ſ	
le douziéme		6 d

A 6 ſ 1 d par Jour, pour 1 An revient à 111 L 5 d

A 6 Sols 2 Deniers la chose.

2	valent		12 ſ	4
3	valent		18 ſ	6
4	valent	1 L	4 ſ	8
5	valent	1 L	10 ſ	10
6	valent	1 L	17 ſ	
7	valent	2 L	3 ſ	2
8	valent	2 L	9 ſ	4
9	valent	2 L	15 ſ	6
10	valent	3 L	1 ſ	8
11	valent	3 L	7 ſ	10
12	valent	3 L	14 ſ	
13	valent	4 L		2
14	valent	4 L	6 ſ	4
15	valent	4 L	12 ſ	6
16	valent	4 L	18 ſ	8
17	valent	5 L	4 ſ	10
18	valent	5 L	11 ſ	
19	valent	5 L	17 ſ	2
20	valent	6 L	3 ſ	4
21	valent	6 L	9 ſ	6
22	valent	6 L	15 ſ	8
23	valent	7 L	1 ſ	10
24	valent	7 L	8 ſ	
25	valent	7 L	14 ſ	2
26	valent	8 L		4
27	valent	8 L	6 ſ	6
28	valent	8 L	12 ſ	8
29	valent	8 L	18 ſ	10
30	valent	9 L	5 ſ	
31	valent	9 L	11 ſ	2
32	valent	9 L	17 ſ	4
33	valent	10 L	3 ſ	6
34	valent	10 L	9 ſ	8
35	valent	10 L	15 ſ	10
36	valent	11 L	2 ſ	
37	valent	11 L	8 ſ	2
38	valent	11 L	14 ſ	4
39	valent	12 L		6
40	valent	12 L	6 ſ	8
50	valent	15 L	8 ſ	4
60	valent	18 L	10 ſ	
70	valent	21 L	11 ſ	8
80	valent	24 L	13 ſ	4
90	valent	27 L	15 ſ	
100	valent	30 L	16 ſ	8
200	valent	61 L	13 ſ	4
300	valent	92 L	10 ſ	
400	valent	123 L	6 ſ	8
500	valent	154 L	3 ſ	4
600	valent	185 L		
700	valent	215 L	16 ſ	8
800	valent	246 L	13 ſ	4
900	valent	277 L	10 ſ	
1000	valent	308 L	6 ſ	8
2000	valent	616 L	13 ſ	4
3000	valent	925 L		
4000	valent	1233 L	6 ſ	8
5000	valent	1541 L	13 ſ	4
6000	valent	1850 L		
7000	valent	2158 L	6 ſ	8
8000	valent	2466 L	13 ſ	4
9000	valent	2775 L		
10000	valent	3083 L	6 ſ	8
20000	valent	6166 L	13 ſ	4
30000	valent	9250 L		

Les 3 quarts	4 ſ	7 d
le demi	3 ſ	1 d
le quart	1 ſ	6 d
le huitiéme		9 d
Les 2 tiers	4 ſ	1 d
le tiers	2 ſ	1 d
le sixiéme	1 ſ	
le douziéme		6 d

A 6 ſ 2 d par Jour, pour 1 An revient à 142 L 10 ſ 10 d

2 valent	12 ſ 6
3 valent	18 ſ 9
4 valent	1 L 5 ſ
5 valent	1 L 11 ſ 3
6 valent	1 L 17 ſ 6
7 valent	2 L 3 ſ 9
8 valent	2 L 10 ſ
9 valent	2 L 16 ſ 3
10 valent	3 L 2 ſ 6
11 valent	3 L 8 ſ 9
12 valent	3 L 15 ſ
13 valent	4 L 1 ſ 3
14 valent	4 L 7 ſ 6
15 valent	4 L 13 ſ 9
16 valent	5 L
17 valent	5 L 6 ſ 3
18 valent	5 L 12 ſ 6
19 valent	5 L 18 ſ 9
20 valent	6 L 5 ſ
21 valent	6 L 11 ſ 3
22 valent	6 L 17 ſ 6
23 valent	7 L 3 ſ 9
24 valent	7 L 10 ſ
25 valent	7 L 16 ſ 3
26 valent	8 L 2 ſ 6
27 valent	8 L 8 ſ 9
28 valent	8 L 15 ſ
29 valent	9 L 1 ſ 3
30 valent	9 L 7 ſ 6
31 valent	9 L 13 ſ 9
32 valent	10 L
33 valent	10 L 6 ſ 3
34 valent	10 L 12 ſ 6
35 valent	10 L 18 ſ 9
36 valent	11 L 5 ſ
37 valent	11 L 11 ſ 3
38 valent	11 L 17 ſ 6

39 valent	12 L 3 ſ 9
40 valent	12 L 10 ſ
50 valent	15 L 12 ſ 6
60 valent	18 L 15 ſ
70 valent	21 L 17 ſ 6
80 valent	25 L
90 valent	28 L 2 ſ 6
100 valent	31 L 5 ſ
200 valent	62 L 10 ſ
300 valent	93 L 15 ſ
400 valent	125 L
500 valent	156 L 5 ſ
600 valent	187 L 10 ſ
700 valent	218 L 15 ſ
800 valent	250 L
900 valent	281 L 5 ſ
1000 valent	312 L 10 ſ
2000 valent	625 L
3000 valent	937 L 10 ſ
4000 valent	1250 L
5000 valent	1562 L 10 ſ
6000 valent	1875 L
7000 valent	2187 L 10 ſ
8000 valent	2500 L
9000 valent	2812 L 10 ſ
10000 valent	3125 L
20000 valent	6250 L
30000 valent	9375 L

Les 3 quarts	4 ſ 8 d
le demi	3 ſ 1 d
le quart	1 ſ 7 d
le huitiéme	9 d
Les 2 tiers	4 ſ 2 d
le tiers	2 ſ 1 d
le ſixieme	1 ſ
le douziéme	6 d

A 6 ſ 3 d par Jour, pour 1 An revient à 114 L 1 ſ 3 d

A 6 Sols 4 Deniers la choſe.

2	valent	12 ſ 8
3	valent	19 ſ
4	valent	1 L 5 ſ 4
5	valent	1 L 11 ſ 8
6	valent	1 L 18 ſ
7	valent	2 L 4 ſ 4
8	valent	2 L 10 ſ 8
9	valent	2 L 17 ſ
10	valent	3 L 3 ſ 4
11	valent	3 L 9 ſ 8
12	valent	3 L 16 ſ
13	valent	4 L 2 ſ 4
14	valent	4 L 8 ſ 8
15	valent	4 L 15 ſ
16	valent	5 L 1 ſ 4
17	valent	5 L 7 ſ 8
18	valent	5 L 14 ſ
19	valent	6 L 4
20	valent	6 L 6 ſ 8
21	valent	6 L 13 ſ
22	valent	6 L 19 ſ 4
23	valent	7 L 5 ſ 8
24	valent	7 L 12 ſ
25	valent	7 L 18 ſ 4
26	valent	8 L 4 ſ 8
27	valent	8 L 11 ſ
28	valent	8 L 17 ſ 4
29	valent	9 L 3 ſ 8
30	valent	9 L 10 ſ
31	valent	9 L 16 ſ 4
32	valent	10 L 2 ſ 8
33	valent	10 L 9 ſ
34	valent	10 L 15 ſ 4
35	valent	11 L 1 ſ 8
36	valent	11 L 8 ſ
37	valent	11 L 14 ſ 4
38	valent	12 L 8
39	valent	12 L 7 ſ
40	valent	12 L 13 ſ 4
50	valent	15 L 16 ſ 8
60	valent	19 L
70	valent	22 L 3 ſ 4
80	valent	25 L 6 ſ 8
90	valent	28 L 10 ſ
100	valent	31 L 13 ſ 4
200	valent	63 L 6 ſ 8
300	valent	95 L
400	valent	126 L 13 ſ 4
500	valent	158 L 6 ſ 8
600	valent	190 L
700	valent	221 L 13 ſ 4
800	valent	253 L 6 ſ 8
900	valent	285 L
1000	valent	316 L 13 ſ 4
2000	valent	633 L 6 ſ 8
3000	valent	950 L
4000	valent	1266 L 13 ſ 4
5000	valent	1583 L 6 ſ 8
6000	valent	1900 L
7000	valent	2216 L 13 ſ 4
8000	valent	2533 L 6 ſ 8
9000	valent	2850 L
10000	valent	3166 L 13 ſ 4
20000	valent	6333 L 6 ſ 8
30000	valent	9500 L

Les 3 quarts	4 ſ 9 d
le demi	3 ſ 2 d
le quart	1 ſ 7 d
le huitiéme	9 d
Les 2 tiers	4 ſ 2 d
le tiers	2 ſ 1 d
le ſixiéme	1 ſ
le douziéme	6 d

A 6 ſ 4 d par Jour, pour 1 An revient à 115 L 11 ſ 8 d

A 6 Sols 5 Deniers la choſe.

2 valent		12 ſ	10
3 valent		19 ſ	3
4 valent	1 L	5 ſ	8
5 valent	1 L	12 ſ	1
6 valent	1 L	18 ſ	6
7 valent	2 L	4 ſ	11
8 valent	2 L	11 ſ	4
9 valent	2 L	17 ſ	9
10 valent	3 L	4 ſ	2
11 valent	3 L	10 ſ	7
12 valent	3 L	17 ſ	
13 valent	4 L	3 ſ	5
14 valent	4 L	9 ſ	10
15 valent	4 L	16 ſ	3
16 valent	5 L	2 ſ	8
17 valent	5 L	9 ſ	1
18 valent	5 L	15 ſ	6
19 valent	6 L	1 ſ	11
20 valent	6 L	8 ſ	4
21 valent	6 L	14 ſ	9
22 valent	7 L	1 ſ	2
23 valent	7 L	7 ſ	7
24 valent	7 L	14 ſ	
25 valent	8 L		5
26 valent	8 L	6 ſ	10
27 valent	8 L	13 ſ	3
28 valent	8 L	19 ſ	8
29 valent	9 L	6 ſ	1
30 valent	9 L	12 ſ	6
31 valent	9 L	18 ſ	11
32 valent	10 L	5 ſ	4
33 valent	10 L	11 ſ	9
34 valent	10 L	18 ſ	2
35 valent	11 L	4 ſ	7
36 valent	11 L	11 ſ	
37 valent	11 L	17 ſ	5
38 valent	12 L	3 ſ	10
39 valent	12 L	10 ſ	3
40 valent	12 L	16 ſ	8
50 valent	16 L		10
60 valent	19 L	5 ſ	
70 valent	22 L	9 ſ	2
80 valent	25 L	13 ſ	4
90 valent	28 L	17 ſ	6
100 valent	32 L	1 ſ	8
200 valent	64 L	3 ſ	4
300 valent	96 L	5 ſ	
400 valent	128 L	6 ſ	8
500 valent	160 L	8 ſ	4
600 valent	192 L	10 ſ	
700 valent	224 L	11 ſ	8
800 valent	256 L	13 ſ	4
900 valent	288 L	15 ſ	
1000 valent	320 L	16 ſ	8
2000 valent	641 L	13 ſ	4
3000 valent	962 L	10 ſ	
4000 valent	1283 L	6 ſ	8
5000 valent	1604 L	3 ſ	4
6000 valent	1925 L		
7000 valent	2245 L	16 ſ	8
8000 valent	2566 L	13 ſ	4
9000 valent	2887 L	10 ſ	
10000 valent	3208 L	6 ſ	8
20000 valent	6416 L	13 ſ	4
30000 valent	9625 L		

Les 3 quarts	4 ſ	9 d
le demi	3 ſ	2 d
le quart	1 ſ	7 d
le huitiéme		9 d
Les 2 tiers	4 ſ	3 d
le tiers	2 ſ	2 d
le ſixiéme	1 ſ	1 d
le douziéme		6 d

A 6 ſ 5 d par Jour, pour 1 An revient à 117 L 2 ſ 1 d

A 6 Sols 6 Deniers la choſe.

2	valent	13 ſ
3	valent	19 ſ 6
4	valent	1 L 6 ſ
5	valent	1 L 12 ſ 6
6	valent	1 L 19 ſ
7	valent	2 L 5 ſ 6
8	valent	2 L 12 ſ
9	valent	2 L 18 ſ 6
10	valent	3 L 5 ſ
11	valent	3 L 11 ſ 6
12	valent	3 L 18 ſ
13	valent	4 L 4 ſ 6
14	valent	4 L 11 ſ
15	valent	4 L 17 ſ 6
16	valent	5 L 4 ſ
17	valent	5 L 10 ſ 6
18	valent	5 L 17 ſ
19	valent	6 L 3 ſ 6
20	valent	6 L 10 ſ
21	valent	6 L 16 ſ 6
22	valent	7 L 3 ſ
23	valent	7 L 9 ſ 6
24	valent	7 L 16 ſ
25	valent	8 L 2 ſ 6
26	valent	8 L 9 ſ
27	valent	8 L 15 ſ 6
28	valent	9 L 2 ſ
29	valent	9 L 8 ſ 6
30	valent	9 L 15 ſ
31	valent	10 L 1 ſ 6
32	valent	10 L 8 ſ
33	valent	10 L 14 ſ 6
34	valent	11 L 1 ſ
35	valent	11 L 7 ſ 6
36	valent	11 L 14 ſ
37	valent	12 L 6
38	valent	12 L 7 ſ
39	valent	12 L 13 ſ 6
40	valent	13 L
50	valent	16 L 5 ſ
60	valent	19 L 10 ſ
70	valent	22 L 15 ſ
80	valent	26 L
90	valent	29 L 5 ſ
100	valent	32 L 10 ſ
200	valent	65 L
300	valent	97 L 10 ſ
400	valent	130 L
500	valent	162 L 10 ſ
600	valent	195 L
700	valent	227 L 10 ſ
800	valent	260 L
900	valent	292 L 10 ſ
1000	valent	325 L
2000	valent	650 L
3000	valent	975 L
4000	valent	1300 L
5000	valent	1625 L
6000	valent	1950 L
7000	valent	2275 L
8000	valent	2600 L
9000	valent	2925 L
10000	valent	3250 L
20000	valent	6500 L
30000	valent	9750 L

Les 3 quarts	4 ſ 10 d
le demi	3 ſ 3 d
le quart	1 ſ 7 d
le huitiéme	10 d
Les 2 tiers	4 ſ 4 d
le tiers	2 ſ 2 d
le ſixiéme	1 ſ 1 d
le douziéme	6 d

A 6 ſ 6 d par Jour, pour 1 An revient à 118 L 12 ſ 6 d

A 6 Sols 7 Deniers la choſe.

2 valent			13 ſ	2
3 valent			19 ſ	9
4 valent		1 L	6 ſ	4
5 valent		1 L	12 ſ	11
6 valent		1 L	19 ſ	6
7 valent		2 L	6 ſ	1
8 valent		2 L	12 ſ	8
9 valent		2 L	19 ſ	3
10 valent		3 L	5 ſ	10
11 valent		3 L	12 ſ	5
12 valent		3 L	19 ſ	
13 valent		4 L	5 ſ	7
14 valent		4 L	12 ſ	2
15 valent		4 L	18 ſ	9
16 valent		5 L	5 ſ	4
17 valent		5 L	11 ſ	11
18 valent		5 L	18 ſ	6
19 valent		6 L	5 ſ	1
20 valent		6 L	11 ſ	8
21 valent		6 L	18 ſ	3
22 valent		7 L	4 ſ	10
23 valent		7 L	11 ſ	5
24 valent		7 L	18 ſ	
25 valent		8 L	4 ſ	7
26 valent		8 L	11 ſ	2
27 valent		8 L	17 ſ	9
28 valent		9 L	4 ſ	4
29 valent		9 L	10 ſ	11
30 valent		9 L	17 ſ	6
31 valent		10 L	4 ſ	1
32 valent		10 L	10 ſ	8
33 valent		10 L	17 ſ	3
34 valent		11 L	3 ſ	10
35 valent		11 L	10 ſ	5
36 valent		11 L	17 ſ	
37 valent		12 L	3 ſ	7
38 valent		12 L	10 ſ	2
39 valent		12 L	16 ſ	9
40 valent		13 L	3 ſ	4
50 valent		16 L	9 ſ	2
60 valent		19 L	15 ſ	
70 valent		23 L	ſ	10
80 valent		26 L	6 ſ	8
90 valent		29 L	12 ſ	6
100 valent		32 L	18 ſ	4
200 valent		65 L	16 ſ	8
300 valent		98 L	15 ſ	
400 valent		131 L	13 ſ	4
500 valent		164 L	11 ſ	8
600 valent		197 L	10 ſ	
700 valent		230 L	8 ſ	4
800 valent		263 L	6 ſ	8
900 valent		296 L	5 ſ	
1000 valent		329 L	3 ſ	4
2000 valent		658 L	6 ſ	8
3000 valent		987 L	10 ſ	
4000 valent		1316 L	13 ſ	4
5000 valent		1645 L	16 ſ	8
6000 valent		1975 L		
7000 valent		2304 L	3 ſ	4
8000 valent		2633 L	6 ſ	8
9000 valent		2962 L	10 ſ	
10000 valent		3291 L	13 ſ	4
20000 valent		6583 L	6 ſ	8
30000 valent		9875 L		

Les 3 quarts	4 ſ	11 d
le demi	3 ſ	3 d
le quart	1 ſ	8 d
le huitiéme		10 d
Les 2 tiers	4 ſ	4 d
le tiers	2 ſ	2 d
le ſixiéme	1 ſ	1 d
le douziéme		6 d

A 6 ſ 7 d par Jour, pour 1 An revient à 120 L 2 ſ 11 d

2 valent	13 ſ 4
3 valent	1 L
4 valent	1 L 6 ſ 8
5 valent	1 L 13 ſ 4
6 valent	2 L
7 valent	2 L 6 ſ 8
8 valent	2 L 13 ſ 4
9 valent	3 L
10 valent	3 L 6 ſ 8
11 valent	3 L 13 ſ 4
12 valent	4 L
13 valent	4 L 6 ſ 8
14 valent	4 L 13 ſ 4
15 valent	5 L
16 valent	5 L 6 ſ 8
17 valent	5 L 13 ſ 4
18 valent	6 L
19 valent	6 L 6 ſ 8
20 valent	6 L 13 ſ 4
21 valent	7 L
22 valent	7 L 6 ſ 8
23 valent	7 L 13 ſ 4
24 valent	8 L
25 valent	8 L 6 ſ 8
26 valent	8 L 13 ſ 4
27 valent	9 L
28 valent	9 L 6 ſ 8
29 valent	9 L 13 ſ 4
30 valent	10 L
31 valent	10 L 6 ſ 8
32 valent	10 L 13 ſ 4
33 valent	11 L
34 valent	11 L 6 ſ 8
35 valent	11 L 13 ſ 4
36 valent	12 L
37 valent	12 L 6 ſ 8
38 valent	12 L 13 ſ 4
39 valent	13 L
40 valent	13 L 6 ſ 8
50 valent	16 L 13 ſ 4
60 valent	20 L
70 valent	23 L 6 ſ 8
80 valent	26 L 13 ſ 4
90 valent	30 L
100 valent	33 L 6 ſ 8
200 valent	66 L 13 ſ 4
300 valent	100 L
400 valent	133 L 6 ſ 8
500 valent	166 L 13 ſ 4
600 valent	200 L
700 valent	233 L 6 ſ 8
800 valent	266 L 13 ſ 4
900 valent	300 L
1000 valent	333 L 6 ſ 8
2000 valent	666 L 13 ſ 4
3000 valent	1000 L
4000 valent	1333 L 6 ſ 8
5000 valent	1666 L 13 ſ 4
6000 valent	2000 L
7000 valent	2333 L 6 ſ 8
8000 valent	2666 L 13 ſ 4
9000 valent	3000 L
10000 valent	3333 L 6 ſ 8
20000 valent	6666 L 13 ſ 4
30000 valent	10000 L

Les 3 quarts	5 ſ
le demi	3 ſ 4 d
le quart	1 ſ 8 d
le huitiéme	10 d
Les 2 tiers	4 ſ 5 d
le tiers	2 ſ 3 d
le ſixiéme	1 ſ 1 d
le douziéme	7 d

A 6 ſ 8 d par Jour, pour 1 An revient à 121 L 13 ſ 4 d

A 6 Sols 9 Deniers la choſe.

2 valent			13 ſ	6
3 valent	1 L			3
4 valent	1 L		7 ſ	
5 valent	1 L		13 ſ	9
6 valent	2 L			6
7 valent	2 L		7 ſ	3
8 valent	2 L		14 ſ	
9 valent	3 L			9
10 valent	3 L		7 ſ	6
11 valent	3 L		14 ſ	3
12 valent	4 L		1 ſ	
13 valent	4 L		7 ſ	9
14 valent	4 L		14 ſ	6
15 valent	5 L		1 ſ	3
16 valent	5 L		8 ſ	
17 valent	5 L		14 ſ	9
18 valent	6 L		1 ſ	6
19 valent	6 L		8 ſ	3
20 valent	6 L		15 ſ	
21 valent	7 L		1 ſ	9
22 valent	7 L		8 ſ	6
23 valent	7 L		15 ſ	3
24 valent	8 L		2 ſ	
25 valent	8 L		8 ſ	9
26 valent	8 L		15 ſ	6
27 valent	9 L		2 ſ	3
28 valent	9 L		9 ſ	
29 valent	9 L		15 ſ	9
30 valent	10 L		2 ſ	6
31 valent	10 L		9 ſ	3
32 valent	10 L		16 ſ	
33 valent	11 L		2 ſ	9
34 valent	11 L		9 ſ	6
35 valent	11 L		16 ſ	3
36 valent	12 L		3 ſ	
37 valent	12 L		9 ſ	9
38 valent	12 L		16 ſ	6

39 valent	13 L	3 ſ	3
40 valent	13 L	10 ſ	
50 valent	16 L	17 ſ	6
60 valent	20 L	5 ſ	
70 valent	23 L	12 ſ	6
80 valent	27 L		
90 valent	30 L	7 ſ	6
100 valent	33 L	15 ſ	
200 valent	67 L	10 ſ	
300 valent	101 L	5 ſ	
400 valent	135 L		
500 valent	168 L	15 ſ	
600 valent	202 L	10 ſ	
700 valent	236 L	5 ſ	
800 valent	270 L		
900 valant	303 L	15 ſ	
1000 valent	337 L	10 ſ	
2000 valent	675 L		
3000 valent	1012 L	10 ſ	
4000 valent	1350 L		
5000 valent	1687 L	10 ſ	
6000 valent	2025 L		
7000 valent	2362 L	10 ſ	
8000 valent	2700 L		
9000 valent	3037 L	10 ſ	
10000 valent	3375 L		
20000 valent	6750 L		
30000 valent	10125 L		

Les 3 quarts	5 ſ	1 d
le demi	3 ſ	4 d
le quart	1 ſ	8 d
le huitiéme		10 d
Les 2 tiers	4 ſ	6 d
le tiers	2 ſ	3 d
le ſixiéme	1 ſ	1 d
le douziéme		7 d

A 6 ſ 9 d par Jour, pour 1 An revient à 123 L 3 ſ 9 d

A 6 Sols 10 Deniers la chose.

2 valent		13 ſ	8
3 valent	1 L		6
4 valent	1 L	7 ſ	4
5 valent	1 L	14 ſ	2
6 valent	2 L	1 ſ	
7 valent	2 L	7 ſ	10
8 valent	2 L	14 ſ	8
9 valent	3 L	1 ſ	6
10 valent	3 L	8 ſ	4
11 valent	3 L	15 ſ	2
12 valent	4 L	2 ſ	
13 valent	4 L	8 ſ	10
14 valent	4 L	15 ſ	8
15 valent	5 L	2 ſ	6
16 valent	5 L	9 ſ	4
17 valent	5 L	16 ſ	2
18 valent	6 L	3 ſ	
19 valent	6 L	9 ſ	10
20 valent	6 L	16 ſ	8
21 valent	7 L	3 ſ	6
22 valent	7 L	10 ſ	4
23 valent	7 L	17 ſ	2
24 valent	8 L	4 ſ	
25 valent	8 L	10 ſ	10
26 valent	8 L	17 ſ	8
27 valent	9 L	4 ſ	6
28 valent	9 L	11 ſ	4
29 valent	9 L	18 ſ	2
30 valent	10 L	5 ſ	
31 valent	10 L	11 ſ	10
32 valent	10 L	18 ſ	8
33 valent	11 L	5 ſ	6
34 valent	11 L	12 ſ	4
35 valent	11 L	19 ſ	2
36 valent	12 L	6 ſ	
37 valent	12 L	12 ſ	10
38 valent	12 L	19 ſ	8
39 valent	13 L	6 ſ	6
40 valent	13 L	13 ſ	4
50 valent	17 L	1 ſ	8
60 valent	20 L	10 ſ	
70 valent	23 L	18 ſ	4
80 valent	27 L	6 ſ	8
90 valent	30 L	15 ſ	
100 valent	34 L	3 ſ	4
200 valent	68 L	6 ſ	8
300 valent	102 L	10 ſ	
400 valent	136 L	13 ſ	4
500 valent	170 L	16 ſ	8
600 valent	205 L		
700 valent	239 L	3 ſ	4
800 valent	273 L	6 ſ	8
900 valent	307 L	10 ſ	
1000 valent	341 L	13 ſ	4
2000 valent	683 L	6 ſ	8
3000 valent	1025 L		
4000 valent	1366 L	13 ſ	4
5000 valent	1708 L	6 ſ	8
6000 valent	2050 L		
7000 valent	2391 L	13 ſ	4
8000 valent	2733 L	6 ſ	8
9000 valent	3075 L		
10000 valent	3416 L	13 ſ	4
20000 valent	6833 L	6 ſ	8
30000 valent	10250 L		

Les 3 quarts	5 ſ	1 d
le demi	3 ſ	5 d
le quart.	1 ſ	8 d
le huitiéme		10 d
Les 2 tiers	4 ſ	7 d
le tiers	2 ſ	3 d
le ſixiéme	1 ſ	1 d
le douziéme		7 d

A 6 ſ 10 d par Jour, pour 1 An revient à 124 L 14 ſ 2 d

A 6 Sols 11 Deniers la choſe.

2 valent			13 ſ	10
3 valent	1 L			9
4 valent	1 L		7 ſ	8
5 valent	1 L		14 ſ	7
6 valent	2 L		1 ſ	6
7 valent	2 L		8 ſ	5
8 valent	2 L		15 ſ	4
9 valent	3 L		2 ſ	3
10 valent	3 L		9 ſ	2
11 valent	3 L		16 ſ	1
12 valent	4 L		3 ſ	
13 valent	4 L		9 ſ	11
14 valent	4 L		16 ſ	10
15 valent	5 L		3 ſ	9
16 valent	5 L		10 ſ	8
17 valent	5 L		17 ſ	7
18 valent	6 L		4 ſ	6
19 valent	6 L		11 ſ	5
20 valent	6 L		18 ſ	4
21 valent	7 L		5 ſ	3
22 valent	7 L		12 ſ	2
23 valent	7 L		19 ſ	1
24 valent	8 L		6 ſ	
25 valent	8 L		12 ſ	11
26 valent	8 L		19 ſ	10
27 valent	9 L		6 ſ	9
28 valent	9 L		13 ſ	8
29 valent	10 L			7
30 valent	10 L		7 ſ	6
31 valent	10 L		14 ſ	5
32 valent	11 L		1 ſ	4
33 valent	11 L		8 ſ	3
34 valent	11 L		15 ſ	2
35 valent	12 L		2 ſ	1
36 valent	12 L		9 ſ	
37 valent	12 L		15 ſ	11
38 valent	13 L		2 ſ	10

39 valent	13 L	9 ſ	9
40 valent	13 L	16 ſ	8
50 valent	17 L	5 ſ	10
60 valent	20 L	15 ſ	
70 valent	24 L	4 ſ	2
80 valent	27 L	13 ſ	4
90 valent	31 L	2 ſ	6
100 valent	34 L	11 ſ	8
200 valent	69 L	3 ſ	4
300 valent	103 L	15 ſ	
400 valent	138 L	6 ſ	8
500 valent	172 L	18 ſ	4
600 valent	207 L	10 ſ	
700 valent	242 L	1 ſ	8
800 valent	276 L	13 ſ	4
900 valent	311 L	5 ſ	
1000 valent	345 L	16 ſ	8
2000 valent	691 L	13 ſ	4
3000 valent	1037 L	10 ſ	
4000 valent	1383 L	6 ſ	8
5000 valent	1729 L	3 ſ	4
6000 valent	2075 L		
7000 valent	2420 L	16 ſ	8
8000 valent	2766 L	13 ſ	4
9000 valent	3112 L	10 ſ	
10000 valent	3458 L	6 ſ	8
20000 valent	6916 L	13 ſ	4
30000 valent	10375 L		

Les 3 quarts	5 ſ	2 d
le demi	3 ſ	5 d
le quart	1 ſ	9 d
le huitiéme		10 d
Les 2 tiers	4 ſ	7 d
le tiers	2 ſ	4 d
le ſixiéme	1 ſ	2 d
le douziéme		7 d

A 6 ſ 11 d par Jour, pour 1 An revient à 126 L 4 ſ 7 d

2 valent	14 ſ
3 valent	1 L 1 ſ
4 valent	1 L 8 ſ
5 valent	1 L 15 ſ
6 valent	2 L 2 ſ
7 valent	2 L 9 ſ
8 valent	2 L 16 ſ
9 valent	3 L 3 ſ
10 valent	3 L 10 ſ
11 valent	3 L 17 ſ
12 valent	4 L 4 ſ
13 valent	4 L 11 ſ
14 valent	4 L 18 ſ
15 valent	5 L 5 ſ
16 valent	5 L 12 ſ
17 valent	5 L 19 ſ
18 valent	6 L 6 ſ
19 valent	6 L 13 ſ
20 valent	7 L
21 valent	7 L 7 ſ
22 valent	7 L 14 ſ
23 valent	8 L 1 ſ
24 valent	8 L 8 ſ
25 valent	8 L 15 ſ
26 valent	9 L 2 ſ
27 valent	9 L 9 ſ
28 valent	9 L 16 ſ
29 valent	10 L 3 ſ
30 valent	10 L 10 ſ
31 valent	10 L 17 ſ
32 valent	11 L 4 ſ
33 valent	11 L 11 ſ
34 valent	11 L 18 ſ
35 valent	12 L 5 ſ
36 valent	12 L 12 ſ
37 valent	12 L 19 ſ
38 valent	13 L 6 ſ
39 valent	13 L 13 ſ
40 valent	14 L
50 valent	17 L 10 ſ
60 valent	21 L
70 valent	24 L 10 ſ
80 valent	28 L
90 valent	31 L 10 ſ
100 valent	35 L
200 valent	70 L
300 valent	105 L
400 valent	140 L
500 valent	175 L
600 valent	210 L
700 valent	245 L
800 valent	280 L
900 valent	315 L
1000 valent	350 L
2000 valent	700 L
3000 valent	1050 L
4000 valent	1400 L
5000 valent	1750 L
6000 valent	2100 L
7000 valent	2450 L
8000 valent	2800 L
9000 valent	3150 L
10000 valent	3500 L
20000 valent	7000 L
30000 valent	10500 L

Les 3 quarts	5 ſ	3 d
le demi	3 ſ	6 d
le quart	1 ſ	9 d
le huitiéme		10 d
Les 2 tiers	4 ſ	8 d
le tiers	2 ſ	4 d
le ſixiéme	1 ſ	2 d
le douziéme		7 d

A 7 ſ par Jour, pour 1 An revient à 127 L 15 ſ

A 7 Sols 1 Denier la choſe.

2 valent		14 ſ	2
3 valent	1 L	1 ſ	3
4 valent	1 L	8 ſ	4
5 valent	1 L	15 ſ	5
6 valent	2 L	2 ſ	6
7 valent	2 L	9 ſ	7
8 valent	2 L	16 ſ	8
9 valent	3 L	3 ſ	9
10 valent	3 L	10 ſ	10
11 valent	3 L	17 ſ	11
12 valent	4 L	5 ſ	
13 valent	4 L	12 ſ	1
14 valent	4 L	19 ſ	2
15 valent	5 L	6 ſ	3
16 valent	5 L	13 ſ	4
17 valent	6 L		5
18 valent	6 L	7 ſ	6
19 valent	6 L	14 ſ	7
20 valent	7 L	1 ſ	8
21 valent	7 L	8 ſ	9
22 valent	7 L	15 ſ	10
23 valent	8 L	2 ſ	11
24 valent	8 L	10 ſ	
25 valent	8 L	17 ſ	1
26 valent	9 L	4 ſ	2
27 valent	9 L	11 ſ	3
28 valent	9 L	18 ſ	4
29 valent	10 L	5 ſ	5
30 valent	10 L	12 ſ	6
31 valent	10 L	19 ſ	7
32 valent	11 L	6 ſ	8
33 valent	11 L	13 ſ	9
34 valent	12 L		10
35 valent	12 L	7 ſ	11
36 valent	12 L	15 ſ	
37 valent	13 L	2 ſ	1
38 valent	13 L	9 ſ	2
39 valent	13 L	16 ſ	3
40 valent	14 L	3 ſ	4
50 valent	17 L	14 ſ	2
60 valent	21 L	5 ſ	
70 valent	24 L	15 ſ	10
80 valent	28 L	6 ſ	8
90 valent	31 L	17 ſ	6
100 valent	35 L	8 ſ	4
200 valent	70 L	16 ſ	8
300 valent	106 L	5 ſ	
400 valent	141 L	13 ſ	4
500 valent	177 L	1 ſ	8
600 valent	212 L	10 ſ	
700 valent	247 L	18 ſ	4
800 valent	283 L	6 ſ	8
900 valent	318 L	15 ſ	
1000 valent	354 L	3 ſ	4
2000 valent	708 L	6 ſ	8
3000 valent	1062 L	10 ſ	
4000 valent	1416 L	13 ſ	4
5000 valent	1770 L	16 ſ	8
6000 valent	2125 L		
7000 valent	2479 L	3 ſ	4
8000 valent	2833 L	6 ſ	8
9000 valent	3187 L	10 ſ	
10000 valent	3541 L	13 ſ	4
20000 valent	7083 L	6 ſ	8
30000 valent	10625 L		

Les 3 quarts	5 ſ	3 d
le demi	3 ſ	6 d
le quart	1 ſ	9 d
le huitiéme		10 d
Les 2 tiers	4 ſ	8 d
le tiers	2 ſ	4 d
le ſixiéme	1 ſ	2 d
le douziéme		7 d

A 7 ſ 1 d par Jour, pour 1 An revient à 129 L 5 ſ 5 d

A 7 Sols 2 Deniers la choſe.

2 valent		14 ſ	4
3 valent	1 L	1 ſ	6
4 valent	1 L	8 ſ	8
5 valent	1 L	15 ſ	10
6 valent	2 L	3 ſ	
7 valent	2 L	10 ſ	2
8 valent	2 L	17 ſ	4
9 valent	3 L	4 ſ	6
10 valent	3 L	11 ſ	8
11 valent	3 L	18 ſ	10
12 valent	4 L	6 ſ	
13 valent	4 L	13 ſ	2
14 valent	5 L		4
15 valent	5 L	7 ſ	6
16 valent	5 L	14 ſ	8
17 valent	6 L	1 ſ	10
18 valent	6 L	9 ſ	
19 valent	6 L	16 ſ	2
20 valent	7 L	3 ſ	4
21 valent	7 L	10 ſ	6
22 valent	7 L	17 ſ	8
23 valent	8 L	4 ſ	10
24 valent	8 L	12 ſ	
25 valent	8 L	19 ſ	2
26 valent	9 L	6 ſ	4
27 valent	9 L	13 ſ	6
28 valent	10 L		8
29 valent	10 L	7 ſ	10
30 valent	10 L	15 ſ	
31 valent	11 L	2 ſ	2
32 valent	11 L	9 ſ	4
33 valent	11 L	16 ſ	6
34 valent	12 L	3 ſ	8
35 valent	12 L	10 ſ	10
36 valent	12 L	18 ſ	
37 valent	13 L	5 ſ	2
38 valent	13 L	12 ſ	4
39 valent	13 L	19 ſ	6
40 valent	14 L	6 ſ	8
50 valent	17 L	18 ſ	4
60 valent	21 L	10 ſ	
70 valent	25 L	1 ſ	8
80 valent	28 L	13 ſ	4
90 valent	32 L	5 ſ	
100 valent	35 L	16 ſ	8
200 valent	71 L	13 ſ	4
300 valent	107 L	10 ſ	
400 valent	143 L	6 ſ	8
500 valent	179 L	3 ſ	4
600 valent	215 L		
700 valent	250 L	16 ſ	8
800 valent	286 L	13 ſ	4
900 valent	322 L	10 ſ	
1000 valent	358 L	6 ſ	8
2000 valent	716 L	13 ſ	4
3000 valent	1075 L		
4000 valent	1433 L	6 ſ	8
5000 valent	1791 L	13 ſ	4
6000 valent	2150 L		
7000 valent	2508 L	6 ſ	8
8000 valent	2866 L	13 ſ	4
9000 valent	3225 L		
10000 valent	3583 L	6 ſ	8
20000 valent	7166 L	13 ſ	4
30000 valent	10750 L		

Les 3 quarts	5 ſ	4 d
le demi	3 ſ	7 d
le quart	1 ſ	9 d
le huitiéme		11 d
Les 2 tiers	4 ſ	9 d
le tiers	2 ſ	5 d
le ſixiéme	1 ſ	2 d
le douziéme		7 d

A 7 ſ 2 d par Jour, pour 1 An revient à 130 L 15 ſ 10 d

2 valent		14 ſ 6	39 valent	14 L 2 ſ 9
3 valent	1 L	1 ſ 9	40 valent	14 L 10 ſ
4 valent	1 L	9 ſ	50 valent	18 L 2 ſ 6
5 valent	1 L	16 ſ 3	60 valent	21 L 15 ſ
6 valent	2 L	3 ſ 6	70 valent	25 L 7 ſ 6
7 valent	2 L	10 ſ 9	80 valent	29 L
8 valent	2 L	18 ſ	90 valent	32 L 12 ſ 6
9 valent	3 L	5 ſ 3	100 valent	36 L 5 ſ
10 valent	3 L	12 ſ 6	200 valent	72 L 10 ſ
11 valent	3 L	19 ſ 9	300 valent	108 L 15 ſ
12 valent	4 L	7 ſ	400 valent	145 L
13 valent	4 L	14 ſ 3	500 valent	181 L 5 ſ
14 valent	5 L	1 ſ 6	600 valent	217 L 10 ſ
15 valent	5 L	8 ſ 9	700 valent	253 L 15 ſ
16 valent	5 L	16 ſ	800 valent	290 L
17 valent	6 L	3 ſ 3	900 valent	326 L 5 ſ
18 valent	6 L	10 ſ 6	1000 valent	362 L 10 ſ
19 valent	6 L	17 ſ 9	2000 valent	725 L
20 valent	7 L	5 ſ	3000 valent	1087 L 10 ſ
21 valent	7 L	12 ſ 3	4000 valent	1450 L
22 valent	7 L	19 ſ 6	5000 valent	1812 L 10 ſ
23 valent	8 L	6 ſ 9	6000 valent	2175 L
24 valent	8 L	14 ſ	7000 valent	2537 L 10 ſ
25 valent	9 L	1 ſ 3	8000 valent	2900 L
26 valent	9 L	8 ſ 6	9000 valent	3262 L 10 ſ
27 valent	9 L	15 ſ 9	10000 valent	3625 L
28 valent	10 L	3 ſ	20000 valent	7250 L
29 valent	10 L	10 ſ 3	30000 valent	10875 L
30 valent	10 L	17 ſ 6		
31 valent	11 L	4 ſ 9	Lès 3 quarts	5 ſ 5 d
32 valent	11 L	12 ſ	le demi	3 ſ 7 d
33 valent	11 L	19 ſ 3	le quart	1 ſ 10 d
34 valent	12 L	6 ſ 6	le huitiéme	11 d
35 valent	12 L	13 ſ 9	Les 2 tiers	4 ſ 10 d
36 valent	13 L	1 ſ	le tiers	2 ſ 5 d
37 valent	13 L	8 ſ 3	le ſixieme	1 ſ 2 d
38 valent	13 L	15 ſ 6	le douziéme	7 d

A 7 ſ 3 d par Jour, pour 1 An revient à 132 L 6 ſ 3 d

A 7 Sols 4 Deniers la chose.

2 valent	14 ſ 8
3 valent	1 L 2 ſ
4 valent	1 L 9 ſ 4
5 valent	1 L 16 ſ 8
6 valent	2 L 4 ſ
7 valent	2 L 11 ſ 4
8 valent	2 L 18 ſ 8
9 valent	3 L 6 ſ
10 valent	3 L 13 ſ 4
11 valent	4 L 8
12 valent	4 L 8 ſ
13 valent	4 L 15 ſ 4
14 valent	5 L 2 ſ 8
15 valent	5 L 10 ſ
16 valent	5 L 17 ſ 4
17 valent	6 L 4 ſ 8
18 valent	6 L 12 ſ
19 valent	6 L 19 ſ 4
20 valent	7 L 6 ſ 8
21 valent	7 L 14 ſ
22 valent	8 L 1 ſ 4
23 valent	8 L 8 ſ 8
24 valent	8 L 16 ſ
25 valent	9 L 3 ſ 4
26 valent	9 L 10 ſ 8
27 valent	9 L 18 ſ
28 valent	10 L 5 ſ 4
29 valent	10 L 12 ſ 8
30 valent	11 L
31 valent	11 L 7 ſ 4
32 valent	11 L 14 ſ 8
33 valent	12 L 2 ſ
34 valent	12 L 9 ſ 4
35 valent	12 L 16 ſ 8
36 valent	13 L 4 ſ
37 valent	13 L 11 ſ 4
38 valent	13 L 18 ſ 8
39 valent	14 L 6 ſ
40 valent	14 L 13 ſ 4
50 valent	18 L 6 ſ 8
60 valent	22 L
70 valent	25 L 13 ſ 4
80 valent	29 L 6 ſ 8
90 valent	33 L
100 valent	36 L 13 ſ 4
200 valent	73 L 6 ſ 8
300 valent	110 L
400 valent	146 L 13 ſ 4
500 valent	183 L 6 ſ 8
600 valent	220 L
700 valent	256 L 13 ſ 4
800 valent	293 L 6 ſ 8
900 valent	330 L
1000 valent	366 L 13 ſ 4
2000 valent	733 L 6 ſ 8
3000 valent	1100 L
4000 valent	1466 L 13 ſ 4
5000 valent	1833 L 6 ſ 8
6000 valent	2200 L
7000 valent	2566 L 13 ſ 4
8000 valent	2933 L 6 ſ 8
9000 valent	3300 L
10000 valent	3666 L 13 ſ 4
20000 valent	7333 L 6 ſ 8
30000 valent	11000 L

Les 3 quarts	5 ſ 6 d
le demi	3 ſ 8 d
le quart	1 ſ 10 d
le huitiéme	11 d
Les 2 tiers	4 ſ 10 d
le tiers	2 ſ 5 d
le ſixiéme	1 ſ 3 d
le douziéme	7 d

A 7 ſ 4 d par Jour, pour 1 An revient à 133 L 16 ſ 8 d

A 7 Sols 5 Deniers la choſe.

2 valent		14 ſ	10	39 valent	14 L	9 ſ	3
3 valent	1 L	2 ſ	3	40 valent	14 L	16 ſ	8
4 valent	1 L	9 ſ	8	50 valent	18 L	10 ſ	10
5 valent	1 L	17 ſ	1	60 valent	22 L	5 ſ	
6 valent	2 L	4 ſ	6	70 valent	25 L	19 ſ	2
7 valent	2 L	11 ſ	11	80 valent	29 L	13 ſ	4
8 valent	2 L	19 ſ	4	90 valent	33 L	7 ſ	6
9 valent	3 L	6 ſ	9	100 valent	37 L	1 ſ	8
10 valent	3 L	14 ſ	2	200 valent	74 L	3 ſ	4
11 valent	4 L	1 ſ	7	300 valent	111 L	5 ſ	
12 valent	4 L	9 ſ		400 valent	148 L	6 ſ	8
13 valent	4 L	16 ſ	5	500 valent	185 L	8 ſ	4
14 valent	5 L	3 ſ	10	600 valent	222 L	10 ſ	
15 valent	5 L	11 ſ	3	700 valent	259 L	11 ſ	8
16 valent	5 L	18 ſ	8	800 valent	296 L	13 ſ	4
17 valent	6 L	6 ſ	1	900 valent	333 L	15 ſ	
18 valent	6 L	13 ſ	6	1000 valent	370 L	16 ſ	8
19 valent	7 L		11	2000 valent	741 L	13 ſ	4
20 valent	7 L	8 ſ	4	3000 valent	1112 L	10 ſ	
21 valent	7 L	15 ſ	9	4000 valent	1483 L	6 ſ	8
22 valent	8 L	3 ſ	2	5000 valent	1854 L	3 ſ	4
23 valent	8 L	10 ſ	7	6000 valent	2225 L		
24 valent	8 L	18 ſ		7000 valent	2595 L	16 ſ	8
25 valent	9 L	5 ſ	5	8000 valent	2966 L	13 ſ	4
26 valent	9 L	12 ſ	10	9000 valent	3337 L	10 ſ	
27 valent	10 L		3	10000 valent	3708 L	6 ſ	8
28 valent	10 L	7 ſ	8	20000 valent	7416 L	13 ſ	4
29 valent	10 L	15 ſ	1	30000 valent	11125 L		
30 valent	11 L	2 ſ	6				
31 valent	11 L	9 ſ	11	Les 3 quarts	5 ſ	6 d	
32 valent	11 L	17 ſ	4	le demi	3 ſ	8 d	
33 valent	12 L	4 ſ	9	le quart	1 ſ	10 d	
34 valent	12 L	12 ſ	2	le huitiéme		11 d	
35 valent	12 L	19 ſ	7	Les 2 tiers	4 ſ	11 d	
36 valent	13 L	7 ſ		le tiers	2 ſ	6 d	
37 valent	13 L	14 ſ	5	le ſixiéme	1 ſ	3 d	
38 valent	14 L	1 ſ	10	le douziéme		7 d	

A 7 ſ 5 d par Jour, pour 1 An revient à 135 L 7 ſ 1 d

2 valent		15 ſ		
3 valent	1 L	2 ſ	6	
4 valent	1 L	10 ſ		
5 valent	1 L	17 ſ	6	
6 valent	2 L	5 ſ		
7 valent	2 L	12 ſ	6	
8 valent	3 L			
9 valent	3 L	7 ſ	6	
10 valent	3 L	15 ſ		
11 valent	4 L	2 ſ	6	
12 valent	4 L	10 ſ		
13 valent	4 L	17 ſ	6	
14 valent	5 L	5 ſ		
15 valent	5 L	12 ſ	6	
16 valent	6 L			
17 valent	6 L	7 ſ	6	
18 valent	6 L	15 ſ		
19 valent	7 L	2 ſ	6	
20 valent	7 L	10 ſ		
21 valent	7 L	17 ſ	6	
22 valent	8 L	5 ſ		
23 valent	8 L	12 ſ	6	
24 valent	9 L			
25 valent	9 L	7 ſ	6	
26 valent	9 L	15 ſ		
27 valent	10 L	2 ſ	6	
28 valent	10 L	10 ſ		
29 valent	10 L	17 ſ	6	
30 valent	11 L	5 ſ		
31 valent	11 L	12 ſ	6	
32 valent	12 L			
33 valent	12 L	7 ſ	6	
34 valent	12 L	15 ſ		
35 valent	13 L	2 ſ	6	
36 valent	13 L	10 ſ		
37 valent	13 L	17 ſ	6	
38 valent	14 L	5 ſ		
39 valent	14 L	12 ſ	6	
40 valent	15 L			
50 valent	18 L	15 ſ		
60 valent	22 L	10 ſ		
70 valent	26 L	5 ſ		
80 valent	30 L			
90 valent	33 L	15 ſ		
100 valent	37 L	10 ſ		
200 valent	75 L			
300 valent	112 L	10 ſ		
400 valent	150 L			
500 valent	187 L	10 ſ		
600 valent	225 L			
700 valent	262 L	10 ſ		
800 valent	300 L			
900 valent	337 L	10 ſ		
1000 valent	375 L			
2000 valent	750 L			
3000 valent	1125 L			
4000 valent	1500 L			
5000 valent	1875 L			
6000 valent	2250 L			
7000 valent	2625 L			
8000 valent	3000 L			
9000 valent	3375 L			
10000 valent	3750 L			
20000 valent	7500 L			
30000 valent	11250 L			

Les 3 quarts	5 ſ	7 d
le demi	3 ſ	9 d
le quart	1 ſ	10 d
le huitiéme		11 d
Les 2 tiers	5 ſ	
le tiers	2 ſ	6 d
le ſixiéme	1 ſ	3 d
le douziéme		7 d

A 7 ſ 6 d par Jour, pour 1 An revient à 136 L 17 ſ 6 d

A 7 Sols 7 Deniers la choſe.

2 valent		15 ſ	2
3 valent	1 L	2 ſ	9
4 valent	1 L	10 ſ	4
5 valent	1 L	17 ſ	11
6 valent	2 L	5 ſ	6
7 valent	2 L	13 ſ	1
8 valent	3 L		8
9 valent	3 L	8 ſ	3
10 valent	3 L	15 ſ	10
11 valent	4 L	3 ſ	5
12 valent	4 L	11 ſ	
13 valent	4 L	18 ſ	7
14 valent	5 L	6 ſ	2
15 valent	5 L	13 ſ	9
16 valent	6 L	1 ſ	4
17 valent	6 L	8 ſ	11
18 valent	6 L	16 ſ	6
19 valent	7 L	4 ſ	1
20 valent	7 L	11 ſ	8
21 valent	7 L	19 ſ	3
22 valent	8 L	6 ſ	10
23 valent	8 L	14 ſ	5
24 valent	9 L	2 ſ	
25 valent	9 L	9 ſ	7
26 valent	9 L	17 ſ	2
27 valent	10 L	4 ſ	9
28 valent	10 L	12 ſ	4
29 valent	10 L	19 ſ	11
30 valent	11 L	7 ſ	6
31 valent	11 L	15 ſ	1
32 valent	12 L	2 ſ	8
33 valent	12 L	10 ſ	3
34 valent	12 L	17 ſ	10
35 valent	13 L	5 ſ	5
36 valent	13 L	13 ſ	
37 valent	14 L		7
38 valent	14 L	8 ſ	2
39 valent	14 L	15 ſ	9
40 valent	15 L	3 ſ	4
50 valent	18 L	19 ſ	2
60 valent	22 L	15 ſ	
70 valent	26 L	10 ſ	10
80 valent	30 L	6 ſ	8
90 valent	34 L	2 ſ	6
100 valent	37 L	18 ſ	4
200 valent	75 L	16 ſ	8
300 valent	113 L	15 ſ	
400 valent	151 L	13 ſ	4
500 valent	189 L	11 ſ	8
600 valent	227 L	10 ſ	
700 valent	265 L	8 ſ	4
800 valent	303 L	6 ſ	8
900 valent	341 L	5 ſ	
1000 valent	379 L	3 ſ	4
2000 valent	758 L	6 ſ	8
3000 valent	1137 L	10 ſ	
4000 valent	1516 L	13 ſ	4
5000 valent	1895 L	16 ſ	8
6000 valent	2275 L		
7000 valent	2654 L	3 ſ	4
8000 valent	3033 L	6 ſ	8
9000 valent	3412 L	10 ſ	
10000 valent	3791 L	13 ſ	4
20000 valent	7583 L	6 ſ	8
30000 valent	11375 L		

Les 3 quarts	5 ſ	8 d
le demi	3 ſ	9 d
le quart	1 ſ	11 d
le huitiéme		11 d
Les 2 tiers	5 ſ	
le tiers	2 ſ	6 d
le ſixiéme	1 ſ	3 d
le douziéme		7 d

A 7 ſ 7 d par Jour, pour 1 An revient à 138 L 7 ſ 11 d

A 7 Sols 8 Deniers la choſe.

2 valent	15 ſ 4
3 valent	1 L 3 ſ
4 valent	1 L 10 ſ 8
5 valent	1 L 18 ſ 4
6 valent	2 L 6 ſ
7 valent	2 L 13 ſ 8
8 valent	3 L 1 ſ 4
9 valent	3 L 9 ſ
10 valent	3 L 16 ſ 8
11 valent	4 L 4 ſ 4
12 valent	4 L 12 ſ
13 valent	4 L 19 ſ 8
14 valent	5 L 7 ſ 4
15 valent	5 L 15 ſ
16 valent	6 L 2 ſ 8
17 valent	6 L 10 ſ 4
18 valent	6 L 18 ſ
19 valent	7 L 5 ſ 8
20 valent	7 L 13 ſ 4
21 valent	8 L 1 ſ
22 valent	8 L 8 ſ 8
23 valent	8 L 16 ſ 4
24 valent	9 L 4 ſ
25 valent	9 L 11 ſ 8
26 valent	9 L 19 ſ 4
27 valent	10 L 7 ſ
28 valent	10 L 14 ſ 8
29 valent	11 L 2 ſ 4
30 valent	11 L 10 ſ
31 valent	11 L 17 ſ 8
32 valent	12 L 5 ſ 4
33 valent	12 L 13 ſ
34 valent	13 L 8
35 valent	13 L 8 ſ 4
36 valent	13 L 16 ſ
37 valent	14 L 3 ſ 8
38 valent	14 L 11 ſ 4

39 valent	14 L 19 ſ
40 valent	15 L 6 ſ 8
50 valent	19 L 3 ſ 4
60 valent	23 L
70 valent	26 L 16 ſ 8
80 valent	30 L 13 ſ 4
90 valent	34 L 10 ſ
100 valent	38 L 6 ſ 8
200 valent	76 L 13 ſ 4
300 valent	115 L
400 valent	153 L 6 ſ 8
500 valent	191 L 13 ſ 4
600 valent	230 L
700 valent	268 L 6 ſ 8
800 valent	306 L 13 ſ 4
900 valent	345 L
1000 valent	383 L 6 ſ 8
2000 valent	766 L 13 ſ 4
3000 valent	1150 L
4000 valent	1533 L 6 ſ 8
5000 valent	1916 L 13 ſ 4
6000 valent	2300 L
7000 valent	2683 L 6 ſ 8
8000 valent	3066 L 13 ſ 4
9000 valent	3450 L
10000 valent	3833 L 6 ſ 8
20000 valent	7666 L 13 ſ 4
30000 valent	11500 L

Les 3 quarts	5 ſ 9 d
le demi	3 ſ 10 d
le quart	1 ſ 11 d
le huitiéme	11 d
Les 2 tiers	5 ſ 1 d
le tiers	2 ſ 7 d
le ſixiéme	1 ſ 3 d
le douziéme	7 d

A 7 ſ 8 d par Jour, pour 1 An revient à 139 L 18 ſ 4 d

À 7 Sols 9 Deniers la chose.

2 valent		15 ſ 6
3 valent	1 L	3 ſ 3
4 valent	1 L	11 ſ
5 valent	1 L	18 ſ 9
6 valent	2 L	6 ſ 6
7 valent	2 L	14 ſ 3
8 valent	3 L	2 ſ
9 valent	3 L	9 ſ 9
10 valent	3 L	17 ſ 6
11 valent	4 L	5 ſ 3
12 valent	4 L	13 ſ
13 valent	5 L	9
14 valent	5 L	8 ſ 6
15 valent	5 L	16 ſ 3
16 valent	6 L	4 ſ
17 valent	6 L	11 ſ 9
18 valent	6 L	19 ſ 6
19 valent	7 L	7 ſ 3
20 valent	7 L	15 ſ
21 valent	8 L	2 ſ 9
22 valent	8 L	10 ſ 6
23 valent	8 L	18 ſ 3
24 valent	9 L	6 ſ
25 valent	9 L	13 ſ 9
26 valent	10 L	1 ſ 6
27 valent	10 L	9 ſ 3
28 valent	10 L	17 ſ
29 valent	11 L	4 ſ 9
30 valent	11 L	12 ſ 6
31 valent	12 L	3
32 valent	12 L	8 ſ
33 valent	12 L	15 ſ 9
34 valent	13 L	3 ſ 6
35 valent	13 L	11 ſ 3
36 valent	13 L	19 ſ
37 valent	14 L	6 ſ 9
38 valent	14 L	14 ſ 6

39 valent	15 L	2 ſ 3
40 valent	15 L	10 ſ
50 valent	19 L	7 ſ 6
60 valent	23 L	5 ſ
70 valent	27 L	2 ſ 6
80 valent	31 L	
90 valent	34 L	17 ſ 6
100 valent	38 L	15 ſ
200 valent	77 L	10 ſ
300 valent	116 L	5 ſ
400 valent	155 L	
500 valent	193 L	15 ſ
600 valent	232 L	10 ſ
700 valent	271 L	5 ſ
800 valent	310 L	
900 valant	348 L	15 ſ
1000 valent	387 L	10 ſ
2000 valent	775 L	
3000 valent	1162 L	10 ſ
4000 valent	1550 L	
5000 valent	1937 L	10 ſ
6000 valent	2325 L	
7000 valent	2712 L	10 ſ
8000 valent	3100 L	
9000 valent	3487 L	10 ſ
10000 valent	3875 L	
20000 valent	7750 L	
30000 valent	11625 L	

Les 3 quarts	5 ſ	10 d
le demi	3 ſ	10 d
le quart	1 ſ	11 d
le huitiéme	1 ſ	
Les 2 tiers	5 ſ	2 d
le tiers	2 ſ	7 d
le ſixiéme	1 ſ	3 d
le douziéme		8 d

A 7 ſ 9 d par Jour, pour 1 An revient à 141 L 8 ſ 9 d

2 valent		15 ſ	8
3 valent	1 L	3 ſ	6
4 valent	1 L	11 ſ	4
5 valent	1 L	19 ſ	2
6 valent	2 L	7 ſ	
7 valent	2 L	14 ſ	10
8 valent	3 L	2 ſ	8
9 valent	3 L	10 ſ	6
10 valent	3 L	18 ſ	4
11 valent	4 L	6 ſ	2
12 valent	4 L	14 ſ	
13 valent	5 L	1 ſ	10
14 valent	5 L	9 ſ	8
15 valent	5 L	17 ſ	6
16 valent	6 L	5 ſ	4
17 valent	6 L	13 ſ	2
18 valent	7 L	1 ſ	
19 valent	7 L	8 ſ	10
20 valent	7 L	16 ſ	8
21 valent	8 L	4 ſ	6
22 valent	8 L	12 ſ	4
23 valent	9 L		2
24 valent	9 L	8 ſ	
25 valent	9 L	15 ſ	10
26 valent	10 L	3 ſ	8
27 valent	10 L	11 ſ	6
28 valent	10 L	19 ſ	4
29 valent	11 L	7 ſ	2
30 valent	11 L	15 ſ	
31 valent	12 L	2 ſ	10
32 valent	12 L	10 ſ	8
33 valent	12 L	18 ſ	6
34 valent	13 L	6 ſ	4
35 valent	13 L	14 ſ	2
36 valent	14 L	2 ſ	
37 valent	14 L	9 ſ	10
38 valent	14 L	17 ſ	8

39 valent	15 L	5 ſ	6
40 valent	15 L	13 ſ	4
50 valent	19 L	11 ſ	8
60 valent	23 L	10 ſ	
70 valent	27 L	8 ſ	4
80 valent	31 L	6 ſ	8
90 valent	35 L	5 ſ	
100 valent	39 L	3 ſ	4
200 valent	78 L	6 ſ	8
300 valent	117 L	10 ſ	
400 valent	156 L	13 ſ	4
500 valent	195 L	16 ſ	8
600 valent	235 L		
700 valent	274 L	3 ſ	4
800 valent	313 L	6 ſ	8
900 valent	352 L	10 ſ	
1000 valent	391 L	13 ſ	4
2000 valent	783 L	6 ſ	8
3000 valent	1175 L		
4000 valent	1566 L	13 ſ	4
5000 valent	1958 L	6 ſ	8
6000 valent	2350 L		
7000 valent	2741 L	13 ſ	4
8000 valent	3133 L	6 ſ	8
9000 valent	3525 L		
10000 valent	3916 L	13 ſ	4
20000 valent	7833 L	6 ſ	8
30000 valent	11750 L		

Les 3 quarts	5 ſ	11 d
le demi	3 ſ	11 d
le quart	2 ſ	
le huitiéme	1 ſ	
Les 2 tiers	5 ſ	3 d
le tiers	2 ſ	7 d
le ſixiéme	1 ſ	4 d
le douziéme		8 d

A 7 ſ 10 d par Jour, pour 1 An revient à 142 L 19 ſ 2 d

A 7 Sols 11 Deniers la chofe.

2 valent			15 ſ	10		39 valent	15 L	8 ſ	9
3 valent	1 L	3 ſ	9			40 valent	15 L	16 ſ	8
4 valent	1 L	11 ſ	8			50 valent	19 L	15 ſ	10
5 valent	1 L	19 ſ	7			60 valent	23 L	15 ſ	
6 valent	2 L	7 ſ	6			70 valent	27 L	14 ſ	2
7 valent	2 L	15 ſ	5			80 valent	31 L	13 ſ	4
8 valent	3 L	3 ſ	4			90 valent	35 L	12 ſ	6
9 valent	3 L	11 ſ	3			100 valent	39 L	11 ſ	8
10 valent	3 L	19 ſ	2			200 valent	79 L	3 ſ	4
11 valent	4 L	7 ſ	1			300 valent	118 L	15 ſ	
12 valent	4 L	15 ſ				400 valent	158 L	6 ſ	8
13 valent	5 L	2 ſ	11			500 valent	197 L	18 ſ	4
14 valent	5 L	10 ſ	10			600 valent	237 L	10 ſ	
15 valent	5 L	18 ſ	9			700 valent	277 L	1 ſ	8
16 valent	6 L	6 ſ	8			800 valent	316 L	13 ſ	4
27 valent	6 L	14 ſ	7			900 valent	356 L	5 ſ	
18 valent	7 L	2 ſ	6			1000 valent	395 L	16 ſ	8
19 valent	7 L	10 ſ	5			2000 valent	791 L	13 ſ	4
20 valent	7 L	18 ſ	4			3000 valent	1187 L	10 ſ	
21 valent	8 L	6 ſ	3			4000 valent	1583 L	6 ſ	8
22 valent	8 L	14 ſ	2			5000 valent	1979 L	3 ſ	4
23 valent	9 L	2 ſ	1			6000 valent	2375 L		
24 valent	9 L	10 ſ				7000 valent	2770 L	16 ſ	8
25 valent	9 L	17 ſ	11			8000 valent	3166 L	13 ſ	4
26 valent	10 L	5 ſ	10			9000 valent	3562 L	10 ſ	
27 valent	10 L	13 ſ	9			10000 valent	3958 L	6 ſ	8
28 valent	11 L	1 ſ	8			20000 valent	7916 L	13 ſ	4
29 valent	11 L	9 ſ	7			30000 valent	11875 L		
30 valent	11 L	17 ſ	6						
31 valent	12 L	5 ſ	5			Les 3 quarts	5 ſ	11 d	
32 valent	12 L	13 ſ	4			le demi	3 ſ	11 d	
33 valent	13 L	1 ſ	3			le quart	2 ſ		
34 valent	13 L	9 ſ	2			le huitiéme	1 ſ		
35 valent	13 L	17 ſ	1			Les 2 tiers	5 ſ	3 d	
36 valent	14 L	5 ſ				le tiers	2 ſ	8 d	
37 valent	14 L	12 ſ	11			le fixiéme	1 ſ	4 d	
38 valent	15 L		10			le douziéme		8 d	

A 7 ſ 11 d par Jour, pour 1 An revient à 144 L 9 ſ 7 d

A 8 Sols la chose.

2	valent	16 ſ
3	valent	1 L 4 ſ
4	valent	1 L 12 ſ
5	valent	2 L
6	valent	2 L 8 ſ
7	valent	2 L 16 ſ
8	valent	3 L 4 ſ
9	valent	3 L 12 ſ
10	valent	4 L
11	valent	4 L 8 ſ
12	valent	4 L 16 ſ
13	valent	5 L 4 ſ
14	valent	5 L 12 ſ
15	valent	6 L
16	valent	6 L 8 ſ
17	valent	6 L 16 ſ
18	valent	7 L 4 ſ
19	valent	7 L 12 ſ
20	valent	8 L
21	valent	8 L 8 ſ
22	valent	8 L 16 ſ
23	valent	9 L 4 ſ
24	valent	9 L 12 ſ
25	valent	10 L
26	valent	10 L 8 ſ
27	valent	10 L 16 ſ
28	valent	11 L 4 ſ
29	valent	11 L 12 ſ
30	valent	12 L
31	valent	12 L 8 ſ
32	valent	12 L 16 ſ
33	valent	13 L 4 ſ
34	valent	13 L 12 ſ
35	valent	14 L
36	valent	14 L 8 ſ
37	valent	14 L 16 ſ
38	valent	15 L 4 ſ
39	valent	15 L 12 ſ
40	valent	16 L
50	valent	20 L
60	valent	24 L
70	valent	28 L
80	valent	32 L
90	valent	36 L
100	valent	40 L
200	valent	80 L
300	valent	120 L
400	valent	160 L
500	valent	200 L
600	valent	240 L
700	valent	280 L
800	valent	320 L
900	valent	360 L
1000	valent	400 L
2000	valent	800 L
3000	valent	1200 L
4000	valent	1600 L
5000	valent	2000 L
6000	valent	2400 L
7000	valent	2800 L
8000	valent	3200 L
9000	valent	3600 L
10000	valent	4000 L
20000	valent	8000 L
30000	valent	12000 L

Les 3 quarts	6 ſ
le demi	4 ſ
le quart	2 ſ
le huitiéme	1 ſ
Les 2 tiers	5 ſ 4 d
le tiers	2 ſ 8 d
le ſixiéme	1 ſ 4 d
le douziéme	8 d

A 8 ſ par Jour, pour 1 An revient à 146 L

2 valent	16 ſ 2	39 valent	15 L 15 ſ 3
3 valent	1 L 4 ſ 3	40 valent	16 L 3 ſ 4
4 valent	1 L 12 ſ 4	50 valent	20 L 4 ſ 2
5 valent	2 L 5	60 valent	24 L 5 ſ
6 valent	[illegible] L 8 ſ 6	70 valent	28 L 5 ſ 10
7 valent	2 L 16 ſ 7	80 valent	32 L 6 ſ 8
8 valent	3 L 4 ſ 8	90 valent	36 L 7 ſ 6
9 valent	3 L 12 ſ 9	100 valent	40 L 8 ſ 4
10 valent	4 L 10	200 valent	80 L 16 ſ 8
11 valent	4 L 8 ſ 11	300 valent	121 L 5 ſ
12 valent	4 L 17 ſ	400 valent	161 L 13 ſ 4
13 valent	5 L 5 ſ 1	500 valent	202 L 1 ſ 8
14 valent	5 L 13 ſ 2	600 valent	242 L 10 ſ
15 valent	6 L 1 ſ 3	700 valent	282 L 18 ſ 4
16 valent	6 L 9 ſ 4	800 valent	323 L 6 ſ 8
17 valent	6 L 17 ſ 5	900 valent	363 L 15 ſ
18 valent	7 L 5 ſ 6	1000 valent	404 L 3 ſ 4
19 valent	7 L 13 ſ 7	2000 valent	808 L 6 ſ 8
20 valent	8 L 1 ſ 8	3000 valent	1212 L 10 ſ
21 valent	8 L 9 ſ 9	4000 valent	1616 L 13 ſ 4
22 valent	8 L 17 ſ 10	5000 valent	2020 L 16 ſ 8
23 valent	9 L 5 ſ 11	6000 valent	2425 L
24 valent	9 L 14 ſ	7000 valent	2829 L 3 ſ 4
25 valent	10 L 2 ſ 1	8000 valent	3233 L 6 ſ 8
26 valent	10 L 10 ſ 2	9000 valent	3637 L 10 ſ
27 valent	10 L 18 ſ 3	10000 valent	4041 L 13 ſ 4
28 valent	11 L 6 ſ 4	20000 valent	8083 L 6 ſ 8
29 valent	11 L 14 ſ 5	30000 valent	12125 L
30 valent	12 L 2 ſ 6		
31 valent	12 L 10 ſ 7	Les 3 quarts	6 ſ
32 valent	12 L 18 ſ 8	le demi	4 ſ
33 valent	13 L 6 ſ 9	le quart	2 ſ
34 valent	13 L 14 ſ 10	le huitiéme	1 ſ
35 valent	14 L 2 ſ 11	Les 2 tiers	5 ſ 4 d
36 valent	14 L 11 ſ	le tiers	2 ſ 8 d
37 valent	14 L 19 ſ 1	le sixiéme	1 ſ 4 d
38 valent	15 L 7 ſ 2	le douziéme	8 d

A 8 ſ 1 d par Jour, pour 1 An revient à 147 L 10 ſ 5 d

A 8 Sols 2 Deniers la choſe.

2 valent		16 ſ	4
3 valent	1 L	4 ſ	6
4 valent	1 L	12 ſ	8
5 valent	2 L		10
6 valent	2 L	9 ſ	
7 valent	2 L	17 ſ	2
8 valent	3 L	5 ſ	4
9 valent	3 L	13 ſ	6
10 valent	4 L	1 ſ	8
11 valent	4 L	9 ſ	10
12 valent	4 L	18 ſ	
13 valent	5 L	6 ſ	2
14 valent	5 L	14 ſ	4
15 valent	6 L	2 ſ	6
16 valent	6 L	10 ſ	8
17 valent	6 L	18 ſ	10
18 valent	7 L	7 ſ	
19 valent	7 L	15 ſ	2
20 valent	8 L	3 ſ	4
21 valent	8 L	11 ſ	6
22 valent	8 L	19 ſ	8
23 valent	9 L	7 ſ	10
24 valent	9 L	16 ſ	
25 valent	10 L	4 ſ	2
26 valent	10 L	12 ſ	4
27 valent	11 L		6
28 valent	11 L	8 ſ	8
29 valent	11 L	16 ſ	10
30 valent	12 L	5 ſ	
31 valent	12 L	13 ſ	2
32 valent	13 L	1 ſ	4
33 valent	13 L	9 ſ	6
34 valent	13 L	17 ſ	8
35 valent	14 L	5 ſ	10
36 valent	14 L	14 ſ	
37 valent	15 L	2 ſ	2
38 valent	15 L	10 ſ	4
39 valent	15 L	18 ſ	6
40 valent	16 L	6 ſ	8
50 valent	20 L	8 ſ	4
60 valent	24 L	10 ſ	
70 valent	28 L	11 ſ	8
80 valent	32 L	13 ſ	4
90 valent	36 L	15 ſ	
100 valent	40 L	16 ſ	8
200 valent	81 L	13 ſ	4
300 valent	122 L	10 ſ	
400 valent	163 L	6 ſ	8
500 valent	204 L	3 ſ	4
600 valent	245 L		
700 valent	285 L	16 ſ	8
800 valent	326 L	13 ſ	4
900 valent	367 L	10 ſ	
1000 valent	408 L	6 ſ	8
2000 valent	816 L	13 ſ	4
3000 valent	1225 L		
4000 valent	1633 L	6 ſ	8
5000 valent	2041 L	13 ſ	4
6000 valent	2450 L		
7000 valent	2858 L	6 ſ	8
8000 valent	3266 L	13 ſ	4
9000 valent	3675 L		
10000 valent	4083 L	6 ſ	8
20000 valent	8166 L	13 ſ	4
30000 valent	12250 L		

Les 3 quarts	6 ſ	1 d
le demi	4 ſ	1 d
le quart	2 ſ	
le huitiéme	1 ſ	
Les 2 tiers	5 ſ	5 d
le tiers	2 ſ	9 d
le ſixiéme	1 ſ	4 d
le douziéme		8 d

A 8 ſ 2 d par Jour, pour 1 An revient à 149 L 10 d

2 valent	16 ſ 6		39 valent	16 L 1 ſ 9
3 valent	1 L 4 ſ 9		40 valent	16 L 10 ſ
4 valent	1 L 13 ſ		50 valent	20 L 12 ſ 6
5 valent	2 L 1 ſ 3		60 valent	24 L 15 ſ
6 valent	2 L 9 ſ 6		70 valent	28 L 17 ſ 6
7 valent	2 L 17 ſ 9		80 valent	33 L
8 valent	3 L 6 ſ		90 valent	37 L 2 ſ 6
9 valent	3 L 14 ſ 3		100 valent	41 L 5 ſ
10 valent	4 L 2 ſ 6		200 valent	82 L 10 ſ
11 valent	4 L 10 ſ 9		300 valent	123 L 15 ſ
12 valent	4 L 19 ſ		400 valent	165 L
13 valent	5 L 7 ſ 3		500 valent	206 L 5 ſ
14 valent	5 L 15 ſ 6		600 valent	247 L 10 ſ
15 valent	6 L 3 ſ 9		700 valent	288 L 15 ſ
16 valent	6 L 12 ſ		800 valent	330 L
17 valent	7 L 3		900 valent	371 L 5 ſ
18 valent	7 L 8 ſ 6		1000 valent	412 L 10 ſ
19 valent	7 L 16 ſ 9		2000 valent	825 L
20 valent	8 L 5 ſ		3000 valent	1237 L 10 ſ
21 valent	8 L 13 ſ 3		4000 valent	1650 L
22 valent	9 L 1 ſ 6		5000 valent	2062 L 10 ſ
23 valent	9 L 9 ſ 9		6000 valent	2475 L
24 valent	9 L 18 ſ		7000 valent	2887 L 10 ſ
25 valent	10 L 6 ſ 3		8000 valent	3300 L
26 valent	10 L 14 ſ 6		9000 valent	3712 L 10 ſ
27 valent	11 L 2 ſ 9		10000 valent	4125 L
28 valent	11 L 11 ſ		20000 valent	8250 L
29 valent	11 L 19 ſ 3		30000 valent	12375 L
30 valent	12 L 7 ſ 6			
31 valent	12 L 15 ſ 9		Les 3 quarts	6 ſ 2 d
32 valent	13 L 4 ſ		le demi	4 ſ 1 d
33 valent	13 L 12 ſ 3		le quart	2 ſ 1 d
34 valent	14 L 6		le huitiéme	1 ſ
35 valent	14 L 8 ſ 9		Les 2 tiers	5 ſ 6 d
36 valent	14 L 17 ſ		le tiers	2 ſ 9 d
37 valent	15 L 5 ſ 3		le ſixiéme	1 ſ 4 d
38 valent	15 L 13 ſ 6		le douziéme	8 d

A 8 ſ 3 d par Jour, pour 1 An revient à 150 L 11 ſ 3 d

2 valent	16 ſ 8
3 valent	1 L 5 ſ
4 valent	1 L 13 ſ 4
5 valent	2 L 1 ſ 8
6 valent	2 L 10 ſ
7 valent	2 L 18 ſ 4
8 valent	3 L 6 ſ 8
9 valent	3 L 15 ſ
10 valent	4 L 3 ſ 4
11 valent	4 L 11 ſ 8
12 valent	5 L
13 valent	5 L 8 ſ 4
14 valent	5 L 16 ſ 8
15 valent	6 L 5 ſ
16 valent	6 L 13 ſ 4
17 valent	7 L 1 ſ 8
18 valent	7 L 10 ſ
19 valent	7 L 18 ſ 4
20 valent	8 L 6 ſ 8
21 valent	8 L 15 ſ
22 valent	9 L 3 ſ 4
23 valent	9 L 11 ſ 8
24 valent	10 L
25 valent	10 L 8 ſ 4
26 valent	10 L 16 ſ 8
27 valent	11 L 5 ſ
28 valent	11 L 13 ſ 4
29 valent	12 L 1 ſ 8
30 valent	12 L 10 ſ
31 valent	12 L 18 ſ 4
32 valent	13 L 6 ſ 8
33 valent	13 L 15 ſ
34 valent	14 L 3 ſ 4
35 valent	14 L 11 ſ 8
36 valent	15 L
37 valent	15 L 8 ſ 4
38 valent	15 L 16 ſ 8
39 valent	16 L 5 ſ
40 valent	16 L 13 ſ 4
50 valent	20 L 16 ſ 8
60 valent	25 L
70 valent	29 L 3 ſ 4
80 valent	33 L 6 ſ 8
90 valent	37 L 10 ſ
100 valent	41 L 13 ſ 4
200 valent	83 L 6 ſ 8
300 valent	125 L
400 valent	166 L 13 ſ 4
500 valent	208 L 6 ſ 8
600 valent	250 L
700 valent	291 L 13 ſ 4
800 valent	333 L 6 ſ 8
900 valent	375 L
1000 valent	416 L 13 ſ 4
2000 valent	833 L 6 ſ 8
3000 valent	1250 L
4000 valent	1666 L 13 ſ 4
5000 valent	2083 L 6 ſ 8
6000 valent	2500 L
7000 valent	2916 L 13 ſ 4
8000 valent	3333 L 6 ſ 8
9000 valent	[illegible]0 L
10000 valent	4166 L 13 ſ 4
20000 valent	8333 L 6 ſ 8
30000 valent	12500 L

Les 3 quarts	6 ſ 3 d
le demi	4 ſ 2 d
le quart	2 ſ 1 d
le huitiéme	1 ſ
Les 2 tiers	5 ſ 6 d
le tiers	2 ſ 9 d
le ſixiéme	1 ſ 5 d
le douziéme	8 d

A 8 ſ 4 d par Jour, pour 1 An revient à 152 L 1 ſ 8 d.

A 8 Sols 5 Deniers la chose.

1 valent		16 ſ	10
3 valent	1 L	5 ſ	3
4 valent	1 L	13 ſ	8
5 valent	2 L	2 ſ	1
6 valent	2 L	10 ſ	6
7 valent	2 L	18 ſ	11
8 valent	3 L	7 ſ	4
9 valent	3 L	15 ſ	9
10 valent	4 L	4 ſ	2
11 valent	4 L	12 ſ	7
12 valent	5 L	1 ſ	
13 valent	5 L	9 ſ	5
14 valent	5 L	17 ſ	10
15 valent	6 L	6 ſ	3
16 valent	6 L	14 ſ	8
17 valent	7 L	3 ſ	1
18 valent	7 L	11 ſ	6
19 valent	7 L	19 ſ	11
20 valent	8 L	8 ſ	4
21 valent	8 L	16 ſ	9
22 valent	9 L	5 ſ	2
23 valent	9 L	13 ſ	7
24 valent	10 L	2 ſ	
25 valent	10 L	10 ſ	5
26 valent	10 L	18 ſ	10
27 valent	11 L	7 ſ	3
28 valent	11 L	15 ſ	8
29 valent	12 L	4 ſ	1
30 valent	12 L	12 ſ	6
31 valent	13 L		11
32 valent	13 L	9 ſ	4
33 valent	13 L	17 ſ	9
34 valent	14 L	6 ſ	2
35 valent	14 L	14 ſ	7
36 valent	15 L	3 ſ	
37 valent	15 L	11 ſ	5
38 valent	15 L	19 ſ	10
39 valent	16 L	8 ſ	3
40 valent	16 L	16 ſ	8
50 valent	21 L		10
60 valent	25 L	5 ſ	
70 valent	29 L	9 ſ	2
80 valent	33 L	13 ſ	4
90 valent	37 L	17 ſ	6
100 valent	42 L	1 ſ	8
200 valent	84 L	3 ſ	4
300 valent	126 L	5 ſ	
400 valent	168 L	6 ſ	8
500 valent	210 L	8 ſ	4
600 valent	252 L	10 ſ	
700 valent	294 L	11 ſ	8
800 valent	336 L	13 ſ	4
900 valent	378 L	15 ſ	
1000 valent	420 L	16 ſ	8
2000 valent	841 L	13 ſ	4
3000 valent	1262 L	10 ſ	
4000 valent	1683 L	6 ſ	8
5000 valent	2104 L	3 ſ	4
6000 valent	2525 L		
7000 valent	2945 L	16 ſ	8
8000 valent	3366 L	13 ſ	4
9000 valent	3787 L	10 ſ	
10000 valent	4208 L	6 ſ	8
20000 valent	8416 L	13 ſ	4
30000 valent	12625 L		

Les 3 quarts	6 ſ	4 d
le demi	4 ſ	2 d
le quart	2 ſ	1 d
le huitiéme	1 ſ	
Les 2 tiers	5 ſ	7 d
le tiers	2 ſ	10 d
le ſixiéme	1 ſ	5 d
le douziéme		8 d

A 8 ſ 5 d par Jour, pour 1 An revient à 153 L 12 ſ 1 d.

A 8 Sols 6 Deniers la chôse.

2 valent		17 ſ	
3 valent	1 L	5 ſ	6
4 valent	1 L	14 ſ	
5 valent	2 L	2 ſ	6
6 valent	2 L	11 ſ	
7 valent	2 L	19 ſ	6
8 valent	3 L	8 ſ	
9 valent	3 L	16 ſ	6
10 valent	4 L	5 ſ	
11 valent	4 L	13 ſ	6
12 valent	5 L	2 ſ	
13 valent	5 L	10 ſ	6
14 valent	5 L	19 ſ	
15 valent	6 L	7 ſ	6
16 valent	6 L	16 ſ	
17 valent	7 L	4 ſ	6
18 valent	7 L	13 ſ	
19 valent	8 L	1 ſ	6
20 valent	8 L	10 ſ	
21 valent	8 L	18 ſ	6
22 valent	9 L	7 ſ	
23 valent	9 L	15 ſ	6
24 valent	10 L	4 ſ	
25 valent	10 L	12 ſ	6
26 valent	11 L	1 ſ	
27 valent	11 L	9 ſ	6
28 valent	11 L	18 ſ	
29 valent	12 L	6 ſ	6
30 valent	12 L	15 ſ	
31 valent	13 L	3 ſ	6
32 valent	13 L	12 ſ	
33 valent	14 L		6
34 valent	14 L	9 ſ	
35 valent	14 L	17 ſ	6
36 valent	15 L	6 ſ	
37 valent	15 L	14 ſ	6
38 valent	16 L	3 ſ	
39 valent	16 L	11 ſ	6
40 valent	17 L		
50 valent	21 L	5 ſ	
60 valent	25 L	10 ſ	
70 valent	29 L	15 ſ	
80 valent	34 L		
90 valent	38 L	5 ſ	
100 valent	42 L	10 ſ	
200 valent	85 L		
300 valent	127 L	10 ſ	
400 valent	170 L		
500 valent	212 L	10 ſ	
600 valent	255 L		
700 valent	297 L	10 ſ	
800 valent	340 L		
900 valent	382 L	10 ſ	
1000 valent	425 L		
2000 valent	850 L		
3000 valent	1275 L		
4000 valent	1700 L		
5000 valent	2125 L		
6000 valent	2550 L		
7000 valent	2975 L		
8000 valent	3400 L		
9000 valent	3825 L		
10000 valent	4250 L		
20000 valent	8500 L		
30000 valent	12750 L		

Les 3 quarts	6 ſ	4 d
le demi	4 ſ	3 d
le quart	2 ſ	1 d
le huitiéme	1 ſ	
Les 2 tiers	5 ſ	8 d
le tiers	2 ſ	10 d
le ſixiéme	1 ſ	5 d
le douziéme		8 d

A 8 ſ 6 d par Jour, pour 1 An revient à 155 L 2 ſ 6 d

A 8 Sols 7 Deniers la chose.

2 valent		17 ſ	2
3 valent	1 L	5 ſ	9
4 valent	1 L	14 ſ	4
5 valent	2 L	2 ſ	11
6 valent	2 L	11 ſ	6
7 valent	3 L		1
8 valent	3 L	8 ſ	8
9 valent	3 L	17 ſ	3
10 valent	4 L	5 ſ	10
11 valent	4 L	14 ſ	5
12 valent	5 L	3 ſ	
13 valent	5 L	11 ſ	7
14 valent	6 L		2
15 valent	6 L	8 ſ	9
16 valent	6 L	17 ſ	4
17 valent	7 L	5 ſ	11
18 valent	7 L	14 ſ	6
19 valent	8 L	3 ſ	1
20 valent	8 L	11 ſ	8
21 valent	9 L		3
22 valent	9 L	8 ſ	10
23 valent	9 L	17 ſ	5
24 valent	10 L	6 ſ	
25 valent	10 L	14 ſ	7
26 valent	11 L	3 ſ	2
27 valent	11 L	11 ſ	9
28 valent	12 L		4
29 valent	12 L	8 ſ	11
30 valent	12 L	17 ſ	6
31 valent	13 L	6 ſ	1
32 valent	13 L	14 ſ	8
33 valent	14 L	3 ſ	3
34 valent	14 L	11 ſ	10
35 valent	15 L		5
36 valent	15 L	9 ſ	
37 valent	15 L	17 ſ	7
38 valent	16 L	6 ſ	2
39 valent	16 L	14 ſ	9
40 valent	17 L	3 ſ	4
50 valent	21 L	9 ſ	2
60 valent	25 L	15 ſ	
70 valent	30 L		10
80 valent	34 L	6 ſ	8
90 valent	38 L	12 ſ	6
100 valent	42 L	18 ſ	4
200 valent	85 L	16 ſ	8
300 valent	128 L	15 ſ	
400 valent	171 L	13 ſ	4
500 valent	214 L	11 ſ	8
600 valent	257 L	10 ſ	
700 valent	300 L	8 ſ	4
800 valent	343 L	6 ſ	8
900 valent	386 L	5 ſ	
1000 valent	429 L	3 ſ	4
2000 valent	858 L	6 ſ	8
3000 valent	1287 L	10 ſ	
4000 valent	1716 L	13 ſ	4
5000 valent	2145 L	16 ſ	8
6000 valent	2575 L		
7000 valent	3004 L	3 ſ	4
8000 valent	3433 L	6 ſ	8
9000 valent	3862 L	10 ſ	
10000 valent	4291 L	13 ſ	4
20000 valent	8583 L	6 ſ	8
30000 valent	12875 L		

Les 3 quarts	6 ſ	5 d
le demi	4 ſ	3 d
le quart	2 ſ	2 d
le huitiéme	1 ſ	1 d
Les 2 tiers	5 ſ	8 d
le tiers	2 ſ	10 d
le ſixiéme	1 ſ	5 d
le douziéme		8 d

A 8 ſ 7 d par Jour, pour 1 An revient à 156 L 12 ſ 11 d

A 8 Sols 8 Deniers la chose.

2 valent	17 ſ 4	39 valent	16 L 18 ſ
3 valent	1 L 6 ſ	40 valent	17 L 6 ſ 8
4 valent	1 L 14 ſ 8	50 valent	21 L 13 ſ 4
5 valent	2 L 3 ſ 4	60 valent	26 L
6 valent	2 L 12 ſ	70 valent	30 L 6 ſ 8
7 valent	3 L 8	80 valent	34 L 13 ſ 4
8 valent	3 L 9 ſ 4	90 valent	39 L
9 valent	3 L 18 ſ	100 valent	43 L 6 ſ 8
10 valent	4 L 6 ſ 8	200 valent	86 L 13 ſ 4
11 valent	4 L 15 ſ 4	300 valent	130 L
12 valent	5 L 4 ſ	400 valent	173 L 6 ſ 8
13 valent	5 L 12 ſ 8	500 valent	216 L 13 ſ 4
14 valent	6 L 1 ſ 4	600 valent	260 L
15 valent	6 L 10 ſ	700 valent	303 L 6 ſ 8
16 valent	6 L 18 ſ 8	800 valent	346 L 13 ſ 4
17 valent	7 L 7 ſ 4	900 valent	390 L
18 valent	7 L 16 ſ	1000 valent	433 L 6 ſ 8
19 valent	8 L 4 ſ 8	2000 valent	866 L 13 ſ 4
20 valent	8 L 13 ſ 4	3000 valent	1300 L
21 valent	9 L 2 ſ	4000 valent	1733 L 6 ſ 8
22 valent	9 L 10 ſ 8	5000 valent	2166 L 13 ſ 4
23 valent	9 L 19 ſ 4	6000 valent	2600 L
24 valent	10 L 8 ſ	7000 valent	3033 L 6 ſ 8
25 valent	10 L 16 ſ 8	8000 valent	3466 L 13 ſ 4
26 valent	11 L 5 ſ 4	9000 valent	3900 L
27 valent	11 L 14 ſ	10000 valent	4333 L 6 ſ 8
28 valent	12 L 2 ſ 8	20000 valent	8666 L 13 ſ 4
29 valent	12 L 11 ſ 4	30000 valent	13000 L
30 valent	13 L		
31 valent	13 L 8 ſ 8	Les 3 quarts	6 ſ 6 d.
32 valent	13 L 17 ſ 4	le demi	4 ſ 4 d.
33 valent	14 L 6 ſ	le quart	2 ſ 2 d.
34 valent	14 L 14 ſ 8	le huitiéme	1 ſ 1 d.
35 valent	15 L 3 ſ 4	Les 2 tiers	5 ſ 9 d.
36 valent	15 L 12 ſ	le tiers	2 ſ 11 d
37 valent	16 L 8	le ſixiéme	1 ſ 5 d.
38 valent	16 L 9 ſ 4	le douziéme	8 d.

A 8 ſ 8 d par Jour, pour 1 An revient à 158 L 3 ſ 4 d

A 8 Sols 9 Deniers la chose.

2 valent		17 ſ	6
3 valent	1 L	6 ſ	3
4 valent	1 L	15 ſ	
5 valent	2 L	3 ſ	9
6 valent	2 L	12 ſ	6
7 valent	3 L	1 ſ	3
8 valent	3 L	10 ſ	
9 valent	3 L	18 ſ	9
10 valent	4 L	7 ſ	6
11 valent	4 L	16 ſ	3
12 valent	5 L	5 ſ	
13 valent	5 L	13 ſ	9
14 valent	6 L	2 ſ	6
15 valent	6 L	11 ſ	3
16 valent	7 L		
17 valent	7 L	8 ſ	9
18 valent	7 L	17 ſ	6
19 valent	8 L	6 ſ	3
20 valent	8 L	15 ſ	
21 valent	9 L	3 ſ	9
22 valent	9 L	12 ſ	6
23 valent	10 L	1 ſ	3
24 valent	10 L	10 ſ	
25 valent	10 L	18 ſ	9
26 valent	11 L	7 ſ	6
27 valent	11 L	16 ſ	3
28 valent	12 L	5 ſ	
29 valent	12 L	13 ſ	9
30 valent	13 L	2 ſ	6
31 valent	13 L	11 ſ	3
32 valent	14 L		
33 valent	14 L	8 ſ	9
34 valent	14 L	17 ſ	6
35 valent	15 L	6 ſ	3
36 valent	15 L	15 ſ	
37 valent	16 L	3 ſ	9
38 valent	16 L	12 ſ	6
39 valent	17 L	1 ſ	3
40 valent	17 L	10 ſ	
50 valent	21 L	17 ſ	6
60 valent	26 L	5 ſ	
70 valent	30 L	12 ſ	6
80 valent	35 L		
90 valent	39 L	7 ſ	6
100 valent	43 L	15 ſ	
200 valent	87 L	10 ſ	
300 valent	131 L	5 ſ	
400 valent	175 L		
500 valent	218 L	15 ſ	
600 valent	262 L	10 ſ	
700 valent	306 L	5 ſ	
800 valent	350 L		
900 valent	393 L	15 ſ	
1000 valent	437 L	10 ſ	
2000 valent	875 L		
3000 valent	1312 L	10 ſ	
4000 valent	1750 L		
5000 valent	2187 L	10 ſ	
6000 valent	2625 L		
7000 valent	3062 L	10 ſ	
8000 valent	3500 L		
9000 valent	3937 L	10 ſ	
10000 valent	4375 L		
20000 valent	8750 L		
30000 valent	13125 L		

Les 3 quarts	6 ſ	7 d
le demi	4 ſ	4 d
le quart	2 ſ	2 d
le huitiéme	1 ſ	1 d
Les 2 tiers	5 ſ	10 d
le tiers	2 ſ	11 d
le ſixiéme	1 ſ	5 d
le douziéme		9 d

A 8 ſ 9 d par Jour, pour 1 An revient à 159 L 13 ſ 9 d.

2 valent 17 ſ 8		39 valent	17 L 4 ſ 6
3 valent	1 L 6 ſ 6	40 valent	17 L 13 ſ 4
4 valent	1 L 15 ſ 4	50 valent	22 L 1 ſ 8
5 valent	2 L 4 ſ 2	60 valent	26 L 10 ſ
6 valent	2 L 13 ſ	70 valent	30 L 18 ſ 4
7 valent	3 L 1 ſ 10	80 valent	35 L 6 ſ 8
8 valent	3 L 10 ſ 8	90 valent	39 L 15 ſ
9 valent	3 L 19 ſ 6	100 valent	44 L 3 ſ 4
10 valent	4 L 8 ſ 4	200 valent	88 L 6 ſ 8
11 valent	4 L 17 ſ 2	300 valent	132 L 10 ſ
12 valent	5 L 6 ſ	400 valent	176 L 13 ſ 4
13 valent	5 L 14 ſ 10	500 valent	220 L 16 ſ 8
14 valent	6 L 3 ſ 8	600 valent	265 L
15 valent	6 L 12 ſ 6	700 valent	309 L 3 ſ 4
16 valent	7 L 1 ſ 4	800 valent	353 L 6 ſ 8
17 valent	7 L 10 ſ 2	900 valent	397 L 10 ſ
18 valent	7 L 19 ſ	1000 valent	441 L 13 ſ 4
19 valent	8 L 7 ſ 10	2000 valent	883 L 6 ſ 8
20 valent	8 L 16 ſ 8	3000 valent	1325 L
21 valent	9 L 5 ſ 6	4000 valent	1766 L 13 ſ 4
22 valent	9 L 14 ſ 4	5000 valent	2208 L 6 ſ 8
23 valent	10 L 3 ſ 2	6000 valent	2650 L
24 valent	10 L 12 ſ	7000 valent	3091 L 13 ſ 4
25 valent	11 L 10	8000 valent	3533 L 6 ſ 8
26 valent	11 L 9 ſ 8	9000 valent	3975 L
27 valent	11 L 18 ſ 6	10000 valent	4416 L 13 ſ 4
28 valent	12 L 7 ſ 4	20000 valent	8833 L 6 ſ 8
29 valent	12 L 16 ſ 2	30000 valent	13250 L
30 valent	13 L 5 ſ		
31 valent	13 L 13 ſ 10	Les 3 quarts	6 ſ 7 d
32 valent	14 L 2 ſ 8	le demi	4 ſ 5 d
33 valent	14 L 11 ſ 6	le quart	2 ſ 2 d
34 valent	15 L 4	le huitiéme	1 ſ 1 d
35 valent	15 L 9 ſ 2	Les 2 tiers	5 ſ 10 d
36 valent	15 L 18 ſ	le tiers	2 ſ 11 d
37 valent	16 L 6 ſ 10	le ſixiéme	1 ſ 5 d
38 valent	16 L 15 ſ 8	le douziéme	9 d

A 8 ſ 10 d par Jour, pour 1 An revient à 161 L 4 ſ 2 d

2 valent		17 ſ	10
3 valent	1 L	6 ſ	9
4 valent	1 L	15 ſ	8
5 valent	2 L	4 ſ	7
6 valent	2 L	13 ſ	6
7 valent	3 L	2 ſ	5
8 valent	3 L	11 ſ	4
9 valent	4 L		3
10 valent	4 L	9 ſ	2
11 valent	4 L	18 ſ	1
12 valent	5 L	7 ſ	
13 valent	5 L	15 ſ	11
14 valent	6 L	4 ſ	10
15 valent	6 L	13 ſ	9
16 valent	7 L	2 ſ	8
17 valent	7 L	11 ſ	7
18 valent	8 L		6
19 valent	8 L	9 ſ	5
20 valent	8 L	18 ſ	4
21 valent	9 L	7 ſ	3
22 valent	9 L	16 ſ	2
23 valent	10 L	5 ſ	1
24 valent	10 L	14 ſ	
25 valent	11 L	2 ſ	11
26 valent	11 L	11 ſ	10
27 valent	12 L		9
28 valent	12 L	9 ſ	8
29 valent	12 L	18 ſ	7
30 valent	13 L	7 ſ	6
31 valent	13 L	16 ſ	5
32 valent	14 L	5 ſ	4
33 valent	14 L	14 ſ	3
34 valent	15 L	3 ſ	2
35 valent	15 L	12 ſ	1
36 valent	16 L	1 ſ	
37 valent	16 L	9 ſ	11
38 valent	16 L	18 ſ	10
39 valent	17 L	7 ſ	9
40 valent	17 L	16 ſ	8
50 valent	22 L	5 ſ	10
60 valent	26 L	15 ſ	
70 valent	31 L	4 ſ	2
80 valent	35 L	13 ſ	4
90 valent	40 L	2 ſ	6
100 valent	44 L	11 ſ	8
200 valent	89 L	3 ſ	4
300 valent	133 L	15 ſ	
400 valent	178 L	6 ſ	8
500 valent	222 L	18 ſ	4
600 valent	267 L	10 ſ	
700 valent	312 L	1 ſ	8
800 valent	356 L	13 ſ	4
900 valent	401 L	5 ſ	
1000 valent	445 L	16 ſ	8
2000 valent	891 L	13 ſ	4
3000 valent	1337 L	10 ſ	
4000 valent	1783 L	6 ſ	8
5000 valent	2229 L	3 ſ	4
6000 valent	2675 L		
7000 valent	3120 L	16 ſ	8
8000 valent	3566 L	13 ſ	4
9000 valent	4012 L	10 ſ	
10000 valent	4458 L	6 ſ	8
20000 valent	8916 L	13 ſ	4
30000 valent	13375 L		

Les 3 quarts	6 ſ	8 d
le demi	4 ſ	5 d
le quart	2 ſ	3 d
le huitiéme	1 ſ	1 d
Les 2 tiers	5 ſ	11 d
e tiers	3 ſ	
le ſixiéme	1 ſ	6 d
le douziéme		9 d

A 8 ſ 11 d par Jour, pour 1 An revient à 162 L 14 ſ 7 d

2 valent			18 ſ
3 valent	1 L		7 ſ
4 valent	1 L		16 ſ
5 valent	2 L		5 ſ
6 valent	2 L		14 ſ
7 valent	3 L		3 ſ
8 valent	3 L		12 ſ
9 valent	4 L		1 ſ
10 valent	4 L		10 ſ
11 valent	4 L		19 ſ
12 valent	5 L		8 ſ
13 valent	5 L		17 ſ
14 valent	6 L		6 ſ
15 valent	6 L		15 ſ
16 valent	7 L		4 ſ
17 valent	7 L		13 ſ
18 valent	8 L		2 ſ
19 valent	8 L		11 ſ
20 valent	9 L		
21 valent	9 L		9 ſ
22 valent	9 L		18 ſ
23 valent	10 L		7 ſ
24 valent	10 L		16 ſ
25 valent	11 L		5 ſ
26 valent	11 L		14 ſ
27 valent	12 L		3 ſ
28 valent	12 L		12 ſ
29 valent	13 L		1 ſ
30 valent	13 L		10 ſ
31 valent	13 L		19 ſ
32 valent	14 L		8 ſ
33 valent	14 L		17 ſ
34 valent	15 L		6 ſ
35 valent	15 L		15 ſ
36 valent	16 L		4 ſ
37 valent	16 L		13 ſ
38 valent	17 L		2 ſ
39 valent	17 L		11 ſ
40 valent	18 L		
50 valent	22 L		10 ſ
60 valent	27 L		
70 valent	31 L		10 ſ
80 valent	36 L		
90 valent	40 L		10 ſ
100 valent	45 L		
200 valent	90 L		
300 valent	135 L		
400 valent	180 L		
500 valent	225 L		
600 valent	270 L		
700 valent	315 L		
800 valent	360 L		
900 valent	405 L		
1000 valent	450 L		
2000 valent	900 L		
3000 valent	1350 L		
4000 valent	1800 L		
5000 valent	2250 L		
6000 valent	2700 L		
7000 valent	3150 L		
8000 valent	3600 L		
9000 valent	4050 L		
10000 valent	4500 L		
20000 valent	9000 L		
30000 valent	13500 L		

Les 3 quarts	6 ſ	9 d
le demi	4 ſ	6 d
le quart	2 ſ	3 d
le huitiéme	1 ſ	1 d
Les 2 tiers	6 ſ	
le tiers	3 ſ	
le ſixiéme	1 ſ	6 d
le douziéme		9 d

A 9 ſ par Jour, pour 1 An revient à 164 L 5 ſ.

A 9 Sols 1 Deniers la chose.

2 valent		18 ſ	2
3 valent	1 L	7 ſ	3
4 valent	1 L	16 ſ	4
5 valent	2 L	5 ſ	5
6 valent	2 L	14 ſ	6
7 valent	3 L	3 ſ	7
8 valent	3 L	12 ſ	8
9 valent	4 L	1 ſ	9
10 valent	4 L	10 ſ	10
11 valent	4 L	19 ſ	11
12 valent	5 L	9 ſ	
13 valent	5 L	18 ſ	1
14 valent	6 L	7 ſ	2
15 valent	6 L	16 ſ	3
16 valent	7 L	5 ſ	4
17 valent	7 L	14 ſ	5
18 valent	8 L	3 ſ	6
19 valent	8 L	12 ſ	7
20 valent	9 L	1 ſ	8
21 valent.	9 L	10 ſ	9
22 valent	9 L	19 ſ	10
23 valent	10 L	8 ſ	11
24 valent	10 L	18 ſ	
25 valent	11 L	7 ſ	1
26 valent	11 L	16 ſ	2
27 valent	12 L	5 ſ	3
28 valent	12 L	14 ſ	4
29 valent	13 L	3 ſ	5
30 valent	13 L	12 ſ	6
31 valent	14 L	1 ſ	7
32 valent	14 L	10 ſ	8
33 valent	14 L	19 ſ	9
34 valent	15 L	8 ſ	10
35 valent	15 L	17 ſ	11
36 valent	16 L	7 ſ	
37 valent	16 L	16 ſ	1
38 valent	17 L	5 ſ	2
39 valent	17 L	14 ſ	3
40 valent	18 L	3 ſ	4
50 valent	22 L	14 ſ	2
60 valent	27 L	5 ſ	
70 valent	31 L	15 ſ	10
80 valent	36 L	6 ſ	8
90 valent	40 L	17 ſ	6
100 valent	45 L	8 ſ	4
200 valent	90 L	16 ſ	8
300 valent	136 L	5 ſ	
400 valent	181 L	13 ſ	4
500 valent	227 L	1 ſ	8
600 valent	272 L	10 ſ	
700 valent	317 L	18 ſ	4
800 valent	363 L	6 ſ	8
900 valent	408 L	15 ſ	
1000 valent	454 L	3 ſ	4
2000 valent	908 L	6 ſ	8
3000 valent	1362 L	10 ſ	
4000 valent	1816 L	13 ſ	4
5000 valent	2270 L	16 ſ	8
6000 valent	2725 L		
7000 valent	3179 L	3 ſ	4
8000 valent	3633 L	6 ſ	8
9000 valent	4087 L	10 ſ	
10000 valent	4541 L	13 ſ	4
20000 valent	9083 L	6 ſ	8
30000 valent	13625 L		

Les 3 quarts	6 ſ	9 d
le demi	4 ſ	6 d
le quart	2 ſ	3 d
le huitiéme	1 ſ	1 d
Les 2 tiers	6 ſ	
le tiers	3 ſ	
le sixiéme	1 ſ	6 d
le douziéme		9 d

A 9 ſ 1 d par Jour, pour 1 An revient à 165 L 15 ſ 5 d

L

2 valent	18 ſ 8
3 valent	1 L 8 ſ
4 valent	1 L 17 ſ 4
5 valent	2 L 6 ſ 8
6 valent	2 L 16 ſ
7 valent	3 L 5 ſ 4
8 valent	3 L 14 ſ 8
9 valent	4 L 4 ſ
10 valent	4 L 13 ſ 4
11 valent	5 L 2 ſ 8
12 valent	5 L 12 ſ
13 valent	6 L 1 ſ 4
14 valent	6 L 10 ſ 8
15 valent	7 L
16 valent	7 L 9 ſ 4
17 valent	7 L 18 ſ 8
18 valent	8 L 8 ſ
19 valent	8 L 17 ſ 4
20 valent	9 L 6 ſ 8
21 valent	9 L 16 ſ
22 valent	10 L 5 ſ 4
23 valent	10 L 14 ſ 8
24 valent	11 L 4 ſ
25 valent	11 L 13 ſ 4
26 valent	12 L 2 ſ 8
27 valent	12 L 12 ſ
28 valent	13 L 1 ſ 4
29 valent	13 L 10 ſ 8
30 valent	14 L
31 valent	14 L 9 ſ 4
32 valent	14 L 18 ſ 8
33 valent	15 L 8 ſ
34 valent	15 L 17 ſ 4
35 valent	16 L 6 ſ 8
36 valent	16 L 16 ſ
37 valent	17 L 5 ſ 4
38 valent	17 L 14 ſ 8
39 valent	18 L 4 ſ
40 valent	18 L 13 ſ 4
50 valent	23 L 6 ſ 8
60 valent	28 L
70 valent	32 L 13 ſ 4
80 valent	37 L 6 ſ 8
90 valent	42 L
100 valent	46 L 13 ſ 4
200 valent	93 L 6 ſ 8
300 valent	140 L
400 valent	186 L 13 ſ 4
500 valent	233 L 6 ſ 8
600 valent	280 L
700 valent	326 L 13 ſ 4
800 valent	373 L 6 ſ 8
900 valent	420 L
1000 valent	466 L 13 ſ 4
2000 valent	933 L 6 ſ 8
3000 valent	1400 L
4000 valent	1866 L 13 ſ 4
5000 valent	2333 L 6 ſ 8
6000 valent	2800 L
7000 valent	3266 L 13 ſ 4
8000 valent	3733 L 6 ſ 8
9000 valent	4200 L
10000 valent	4666 L 13 ſ 4
20000 valent	9333 L 6 ſ 8
30000 valent	14000 L

Les 3 quarts	7 ſ
le demi	4 ſ 8 d
le quart	2 ſ 4 d
le huitiéme	1 ſ 2 d
Les 2 tiers	6 ſ 2 d
le tiers	3 ſ 1 d
le ſixiéme	1 ſ 7 d
le douziéme	9 d

A 9 ſ 4 d par Jour, pour 1 An revient à 170 L 6 ſ 8 d

A 9 Sols 3 Deniers la chose.

2 valent	L	18 ſ	6
3 valent	1 L	7 ſ	9
4 valent	1 L	17 ſ	
5 valent	2 L	6 ſ	3
6 valent	2 L	15 ſ	6
7 valent	3 L	4 ſ	9
8 valent	3 L	14 ſ	
9 valent	4 L	3 ſ	3
10 valent	4 L	12 ſ	6
11 valent	5 L	1 ſ	9
12 valent	5 L	11 ſ	
13 valent	6 L		3
14 valent	6 L	9 ſ	6
15 valent	6 L	18 ſ	9
16 valent	7 L	8 ſ	
17 valent	7 L	17 ſ	3
18 valent	8 L	6 ſ	6
19 valent	8 L	15 ſ	9
20 valent	9 L	5 ſ	
21 valent	9 L	14 ſ	3
22 valent	10 L	3 ſ	6
23 valent	10 L	12 ſ	9
24 valent	11 L	2 ſ	
25 valent	11 L	11 ſ	3
26 valent	12 L		6
27 valent	12 L	9 ſ	9
28 valent	12 L	19 ſ	
29 valent	13 L	8 ſ	3
30 valent	13 L	17 ſ	6
31 valent	14 L	6 ſ	9
32 valent	14 L	16 ſ	
33 valent	15 L	5 ſ	3
34 valent	15 L	14 ſ	6
35 valent	16 L	3 ſ	9
36 valent	16 L	13 ſ	
37 valent	17 L	2 ſ	3
38 valent	17 L	11 ſ	6
39 valent	18 L	ſ	9
40 valent	18 L	10 ſ	
50 valent	23 L	2 ſ	6
60 valent	27 L	15 ſ	
70 valent	32 L	7 ſ	6
80 valent	37 L		
90 valent	41 L	12 ſ	6
100 valent	46 L	5 ſ	
200 valent	92 L	10 ſ	
300 valent	138 L	15 ſ	
400 valent	185 L		
500 valent	231 L	5 ſ	
600 valent	277 L	10 ſ	
700 valent	323 L	15 ſ	
800 valent	370 L		
900 valent	416 L	5 ſ	
1000 valent	462 L	10 ſ	
2000 valent	925 L		
3000 valent	1387 L	10 ſ	
4000 valent	1850 L		
5000 valent	2312 L	10 ſ	
6000 valent	2775 L		
7000 valent	3237 L	10 ſ	
8000 valent	3700 L		
9000 valent	4162 L	10 ſ	
10000 valent	4625 L		
20000 valent	9250 L		
30000 valent	13875 L		

Les 3 quarts	6 ſ	11 d
le demi	4 ſ	7 d
le quart	2 ſ	4 d
le huitiéme	1 ſ	2 d
Les 2 tiers	6 ſ	2 d
le tiers	3 ſ	1 d
le sixiéme	1 ſ	6 d
le douziéme		9 d

A 9 ſ 3 d par Jour, pour 1 An revient à 168 L 16 ſ 3 d

2 valent		18 ſ	4
3 valent	1 L	7 ſ	6
4 valent	1 L	16 ſ	8
5 valent	2 L	5 ſ	10
6 valent	2 L	15 ſ	
7 valent	3 L	4 ſ	2
8 valent	3 L	13 ſ	4
9 valent	4 L	2 ſ	6
10 valent	4 L	11 ſ	8
11 valent	5 L		10
12 valent	5 L	10 ſ	
13 valent	5 L	19 ſ	2
14 valent	6 L	8 ſ	4
15 valent	6 L	17 ſ	6
16 valent	7 L	6 ſ	8
17 valent	7 L	15 ſ	10
18 valent	8 L	5 ſ	
19 valent	8 L	14 ſ	2
20 valent	9 L	3 ſ	4
21 valent	9 L	12 ſ	6
22 valent	10 L	1 ſ	8
23 valent	10 L	10 ſ	10
24 valent	11 L		
25 valent	11 L	9 ſ	2
26 valent	11 L	18 ſ	4
27 valent	12 L	7 ſ	6
28 valent	12 L	16 ſ	8
29 valent	13 L	5 ſ	10
30 valent	13 L	15 ſ	
31 valent	14 L	4 ſ	2
32 valent	14 L	13 ſ	4
33 valent	15 L	2 ſ	6
34 valent	15 L	11 ſ	8
35 valent	16 L		10
36 valent	16 L	10 ſ	
37 valent	16 L	19 ſ	2
38 valent	17 L	8 ſ	4
39 valent	17 L	17 ſ	6
40 valent	18 L	6 ſ	8
50 valent	22 L	18 ſ	4
60 valent	27 L	10 ſ	
70 valent	32 L	1 ſ	8
80 valent	36 L	13 ſ	4
90 valent	41 L	5 ſ	
100 valent	45 L	16 ſ	8
200 valent	91 L	13 ſ	4
300 valent	137 L	10 ſ	
400 valent	183 L	6 ſ	8
500 valent	229 L	3 ſ	4
600 valent	275 L		
700 valent	320 L	16 ſ	8
800 valent	366 L	13 ſ	4
900 valent	412 L	10 ſ	
1000 valent	458 L	6 ſ	8
2000 valent	916 L	13 ſ	4
3000 valent	1375 L		
4000 valent	1833 L	6 ſ	8
5000 valent	2291 L	13 ſ	4
6000 valent	2750 L		
7000 valent	3208 L	6 ſ	8
8000 valent	3666 L	13 ſ	4
9000 valent	4125 L		
10000 valent	4583 L	6 ſ	8
20000 valent	9166 L	13 ſ	4
30000 valent	13750 L		

Les 3 quarts	6 ſ	10 d
le demi	4 ſ	7 d
le quart	2 ſ	3 d
le huitiéme	1 ſ	2 d
Les 2 tiers	6 ſ	1 d
le tiers	3 ſ	1 d
le ſixiéme	1 ſ	6 d
le douziéme		9 d

A 9 ſ 2 d par Jour, pour 1 An revient à 167 L 5 ſ 10 d

2 valent		18 ſ	10
3 valent	1 L	8 ſ	3
4 valent	1 L	17 ſ	8
5 valent	2 L	7 ſ	1
6 valent	2 L	16 ſ	6
7 valent	3 L	5 ſ	11
8 valent	3 L	15 ſ	4
9 valent	4 L	4 ſ	9
10 valent	4 L	14 ſ	2
11 valent	5 L	3 ſ	7
12 valent	5 L	13 ſ	
13 valent	6 L	2 ſ	5
14 valent	6 L	11 ſ	10
15 valent	7 L	1 ſ	3
16 valent	7 L	10 ſ	8
17 valent	8 L		1
18 valent	8 L	9 ſ	6
19 valent	8 L	18 ſ	11
20 valent	9 L	8 ſ	4
21 valent	9 L	17 ſ	9
22 valent	10 L	7 ſ	2
23 valent	10 L	16 ſ	7
24 valent	11 L	6 ſ	
25 valent	11 L	15 ſ	5
26 valent	12 L	4 ſ	10
27 valent	12 L	14 ſ	3
28 valent	13 L	3 ſ	8
29 valent	13 L	13 ſ	1
30 valent	14 L	2 ſ	6
31 valent	14 L	11 ſ	11
32 valent	15 L	1 ſ	4
33 valent	15 L	10 ſ	9
34 valent	16 L		2
35 valent	16 L	9 ſ	7
36 valent	16 L	19 ſ	
37 valent	17 L	8 ſ	5
38 valent	17 L	17 ſ	10
39 valent	18 L	7 ſ	3
40 valent	18 L	16 ſ	8
50 valent	23 L	10 ſ	10
60 valent	28 L	5 ſ	
70 valent	32 L	19 ſ	2
80 valent	37 L	13 ſ	4
90 valent	42 L	7 ſ	6
100 valent	47 L	1 ſ	8
200 valent	94 L	3 ſ	4
300 valent	141 L	5 ſ	
400 valent	188 L	6 ſ	8
500 valent	235 L	8 ſ	4
600 valent	282 L	10 ſ	
700 valent	329 L	11 ſ	8
800 valent	376 L	13 ſ	4
900 valent	423 L	15 ſ	
1000 valent	470 L	16 ſ	8
2000 valent	941 L	13 ſ	4
3000 valent	1412 L	10 ſ	
4000 valent	1883 L	6 ſ	8
5000 valent	2354 L	3 ſ	4
6000 valent	2825 L		
7000 valent	3295 L	16 ſ	8
8000 valent	3766 L	13 ſ	4
9000 valent	4237 L	10 ſ	
10000 valent	4708 L	6 ſ	8
20000 valent	9416 L	13 ſ	4
30000 valent	14125 L		

Les 3 quarts	7 ſ	
le demi	4 ſ	8 d
le quart	2 ſ	4 d
le huitiéme	1 ſ	2 d
Les 2 tiers	6 ſ	3 d
le tiers	3 ſ	2 d
le sixiéme	1 ſ	7 d
le douziéme		9 d

A 9 ſ 5 d par Jour, pour 1 An revient à 171 L 17 ſ 1 d

A 9 Sols 6 Deniers la chose.

2 valent		19 ſ
3 valent	1 L	8 ſ 6
4 valent	1 L	18 ſ
5 valent	2 L	7 ſ 6
6 valent	2 L	17 ſ
7 valent	3 L	6 ſ 6
8 valent	3 L	16 ſ
9 valent	4 L	5 ſ 6
10 valent	4 L	15 ſ
11 valent	5 L	4 ſ 6
12 valent	5 L	14 ſ
13 valent	6 L	3 ſ 6
14 valent	6 L	13 ſ
15 valent	7 L	2 ſ 6
16 valent	7 L	12 ſ
17 valent	8 L	1 ſ 6
18 valent	8 L	11 ſ
19 valent	9 L	6
20 valent	9 L	10 ſ
21 valent	9 L	19 ſ 6
22 valent	10 L	9 ſ
23 valent	10 L	18 ſ 6
24 valent	11 L	8 ſ
25 valent	11 L	17 ſ 6
26 valent	12 L	7 ſ
27 valent	12 L	16 ſ 6
28 valent	13 L	6 ſ
29 valent	13 L	15 ſ 6
30 valent	14 L	5 ſ
31 valent	14 L	14 ſ 6
32 valent	15 L	4 ſ
33 valent	15 L	13 ſ 6
34 valent	16 L	3 ſ
35 valent	16 L	12 ſ 6
36 valent	17 L	2 ſ
37 valent	17 L	11 ſ 6
38 valent	18 L	1 ſ

39 valent	18 L	10 ſ 6
40 valent	19 L	
50 valent	23 L	15 ſ
60 valent	28 L	10 ſ
70 valent	33 L	5 ſ
80 valent	38 L	
90 valent	42 L	15 ſ
100 valent	47 L	10 ſ
200 valent	95 L	
300 valent	142 L	10 ſ
400 valent	190 L	
500 valent	237 L	10 ſ
600 valent	285 L	
700 valent	332 L	10 ſ
800 valent	380 L	
900 valent	427 L	10 ſ
1000 valent	475 L	
2000 valent	950 L	
3000 valent	1425 L	
4000 valent	1900 L	
5000 valent	2375 L	
6000 valent	2850 L	
7000 valent	3325 L	
8000 valent	3800 L	
9000 valent	4275 L	
10000 valent	4750 L	
20000 valent	9500 L	
30000 valent	14250 L	

Les 3 quarts	7 ſ	1 d	
le demi	4 ſ	9 d	
le quart	2 ſ	4 d	
le huitiéme	1 ſ	2 d	
Les 2 tiers	6 ſ	4 d	
le tiers	3 ſ	2 d	
le ſixiéme	1 ſ	7 d	
le douziéme		9 d	

A 9 ſ 6 d par Jour, pour 1 An revient à 173 L 7 ſ 6 d

A 9 Sols 7 Deniers la chose.

2 valent		19 ſ	2
3 valent	1 L	8 ſ	9
4 valent	1 L	18 ſ	4
5 valent	2 L	7 ſ	11
6 valent	2 L	17 ſ	6
7 valent	3 L	7 ſ	1
8 valent	3 L	16 ſ	8
9 valent	4 L	6 ſ	3
10 valent	4 L	15 ſ	10
11 valent	5 L	5 ſ	5
12 valent	5 L	15 ſ	
13 valent	6 L	4 ſ	7
14 valent	6 L	14 ſ	2
15 valent	7 L	3 ſ	9
16 valent	7 L	13 ſ	4
17 valent	8 L	2 ſ	11
18 valent	8 L	12 ſ	6
19 valent	9 L	2 ſ	1
20 valent	9 L	11 ſ	8
21 valent	10 L	1 ſ	3
22 valent	10 L	10 ſ	10
23 valent	11 L		5
24 valent	11 L	10 ſ	
25 valent	11 L	19 ſ	7
26 valent	12 L	9 ſ	2
27 valent	12 L	18 ſ	9
28 valent	13 L	8 ſ	4
29 valent	13 L	17 ſ	11
30 valent	14 L	7 ſ	6
31 valent	14 L	17 ſ	1
32 valent	15 L	6 ſ	8
33 valent	15 L	16 ſ	3
34 valent	16 L	5 ſ	10
35 valent	16 L	15 ſ	5
36 valent	17 L	5 ſ	
37 valent	17 L	14 ſ	7
38 valent	18 L	4 ſ	2
39 valent	18 L	13 ſ	9
40 valent	19 L	3 ſ	4
50 valent	23 L	19 ſ	2
60 valent	28 L	15 ſ	
70 valent	33 L	10 ſ	10
80 valent	38 L	6 ſ	8
90 valent	43 L	2 ſ	6
100 valent	47 L	18 ſ	4
200 valent	95 L	16 ſ	8
300 valent	143 L	15 ſ	
400 valent	191 L	13 ſ	4
500 valent	239 L	11 ſ	8
600 valent	287 L	10 ſ	
700 valent	335 L	8 ſ	4
800 valent	383 L	6 ſ	8
900 valent	431 L	5 ſ	
1000 valent	479 L	3 ſ	4
2000 valent	958 L	6 ſ	8
3000 valent	1437 L	10 ſ	
4000 valent	1916 L	13 ſ	4
5000 valent	2395 L	16 ſ	8
6000 valent	2875 L		
7000 valent	3354 L	3 ſ	4
8000 valent	3833 L	6 ſ	8
9000 valent	4312 L	10 ſ	
10000 valent	4791 L	13 ſ	4
20000 valent	9583 L	6 ſ	8
30000 valent	14375 L		

Les 3 quarts	7 ſ	2 d
le demi	4 ſ	9 d
le quart	2 ſ	5 d
le huitiéme	1 ſ	2 d
Les 2 tiers	6 ſ	4 d
le tiers	3 ſ	2 d
le ſixiéme	1 ſ	7 d
le douziéme		10 d

A 9 ſ 7 d par Jour, pour 1 An revient à 174 L 17 ſ 11 d

A 9 Sols 8 Deniers la chose.

2 valent	19 ſ 4
3 valent	1 L 9 ſ
4 valent	1 L 18 ſ 8
5 valent	2 L 8 ſ 4
6 valent	2 L 18 ſ
7 valent	3 L 7 ſ 8
8 valent	3 L 17 ſ 4
9 valent	4 L 7 ſ
10 valent	4 L 16 ſ 8
11 valent	5 L 6 ſ 4
12 valent	5 L 16 ſ
13 valent	6 L 5 ſ 8
14 valent	6 L 15 ſ 4
15 valent	7 L 5 ſ
16 valent	7 L 14 ſ 8
17 valent	8 L 4 ſ 4
18 valent	8 L 14 ſ
19 valent	9 L 3 ſ 8
20 valent	9 L 13 ſ 4
21 valent	10 L 3 ſ
22 valent	10 L 12 ſ 8
23 valent	11 L 2 ſ 4
24 valent	11 L 12 ſ
25 valent	12 L 1 ſ 8
26 valent	12 L 11 ſ 4
27 valent	13 L 1 ſ
28 valent	13 L 10 ſ 8
29 valent	14 L 4
30 valent	14 L 10 ſ
31 valent	14 L 19 ſ 8
32 valent	15 L 9 ſ 4
33 valent	15 L 19 ſ
34 valent	16 L 8 ſ 8
35 valent	16 L 18 ſ 4
36 valent	17 L 8 ſ
37 valent	17 L 17 ſ 8
38 valent	18 L 7 ſ 4
39 valent	18 L 17 ſ
40 valent	19 L 6 ſ 8
50 valent	24 L 3 ſ 4
60 valent	29 L
70 valent	33 L 16 ſ 8
80 valent	38 L 13 ſ 4
90 valent	43 L 10 ſ
100 valent	48 L 6 ſ 8
200 valent	96 L 13 ſ 4
300 valent	145 L
400 valent	193 L 6 ſ 8
500 valent	241 L 13 ſ 4
600 valent	290 L
700 valent	338 L 6 ſ 8
800 valent	386 L 13 ſ 4
900 valent	435 L
1000 valent	483 L 6 ſ 8
2000 valent	966 L 13 ſ 4
3000 valent	1450 L
4000 valent	1933 L 6 ſ 8
5000 valent	2416 L 13 ſ 4
6000 valent	2900 L
7000 valent	3383 L 6 ſ 8
8000 valent	3866 L 13 ſ 4
9000 valent	4350 L
10000 valent	4833 L 6 ſ 8
20000 valent	9666 L 13 ſ 4
30000 valent	14500 L

Les 3 quarts	7 ſ 3 d
le demi	4 ſ 10 d
le quart	2 ſ 5 d
le huitiéme	1 ſ 2 d
Les 2 tiers	6 ſ 5 d
le tiers	3 ſ 3 d
le ſixiéme	1 ſ 7 d
le douziéme	10 d

A 9 ſ 8 d par Jour, pour 1 An revient à 176 L 8 ſ 4 d

2 valent	19 ſ 6
3 valent	1 L 9 ſ 3
4 valent	1 L 19 ſ
5 valent	2 L 8 ſ 9
6 valent	2 L 18 ſ 6
7 valent	3 L 8 ſ 3
8 valent	3 L 18 ſ
9 valent	4 L 7 ſ 9
10 valent	4 L 17 ſ 6
11 valent	5 L 7 ſ 3
12 valent	5 L 17 ſ
13 valent	6 L 6 ſ 9
14 valent	6 L 16 ſ 6
15 valent	7 L 6 ſ 3
16 valent	7 L 16 ſ
17 valent	8 L 5 ſ 9
18 valent	8 L 15 ſ 6
19 valent	9 L 5 ſ 3
20 valent	9 L 15 ſ
21 valent	10 L 4 ſ 9
22 valent	10 L 14 ſ 6
23 valent	11 L 4 ſ 3
24 valent	11 L 14 ſ
25 valent	12 L 3 ſ 9
26 valent	12 L 13 ſ 6
27 valent	13 L 3 ſ 3
28 valent	13 L 13 ſ
29 valent	14 L 2 ſ 9
30 valent	14 L 12 ſ 6
31 valent	15 L 2 ſ 3
32 valent	15 L 12 ſ
33 valent	16 L 1 ſ 9
34 valent	16 L 11 ſ 6
35 valent	17 L 1 ſ 3
36 valent	17 L 11 ſ
37 valent	18 L 9
38 valent	18 L 10 ſ 6

39 valent	19 L 3
40 valent	19 L 10 ſ
50 valent	24 L 7 ſ 6
60 valent	29 L 5 ſ
70 valent	34 L 2 ſ 6
80 valent	39 L
90 valent	43 L 17 ſ 6
100 valent	48 L 15 ſ
200 valent	97 L 10 ſ
300 valent	146 L 5 ſ
400 valent	195 L
500 valent	243 L 15 ſ
600 valent	292 L 10 ſ
700 valent	341 L 5 ſ
800 valent	390 L
900 valent	438 L 15 ſ
1000 valent	487 L 10 ſ
2000 valent	975 L
3000 valent	1462 L 10 ſ
4000 valent	1950 L
5000 valent	2437 L 10 ſ
6000 valent	2925 L
7000 valent	3412 L 10 ſ
8000 valent	3900 L
9000 valent	4387 L 10 ſ
10000 valent	4875 L
20000 valent	9750 L
30000 valent	14625 L

Les 3 quarts	7 ſ 3 d
le demi	4 ſ 10 d
le quart	2 ſ 5 d
le huitiéme	1 ſ 3 d
Les 2 tiers	6 ſ 6 d
le tiers	3 ſ 3 d
le ſixiéme	1 ſ 7 d
le douziéme	10 d

A 9 ſ 9 d par Jour, pour 1 An revient à 177 L 18 ſ 9 d

A 9 Sols 10 Deniers la chose.

2 valent		19 ſ	8
3 valent	1 L	9 ſ	6
4 valent	1 L	19 ſ	4
5 valent	2 L	9 ſ	2
6 valent	2 L	19 ſ	
7 valent	3 L	8 ſ	10
8 valent	3 L	18 ſ	8
9 valent	4 L	8 ſ	6
10 valent	4 L	18 ſ	4
11 valent	5 L	8 ſ	2
12 valent	5 L	18 ſ	
13 valent	6 L	7 ſ	10
14 valent	6 L	17 ſ	8
15 valent	7 L	7 ſ	6
16 valent	7 L	17 ſ	4
17 valent	8 L	7 ſ	2
18 valent	8 L	17 ſ	
19 valent	9 L	6 ſ	10
20 valent	9 L	16 ſ	8
21 valent	10 L	6 ſ	6
22 valent	10 L	16 ſ	4
23 valent	11 L	6 ſ	2
24 valent	11 L	16 ſ	
25 valent	12 L	5 ſ	10
26 valent	12 L	15 ſ	8
27 valent	13 L	5 ſ	6
28 valent	13 L	15 ſ	4
29 valent	14 L	5 ſ	2
30 valent	14 L	15 ſ	
31 valent	15 L	4 ſ	10
32 valent	15 L	14 ſ	8
33 valent	16 L	4 ſ	6
34 valent	16 L	14 ſ	4
35 valent	17 L	4 ſ	2
36 valent	17 L	14 ſ	
37 valent	18 L	3 ſ	10
38 valent	18 L	13 ſ	8
39 valent	19 L	3 ſ	6
40 valent	19 L	13 ſ	4
50 valent	24 L	11 ſ	8
60 valent	29 L	10 ſ	
70 valent	34 L	8 ſ	4
80 valent	39 L	6 ſ	8
90 valent	44 L	5 ſ	
100 valent	49 L	3 ſ	4
200 valent	98 L	6 ſ	8
300 valent	147 L	10 ſ	
400 valent	196 L	13 ſ	4
500 valent	245 L	16 ſ	8
600 valent	295 L		
700 valent	344 L	3 ſ	4
800 valent	393 L	6 ſ	8
900 valent	442 L	10 ſ	
1000 valent	491 L	13 ſ	4
2000 valent	983 L	6 ſ	8
3000 valent	1475 L		
4000 valent	1966 L	13 ſ	4
5000 valent	2458 L	6 ſ	8
6000 valent	2950 L		
7000 valent	3441 L	13 ſ	4
8000 valent	3933 L	6 ſ	8
9000 valent	4425 L		
10000 valent	4916 L	13 ſ	4
20000 valent	9833 L	6 ſ	8
30000 valent	14750 L		

Les 3 quarts	7 ſ	4 d
le demi	4 ſ	11 d
le quart	2 ſ	5 d
le huitiéme	1 ſ	3 d
Les 2 tiers	6 ſ	6 d
le tiers	3 ſ	3 d
le ſixiéme	1 ſ	8 d
le douziéme		10 d

A 9 ſ 10 d par Jour, pour 1 An revient à 179 L 9 ſ 2 d

A 9 Sols 11 Deniers la chose.

2 valent		19 ſ	10	39 valent	19 L	6 ſ	9
3 valent	1 L	9 ſ	9	40 valent	19 L	16 ſ	8
4 valent	1 L	19 ſ	8	50 valent	24 L	15 ſ	10
5 valent	2 L	9 ſ	7	60 valent	29 L	15 ſ	
6 valent	2 L	19 ſ	6	70 valent	34 L	14 ſ	2
7 valent	3 L	9 ſ	5	80 valent	39 L	13 ſ	4
8 valent	3 L	19 ſ	4	90 valent	44 L	12 ſ	6
9 valent	4 L	9 ſ	3	100 valent	49 L	11 ſ	8
10 valent	4 L	19 ſ	2	200 valent	99 L	3 ſ	4
11 valent	5 L	9 ſ	1	300 valent	148 L	15 ſ	
12 valent	5 L	19 ſ		400 valent	198 L	6 ſ	8
13 valent	6 L	8 ſ	11	500 valent	247 L	18 ſ	4
14 valent	6 L	18 ſ	10	600 valent	297 L	10 ſ	
15 valent	7 L	8 ſ	9	700 valent	347 L	1 ſ	8
16 valent	7 L	18 ſ	8	800 valent	396 L	13 ſ	4
17 valent	8 L	8 ſ	7	900 valent	446 L	5 ſ	
18 valent	8 L	18 ſ	6	1000 valent	495 L	16 ſ	8
19 valent	9 L	8 ſ	5	2000 valent	991 L	13 ſ	4
20 valent	9 L	18 ſ	4	3000 valent	1487 L	10 ſ	
21 valent	10 L	8 ſ	3	4000 valent	1983 L	6 ſ	8
22 valent	10 L	18 ſ	2	5000 valent	2479 L	3 ſ	4
23 valent	11 L	8 ſ	1	6000 valent	2975 L		
24 valent	11 L	18 ſ		7000 valent	3470 L	16 ſ	8
25 valent	12 L	7 ſ	11	8000 valent	3966 L	13 ſ	4
26 valent	12 L	17 ſ	10	9000 valent	4462 L	10 ſ	
27 valent	13 L	7 ſ	9	10000 valent	4958 L	6 ſ	8
28 valent	13 L	17 ſ	8	20000 valent	9916 L	13 ſ	4
29 valent	14 L	7 ſ	7	30000 valent	14875 L		
30 valent	14 L	17 ſ	6				
31 valent	15 L	7 ſ	5	Les 3 quarts	7 ſ	5 d	
32 valent	15 L	17 ſ	4	le demi	4 ſ	11 d	
33 valent	16 L	7 ſ	3	le quart	2 ſ	6 d	
34 valent	16 L	17 ſ	2	le huitiéme	1 ſ	3 d	
35 valent	17 L	7 ſ	1	Les 2 tiers	6 ſ	7 d	
36 valent	17 L	17 ſ		le tiers	3 ſ	4 d	
37 valent	18 L	6 ſ	11	le sixiéme	1 ſ	8 d	
38 valent	18 L	16 ſ	10	le douziéme		10 d	

A 9 ſ 11 d par Jour, pour 1 An revient à 180 L 19 ſ 7 d

2	valent	1 L
3	valent	1 L 10 ſ
4	valent	2 L
5	valent	2 L 10 ſ
6	valent	3 L
7	valent	3 L 10 ſ
8	valent	4 L
9	valent	4 L 10 ſ
10	valent	5 L
11	valent	5 L 10 ſ
12	valent	6 L
13	valent	6 L 10 ſ
14	valent	7 L
15	valent	7 L 10 ſ
16	valent	8 L
17	valent	8 L 10 ſ
18	valent	9 L
19	valent	9 L 10 ſ
20	valent	10 L
21	valent	10 L 10 ſ
22	valent	11 L
23	valent	11 L 10 ſ
24	valent	12 L
25	valent	12 L 10 ſ
26	valent	13 L
27	valent	13 L 10 ſ
28	valent	14 L
29	valent	14 L 10 ſ
30	valent	15 L
31	valent	15 L 10 ſ
32	valent	16 L
33	valent	16 L 10 ſ
34	valent	17 L
35	valent	17 L 10 ſ
36	valent	18 L
37	valent	18 L 10 ſ
38	valent	19 L
39	valent	19 L 10 ſ
40	valent	20 L
50	valent	25 L
60	valent	30 L
70	valent	35 L
80	valent	40 L
90	valent	45 L
100	valent	50 L
200	valent	100 L
300	valent	150 L
400	valent	200 L
500	valent	250 L
600	valent	300 L
700	valent	350 L
800	valent	400 L
900	valent	450 L
1000	valent	500 L
2000	valent	1000 L
3000	valent	1500 L
4000	valent	2000 L
5000	valent	2500 L
6000	valent	3000 L
7000	valent	3500 L
8000	valent	4000 L
9000	valent	4500 L
10000	valent	5000 L
20000	valent	10000 L
30000	valent	15000 L

Les 3 quarts	7 ſ	6 d
le demi	5 ſ	
le quart	2 ſ	6 d
le huitiéme	1 ſ	3 d
Les 2 tiers	6 ſ	8 d
le tiers	3 ſ	4 d
le ſixiéme	1 ſ	8 d
le douziéme		10 d

A 10 ſ par Jour, pour 1 An revient à 182 L 10 ſ.

2 valent	1 L		6	
3 valent	1 L	10 ſ	9	
4 valent	2 L	1 ſ		
5 valent	2 L	11 ſ	3	
6 valent	3 L	1 ſ	6	
7 valent	3 L	11 ſ	9	
8 valent	4 L	2 ſ		
9 valent	4 L	12 ſ	3	
10 valent	5 L	2 ſ	6	
11 valent	5 L	12 ſ	9	
12 valent	6 L	3 ſ		
13 valent	6 L	13 ſ	3	
14 valent	7 L	3 ſ	6	
15 valent	7 L	13 ſ	9	
16 valent	8 L	4 ſ		
17 valent	8 L	14 ſ	3	
18 valent	9 L	4 ſ	6	
19 valent	9 L	14 ſ	9	
20 valent	10 L	5 ſ		
21 valent	10 L	15 ſ	3	
22 valent	11 L	5 ſ	6	
23 valent	11 L	15 ſ	9	
24 valent	12 L	6 ſ		
25 valent	12 L	16 ſ	3	
26 valent	13 L	6 ſ	6	
27 valent	13 L	16 ſ	9	
28 valent	14 L	7 ſ		
29 valent	14 L	17 ſ	3	
30 valent	15 L	7 ſ	6	
31 valent	15 L	17 ſ	9	
32 valent	16 L	8 ſ		
33 valent	16 L	18 ſ	3	
34 valent	17 L	8 ſ	6	
35 valent	17 L	18 ſ	9	
36 valent	18 L	9 ſ		
37 valent	18 L	19 ſ	3	
38 valent	19 L	9 ſ	6	
39 valent	19 L	19 ſ	9	
40 valent	20 L	10 ſ		
50 valent	25 L	12 ſ	6	
60 valent	30 L	15 ſ		
70 valent	35 L	17 ſ	6	
80 valent	41 L			
90 valent	46 L	2 ſ	6	
100 valent	51 L	5 ſ		
200 valent	102 L	10 ſ		
300 valent	153 L	15 ſ		
400 valent	205 L			
500 valent	256 L	5 ſ		
600 valent	307 L	10 ſ		
700 valent	358 L	15 ſ		
800 valent	410 L			
900 valent	461 L	5 ſ		
1000 valent	512 L	10 ſ		
2000 valent	1025 L			
3000 valent	1537 L	10 ſ		
4000 valent	2050 L			
5000 valent	2562 L	10 ſ		
6000 valent	3075 L			
7000 valent	3587 L	10 ſ		
8000 valent	4100 L			
9000 valent	4612 L	10 ſ		
10000 valent	5125 L			
20000 valent	10250 L			
30000 valent	15375 L			

Les 3 quarts	7 ſ	8 d
le demi	5 ſ	1 d
le quart	2 ſ	7 d
le huitiéme	1 ſ	3 d
Les 2 tiers	6 ſ	10 d
le tiers	3 ſ	5 d
le ſixiéme	1 ſ	8 d
le douziéme		10 d

A 10 ſ 3 d par Jour, pour 1 An revient à 187 L 1 ſ 3 d

A 10 Sols 6 Deniers la chose.

2 valent	1 L 1 ſ	39 valent	20 L 9 ſ 6
3 valent	1 L 11 ſ 6	40 valent	21 L
4 valent	2 L 2 ſ	50 valent	26 L 5 ſ
5 valent	2 L 12 ſ 6	60 valent	31 L 10 ſ
6 valent	3 L 3 ſ	70 valent	36 L 15 ſ
7 valent	3 L 13 ſ 6	80 valent	42 L
8 valent	4 L 4 ſ	90 valent	47 L 5 ſ
9 valent	4 L 14 ſ 6	100 valent	52 L 10 ſ
10 valent	5 L 5 ſ	200 valent	105 L
11 valent	5 L 15 ſ 6	300 valent	157 L 10 ſ
12 valent	6 L 6 ſ	400 valent	210 L
13 valent	6 L 16 ſ 6	500 valent	262 L 10 ſ
14 valent	7 L 7 ſ	600 valent	315 L
15 valent	7 L 17 ſ 6	700 valent	367 L 10 ſ
16 valent	8 L 8 ſ	800 valent	420 L
17 valent	8 L 18 ſ 6	900 valent	472 L 10 ſ
18 valent	9 L 9 ſ	1000 valent	525 L
19 valent	9 L 19 ſ 6	2000 valent	1050 L
20 valent	10 L 10 ſ	3000 valent	1575 L
21 valent	11 L 6	4000 valent	2100 L
22 valent	11 L 11 ſ	5000 valent	2625 L
23 valent	12 L 1 ſ 6	6000 valent	3150 L
24 valent	12 L 12 ſ	7000 valent	3675 L
25 valent	13 L 2 ſ 6	8000 valent	4200 L
26 valent	13 L 13 ſ	9000 valent	4725 L
27 valent	14 L 3 ſ 6	10000 valent	5250 L
28 valent	14 L 14 ſ	20000 valent	10500 L
29 valent	15 L 4 ſ 6	30000 valent	15750 L
30 valent	15 L 15 ſ		
31 valent	16 L 5 ſ 6	Les 3 quarts	7 ſ 10 d
32 valent	16 L 16 ſ	le demi	5 ſ 3 d
33 valent	17 L 6 ſ 6	le quart	2 ſ 7 d
34 valent	17 L 17 ſ	le huitiéme	1 ſ 4 d
35 valent	18 L 7 ſ 6	Les 2 tiers	7 ſ
36 valent	18 L 18 ſ	le tiers	3 ſ 6 d
37 valent	19 L 8 ſ 6	le sixiéme	1 ſ 9 d
38 valent	19 L 19 ſ	le douziéme	10 d

A 10 ſ 6 d par Jour, pour 1 An revient à 191 L 12 ſ 6 d

2 valent	1 L	1 ſ	6
3 valent	1 L	12 ſ	3
4 valent	2 L	3 ſ	
5 valent	2 L	13 ſ	9
6 valent	3 L	4 ſ	6
7 valent	3 L	15 ſ	3
8 valent	4 L	6 ſ	
9 valent	4 L	16 ſ	9
10 valent	5 L	7 ſ	6
11 valent	5 L	18 ſ	3
12 valent	6 L	9 ſ	
13 valent	6 L	19 ſ	9
14 valent	7 L	10 ſ	6
15 valent	8 L	1 ſ	3
16 valent	8 L	12 ſ	
17 valent	9 L	2 ſ	9
18 valent	9 L	13 ſ	6
19 valent	10 L	4 ſ	3
20 valent	10 L	15 ſ	
21 valent	11 L	5 ſ	9
22 valent	11 L	16 ſ	6
23 valent	12 L	7 ſ	3
24 valent	12 L	18 ſ	
25 valent	13 L	8 ſ	9
26 valent	13 L	19 ſ	6
27 valent	14 L	10 ſ	3
28 valent	15 L	1 ſ	
29 valent	15 L	11 ſ	9
30 valent	16 L	2 ſ	6
31 valent	16 L	13 ſ	3
32 valent	17 L	4 ſ	
33 valent	17 L	14 ſ	9
34 valent	18 L	5 ſ	6
35 valent	18 L	16 ſ	3
36 valent	19 L	7 ſ	
37 valent	19 L	17 ſ	9
38 valent	20 L	8 ſ	6
39 valent	20 L	19 ſ	3
40 valent	21 L	10 ſ	
50 valent	26 L	17 ſ	6
60 valent	32 L	5 ſ	
70 valent	37 L	12 ſ	6
80 valent	43 L		
90 valent	48 L	7 ſ	6
100 valent	53 L	15 ſ	
200 valent	107 L	10 ſ	
300 valent	161 L	5 ſ	
400 valent	215 L		
500 valent	268 L	15 ſ	
600 valent	322 L	10 ſ	
700 valent	376 L	5 ſ	
800 valent	430 L		
900 valent	483 L	15 ſ	
1000 valent	537 L	10 ſ	
2000 valent	1075 L		
3000 valent	1612 L	10 ſ	
4000 valent	2150 L		
5000 valent	2687 L	10 ſ	
6000 valent	3225 L		
7000 valent	3762 L	10 ſ	
8000 valent	4300 L		
9000 valent	4837 L	10 ſ	
10000 valent	5375 L		
20000 valent	10750 L		
30000 valent	16125 L		

Les 3 quarts	8 ſ	
le demi	5 ſ	4 d
le quart	2 ſ	8 d
le huitiéme	1 ſ	4 d
Les 2 tiers	7 ſ	2 d
le tiers	3 ſ	7 d
le ſixiéme	1 ſ	9 d
le douziéme		11 d

A 10 ſ 9 d par Jour, pour 1 An revient à 196 L 3 ſ 9 d.

A 11 Sols la chose.

2 valent	1 L	2 ſ	
3 valent	1 L	13 ſ	
4 valent	2 L	4 ſ	
5 valent	2 L	15 ſ	
6 valent	3 L	6 ſ	
7 valent	3 L	17 ſ	
8 valent	4 L	8 ſ	
9 valent	4 L	19 ſ	
10 valent	5 L	10 ſ	
11 valent	6 L	1 ſ	
12 valent	6 L	12 ſ	
13 valent	7 L	3 ſ	
14 valent	7 L	14 ſ	
15 valent	8 L	5 ſ	
16 valent	8 L	16 ſ	
17 valent	9 L	7 ſ	
18 valent	9 L	18 ſ	
19 valent	10 L	9 ſ	
20 valent	11 L		
21 valent	11 L	11 ſ	
22 valent	12 L	2 ſ	
23 valent	12 L	13 ſ	
24 valent	13 L	4 ſ	
25 valent	13 L	15 ſ	
26 valent	14 L	6 ſ	
27 valent	14 L	17 ſ	
28 valent	15 L	8 ſ	
29 valent	15 L	19 ſ	
30 valent	16 L	10 ſ	
31 valent	17 L	1 ſ	
32 valent	17 L	12 ſ	
33 valent	18 L	3 ſ	
34 valent	18 L	14 ſ	
35 valent	19 L	5 ſ	
36 valent	19 L	16 ſ	
37 valent	20 L	7 ſ	
38 valent	20 L	18 ſ	
39 valent	21 L	9 ſ	
40 valent	22 L		
50 valent	27 L	10 ſ	
60 valent	33 L		
70 valent	38 L	10 ſ	
80 valent	44 L		
90 valent	49 L	10 ſ	
100 valent	55 L		
200 valent	110 L		
300 valent	165 L		
400 valent	220 L		
500 valent	275 L		
600 valent	330 L		
700 valent	385 L		
800 valent	440 L		
900 valent	495 L		
1000 valent	550 L		
2000 valent	1100 L		
3000 valent	1650 L		
4000 valent	2200 L		
5000 valent	2750 L		
6000 valent	3300 L		
7000 valent	3850 L		
8000 valent	4400 L		
9000 valent	4950 L		
10000 valent	5500 L		
20000 valent	11000 L		
30000 valent	16500 L		

Les 3 quarts	8 ſ	3 d
le demi	5 ſ	6 d
le quart	2 ſ	9 d
le huitiéme	1 ſ	4 d
Les 2 tiers	7 ſ	4 d
le tiers	3 ſ	8 d
le ſixiéme	1 ſ	10 d
le douziéme		11 d

A 11 ſ par Jour, pour 1 An revient à 200 L 15 ſ

2 valent	1 L	2 ſ	6	
3 valent	1 L	13 ſ	9	
4 valent	2 L	5 ſ		
5 valent	2 L	16 ſ	3	
6 valent	3 L	7 ſ	6	
7 valent	3 L	18 ſ	9	
8 valent	4 L	10 ſ		
9 valent	5 L	1 ſ	3	
10 valent	5 L	12 ſ	6	
11 valent	6 L	3 ſ	9	
12 valent	6 L	15 ſ		
13 valent	7 L	6 ſ	3	
14 valent	7 L	17 ſ	6	
15 valent	8 L	8 ſ	9	
16 valent	9 L			
17 valent	9 L	11 ſ	3	
18 valent	10 L	2 ſ	6	
19 valent	10 L	13 ſ	9	
20 valent	11 L	5 ſ		
21 valent	11 L	16 ſ	3	
22 valent	12 L	7 ſ	6	
23 valent	12 L	18 ſ	9	
24 valent	13 L	10 ſ		
25 valent	14 L	1 ſ	3	
26 valent	14 L	12 ſ	6	
27 valent	15 L	3 ſ	9	
28 valent	15 L	15 ſ		
29 valent	16 L	6 ſ	3	
30 valent	16 L	17 ſ	6	
31 valent	17 L	8 ſ	9	
32 valent	18 L			
33 valent	18 L	11 ſ	3	
34 valent	19 L	2 ſ	6	
35 valent	19 L	13 ſ	9	
36 valent	20 L	5 ſ		
37 valent	20 L	16 ſ	3	
38 valent	21 L	7 ſ	6	
39 valent	21 L	18 ſ	9	
40 valent	22 L	10 ſ		
50 valent	28 L	2 ſ	6	
60 valent	33 L	15 ſ		
70 valent	39 L	7 ſ	6	
80 valent	45 L			
90 valent	50 L	12 ſ	6	
100 valent	56 L	5 ſ		
200 valent	112 L	10 ſ		
300 valent	168 L	15 ſ		
400 valent	225 L			
500 valent	281 L	5 ſ		
600 valent	337 L	10 ſ		
700 valent	393 L	15 ſ		
800 valent	450 L			
900 valent	506 L	5 ſ		
1000 valent	562 L	10 ſ		
2000 valent	1125 L			
3000 valent	1687 L	10 ſ		
4000 valent	2250 L			
5000 valent	2812 L	10 ſ		
6000 valent	3375 L			
7000 valent	3937 L	10 ſ		
8000 valent	4500 L			
9000 valent	5062 L	10 ſ		
10000 valent	5625 L			
20000 valent	11250 L			
30000 valent	16875 L			

Les 3 quarts	8 ſ	5 d
le demi	5 ſ	7 d
le quart	2 ſ	10 d
le huitiéme	1 ſ	5 d
Les 2 tiers	7 ſ	6 d
le tiers	3 ſ	9 d
le ſixiéme	1 ſ	10 d
le douziéme		11 d

A 11 ſ 3 d par Jour, pour 1 An revient à 205 L 6 ſ 3 d

A 11 Sols 6 Deniers la chose.

2	valent	1 L	3 ſ	
3	valent	1 L	14 ſ	6
4	valent	2 L	6 ſ	
5	valent	2 L	17 ſ	6
6	valent	3 L	9 ſ	
7	valent	4 L		6
8	valent	4 L	12 ſ	
9	valent	5 L	3 ſ	6
10	valent	5 L	15 ſ	
11	valent	6 L	6 ſ	6
12	valent	6 L	18 ſ	
13	valent	7 L	9 ſ	6
14	valent	8 L	1 ſ	
15	valent	8 L	12 ſ	6
16	valent	9 L	4 ſ	
17	valent	9 L	15 ſ	6
18	valent	10 L	7 ſ	
19	valent	10 L	18 ſ	6
20	valent	11 L	10 ſ	
21	valent	12 L	1 ſ	6
22	valent	12 L	13 ſ	
23	valent	13 L	4 ſ	6
24	valent	13 L	16 ſ	
25	valent	14 L	7 ſ	6
26	valent	14 L	19 ſ	
27	valent	15 L	10 ſ	6
28	valent	16 L	2 ſ	
29	valent	16 L	13 ſ	6
30	valent	17 L	5 ſ	
31	valent	17 L	16 ſ	6
32	valent	18 L	8 ſ	
33	valent	18 L	19 ſ	6
34	valent	19 L	11 ſ	
35	valent	20 L	2 ſ	6
36	valent	20 L	14 ſ	
37	valent	21 L	5 ſ	6
38	valent	21 L	17 ſ	
39	valent	22 L	8 ſ	6
40	valent	23 L		
50	valent	28 L	15 ſ	
60	valent	34 L	10 ſ	
70	valent	40 L	5 ſ	
80	valent	46 L		
90	valent	51 L	15 ſ	
100	valent	57 L	10 ſ	
200	valent	115 L		
300	valent	172 L	10 ſ	
400	valent	230 L		
500	valent	287 L	10 ſ	
600	valent	345 L		
700	valent	402 L	10 ſ	
800	valent	460 L		
900	valent	517 L	10 ſ	
1000	valent	575 L		
2000	valent	1150 L		
3000	valent	1725 L		
4000	valent	2300 L		
5000	valent	2875 L		
6000	valent	3450 L		
7000	valent	4025 L		
8000	valent	4600 L		
9000	valent	5175 L		
10000	valent	5750 L		
20000	valent	11500 L		
30000	valent	17250 L		

Les 3 quarts	8 ſ	7 d
le demi	5 ſ	9 d
le quart	2 ſ	10 d
le huitiéme	1 ſ	5 d
Les 2 tiers	7 ſ	8 d
le tiers	3 ſ	10 d
le ſixiéme	1 ſ	11 d
le douziéme		11 d

A 11 ſ 6 d par Jour, pour 1 An revient à 209 L 17 ſ 6 d.

A 11. Sols 9. Deniers la choſe.

2 valent	1 L 3 ſ 6	39 valent	22 L 18 ſ 3
3 valent	1 L 15 ſ 3	40 valent	23 L 10 ſ
4 valent	2 L 7 ſ	50 valent	29 L 7 ſ 6
5 valent	2 L 18 ſ 9	60 valent	35 L 5 ſ
6 valent	3 L 10 ſ 6	70 valent	41 L 2 ſ 6
7 valent	4 L 2 ſ 3	80 valent	47 L
8 valent	4 L 14 ſ	90 valent	52 L 17 ſ 6
9 valent	5 L 5 ſ 9	100 valent	58 L 15 ſ
10 valent	5 L 17 ſ 6	200 valent	117 L 10 ſ
11 valent	6 L 9 ſ 3	300 valent	176 L 5 ſ
12 valent	7 L 1 ſ	400 valent	235 L
13 valent	7 L 12 ſ 9	500 valent	293 L 15 ſ
14 valent	8 L 4 ſ 6	600 valent	352 L 10 ſ
15 valent	8 L 16 ſ 3	700 valent	411 L 5 ſ
16 valent	9 L 8 ſ	800 valent	470 L
17 valent	9 L 19 ſ 9	900 valent	528 L 15 ſ
18 valent	10 L 11 ſ 6	1000 valent	587 L 10 ſ
19 valent	11 L 3 ſ 3	2000 valent	1175 L
20 valent	11 L 15 ſ	3000 valent	1762 L 10 ſ
21 valent	12 L 6 ſ 9	4000 valent	2350 L
22 valent	12 L 18 ſ 6	5000 valent	2937 L 10 ſ
23 valent	13 L 10 ſ 3	6000 valent	3525 L
24 valent	14 L 2 ſ	7000 valent	4112 L 10 ſ
25 valent	14 L 13 ſ 9	8000 valent	4700 L
26 valent	15 L 5 ſ 6	9000 valent	5287 L 10 ſ
27 valent	15 L 17 ſ 3	10000 valent	5875 L
28 valent	16 L 9 ſ	20000 valent	11750 L
29 valent	17 L ſ 9	30000 valent	17625 L
30 valent	17 L 12 ſ 6		
31 valent	18 L 4 ſ 3	Les 3 quarts	8 ſ 9 d
32 valent	18 L 16 ſ	le demi	5 ſ 10 d
33 valent	19 L 7 ſ 9	le quart	2 ſ 11 d
34 valent	19 L 19 ſ 6	le huitiéme	1 ſ 6 d
35 valent	20 L 11 ſ 3	Les 2 tiers	7 ſ 10 d
36 valent	21 L 3 ſ	le tiers	3 ſ 11 d
37 valent	21 L 14 ſ 9	le ſixiéme	1 ſ 11 d
38 valent	22 L 6 6	le douziéme	1 ſ

A 11 ſ 9 d par Jour, pour 1 An revient à 214 L 8 ſ 9 d.

A 12 Sols la choſe.

2	valent	1 L	4 ſ
3	valent	1 L	16 ſ
4	valent	2 L	8 ſ
5	valent	3 L	
6	valent	3 L	12 ſ
7	valent	4 L	4 ſ
8	valent	4 L	16 ſ
9	valent	5 L	8 ſ
10	valent	6 L	
11	valent	6 L	12 ſ
12	valent	7 L	4 ſ
13	valent	7 L	16 ſ
14	valent	8 L	8 ſ
15	valent	9 L	
16	valent	9 L	12 ſ
17	valent	10 L	4 ſ
18	valent	10 L	16 ſ
19	valent	11 L	8 ſ
20	valent	12 L	
21	valent	12 L	12 ſ
22	valent	13 L	4 ſ
23	valent	13 L	16 ſ
24	valent	14 L	8 ſ
25	valent	15 L	
26	valent	15 L	12 ſ
27	valent	16 L	4 ſ
28	valent	16 L	16 ſ
29	valent	17 L	8 ſ
30	valent	18 L	
31	valent	18 L	12 ſ
32	valent	19 L	4 ſ
33	valent	19 L	16 ſ
34	valent	20 L	8 ſ
35	valent	21 L	
36	valent	21 L	12 ſ
37	valent	22 L	4 ſ
38	valent	22 L	16 ſ
39	valent	23 L	8 ſ
40	valent	24 L	
50	valent	30 L	
60	valent	36 L	
70	valent	42 L	
80	valent	48 L	
90	valent	54 L	
100	valent	60 L	
200	valent	120 L	
300	valent	180 L	
400	valent	240 L	
500	valent	300 L	
600	valent	360 L	
700	valent	420 L	
800	valent	480 L	
900	valent	540 L	
1000	valent	600 L	
2000	valent	1200 L	
3000	valent	1800 L	
4000	valent	2400 L	
5000	valent	3000 L	
6000	valent	3600 L	
7000	valent	4200 L	
8000	valent	4800 L	
9000	valent	5400 L	
10000	valent	6000 L	
20000	valent	12000 L	
30000	valent	18000 L	

Les 3 quarts	9 ſ
le demi	6 ſ
le quart	3 ſ
le huitiéme	1 ſ 6 d
Les 2 tiers	8 ſ
le tiers	4 ſ
le ſixiéme	2 ſ
le douziéme	1 ſ

A 12 ſ par Jour, pour 1 An revient à 219 L

A 12 Sols 3 Deniers la chose.

2 valent	1 L 4 ſ 6
3 valent	1 L 16 ſ 9
4 valent	2 L 9 ſ
5 valent	3 L 1 ſ 3
6 valent	3 L 13 ſ 6
7 valent	4 L 5 ſ 9
8 valent	4 L 18 ſ
9 valent	5 L 10 ſ 3
10 valent	6 L 2 ſ 6
11 valent	6 L 14 ſ 9
12 valent	7 L 7 ſ
13 valent	7 L 19 ſ 3
14 valent	8 L 11 ſ 6
15 valent	9 L 3 ſ 9
16 valent	9 L 16 ſ
17 valent	10 L 8 ſ 3
18 valent	11 L 6
19 valent	11 L 12 ſ 9
20 valent	12 L 5 ſ
21 valent	12 L 17 ſ 3
22 valent	13 L 9 ſ 6
23 valent	14 L 1 ſ 9
24 valent	14 L 14 ſ
25 valent	15 L 6 ſ 3
26 valent	15 L 18 ſ 6
27 valent	16 L 10 ſ 9
28 valent	17 L 3 ſ
29 valent	17 L 15 ſ 3
30 valent	18 L 7 ſ 6
31 valent	18 L 19 ſ 9
32 valent	19 L 12 ſ
33 valent	20 L 4 ſ 3
34 valent	20 L 16 ſ 6
35 valent	21 L 8 ſ 9
36 valent	22 L 1 ſ
37 valent	22 L 13 ſ 3
38 valent	23 L 5 ſ 6
39 valent	23 L 17 ſ 9
40 valent	24 L 10 ſ
50 valent	30 L 12 ſ 6
60 valent	36 L 15 ſ
70 valent	42 L 17 ſ 6
80 valent	49 L
90 valent	55 L 2 ſ 6
100 valent	61 L 5 ſ
200 valent	122 L 10 ſ
300 valent	183 L 15 ſ
400 valent	245 L
500 valent	306 L 5 ſ
600 valent	367 L 10 ſ
700 valent	428 L 15 ſ
800 valent	490 L
900 valent	551 L 5 ſ
1000 valent	612 L 10 ſ
2000 valent	1225 L
3000 valent	1837 L 10 ſ
4000 valent	2450 L
5000 valent	3062 L 10 ſ
6000 valent	3675 L
7000 valent	4287 L 10 ſ
8000 valent	4900 L
9000 valent	5512 L 10 ſ
10000 valent	6125 L
20000 valent	12250 L
30000 valent	18375 L

Les 3 quarts	9 ſ 2 d
le demi	6 ſ 1 d
le quart	3 ſ 1 d
le huitiéme	1 ſ 6 d
Les 2 tiers	8 ſ 2 d
le tiers	4 ſ 1 d
le ſixiéme	2 ſ
le douziéme	1 ſ

A 12 ſ 3 d par Jour, pour 1 An revient à 223 L 11 ſ 3 d.

A 12 Sols 6 Deniers la chose.

2 valent	1 L 5 ſ
3 valent	1 L 17 ſ 6
4 valent	2 L 10 ſ
5 valent	3 L 2 ſ 6
6 valent	3 L 15 ſ
7 valent	4 L 7 ſ 6
8 valent	5 L
9 valent	5 L 12 ſ 6
10 valent	6 L 5 ſ
11 valent	6 L 17 ſ 6
12 valent	7 L 10 ſ
13 valent	8 L 2 ſ 6
14 valent	8 L 15 ſ
15 valent	9 L 7 ſ 6
16 valent	10 L
17 valent	10 L 12 ſ 6
18 valent	11 L 5 ſ
19 valent	11 L 17 ſ 6
20 valent	12 L 10 ſ
21 valent	13 L 2 ſ 6
22 valent	13 L 15 ſ
23 valent	14 L 7 ſ 6
24 valent	15 L
25 valent	15 L 12 ſ 6
26 valent	16 L 5 ſ
27 valent	16 L 17 ſ 6
28 valent	17 L 10 ſ
29 valent	18 L 2 ſ 6
30 valent	18 L 15 ſ
31 valent	19 L 7 ſ 6
32 valent	20 L
33 valent	20 L 12 ſ 6
34 valent	21 L 5 ſ
35 valent	21 L 17 ſ 6
36 valent	22 L 10 ſ
37 valent	23 L 2 ſ 6
38 valent	23 L 15 ſ
39 valent	24 L 7 ſ 6
40 valent	25 L
50 valent	31 L 5 ſ
60 valent	37 L 10 ſ
70 valent	43 L 15 ſ
80 valent	50 L
90 valent	56 L 5 ſ
100 valent	62 L 10 ſ
200 valent	125 L
300 valent	187 L 10 ſ
400 valent	250 L
500 valent	312 L 10 ſ
600 valent	375 L
700 valent	437 L 10 ſ
800 valent	500 L
900 valent	562 L 10 ſ
1000 valent	625 L
2000 valent	1250 L
3000 valent	1875 L
4000 valent	2500 L
5000 valent	3125 L
6000 valent	3750 L
7000 valent	4375 L
8000 valent	5000 L
9000 valent	5625 L
10000 valent	6250 L
20000 valent	12500 L
30000 valent	18750 L

Les 3 quarts	9 ſ 4 d
le demi	6 ſ 3 d
le quart	3 ſ 1 d
le huitiéme	1 ſ 7 d
Les 2 tiers	8 ſ 4 d
le tiers	4 ſ 2 d
le ſixiéme	2 ſ 1 d
le douziéme	1 ſ

A 12 ſ 6 d par Jour, pour 1 An revient à 228 L 2 ſ 6

A 12 Sols 9 Deniers la chose.

2 valent	1 L	5 ſ	6
3 valent	1 L	18 ſ	3
4 valent	2 L	11 ſ	
5 valent	3 L	3 ſ	9
6 valent	3 L	16 ſ	6
7 valent	4 L	9 ſ	3
8 valent	5 L	2 ſ	
9 valent	5 L	14 ſ	9
10 valent	6 L	7 ſ	6
11 valent	7 L		3
12 valent	7 L	13 ſ	
13 valent	8 L	5 ſ	9
14 valent	8 L	18 ſ	6
15 valent	9 L	11 ſ	3
16 valent	10 L	4 ſ	
17 valent	10 L	16 ſ	9
18 valent	11 L	9 ſ	6
19 valent	12 L	2 ſ	3
20 valent	12 L	15 ſ	
21 valent	13 L	7 ſ	9
22 valent	14 L		6
23 valent	14 L	13 ſ	3
24 valent	15 L	6 ſ	
25 valent	15 L	18 ſ	9
26 valent	16 L	11 ſ	6
27 valent	17 L	4 ſ	3
28 valent	17 L	17 ſ	
29 valent	18 L	9 ſ	9
30 valent	19 L	2 ſ	6
31 valent	19 L	15 ſ	3
32 valent	20 L	8 ſ	
33 valent	21 L		9
34 valent	21 L	13 ſ	6
35 valent	22 L	6 ſ	3
36 valent	22 L	19 ſ	
37 valent	23 L	11 ſ	9
38 valent	24 L	4 ſ	6
39 valent	24 L	17 ſ	3
40 valent	25 L	10 ſ	
50 valent	31 L	17 ſ	6
60 valent	38 L	5 ſ	
70 valent	44 L	12 ſ	6
80 valent	51 L		
90 valent	57 L	7 ſ	6
100 valent	63 L	15 ſ	
200 valent	127 L	10 ſ	
300 valent	191 L	5 ſ	
400 valent	255 L		
500 valent	318 L	15 ſ	
600 valent	382 L	10 ſ	
700 valent	446 L	5 ſ	
800 valent	510 L		
900 valent	573 L	15 ſ	
1000 valent	637 L	10 ſ	
2000 valent	1275 L		
3000 valent	1912 L	10 ſ	
4000 valent	2550 L		
5000 valent	3187 L	10 ſ	
6000 valent	3825 L		
7000 valent	4462 L	10 ſ	
8000 valent	5100 L		
9000 valent	5737 L	10 ſ	
10000 valent	6375 L		
20000 valent	12750 L		
30000 valent	19125 L		

Les 3 quarts	9 ſ	6 d
le demi	6 ſ	4 d
le quart	3 ſ	2 d
le huitiéme	1 ſ	7 d
Les 2 tiers	8 ſ	6 d
le tiers	4 ſ	3 d
le ſixiéme	2 ſ	1 d
le douziéme	1 ſ	1 d

A 12 ſ 9 d par Jour, pour 1 An revient à 232 L 13 ſ 9 d

A 13 Sols la chose.

2 valent	1 L	6 ſ
3 valent	1 L	19 ſ
4 valent	2 L	12 ſ
5 valent	3 L	5 ſ
6 valent	3 L	18 ſ
7 valent	4 L	11 ſ
8 valent	5 L	4 ſ
9 valent	5 L	17 ſ
10 valent	6 L	10 ſ
11 valent	7 L	3 ſ
12 valent	7 L	16 ſ
13 valent	8 L	9 ſ
14 valent	9 L	2 ſ
15 valent	9 L	15 ſ
16 valent	10 L	8 ſ
17 valent	11 L	1 ſ
18 valent	11 L	14 ſ
19 valent	12 L	7 ſ
20 valent	13 L	
21 valent	13 L	13 ſ
22 valent	14 L	6 ſ
23 valent	14 L	19 ſ
24 valent	15 L	12 ſ
25 valent	16 L	5 ſ
26 valent	16 L	18 ſ
27 valent	17 L	11 ſ
28 valent	18 L	4 ſ
29 valent	18 L	17 ſ
30 valent	19 L	10 ſ
31 valent	20 L	3 ſ
32 valent	20 L	16 ſ
33 valent	21 L	9 ſ
34 valent	22 L	2 ſ
35 valent	22 L	15 ſ
36 valent	23 L	8 ſ
37 valent	24 L	1 ſ
38 valent	24 L	14 ſ

39 valent	25 L	7 ſ
40 valent	26 L	
50 valent	32 L	10 ſ
60 valent	39 L	
70 valent	45 L	10 ſ
80 valent	52 L	
90 valent	58 L	10 ſ
100 valent	65 L	
200 valent	130 L	
300 valent	195 L	
400 valent	260 L	
500 valent	325 L	
600 valent	390 L	
700 valent	455 L	
800 valent	520 L	
900 valent	585 L	
1000 valent	650 L	
2000 valent	1300 L	
3000 valent	1950 L	
4000 valent	2600 L	
5000 valent	3250 L	
6000 valent	3900 L	
7000 valent	4550 L	
8000 valent	5200 L	
9000 valent	5850 L	
10000 valent	6500 L	
20000 valent	13000 L	
30000 valent	19500 L	

Les 3 quarts	9 ſ	9 d
le demi	6 ſ	6 d
le quart	3 ſ	3 d
le huitiéme	1 ſ	7 d
Les 2 tiers	8 ſ	8 d
le tiers	4 ſ	4 d
le ſixiéme	2 ſ	2 d
le douziéme	1 ſ	1 d

A 13 ſ par Jour, pour 1 An revient à 237 L 5 ſ.

A 13 Sols 3 Deniers la chose.

2 valent	1 L 6 ſ 6
3 valent	1 L 19 ſ 9
4 valent	2 L 13 ſ
5 valent	3 L 6 ſ 3
6 valent	3 L 19 ſ 6
7 valent	4 L 12 ſ 9
8 valent	5 L 6 ſ
9 valent	5 L 19 ſ 3
10 valent	6 L 12 ſ 6
11 valent	7 L 5 ſ 9
12 valent	7 L 19 ſ
13 valent	8 L 12 ſ 3
14 valent	9 L 5 ſ 6
15 valent	9 L 18 ſ 9
16 valent	10 L 12 ſ
17 valent	11 L 5 ſ 3
18 valent	11 L 18 ſ 6
19 valent	12 L 11 ſ 9
20 valent	13 L 5 ſ
21 valent	13 L 18 ſ 3
22 valent	14 L 11 ſ 6
23 valent	15 L 4 ſ 9
24 valent	15 L 18 ſ
25 valent	16 L 11 ſ 3
26 valent	17 L 4 ſ 6
27 valent	17 L 17 ſ 9
28 valent	18 L 11 ſ
29 valent	19 L 4 ſ 3
30 valent	19 L 17 ſ 6
31 valent	20 L 10 ſ 9
32 valent	21 L 4 ſ
33 valent	21 L 17 ſ 3
34 valent	22 L 10 ſ 6
35 valent	23 L 3 ſ 9
36 valent	23 L 17 ſ
37 valent	24 L 10 ſ 3
38 valent	25 L 3 ſ 6
39 valent	25 L 16 ſ 9
40 valent	26 L 10 ſ
50 valent	33 L 2 ſ 6
60 valent	39 L 15 ſ
70 valent	46 L 7 ſ 6
80 valent	53 L
90 valent	59 L 12 ſ 6
100 valent	66 L 5 ſ
200 valent	132 L 10 ſ
300 valent	198 L 15 ſ
400 valent	265 L
500 valent	331 L 5 ſ
600 valent	397 L 10 ſ
700 valent	463 L 15 ſ
800 valent	530 L
900 valent	596 L 5 ſ
1000 valent	662 L 10 ſ
2000 valent	1325 L
3000 valent	1987 L 10 ſ
4000 valent	2650 L
5000 valent	3312 L 10 ſ
6000 valent	3975 L
7000 valent	4637 L 10 ſ
8000 valent	5300 L
9000 valent	5962 L 10 ſ
10000 valent	6625 L
20000 valent	13250 L
30000 valent	19875 L

Les 3 quarts	9 ſ 11 d.
le demi	6 ſ 7 d.
le quart	3 ſ 4 d
le huitiéme	1 ſ 8 d
Les 2 tiers	8 ſ 10 d
le tiers	4 ſ 5 d
le ſixiéme	2 ſ 2 d
le douziéme	1 ſ 1 d.

A 13 ſ 3 d par Jour, pour 1 An revient à 241 L 16 ſ 3 d

2 valent	1 L 7 ſ
3 valent	2 L 6
4 valent	2 L 14 ſ
5 valent	3 L 7 ſ 6
6 valent	4 L 1 ſ
7 valent	4 L 14 ſ 6
8 valent	5 L 8 ſ
9 valent	6 L 1 ſ 6
10 valent	6 L 15 ſ
11 valent	7 L 8 ſ 6
12 valent	8 L 2 ſ
13 valent	8 L 15 ſ 6
14 valent	9 L 9 ſ
15 valent	10 L 2 ſ 6
16 valent	10 L 16 ſ
17 valent	11 L 9 ſ 6
18 valent	12 L 3 ſ
19 valent	12 L 16 ſ 6
20 valent	13 L 10 ſ
21 valent	14 L 3 ſ 6
22 valent	14 L 17 ſ
23 valent	15 L 10 ſ 6
24 valent	16 L 4 ſ
25 valent	16 L 17 ſ 6
26 valent	17 L 11 ſ
27 valent	18 L 4 ſ 6
28 valent	18 L 18 ſ
29 valent	19 L 11 ſ 6
30 valent	20 L 5 ſ
31 valent	20 L 18 ſ 6
32 valent	21 L 12 ſ
33 valent	22 L 5 ſ 6
34 valent	22 L 19 ſ
35 valent	23 L 12 ſ 6
36 valent	24 L 6 ſ
37 valent	24 L 19 ſ 6
38 valent	25 L 13 ſ

39 valent	26 L 6 ſ 6
40 valent	27 L
50 valent	33 L 15 ſ
60 valent	40 L 10 ſ
70 valent	47 L 5 ſ
80 valent	54 L
90 valent	60 L 15 ſ
100 valent	67 L 10 ſ
200 valent	135 L
300 valent	202 L 10 ſ
400 valent	270 L
500 valent	337 L 10 ſ
600 valent	405 L
700 valent	472 L 10 ſ
800 valent	540 L
900 valent	607 L 10 ſ
1000 valent	675 L
2000 valent	1350 L
3000 valent	2025 L
4000 valent	2700 L
5000 valent	3375 L
6000 valent	4050 L
7000 valent	4725 L
8000 valent	5400 L
9000 valent	6075 L
10000 valent	6750 L
20000 valent	13500 L
30000 valent	20250 L

Les 3. quarts	10 ſ 1 d
le demi	6 ſ 9 d
le quart	3 ſ 4 d
le huitiéme	1 ſ 8 d
Les 2. tiers	9 ſ
le tiers	4 ſ 6 d
le ſixiéme	2 ſ 3 d
le douziéme	1 ſ 1 d

A 13 ſ 6 d par Jour, pour 1 An revient à 246 L 7 ſ 6 d

2 valent	1 L 7 ſ 6
3 valent	2 L 1 ſ 3
4 valent	2 L 15 ſ
5 valent	3 L 8 ſ 9
6 valent	4 L 2 ſ 6
7 valent	4 L 16 ſ 3
8 valent	5 L 10 ſ
9 valent	6 L 3 ſ 9
10 valent	6 L 17 ſ 6
11 valent	7 L 11 ſ 3
12 valent	8 L 5 ſ
13 valent	8 L 18 ſ 9
14 valent	9 L 12 ſ 6
15 valent	10 L 6 ſ 3
16 valent	11 L
17 valent	11 L 13 ſ 9
18 valent	12 L 7 ſ 6
19 valent	13 L 1 ſ 3
20 valent	13 L 15 ſ
21 valent	14 L 8 ſ 9
22 valent	15 L 2 ſ 6
23 valent	15 L 16 ſ 3
24 valent	16 L 10 ſ
25 valent	17 L 3 ſ 9
26 valent	17 L 17 ſ 6
27 valent	18 L 11 ſ 3
28 valent	19 L 5 ſ
29 valent	19 L 18 ſ 9
30 valent	20 L 12 ſ 6
31 valent	21 L 6 ſ 3
32 valent	22 L
33 valent	22 L 13 ſ 9
34 valent	23 L 7 ſ 6
35 valent	24 L 1 ſ 3
36 valent	24 L 15 ſ
37 valent	25 L 8 ſ 9
38 valent	26 L 2 ſ 6

39 valent	26 L 16 ſ 3
40 valent	27 L 10 ſ
50 valent	34 L 7 ſ 6
60 valent	41 L 5 ſ
70 valent	48 L 2 ſ 6
80 valent	55 L
90 valent	61 L 17 ſ 6
100 valent	68 L 15 ſ
200 valent	137 L 10 ſ
300 valent	206 L 5 ſ
400 valent	275 L
500 valent	343 L 15 ſ
600 valent	412 L 10 ſ
700 valent	481 L 5 ſ
800 valent	550 L
900 valent	618 L 15 ſ
1000 valent	687 L 10 ſ
2000 valent	1375 L
3000 valent	2062 L 10 ſ
4000 valent	2750 L
5000 valent	3437 L 10 ſ
6000 valent	4125 L
7000 valent	4812 L 10 ſ
8000 valent	5500 L
9000 valent	6187 L 10 ſ
10000 valent	6875 L
20000 valent	13750 L
30000 valent	20625 L

Les 3 quarts	10 ſ 3 d
le demi	6 ſ 10 d
le quart	3 ſ 5 d
le huitiéme	1 ſ 8 d
Les 2 tiers	9 ſ 2 d
le tiers	4 ſ 7 d
le ſixiéme	2 ſ 3 d
le douziéme	1 ſ 2 d

A 13 ſ 9 d par Jour, pour 1 An revient à 250 L 18 ſ 9 d

2 valent	1 L 8 ſ
3 valent	2 L 2 ſ
4 valent	2 L 16 ſ
5 valent	3 L 10 ſ
6 valent	4 L 4 ſ
7 valent	4 L 18 ſ
8 valent	5 L 12 ſ
9 valent	6 L 6 ſ
10 valent	7 L
11 valent	7 L 14 ſ
12 valent	8 L 8 ſ
13 valent	9 L 2 ſ
14 valent	9 L 16 ſ
15 valent	10 L 10 ſ
16 valent	11 L 4 ſ
17 valent	11 L 18 ſ
18 valent	12 L 12 ſ
19 valent	13 L 6 ſ
20 valent	14 L
21 valent	14 L 14 ſ
22 valent	15 L 8 ſ
23 valent	16 L 2 ſ
24 valent	16 L 16 ſ
25 valent	17 L 10 ſ
26 valent	18 L 4 ſ
27 valent	18 L 18 ſ
28 valent	19 L 12 ſ
29 valent	20 L 6 ſ
30 valent	21 L
31 valent	21 L 14 ſ
32 valent	22 L 8 ſ
33 valent	23 L 2 ſ
34 valent	23 L 16 ſ
35 valent	24 L 10 ſ
36 valent	25 L 4 ſ
37 valent	25 L 18 ſ
38 valent	26 L 12 ſ
39 valent	27 L 6 ſ
40 valent	28 L
50 valent	35 L
60 valent	42 L
70 valent	49 L
80 valent	56 L
90 valent	63 L
100 valent	70 L
200 valent	140 L
300 valent	210 L
400 valent	280 L
500 valent	350 L
600 valent	420 L
700 valent	490 L
800 valent	560 L
900 valent	630 L
1000 valent	700 L
2000 valent	1400 L
3000 valent	2100 L
4000 valent	2800 L
5000 valent	3500 L
6000 valent	4200 L
7000 valent	4900 L
8000 valent	5600 L
9000 valent	6300 L
10000 valent	7000 L
20000 valent	14000 L
30000 valent	21000 L

Les 3 quarts	10 ſ 6 d
le demi	7 ſ
le quart	3 ſ 6 d
le huitiéme	1 ſ 9 d
Les 2 tiers	9 ſ 4 d
le tiers	4 ſ 8 d
le ſixiéme	2 ſ 4 d
le douziéme	1 ſ 2 d

A 14 ſ par Jour, pour 1 An revient à 255 L 10 ſ.

A 14 Sols 3 Deniers la choſe.

2	valent	1 L	8 ſ	6
3	valent	2 L	2 ſ	9
4	valent	2 L	17 ſ	
5	valent	3 L	11 ſ	3
6	valent	4 L	5 ſ	6
7	valent	4 L	19 ſ	9
8	valent	5 L	14 ſ	
9	valent	6 L	8 ſ	3
10	valent	7 L	2 ſ	6
11	valent	7 L	16 ſ	9
12	valent	8 L	11 ſ	
13	valent	9 L	5 ſ	3
14	valent	9 L	19 ſ	6
15	valent	10 L	13 ſ	9
16	valent	11 L	8 ſ	
17	valent	12 L	2 ſ	3
18	valent	12 L	16 ſ	6
19	valent	13 L	10 ſ	9
20	valent	14 L	5 ſ	
21	valent	14 L	19 ſ	3
22	valent	15 L	13 ſ	6
23	valent	16 L	7 ſ	9
24	valent	17 L	2 ſ	
25	valent	17 L	16 ſ	3
26	valent	18 L	10 ſ	6
27	valent	19 L	4 ſ	9
28	valent	19 L	19 ſ	
29	valent	20 L	13 ſ	3
30	valent	21 L	7 ſ	6
31	valent	22 L	1 ſ	9
32	valent	22 L	16 ſ	
33	valent	23 L	10 ſ	3
34	valent	24 L	4 ſ	6
35	valent	24 L	18 ſ	9
36	valent	25 L	13 ſ	
37	valent	26 L	7 ſ	3
38	valent	27 L	1 ſ	6
39	valent	27 L	15 ſ	9
40	valent	28 L	10 ſ	
50	valent	35 L	12 ſ	6
60	valent	42 L	15 ſ	
70	valent	49 L	17 ſ	6
80	valent	57 L		
90	valent	64 L	2 ſ	6
100	valent	71 L	5 ſ	
200	valent	142 L	10 ſ	
300	valent	213 L	15 ſ	
400	valent	285 L		
500	valent	356 L	5 ſ	
600	valent	427 L	10 ſ	
700	valent	498 L	15 ſ	
800	valent	570 L		
900	valent	641 L	5 ſ	
1000	valent	712 L	10 ſ	
2000	valent	1425 L		
3000	valent	2137 L	10 ſ	
4000	valent	2850 L		
5000	valent	3562 L	10 ſ	
6000	valent	4275 L		
7000	valent	4987 L	10 ſ	
8000	valent	5700 L		
9000	valent	6412 L	10 ſ	
10000	valent	7125 L		
20000	valent	14250 L		
30000	valent	21375 L		

Les 3 quarts	10 ſ	8 d
le demi	7 ſ	1 d
le quart	3 ſ	7 d
le huitiéme	1 ſ	9 d
Les 2 tiers	9 ſ	6 d
le tiers	4 ſ	9 d
le ſixiéme	2 ſ	4 d
le douziéme	1 ſ	2 d

A 14 ſ 3 d par Jour, pour 1 An revient à 260 L 1 ſ 3 d.

2 valent	1 L	9 ſ	
3 valent	2 L	3 ſ	6
4 valent	2 L	18 ſ	
5 valent	3 L	12 ſ	6
6 valent	4 L	7 ſ	
7 valent	5 L	1 ſ	6
8 valent	5 L	16 ſ	
9 valent	6 L	10 ſ	6
10 valent	7 L	5 ſ	
11 valent	7 L	19 ſ	6
12 valent	8 L	14 ſ	
13 valent	9 L	8 ſ	6
14 valent	10 L	3 ſ	
15 valent	10 L	17 ſ	6
16 valent	11 L	12 ſ	
17 valent	12 L	6 ſ	6
18 valent	13 L	1 ſ	
19 valent	13 L	15 ſ	6
20 valent	14 L	10 ſ	
21 valent	15 L	4 ſ	6
22 valent	15 L	19 ſ	
23 valent	16 L	13 ſ	6
24 valent	17 L	8 ſ	
25 valent	18 L	2 ſ	6
26 valent	18 L	17 ſ	
27 valent	19 L	11 ſ	6
28 valent	20 L	6 ſ	
29 valent	21 L		6
30 valent	21 L	15 ſ	
31 valent	22 L	9 ſ	6
32 valent	23 L	4 ſ	
33 valent	23 L	18 ſ	6
34 valent	24 L	13 ſ	
35 valent	25 L	7 ſ	6
36 valent	26 L	2 ſ	
37 valent	26 L	16 ſ	6
38 valent	27 L	11 ſ	

39 valent	28 L	5 ſ	6
40 valent	29 L		
50 valent	36 L	5 ſ	
60 valent	43 L	10 ſ	
70 valent	50 L	15 ſ	
80 valent	58 L		
90 valent	65 L	5 ſ	
100 valent	72 L	10 ſ	
200 valent	145 L		
300 valent	217 L	10 ſ	
400 valent	290 L		
500 valent	362 L	10 ſ	
600 valent	435 L		
700 valent	507 L	10 ſ	
800 valent	580 L		
900 valent	652 L	10 ſ	
1000 valent	725 L		
2000 valent	1450 L		
3000 valent	2175 L		
4000 valent	2900 L		
5000 valent	3625 L		
6000 valent	4350 L		
7000 valent	5075 L		
8000 valent	5800 L		
9000 valent	6525 L		
10000 valent	7250 L		
20000 valent	14500 L		
30000 valent	21750 L		

Les 3 quarts	10 ſ	10 d
le demi	7 ſ	3 d
le quart	3 ſ	7 d
le huitiéme	1 ſ	10 d
Les 2 tiers	[illegible] ſ	8 d
le tiers	4 ſ	10 d
le ſixiéme	2 ſ	5 d
le douziéme	1 ſ	2 d

A 14 ſ 6 d par Jour, pour 1 An revient à 264 L 12 ſ 6 d.

A 14 Sols 9 Deniers la chose.

2	valent	1 L	9 ſ	6
3	valent	2 L	4 ſ	3
4	valent	2 L	19 ſ	
5	valent	3 L	13 ſ	9
6	valent	4 L	8 ſ	6
7	valent	5 L	3 ſ	3
8	valent	5 L	18 ſ	
9	valent	6 L	12 ſ	9
10	valent	7 L	7 ſ	6
11	valent	8 L	2 ſ	3
12	valent	8 L	17 ſ	
13	valent	9 L	11 ſ	9
14	valent	10 L	6 ſ	6
15	valent	11 L	1 ſ	3
16	valent	11 L	16 ſ	
17	valent	12 L	10 ſ	9
18	valent	13 L	5 ſ	6
19	valent	14 L		3
20	valent	14 L	15 ſ	
21	valent	15 L	9 ſ	9
22	valent	16 L	4 ſ	6
23	valent	16 L	19 ſ	3
24	valent	17 L	14 ſ	
25	valent	18 L	8 ſ	9
26	valent	19 L	3 ſ	6
27	valent	19 L	18 ſ	3
28	valent	20 L	13 ſ	
29	valent	21 L	7 ſ	9
30	valent	22 L	2 ſ	6
31	valent	22 L	17 ſ	3
32	valent	23 L	12 ſ	
33	valent	24 L	6 ſ	9
34	valent	25 L	1 ſ	6
35	valent	25 L	16 ſ	3
36	valent	26 L	11 ſ	
37	valent	27 L	5 ſ	9
38	valent	28 L		6

39	valent	28 L	15 ſ	3
40	valent	29 L	10 ſ	
50	valent	36 L	17 ſ	6
60	valent	44 L	5 ſ	
70	valent	51 L	12 ſ	6
80	valent	59 L		
90	valent	66 L	7 ſ	6
100	valent	73 L	15 ſ	
200	valent	147 L	10 ſ	
300	valent	221 L	5 ſ	
400	valent	295 L		
500	valent	368 L	15 ſ	
600	valent	442 L	10 ſ	
700	valent	516 L	5 ſ	
800	valent	590 L		
900	valent	663 L	15 ſ	
1000	valent	737 L	10 ſ	
2000	valent	1475 L		
3000	valent	2212 L	10 ſ	
4000	valent	2950 L		
5000	valent	3687 L	10 ſ	
6000	valent	4425 L		
7000	valent	5162 L	10 ſ	
8000	valent	5900 L		
9000	valent	6637 L	10 ſ	
10000	valent	7375 L		
20000	valent	14750 L		
30000	valent	22125 L		

Les 3 quarts	11 ſ	
le demi	7 ſ	4 d
le quart	3 ſ	8 d
le huitiéme	1 ſ	10 d
Les 2 tiers	9 ſ	10 d
le tiers	4 ſ	11 d
le fixiéme	2 ſ	5 d
le douziéme	1 ſ	3 d

A 14 ſ 9 d par Jour, pour 1 An revient à 269 L 3 ſ 9 d

A 15 Sols la chose.

2 valent	1 L 10 ſ
3 valent	2 L 5 ſ
4 valent	3 L
5 valent	3 L 15 ſ
6 valent	4 L 10 ſ
7 valent	5 L 5 ſ
8 valent	6 L
9 valent	6 L 15 ſ
10 valent	7 L 10 ſ
11 valent	8 L 5 ſ
12 valent	9 L
13 valent	9 L 15 ſ
14 valent	10 L 10 ſ
15 valent	11 L 5 ſ
16 valent	12 L
17 valent	12 L 15 ſ
18 valent	13 L 10 ſ
19 valent	14 L 5 ſ
20 valent	15 L
21 valent	15 L 15 ſ
22 valent	16 L 10 ſ
23 valent	17 L 5 ſ
24 valent	18 L
25 valent	18 L 15 ſ
26 valent	19 L 10 ſ
27 valent	20 L 5 ſ
28 valent	21 L
29 valent	21 L 15 ſ
30 valent	22 L 10 ſ
31 valent	23 L 5 ſ
32 valent	24 L
33 valent	24 L 15 ſ
34 valent	25 L 10 ſ
35 valent	26 L 5 ſ
36 valent	27 L
37 valent	27 L 15 ſ
38 valent	28 L 10 ſ
39 valent	29 L 5 ſ
40 valent	30 L
50 valent	37 L 10 ſ
60 valent	45 L
70 valent	52 L 10 ſ
80 valent	60 L
90 valent	67 L 10 ſ
100 valent	75 L
200 valent	150 L
300 valent	225 L
400 valent	300 L
500 valent	375 L
600 valent	450 L
700 valent	525 L
800 valent	600 L
900 valent	675 L
1000 valent	750 L
2000 valent	1500 L
3000 valent	2250 L
4000 valent	3000 L
5000 valent	3750 L
6000 valent	4500 L
7000 valent	5250 L
8000 valent	6000 L
9000 valent	6750 L
10000 valent	7500 L
20000 valent	15000 L
30000 valent	22500 L

Les 3 quarts	11 ſ 3 d
le demi	7 ſ 6 d
le quart	3 ſ 9 d
le huitiéme	1 ſ 10 d
Les 2 tiers	10 ſ
le tiers	5 ſ
le ſixiéme	2 ſ 6 d
le douziéme	1 ſ 3 d

A 15 ſ par Jour, pour 1 An revient à 273 L 15 ſ.

A 15 Sols 3 Deniers la choſe.

2 valent	1 L 10 ſ 6	39 valent	29 L 14 ſ 9
3 valent	2 L 5 ſ 9	40 valent	30 L 10 ſ
4 valent	3 L 1 ſ	50 valent	38 L 2 ſ 6
5 valent	3 L 16 ſ 3	60 valent	45 L 15 ſ
6 valent	4 L 11 ſ 6	70 valent	53 L 7 ſ 6
7 valent	5 L 6 ſ 9	80 valent	61 L
8 valent	6 L 2 ſ	90 valent	68 L 12 ſ 6
9 valent	6 L 17 ſ 3	100 valent	76 L 5 ſ
10 valent	7 L 12 ſ 6	200 valent	152 L 10 ſ
11 valent	8 L 7 ſ 9	300 valent	228 L 15 ſ
12 valent	9 L 3 ſ	400 valent	305 L
13 valent	9 L 18 ſ 3	500 valent	381 L 5 ſ
14 valent	10 L 13 ſ 6	600 valent	457 L 10 ſ
15 valent	11 L 8 ſ 9	700 valent	533 L 15 ſ
16 valent	12 L 4 ſ	800 valent	610 L
17 valent	12 L 19 ſ 3	900 valent	686 L 5 ſ
18 valent	13 L 14 ſ 6	1000 valent	762 L 10 ſ
19 valent	14 L 9 ſ 9	2000 valent	1525 L
20 valent	15 L 5 ſ	3000 valent	2287 L 10 ſ
21 valent	16 L 3	4000 valent	3050 L
22 valent	16 L 15 ſ 6	5000 valent	3812 L 10 ſ
23 valent	17 L 10 ſ 9	6000 valent	4575 L
24 valent	18 L 6 ſ	7000 valent	5337 L 10 ſ
25 valent	19 L 1 ſ 3	8000 valent	6100 L
26 valent	19 L 16 ſ 6	9000 valent	6862 L 10 ſ
27 valent	20 L 11 ſ 9	10000 valent	7625 L
28 valent	21 L 7 ſ	20000 valent	15250 L
29 valent	22 L 2 ſ 3	30000 valent	22875 L
30 valent	22 L 17 ſ 6		
31 valent	23 L 12 ſ 9	Les 3 quarts	11 ſ 5 d
32 valent	24 L 8 ſ	le demi	7 ſ 7 d
33 valent	25 L 3 ſ 3	le quart	3 ſ 10 d
34 valent	25 L 18 ſ 6	le huitiéme	1 ſ 11 d
35 valent	26 L 13 ſ 9	Les 2 tiers	10 ſ 2 d
36 valent	27 L 9 ſ	le tiers	5 ſ 1 d
37 valent	28 L 4 ſ 3	le ſixiéme	2 ſ 6 d
38 valent	28 L 19 ſ 6	le douziéme	1 ſ 3 d

A 15 ſ 3 d par Jour, pour 1 An revient à 278 L 6 ſ 3 d

2 valent	1 L 11 ſ
3 valent	2 L 6 ſ 6
4 valent	3 L 2 ſ
5 valent	3 L 17 ſ 6
6 valent	4 L 13 ſ
7 valent	5 L 8 ſ 6
8 valent	6 L 4 ſ
9 valent	6 L 19 ſ 6
10 valent	7 L 15 ſ
11 valent	8 L 10 ſ 6
12 valent	9 L 6 ſ
13 valent	10 L 1 6
14 valent	10 L 17 ſ
15 valent	11 L 12 ſ 6
16 valent	12 L 8 ſ
17 valent	13 L 3 ſ 6
18 valent	13 L 19 ſ
19 valent	14 L 14 ſ 6
20 valent	15 L 10 ſ
21 valent	16 L 5 ſ 6
22 valent	17 L 1 ſ
23 valent	17 L 16 ſ 6
24 valent	18 L 12 ſ
25 valent	19 L 7 ſ 6
26 valent	20 L 3 ſ
27 valent	20 L 18 ſ 6
28 valent	21 L 14 ſ
29 valent	22 L 9 ſ 6
30 valent	23 L 5 ſ
31 valent	24 L ſ 6
32 valent	24 L 16 ſ
33 valent	25 L 11 ſ 6
34 valent	26 L 7 ſ
35 valent	27 L 2 ſ 6
36 valent	27 L 18 ſ
37 valent	28 L 13 ſ 6
38 valent	29 L 9 ſ

39 valent	30 L 4 ſ 6
40 valent	31 L
50 valent	38 L 15 ſ
60 valent	46 L 10 ſ
70 valent	54 L 5 ſ
80 valent	62 L
90 valent	69 L 15 ſ
100 valent	77 L 10 ſ
200 valent	155 L
300 valent	232 L 10 ſ
400 valent	310 L
500 valent	387 L 10 ſ
600 valent	465 L
700 valent	542 L 10 ſ
800 valent	620 L
900 valent	697 L 10 ſ
1000 valent	775 L
2000 valent	1550 L
3000 valent	2325 L
4000 valent	3100 L
5000 valent	3875 L
6000 valent	4650 L
7000 valent	5425 L
8000 valent	6200 L
9000 valent	6975 L
10000 valent	7750 L
20000 valent	15500 L
30000 valent	23250 L

Les 3 quarts	11 ſ 7 d
le demi	7 ſ 9 d
le quart	3 ſ 10 d
le huitiéme	1 ſ 11 d
Les 2 tiers	10 ſ 4 d
le tiers	5 ſ 2 d
le ſixiéme	2 ſ 7 d
le douziéme	1 ſ 3 d

A 15 ſ 6d par Jour, pour 1 An revient à 282 L 17 ſ 6

A 15 Sols 9 Deniers la chose.

2 valent	1 L	11 ſ	6
3 valent	2 L	7 ſ	3
4 valent	3 L	3 ſ	
5 valent	3 L	18 ſ	9
6 valent	4 L	14 ſ	6
7 valent	5 L	10 ſ	3
8 valent	6 L	6 ſ	
9 valent	7 L	1 ſ	9
10 valent	7 L	17 ſ	6
11 valent	8 L	13 ſ	3
12 valent	9 L	9 ſ	
13 valent	10 L	4 ſ	9
14 valent	11 L		6
15 valent	11 L	16 ſ	3
16 valent	12 L	12 ſ	
17 valent	13 L	7 ſ	9
18 valent	14 L	3 ſ	6
19 valent	14 L	19 ſ	3
20 valent	15 L	15 ſ	
21 valent	16 L	10 ſ	9
22 valent	17 L	6 ſ	6
23 valent	18 L	2 ſ	3
24 valent	18 L	18 ſ	
25 valent	19 L	13 ſ	9
26 valent	20 L	9 ſ	6
27 valent	21 L	5 ſ	3
28 valent	22 L	1 ſ	
29 valent	22 L	16 ſ	9
30 valent	23 L	12 ſ	6
31 valent	24 L	8 ſ	3
32 valent	25 L	4 ſ	
33 valent	25 L	19 ſ	9
34 valent	26 L	15 ſ	6
35 valent	27 L	11 ſ	3
36 valent	28 L	7 ſ	
37 valent	29 L	2 ſ	9
38 valent	29 L	18 ſ	6

39 valent	30 L	14 ſ	3
40 valent	31 L	10 ſ	
50 valent	39 L	7 ſ	6
60 valent	47 L	5 ſ	
70 valent	55 L	2 ſ	6
80 valent	63 L		
90 valent	70 L	17 ſ	6
100 valent	78 L	15 ſ	
200 valent	157 L	10 ſ	
300 valent	236 L	5 ſ	
400 valent	315 L		
500 valent	393 L	15 ſ	
600 valent	472 L	10 ſ	
700 valent	551 L	5 ſ	
800 valent	630 L		
900 valent	708 L	15 ſ	
1000 valent	787 L	10 ſ	
2000 valent	1575 L		
3000 valent	2362 L	10 ſ	
4000 valent	3150 L		
5000 valent	3937 L	10 ſ	
6000 valent	4725 L		
7000 valent	5512 L	10 ſ	
8000 valent	6300 L		
9000 valent	7087 L	10 ſ	
10000 valent	7875 L		
20000 valent	15750 L		
30000 valent	23625 L		

Les 3 quarts	11 ſ	9 d
le demi	7 ſ	10 d
le quart	3 ſ	11 d
le huitiéme	2 ſ	
Les 2 tiers	10 ſ	6 d
le tiers	5 ſ	3 d
le ſixiéme	2 ſ	7 d
le douziéme	1 ſ	4 d

A 15 ſ 9 d par Jour, pour 1 An revient à 287 L 8 ſ 9 d

A 16 Sols la chose.

2 valent	1 L	12 ſ	
3 valent	2 L	8 ſ	
4 valent	3 L	4 ſ	
5 valent	4 L		
6 valent	4 L	16 ſ	
7 valent	5 L	12 ſ	
8 valent	6 L	8 ſ	
9 valent	7 L	4 ſ	
10 valent	8 L		
11 valent	8 L	16 ſ	
12 valent	9 L	12 ſ	
13 valent	10 L	8 ſ	
14 valent	11 L	4 ſ	
15 valent	12 L		
15 valent	12 L	16 ſ	
17 valent	13 L	12 ſ	
18 valent	14 L	8 ſ	
19 valent	15 L	4 ſ	
20 valent	16 L		
21 valent	16 L	16 ſ	
22 valent	17 L	12 ſ	
23 valent	18 L	8 ſ	
24 valent	19 L	4 ſ	
25 valent	20 L		
26 valent	20 L	16 ſ	
27 valent	21 L	12 ſ	
28 valent	22 L	8 ſ	
29 valent	23 L	4 ſ	
30 valent	24 L		
31 valent	24 L	16 ſ	
32 valent	25 L	12 ſ	
33 valent	26 L	8 ſ	
34 valent	27 L	4 ſ	
35 valent	28 L		
36 valent	28 L	16 ſ	
37 valent	29 L	12 ſ	
38 valent	30 L	8 ſ	
39 valent	31 L	4 ſ	
40 valent	32 L		
50 valent	40 L		
60 valent	48 L		
70 valent	56 L		
80 valent	64 L		
90 valent	72 L		
100 valent	80 L		
200 valent	160 L		
300 valent	240 L		
400 valent	320 L		
500 valent	400 L		
600 valent	480 L		
700 valent	560 L		
800 valent	640 L		
900 valent	720 L		
1000 valent	800 L		
2000 valent	1600 L		
3000 valent	2400 L		
4000 valent	3200 L		
5000 valent	4000 L		
6000 valent	4800 L		
7000 valent	5600 L		
8000 valent	6400 L		
9000 valent	7200 L		
10000 valent	8000 L		
20000 valent	16000 L		
30000 valent	24000 L		

Les 3 quarts	12 ſ	
le demi	8 ſ	
le quart	4 ſ	
le huitiéme	2 ſ	
Les 2 tiers	10 ſ	8 d
le tiers	5 ſ	4 d
le ſixiéme	2 ſ	8 d
le douziéme	1 ſ	4 d

A 16 ſ par Jour, pour 1 An revient à 292 L

A 16 Sols 3 Deniers la chose.

2 valent	1 L	12 ſ	6
3 valent	2 L	8 ſ	9
4 valent	3 L	5 ſ	
5 valent	4 L	1 ſ	3
6 valent	4 L	17 ſ	6
7 valent	5 L	13 ſ	9
8 valent	6 L	10 ſ	
9 valent	7 L	6 ſ	3
10 valent	8 L	2 ſ	6
11 valent	8 L	18 ſ	9
12 valent	9 L	15 ſ	
13 valent	10 L	11 ſ	3
14 valent	11 L	7 ſ	6
15 valent	12 L	3 ſ	9
16 valent	13 L		
17 valent	13 L	16 ſ	3
18 valent	14 L	12 ſ	6
19 valent	15 L	8 ſ	9
20 valent	16 L	5 ſ	
21 valent	17 L	1 ſ	3
22 valent	17 L	17 ſ	6
23 valent	18 L	13 ſ	9
24 valent	19 L	10 ſ	
25 valent	20 L	6 ſ	3
26 valent	21 L	2 ſ	6
27 valent	21 L	18 ſ	9
28 valent	22 L	15 ſ	
29 valent	23 L	11 ſ	3
30 valent	24 L	7 ſ	6
31 valent	25 L	3 ſ	9
32 valent	26 L		
33 valent	26 L	16 ſ	3
34 valent	27 L	12 ſ	6
35 valent	28 L	8 ſ	9
36 valent	29 L	5 ſ	
37 valent	30 L	1 ſ	3
38 valent	30 L	17 ſ	6
39 valent	31 L	13 ſ	9
40 valent	32 L	10 ſ	
50 valent	40 L	12 ſ	6
60 valent	48 L	15 ſ	
70 valent	56 L	17 ſ	6
80 valent	65 L		
90 valent	73 L	2 ſ	6
100 valent	81 L	5 ſ	
200 valent	162 L	10 ſ	
300 valent	243 L	15 ſ	
400 valent	325 L		
500 valent	406 L	5 ſ	
600 valent	487 L	10 ſ	
700 valent	568 L	15 ſ	
800 valent	650 L		
900 valent	731 L	5 ſ	
1000 valent	812 L	10 ſ	
2000 valent	1625 L		
3000 valent	2437 L	10 ſ	
4000 valent	3250 L		
5000 valent	4062 L	10 ſ	
6000 valent	4875 L		
7000 valent	5687 L	10 ſ	
8000 valent	6500 L		
9000 valent	7312 L	10 ſ	
10000 valent	8125 L		
20000 valent	16250 L		
30000 valent	24375 L		

Les 3 quarts	12 ſ	2 d
le demi	8 ſ	1 d
le quart	4 ſ	1 d
le huitiéme	2 ſ	
Les 2 tiers	10 ſ	10 d.
le tiers	5 ſ	5 d
le ſixiéme	2 ſ	8 d
le douziéme	1 ſ	4 d

A 16 ſ 3 d par Jour, pour 1 An revient à 296 L 11 ſ 3 d

A 16 Sols 6 Deniers la choſe.

2 valent	1 L 13 ſ
3 valent	2 L 9 ſ 6
4 valent	3 L 6 ſ
5 valent	4 L 2 ſ 6
6 valent	4 L 19 ſ
7 valent	5 L 15 ſ 6
8 valent	6 L 12 ſ
9 valent	7 L 8 ſ 6
10 valent	8 L 5 ſ
11 valent	9 L 1 ſ 6
12 valent	9 L 18 ſ
13 valent	10 L 14 ſ 6
14 valent	11 L 11 ſ
15 valent	12 L 7 ſ 6
16 valent	13 L 4 ſ
17 valent	14 L 6
18 valent	14 L 17 ſ
19 valent	15 L 13 ſ 6
20 valent	16 L 10 ſ
21 valent	17 L 6 ſ 6
22 valent	18 L 3 ſ
23 valent	18 L 19 ſ 6
24 valent	19 L 16 ſ
25 valent	20 L 12 ſ 6
26 valent	21 L 9 ſ
27 valent	22 L 5 ſ 6
28 valent	23 L 2 ſ
29 valent	23 L 18 ſ 6
30 valent	24 L 15 ſ
31 valent	25 L 11 ſ 6
32 valent	26 L 8 ſ
33 valent	27 L 4 ſ 6
34 valent	28 L 1 ſ
35 valent	28 L 17 ſ 6
36 valent	29 L 14 ſ
37 valent	30 L 10 ſ 6
38 valent	31 L 7 ſ

39 valent	32 L 3 ſ 6
40 valent	33 L
50 valent	41 L 5 ſ
60 valent	49 L 10 ſ
70 valent	57 L 15 ſ
80 valent	66 L
90 valent	74 L 5 ſ
100 valent	82 L 10 ſ
200 valent	165 L
300 valent	247 L 10 ſ
400 valent	330 L
500 valent	412 L 10 ſ
600 valent	495 L
700 valent	577 L 10 ſ
800 valent	660 L
900 valent	742 L 10 ſ
1000 valent	825 L
2000 valent	1650 L
3000 valent	2475 L
4000 valent	3300 L
5000 valent	4125 L
6000 valent	4950 L
7000 valent	5775 L
8000 valent	6600 L
9000 valent	7425 L
10000 valent	8250 L
20000 valent	16500 L
30000 valent	24750 L

Les 3 quarts	12 ſ 4 d
le demi	8 ſ 3 d
le quart	4 ſ 1 d
le huitiéme	2 ſ 1 d
Les 2 tiers	11 ſ
le tiers	5 ſ 6 d
le ſixiéme	2 ſ 9 d
le douziéme	1 ſ 4 d

A 16 ſ 6 d par Jour, pour 1 An revient à 301 L 2 ſ 6

2 valent	1 L 13 ſ 6	39 valent	32 L 13 ſ 3
3 valent	2 L 10 ſ 3	40 valent	33 L 10 ſ
4 valent	3 L 7 ſ	50 valent	41 L 17 ſ 6
5 valent	4 L 3 ſ 9	60 valent	50 L 5 ſ
6 valent	5 L 6	70 valent	58 L 12 ſ 6
7 valent	5 L 17 ſ 3	80 valent	67 L
8 valent	6 L 14 ſ	90 valent	75 L 7 ſ 6
9 valent	7 L 10 ſ 9	100 valent	83 L 15 ſ
10 valent	8 L 7 ſ 6	200 valent	167 L 10 ſ
11 valent	9 L 4 ſ 3	300 valent	251 L 5 ſ
12 valent	10 L 1 ſ	400 valent	335 L
13 valent	10 L 17 ſ 9	500 valent	418 L 15 ſ
14 valent	11 L 14 ſ 6	600 valent	502 L 10 ſ
15 valent	12 L 11 ſ 3	700 valent	586 L 5 ſ
16 valent	13 L 8 ſ	800 valent	670 L
17 valent	14 L 4 ſ 9	900 valent	753 L 15 ſ
18 valent	15 L 1 ſ 6	1000 valent	837 L 10 ſ
19 valent	15 L 18 ſ 3	2000 valent	1675 L
20 valent	16 L 15 ſ	3000 valent	2512 L 10 ſ
21 valent	17 L 11 ſ 9	4000 valent	3350 L
22 valent	18 L 8 ſ 6	5000 valent	4187 L 10 ſ
23 valent	19 L 5 ſ 3	6000 valent	5025 L
24 valent	20 L 2 ſ	7000 valent	5862 L 10 ſ
25 valent	20 L 18 ſ 9	8000 valent	6700 L
26 valent	21 L 15 ſ 6	9000 valent	7537 L 10 ſ
27 valent	22 L 12 ſ 3	10000 valent	8375 L
28 valent	23 L 9 ſ	20000 valent	16750 L
29 valent	24 L 5 ſ 9	30000 valent	25125 L
30 valent	25 L 2 ſ 6		
31 valent	25 L 19 ſ 3	Les 3 quarts	12 ſ 6 d
32 valent	26 L 16 ſ	le demi	8 ſ 4 d
33 valent	27 L 12 ſ 9	le quart	4 ſ 2 d
34 valent	28 L 9 ſ 6	le huitiéme	2 ſ 1 d
35 valent	29 L 6 ſ 3	Les 2 tiers	11 ſ 2 d
36 valent	30 L 3 ſ	le tiers	5 ſ 7 d
37 valent	30 L 19 ſ 9	le ſixiéme	2 ſ 9 d
38 valent	31 L 16 ſ 6	le douziéme	1 ſ 5 d

A 16 ſ 9 d par Jour, pour 1 An revient à 305 L 13 ſ 9 d

A 17 Sols la chose.

2 valent	1 L	14 ſ
3 valent	2 L	11 ſ
4 valent	3 L	8 ſ
5 valent	4 L	5 ſ
6 valent	5 L	2 ſ
7 valent	5 L	19 ſ
8 valent	6 L	16 ſ
9 valent	7 L	13 ſ
10 valent	8 L	10 ſ
11 valent	9 L	7 ſ
12 valent	10 L	4 ſ
13 valent	11 L	1 ſ
14 valent	11 L	18 ſ
15 valent	12 L	15 ſ
16 valent	13 L	12 ſ
17 valent	14 L	9 ſ
18 valent	15 L	6 ſ
19 valent	16 L	3 ſ
20 valent	17 L	
21 valent	17 L	17 ſ
22 valent	18 L	14 ſ
23 valent	19 L	11 ſ
24 valent	20 L	8 ſ
25 valent	21 L	5 ſ
26 valent	22 L	2 ſ
27 valent	22 L	19 ſ
28 valent	23 L	16 ſ
29 valent	24 L	13 ſ
30 valent	25 L	10 ſ
31 valent	26 L	7 ſ
32 valent	27 L	4 ſ
33 valent	28 L	1 ſ
34 valent	28 L	18 ſ
35 valent	29 L	15 ſ
36 valent	30 L	12 ſ
37 valent	31 L	9 ſ
38 valent	32 L	6 ſ
39 valent	33 L	3 ſ
40 valent	34 L	
50 valent	42 L	10 ſ
60 valent	51 L	
70 valent	59 L	10 ſ
80 valent	68 L	
90 valent	76 L	10 ſ
100 valent	85 L	
200 valent	170 L	
300 valent	255 L	
400 valent	340 L	
500 valent	425 L	
600 valent	510 L	
700 valent	595 L	
800 valent	680 L	
900 valent	765 L	
1000 valent	850 L	
2000 valent	1700 L	
3000 valent	2550 L	
4000 valent	3400 L	
5000 valent	4250 L	
6000 valent	5100 L	
7000 valent	5950 L	
8000 valent	6800 L	
9000 valent	7650 L	
10000 valent	8500 L	
20000 valent	17000 L	
30000 valent	25500 L	

Les 3 quarts	12 ſ	9 d
le demi	8 ſ	6 d
le quart	4 ſ	3 d
le huitiéme	2 ſ	1 d
Les 2 tiers	11 ſ	4 d
le tiers	5 ſ	8 d
le ſixiéme	2 ſ	10 d
le douziéme	1 ſ	5 d

A 17 ſ par Jour, pour 1 An revient à 310 L 5 ſ

A 17 Sols 3 Deniers la chose.

2 valent	1 L	14 ſ	6
3 valent	2 L	11 ſ	9
4 valent	3 L	9 ſ	
5 valent	4 L	6 ſ	3
6 valent	5 L	3 ſ	6
7 valent	6 L		9
8 valent	6 L	18 ſ	
9 valent	7 L	15 ſ	3
10 valent	8 L	12 ſ	6
11 valent	9 L	9 ſ	9
12 valent	10 L	7 ſ	
13 valent	11 L	4 ſ	3
14 valent	12 L	1 ſ	6
15 valent	12 L	18 ſ	9
16 valent	13 L	16 ſ	
17 valent	14 L	13 ſ	3
18 valent	15 L	10 ſ	6
19 valent	16 L	7 ſ	9
20 valent	17 L	5 ſ	
21 valent	18 L	2 ſ	3
22 valent	18 L	19 ſ	6
23 valent	19 L	16 ſ	9
24 valent	20 L	14 ſ	
25 valent	21 L	11 ſ	3
26 valent	22 L	8 ſ	6
27 valent	23 L	5 ſ	9
28 valent	24 L	3 ſ	
29 valent	25 L		3
30 valent	25 L	17 ſ	6
31 valent	26 L	14 ſ	9
32 valent	27 L	12 ſ	
33 valent	28 L	9 ſ	3
34 valent	29 L	6 ſ	6
35 valent	30 L	3 ſ	9
36 valent	31 L	1 ſ	
37 valent	31 L	18 ſ	3
38 valent	32 L	15 ſ	6

39 valent	33 L	12 ſ	9
40 valent	34 L	10 ſ	
50 valent	43 L	2 ſ	6
60 valent	51 L	15 ſ	
70 valent	60 L	7 ſ	6
80 valent	69 L		
90 valent	77 L	12 ſ	6
100 valent	86 L	5 ſ	
200 valent	172 L	10 ſ	
300 valent	258 L	15 ſ	
400 valent	345 L		
500 valent	431 L	5 ſ	
600 valent	517 L	10 ſ	
700 valent	603 L	15 ſ	
800 valent	690 L		
900 valent	776 L	5 ſ	
1000 valent	862 L	10 ſ	
2000 valent	1725 L		
3000 valent	2587 L	10 ſ	
4000 valent	3450 L		
5000 valent	4312 L	10 ſ	
6000 valent	5175 L		
7000 valent	6037 L	10 ſ	
8000 valent	6900 L		
9000 valent	7762 L	10 ſ	
10000 valent	8625 L		
20000 valent	17250 L		
30000 valent	25875 L		

Les 3 quarts	12 ſ	11 d
le demi	8 ſ	7 d
le quart	4 ſ	4 d
le huitiéme	2 ſ	2 d
Les 2 tiers	11 ſ	6 d
le tiers	5 ſ	9 d
le sixiéme	2 ſ	10 d
le douziéme	1 ſ	5 d

A 17 ſ 3 d par Jour, pour 1 An revient à 314 L 16 ſ 3 d

A 17 Sols 6 Deniers la chose.

2 valent	1 L	15 ſ		
3 valent	2 L	12 ſ	6	
4 valent	3 L	10 ſ		
5 valent	4 L	7 ſ	6	
6 valent	5 L	5 ſ		
7 valent	6 L	2 ſ	6	
8 valent	7 L			
9 valent	7 L	17 ſ	6	
10 valent	8 L	15 ſ		
11 valent	9 L	12 ſ	6	
12 valent	10 L	10 ſ		
13 valent	11 L	7 ſ	6	
14 valent	12 L	5 ſ		
15 valent	13 L	2 ſ	6	
16 valent	14 L			
17 valent	14 L	17 ſ	6	
18 valent	15 L	15 ſ		
19 valent	16 L	12 ſ	6	
20 valent	17 L	10 ſ		
21 valent	18 L	7 ſ	6	
22 valent	19 L	5 ſ		
23 valent	20 L	2 ſ	6	
24 valent	21 L			
25 valent	21 L	17 ſ	6	
26 valent	22 L	15 ſ		
27 valent	23 L	12 ſ	6	
28 valent	24 L	10 ſ		
29 valent	25 L	7 ſ	6	
30 valent	26 L	5 ſ		
31 valent	27 L	2 ſ	6	
32 valent	28 L			
33 valent	28 L	17 ſ	6	
34 valent	29 L	15 ſ		
35 valent	30 L	12 ſ	6	
36 valent	31 L	10 ſ		
37 valent	32 L	7 ſ	6	
38 valent	33 L	5 ſ		
39 valent	34 L	2 ſ	6	
40 valent	35 L			
50 valent	43 L	15 ſ		
60 valent	52 L	10 ſ		
70 valent	61 L	5 ſ		
80 valent	70 L			
90 valent	78 L	15 ſ		
100 valent	87 L	10 ſ		
200 valent	175 L			
300 valent	262 L	10 ſ		
400 valent	350 L			
500 valent	437 L	10 ſ		
600 valent	525 L			
700 valent	612 L	10 ſ		
800 valent	700 L			
900 valent	787 L	10 ſ		
1000 valent	875 L			
2000 valent	1750 L			
3000 valent	2625 L			
4000 valent	3500 L			
5000 valent	4375 L			
6000 valent	5250 L			
7000 valent	6125 L			
8000 valent	7000 L			
9000 valent	7875 L			
10000 valent	8750 L			
20000 valent	17500 L			
30000 valent	26250 L			

Les 3 quarts	13 ſ	1 d
le demi	8 ſ	9 d
le quart	4 ſ	4 d
le huitiéme	2 ſ	2 d
Les 2 tiers	11 ſ	8 d
le tiers	5 ſ	10 d
le ſixiéme	2 ſ	11 d
le douziéme	1 ſ	5 d

Au 17 ſ 6 d par Jour pour 1 An revient à 319 L 7 ſ 6 d.

A 17 Sols 9 Deniers la chose.

2 valent	1 L 15 ſ 6	39 valent	34 L 12 ſ 3
3 valent	2 L 13 ſ 3	40 valent	35 L 10 ſ
4 valent	3 L 11 ſ	50 valent	44 L 7 ſ 6
5 valent	4 L 8 ſ 9	60 valent	53 L 5 ſ
6 valent	5 L 6 ſ 6	70 valent	62 L 2 ſ 6
7 valent	6 L 4 ſ 3	80 valent	71 L
8 valent	7 L 2 ſ	90 valent	79 L 17 ſ 6
9 valent	7 L 19 ſ 9	100 valent	88 L 15 ſ
10 valent	8 L 17 ſ 6	200 valent	177 L 10 ſ
11 valent	9 L 15 ſ 3	300 valent	266 L 5 ſ
12 valent	10 L 13 ſ	400 valent	355 L
13 valent	11 L 10 ſ 9	500 valent	443 L 15 ſ
14 valent	12 L 8 ſ 6	600 valent	532 L 10 ſ
15 valent	13 L 6 ſ 3	700 valent	621 L 5 ſ
16 valent	14 L 4 ſ	800 valent	710 L
17 valent	15 L 1 ſ 9	900 valent	798 L 15 ſ
18 valent	15 L 19 ſ 6	1000 valent	887 L 10 ſ
19 valent	16 L 17 ſ 3	2000 valent	1775 L
20 valent	17 L 15 ſ	3000 valent	2662 L 10 ſ
21 valent	18 L 12 ſ 9	4000 valent	3550 L
22 valent	19 L 10 ſ 6	5000 valent	4437 L 10 ſ
23 valent	20 L 8 ſ 3	6000 valent	5325 L
24 valent	21 L 6 ſ	7000 valent	6212 L 10 ſ
25 valent	22 L 3 ſ 9	8000 valent	7100 L
26 valent	23 L 1 ſ 6	9000 valent	7987 L 10 ſ
27 valent	23 L 19 ſ 3	10000 valent	8875 L
28 valent	24 L 17 ſ	20000 valent	17750 L
29 valent	25 L 14 ſ 9	30000 valent	26625 L
30 valent	26 L 12 ſ 6		
31 valent	27 L 10 ſ 3	Les 3 quarts	13 ſ 3 d
32 valent	28 L 8 ſ	le demi	8 ſ 10 d
33 valent	29 L 5 ſ 9	le quart	4 ſ 5 d
34 valent	30 L 3 ſ 6	le huitiéme	2 ſ 2 d
35 valent	31 L 1 ſ 3	Les 2 tiers	11 ſ 10 d
36 valent	31 L 19 ſ	le tiers	5 ſ 11 d
37 valent	32 L 16 ſ 9	le ſixiéme	2 ſ 11 d
38 valent	33 L 14 ſ 6	le douziéme	1 ſ 6 d

A 17 ſ 9 d par Jour, pour 1 An revient à 323 L 18 ſ 9 d

2 valent	1 L 16 ſ	39 valent	35 L 2 ſ
3 valent	2 L 14 ſ	40 valent	36 L
4 valent	3 L 12 ſ	50 valent	45 L
5 valent	4 L 10 ſ	60 valent	54 L
6 valent	5 L 8 ſ	70 valent	63 L
7 valent	6 L 6 ſ	80 valent	72 L
8 valent	7 L 4 ſ	90 valent	81 L
9 valent	8 L 2 ſ	100 valent	90 L
10 valent	9 L	200 valent	180 L
11 valent	9 L 18 ſ	300 valent	270 L
12 valent	10 L 16 ſ	400 valent	360 L
13 valent	11 L 14 ſ	500 valent	450 L
14 valent	12 L 12 ſ	600 valent	540 L
15 valent	13 L 10 ſ	700 valent	630 L
16 valent	14 L 8 ſ	800 valent	720 L
17 valent	15 L 6 ſ	900 valent	810 L
18 valent	16 L 4 ſ	1000 valent	900 L
19 valent	17 L 2 ſ	2000 valent	1800 L
20 valent	18 L	3000 valent	2700 L
21 valent	18 L 18 ſ	4000 valent	3600 L
22 valent	19 L 16 ſ	5000 valent	4500 L
23 valent	20 L 14 ſ	6000 valent	5400 L
24 valent	21 L 12 ſ	7000 valent	6300 L
25 valent	22 L 10 ſ	8000 valent	7200 L
26 valent	23 L 8 ſ	9000 valent	8100 L
27 valent	24 L 6 ſ	10000 valent	9000 L
28 valent	25 L 4 ſ	20000 valent	18000 L
29 valent	26 L 2 ſ	30000 valent	27000 L
30 valent	27 L		
31 valent	27 L 18 ſ	Les 3 quarts	13 ſ 6 d
32 valent	28 L 16 ſ	le demi	9 ſ
33 valent	29 L 14 ſ	le quart	4 ſ 6 d
34 valent	30 L 12 ſ	le huitiéme	2 ſ 3 d
35 valent	31 L 10 ſ	Les 2 tiers	12 ſ
36 valent	32 L 8 ſ	le tiers	6 ſ
37 valent	33 L 6 ſ	le ſixiéme	3 ſ
38 valent	34 L 4 ſ	le douziéme	1 ſ 6 d

A 18 ſ par Jour, pour 1 An revient à 328 L 10 ſ

A 18 Sols 3 Deniers la chose.

2 valent	1 L	16 ſ	6
3 valent	2 L	14 ſ	9
4 valent	3 L	13 ſ	
5 valent	4 L	11 ſ	3
6 valent	5 L	9 ſ	6
7 valent	6 L	7 ſ	9
8 valent	7 L	6 ſ	
9 valent	8 L	4 ſ	3
10 valent	9 L	2 ſ	6
11 valent	10 L		9
12 valent	10 L	19 ſ	
13 valent	11 L	17 ſ	3
14 valent	12 L	15 ſ	6
15 valent	13 L	13 ſ	9
16 valent	14 L	12 ſ	
17 valent	15 L	10 ſ	3
18 valent	16 L	8 ſ	6
19 valent	17 L	6 ſ	9
20 valent	18 L	5 ſ	
21 valent	19 L	3 ſ	3
22 valent	20 L	1 ſ	6
23 valent	20 L	19 ſ	9
24 valent	21 L	18 ſ	
25 valent	22 L	16 ſ	3
26 valent	23 L	14 ſ	6
27 valent	24 L	12 ſ	9
28 valent	25 L	11 ſ	
29 valent	26 L	9 ſ	3
30 valent	27 L	7 ſ	6
31 valent	28 L	5 ſ	9
32 valent	29 L	4 ſ	
33 valent	30 L	2 ſ	3
34 valent	31 L		6
35 valent	31 L	18 ſ	9
36 valent	32 L	17 ſ	
37 valent	33 L	15 ſ	3
38 valent	34 L	13 ſ	6
39 valent	35 L	11 ſ	9
40 valent	36 L	10 ſ	
50 valent	45 L	12 ſ	6
60 valent	54 L	15 ſ	
70 valent	63 L	17 ſ	6
80 valent	73 L		
90 valent	82 L	2 ſ	6
100 valent	91 L	5 ſ	
200 valent	182 L	10 ſ	
300 valent	273 L	15 ſ	
400 valent	365 L		
500 valent	456 L	5 ſ	
600 valent	547 L	10 ſ	
700 valent	638 L	15 ſ	
800 valent	730 L		
900 valent	821 L	5 ſ	
1000 valent	912 L	10 ſ	
2000 valent	1825 L		
3000 valent	2737 L	10 ſ	
4000 valent	3650 L		
5000 valent	4562 L	10 ſ	
6000 valent	5475 L		
7000 valent	6387 L	10 ſ	
8000 valent	7300 L		
9000 valent	8212 L	10 ſ	
10000 valent	9125 L		
20000 valent	18250 L		
30000 valent	27375 L		

Les 3 quarts	13 ſ	8 d
le demi	9 ſ	1 d
le quart	4 ſ	7 d
le huitiéme	2 ſ	3 d
Les 2 tiers	12 ſ	2 d
le tiers	6 ſ	1 d
le ſixiéme	3 ſ	
le douziéme	1 ſ	6 d

A 18 ſ 3 d par Jour, pour 1 An revient à 333 L 1 ſ 3 d.

A 18 Sols 6 Deniers la chose.

2 valent	1 L	17 ſ		
3 valent	2 L	15 ſ	6	
4 valent	3 L	14 ſ		
5 valent	4 L	12 ſ	6	
6 valent	5 L	11 ſ		
7 valent	6 L	9 ſ	6	
8 valent	7 L	8 ſ		
9 valent	8 L	6 ſ	6	
10 valent	9 L	5 ſ		
11 valent	10 L	3 ſ	6	
12 valent	11 L	2 ſ		
13 valent	12 L		6	
14 valent	12 L	19 ſ		
15 valent	13 L	17 ſ	6	
16 valent	14 L	16 ſ		
17 valent	15 L	14 ſ	6	
18 valent	16 L	13 ſ		
19 valent	17 L	11 ſ	6	
20 valent	18 L	10 ſ		
21 valent	19 L	8 ſ	6	
22 valent	20 L	7 ſ		
23 valent	21 L	5 ſ	6	
24 valent	22 L	4 ſ		
25 valent	23 L	2 ſ	6	
26 valent	24 L	1 ſ		
27 valent	24 L	19 ſ	6	
28 valent	25 L	18 ſ		
29 valent	26 L	16 ſ	6	
30 valent	27 L	15 ſ		
31 valent	28 L	13 ſ	6	
32 valent	29 L	12 ſ		
33 valent	30 L	10 ſ	6	
34 valent	31 L	9 ſ		
35 valent	32 L	7 ſ	6	
36 valent	33 L	6 ſ		
37 valent	34 L	4 ſ	6	
38 valent	35 L	3 ſ		
39 valent	36 L	1 ſ	6	
40 valent	37 L			
50 valent	46 L	5 ſ		
60 valent	55 L	10 ſ		
70 valent	64 L	15 ſ		
80 valent	74 L			
90 valent	83 L	5 ſ		
100 valent	92 L	10 ſ		
200 valent	185 L			
300 valent	277 L	10 ſ		
400 valent	370 L			
500 valent	462 L	10 ſ		
600 valent	555 L			
700 valent	647 L	10 ſ		
800 valent	740 L			
900 valent	832 L	10 ſ		
1000 valent	925 L			
2000 valent	1850 L			
3000 valent	2775 L			
4000 valent	3700 L			
5000 valent	4625 L			
6000 valent	5550 L			
7000 valent	6475 L			
8000 valent	7400 L			
9000 valent	8325 L			
10000 valent	9250 L			
20000 valent	18500 L			
30000 valent	27750 L			

Les 3 quarts	13 ſ	10 d
le demi	9 ſ	3 d
le quart	4 ſ	7 d
le huitiéme	2 ſ	4 d
Les 2 tiers	12 ſ	4 d
le tiers	6 ſ	2 d
le ſixiéme	3 ſ	1 d
le douziéme	1 ſ	6 d

A 18 ſ 6d par Jour, pour 1 An revient à 337 L 12 ſ 6

A 18 Sols 9 Deniers la chofe.

2 valent	1 L	17 ſ	6
3 valent	2 L	16 ſ	3
4 valent	3 L	15 ſ	
5 valent	4 L	13 ſ	9
6 valent	5 L	12 ſ	6
7 valent	6 L	11 ſ	3
8 valent	7 L	10 ſ	
9 valent	8 L	8 ſ	9
10 valent	9 L	7 ſ	6
11 valent	10 L	6 ſ	3
12 valent	11 L	5 ſ	
13 valent	12 L	3 ſ	9
14 valent	13 L	2 ſ	6
15 valent	14 L	1 ſ	3
16 valent	15 L		
17 valent	15 L	18 ſ	9
18 valent	16 L	17 ſ	6
19 valent	17 L	16 ſ	3
20 valent	18 L	15 ſ	
21 valent	19 L	13 ſ	9
22 valent	20 L	12 ſ	6
23 valent	21 L	11 ſ	3
24 valent	22 L	10 ſ	
25 valent	23 L	8 ſ	9
26 valent	24 L	7 ſ	6
27 valent	25 L	6 ſ	3
28 valent	26 L	5 ſ	
29 valent	27 L	3 ſ	9
30 valent	28 L	2 ſ	6
31 valent	29 L	1 ſ	3
32 valent	30 L	ſ	
33 valent	30 L	18 ſ	9
34 valent	31 L	17 ſ	6
35 valent	32 L	16 ſ	3
36 valent	33 L	15 ſ	
37 valent	34 L	13 ſ	9
38 valent	35 L	12 ſ	6
39 valent	36 L	11 ſ	3
40 valent	37 L	10 ſ	
50 valent	46 L	17 ſ	6
60 valent	56 L	5 ſ	
70 valent	65 L	12 ſ	6
80 valent	75 L		
90 valent	84 L	7 ſ	6
100 valent	93 L	15 ſ	
200 valent	187 L	10 ſ	
300 valent	281 L	5 ſ	
400 valent	375 L		
500 valent	468 L	15 ſ	
600 valent	562 L	10 ſ	
700 valent	656 L	5 ſ	
800 valent	750 L		
900 valent	843 L	15 ſ	
1000 valent	937 L	10 ſ	
2000 valent	1875 L		
3000 valent	2812 L	10 ſ	
4000 valent	3750 L		
5000 valent	4687 L	10 ſ	
6000 valent	5625 L		
7000 valent	6562 L	10 ſ	
8000 valent	7500 L		
9000 valent	8437 L	10 ſ	
10000 valent	9375 L		
20000 valent	18750 L		
30000 valent	28125 L		

Les 3 quarts	14 ſ	
le demi	9 ſ	4 d
le quart	4 ſ	8 d
le huitiéme	2 ſ	4 d
Les 2 tiers	12 ſ	6 d
le tiers	6 ſ	3 d
le ſixiéme	3 ſ	1 d
le douziéme	1 ſ	7 d

A 18 ſ 9 d par Jour, pour 1 An revient à 342 L 3 ſ 9 d

2 valent	1 L	18 ſ	
3 valent	2 L	17 ſ	
4 valent	3 L	16 ſ	
5 valent	4 L	15 ſ	
6 valent	5 L	14 ſ	
7 valent	6 L	13 ſ	
8 valent	7 L	12 ſ	
9 valent	8 L	11 ſ	
10 valent	9 L	10 ſ	
11 valent	10 L	9 ſ	
12 valent	11 L	8 ſ	
13 valent	12 L	7 ſ	
14 valent	13 L	6 ſ	
15 valent	14 L	5 ſ	
16 valent	15 L	4 ſ	
17 valent	16 L	3 ſ	
18 valent	17 L	2 ſ	
19 valent	18 L	1 ſ	
20 valent	19 L		
21 valent	19 L	19 ſ	
22 valent	20 L	18 ſ	
23 valent	21 L	17 ſ	
24 valent	22 L	16 ſ	
25 valent	23 L	15 ſ	
26 valent	24 L	14 ſ	
27 valent	25 L	13 ſ	
28 valent	26 L	12 ſ	
29 valent	27 L	11 ſ	
30 valent	28 L	10 ſ	
31 valent	29 L	9 ſ	
32 valent	30 L	8 ſ	
33 valent	31 L	7 ſ	
34 valent	32 L	6 ſ	
35 valent	33 L	5 ſ	
36 valent	34 L	4 ſ	
37 valent	35 L	3 ſ	
38 valent	36 L	2 ſ	
39 valent	37 L	1 ſ	
40 valent	38 L		
50 valent	47 L	10 ſ	
60 valent	57 L		
70 valent	66 L	10 ſ	
80 valent	76 L		
90 valent	85 L	10 ſ	
100 valent	95 L		
200 valent	190 L		
300 valent	285 L		
400 valent	380 L		
500 valent	475 L		
600 valent	570 L		
700 valent	665 L		
800 valent	760 L		
900 valent	855 L		
1000 valent	950 L		
2000 valent	1900 L		
3000 valent	2850 L		
4000 valent	3800 L		
5000 valent	4750 L		
6000 valent	5700 L		
7000 valent	6650 L		
8000 valent	7600 L		
9000 valent	8550 L		
10000 valent	9500 L		
20000 valent	19000 L		
30000 valent	28500 L		

Les 3 quarts	14 ſ	3 d	
le demi	9 ſ	6 d	
le quart	4 ſ	9 d	
le huitiéme	2 ſ	4 d	
Les 2 tiers	12 ſ	8 d	
le tiers	6 ſ	4 d	
le ſixiéme	3 ſ	2 d	
le douziéme	1 ſ	7 d	

A 19 ſ par Jour, pour 1 An revient à 346 L 15 ſ

2 valent	1 L	18 ſ	6
3 valent	2 L	17 ſ	9
4 valent	3 L	17 ſ	
5 valent	4 L	16 ſ	3
6 valent	5 L	15 ſ	6
7 valent	6 L	14 ſ	9
8 valent	7 L	14 ſ	
9 valent	8 L	13 ſ	3
10 valent	9 L	12 ſ	6
11 valent	10 L	11 ſ	9
12 valent	11 L	11 ſ	
13 valent	12 L	10 ſ	3
14 valent	13 L	9 ſ	6
15 valent	14 L	8 ſ	9
16 valent	15 L	8 ſ	
17 valent	16 L	7 ſ	3
18 valent	17 L	6 ſ	6
19 valent	18 L	5 ſ	9
20 valent	19 L	5 ſ	
21 valent	20 L	4 ſ	3
22 valent	21 L	3 ſ	6
23 valent	22 L	2 ſ	9
24 valent	23 L	2 ſ	
25 valent	24 L	1 ſ	3
26 valent	25 L		6
27 valent	25 L	19 ſ	9
28 valent	26 L	19 ſ	
29 valent	27 L	18 ſ	3
30 valent	28 L	17 ſ	6
31 valent	29 L	16 ſ	9
32 valent	30 L	16 ſ	
33 valent	31 L	15 ſ	3
34 valent	32 L	14 ſ	6
35 valent	33 L	13 ſ	9
36 valent	34 L	13 ſ	
37 valent	35 L	12 ſ	3
38 valent	36 L	11 ſ	6
39 valent	37 L	10 ſ	9
40 valent	38 L	10 ſ	
50 valent	48 L	2 ſ	6
60 valent	57 L	15 ſ	
70 valent	67 L	7 ſ	6
80 valent	77 L		
90 valent	86 L	12 ſ	6
100 valent	96 L	5 ſ	
200 valent	192 L	10 ſ	
300 valent	288 L	15 ſ	
400 valent	385 L		
500 valent	481 L	5 ſ	
600 valent	577 L	10 ſ	
700 valent	673 L	15 ſ	
800 valent	770 L		
900 valent	866 L	5 ſ	
1000 valent	962 L	10 ſ	
2000 valent	1925 L		
3000 valent	2887 L	10 ſ	
4000 valent	3850 L		
5000 valent	4812 L	10 ſ	
6000 valent	5775 L		
7000 valent	6737 L	10 ſ	
8000 valent	7700 L		
9000 valent	8662 L	10 ſ	
10000 valent	9625 L		
20000 valent	19250 L		
30000 valent	28875 L		

Les 3 quarts	14 ſ	5 d
le demi	9 ſ	7 d
le quart	4 ſ	10 d
le huitiéme	2 ſ	5 d
Les 2 tiers	12 ſ	10 d
le tiers	6 ſ	5 d
le ſixiéme	3 ſ	2 d
le douziéme	1 ſ	7 d

A 19 ſ 3 d par Jour, pour 1 An revient à 351 L 6 ſ 3 d

2 valent	1 L 19 ſ	39 valent	38 L 6
3 valent	2 L 18 ſ 6	40 valent	39 L
4 valent	3 L 18 ſ	50 valent	48 L 15 ſ
5 valent	4 L 17 ſ 6	60 valent	58 L 10 ſ
6 valent	5 L 17 ſ	70 valent	68 L 5 ſ
7 valent	6 L 16 ſ 6	80 valent	78 L
8 valent	7 L 16 ſ	90 valent	87 L 15 ſ
9 valent	8 L 15 ſ 6	100 valent	97 L 10 ſ
10 valent	9 L 15 ſ	200 valent	195 L
11 valent	10 L 14 ſ 6	300 valent	292 L 10 ſ
12 valent	11 L 14 ſ	400 valent	390 L
13 valent	12 L 13 ſ 6	500 valent	487 L 10 ſ
14 valent	13 L 13 ſ	600 valent	585 L
15 valent	14 L 12 ſ 6	700 valent	682 L 10 ſ
16 valent	15 L 12 ſ	800 valent	780 L
17 valent	16 L 11 ſ 6	900 valent	877 L 10 ſ
18 valent	17 L 11 ſ	1000 valent	975 L
19 valent	18 L 10 ſ 6	2000 valent	1950 L
20 valent	19 L 10 ſ	3000 valent	2925 L
21 valent	20 L 9 ſ 6	4000 valent	3900 L
22 valent	21 L 9 ſ	5000 valent	4875 L
23 valent	22 L 8 ſ 6	6000 valent	5850 L
24 valent	23 L 8 ſ	7000 valent	6825 L
25 valent	24 L 7 ſ 6	8000 valent	7800 L
26 valent	25 L 7 ſ	9000 valent	8775 L
27 valent	26 L 6 ſ 6	10000 valent	9750 L
28 valent	27 L 6 ſ	20000 valent	19500 L
29 valent	28 L 5 ſ 6	30000 valent	29250 L
30 valent	29 L 5 ſ		
31 valent	30 L 4 ſ 6	Les 3 quarts	14 ſ 7 d
32 valent	31 L 4 ſ	le demi	9 ſ 9 d
33 valent	32 L 3 ſ 6	le quart	4 ſ 10 d
34 valent	33 L 3 ſ	le huitiéme	2 ſ 5 d
35 valent	34 L 2 ſ 6	Les 2 tiers	13 ſ
36 valent	35 L 2 ſ	le tiers	6 ſ 6 d
37 valent	36 L 1 ſ 6	le ſixiéme	3 ſ 3 d
38 valent	37 L 1 ſ	le douziéme	1 ſ 7 d

A 19 ſ 6 d par Jour, pour 1 An revient à 355 L 17 ſ 6

2 valent	1 L 19 ſ 6	39 valent	38 L 10 ſ 3
3 valent	2 L 19 ſ 3	40 valent	39 L 10 ſ
4 valent	3 L 19 ſ	50 valent	49 L 7 ſ 6
5 valent	4 L 18 ſ 9	60 valent	59 L 5 ſ
6 valent	5 L 18 ſ 6	70 valent	69 L 2 ſ 6
7 valent	6 L 18 ſ 3	80 valent	79 L
8 valent	7 L 18 ſ	90 valent	88 L 17 ſ 6
9 valent	8 L 17 ſ 9	100 valent	98 L 15 ſ
10 valent	9 L 17 ſ 6	200 valent	197 L 10 ſ
11 valent	10 L 17 ſ 3	300 valent	296 L 5 ſ
12 valent	11 L 17 ſ	400 valent	395 L
13 valent	12 L 16 ſ 9	500 valent	493 L 15 ſ
14 valent	13 L 16 ſ 6	600 valent	592 L 10 ſ
15 valent	14 L 16 ſ 3	700 valent	691 L 5 ſ
16 valent	15 L 16 ſ	800 valent	790 L
17 valent	16 L 15 ſ 9	900 valent	888 L 15 ſ
18 valent	17 L 15 ſ 6	1000 valent	987 L 10 ſ
19 valent	18 L 15 ſ 3	2000 valent	1975 L
20 valent	19 L 15 ſ	3000 valent	2962 L 10 ſ
21 valent	20 L 14 ſ 9	4000 valent	3950 L
22 valent	21 L 14 ſ 6	5000 valent	4937 L 10 ſ
23 valent	22 L 14 ſ 3	6000 valent	5925 L
24 valent	23 L 14 ſ	7000 valent	6912 L 10 ſ
25 valent	24 L 13 ſ 9	8000 valent	7900 L
26 valent	25 L 13 ſ 6	9000 valent	8887 L 10 ſ
27 valent	26 L 13 ſ 3	10000 valent	9875 L
28 valent	27 L 13 ſ	20000 valent	19750 L
29 valent	28 L 12 ſ 9	30000 valent	29625 L
30 valent	29 L 12 ſ 6		
31 valent	30 L 12 ſ 3	Les 3 quarts	14 ſ 9 d
32 valent	31 L 12 ſ	le demi	9 ſ 10 d
33 valent	32 L 11 ſ 9	le quart	4 ſ 11 d
34 valent	33 L 11 ſ 6	le huitiéme	2 ſ 6 d
35 valent	34 L 11 ſ 3	Les 2 tiers	13 ſ 2 d
36 valent	35 L 11 ſ	le tiers	6 ſ 7 d
37 valent	36 L 10 ſ 9	le ſixiéme	3 ſ 3 d
38 valent	37 L 10 ſ 6	le douziéme	1 ſ 8 d

A 19 ſ 9 d par Jour, pour 1 An revient à 360 L 8 ſ 9 d

2 valent	2 L		39 valent	39 L	
3 valent	3 L		40 valent	40 L	
4 valent	4 L		50 valent	50 L	
5 valent	5 L		60 valent	60 L	
6 valent	6 L		70 valent	70 L	
7 valent	7 L		80 valent	80 L	
8 valent	8 L		90 valent	90 L	
9 valent	9 L		100 valent	100 L	
10 valent	10 L		200 valent	200 L	
11 valent	11 L		300 valent	300 L	
12 valent	12 L		400 valent	400 L	
13 valent	13 L		500 valent	500 L	
14 valent	14 L		600 valent	600 L	
15 valent	15 L		700 valent	700 L	
16 valent	16 L		800 valent	800 L	
17 valent	17 L		900 valent	900 L	
18 valent	18 L		1000 valent	1000 L	
19 valent	19 L		2000 valent	2000 L	
20 valent	20 L		3000 valent	3000 L	
21 valent	21 L		4000 valent	4000 L	
22 valent	22 L		5000 valent	5000 L	
23 valent	23 L		6000 valent	6000 L	
24 valent	24 L		7000 valent	7000 L	
25 valent	25 L		8000 valent	8000 L	
26 valent	26 L		9000 valent	9000 L	
27 valent	27 L		10000 valent	10000 L	
28 valent	28 L		20000 valent	20000 L	
29 valent	29 L		30000 valent	30000 L	
30 valent	30 L				
31 valent	31 L		Les 3 quarts	15 ſ	
32 valent	32 L		le demi	10 ſ	
33 valent	33 L		le quart	5 ſ	
34 valent	34 L		le huitiéme	2 ſ	6 d
35 valent	35 L		Les 2 tiers	13 ſ	4 d
36 valent	36 L		le tiers	6 ſ	8 d
37 valent	37 L		le ſixiéme	3 ſ	4 d
38 valent	38 L		le douziéme	1 ſ	8 d

A 20 ſ par Jour, pour 1 An revient à 365 L

A 20 Sols 6 Deniers la choſe.

2 valent	2 L	1 ſ	
3 valent	3 L	1 ſ	6
4 valent	4 L	2 ſ	
5 valent	5 L	2 ſ	6
6 valent	6 L	3 ſ	
7 valent	7 L	3 ſ	6
8 valent	8 L	4 ſ	
9 valent	9 L	4 ſ	6
10 valent	10 L	5 ſ	
11 valent	11 L	5 ſ	6
12 valent	12 L	6 ſ	
13 valent	13 L	6 ſ	6
14 valent	14 L	7 ſ	
15 valent	15 L	7 ſ	6
16 valent	16 L	8 ſ	
17 valent	17 L	8 ſ	6
18 valent	18 L	9 ſ	
19 valent	19 L	9 ſ	6
20 valent	20 L	10 ſ	
21 valent	21 L	10 ſ	6
22 valent	22 L	11 ſ	
23 valent	23 L	11 ſ	6
24 valent	24 L	12 ſ	
25 valent	25 L	12 ſ	6
26 valent	26 L	13 ſ	
27 valent	27 L	13 ſ	6
28 valent	28 L	14 ſ	
29 valent	29 L	14 ſ	6
30 valent	30 L	15 ſ	
31 valent	31 L	15 ſ	6
32 valent	32 L	16 ſ	
33 valent	33 L	16 ſ	6
34 valent	34 L	17 ſ	
35 valent	35 L	17 ſ	6
36 valent	36 L	18 ſ	
37 valent	37 L	18 ſ	6
38 valent	38 L	19 ſ	
39 valent	39 L	19 ſ	6
40 valent	41 L		
50 valent	51 L	5 ſ	
60 valent	61 L	10 ſ	
70 valent	71 L	15 ſ	
80 valent	82 L		
90 valent	92 L	5 ſ	
100 valent	102 L	10 ſ	
200 valent	205 L		
300 valent	307 L	10 ſ	
400 valent	410 L		
500 valent	512 L	10 ſ	
600 valent	615 L		
700 valent	717 L	10 ſ	
800 valent	820 L		
900 valent	922 L	10 ſ	
1000 valent	1025 L		
2000 valent	2050 L		
3000 valent	3075 L		
4000 valent	4100 L		
5000 valent	5125 L		
6000 valent	6150 L		
7000 valent	7175 L		
8000 valent	8200 L		
9000 valent	9225 L		
10000 valent	10250 L		
20000 valent	20500 L		
30000 valent	30750 L		

Les 3 quarts	15 ſ	4 d
le demi	10 ſ	3 d
le quart	5 ſ	1 d
le huitiéme	2 ſ	7 d
Les 2 tiers	13 ſ	8 d
le tiers	6 ſ	10 d
le ſixiéme	3 ſ	5 d
le douziéme	1 ſ	8 d

A 20 ſ 6 d par Jour, pour 1 An revient à 374 L 2 ſ 6 d

A 21 Sols la choſe.

2 valent	2 L	2 ſ	
3 valent	3 L	3 ſ	
4 valent	4 L	4 ſ	
5 valent	5 L	5 ſ	
6 valent	6 L	6 ſ	
7 valent	7 L	7 ſ	
8 valent	8 L	8 ſ	
9 valent	9 L	9 ſ	
10 valent	10 L	10 ſ	
11 valent	11 L	11 ſ	
12 valent	12 L	12 ſ	
13 valent	13 L	13 ſ	
14 valent	14 L	14 ſ	
15 valent	15 L	15 ſ	
16 valent	16 L	16 ſ	
17 valent	17 L	17 ſ	
18 valent	18 L	18 ſ	
19 valent	19 L	19 ſ	
20 valent	21 L		
21 valent	22 L	1 ſ	
22 valent	23 L	2 ſ	
23 valent	24 L	3 ſ	
24 valent	25 L	4 ſ	
25 valent	26 L	5 ſ	
26 valent	27 L	6 ſ	
27 valent	28 L	7 ſ	
28 valent	29 L	8 ſ	
29 valent	30 L	9 ſ	
30 valent	31 L	10 ſ	
31 valent	32 L	11 ſ	
32 valent	33 L	12 ſ	
33 valent	34 L	13 ſ	
34 valent	35 L	14 ſ	
35 valent	36 L	15 ſ	
36 valent	37 L	16 ſ	
37 valent	38 L	17 ſ	
38 valent	39 L	18 ſ	
39 valent	40 L	19 ſ	
40 valent	42 L		
50 valent	52 L	10 ſ	
60 valent	63 L		
70 valent	73 L	10 ſ	
80 valent	84 L		
90 valent	94 L	10 ſ	
100 valent	105 L		
200 valent	210 L		
300 valent	315 L		
400 valent	420 L		
500 valent	525 L		
600 valent	630 L		
700 valent	735 L		
800 valent	840 L		
900 valent	945 L		
1000 valent	1050 L		
2000 valent	2100 L		
3000 valent	3150 L		
4000 valent	4200 L		
5000 valent	5250 L		
6000 valent	6300 L		
7000 valent	7350 L		
8000 valent	8400 L		
9000 valent	9450 L		
10000 valent	10500 L		
20000 valent	21000 L		
30000 valent	31500 L		

Les 3 quarts	15 ſ	9 d
le demi	10 ſ	6 d
le quart	5 ſ	3 d
le huitiéme	2 ſ	7 d
Les 2 tiers	14 ſ	
le tiers	7 ſ	
le ſixiéme	3 ſ	6 d
le douziéme	1 ſ	9 d

A 21 ſ par Jour, pour 1 An revient à 383 L 5 ſ

A 21 Sols 6 Deniers la choſe.

2 valent	2 L	3 ſ	
3 valent	3 L	4 ſ	6
4 valent	4 L	6 ſ	
5 valent	5 L	7 ſ	6
6 valent	6 L	9 ſ	
7 valent	7 L	10 ſ	6
8 valent	8 L	12 ſ	
9 valent	9 L	13 ſ	6
10 valent	10 L	15 ſ	
11 valent	11 L	16 ſ	6
12 valent	12 L	18 ſ	
13 valent	13 L	19 ſ	6
14 valent	15 L	1 ſ	
15 valent	16 L	2 ſ	6
16 valent	17 L	4 ſ	
17 valent	18 L	5 ſ	6
18 valent	19 L	7 ſ	
19 valent	20 L	8 ſ	6
20 valent	21 L	10 ſ	
21 valent	22 L	11 ſ	6
22 valent	23 L	13 ſ	
23 valent	24 L	14 ſ	6
24 valent	25 L	16 ſ	
25 valent	26 L	17 ſ	6
26 valent	27 L	19 ſ	
27 valent	29 L		6
28 valent	30 L	2 ſ	
29 valent	31 L	3 ſ	6
30 valent	32 L	5 ſ	
31 valent	33 L	6 ſ	6
32 valent	34 L	8 ſ	
33 valent	35 L	9 ſ	6
34 valent	36 L	11 ſ	
35 valent	37 L	12 ſ	6
36 valent	38 L	14 ſ	
37 valent	39 L	15 ſ	6
38 valent	40 L	17 ſ	
39 valent	41 L	18 ſ	6
40 valent	43 L		
50 valent	53 L	15 ſ	
60 valent	64 L	10 ſ	
70 valent	75 L	5 ſ	
80 valent	86 L		
90 valent	96 L	15 ſ	
100 valent	107 L	10 ſ	
200 valent	215 L		
300 valent	322 L	10 ſ	
400 valent	430 L		
500 valent	537 L	10 ſ	
600 valent	645 L		
700 valent	752 L	10 ſ	
800 valent	860 L		
900 valent	967 L	10 ſ	
1000 valent	1075 L		
2000 valent	2150 L		
3000 valent	3225 L		
4000 valent	4300 L		
5000 valent	5375 L		
6000 valent	6450 L		
7000 valent	7525 L		
8000 valent	8600 L		
9000 valent	9675 L		
10000 valent	10750 L		
20000 valent	21500 L		
30000 valent	32250 L		

Les 3 quarts	16 ſ	1 d
le demi	10 ſ	9 d
le quart	5 ſ	4 d
le huitiéme	2 ſ	8 d
Les 2 tiers	14 ſ	4 d
le tiers	7 ſ	2 d
le ſixiéme	3 ſ	7 d
le douziéme	1 ſ	9 d

A 21 ſ 6 d par Jour, pour 1 An revient à 392 L 7 ſ 6 d

A 22 Sols la chose.

2 valent	2 L	4 ſ
3 valent	3 L	6 ſ
4 valent	4 L	8 ſ
5 valent	5 L	10 ſ
6 valent	6 L	12 ſ
7 valent	7 L	14 ſ
8 valent	8 L	16 ſ
9 valent	9 L	18 ſ
10 valent	11 L	
11 valent	12 L	2 ſ
12 valent	13 L	4 ſ
13 valent	14 L	6 ſ
14 valent	15 L	8 ſ
15 valent	16 L	10 ſ
16 valent	17 L	12 ſ
17 valent	18 L	14 ſ
18 valent	19 L	16 ſ
19 valent	20 L	18 ſ
20 valent	22 L	
21 valent	23 L	2 ſ
22 valent	24 L	4 ſ
23 valent	25 L	6 ſ
24 valent	26 L	8 ſ
25 valent	27 L	10 ſ
26 valent	28 L	12 ſ
27 valent	29 L	14 ſ
28 valent	30 L	16 ſ
29 valent	31 L	18 ſ
30 valent	33 L	
31 valent	34 L	2 ſ
32 valent	35 L	4 ſ
33 valent	36 L	6 ſ
34 valent	37 L	8 ſ
35 valent	38 L	10 ſ
36 valent	39 L	12 ſ
37 valent	40 L	14 ſ
38 valent	41 L	16 ſ
39 valent	42 L	18 ſ
40 valent	44 L	
50 valent	55 L	
60 valent	66 L	
70 valent	77 L	
80 valent	88 L	
90 valent	99 L	
100 valent	110 L	
200 valent	220 L	
300 valent	330 L	
400 valent	440 L	
500 valent	550 L	
600 valent	660 L	
700 valent	770 L	
800 valent	880 L	
900 valent	990 L	
1000 valent	1100 L	
2000 valent	2200 L	
3000 valent	3300 L	
4000 valent	4400 L	
5000 valent	5500 L	
6000 valent	6600 L	
7000 valent	7700 L	
8000 valent	8800 L	
9000 valent	9900 L	
10000 valent	11000 L	
20000 valent	22000 L	
30000 valent	33000 L	

Les 3 quarts	16 ſ	6 d
le demi	11 ſ	
le quart	5 ſ	6 d
le huitiéme	2 ſ	9 d
Les 2 tiers	14 ſ	8 d
le tiers	7 ſ	4 d
le ſixiéme	3 ſ	8 d
le douziéme	1 ſ	10 d

A 22 ſ par Jour, pour 1 An revient à 401 L 10 ſ

2 valent	2 L 5 ſ	39 valent	43 L 17 ſ 6
3 valent	3 L 7 ſ 6	40 valent	45 L
4 valent	4 L 10 ſ	50 valent	56 L 5 ſ
5 valent	5 L 12 ſ 6	60 valent	67 L 10 ſ
6 valent	6 L 15 ſ	70 valent	78 L 15 ſ
7 valent	7 L 17 ſ 6	80 valent	90 L
8 valent	9 L	90 valent	101 L 5 ſ
9 valent	10 L 2 ſ 6	100 valent	112 L 10 ſ
10 valent	11 L 5 ſ	200 valent	225 L
11 valent	12 L 7 ſ 6	300 valent	337 L 10 ſ
12 valent	13 L 10 ſ	400 valent	450 L
13 valent	14 L 12 ſ 6	500 valent	562 L 10 ſ
14 valent	15 L 15 ſ	600 valent	675 L
15 valent	16 L 17 ſ 6	700 valent	787 L 10 ſ
16 valent	18 L	800 valent	900 L
17 valent	19 L 2 ſ 6	900 valent	1012 L 10 ſ
18 valent	20 L 5 ſ	1000 valent	1125 L
19 valent	21 L 7 ſ 6	2000 valent	2250 L
20 valent	22 L 10 ſ	3000 valent	3375 L
21 valent	23 L 12 ſ 6	4000 valent	4500 L
22 valent	24 L 15 ſ	5000 valent	5625 L
23 valent	25 L 17 ſ 6	6000 valent	6750 L
24 valent	27 L	7000 valent	7875 L
25 valent	28 L 2 ſ 6	8000 valent	9000 L
26 valent	29 L 5 ſ	9000 valent	10125 L
27 valent	30 L 7 ſ 6	10000 valent	11250 L
28 valent	31 L 10 ſ	20000 valent	22500 L
29 valent	32 L 12 ſ 6	30000 valent	33750 L
30 valent	33 L 15 ſ		
31 valent	34 L 17 ſ 6	Les 3 quarts	16 ſ 10 d
32 valent	36 L	le demi	11 ſ 3 d
33 valent	37 L 2 ſ 6	le quart	5 ſ 7 d
34 valent	38 L 5 ſ	le huitiéme	2 ſ 10 d
35 valent	39 L 7 ſ 6	Les 2 tiers	15 ſ
36 valent	40 L 10 ſ	le tiers	7 ſ 6 d
37 valent	41 L 12 ſ 6	le ſixiéme	3 ſ 9 d
38 valent	42 L 15 ſ	le douziéme	1 ſ 10 d

A 22 ſ 6 d par Jour, pour 1 An revient à 410 L 12 ſ 6 d

A 23 Sols la choſe.

2 valent	2 L	6 ſ
3 valent	3 L	9 ſ
4 valent	4 L	12 ſ
5 valent	5 L	15 ſ
6 valent	6 L	18 ſ
7 valent	8 L	1 ſ
8 valent	9 L	4 ſ
9 valent	10 L	7 ſ
10 valent	11 L	10 ſ
11 valent	12 L	13 ſ
12 valent	13 L	16 ſ
13 valent	14 L	19 ſ
14 valent	16 L	2 ſ
15 valent	17 L	5 ſ
16 valent	18 L	8 ſ
17 valent	19 L	11 ſ
18 valent	20 L	14 ſ
19 valent	21 L	17 ſ
20 valent	23 L	
21 valent	24 L	3 ſ
22 valent	25 L	6 ſ
23 valent	26 L	9 ſ
24 valent	27 L	12 ſ
25 valent	28 L	15 ſ
26 valent	29 L	18 ſ
27 valent	31 L	1 ſ
28 valent	32 L	4 ſ
29 valent	33 L	7 ſ
30 valent	34 L	10 ſ
31 valent	35 L	13 ſ
32 valent	36 L	16 ſ
33 valent	37 L	19 ſ
34 valent	39 L	2 ſ
35 valent	40 L	5 ſ
36 valent	41 L	8 ſ
37 valent	42 L	11 ſ
38 valent	43 L	14 ſ
39 valent	44 L	17 ſ
40 valent	46 L	
50 valent	57 L	10 ſ
60 valent	69 L	
70 valent	80 L	10 ſ
80 valent	92 L	
90 valent	103 L	10 ſ
100 valent	115 L	
200 valent	230 L	
300 valent	345 L	
400 valent	460 L	
500 valent	575 L	
600 valent	690 L	
700 valent	805 L	
800 valent	920 L	
900 valent	1035 L	
1000 valent	1150 L	
2000 valent	2300 L	
3000 valent	3450 L	
4000 valent	4600 L	
5000 valent	5750 L	
6000 valent	6900 L	
7000 valent	8050 L	
8000 valent	9200 L	
9000 valent	10350 L	
10000 valent	11500 L	
20000 valent	23000 L	
30000 valent	34500 L	

Les 3 quarts	17 ſ	3 d
le demi	11 ſ	6 d
le quart	5 ſ	9 d
le huitiéme	2 ſ	10 d
Les 2 tiers	15 ſ	4 d
le tiers	7 ſ	8 d
le ſixiéme	3 ſ	10 d
le douziéme	1 ſ	11 d

A 23 ſ par Jour, pour 1 An revient à 419 L 15 ſ

2 valent	2 L	7 ſ	
3 valent	3 L	10 ſ	6
4 valent	4 L	14 ſ	
5 valent	5 L	17 ſ	6
6 valent	7 L	1 ſ	
7 valent	8 L	4 ſ	6
8 valent	9 L	8 ſ	
9 valent	10 L	11 ſ	6
10 valent	11 L	15 ſ	
11 valent	12 L	18 ſ	6
12 valent	14 L	2 ſ	
13 valent	15 L	5 ſ	6
14 valent	16 L	9 ſ	
15 valent	17 L	12 ſ	6
16 valent	18 L	16 ſ	
17 valent	19 L	19 ſ	6
18 valent	21 L	3 ſ	
19 valent	22 L	6 ſ	6
20 valent	23 L	10 ſ	
21 valent	24 L	13 ſ	6
22 valent	25 L	17 ſ	
23 valent	27 L		6
24 valent	28 L	4 ſ	
25 valent	29 L	7 ſ	6
26 valent	30 L	11 ſ	
27 valent	31 L	14 ſ	6
28 valent	32 L	18 ſ	
29 valent	34 L	1 ſ	6
30 valent	35 L	5 ſ	
31 valent	36 L	8 ſ	6
32 valent	37 L	12 ſ	
33 valent	38 L	15 ſ	6
34 valent	39 L	19 ſ	
35 valent	41 L	2 ſ	6
36 valent	42 L	6 ſ	
37 valent	43 L	9 ſ	6
38 valent	44 L	13 ſ	
39 valent	45 L	16 ſ	6
40 valent	47 L		
50 valent	58 L	15 ſ	
60 valent	70 L	10 ſ	
70 valent	82 L	5 ſ	
80 valent	94 L		
90 valent	105 L	15 ſ	
100 valent	117 L	10 ſ	
200 valent	235 L		
300 valent	352 L	10 ſ	
400 valent	470 L		
500 valent	587 L	10 ſ	
600 valent	705 L		
700 valent	822 L	10 ſ	
800 valent	940 L		
900 valent	1057 L	10 ſ	
1000 valent	1175 L		
2000 valent	2350 L		
3000 valent	3525 L		
4000 valent	4700 L		
5000 valent	5875 L		
6000 valent	7050 L		
7000 valent	8225 L		
8000 valent	9400 L		
9000 valent	10575 L		
10000 valent	11750 L		
20000 valent	23500 L		
30000 valent	35250 L		
Les 3 quarts		17 ſ	7 d
le demi		11 ſ	9 d
le quart		5 ſ	10 d
le huitéme		2 ſ	11 d
Les 2 tiers		15 ſ	8 d
le tiers		7 ſ	10
le sixiéme		3 ſ	11 d
le douzieme		1 ſ	11 d

A 23 ſ 6d par Jour, pour 1 An revient à 428 L 17 ſ 6d

A 24 Sols la chose.

2 valent	2 L	8 ſ
3 valent	3 L	12 ſ
4 valent	4 L	16 ſ
5 valent	6 L	
6 valent	7 L	4 ſ
7 valent	8 L	8 ſ
8 valent	9 L	12 ſ
9 valent	10 L	16 ſ
10 valent	12 L	
11 valent	13 L	4 ſ
12 valent	14 L	8 ſ
13 valent	15 L	12 ſ
14 valent	16 L	16 ſ
15 valent	18 L	
16 valent	19 L	4 ſ
17 valent	20 L	8 ſ
18 valent	21 L	12 ſ
19 valent	22 L	16 ſ
20 valent	24 L	
21 valent	25 L	4 ſ
22 valent	26 L	8 ſ
23 valent	27 L	12 ſ
24 valent	28 L	16 ſ
25 valent	30 L	
26 valent	31 L	4 ſ
27 valent	32 L	8 ſ
28 valent	33 L	12 ſ
29 valent	34 L	16 ſ
30 valent	36 L	
31 valent	37 L	4 ſ
32 valent	38 L	8 ſ
33 valent	39 L	12 ſ
34 valent	40 L	16 ſ
35 valent	42 L	
36 valent	43 L	4 ſ
37 valent	44 L	8 ſ
38 valent	45 L	12 ſ

39 valent	46 L	16 ſ
40 valent	48 L	
50 valent	60 L	
60 valent	72 L	
70 valent	84 L	
80 valent	96 L	
90 valent	108 L	
100 valent	120 L	
200 valent	240 L	
300 valent	360 L	
400 valent	480 L	
500 valent	600 L	
600 valent	720 L	
700 valent	840 L	
800 valent	960 L	
900 valent	1080 L	
1000 valent	1200 L	
2000 valent	2400 L	
3000 valent	3600 L	
4000 valent	4800 L	
5000 valent	6000 L	
6000 valent	7200 L	
7000 valent	8400 L	
8000 valent	9600 L	
9000 valent	10800 L	
10000 valent	12000 L	
20000 valent	24000 L	
30000 valent	36000 L	

Les 3 quarts	18 ſ
le demi	12 ſ
le quart	6 ſ
le huitiéme	3 ſ
Les 2 tiers	16 ſ
le tiers	8 ſ
le ſixiéme	4 ſ
le douziéme	2 ſ

A 24 ſ par Jour, pour 1 An revient à 438 L

2 valent	2 L	9 ſ	
3 valent	3 L	13 ſ	6
4 valent	4 L	18 ſ	
5 valent	6 L	2 ſ	6
6 valent	7 L	7 ſ	
7 valent	8 L	11 ſ	6
8 valent	9 L	16 ſ	
9 valent	11 L		6
10 valent	12 L	5 ſ	
11 valent	13 L	9 ſ	6
12 valent	14 L	14 ſ	
13 valent	15 L	18 ſ	6
14 valent	17 L	3 ſ	
15 valent	18 L	7 ſ	6
16 valent	19 L	12 ſ	
17 valent	20 L	16 ſ	6
18 valent	22 L	1 ſ	
19 valent	23 L	5 ſ	6
20 valent	24 L	10 ſ	
21 valent	25 L	14 ſ	6
22 valent	26 L	19 ſ	
23 valent	28 L	3 ſ	6
24 valent	29 L	8 ſ	
25 valent	30 L	12 ſ	6
26 valent	31 L	17 ſ	
27 valent	33 L	1 ſ	6
28 valent	34 L	6 ſ	
29 valent	35 L	10 ſ	6
30 valent	36 L	15 ſ	
31 valent	37 L	19 ſ	6
32 valent	39 L	4 ſ	
33 valent	40 L	8 ſ	6
34 valent	41 L	13 ſ	
35 valent	42 L	17 ſ	6
36 valent	44 L	2 ſ	
37 valent	45 L	6 ſ	6
38 valent	46 L	11 ſ	
39 valent	47 L	15 ſ	6
40 valent	49 L		
50 valent	61 L	5 ſ	
60 valent	73 L	10 ſ	
70 valent	85 L	15 ſ	
80 valent	98 L		
90 valent	110 L	5 ſ	
100 valent	122 L	10 ſ	
200 valent	245 L		
300 valent	367 L	10 ſ	
400 valent	490 L		
500 valent	612 L	10 ſ	
600 valent	735 L		
700 valent	857 L	10 ſ	
800 valent	980 L		
900 valent	1102 L	10 ſ	
1000 valent	1225 L		
2000 valent	2450 L		
3000 valent	3675 L		
4000 valent	4900 L		
5000 valent	6125 L		
6000 valent	7350 L		
7000 valent	8575 L		
8000 valent	9800 L		
9000 valent	11025 L		
10000 valent	12250 L		
20000 valent	24500 L		
30000 valent	36750 L		

Les 3 quarts	18 ſ	4 d
le demi	12 ſ	3 d
le quart	6 ſ	1 d
le huitiéme	3 ſ	1 d
Les 2 tiers	16 ſ	4 d
le tiers	8 ſ	2 d
le ſixiéme	4 ſ	1 d
le douziéme	2 ſ	

A 24 ſ 6 d par Jour, pour 1 An revient à 447 L 2 ſ 6 d

2 valent	2 L 10 ſ	39 valent	48 L 15 ſ
3 valent	3 L 15 ſ	40 valent	50 L
4 valent	5 L	50 valent	62 L 10 ſ
5 valent	6 L 5 ſ	60 valent	75 L
6 valent	7 L 10 ſ	70 valent	87 L 10 ſ
7 valent	8 L 15 ſ	80 valent	100 L
8 valent	10 L	90 valent	112 L 10 ſ
9 valent	11 L 5 ſ	100 valent	125 L
10 valent	12 L 10 ſ	200 valent	250 L
11 valent	13 L 15 ſ	300 valent	375 L
12 valent	15 L	400 valent	500 L
13 valent	16 L 5 ſ	500 valent	625 L
14 valent	17 L 10 ſ	600 valent	750 L
15 valent	18 L 15 ſ	700 valent	875 L
16 valent	20 L	800 valent	1000 L
17 valent	21 L 5 ſ	900 valent	1125 L
18 valent	22 L 10 ſ	1000 valent	1250 L
19 valent	23 L 15 ſ	2000 valent	2500 L
20 valent	25 L	3000 valent	3750 L
21 valent	26 L 5 ſ	4000 valent	5000 L
22 valent	27 L 10 ſ	5000 valent	6250 L
23 valent	28 L 15 ſ	6000 valent	7500 L
24 valent	30 L	7000 valent	8750 L
25 valent	31 L 5 ſ	8000 valent	10000 L
26 valent	32 L 10 ſ	9000 valent	11250 L
27 valent	33 L 15 ſ	10000 valent	12500 L
28 valent	35 L	20000 valent	25000 L
29 valent	36 L 5 ſ	30000 valent	37500 L
30 valent	37 L 10 ſ		
31 valent	38 L 15 ſ	Les 3 quarts	18 ſ 9 d
32 valent	40 L	le demi	12 ſ 6 d
33 valent	41 L 5 ſ	le quart	6 ſ 3 d
34 valent	42 L 10 ſ	le huitiéme	3 ſ 1 d
35 valent	43 L 15 ſ	Les 2 tiers	16 ſ 8 d
36 valent	45 L	le tiers	8 ſ 4 d
37 valent	46 L 5 ſ	le ſixiéme	4 ſ 2 d
38 valent	47 L 10 ſ	le douziéme	2 ſ 1 d

A 25 ſ par Jour, pour 1 An revient à 456 L 5 ſ

A 25 Sols 6 Déniers la chofe.

2 valent	2 L	11 ſ	
3 valent	3 L	16 ſ	6
4 valent	5 L	2 ſ	
5 valent	6 L	7 ſ	6
6 valent	7 L	13 ſ	
7 valent	8 L	18 ſ	6
8 valent	10 L	4 ſ	
9 valent	11 L	9 ſ	6
10 valent	12 L	15 ſ	
11 valent	14 L		6
12 valent	15 L	6 ſ	
13 valent	16 L	11 ſ	6
14 valent	17 L	17 ſ	
15 valent	19 L	2 ſ	6
16 valent	20 L	8 ſ	
17 valent	21 L	13 ſ	6
18 valent	22 L	19 ſ	
19 valent	24 L	4 ſ	6
20 valent	25 L	10 ſ	
21 valent	26 L	15 ſ	6
22 valent	28 L	1 ſ	
23 valent	29 L	6 ſ	6
24 valent	30 L	12 ſ	
25 valent	31 L	17 ſ	6
26 valent	33 L	3 ſ	
27 valent	34 L	8 ſ	6
28 valent	35 L	14 ſ	
29 valent	36 L	19 ſ	6
30 valent	38 L	5 ſ	
31 valent	39 L	10 ſ	6
32 valent	40 L	16 ſ	
33 valent	42 L	1 ſ	6
34 valent	43 L	7 ſ	
35 valent	44 L	12 ſ	6
36 valent	45 L	18 ſ	
37 valent	47 L	3 ſ	6
38 valent	48 L	9 ſ	

39 valent	49 L	14 ſ	6
40 valent	51 L		
50 valent	63 L	15 ſ	
60 valent	76 L	10 ſ	
70 valent	89 L	5 ſ	
80 valent	102 L		
90 valent	114 L	15 ſ	
100 valent	127 L	10 ſ	
200 valent	255 L		
300 valent	382 L	10 ſ	
400 valent	510 L		
500 valent	637 L	10 ſ	
600 valent	765 L		
700 valent	892 L	10 ſ	
800 valent	1020 L		
900 valent	1147 L	10 ſ	
1000 valent	1275 L		
2000 valent	2550 L		
3000 valent	3825 L		
4000 valent	5100 L		
5000 valent	6375 L		
6000 valent	7650 L		
7000 valent	8925 L		
8000 valent	10200 L		
9000 valent	11475 L		
10000 valent	12750 L		
20000 valent	25500 L		
30000 valent	38250 L		

Les 3 quarts	19 ſ	1 d
le demi	12 ſ	9 d
le quart	6 ſ	4 d
le huitiéme	3 ſ	2 d
Les 2 tiers	17 ſ	
le tiers	8 ſ	6 d
le ſixiéme	4 ſ	3 d
le douziéme	2 ſ	1 d

A 25 ſ 6 d par Jour, pour 1 An revient à 465 L 7 ſ 6 d

A 26 Sols la chose.

2 valent	2 L	12 ſ
3 valent	3 L	18 ſ
4 valent	5 L	4 ſ
5 valent	6 L	10 ſ
6 valent	7 L	16 ſ
7 valent	9 L	2 ſ
8 valent	10 L	8 ſ
9 valent	11 L	14 ſ
10 valent	13 L	
11 valent	14 L	6 ſ
12 valent	15 L	12 ſ
13 valent	16 L	18 ſ
14 valent	18 L	4 ſ
15 valent	19 L	10 ſ
16 valent	20 L	16 ſ
17 valent	22 L	2 ſ
18 valent	23 L	8 ſ
19 valent	24 L	14 ſ
20 valent	26 L	
21 valent	27 L	6 ſ
22 valent	28 L	12 ſ
23 valent	29 L	18 ſ
24 valent	31 L	4 ſ
25 valent	32 L	10 ſ
26 valent	33 L	16 ſ
27 valent	35 L	2 ſ
28 valent	36 L	8 ſ
29 valent	37 L	14 ſ
30 valent	39 L	
31 valent	40 L	6 ſ
32 valent	41 L	12 ſ
33 valent	42 L	18 ſ
34 valent	44 L	4 ſ
35 valent	45 L	10 ſ
36 valent	46 L	16 ſ
37 valent	48 L	2 ſ
38 valent	49 L	8 ſ
39 valent	50 L	14 ſ
40 valent	52 L	
50 valent	65 L	
60 valent	78 L	
70 valent	91 L	
80 valent	104 L	
90 valent	117 L	
100 valent	130 L	
200 valent	260 L	
300 valent	390 L	
400 valent	520 L	
500 valent	650 L	
600 valent	780 L	
700 valent	910 L	
800 valent	1040 L	
900 valent	1170 L	
1000 valent	1300 L	
2000 valent	2600 L	
3000 valent	3900 L	
4000 valent	5200 L	
5000 valent	6500 L	
6000 valent	7800 L	
7000 valent	9100 L	
8000 valent	10400 L	
9000 valent	11700 L	
10000 valent	13000 L	
20000 valent	26000 L	
30000 valent	39000 L	

Les 3 quarts	19 ſ	6 d
le demi	13 ſ	
le quart	6 ſ	6 d
le huitiéme	3 ſ	3 d
Les 2 tiers	17 ſ	4 d
le tiers	8 ſ	8 d
le ſixiéme	4 ſ	4 d
le douziéme	2 ſ	2 d

A 26 ſ par Jour, pour 1 An revient à 474 L 10 ſ

A 26 Sols 6 Deniers la choſe.

2	valent	2 L	13 ſ	
3	valent	3 L	19 ſ	6
4	valent	5 L	6 ſ	
5	valent	6 L	12 ſ	6
6	valent	7 L	19 ſ	
7	valent	9 L	5 ſ	6
8	valent	10 L	12 ſ	
9	valent	11 L	18 ſ	6
10	valent	13 L	5 ſ	
11	valent	14 L	11 ſ	6
12	valent	15 L	18 ſ	
13	valent	17 L	4 ſ	6
14	valent	18 L	11 ſ	
15	valent	19 L	17 ſ	6
16	valent	21 L	4 ſ	
17	valent	22 L	10 ſ	6
18	valent	23 L	17 ſ	
19	valent	25 L	3 ſ	6
20	valent	26 L	10 ſ	
21	valent	27 L	16 ſ	6
22	valent	29 L	3 ſ	
23	valent	30 L	9 ſ	6
24	valent	31 L	16 ſ	
25	valent	33 L	2 ſ	6
26	valent	34 L	9 ſ	
27	valent	35 L	15 ſ	6
28	valent	37 L	2 ſ	
29	valent	38 L	8 ſ	6
30	valent	39 L	15 ſ	
31	valent	41 L	1 ſ	6
32	valent	42 L	8 ſ	
33	valent	43 L	14 ſ	6
34	valent	45 L	1 ſ	
35	valent	46 L	7 ſ	6
36	valent	47 L	14 ſ	
37	valent	49 L		6
38	valent	50 L	7 ſ	
39	valent	51 L	13 ſ	6
40	valent	53 L		
50	valent	66 L	5 ſ	
60	valent	79 L	10 ſ	
70	valent	92 L	15 ſ	
80	valent	106 L		
90	valent	119 L	5 ſ	
100	valent	132 L	10 ſ	
200	valent	265 L		
300	valent	397 L	10 ſ	
400	valent	530 L		
500	valent	662 L	10 ſ	
600	valent	795 L		
700	valent	927 L	10 ſ	
800	valent	1060 L		
900	valent	1192 L	10 ſ	
1000	valent	1325 L		
2000	valent	2650 L		
3000	valent	3975 L		
4000	valent	5300 L		
5000	valent	6625 L		
6000	valent	7950 L		
7000	valent	9275 L		
8000	valent	10600 L		
9000	valent	11925 L		
10000	valent	13250 L		
20000	valent	26500 L		
30000	valent	39750 L		

Les 3 quarts	19 ſ	10 d
le demi	13 ſ	3 d
le quart	6 ſ	7 d
le huitiéme	3 ſ	4 d
Les 2 tiers	17 ſ	8 d
le tiers	8 ſ	10 d
le ſixiéme	4 ſ	5 d
le douziéme	2 ſ	2 d

A 26 ſ 6 d par Jour, pour 1 An revient à 483 L 12 ſ 6 d

A 27 Sols la chose.

2	valent	2 L	14 ſ
3	valent	4 L	1 ſ
4	valent	5 L	8 ſ
5	valent	6 L	15 ſ
6	valent	8 L	2 ſ
7	valent	9 L	9 ſ
8	valent	10 L	16 ſ
9	valent	12 L	3 ſ
10	valent	13 L	10 ſ
11	valent	14 L	17 ſ
12	valent	16 L	4 ſ
13	valent	17 L	11 ſ
14	valent	18 L	18 ſ
15	valent	20 L	5 ſ
16	valent	21 L	12 ſ
17	valent	22 L	19 ſ
18	valent	24 L	6 ſ
19	valent	25 L	13 ſ
20	valent	27 L	
21	valent	28 L	7 ſ
22	valent	29 L	14 ſ
23	valent	31 L	1 ſ
24	valent	32 L	8 ſ
25	valent	33 L	15 ſ
26	valent	35 L	2 ſ
27	valent	36 L	9 ſ
28	valent	37 L	16 ſ
29	valent	39 L	3 ſ
30	valent	40 L	10 ſ
31	valent	41 L	17 ſ
32	valent	43 L	4 ſ
33	valent	44 L	11 ſ
34	valent	45 L	18 ſ
35	valent	47 L	5 ſ
36	valent	48 L	12 ſ
37	valent	49 L	19 ſ
38	valent	51 L	6 ſ

39	valent	52 L	13 ſ
40	valent	54 L	
50	valent	67 L	10 ſ
60	valent	81 L	
70	valent	94 L	10 ſ
80	valent	108 L	
90	valent	121 L	10 ſ
100	valent	135 L	
200	valent	270 L	
300	valent	405 L	
400	valent	540 L	
500	valent	675 L	
600	valent	810 L	
700	valent	945 L	
800	valent	1080 L	
900	valent	1215 L	
1000	valent	1350 L	
2000	valent	2700 L	
3000	valent	4050 L	
4000	valent	5400 L	
5000	valent	6750 L	
6000	valent	8100 L	
7000	valent	9450 L	
8000	valent	10800 L	
9000	valent	12150 L	
10000	valent	13500 L	
20000	valent	27000 L	
30000	valent	40500 L	

Les 3 quarts	1 L		3 d
le demi		13 ſ	6 d
le quart		6 ſ	9 d
le huitiéme		3 ſ	4 d
Les 2 tiers		18 ſ	
le tiers		9 ſ	
le ſixiéme		4 ſ	6 d
le douziéme		2 ſ	3 d

A 27 ſ par Jour, pour 1 An revient à 492 L 15 ſ

A 27 Sols 6 Deniers la choſe.

2 valent	2 L 15 ſ	39 valent	53 L 12 ſ 6
3 valent	4 L 2 ſ 6	40 valent	55 L
4 valent	5 L 10 ſ	50 valent	68 L 15 ſ
5 valent	6 L 17 ſ 6	60 valent	82 L 10 ſ
6 valent	8 L 5 ſ	70 valent	96 L 5 ſ
7 valent	9 L 12 ſ 6	80 valent	110 L
8 valent	11 L	90 valent	123 L 15 ſ
9 valent	12 L 7 ſ 6	100 valent	137 L 10 ſ
10 valent	13 L 15 ſ	200 valent	275 L
11 valent	15 L 2 ſ 6	300 valent	412 L 10 ſ
12 valent	16 L 10 ſ	400 valent	550 L
13 valent	17 L 17 ſ 6	500 valent	687 L 10 ſ
14 valent	19 L 5 ſ	600 valent	825 L
15 valent	20 L 12 ſ 6	700 valent	962 L 10 ſ
16 valent	22 L	800 valent	1100 L
17 valent	23 L 7 ſ 6	900 valent	1237 L 10 ſ
18 valent	24 L 15 ſ	1000 valent	1375 L
19 valent	26 L 2 ſ 6	2000 valent	2750 L
20 valent	27 L 10 ſ	3000 valent	4125 L
21 valent	28 L 17 ſ 6	4000 valent	5500 L
22 valent	30 L 5 ſ	5000 valent	6875 L
23 valent	31 L 12 ſ 6	6000 valent	8250 L
24 valent	33 L	7000 valent	9625 L
25 valent	34 L 7 ſ 6	8000 valent	11000 L
26 valent	35 L 15 ſ	9000 valent	12375 L
27 valent	37 L 2 ſ 6	10000 valent	13750 L
28 valent	38 L 10 ſ	20000 valent	27500 L
29 valent	39 L 17 ſ 6	30000 valent	41250 L
30 valent	41 L 5 ſ		
31 valent	42 L 12 ſ 6	Les 3 quarts	1 L 7 d
32 valent	44 L	le demi	13 ſ 9 d
33 valent	45 L 7 ſ 6	le quart	6 ſ 10 d
34 valent	46 L 15 ſ	le huitiéme	3 ſ 5 d
35 valent	48 L 2 ſ 6	Les 2 tiers	18 ſ 4 d
36 valent	49 L 10 ſ	le tiers	9 ſ 2 d
37 valent	50 L 17 ſ 6	le ſixiéme	4 ſ 7 d
38 valent	52 L 5 ſ	le douziéme	2 ſ 3 d

A 27 ſ 6 d par Jour, pour 1 An revient à 501 L 17 ſ 6 d

A 28 Sols la choſe.

2 valent	2 L	16 ſ
3 valent	4 L	4 ſ
4 valent	5 L	12 ſ
5 valent	7 L	
6 valent	8 L	8 ſ
7 valent	9 L	16 ſ
8 valent	11 L	4 ſ
9 valent	12 L	12 ſ
10 valent	14 L	
11 valent	15 L	8 ſ
12 valent	16 L	16 ſ
13 valent	18 L	4 ſ
14 valent	19 L	12 ſ
15 valent	21 L	
16 valent	22 L	8 ſ
17 valent	23 L	16 ſ
18 valent	25 L	4 ſ
19 valent	26 L	12 ſ
20 valent	28 L	
21 valent	29 L	8 ſ
22 valent	30 L	16 ſ
23 valent	32 L	4 ſ
24 valent	33 L	12 ſ
25 valent	35 L	
26 valent	36 L	8 ſ
27 valent	37 L	16 ſ
28 valent	39 L	4 ſ
29 valent	40 L	12 ſ
30 valent	42 L	
31 valent	43 L	8 ſ
32 valent	44 L	16 ſ
33 valent	46 L	4 ſ
34 valent	47 L	12 ſ
35 valent	49 L	
36 valent	50 L	8 ſ
37 valent	51 L	16 ſ
38 valent	53 L	4 ſ
39 valent	54 L	12 ſ
40 valent	56 L	
50 valent	70 L	
60 valent	84 L	
70 valent	98 L	
80 valent	112 L	
90 valent	126 L	
100 valent	140 L	
200 valent	280 L	
300 valent	420 L	
400 valent	560 L	
500 valent	700 L	
600 valent	840 L	
700 valent	980 L	
800 valent	1120 L	
900 valent	1260 L	
1000 valent	1400 L	
2000 valent	2800 L	
3000 valent	4200 L	
4000 valent	5600 L	
5000 valent	7000 L	
6000 valent	8400 L	
7000 valent	9800 L	
8000 valent	11200 L	
9000 valent	12600 L	
10000 valent	14000 L	
20000 valent	28000 L	
30000 valent	42000 L	

Les 3 quarts	1 L	1 ſ	
le demi		14 ſ	
le quart		7 ſ	
le huitiéme		3 ſ	6 d
Les 2 tiers		18 ſ	8 d
le tiers		9 ſ	4 d
le ſixiéme		4 ſ	8 d
le douziéme		2 ſ	4 d

A 28 ſ par Jour, pour 1 An revient à 511 L

A 28 Sols 6 Deniers la chose.

2 valent	2 L	17 ſ	
3 valent	4 L	5 ſ	6
4 valent	5 L	14 ſ	
5 valent	7 L	2 ſ	6
6 valent	8 L	11 ſ	
7 valent	9 L	19 ſ	6
8 valent	11 L	8 ſ	
9 valent	12 L	16 ſ	6
10 valent	14 L	5 ſ	
11 valent	15 L	13 ſ	6
12 valent	17 L	2 ſ	
13 valent	18 L	10 ſ	6
14 valent	19 L	19 ſ	
15 valent	21 L	7 ſ	6
16 valent	22 L	16 ſ	
17 valent	24 L	4 ſ	6
18 valent	25 L	13 ſ	
19 valent	27 L	1 ſ	6
20 valent	28 L	10 ſ	
21 valent	29 L	18 ſ	6
22 valent	31 L	7 ſ	
23 valent	32 L	15 ſ	6
24 valent	34 L	4 ſ	
25 valent	35 L	12 ſ	6
26 valent	37 L	1 ſ	
27 valent	38 L	9 ſ	6
28 valent	39 L	18 ſ	
29 valent	41 L	6 ſ	6
30 valent	42 L	15 ſ	
31 valent	44 L	3 ſ	6
32 valent	45 L	12 ſ	
33 valent	47 L		6
34 valent	48 L	9 ſ	
35 valent	49 L	17 ſ	6
36 valent	51 L	6 ſ	
37 valent	52 L	14 ſ	6
38 valent	54 L	3 ſ	
39 valent	55 L	11 ſ	6
40 valent	57 L		
50 valent	71 L	5 ſ	
60 valent	85 L	10 ſ	
70 valent	99 L	15 ſ	
80 valent	114 L		
90 valent	128 L	5 ſ	
100 valent	142 L	10 ſ	
200 valent	285 L		
300 valent	427 L	10 ſ	
400 valent	570 L		
500 valent	712 L	10 ſ	
600 valent	855 L		
700 valent	997 L	10 ſ	
800 valent	1140 L		
900 valent	1282 L	10 ſ	
1000 valent	1425 L		
2000 valent	2850 L		
3000 valent	4275 L		
4000 valent	5700 L		
5000 valent	7125 L		
6000 valent	8550 L		
7000 valent	9975 L		
8000 valent	11400 L		
9000 valent	12825 L		
10000 valent	14250 L		
20000 valent	28500 L		
30000 valent	42750 L		

Les 3 quarts	1 L	1 ſ	4 d
le demi		14 ſ	3 d
le quart		7 ſ	1 d
le huitiéme		3 ſ	7 d
Les 2 tiers		19 ſ	
le tiers		9 ſ	6 d
le ſixiéme		4 ſ	9 d
le douziéme		2 ſ	4 d

A 28 ſ 6 d par Jour, pour 1 An revient à 520 L 2 ſ 6 d

2 valent	2 L	18 ſ	39 valent	56 L	11 ſ
3 valent	4 L	7 ſ	40 valent	58 L	
4 valent	5 L	16 ſ	50 valent	72 L	10 ſ
5 valent	7 L	5 ſ	60 valent	87 L	
6 valent	8 L	14 ſ	70 valent	101 L	10 ſ
7 valent	10 L	3 ſ	80 valent	116 L	
8 valent	11 L	12 ſ	90 valent	130 L	10 ſ
9 valent	13 L	1 ſ	100 valent	145 L	
10 valent	14 L	10 ſ	200 valent	290 L	
11 valent	15 L	19 ſ	300 valent	435 L	
12 valent	17 L	8 ſ	400 valent	580 L	
13 valent	18 L	17 ſ	500 valent	725 L	
14 valent	20 L	6 ſ	600 valent	870 L	
15 valent	21 L	15 ſ	700 valent	1015 L	
16 valent	23 L	4 ſ	800 valent	1160 L	
17 valent	24 L	13 ſ	900 valent	1305 L	
18 valent	26 L	2 ſ	1000 valent	1450 L	
19 valent	27 L	11 ſ	2000 valent	2900 L	
20 valent	29 L		3000 valent	4350 L	
21 valent	30 L	9 ſ	4000 valent	5800 L	
22 valent	31 L	18 ſ	5000 valent	7250 L	
23 valent	33 L	7 ſ	6000 valent	8700 L	
24 valent	34 L	16 ſ	7000 valent	10150 L	
25 valent	36 L	5 ſ	8000 valent	11600 L	
26 valent	37 L	14 ſ	9000 valent	13050 L	
27 valent	39 L	3 ſ	10000 valent	14500 L	
28 valent	40 L	12 ſ	20000 valent	29000 L	
29 valent	42 L	1 ſ	30000 valent	43500 L	
30 valent	43 L	10 ſ			
31 valent	44 L	19 ſ	Les 3 quarts	1 L 1 ſ	9 d
32 valent	46 L	8 ſ	le demi	14 ſ	6 d
33 valent	47 L	17 ſ	le quart	7 ſ	3 d
34 valent	49 L	6 ſ	le huitiéme	3 ſ	7 d
35 valent	50 L	15 ſ	Les 2 tiers	19 ſ	4 d
36 valent	52 L	4 ſ	le tiers	9 ſ	8 d
37 valent	53 L	13 ſ	le ſixiéme	4 ſ	10 d
38 valent	55 L	2 ſ	le douziéme	2 ſ	5 d

A 29 ſ par Jour, pour 1 An revient à 529 L 5 ſ

A 29 Sols 6 Deniers la chose.

2 valent	2 L 19 ſ
3 valent	4 L 8 ſ 6
4 valent	5 L 18 ſ
5 valent	7 L 7 ſ 6
6 valent	8 L 17 ſ
7 valent	10 L 6 ſ 6
8 valent	11 L 16 ſ
9 valent	13 L 5 ſ 6
10 valent	14 L 15 ſ
11 valent	16 L 4 ſ 6
12 valent	17 L 14 ſ
13 valent	19 L 3 ſ 6
14 valent	20 L 13 ſ
15 valent	22 L 2 ſ 6
16 valent	23 L 12 ſ
17 valent	25 L 1 ſ 6
18 valent	26 L 11 ſ
19 valent	28 L 6
20 valent	29 L 10 ſ
21 valent	30 L 19 ſ 6
22 valent	32 L 9 ſ
23 valent	33 L 18 ſ 6
24 valent	35 L 8 ſ
25 valent	36 L 17 ſ 6
26 valent	38 L 7 ſ
27 valent	39 L 16 ſ 6
28 valent	41 L 6 ſ
29 valent	42 L 15 ſ 6
30 valent	44 L 5 ſ
31 valent	45 L 14 ſ 6
32 valent	47 L 4 ſ
33 valent	48 L 13 ſ 6
34 valent	50 L 3 ſ
35 valent	51 L 12 ſ 6
36 valent	53 L 2 ſ
37 valent	54 L 11 ſ 6
38 valent	56 L 1 ſ
39 valent	57 L 10 ſ 6
40 valent	59 L
50 valent	73 L 15 ſ
60 valent	88 L 10 ſ
70 valent	103 L 5 ſ
80 valent	118 L
90 valent	132 L 15 ſ
100 valent	147 L 10 ſ
200 valent	295 L
300 valent	442 L 10 ſ
400 valent	590 L
500 valent	737 L 10 ſ
600 valent	885 L
700 valent	1032 L 10 ſ
800 valent	1180 L
900 valent	1327 L 10 ſ
1000 valent	1475 L
2000 valent	2950 L
3000 valent	4425 L
4000 valent	5900 L
5000 valent	7375 L
6000 valent	8850 L
7000 valent	10325 L
8000 valent	11800 L
9000 valent	13275 L
10000 valent	14750 L
20000 valent	29500 L
30000 valent	44250 L

Les 3 quarts	1 L 2 ſ 1 d
le demi	14 ſ 9 d
le quart	17 ſ 4 d
le huitéme	3 ſ 8 d
Les 2 tiers	19 ſ 8 d
le tiers	9 ſ 10 d
le ſixiéme	4 ſ 11 d
le douziéme	2 ſ 5 d

A 29 ſ 6 d par Jour, pour 1 An revient à 538 L 7 ſ 6 d

A 30 Sols la chose.

2 valent	3 L	39 valent	58 L 10 ſ
3 valent	4 L 10 ſ	40 valent	60 L
4 valent	6 L	50 valent	75 L
5 valent	7 L 10 ſ	60 valent	90 L
6 valent	9 L	70 valent	105 L
7 valent	10 L 10 ſ	80 valent	120 L
8 valent	12 L	90 valent	135 L
9 valent	13 L 10 ſ	100 valent	150 L
10 valent	15 L	200 valent	300 L
11 valent	16 L 10 ſ	300 valent	450 L
12 valent	18 L	400 valent	600 L
13 valent	19 L 10 ſ	500 valent	750 L
14 valent	21 L	600 valent	900 L
15 valent	22 L 10 ſ	700 valent	1050 L
16 valent	24 L	800 valent	1200 L
17 valent	25 L 10 ſ	900 valent	1350 L
18 valent	27 L	1000 valent	1500 L
19 valent	28 L 10 ſ	2000 valent	3000 L
20 valent	30 L	3000 valent	4500 L
21 valent	31 L 10 ſ	4000 valent	6000 L
22 valent	33 L	5000 valent	7500 L
23 valent	34 L 10 ſ	6000 valent	9000 L
24 valent	36 L	7000 valent	10500 L
25 valent	37 L 19 ſ	8000 valent	12000 L
26 valent	39 L	9000 valent	13500 L
27 valent	40 L 10 ſ	10000 valent	15000 L
28 valent	42 L	20000 valent	30000 L
29 valent	43 L 10 ſ	30000 valent	45000 L
30 valent	45 L		
31 valent	46 L 10 ſ	Les 3 quarts	1 L 2 ſ 6 d
32 valent	48 L	le demi	15 ſ
33 valent	49 L 10 ſ	le quart	7 ſ 6 d
34 valent	51 L	le huitiéme	3 ſ 9 d
35 valent	52 L 10 ſ	Les 2 tiers	1 L
36 valent	54 L	le tiers	10 ſ
37 valent	55 L 10 ſ	le ſixiéme	5 ſ
38 valent	57 L	le douziéme	2 ſ 6 d

A 30 ſ par Jour, pour 1 An revient à 547 L 10 ſ

2 valent	3 L	1 ſ	
3 valent	4 L	11 ſ 6	
4 valent	6 L	2 ſ	
5 valent	7 L	12 ſ 6	
6 valent	9 L	3 ſ	
7 valent	10 L	13 ſ 6	
8 valent	12 L	4 ſ	
9 valent	13 L	14 ſ 6	
10 valent	15 L	5 ſ	
11 valent	16 L	15 ſ 6	
12 valent	18 L	6 ſ	
13 valent	19 L	16 ſ 6	
14 valent	21 L	7 ſ	
15 valent	22 L	17 ſ 6	
16 valent	24 L	8 ſ	
17 valent	25 L	18 ſ 6	
18 valent	27 L	9 ſ	
19 valent	28 L	19 ſ 6	
20 valent	30 L	10 ſ	
21 valent	32 L	6	
22 valent	33 L	11 ſ	
23 valent	35 L	1 ſ 6	
24 valent	36 L	12 ſ	
25 valent	38 L	2 ſ 6	
26 valent	39 L	13 ſ	
27 valent	41 L	3 ſ 6	
28 valent	42 L	14 ſ	
29 valent	44 L	4 ſ 6	
30 valent	45 L	15 ſ	
31 valent	47 L	5 ſ 6	
32 valent	48 L	16 ſ	
33 valent	50 L	6 ſ 6	
34 valent	51 L	17 ſ	
35 valent	53 L	7 ſ 6	
36 valent	54 L	18 ſ	
37 valent	56 L	8 ſ 6	
38 valent	57 L	19 ſ	
39 valent	59 L	9 ſ 6	
40 valent	61 L		
50 valent	76 L	5 ſ	
60 valent	91 L	10 ſ	
70 valent	106 L	15 ſ	
80 valent	122 L		
90 valent	137 L	5 ſ	
100 valent	152 L	10 ſ	
200 valent	305 L		
300 valent	457 L	10 ſ	
400 valent	610 L		
500 valent	762 L	10 ſ	
600 valent	915 L		
700 valent	1067 L	10 ſ	
800 valent	1220 L		
900 valent	1372 L	10 ſ	
1000 valent	1525 L		
2000 valent	3050 L		
3000 valent	4575 L		
4000 valent	6100 L		
5000 valent	7625 L		
6000 valent	9150 L		
7000 valent	10675 L		
8000 valent	12200 L		
9000 valent	13725 L		
10000 valent	15250 L		
20000 valent	30500 L		
30000 valent	45750 L		

Les 3 quarts	1 L	2 ſ	10 d
le demi		15 ſ	3 d
le quart		7 ſ	7 d
le huitiéme		3 ſ	10 d
Les 2 tiers	1 L		4 d
le tiers		10 ſ	2 d
le ſixiéme		5 ſ	1 d
le douziéme		2 ſ	6 d

A 30 ſ 6 d par Jour, pour 1 An revient à 556 L 12 ſ 6 d

A 31 Sols la chose.

2	valent	3 L	2 ſ
3	valent	4 L	13 ſ
4	valent	6 L	4 ſ
5	valent	7 L	15 ſ
6	valent	9 L	6 ſ
7	valent	10 L	17 ſ
8	valent	12 L	8 ſ
9	valent	13 L	19 ſ
10	valent	15 L	10 ſ
11	valent	17 L	1 ſ
12	valent	18 L	12 ſ
13	valent	20 L	3 ſ
14	valent	21 L	14 ſ
15	valent	23 L	5 ſ
16	valent	24 L	16 ſ
17	valent	26 L	7 ſ
18	valent	27 L	18 ſ
19	valent	29 L	9 ſ
20	valent	31 L	
21	valent	32 L	11 ſ
22	valent	34 L	2 ſ
23	valent	35 L	13 ſ
24	valent	37 L	4 ſ
25	valent	38 L	15 ſ
26	valent	40 L	6 ſ
27	valent	41 L	17 ſ
28	valent	43 L	8 ſ
29	valent	44 L	19 ſ
30	valent	46 L	10 ſ
31	valent	48 L	1 ſ
32	valent	49 L	12 ſ
33	valent	51 L	3 ſ
34	valent	52 L	14 ſ
35	valent	54 L	5 ſ
36	valent	55 L	16 ſ
37	valent	57 L	7 ſ
38	valent	58 L	18 ſ
39	valent	60 L	9 ſ
40	valent	62 L	
50	valent	77 L	10 ſ
60	valent	93 L	
70	valent	108 L	10 ſ
80	valent	124 L	
90	valent	139 L	10 ſ
100	valent	155 L	
200	valent	310 L	
300	valent	465 L	
400	valent	620 L	
500	valent	775 L	
600	valent	930 L	
700	valent	1085 L	
800	valent	1240 L	
900	valent	1395 L	
1000	valent	1550 L	
2000	valent	3100 L	
3000	valent	4650 L	
4000	valent	6200 L	
5000	valent	7750 L	
6000	valent	9300 L	
7000	valent	10850 L	
8000	valent	12400 L	
9000	valent	13950 L	
10000	valent	15500 L	
20000	valent	31000 L	
30000	valent	46500 L	

Les 3 quarts	1 L	3 ſ	3 d
le demi		15 ſ	6 d
le quart		7 ſ	9 d
le huitiéme		3 ſ	10 d
Les 2 tiers	1 L		8 d
le tiers		10 ſ	4 d
le ſixiéme		5 ſ	2 d
le douziéme		2 ſ	7 d

A 31 ſ par Jour, pour 1 An revient à 565 L 15 ſ.

2 valent	3 L	3 ſ		39 valent	61 L 8 ſ 6
3 valent	4 L	14 ſ	6	40 valent	63 L
4 valent	6 L	6 ſ		50 valent	78 L 15 ſ
5 valent	7 L	17 ſ	6	60 valent	94 L 10 ſ
6 valent	9 L	9 ſ		70 valent	110 L 5 ſ
7 valent	11 L		6	80 valent	126 L
8 valent	12 L	12 ſ		90 valent	141 L 15 ſ
9 valent	14 L	3 ſ	6	100 valent	157 L 10 ſ
10 valent	15 L	15 ſ		200 valent	315 L
11 valent	17 L	6 ſ	6	300 valent	472 L 10 ſ
12 valent	18 L	18 ſ		400 valent	630 L
13 valent	20 L	9 ſ	6	500 valent	787 L 10 ſ
14 valent	22 L	1 ſ		600 valent	945 L
15 valent	23 L	12 ſ	6	700 valent	1102 L 10 ſ
16 valent	25 L	4 ſ		800 valent	1260 L
17 valent	26 L	15 ſ	6	900 valent	1417 L 10 ſ
18 valent	28 L	7 ſ		1000 valent	1575 L
19 valent	29 L	18 ſ	6	2000 valent	3150 L
20 valent	31 L	10 ſ		3000 valent	4725 L
21 valent	33 L	1 ſ	6	4000 valent	6300 L
22 valent	34 L	13 ſ		5000 valent	7875 L
23 valent	36 L	4 ſ	6	6000 valent	9450 L
24 valent	37 L	16 ſ		7000 valent	11025 L
25 valent	39 L	7 ſ	6	8000 valent	12600 L
26 valent	40 L	19 ſ		9000 valent	14175 L
27 valent	42 L	10 ſ	6	10000 valent	15750 L
28 valent	44 L	2 ſ		20000 valent	31500 L
29 valent	45 L	13 ſ	6	30000 valent	47250 L
30 valent	47 L	5 ſ			
31 valent	48 L	16 ſ	6	Les 3 quarts	1 L 3 ſ 7 d
32 valent	50 L	8 ſ		le demi	15 ſ 9 d
33 valent	51 L	19 ſ	6	le quart	7 ſ 10 d
34 valent	53 L	11 ſ		le huitiéme	3 ſ 11 d
35 valent	55 L	2 ſ	6	Les 2 tiers	1 L 1 ſ
36 valent	56 L	14 ſ		le tiers	10 ſ 6 d
37 valent	58 L	5 ſ	6	le sixiéme	5 ſ 3 d
38 valent	59 L	17 ſ		le douziéme	2 ſ 7 d

A 31 ſ 6 d par Jour, pour 1 An revient à 574 L 17 ſ 6 d

2 valent	3 L 4 ſ	39 valent	62 L 8 ſ
3 valent	4 L 16 ſ	40 valent	64 L
4 valent	6 L 8 ſ	50 valent	80 L
5 valent	8 L ſ	60 valent	96 L
6 valent	9 L 12 ſ	70 valent	112 L
7 valent	11 L 4 ſ	80 valent	128 L
8 valent	12 L 16 ſ	90 valent	144 L
9 valent	14 L 8 ſ	100 valent	160 L
10 valent	16 L	200 valent	320 L
11 valent	17 L 12 ſ	300 valent	480 L
12 valent	19 L 4 ſ	400 valent	640 L
13 valent	20 L 16 ſ	500 valent	800 L
14 valent	22 L 8 ſ	600 valent	960 L
15 valent	24 L	700 valent	1120 L
16 valent	25 L 12 ſ	800 valent	1280 L
17 valent	27 L 4 ſ	900 valent	1440 L
18 valent	28 L 16 ſ	1000 valent	1600 L
19 valent	30 L 8 ſ	2000 valent	3200 L
20 valent	32 L	3000 valent	4800 L
21 valent	33 L 12 ſ	4000 valent	6400 L
22 valent	35 L 4 ſ	5000 valent	8000 L
23 valent	36 L 16 ſ	6000 valent	9600 L
24 valent	38 L 8 ſ	7000 valent	11200 L
25 valent	40 L	8000 valent	12800 L
26 valent	41 L 12 ſ	9000 valent	14400 L
27 valent	43 L 4 ſ	10000 valent	16000 L
28 valent	44 L 16 ſ	20000 valent	32000 L
29 valent	46 L 8 ſ	30000 valent	48000 L
30 valent	48 L		
31 valent	49 L 12 ſ	Les 3 quarts	1 L 4 ſ
32 valent	51 L 4 ſ	le demi	16 ſ
33 valent	52 L 16 ſ	le quart	8 ſ
34 valent	54 L 8 ſ	le huitiéme	4 ſ
35 valent	56 L.	Les 2 tiers	1 L 1 ſ 4 d
36 valent	57 L 12 ſ	le tiers	10 ſ 8 d
37 valent	59 L 4 ſ	le ſixiéme	5 ſ 4 d
38 valent	60 L 16 ſ	le douziéme	2 ſ 8 d

A 32 ſ par Jour, pour 1 An revient à 584 L

2 valent	3 L	5 ſ	
3 valent	4 L	17 ſ	6
4 valent	6 L	10 ſ	
5 valent	8 L	2 ſ	6
6 valent	9 L	15 ſ	
7 valent	11 L	7 ſ	6
8 valent	13 L		
9 valent	14 L	12 ſ	6
10 valent	16 L	5 ſ	
11 valent	17 L	17 ſ	6
12 valent	19 L	10 ſ	
13 valent	21 L	2 ſ	6
14 valent	22 L	15 ſ	
15 valent	24 L	7 ſ	6
16 valent	26 L		
17 valent	27 L	12 ſ	6
18 valent	29 L	5 ſ	
19 valent	30 L	17 ſ	6
20 valent	32 L	10 ſ	
21 valent	34 L	2 ſ	6
22 valent	35 L	15 ſ	
23 valent	37 L	7 ſ	6
24 valent	39 L		
25 valent	40 L	12 ſ	6
26 valent	42 L	5 ſ	
27 valent	43 L	17 ſ	6
28 valent	45 L	10 ſ	
29 valent	47 L	2 ſ	6
30 valent	48 L	15 ſ	
31 valent	50 L	7 ſ	6
32 valent	52 L		
33 valent	53 L	12 ſ	6
34 valent	55 L	5 ſ	
35 valent	56 L	17 ſ	6
36 valent	58 L	10 ſ	
37 valent	60 L	2 ſ	6
38 valent	61 L	15 ſ	
39 valent	63 L	7 ſ	6
40 valent	65 L		
50 valent	81 L	5 ſ	
60 valent	97 L	10 ſ	
70 valent	113 L	15 ſ	
80 valent	130 L		
90 valent	146 L	5 ſ	
100 valent	162 L	10 ſ	
200 valent	325 L		
300 valent	487 L	10 ſ	
400 valent	650 L		
500 valent	812 L	10 ſ	
600 valent	975 L		
700 valent	1137 L	10 ſ	
800 valent	1300 L		
900 valent	1462 L	10 ſ	
1000 valent	1625 L		
2000 valent	3250 L		
3000 valent	4875 L		
4000 valent	6500 L		
5000 valent	8125 L		
6000 valent	9750 L		
7000 valent	11375 L		
8000 valent	13000 L		
9000 valent	14625 L		
10000 valent	16250 L		
20000 valent	32500 L		
30000 valent	48750 L		

Les 3 quarts	1 L	4 ſ	4 d
le demi		16 ſ	3 d
le quart		8 ſ	1 d
le huitiéme		4 ſ	1 d
Les 2 tiers	1 L	1 ſ	8 d
le tiers		10 ſ	10 d
le ſixiéme		5 ſ	5 d
le douziéme		2 ſ	8 d

A 32 ſ 6 d par Jour, pour 1 An revient à 593 L 2 ſ 6 d

2	valent	3 L	6 ſ	39 valent 64 L 7 ſ
3	valent	4 L	19 ſ	40 valent 66 L
4	valent	6 L	12 ſ	50 valent 82 L 10 ſ
5	valent	8 L	5 ſ	60 valent 99 L
6	valent	9 L	18 ſ	70 valent 115 L 10 ſ
7	valent	11 L	11 ſ	80 valent 132 L
8	valent	13 L	4 ſ	90 valent 148 L 10 ſ
9	valent	14 L	17 ſ	100 valent 165 L
10	valent	16 L	10 ſ	200 valent 330 L
11	valent	18 L	3 ſ	300 valent 495 L
12	valent	19 L	16 ſ	400 valent 660 L
13	valent	21 L	9 ſ	500 valent 825 L
14	valent	23 L	2 ſ	600 valent 990 L
15	valent	24 L	15 ſ	700 valent 1155 L
16	valent	26 L	8 ſ	800 valent 1320 L
17	valent	28 L	1 ſ	900 valent 1485 L
18	valent	29 L	14 ſ	1000 valent 1650 L
19	valent	31 L	7 ſ	2000 valent 3300 L
20	valent	33 L		3000 valent 4950 L
21	valent	34 L	13 ſ	4000 valent 6600 L
22	valent	36 L	6 ſ	5000 valent 8250 L
23	valent	37 L	19 ſ	6000 valent 9900 L
24	valent	39 L	12 ſ	7000 valent 11550 L
25	valent	41 L	5 ſ	8000 valent 13200 L
26	valent	42 L	18 ſ	9000 valent 14850 L
27	valent	44 L	11 ſ	10000 valent 16500 L
28	valent	46 L	4 ſ	20000 valent 33000 L
29	valent	47 L	17 ſ	30000 valent 49500 L
30	valent	49 L	10 ſ	
31	valent	51 L	3 ſ	Les 3 quarts 1 L 4 ſ 9 d
32	valent	52 L	16 ſ	le demi 16 ſ 6 d
33	valent	54 L	9 ſ	le quart 8 ſ 3 d
34	valent	56 L	2 ſ	le huitiéme 4 ſ 1 d
35	valent	57 L	15 ſ	Les 2 tiers 1 L 2 ſ
36	valent	59 L	8 ſ	le tiers 11 ſ
37	valent	61 L	1 ſ	le ſixiéme 5 ſ 6 d
38	valent	62 L	14 ſ	le douziéme 2 ſ 9 d

A 33 ſ. par Jour, pour 1 An revient à 602 L 5 ſ.

A 33 Sols 6 Deniers la chose.

2 valent	3 L	7 ſ	
3 valent	5 L		6
4 valent	6 L	14 ſ	
5 valent	8 L	7 ſ	6
6 valent	10 L	1 ſ	
7 valent	11 L	14 ſ	6
8 valent	13 L	8 ſ	
9 valent	15 L	1 ſ	6
10 valent	16 L	15 ſ	
11 valent	18 L	8 ſ	6
12 valent	20 L	2 ſ	
13 valent	21 L	15 ſ	6
14 valent	23 L	9 ſ	
15 valent	25 L	2 ſ	6
16 valent	26 L	16 ſ	
17 valent	28 L	9 ſ	6
18 valent	30 L	3 ſ	
19 valent	31 L	16 ſ	6
20 valent	33 L	10 ſ	
21 valent	35 L	3 ſ	6
22 valent	36 L	17 ſ	
23 valent	38 L	10 ſ	6
24 valent	40 L	4 ſ	
25 valent	41 L	17 ſ	6
26 valent	43 L	11 ſ	
27 valent	45 L	4 ſ	6
28 valent	46 L	18 ſ	
29 valent	48 L	11 ſ	6
30 valent	50 L	5 ſ	
31 valent	51 L	18 ſ	6
32 valent	53 L	12 ſ	
33 valent	55 L	5 ſ	6
34 valent	56 L	19 ſ	
35 valent	58 L	12 ſ	6
36 valent	60 L	6 ſ	
37 valent	61 L	19 ſ	6
38 valent	63 L	13 ſ	
39 valent	65 L	6 ſ	6
40 valent	67 L		
50 valent	83 L	15 ſ	
60 valent	100 L	10 ſ	
70 valent	117 L	5 ſ	
80 valent	134 L		
90 valent	150 L	15 ſ	
100 valent	167 L	10 ſ	
200 valent	335 L		
300 valent	502 L	10 ſ	
400 valent	670 L		
500 valent	837 L	10 ſ	
600 valent	1005 L		
700 valent	1172 L	10 ſ	
800 valent	1340 L		
900 valent	1507 L	10 ſ	
1000 valent	1675 L		
2000 valent	3350 L		
3000 valent	5025 L		
4000 valent	6700 L		
5000 valent	8375 L		
6000 valent	10050 L		
7000 valent	11725 L		
8000 valent	13400 L		
9000 valent	15075 L		
10000 valent	16750 L		
20000 valent	33500 L		
30000 valent	50250 L		

Les 3 quarts	1 L	5 ſ	1 d
le demi		16 ſ	9 d
le quart		8 ſ	4 d
le huitiéme		4 ſ	2 d
Les 2 tiers	1 L	2 ſ	4 d
le tiers		11 ſ	2 d
le sixiéme		5 ſ	7 d
le douziéme		2 ſ	9 d

A 33 ſ 6 d par Jour, pour 1 An revient à 611 L 7 ſ 6 d.

A 34 Sols la chose.

2	valent	3 L	8 ſ
3	valent	5 L	2 ſ
4	valent	6 L	16 ſ
5	valent	8 L	10 ſ
6	valent	10 L	4 ſ
7	valent	11 L	18 ſ
8	valent	13 L	12 ſ
9	valent	15 L	6 ſ
10	valent	17 L	
11	valent	18 L	14 ſ
12	valent	20 L	8 ſ
13	valent	22 L	2 ſ
14	valent	23 L	16 ſ
15	valent	25 L	10 ſ
16	valent	27 L	4 ſ
17	valent	28 L	18 ſ
18	valent	30 L	12 ſ
19	valent	32 L	6 ſ
20	valent	34 L	
21	valent	35 L	14 ſ
22	valent	37 L	8 ſ
23	valent	39 L	2 ſ
24	valent	40 L	16 ſ
25	valent	42 L	10 ſ
26	valent	44 L	4 ſ
27	valent	45 L	18 ſ
28	valent	47 L	12 ſ
29	valent	49 L	6 ſ
30	valent	51 L	
31	valent	52 L	14 ſ
32	valent	54 L	8 ſ
33	valent	56 L	2 ſ
34	valent	57 L	16 ſ
35	valent	59 L	10 ſ
36	valent	61 L	4 ſ
37	valent	62 L	18 ſ
38	valent	64 L	12 ſ
39	valent	66 L	6 ſ
40	valent	68 L	
50	valent	85 L	
60	valent	102 L	
70	valent	119 L	
80	valent	136 L	
90	valent	153 L	
100	valent	170 L	
200	valent	340 L	
300	valent	510 L	
400	valent	680 L	
500	valent	850 L	
600	valent	1020 L	
700	valent	1190 L	
800	valent	1360 L	
900	valent	1530 L	
1000	valent	1700 L	
2000	valent	3400 L	
3000	valent	5100 L	
4000	valent	6800 L	
5000	valent	8500 L	
6000	valent	10200 L	
7000	valent	11900 L	
8000	valent	13600 L	
9000	valent	15300 L	
10000	valent	17000 L	
20000	valent	34000 L	
30000	valent	51000 L	

Les 3 quarts	1 L	5 ſ	6 d
le demi		17 ſ	
le quart		8 ſ	6 d
le huitiéme		4 ſ	3 d
Les 2 tiers	1 L	2 ſ	8 d
le tiers		11 ſ	4 d
le ſixiéme		5 ſ	8 d
le douziéme		2 ſ	10 d

A 34 ſ par Jour, pour 1 An revient à 620 L 10 ſ.

A 34 Sols 6 Deniers la choſe.

2	valent	3 L	9 ſ	
3	valent	5 L	3 ſ	6
4	valent	6 L	18 ſ	
5	valent	8 L	12 ſ	6
6	valent	10 L	7 ſ	
7	valent	12 L	1 ſ	6
8	valent	13 L	16 ſ	
9	valent	15 L	10 ſ	6
10	valent	17 L	5 ſ	
11	valent	18 L	19 ſ	6
12	valent	20 L	14 ſ	
13	valent	22 L	8 ſ	6
14	valent	24 L	3 ſ	
15	valent	25 L	17 ſ	6
16	valent	27 L	12 ſ	
17	valent	29 L	6 ſ	6
18	valent	31 L	1 ſ	
19	valent	32 L	15 ſ	6
20	valent	34 L	10 ſ	
21	valent	36 L	4 ſ	6
22	valent	37 L	19 ſ	
23	valent	39 L	13 ſ	6
24	valent	41 L	8 ſ	
25	valent	43 L	2 ſ	6
26	valent	44 L	17 ſ	
27	valent	46 L	11 ſ	6
28	valent	48 L	6 ſ	
29	valent	50 L		6
30	valent	51 L	15 ſ	
31	valent	53 L	9 ſ	6
32	valent	55 L	4 ſ	
33	valent	56 L	18 ſ	6
34	valent	58 L	13 ſ	
35	valent	60 L	7 ſ	6
36	valent	62 L	2 ſ	
37	valent	63 L	16 ſ	6
38	valent	65 L	11 ſ	
39	valent	67 L	5 ſ	6
40	valent	69 L		
50	valent	86 L	5 ſ	
60	valent	103 L	10 ſ	
70	valent	120 L	15 ſ	
80	valent	138 L		
90	valent	155 L	5 ſ	
100	valent	172 L	10 ſ	
200	valent	345 L		
300	valent	517 L	10 ſ	
400	valent	690 L		
500	valent	862 L	10 ſ	
600	valent	1035 L		
700	valent	1207 L	10 ſ	
800	valent	1380 L		
900	valent	1552 L	10 ſ	
1000	valent	1725 L		
2000	valent	3450 L		
3000	valent	5175 L		
4000	valent	6900 L		
5000	valent	8625 L		
6000	valent	10350 L		
7000	valent	12075 L		
8000	valent	13800 L		
9000	valent	15525 L		
10000	valent	17250 L		
20000	valent	34500 L		
30000	valent	51750 L		

Les 3 quarts	1 L	5 ſ	10 d
le demi		17 ſ	3 d
le quart		8 ſ	7 d
le huitiéme		4 ſ	4 d
Les 2 tiers	1 L	3 ſ	
le tiers		11 ſ	6 d
le ſixiéme		5 ſ	9 d
le douziéme		2 ſ	10 d

A 34 ſ 6 d par Jour, pour 1 An revient à 629 L 12 ſ 6 d

A 35 Sols la chose.

2 valent	3 L	10 ſ	
3 valent	5 L	5 ſ	
4 valent	7 L		
5 valent	8 L	15 ſ	
6 valent	10 L	10 ſ	
7 valent	12 L	5 ſ	
8 valent	14 L		
9 valent	15 L	15 ſ	
10 valent	17 L	10 ſ	
11 valent	19 L	5 ſ	
12 valent	21 L		
13 valent	22 L	15 ſ	
14 valent	24 L	10 ſ	
15 valent	26 L	5 ſ	
16 valent	28 L		
17 valent	29 L	15 ſ	
18 valent	31 L	10 ſ	
19 valent	33 L	5 ſ	
20 valent	35 L		
21 valent	36 L	15 ſ	
22 valent	38 L	10 ſ	
23 valent	40 L	5 ſ	
24 valent	42 L		
25 valent	43 L	15 ſ	
26 valent	45 L	10 ſ	
27 valent	47 L	5 ſ	
28 valent	49 L		
29 valent	50 L	15 ſ	
30 valent	52 L	10 ſ	
31 valent	54 L	5 ſ	
32 valent	56 L		
33 valent	57 L	15 ſ	
34 valent	59 L	10 ſ	
35 valent	61 L	5 ſ	
36 valent	63 L		
37 valent	64 L	15 ſ	
38 valent	66 L	10 ſ	

39 valent	68 L	5 ſ
40 valent	70 L	
50 valent	87 L	10 ſ
60 valent	105 L	
70 valent	122 L	10 ſ
80 valent	140 L	
90 valent	157 L	10 ſ
100 valent	175 L	
200 valent	350 L	
300 valent	525 L	
400 valent	700 L	
500 valent	875 L	
600 valent	1050 L	
700 valent	1225 L	
800 valent	1400 L	
900 valent	1575 L	
1000 valent	1750 L	
2000 valent	3500 L	
3000 valent	5250 L	
4000 valent	7000 L	
5000 valent	8750 L	
6000 valent	10500 L	
7000 valent	12250 L	
8000 valent	14000 L	
9000 valent	15750 L	
10000 valent	17500 L	
20000 valent	35000 L	
30000 valent	52500 L	

Les 3 quarts	1 L	6 ſ	3 d
le demi		17 ſ	6 d
le quart		8 ſ	9 d
le huitiéme		4 ſ	4 d
Les 2 tiers	1 L	3 ſ	4 d
le tiers		11 ſ	8 d
le ſixiéme		5 ſ	10 d
le douziéme		2 ſ	11 d

A 35 ſ par Jour, pour 1 An revient à 638 L 15 ſ

A 35 Sols 6 Deniers la chose.

2 valent	3 L	1 ſ	
3 valent	5 L	6 ſ	6
4 valent	7 L	2 ſ	
5 valent	8 L	17 ſ	6
6 valent	10 L	13 ſ	
7 valent	12 L	8 ſ	6
8 valent	14 L	4 ſ	
9 valent	15 L	19 ſ	6
10 valent	17 L	15 ſ	
11 valent	19 L	10 ſ	6
12 valent	21 L	6 ſ	
13 valent	23 L	1 ſ	6
14 valent	24 L	17 ſ	
15 valent	26 L	12 ſ	6
16 valent	28 L	8 ſ	
17 valent	30 L	3 ſ	6
18 valent	31 L	19 ſ	
19 valent	33 L	14 ſ	6
20 valent	35 L	10 ſ	
21 valent	37 L	5 ſ	6
22 valent	39 L	1 ſ	
23 valent	40 L	16 ſ	6
24 valent	42 L	12 ſ	
25 valent	44 L	7 ſ	6
26 valent	46 L	3 ſ	
27 valent	47 L	18 ſ	6
28 valent	49 L	14 ſ	
29 valent	51 L	9 ſ	6
30 valent	53 L	5 ſ	
31 valent	55 L		6
32 valent	56 L	16 ſ	
33 valent	58 L	11 ſ	6
34 valent	60 L	7 ſ	
35 valent	62 L	2 ſ	6
36 valent	63 L	18 ſ	
37 valent	65 L	13 ſ	6
38 valent	67 L	9 ſ	
39 valent	69 L	4 ſ	6
40 valent	71 L		
50 valent	88 L	15 ſ	
60 valent	106 L	10 ſ	
70 valent	124 L	5 ſ	
80 valent	142 L		
90 valent	159 L	15 ſ	
100 valent	177 L	10 ſ	
200 valent	355 L		
300 valent	532 L	10 ſ	
400 valent	710 L		
500 valent	887 L	10 ſ	
600 valent	1065 L		
700 valent	1242 L	10 ſ	
800 valent	1420 L		
900 valent	1597 L	10 ſ	
1000 valent	1775 L		
2000 valent	3550 L		
3000 valent	5325 L		
4000 valent	7100 L		
5000 valent	8875 L		
6000 valent	10650 L		
7000 valent	12425 L		
8000 valent	14200 L		
9000 valent	15975 L		
10000 valent	17750 L		
20000 valent	35500 L		
30000 valent	53250 L		

Les 3 quarts	1 L	6 ſ	7 d
le demi		17 ſ	9 d
le quart		8 ſ	10 d
le huitéme		4 ſ	5 d
Les 2 tiers	1 L	3 ſ	8 d
le tiers		11 ſ	10 d
le ſixiéme		5 ſ	11 d
le douziéme		2 ſ	11 d

A 35 ſ 6 d par Jour, pour 1 An revient à 647 L 17 ſ 6 d.

A 36 Sols la chose.

2 valent	3 L	12 ſ
3 valent	5 L	8 ſ
4 valent	7 L	4 ſ
5 valent	9 L	
6 valent	10 L	16 ſ
7 valent	12 L	12 ſ
8 valent	14 L	8 ſ
9 valent	16 L	4 ſ
10 valent	18 L	
11 valent	19 L	16 ſ
12 valent	21 L	12 ſ
13 valent	23 L	8 ſ
14 valent	25 L	4 ſ
15 valent	27 L	
16 valent	28 L	16 ſ
17 valent	30 L	12 ſ
18 valent	32 L	8 ſ
19 valent	34 L	4 ſ
20 valent	36 L	
21 valent	37 L	16 ſ
22 valent	39 L	12 ſ
23 valent	41 L	8 ſ
24 valent	43 L	4 ſ
25 valent	45 L	
26 valent	46 L	16 ſ
27 valent	48 L	12 ſ
28 valent	50 L	8 ſ
29 valent	52 L	4 ſ
30 valent	54 L	
31 valent	55 L	16 ſ
32 valent	57 L	12 ſ
33 valent	59 L	8 ſ
34 valent	61 L	4 ſ
35 valent	63 L	
36 valent	64 L	16 ſ
37 valent	66 L	12 ſ
38 valent	68 L	8 ſ
39 valent	70 L	4 ſ
40 valent	72 L	
50 valent	90 L	
60 valent	108 L	
70 valent	126 L	
80 valent	144 L	
90 valent	162 L	
100 valent	180 L	
200 valent	360 L	
300 valent	540 L	
400 valent	720 L	
500 valent	900 L	
600 valent	1080 L	
700 valent	1260 L	
800 valent	1440 L	
900 valent	1620 L	
1000 valent	1800 L	
2000 valent	3600 L	
3000 valent	5400 L	
4000 valent	7200 L	
5000 valent	9000 L	
6000 valent	10800 L	
7000 valent	12600 L	
8000 valent	14400 L	
9000 valent	16200 L	
10000 valent	18000 L	
20000 valent	36000 L	
30000 valent	54000 L	

Les 3 quarts	1 L	7 ſ
le demi		18 ſ
le quart		9 ſ
le huitiéme		4 ſ 6 d
Les 2 tiers	1 L	4 ſ
le tiers		12 ſ
le ſixiéme		6 ſ
le douziéme		3 ſ

A 36 ſ par Jour, pour 1 An revient à 657 L.

2 valent	3 L	13 ſ	
3 valent	5 L	9 ſ	6
4 valent	7 L	6 ſ	
5 valent	9 L	2 ſ	6
6 valent	10 L	19 ſ	
7 valent	12 L	15 ſ	6
8 valent	14 L	12 ſ	
9 valent	16 L	8 ſ	6
10 valent	18 L	5 ſ	
11 valent	20 L	1 ſ	6
12 valent	21 L	18 ſ	
13 valent	23 L	14 ſ	6
14 valent	25 L	11 ſ	
15 valent	27 L	7 ſ	6
16 valent	29 L	4 ſ	
17 valent	31 L		6
18 valent	32 L	17 ſ	
19 valent	34 L	13 ſ	6
20 valent	36 L	10 ſ	
21 valent	38 L	6 ſ	6
22 valent	40 L	3 ſ	
23 valent	41 L	19 ſ	6
24 valent	43 L	16 ſ	
25 valent	45 L	12 ſ	6
26 valent	47 L	9 ſ	
27 valent	49 L	5 ſ	6
28 valent	51 L	2 ſ	
29 valent	52 L	18 ſ	6
30 valent	54 L	15 ſ	
31 valent	56 L	11 ſ	6
32 valent	58 L	8 ſ	
33 valent	60 L	4 ſ	6
34 valent	62 L	1 ſ	
35 valent	63 L	17 ſ	6
36 valent	65 L	14 ſ	
37 valent	67 L	10 ſ	6
38 valent	69 L	7 ſ	
39 valent	71 L	3 ſ	6
40 valent	73 L		
50 valent	91 L	5 ſ	
60 valent	109 L	10 ſ	
70 valent	127 L	15 ſ	
80 valent	146 L		
90 valent	164 L	5 ſ	
100 valent	182 L	10 ſ	
200 valent	365 L		
300 valent	547 L	10 ſ	
400 valent	730 L		
500 valent	912 L	10 ſ	
600 valent	1095 L		
700 valent	1277 L	10 ſ	
800 valent	1460 L		
900 valent	1642 L	10 ſ	
1000 valent	1825 L		
2000 valent	3650 L		
3000 valent	5475 L		
4000 valent	7300 L		
5000 valent	9125 L		
6000 valent	10950 L		
7000 valent	12775 L		
8000 valent	14600 L		
9000 valent	16425 L		
10000 valent	18250 L		
20000 valent	36500 L		
30000 valent	54750 L		

Les 3 quarts	1 L	7 ſ	4 d
le demi		18 ſ	3 d
le quart		9 ſ	1 d
le huitiéme		4 ſ	7 d
Les 2 tiers	1 L	4 ſ	4 d
le tiers		12 ſ	2 d
le ſixiéme		6 ſ	1 d
le douziéme		3 ſ	

A 36 ſ 6 d par Jour, pour 1 An revient à 666 L 2 ſ 6 d

A 37 Sols la choſe.

2	valent	3 L	14 ſ
3	valent	5 L	11 ſ
4	valent	7 L	8 ſ
5	valent	9 L	5 ſ
6	valent	11 L	2 ſ
7	valent	12 L	19 ſ
8	valent	14 L	16 ſ
9	valent	16 L	13 ſ
10	valent	18 L	10 ſ
11	valent	20 L	7 ſ
12	valent	22 L	4 ſ
13	valent	24 L	1 ſ
14	valent	25 L	18 ſ
15	valent	27 L	15 ſ
16	valent	29 L	12 ſ
17	valent	31 L	9 ſ
18	valent	33 L	6 ſ
19	valent	35 L	3 ſ
20	valent	37 L	
21	valent	38 L	17 ſ
22	valent	40 L	14 ſ
23	valent	42 L	11 ſ
24	valent	44 L	8 ſ
25	valent	46 L	5 ſ
26	valent	48 L	2 ſ
27	valent	49 L	19 ſ
28	valent	51 L	16 ſ
29	valent	53 L	13 ſ
30	valent	55 L	10 ſ
31	valent	57 L	7 ſ
32	valent	59 L	4 ſ
33	valent	61 L	1 ſ
34	valent	62 L	18 ſ
35	valent	64 L	15 ſ
36	valent	66 L	12 ſ
37	valent	68 L	9 ſ
38	valent	70 L	6 ſ
39	valent	72 L	3 ſ
40	valent	74 L	
50	valent	92 L	10 ſ
60	valent	111 L	
70	valent	129 L	10 ſ
80	valent	148 L	
90	valent	166 L	10 ſ
100	valent	185 L	
200	valent	370 L	
300	valent	555 L	
400	valent	740 L	
500	valent	925 L	
600	valent	1110 L	
700	valent	1295 L	
800	valent	1480 L	
900	valent	1665 L	
1000	valent	1850 L	
2000	valent	3700 L	
3000	valent	5550 L	
4000	valent	7400 L	
5000	valent	9250 L	
6000	valent	11100 L	
7000	valent	12950 L	
8000	valent	14800 L	
9000	valent	16650 L	
10000	valent	18500 L	
20000	valent	37000 L	
30000	valent	55500 L	

Les 3 quarts	1 L	7 ſ	9 d
le demi		18 ſ	6 d
le quart		9 ſ	3 d
le huitiéme		4 ſ	7 d
Les 2 tiers	1 L	4 ſ	8 d
le tiers		12 ſ	4 d
le ſixiéme		6 ſ	2 d
le douziéme		3 ſ	1 d

A 37 ſ par Jour, pour 1 An revient à 675 L 5 ſ.

2	valent	3 L	15 ſ	
3	valent	5 L	12 ſ	6
4	valent	7 L	10 ſ	
5	valent	9 L	7 ſ	6
6	valent	11 L	5 ſ	
7	valent	13 L	2 ſ	6
8	valent	15 L		
9	valent	16 L	17 ſ	6
10	valent	18 L	15 ſ	
11	valent	20 L	12 ſ	6
12	valent	22 L	10 ſ	
13	valent	24 L	7 ſ	6
14	valent	26 L	5 ſ	
15	valent	28 L	2 ſ	6
16	valent	30 L		
17	valent	31 L	17 ſ	6
18	valent	33 L	15 ſ	
19	valent	35 L	12 ſ	6
20	valent	37 L	10 ſ	
21	valent	39 L	7 ſ	6
22	valent	41 L	5 ſ	
23	valent	43 L	2 ſ	6
24	valent	45 L		
25	valent	46 L	17 ſ	6
26	valent	48 L	15 ſ	
27	valent	50 L	12 ſ	6
28	valent	52 L	10 ſ	
29	valent	54 L	7 ſ	6
30	valent	56 L	5 ſ	
31	valent	58 L	2 ſ	6
32	valent	60 L		
33	valent	61 L	17 ſ	6
34	valent	63 L	15 ſ	
35	valent	65 L	12 ſ	6
36	valent	67 L	10 ſ	
37	valent	69 L	7 ſ	6
38	valent	71 L	5 ſ	
39	valent	73 L	2 ſ	6
40	valent	75 L		
50	valent	93 L	15 ſ	
60	valent	112 L	10 ſ	
70	valent	131 L	5 ſ	
80	valent	150 L		
90	valent	168 L	15 ſ	
100	valent	187 L	10 ſ	
200	valent	375 L		
300	valent	562 L	10 ſ	
400	valent	750 L		
500	valent	937 L	10 ſ	
600	valent	1125 L		
700	valent	1312 L	10 ſ	
800	valent	1500 L		
900	valent	1687 L	10 ſ	
1000	valent	1875 L		
2000	valent	3750 L		
3000	valent	5625 L		
4000	valent	7500 L		
5000	valent	9375 L		
6000	valent	11250 L		
7000	valent	13125 L		
8000	valent	15000 L		
9000	valent	16875 L		
10000	valent	18750 L		
20000	valent	37500 L		
30000	valent	56250 L.		

Les 3 quarts	1 L	8 ſ	1 d
le demi		18 ſ	9 d
le quart		9 ſ	4 d
le huitiéme		4 ſ	8 d
Les 2 tiers	1 L	5 ſ	
le tiers		12 ſ	6 d
le ſixiéme		6 ſ	3 d
le douziéme		3 ſ	1 d

A 37 ſ 6 d par Jour, pour 1 An revient à 684 L 7 ſ 6 d

2 valent 3 L 16 ſ	39 valent 74 L 2 ſ
3 valent 5 L 14 ſ	40 valent 76 L
4 valent 7 L 12 ſ	50 valent 95 L
5 valent 9 L 10 ſ	60 valent 114 L
6 valent 11 L 8 ſ	70 valent 133 L
7 valent 13 L 6 ſ	80 valent 152 L
8 valent 15 L 4 ſ	90 valent 171 L
9 valent 17 L 2 ſ	100 valent 190 L
10 valent 19 L	200 valent 380 L
11 valent 20 L 18 ſ	300 valent 570 L
12 valent 22 L 16 ſ	400 valent 760 L
13 valent 24 L 14 ſ	500 valent 950 L
14 valent 26 L 12 ſ	600 valent 1140 L
15 valent 28 L 10 ſ	700 valent 1330 L
16 valent 30 L 8 ſ	800 valent 1520 L
17 valent 32 L 6 ſ	900 valent 1710 L
18 valent 34 L 4 ſ	1000 valent 1900 L
19 valent 36 L 2 ſ	2000 valent 3800 L
20 valent 38 L	3000 valent 5700 L
21 valent 39 L 18 ſ	4000 valent 7600 L
22 valent 41 L 16 ſ	5000 valent 9500 L
23 valent 43 L 14 ſ	6000 valent 11400 L
24 valent 45 L 12 ſ	7000 valent 13300 L
25 valent 47 L 10 ſ	8000 valent 15200 L
26 valent 49 L 8 ſ	9000 valent 17100 L
27 valent 51 L 6 ſ	10000 valent 19000 L
28 valent 53 L 4 ſ	20000 valent 38000 L
29 valent 55 L 2 ſ	30000 valent 57000 L
30 valent 57 L	
31 valent 58 L 18 ſ	Les 3 quarts 1 L 8 ſ 6 d
32 valent 60 L 16 ſ	le demi 19 ſ
33 valent 62 L 14 ſ	le quart 9 ſ 6 d
34 valent 64 L 12 ſ	le huitiéme 4 ſ 9 d
35 valent 66 L 10 ſ	Les 2 tiers 1 L 5 ſ 4 d
36 valent 68 L 8 ſ	le tiers 12 ſ 8 d
37 valent 70 L 6 ſ	le ſixiéme 6 ſ 4 d
38 valent 72 L 4 ſ	le douziéme 3 ſ 2 d

A 38 ſ par Jour, pour 1 An revient à 693 L 10 ſ

2 valent	3 L	17 ſ	
3 valent	5 L	15 ſ	6
4 valent	7 L	14 ſ	
5 valent	9 L	12 ſ	6
6 valent	11 L	11 ſ	
7 valent	13 L	9 ſ	6
8 valent	15 L	8 ſ	
9 valent	17 L	6 ſ	6
10 valent	19 L	5 ſ	
11 valent	21 L	3 ſ	6
12 valent	23 L	2 ſ	
13 valent	25 L		6
14 valent	26 L	19 ſ	
15 valent	28 L	17 ſ	6
16 valent	30 L	16 ſ	
17 valent	32 L	14 ſ	6
18 valent	34 L	13 ſ	
19 valent	36 L	11 ſ	6
20 valent	38 L	10 ſ	
21 valent	40 L	8 ſ	6
22 valent	42 L	7 ſ	
23 valent	44 L	5 ſ	6
24 valent	46 L	4 ſ	
25 valent	48 L	2 ſ	6
26 valent	50 L	1 ſ	
27 valent	51 L	19 ſ	6
28 valent	53 L	18 ſ	
29 valent	55 L	16 ſ	6
30 valent	57 L	15 ſ	
31 valent	59 L	13 ſ	6
32 valent	61 L	12 ſ	
33 valent	63 L	10 ſ	6
34 valent	65 L	9 ſ	
35 valent	67 L	7 ſ	6
36 valent	69 L	6 ſ	
37 valent	71 L	4 ſ	6
38 valent	73 L	3 ſ	

39 valent	75 L	1 ſ	6
40 valent	77 L		
50 valent	96 L	5 ſ	
60 valent	115 L	10 ſ	
70 valent	134 L	15 ſ	
80 valent	154 L		
90 valent	173 L	5 ſ	
100 valent	192 L	10 ſ	
200 valent	385 L		
300 valent	577 L	10 ſ	
400 valent	770 L		
500 valent	962 L	10 ſ	
600 valent	1155 L		
700 valent	1347 L	10 ſ	
800 valent	1540 L		
900 valent	1732 L	10 ſ	
1000 valent	1925 L		
2000 valent	3850 L		
3000 valent	5775 L		
4000 valent	7700 L		
5000 valent	9625 L		
6000 valent	11550 L		
7000 valent	13475 L		
8000 valent	15400 L		
9000 valent	17325 L		
10000 valent	19250 L		
20000 valent	38500 L		
30000 valent	57750 L		

Les 3 quarts	1 L	8 ſ	10 d
le demi		19 ſ	3 d
le quart		9 ſ	7 d
le huitiéme		4 ſ	10 d
Les 2 tiers	1 L	5 ſ	8 d
le tiers		12 ſ	10 d
le ſixiéme		6 ſ	5 d
le douziéme		3 ſ	2 d

A 38 ſ 6 d par Jour, pour 1 An revient à 702 L 12 ſ 6

A 39 Sols la chose.

2	valent	3	L	18	ſ
3	valent	5	L	17	ſ
4	valent	7	L	16	ſ
5	valent	9	L	15	ſ
6	valent	11	L	14	ſ
7	valent	13	L	13	ſ
8	valent	15	L	12	ſ
9	valent	17	L	11	ſ
10	valent	19	L	10	ſ
11	valent	21	L	9	ſ
12	valent	23	L	8	ſ
13	valent	25	L	7	ſ
14	valent	27	L	6	ſ
15	valent	29	L	5	ſ
16	valent	31	L	4	ſ
17	valent	33	L	3	ſ
18	valent	35	L	2	ſ
19	valent	37	L	1	ſ
20	valent	39	L		
21	valent	40	L	19	ſ
22	valent	42	L	18	ſ
23	valent	44	L	17	ſ
24	valent	46	L	16	ſ
25	valent	48	L	15	ſ
26	valent	50	L	14	ſ
27	valent	52	L	13	ſ
28	valent	54	L	12	ſ
29	valent	56	L	11	ſ
30	valent	58	L	10	ſ
31	valent	60	L	9	ſ
32	valent	62	L	8	ſ
33	valent	64	L	7	ſ
34	valent	66	L	6	ſ
35	valent	68	L	5	ſ
36	valent	70	L	4	ſ
37	valent	72	L	3	ſ
38	valent	74	L	2	ſ
39	valent	76	L	1	ſ
40	valent	78	L		
50	valent	97	L	10	ſ
60	valent	117	L		
70	valent	136	L	10	ſ
80	valent	156	L		
90	valent	175	L	10	ſ
100	valent	195	L		
200	valent	390	L		
300	valent	585	L		
400	valent	780	L		
500	valent	975	L		
600	valent	1170	L		
700	valent	1365	L		
800	valent	1560	L		
900	valent	1755	L		
1000	valent	1950	L		
2000	valent	3900	L		
3000	valent	5850	L		
4000	valent	7800	L		
5000	valent	9750	L		
6000	valent	11700	L		
7000	valent	13650	L		
8000	valent	15600	L		
9000	valent	17550	L		
10000	valent	19500	L		
20000	valent	39000	L		
30000	valent	58500	L		

Les 3 quarts	1	L	9	ſ	3	d
le demi			19	ſ	6	d
le quart			9	ſ	9	d
le huitiéme			4	ſ	10	d
Les 2 tiers	1	L	6	ſ		
le tiers			13	ſ		
le sixiéme			6	ſ	6	d
le douziéme			3	ſ	3	d

A 39 ſ par Jour, pour 1 An revient à 711 L 15 ſ

A 39 Sols 6 Deniers la chose.

2 valent	3 L	19 ſ	
3 valent	5 L	18 ſ	6
4 valent	7 L	18 ſ	
5 valent	9 L	17 ſ	6
6 valent	11 L	17 ſ	
7 valent	13 L	16 ſ	6
8 valent	15 L	16 ſ	
9 valent	17 L	15 ſ	6
10 valent	19 L	15 ſ	
11 valent	21 L	14 ſ	6
12 valent	23 L	14 ſ	
13 valent	25 L	13 ſ	6
14 valent	27 L	13 ſ	
15 valent	29 L	12 ſ	6
16 valent	31 L	12 ſ	
17 valent	33 L	11 ſ	6
18 valent	35 L	11 ſ	
19 valent	37 L	10 ſ	6
20 valent	39 L	10 ſ	
21 valent	41 L	9 ſ	6
22 valent	43 L	9 ſ	
23 valent	45 L	8 ſ	6
24 valent	47 L	8 ſ	
25 valent	49 L	7 ſ	6
26 valent	51 L	7 ſ	
27 valent	53 L	6 ſ	6
28 valent	55 L	6 ſ	
29 valent	57 L	5 ſ	6
30 valent	59 L	5 ſ	
31 valent	61 L	4 ſ	6
32 valent	63 L	4 ſ	
33 valent	65 L	3 ſ	6
34 valent	67 L	3 ſ	
35 valent	69 L	2 ſ	6
36 valent	71 L	2 ſ	
37 valent	73 L	1 ſ	6
38 valent	75 L	1 ſ	

39 valent	77 L		6
40 valent	79 L		
50 valent	98 L	15 ſ	
60 valent	118 L	10 ſ	
70 valent	138 L	5 ſ	
80 valent	158 L		
90 valent	177 L	15 ſ	
100 valent	197 L	10 ſ	
200 valent	395 L		
300 valent	592 L	10 ſ	
400 valent	790 L		
500 valent	987 L	10 ſ	
600 valent	1185 L		
700 valent	1382 L	10 ſ	
800 valent	1580 L		
900 valent	1777 L	10 ſ	
1000 valent	1975 L		
2000 valent	3950 L		
3000 valent	5925 L		
4000 valent	7900 L		
5000 valent	9875 L		
6000 valent	11850 L		
7000 valent	13825 L		
8000 valent	15800 L		
9000 valent	17775 L		
10000 valent	19750 L		
20000 valent	39500 L		
30000 valent	59250 L		

Les 3 quarts	1 L	9 ſ	7 d
le demi		19 ſ	9 d
le quart		9 ſ	10 d
le huitiéme		4 ſ	11 d
Les 2 tiers	1 L	6 ſ	4 d
le tiers		13 ſ	2 d
le ſixiéme		6 ſ	7 d
le douziéme		3 ſ	3 d

A 39 ſ 6 d par Jour, pour 1 An revient à 720 L 17 ſ 6 d

2 valent	4 L	39 valent	78 L
3 valent	6 L	40 valent	80 L
4 valent	8 L	50 valent	100 L
5 valent	10 L	60 valent	120 L
6 valent	12 L	70 valent	140 L
7 valent	14 L	80 valent	160 L
8 valent	16 L	90 valent	180 L
9 valent	18 L	100 valent	200 L
10 valent	20 L	200 valent	400 L
11 valent	22 L	300 valent	600 L
12 valent	24 L	400 valent	800 L
13 valent	26 L	500 valent	1000 L
14 valent	28 L	600 valent	1200 L
15 valent	30 L	700 valent	1400 L
16 valent	32 L	800 valent	1600 L
17 valent	34 L	900 valent	1800 L
18 valent	36 L	1000 valent	2000 L
19 valent	38 L	2000 valent	4000 L
20 valent	40 L	3000 valent	6000 L
21 valent	42 L	4000 valent	8000 L
22 valent	44 L	5000 valent	10000 L
23 valent	46 L	6000 valent	12000 L
24 valent	48 L	7000 valent	14000 L
25 valent	50 L	8000 valent	16000 L
26 valent	52 L	9000 valent	18000 L
27 valent	54 L	10000 valent	20000 L
28 valent	56 L	20000 valent	40000 L
29 valent	58 L	30000 valent	60000 L
30 valent	60 L		
31 valent	62 L	Les 3 quarts	1 L 10 ſ
32 valent	64 L	le demi	1 L
33 valent	66 L	le quart	10 ſ
34 valent	68 L	le huitiéme	5 ſ
35 valent	70 L	Les 2 tiers	1 L 6 ſ 8 d
36 valent	72 L	le tiers	13 ſ 4 d
37 valent	74 L	le ſixiéme	6 ſ 8 d
38 valent	76 L	le douziéme	3 ſ 4 d

A 40 ſ par Jour, pour 1 An revient à 730 L

A 41 Sols la choſe.

2 valent	4 L	2 ſ
3 valent	6 L	3 ſ
4 valent	8 L	4 ſ
5 valent	10 L	5 ſ
6 valent	12 L	6 ſ
7 valent	14 L	7 ſ
8 valent	16 L	8 ſ
9 valent	18 L	9 ſ
10 valent	20 L	10 ſ
11 valent	22 L	11 ſ
12 valent	24 L	12 ſ
13 valent	26 L	13 ſ
14 valent	28 L	14 ſ
15 valent	30 L	15 ſ
16 valent	32 L	16 ſ
17 valent	34 L	17 ſ
18 valent	36 L	18 ſ
19 valent	38 L	19 ſ
20 valent	41 L	
21 valent	43 L	1 ſ
22 valent	45 L	2 ſ
23 valent	47 L	3 ſ
24 valent	49 L	4 ſ
25 valent	51 L	5 ſ
26 valent	53 L	6 ſ
27 valent	55 L	7 ſ
28 valent	57 L	8 ſ
29 valent	59 L	9 ſ
30 valent	61 L	10 ſ
31 valent	63 L	11 ſ
32 valent	65 L	12 ſ
33 valent	67 L	13 ſ
34 valent	69 L	14 ſ
35 valent	71 L	15 ſ
36 valent	73 L	16 ſ
37 valent	75 L	17 ſ
38 valent	77 L	18 ſ

39 valent	79 L	19 ſ
40 valent	82 L	
50 valent	102 L	10 ſ
60 valent	123 L	
70 valent	143 L	10 ſ
80 valent	164 L	
90 valent	184 L	10 ſ
100 valent	205 L	
200 valent	410 L	
300 valent	615 L	
400 valent	820 L	
500 valent	1025 L	
600 valent	1230 L	
700 valent	1435 L	
800 valent	1640 L	
900 valent	1845 L	
1000 valent	2050 L	
2000 valent	4100 L	
3000 valent	6150 L	
4000 valent	8200 L	
5000 valent	10250 L	
6000 valent	12300 L	
7000 valent	14350 L	
8000 valent	16400 L	
9000 valent	18450 L	
10000 valent	20500 L	
20000 valent	41000 L	
30000 valent	61500 L	

Les 3 quarts	1 L	10 ſ	9 d
le demi	1 L		6 d
le quart		10 ſ	3 d
le huitiéme		5 ſ	1 d
Les 2 tiers	1 L	7 ſ	4 d
le tiers		13 ſ	8 d
le ſixiéme		6 ſ	10 d
le douziéme		3 ſ	5 d

A 41 ſ par Jour, pour 1 An revient à 748 L 5 ſ

A 42 Sols la chose.

2 valent	4 L	4 ſ	
3 valent	6 L	6 ſ	
4 valent	8 L	8 ſ	
5 valent	10 L	10 ſ	
6 valent	12 L	12 ſ	
7 valent	14 L	14 ſ	
8 valent	16 L	16 ſ	
9 valent	18 L	18 ſ	
10 valent	21 L		
11 valent	23 L	2 ſ	
12 valent	25 L	4 ſ	
13 valent	27 L	6 ſ	
14 valent	29 L	8 ſ	
15 valent	31 L	10 ſ	
16 valent	33 L	12 ſ	
17 valent	35 L	14 ſ	
18 valent	37 L	16 ſ	
19 valent	39 L	18 ſ	
20 valent	42 L		
21 valent	44 L	2 ſ	
22 valent	46 L	4 ſ	
23 valent	48 L	6 ſ	
24 valent	50 L	8 ſ	
25 valent	52 L	10 ſ	
26 valent	54 L	12 ſ	
27 valent	56 L	14 ſ	
28 valent	58 L	16 ſ	
29 valent	60 L	18 ſ	
30 valent	63 L		
31 valent	65 L	2 ſ	
32 valent	67 L	4 ſ	
33 valent	69 L	6 ſ	
34 valent	71 L	8 ſ	
35 valent	73 L	10 ſ	
36 valent	75 L	12 ſ	
37 valent	77 L	14 ſ	
38 valent	79 L	16 ſ	
39 valent	81 L	18 ſ	
40 valent	84 L		
50 valent	105 L		
60 valent	126 L		
70 valent	147 L		
80 valent	168 L		
90 valent	189 L		
100 valent	210 L		
200 valent	420 L		
300 valent	630 L		
400 valent	840 L		
500 valent	1050 L		
600 valent	1260 L		
700 valent	1470 L		
800 valent	1680 L		
900 valent	1890 L		
1000 valent	2100 L		
2000 valent	4200 L		
3000 valent	6300 L		
4000 valent	8400 L		
5000 valent	10500 L		
6000 valent	12600 L		
7000 valent	14700 L		
8000 valent	16800 L		
9000 valent	18900 L		
10000 valent	21000 L		
20000 valent	42000 L		
30000 valent	63000 L		

Les 3 quarts	1 L	11 ſ	6 d
le demi	1 L	1 ſ	
le quart		10 ſ	6 d
le huitiéme		5 ſ	3 d
Les 2 tiers	1 L	8 ſ	
le tiers		14 ſ	
le ſixiéme		7 ſ	
le douziéme		3 ſ	6 d

A 42 ſ par Jour, pour 1 An revient à 766 L 10 ſ

A 43 Sols la chose.

2 valent	4 L	6 ſ
3 valent	6 L	9 ſ
4 valent	8 L	12 ſ
5 valent	10 L	15 ſ
6 valent	12 L	18 ſ
7 valent	15 L	1 ſ
8 valent	17 L	4 ſ
9 valent	19 L	7 ſ
10 valent	21 L	10 ſ
11 valent	23 L	13 ſ
12 valent	25 L	16 ſ
13 valent	27 L	19 ſ
14 valent	30 L	2 ſ
15 valent	32 L	5 ſ
16 valent	34 L	8 ſ
17 valent	36 L	11 ſ
18 valent	38 L	14 ſ
19 valent	40 L	17 ſ
20 valent	43 L	
21 valent	45 L	3 ſ
22 valent	47 L	6 ſ
23 valent	49 L	9 ſ
24 valent	51 L	12 ſ
25 valent	53 L	15 ſ.
26 valent	55 L	18 ſ
27 valent	58 L	1 ſ
28 valent	60 L	4 ſ
29 valent	62 L	7 ſ
30 valent	64 L	10 ſ
31 valent	66 L	13 ſ
32 valent	68 L	16 ſ
33 valent	70 L	19 ſ
34 valent	73 L	2 ſ
35 valent	75 L	5 ſ
36 valent	77 L	8 ſ
37 valent	79 L	11 ſ
38 valent	81 L	14 ſ
39 valent	83 L	17 ſ
40 valent	86 L	
50 valent	107 L	10 ſ
60 valent	129 L	
70 valent	150 L	10 ſ
80 valent	172 L	
90 valent	193 L	10 ſ
100 valent	215 L	
200 valent	430 L	
300 valent	645 L	
400 valent	860 L	
500 valent	1075 L	
600 valent	1290 L	
700 valent	1505 L	
800 valent	1720 L	
900 valent	1935 L	
1000 valent	2150 L	
2000 valent	4300 L	
3000 valent	6450 L	
4000 valent	8600 L	
5000 valent	10750 L	
6000 valent	12900 L	
7000 valent	15050 L	
8000 valent	17200 L	
9000 valent	19350 L	
10000 valent	21500 L	
20000 valent	43000 L	
30000 valent	64500 L	

Les 3 quarts	1 L	12 ſ	3 d
le demi	1 L	1 ſ	6 d
le quart		10 ſ	9 d
le huitiéme		5 ſ	4 d
Les 2 tiers	1 L	8 ſ	8 d
le tiers		14 ſ	4 d
le ſixiéme		7 ſ	2 d
le douziéme		3 ſ	7 d

A 43 ſ par Jour, pour 1 An revient à 784 L 15 ſ.

A 44 Sols la chose.

2 valent	4 L	8 ſ	
3 valent	6 L	12 ſ	
4 valent	8 L	16 ſ	
5 valent	11 L		
6 valent	13 L	4 ſ	
7 valent	15 L	8 ſ	
8 valent	17 L	12 ſ	
9 valent	19 L	16 ſ	
10 valent	22 L		
11 valent	24 L	4 ſ	
12 valent	26 L	8 ſ	
13 valent	28 L	12 ſ	
14 valent	30 L	16 ſ	
15 valent	33 L		
16 valent	35 L	4 ſ	
17 valent	37 L	8 ſ	
18 valent	39 L	12 ſ	
19 valent	41 L	16 ſ	
20 valent	44 L		
21 valent	46 L	4 ſ	
22 valent	48 L	8 ſ	
23 valent	50 L	12 ſ	
24 valent	52 L	16 ſ	
25 valent	55 L		
26 valent	57 L	4 ſ	
27 valent	59 L	8 ſ	
28 valent	61 L	12 ſ	
29 valent	63 L	16 ſ	
30 valent	66 L		
31 valent	68 L	4 ſ	
32 valent	70 L	8 ſ	
33 valent	72 L	12 ſ	
34 valent	74 L	16 ſ	
35 valent	77 L		
36 valent	79 L	4 ſ	
37 valent	81 L	8 ſ	
38 valent	83 L	12 ſ	

39 valent	85 L	16 ſ
40 valent	88 L	
50 valent	110 L	
60 valent	132 L	
70 valent	154 L	
80 valent	176 L	
90 valent	198 L	
100 valent	220 L	
200 valent	440 L	
300 valent	660 L	
400 valent	880 L	
500 valent	1100 L	
600 valent	1320 L	
700 valent	1540 L	
800 valent	1760 L	
900 valent	1980 L	
1000 valent	2200 L	
2000 valent	4400 L	
3000 valent	6600 L	
4000 valent	8800 L	
5000 valent	11000 L	
6000 valent	13200 L	
7000 valent	15400 L	
8000 valent	17600 L	
9000 valent	19800 L	
10000 valent	22000 L	
20000 valent	44000 L	
30000 valent	66000 L	

Les 3 quarts	1 L	13 ſ	
le demi	1 L	2 ſ	
le quart		11 ſ	
le huitiéme		5 ſ	6 d
Les 2 tiers	1 L	9 ſ	4 d
le tiers		14 ſ	8 d
le ſixiéme		7 ſ	4 d
le douziéme		3 ſ	8 d

A 44 ſ par Jour, pour 1 An revient à 803 L

2 valent	4 L 10 ſ	39 valent	87 L 15 ſ
3 valent	6 L 15 ſ	40 valent	90 L
4 valent	9 L	50 valent	112 L 10 ſ
5 valent	11 L 5 ſ	60 valent	135 L
6 valent	13 L 10 ſ	70 valent	157 L 10 ſ
7 valent	15 L 15 ſ	80 valent	180 L
8 valent	18 L	90 valent	202 L 10 ſ
9 valent	20 L 5 ſ	100 valent	225 L
10 valent	22 L 10 ſ	200 valent	450 L
11 valent	24 L 15 ſ	300 valent	675 L
12 valent	27 L	400 valent	900 L
13 valent	29 L 5 ſ	500 valent	1125 L
14 valent	31 L 10 ſ	600 valent	1350 L
15 valent	33 L 15 ſ	700 valent	1575 L
16 valent	36 L	800 valent	1800 L
17 valent	38 L 5 ſ	900 valent	2025 L
18 valent	40 L 10 ſ	1000 valent	2250 L
19 valent	42 L 15 ſ	2000 valent	4500 L
20 valent	45 L	3000 valent	6750 L
21 valent	47 L 5 ſ	4000 valent	9000 L
22 valent	49 L 10 ſ	5000 valent	11250 L
23 valent	51 L 15 ſ	6000 valent	13500 L
24 valent	54 L	7000 valent	15750 L
25 valent	56 L 5 ſ	8000 valent	18000 L
26 valent	58 L 10 ſ	9000 valent	20250 L
27 valent	60 L 15 ſ	10000 valent	22500 L
28 valent	63 L	20000 valent	45000 L
29 valent	65 L 5 ſ	30000 valent	67500 L
30 valent	67 L 10 ſ		
31 valent	69 L 15 ſ	Les 3 quarts	1 L 13 ſ 9 d
32 valent	72 L	le demi	1 L 2 ſ 6 d
33 valent	74 L 5 ſ	le quart	11 ſ 3 d
34 valent	76 L 10 ſ	le huitiéme	5 ſ 7 d
35 valent	78 L 15 ſ	Les 2 tiers	1 L 10 ſ
36 valent	81 L	le tiers	15 ſ
37 valent	83 L 5 ſ	le ſixiéme	7 ſ 6 d
38 valent	85 L 10 ſ	le douziéme	3 ſ 9 d

A 45 ſ par Jour, pour 1 An revient à 821 L 5 ſ

A 46 Sols la chose.

2 valent	4 L	12 ſ	
3 valent	6 L	18 ſ	
4 valent	9 L	4 ſ	
5 valent	11 L	10 ſ	
6 valent	13 L	16 ſ	
7 valent	16 L	2 ſ	
8 valent	18 L	8 ſ	
9 valent	20 L	14 ſ	
10 valent	23 L		
11 valent	25 L	6 ſ	
12 valent	27 L	12 ſ	
13 valent	29 L	18 ſ	
14 valent	32 L	4 ſ	
15 valent	34 L	10 ſ	
16 valent	36 L	16 ſ	
17 valent	39 L	2 ſ	
18 valent	41 L	8 ſ	
19 valent	43 L	14 ſ	
20 valent	46 L		
21 valent	48 L	6 ſ	
22 valent	50 L	12 ſ	
23 valent	52 L	18 ſ	
24 valent	55 L	4 ſ	
25 valent	57 L	10 ſ	
26 valent	59 L	16 ſ	
27 valent	62 L	2 ſ	
28 valent	64 L	8 ſ	
29 valent	66 L	14 ſ	
30 valent	69 L		
31 valent	71 L	6 ſ	
32 valent	73 L	12 ſ	
33 valent	75 L	18 ſ	
34 valent	78 L	4 ſ	
35 valent	80 L	10 ſ	
36 valent	82 L	16 ſ	
37 valent	85 L	2 ſ	
38 valent	87 L	8 ſ	
39 valent	89 L	14 ſ	
40 valent	92 L		
50 valent	115 L		
60 valent	138 L		
70 valent	161 L		
80 valent	184 L		
90 valent	207 L		
100 valent	230 L		
200 valent	460 L		
300 valent	690 L		
400 valent	920 L		
500 valent	1150 L		
600 valent	1380 L		
700 valent	1610 L		
800 valent	1840 L		
900 valent	2070 L		
1000 valent	2300 L		
2000 valent	4600 L		
3000 valent	6900 L		
4000 valent	9200 L		
5000 valent	11500 L		
6000 valent	13800 L		
7000 valent	16100 L		
8000 valent	18400 L		
9000 valent	20700 L		
10000 valent	23000 L		
20000 valent	46000 L		
30000 valent	69000 L		

Les 3 quarts	1 L	14 ſ	6 d
le demi	1 L	3 ſ	
le quart		11 ſ	6 d
le huitiéme		5 ſ	9 d
Les 2 tiers	1 L	10 ſ	8 d
le tiers		15 ſ	4 d
le ſixiéme		7 ſ	8 d
le douziéme		3 ſ	10 d

A 46 ſ par Jour, pour 1 An revient à 839 L 10 ſ.

2 valent 4 L 14 ſ	39 valent 91 L 13 ſ
3 valent 7 L 1 ſ	40 valent 94 L
4 valent 9 L 8 ſ	50 valent 117 L 10 ſ
5 valent 11 L 15 ſ	60 valent 141 L
6 valent 14 L 2 ſ	70 valent 164 L 10 ſ
7 valent 16 L 9 ſ	80 valent 188 L
8 valent 18 L 16 ſ	90 valent 211 L 10 ſ
9 valent 21 L 3 ſ	100 valent 235 L
10 valent 23 L 10 ſ	200 valent 470 L
11 valent 25 L 17 ſ	300 velent 705 L
12 valent 28 L 4 ſ	400 valent 940 L
13 valent 30 L 11 ſ	500 valent 1175 L
14 valent 32 L 18 ſ	600 valent 1410 L
15 valent 35 L 5 ſ	700 valent 1645 L
16 valent 37 L 12 ſ	800 valent 1880 L
17 valent 39 L 19 ſ	900 valent 2115 L
18 valent 42 L 6 ſ	1000 valent 2350 L
19 valent 44 L 13 ſ	2000 valent 4700 L
20 valent 47 L	3000 valent 7050 L
21 valent 49 L 7 ſ	4000 valent 9400 L
22 valent 51 L 14 ſ	5000 valent 11750 L
23 valent 54 L 1 ſ	6000 valent 14100 L
24 valent 56 L 8 ſ	7000 valent 16450 L
25 valent 58 L 15 ſ	8000 valent 18800 L
26 valent 61 L 2 ſ	9000 valent 21150 L
27 valent 63 L 9 ſ	10000 valent 23500 L
28 valent 65 L 16 ſ	20000 valent 47000 L
29 valent 68 L 3 ſ	30000 valent 70500 L
30 valent 70 L 10 ſ	
31 valent 72 L 17 ſ	Les 3 quarts 1 L 15 ſ 3 d
32 valent 75 L 4 ſ	le demi 1 L 3 ſ 6 d
33 valent 77 L 11 ſ	le quart 11 ſ 9 d
34 valent 79 L 18 ſ	le huitiéme 5 ſ 10 d
35 valent 82 L 5 ſ	Les 2 tiers 1 L 11 ſ 4 d
36 valent 84 L 12 ſ	le tiers 15 ſ 8 d
37 valent 86 L 19 ſ	le ſixiéme 7 ſ 10 d
38 valent 89 L 6 ſ	le douziéme 3 ſ 11 d

A 47 ſ par Jour, pour 1 An revient à 857 L 15 ſ

2 valent	4 L	16 ſ
3 valent	7 L	4 ſ
4 valent	9 L	12 ſ
5 valent	12 L	
6 valent	14 L	8 ſ
7 valent	16 L	16 ſ
8 valent	19 L	4 ſ
9 valent	21 L	12 ſ
10 valent	24 L	
11 valent	26 L	8 ſ
12 valent	28 L	16 ſ
13 valent	31 L	4 ſ
14 valent	33 L	12 ſ
15 valent	36 L	
16 valent	38 L	8 ſ
17 valent	40 L	16 ſ
18 valent	43 L	4 ſ
19 valent	45 L	12 ſ
20 valent	48 L	
21 valent	50 L	8 ſ
22 valent	52 L	16 ſ
23 valent	55 L	4 ſ
24 valent	57 L	12 ſ
25 valent	60 L	
26 valent	62 L	8 ſ
27 valent	64 L	16 ſ
28 valent	67 L	4 ſ
29 valent	69 L	12 ſ
30 valent	72 L	
31 valent	74 L	8 ſ
32 valent	76 L	16 ſ
33 valent	79 L	4 ſ
34 valent	81 L	12 ſ
35 valent	84 L	
36 valent	86 L	8 ſ
37 valent	88 L	16 ſ
38 valent	91 L	4 ſ
39 valent	93 L	12 ſ
40 valent	96 L	
50 valent	120 L	
60 valent	144 L	
70 valent	168 L	
80 valent	192 L	
90 valent	216 L	
100 valent	240 L	
200 valent	480 L	
300 valent	720 L	
400 valent	960 L	
500 valent	1200 L	
600 valent	1440 L	
700 valent	1680 L	
800 valent	1920 L	
900 valent	2160 L	
1000 valent	2400 L	
2000 valent	4800 L	
3000 valent	7200 L	
4000 valent	9600 L	
5000 valent	12000 L	
6000 valent	14400 L	
7000 valent	16800 L	
8000 valent	19200 L	
9000 valent	21600 L	
10000 valent	24000 L	
20000 valent	48000 L	
30000 valent	72000 L	

Les 3 quarts	1 L	16 ſ
le demi	1 L	4 ſ
le quart		12 ſ
le huitiéme		6 ſ
Les 2 tiers	1 L	12 ſ
le tiers		16 ſ
le ſixiéme		8 ſ
le douziéme		4 ſ

A 48 ſ par Jour, pour 1 An revient à 876 L

2 valent	4 L	18 ſ	
3 valent	7 L	7 ſ	
4 valent	9 L	16 ſ	
5 valent	12 L	5 ſ	
6 valent	14 L	14 ſ	
7 valent	17 L	3 ſ	
8 valent	19 L	12 ſ	
9 valent	22 L	1 ſ	
10 valent	24 L	10 ſ	
11 valent	26 L	19 ſ	
12 valent	29 L	8 ſ	
13 valent	31 L	17 ſ	
14 valent	34 L	6 ſ	
15 valent	36 L	15 ſ	
16 valent	39 L	4 ſ	
17 valent	41 L	13 ſ	
18 valent	44 L	2 ſ	
19 valent	46 L	11 ſ	
20 valent	49 L		
21 valent	51 L	9 ſ	
22 valent	53 L	18 ſ	
23 valent	56 L	7 ſ	
24 valent	58 L	16 ſ	
25 valent	61 L	5 ſ	
26 valent	63 L	14 ſ	
27 valent	66 L	3 ſ	
28 valent	68 L	12 ſ	
29 valent	71 L	1 ſ	
30 valent	73 L	10 ſ	
31 valent	75 L	19 ſ	
32 valent	78 L	8 ſ	
33 valent	80 L	17 ſ	
34 valent	83 L	6 ſ	
35 valent	85 L	15 ſ	
36 valent	88 L	4 ſ	
37 valent	90 L	13 ſ	
38 valent	93 L	2 ſ	

39 valent	95 L	11 ſ
40 valent	98 L	
50 valent	122 L	10 ſ
60 valent	147 L	
70 valent	171 L	10 ſ
80 valent	196 L	
90 valent	220 L	10 ſ
100 valent	245 L	
200 valent	490 L	
300 valent	735 L	
400 valent	980 L	
500 valent	1225 L	
600 valent	1470 L	
700 valent	1715 L	
800 valent	1960 L	
900 valent	2205 L	
1000 valent	2450 L	
2000 valent	4900 L	
3000 valent	7350 L	
4000 valent	9800 L	
5000 valent	12250 L	
6000 valent	14700 L	
7000 valent	17150 L	
8000 valent	19600 L	
9000 valent	22050 L	
10000 valent	24500 L	
20000 valent	49000 L	
30000 valent	73500 L	

Les 3 quarts	1 L	16 ſ	9 d
le demi	1 L	4 ſ	6 d
le quart		12 ſ	3 d
le huitiéme		6 ſ	1 d
Les 2 tiers	1 L	12 ſ	8 d
le tiers		16 ſ	4 d
le ſixiéme		8 ſ	2 d
le douziéme		4 ſ	1 d

A 49 ſ par Jour, pour 1 An revient à 894 L 5 ſ

A 50 Sols la chose.

2	valent	5 L	
3	valent	7 L	10 ſ
4	valent	10 L	
5	valent	12 L	10 ſ
6	valent	15 L	
7	valent	17 L	10 ſ
8	valent	20 L	
9	valent	22 L	10 ſ
10	valent	25 L	
11	valent	27 L	10 ſ
12	valent	30 L	
13	valent	32 L	10 ſ
14	valent	35 L	
15	valent	37 L	10 ſ
16	valent	40 L	
17	valent	42 L	10 ſ
18	valent	45 L	
19	valent	47 L	10 ſ
20	valent	50 L	
21	valent	52 L	10 ſ
22	valent	55 L	
23	valent	57 L	10 ſ
24	valent	60 L	
25	valent	62 L	10 ſ
26	valent	65 L	
27	valent	67 L	10 ſ
28	valent	70 L	
29	valent	72 L	10 ſ
30	valent	75 L	
31	valent	77 L	10 ſ
32	valent	80 L	
33	valent	82 L	10 ſ
34	valent	85 L	
35	valent	87 L	10 ſ
36	valent	90 L	
37	valent	92 L	10 ſ
38	valent	95 L	
39	valent	97 L	10 ſ
40	valent	100 L	
50	valent	125 L	
60	valent	150 L	
70	valent	175 L	
80	valent	200 L	
90	valent	225 L	
100	valent	250 L	
200	valent	500 L	
300	valent	750 L	
400	valent	1000 L	
500	valent	1250 L	
600	valent	1500 L	
700	valent	1750 L	
800	valent	2000 L	
900	valent	2250 L	
1000	valent	2500 L	
2000	valent	5000 L	
3000	valent	7500 L	
4000	valent	10000 L	
5000	valent	12500 L	
6000	valent	15000 L	
7000	valent	17500 L	
8000	valent	20000 L	
9000	valent	22500 L	
10000	valent	25000 L	
20000	valent	50000 L	
30000	valent	75000 L	

Les 3 quarts	1 L	17 ſ	6 d
le demi	1 L	5 ſ	
le quart		12 ſ	6 d
le huitiéme		6 ſ	3 d
Les 2 tiers	1 L	13 ſ	4 d
le tiers		16 ſ	8 d
le ſixiéme		8 ſ	4 d
le douziéme		4 ſ	2 d

A 50 ſ par Jour, pour 1 An revient à 912 L 10 ſ

A 51 Sols la chose.

2 valent	5 L	2 ſ
3 valent	7 L	13 ſ
4 valent	10 L	4 ſ
5 valent	12 L	15 ſ
6 valent	15 L	6 ſ
7 valent	17 L	17 ſ
8 valent	20 L	8 ſ
9 valent	22 L	19 ſ
10 valent	25 L	10 ſ
11 valent	28 L	1 ſ
12 valent	30 L	12 ſ
13 valent	33 L	3 ſ
14 valent	35 L	14 ſ
15 valent	38 L	5 ſ
16 valent	40 L	16 ſ
17 valent	43 L	7 ſ
18 valent	45 L	18 ſ
19 valent	48 L	9 ſ
20 valent	51 L	
21 valent	53 L	11 ſ
22 valent	56 L	2 ſ
23 valent	58 L	13 ſ
24 valent	61 L	4 ſ
25 valent	63 L	15 ſ
26 valent	66 L	6 ſ
27 valent	68 L	17 ſ
28 valent	71 L	8 ſ
29 valent	73 L	19 ſ
30 valent	76 L	10 ſ
31 valent	79 L	1 ſ
32 valent	81 L	12 ſ
33 valent	84 L	3 ſ
34 valent	86 L	14 ſ
35 valent	89 L	5 ſ
36 valent	91 L	16 ſ
37 valent	94 L	7 ſ
38 valent	96 L	18 ſ
39 valent	99 L	9 ſ
40 valent	102 L	
50 valent	127 L	10 ſ
60 valent	153 L	
70 valent	178 L	10 ſ
80 valent	204 L	
90 valent	229 L	10 ſ
100 valent	255 L	
200 valent	510 L	
300 valent	765 L	
400 valent	1020 L	
500 valent	1275 L	
600 valent	1530 L	
700 valent	1785 L	
800 valent	2040 L	
900 valent	2295 L	
1000 valent	2550 L	
2000 valent	5100 L	
3000 valent	7650 L	
4000 valent	10200 L	
5000 valent	12750 L	
6000 valent	15300 L	
7000 valent	17850 L	
8000 valent	20400 L	
9000 valent	22950 L	
10000 valent	25500 L	
20000 valent	51000 L	
30000 valent	76500 L	

Les 3 quarts	1 L	18 ſ	3 d
le demi	1 L	5 ſ	6 d
le quart		12 ſ	9 d
le huitiéme		6 ſ	4 d
Les 2 tiers	1 L	14 ſ	
le tiers		17 ſ	
le ſixiéme		8 ſ	6 d
le douziéme		4 ſ	3 d

A 51 ſ par Jour, pour 1 An revient à 930 L 15 ſ

2	valent	5 L	4 ſ
3	valent	7 L	16 ſ
4	valent	10 L	8 ſ
5	valent	13 L	
6	valent	15 L	12 ſ
7	valent	18 L	4 ſ
8	valent	20 L	16 ſ
9	valent	23 L	8 ſ
10	valent	26 L	
11	valent	28 L	12 ſ
12	valent	31 L	4 ſ
13	valent	33 L	16 ſ
14	valent	36 L	8 ſ
15	valent	39 L	
16	valent	41 L	12 ſ
17	valent	44 L	4 ſ
18	valent	46 L	16 ſ
19	valent	49 L	8 ſ
20	valent	52 L	
21	valent	54 L	12 ſ
22	valent	57 L	4 ſ
23	valent	59 L	16 ſ
24	valent	62 L	8 ſ
25	valent	65 L	
26	valent	67 L	12 ſ
27	valent	70 L	4 ſ
28	valent	72 L	16 ſ
29	valent	7[illegible] L	8 ſ
30	valent	78 L	
31	valent	80 L	12 ſ
32	valent	83 L	4 ſ
33	valent	85 L	16 ſ
34	valent	88 L	8 ſ
35	valent	91 L	
36	valent	93 L	12 ſ
37	valent	96 L	4 ſ
38	valent	98 L	16 ſ

39	valent	101 L	8 ſ
40	valent	104 L	
50	valent	130 L	
60	valent	156 L	
70	valent	182 L	
80	valent	208 L	
90	valent	234 L	
100	valent	260 L	
200	valent	520 L	
300	valent	780 L	
400	valent	1040 L	
500	valent	1300 L	
600	valent	1560 L	
700	valent	1820 L	
800	valent	2080 L	
900	valent	2340 L	
1000	valent	2600 L	
2000	valent	5200 L	
3000	valent	7800 L	
4000	valent	10400 L	
5000	valent	13000 L	
6000	valent	15600 L	
7000	valent	18200 L	
8000	valent	20800 L	
9000	valent	23400 L	
10000	valent	26000 L	
20000	valent	52000 L	
30000	valent	78000 L	

Les 3 quarts	1 L	19 ſ	
le demi	1 L	6 ſ	
le quart		13 ſ	
le huitiéme		6 ſ	6 d
Les 2 tiers	1 L	14 ſ	8 d
le tiers		17 ſ	4 d
le ſixiéme		8 ſ	8 d
le douziéme		4 ſ	4 d

A 52 ſ par Jour, pour 1 An revient à 949 L

2 valent	5 L	6 ſ	
3 valent	7 L	19 ſ	
4 valent	10 L	12 ſ	
5 valent	13 L	5 ſ	
6 valent	15 L	18 ſ	
7 valent	18 L	11 ſ	
8 valent	21 L	4 ſ	
9 valent	23 L	17 ſ	
10 valent	26 L	10 ſ	
11 valent	29 L	3 ſ	
12 valent	31 L	16 ſ	
13 valent	34 L	9 ſ	
14 valent	37 L	2 ſ	
15 valent	39 L	15 ſ	
16 valent	42 L	8 ſ	
17 valent	45 L	1 ſ	
18 valent	47 L	14 ſ	
19 valent	50 L	7 ſ	
20 valent	53 L		
21 valent	55 L	13 ſ	
22 valent	58 L	6 ſ	
23 valent	60 L	19 ſ	
24 valent	63 L	12 ſ	
25 valent	66 L	5 ſ	
26 valent	68 L	18 ſ	
27 valent	71 L	11 ſ	
28 valent	74 L	4 ſ	
29 valent	76 L	17 ſ	
30 valent	79 L	10 ſ	
31 valent	82 L	3 ſ	
32 valent	84 L	16 ſ	
33 valent	87 L	9 ſ	
34 valent	90 L	2 ſ	
35 valent	92 L	15 ſ	
36 valent	95 L	8 ſ	
37 valent	98 L	1 ſ	
38 valent	100 L	14 ſ	
39 valent	103 L	7 ſ	
40 valent	106 L		
50 valent	132 L	10 ſ	
60 valent	159 L		
70 valent	185 L	10 ſ	
80 valent	212 L		
90 valent	238 L	10 ſ	
100 valent	265 L		
200 valent	530 L		
300 valent	795 L		
400 valent	1060 L		
500 valent	1325 L		
600 valent	1590 L		
700 valent	1855 L		
800 valent	2120 L		
900 valent	2385 L		
1000 valent	2650 L		
2000 valent	5300 L		
3000 valent	7950 L		
4000 valent	10600 L		
5000 valent	13250 L		
6000 valent	15900 L		
7000 valent	18550 L		
8000 valent	21200 L		
9000 valent	23850 L		
10000 valent	26500 L		
20000 valent	53000 L		
30000 valent	79500 L		

Les 3 quarts	1 L	19 ſ	9 d
le demi	1 L	6 ſ	6 d
le quart		13 ſ	3 d
le huitiéme		6 ſ	7 d
Les 2 tiers	1 L	15 ſ	4 d
le tiers		17 ſ	8 d
le ſixiéme		8 ſ	10 d
le douziéme		4 ſ	5 d

A 53 ſ par Jour, pour 1 An revient à 967 L 5 ſ.

A 54 Sols la choſe.

2 valent	5 L	8 ſ
3 valent	8 L	2 ſ
4 valent	10 L	16 ſ
5 valent	13 L	10 ſ
6 valent	16 L	4 ſ
7 valent	18 L	18 ſ
8 valent	21 L	12 ſ
9 valent	24 L	6 ſ
10 valent	27 L	
11 valent	29 L	14 ſ
12 valent	32 L	8 ſ
13 valent	35 L	2 ſ
14 valent	37 L	16 ſ
15 valent	40 L	10 ſ
16 valent	43 L	4 ſ
17 valent	45 L	18 ſ
18 valent	48 L	12 ſ
19 valent	51 L	6 ſ
20 valent	54 L	
21 valent	56 L	14 ſ
22 valent	59 L	8 ſ
23 valent	62 L	2 ſ
24 valent	64 L	16 ſ
25 valent	67 L	10 ſ
26 valent	70 L	4 ſ
27 valent	72 L	18 ſ
28 valent	75 L	12 ſ
29 valent	78 L	6 ſ
30 valent	81 L	
31 valent	83 L	14 ſ
32 valent	86 L	8 ſ
33 valent	89 L	2 ſ
34 valent	91 L	16 ſ
35 valent	94 L	10 ſ
36 valent	97 L	4 ſ
37 valent	99 L	18 ſ
38 valent	102 L	12 ſ
39 valent	105 L	6 ſ
40 valent	108 L	
50 valent	135 L	
60 valent	162 L	
70 valent	189 L	
80 valent	216 L	
90 valent	243 L	
100 valent	270 L	
200 valent	540 L	
300 valent	810 L	
400 valent	1080 L	
500 valent	1350 L	
600 valent	1620 L	
700 valent	1890 L	
800 valent	2160 L	
900 valent	2430 L	
1000 valent	2700 L	
2000 valent	5400 L	
3000 valent	8100 L	
4000 valent	10800 L	
5000 valent	13500 L	
6000 valent	16200 L	
7000 valent	18900 L	
8000 valent	21600 L	
9000 valent	24300 L	
10000 valent	27000 L	
20000 valent	54000 L	
30000 valent	81000 L	

Les 3 quarts	1 L		6 d
le demi	1 L	7 ſ	
le quart		13 ſ	6 d
le huitiéme		6 ſ	9 d
Les 2 tiers	1 L	16 ſ	
le tiers		18 ſ	
le ſixiéme		9 ſ	
le douziéme		4 ſ	6 d

A 54 ſ par Jour, pour 1 An revient à 985 L 10 ſ

A 55 Sols la choſe.

2 valent	5 L	10 ſ
3 valent	8 L	5 ſ
4 valent	11 L	
5 valent	13 L	15 ſ
6 valent	16 L	10 ſ
7 valent	19 L	5 ſ
8 valent	22 L	
9 valent	24 L	15 ſ
10 valent	27 L	10 ſ
11 valent	30 L	5 ſ
12 valent	33 L	
13 valent	35 L	15 ſ
14 valent	38 L	10 ſ
15 valent	41 L	5 ſ
16 valent	44 L	
17 valent	46 L	15 ſ
18 valent	49 L	10 ſ
19 valent	52 L	5 ſ
20 valent	55 L	
21 valent	57 L	15 ſ
22 valent	60 L	10 ſ
23 valent	63 L	5 ſ
24 valent	66 L	
25 valent	68 L	15 ſ
26 valent	71 L	10 ſ
27 valent	74 L	5 ſ
28 valent	77 L	
29 valent	79 L	15 ſ
30 valent	82 L	10 ſ
31 valent	85 L	5 ſ
32 valent	88 L	
33 valent	90 L	15 ſ
34 valent	93 L	10 ſ
35 valent	96 L	5 ſ
36 valent	99 L	
37 valent	101 L	15 ſ
38 valent	104 L	10 ſ
39 valent	107 L	5 ſ
40 valent	110 L	
50 valent	137 L	10 ſ
60 valent	165 L	
70 valent	192 L	10 ſ
80 valent	220 L	
90 valent	247 L	10 ſ
100 valent	275 L	
200 valent	550 L	
300 valent	825 L	
400 valent	1100 L	
500 valent	1375 L	
600 valent	1650 L	
700 valent	1925 L	
800 valent	2200 L	
900 valent	2475 L	
1000 valent	2750 L	
2000 valent	5500 L	
3000 valent	8250 L	
4000 valent	11000 L	
5000 valent	13750 L	
6000 valent	16500 L	
7000 valent	19250 L	
8000 valent	22000 L	
9000 valent	24750 L	
10000 valent	27500 L	
20000 valent	55000 L	
30000 valent	82500 L	

Les 3-quarts	2 L	1 ſ	3 d
le demi	1 L	7 ſ	6 d
le quart		13 ſ	9 d
le huitéme		6 ſ	10 d
Les 2 tiers	1 L	16 ſ	8 d
le tiers		18 ſ	4 d
le ſixieme		9 ſ	2 d
le douzieme		4 ſ	7 d

A 55 ſ par Jour, pour 1 An revient à 1003 L 15 ſ.

A 56 Sols la choſe.

2 valent	5 L	12 ſ
3 valent	8 L	8 ſ
4 valent	11 L	4 ſ
5 valent	14 L	
6 valent	16 L	16 ſ
7 valent	19 L	12 ſ
8 valent	22 L	8 ſ
9 valent	25 L	4 ſ
10 valent	28 L	
11 valent	30 L	16 ſ
12 valent	33 L	12 ſ
13 valent	36 L	8 ſ
14 valent	39 L	4 ſ
15 valent	42 L	
16 valent	44 L	16 ſ
17 valent	47 L	12 ſ
18 valent	50 L	8 ſ
19 valent	53 L	4 ſ
20 valent	56 L	
21 valent	58 L	16 ſ
22 valent	61 L	12 ſ
23 valent	64 L	8 ſ
24 valent	67 L	4 ſ
25 valent	70 L	
26 valent	72 L	16 ſ
27 valent	75 L	12 ſ
28 valent	78 L	8 ſ
29 valent	81 L	4 ſ
30 valent	84 L	
31 valent	86 L	16 ſ
32 valent	89 L	12 ſ
33 valent	92 L	8 ſ
34 valent	95 L	4 ſ
35 valent	98 L	
36 valent	100 L	16 ſ
37 valent	103 L	12 ſ
38 valent	106 L	8 ſ

39 valent	109 L	4 ſ
40 valent	112 L	
50 valent	140 L	
60 valent	168 L	
70 valent	196 L	
80 valent	224 L	
90 valent	252 L	
100 valent	280 L	
200 valent	560 L	
300 valent	840 L	
400 valent	1120 L	
500 valent	1400 L	
600 valent	1680 L	
700 valent	1960 L	
800 valent	2240 L	
900 valent	2520 L	
1000 valent	2800 L	
2000 valent	5600 L	
3000 valent	8400 L	
4000 valent	11200 L	
5000 valent	14000 L	
6000 valent	16800 L	
7000 valent	19600 L	
8000 valent	22400 L	
9000 valent	25200 L	
10000 valent	28000 L	
20000 valent	56000 L	
30000 valent	84000 L	

Les 3 quarts	2 L	2 ſ	
le demi	1 L	8 ſ	
le quart		14 ſ	
le huitiéme		7 ſ	
Les 2 tiers	1 L	17 ſ	4 d
le tiers		18 ſ	8 d
le ſixiéme		9 ſ	4 d
le douziéme		4 ſ	8 d

A 56 ſ par Jour, pour 1 An revient à 1022 L

2 valent	5 L	14 ſ	
3 valent	8 L	11 ſ	
4 valent	11 L	8 ſ	
5 valent	14 L	5 ſ	
6 valent	17 L	2 ſ	
7 valent	19 L	19 ſ	
8 valent	22 L	16 ſ	
9 valent	25 L	13 ſ	
10 valent	28 L	10 ſ	
11 valent	31 L	7 ſ	
12 valent	34 L	4 ſ	
13 valent	37 L	1 ſ	
14 valent	39 L	18 ſ	
15 valent	42 L	15 ſ	
16 valent	45 L	12 ſ	
17 valent	48 L	9 ſ	
18 valent	51 L	6 ſ	
19 valent	54 L	3 ſ	
20 valent	57 L		
21 valent	59 L	17 ſ	
22 valent	62 L	14 ſ	
23 valent	65 L	11 ſ	
24 valent	68 L	8 ſ	
25 valent	71 L	5 ſ	
26 valent	74 L	2 ſ	
27 valent	76 L	19 ſ	
28 valent	79 L	16 ſ	
29 valent	82 L	13 ſ	
30 valent	85 L	10 ſ	
31 valent	88 L	7 ſ	
32 valent	91 L	4 ſ	
33 valent	94 L	1 ſ	
34 valent	96 L	18 ſ	
35 valent	99 L	15 ſ	
36 valent	102 L	12 ſ	
37 valent	105 L	9 ſ	
38 valent	108 L	6 ſ	
39 valent	111 L	3 ſ	
40 valent	114 L		
50 valent	142 L	10 ſ	
60 valent	171 L		
70 valent	199 L	10 ſ	
80 valent	228 L		
90 valent	256 L	10 ſ	
100 valent	285 L		
200 valent	570 L		
300 valent	855 L		
400 valent	1140 L		
500 valent	1425 L		
600 valent	1710 L		
700 valent	1995 L		
800 valent	2280 L		
900 valent	2565 L		
1000 valent	2850 L		
2000 valent	5700 L		
3000 valent	8550 L		
4000 valent	11400 L		
5000 valent	14250 L		
6000 valent	17100 L		
7000 valent	19950 L		
8000 valent	22800 L		
9000 valent	25650 L		
10000 valent	28500 L		
20000 valent	57000 L		
30000 valent	85500 L		

Les 3 quarts	2 L	2 ſ	9 d
le demi	1 L	8 ſ	6 d
le quart		14 ſ	3 d
le huitéme		7 ſ	1 d
Les 2 tiers	1 L	18 ſ	
le tiers		19 ſ	
le sixiéme		9 ſ	6 d
le douziéme		4 ſ	9 d

A 57 ſ par Jour, pour 1 An revient à 1040 L 5 ſ

2 valent	5 L	16 ſ
3 valent	8 L	14 ſ
4 valent	11 L	12 ſ
5 valent	14 L	10 ſ
6 valent	17 L	8 ſ
7 valent	20 L	6 ſ
8 valent	23 L	4 ſ
9 valent	26 L	2 ſ
10 valent	29 L	
11 valent	31 L	18 ſ
12 valent	34 L	16 ſ
13 valent	37 L	14 ſ
14 valent	40 L	12 ſ
15 valent	43 L	10 ſ
16 velent	46 L	8 ſ
17 valent	49 L	6 ſ
18 valent	52 L	4 ſ
19 valent	55 L	2 ſ
20 valent	58 L	
21 valent	60 L	18 ſ
22 valent	63 L	16 ſ
23 valent	66 L	14 ſ
24 valent	69 L	12 ſ
25 valent	72 L	10 ſ
26 valent	75 L	8 ſ
27 valent	78 L	6 ſ
28 valent	81 L	4 ſ
29 valent	84 L	2 ſ
30 valent	87 L	
31 valent	89 L	18 ſ
32 valent	92 L	16 ſ
33 valent	95 L	14 ſ
34 valent	98 L	12 ſ
35 valent	101 L	10 ſ
36 valent	104 L	8 ſ
37 valent	107 L	6 ſ
38 valent	110 L	4 ſ

39 valent	113 L	2 ſ
40 valent	116 L	
50 valent	145 L	
60 valent	174 L	
70 valent	203 L	
80 valent	232 L	
90 valent	261 L	
100 valent	290 L	
200 valent	580 L	
300 valent	870 L	
400 valent	1160 L	
500 valent	1450 L	
600 valent	1740 L	
700 valent	2030 L	
800 valent	2320 L	
900 valent	2610 L	
1000 valent	2900 L	
2000 valent	5800 L	
3000 valent	8700 L	
4000 valent	11600 L	
5000 valent	14500 L	
6000 valent	17400 L	
7000 valent	20300 L	
8000 valent	23200 L	
9000 valent	26100 L	
10000 valent	29000 L	
20000 valent	58000 L	
30000 valent	87000 L	

Les 3 quarts	2 L	3 ſ	6 d
le demi	1 L	9 ſ	
le quart		14 ſ	6 d
le huitiéme		7 ſ	3 d
Les 2 tiers	1 L	18 ſ	8 d
le tiers		19 ſ	4 d
le ſixiéme		9 ſ	8 d
le douziéme		4 ſ	10 d

A 58 ſ par Jour, pour 1 An revient à 1058 L 10 ſ

2	valent	5 L	18 ſ
3	valent	8 L	17 ſ
4	valent	11 L	16 ſ
5	valent	14 L	15 ſ
6	valent	17 L	14 ſ
7	valent	20 L	13 ſ
8	valent	23 L	12 ſ
9	valent	26 L	11 ſ
10	valent	29 L	10 ſ
11	valent	32 L	9 ſ
12	valent	35 L	8 ſ
13	valent	38 L	7 ſ
14	valent	41 L	6 ſ
15	valent	44 L	5 ſ
16	valent	47 L	4 ſ
17	valent	50 L	3 ſ
18	valent	53 L	2 ſ
19	valent	56 L	1 ſ
20	valent	59 L	
21	valent	61 L	19 ſ
22	valent	64 L	18 ſ
23	valent	67 L	17 ſ
24	valent	70 L	16 ſ
25	valent	73 L	15 ſ
26	valent	76 L	14 ſ
27	valent	79 L	13 ſ
28	valent	82 L	12 ſ
29	valent	85 L	11 ſ
30	valent	88 L	10 ſ
31	valent	91 L	9 ſ
32	valent	94 L	8 ſ
33	valent	97 L	7 ſ
34	valent	100 L	6 ſ
35	valent	103 L	5 ſ
36	valent	106 L	4 ſ
37	valent	109 L	3 ſ
38	valent	112 L	2 ſ
39	valent	115 L	1 ſ
40	valent	118 L	
50	valent	147 L	10 ſ
60	valent	177 L	
70	valent	206 L	10 ſ
80	valent	236 L	
90	valent	265 L	10 ſ
100	valent	295 L	
200	valent	590 L	
300	valent	885 L	
400	valent	1180 L	
500	valent	1475 L	
600	valent	1770 L	
700	valent	2065 L	
800	valent	2360 L	
900	valent	2655 L	
1000	valent	2950 L	
2000	valent	5900 L	
3000	valent	8850 L	
4000	valent	11800 L	
5000	valent	14750 L	
6000	valent	17700 L	
7000	valent	20650 L	
8000	valent	23600 L	
9000	valent	26550 L	
10000	valent	29500 L	
20000	valent	59000 L	
30000	valent	88500 L	

Les 3 quarts	2 L	4 ſ	3 d
le demi	1 L	9 ſ	6 d
le quart		14 ſ	9 d
le huitiéme		7 ſ	4 d
Les 2 tiers	1 L	19 ſ	4 d
le tiers		19 ſ	8 d
le ſixiéme		9 ſ	10 d
le douziéme		4 ſ	11 d

A 59 ſ par Jour, pour 1 An revient à 1076 L 15 ſ.

2 valent	6 L	39 valent	117 L
3 valent	9 L	40 valent	120 L
4 valent	12 L	50 valent	150 L
5 valent	15 L	60 valent	180 L
6 valent	18 L	70 valent	210 L
7 valent	21 L	80 valent	240 L
8 valent	24 L	90 valent	270 L
9 valent	27 L	100 valent	300 L
10 valent	30 L	200 valent	600 L
11 valent	33 L	300 valent	900 L
12 valent	36 L	400 valent	1200 L
13 valent	39 L	500 valent	1500 L
14 valent	42 L	600 valent	1800 L
15 valent	45 L	700 valent	2100 L
16 valent	48 L	800 valent	2400 L
17 valent	51 L	900 valent	2700 L
18 valent	54 L	1000 valent	3000 L
19 valent	57 L	2000 valent	6000 L
20 valent	60 L	3000 valent	9000 L
21 valent	63 L	4000 valent	12000 L
22 valent	66 L	5000 valent	15000 L
23 valent	69 L	6000 valent	18000 L
24 valent	72 L	7000 valent	21000 L
25 valent	75 L	8000 valent	24000 L
26 valent	78 L	9000 valent	27000 L
27 valent	81 L	10000 valent	30000 L
28 valent	84 L	20000 valent	60000 L
29 valent	87 L	30000 valent	90000 L
30 valent	90 L		
31 valent	93 L	Les 3 quarts	2 L 5 ſ
32 valent	96 L	le demi	1 L 10 ſ
33 valent	99 L	le quart	15 ſ
34 valent	102 L	le huitiéme	7 ſ 6 d
35 valent	105 L	Les 2 tiers	2 L
36 valent	108 L	le tiers	1 L
37 valent	111 L	le ſixiéme	10 ſ
38 valent	114 L	le douziéme	5 ſ

A 3 L par Jour, pour 1 An revient à 1095 L

2 valent	6 L	2 ſ	
3 valent	9 L	3 ſ	
4 valent	12 L	4 ſ	
5 valent	15 L	5 ſ	
6 valent	18 L	6 ſ	
7 valent	21 L	7 ſ	
8 valent	24 L	8 ſ	
19 valent	27 L	9 ſ	
10 valent	30 L	10 ſ	
11 valent	33 L	11 ſ	
12 valent	36 L	12 ſ	
13 valent	39 L	13 ſ	
14 valent	42 L	14 ſ	
15 valent	45 L	15 ſ	
16 valent	48 L	16 ſ	
17 valent	51 L	17 ſ	
18 valent	54 L	18 ſ	
9 valent	57 L	19 ſ	
20 valent	61 L		
21 valent	64 L	1 ſ	
22 valent	67 L	2 ſ	
23 valent	70 L	3 ſ	
24 valent	73 L	4 ſ	
25 valent	76 L	5 ſ	
26 valent	79 L	6 ſ	
27 valent	82 L	7 ſ	
28 valent	85 L	8 ſ	
29 valent	88 L	9 ſ	
30 valent	91 L	10 ſ	
31 valent	94 L	11 ſ	
32 valent	97 L	12 ſ	
33 valent	100 L	13 ſ	
34 valent	103 L	14 ſ	
35 valent	106 L	15 ſ	
36 valent	109 L	16 ſ	
37 valent	112 L	17 ſ	
38 valent	115 L	18 ſ	
39 valent	118 L	19 ſ	
40 valent	122 L		
50 valent	152 L	10 ſ	
60 valent	183 L		
70 valent	213 L	10 ſ	
80 valent	244 L		
90 valent	274 L	10 ſ	
100 valent	305 L		
200 valent	610 L		
300 valent	915 L		
400 valent	1220 L		
500 valent	1525 L		
600 valent	1830 L		
700 valent	2135 L		
800 valent	2440 L		
900 valent	2745 L		
1000 valent	3050 L		
2000 valent	6100 L		
3000 valent	9150 L		
4000 valent	12200 L		
5000 valent	15250 L		
6000 valent	18300 L		
7000 valent	21350 L		
8000 valent	24400 L		
9000 valent	27450 L		
10000 valent	30500 L		
20000 valent	61000 L		
30000 valent	91500 L		

Les 3 quarts	2 L	5 ſ	9 d
le demi	1 L	10 ſ	6 d
le quart		15 ſ	3 d
le huitiéme		7 ſ	7 d
Les 2 tiers	2 L		8 d
le tiers	1 L		4 d
le ſixiéme		10 ſ	2 d
le douziéme		5 ſ	1 d

A 3 L 1 ſ par Jour, pour 1 An revient à 1113 L 5 ſ

A 3 Livres 2 Sols la choſe.

2 valent	6 L 4 ſ	39 valent	120 L 18 ſ
3 valent	9 L 6 ſ	40 valent	124 L
4 valent	12 L 8 ſ	50 valent	155 L
5 valent	15 L 10 ſ	60 valent	186 L
6 valent	18 L 12 ſ	70 valent	217 L
7 valent	21 L 14 ſ	80 valent	248 L
8 valent	24 L 16 ſ	90 valent	279 L
9 valent	27 L 18 ſ	100 valent	310 L
10 valent	31 L	200 valent	620 L
11 valent	34 L 2 ſ	300 valent	930 L
12 valent	37 L 4 ſ	400 valent	1240 L
13 valent	40 L 6 ſ	500 valent	1550 L
14 valent	43 L 8 ſ	600 valent	1860 L
15 valent	46 L 10 ſ	700 valent	2170 L
16 valent	49 L 12 ſ	800 valent	2480 L
17 valent	52 L 14 ſ	900 valent	2790 L
18 valent	55 L 16 ſ	1000 valent	3100 L
19 valent	58 L 18 ſ	2000 valent	6200 L
20 valent	62 L	3000 valent	9300 L
21 valent	65 L 2 ſ	4000 valent	12400 L
22 valent	68 L 4 ſ	5000 valent	15500 L
23 valent	71 L 6 ſ	6000 valent	18600 L
24 valent	74 L 8 ſ	7000 valent	21700 L
25 valent	77 L 10 ſ	8000 valent	24800 L
26 valent	80 L 12 ſ	9000 valent	27900 L
27 valent	83 L 14 ſ	10000 valent	31000 L
28 valent	86 L 16 ſ	20000 valent	62000 L
29 valent	89 L 18 ſ	30000 valent	93000 L
30 valent	93 L		
31 valent	96 L 2 ſ	Les 3 quarts	2 L 6 ſ 6 d
32 valent	99 L 4 ſ	le demi	1 L 11 ſ
33 valent	102 L 6 ſ	le quart	15 ſ 6 d
34 valent	105 L 8 ſ	le huitiéme	7 ſ 9 d
35 valent	108 L 10 ſ	Les 2 tiers	2 L 1 ſ 4 d
36 valent	111 L 12 ſ	le tiers	1 L 8 d
37 valent	114 L 14 ſ	le ſixiéme	10 ſ 4 d
38 valent	117 L 16 ſ	le douziéme	5 ſ 2 d

A 3 L 2 ſ par Jour, pour 1 An revient à 1131 L 10 ſ

A 3 Livres 3 Sols la chose.

2 valent	6 L	6 ſ	
3 valent	9 L	9 ſ	
4 valent	12 L	12 ſ	
5 valent	15 L	15 ſ	
6 valent	18 L	18 ſ	
7 valent	22 L	1 ſ	
8 valent	25 L	4 ſ	
9 valent	28 L	7 ſ	
10 valent	31 L	10 ſ	
11 valent	34 L	13 ſ	
12 valent	37 L	16 ſ	
13 valent	40 L	19 ſ	
14 valent	44 L	2 ſ	
15 valent	47 L	5 ſ	
16 valent	50 L	8 ſ	
17 valent	53 L	11 ſ	
18 valent	56 L	14 ſ	
19 valent	59 L	17 ſ	
20 valent	63 L		
21 valent	66 L	3 ſ	
22 valent	69 L	6 ſ	
23 valent	72 L	9 ſ	
24 valent	75 L	12 ſ	
25 valent	78 L	15 ſ	
26 valent	81 L	18 ſ	
27 valent	85 L	1 ſ	
28 valent	88 L	4 ſ	
29 valent	91 L	7 ſ	
30 valent	94 L	10 ſ	
31 valent	97 L	13 ſ	
32 valent	100 L	16 ſ	
33 valent	103 L	19 ſ	
34 valent	107 L	2 ſ	
35 valent	110 L	5 ſ	
36 valent	113 L	8 ſ	
37 valent	116 L	11 ſ	
38 valent	119 L	14 ſ	
39 valent	122 L	17 ſ	
40 valent	126 L		
50 valent	157 L	10 ſ	
60 valent	189 L		
70 valent	220 L	10 ſ	
80 valent	252 L		
90 valent	283 L	10 ſ	
100 valent	315 L		
200 valent	630 L		
300 valent	945 L		
400 valent	1260 L		
500 valent	1575 L		
600 valent	1890 L		
700 valent	2205 L		
800 valent	2520 L		
900 valent	2835 L		
1000 valent	3150 L		
2000 valent	6300 L		
3000 valent	9450 L		
4000 valent	12600 L		
5000 valent	15750 L		
6000 valent	18900 L		
7000 valent	22050 L		
8000 valent	25200 L		
9000 valent	28350 L		
10000 valent	31500 L		
20000 valent	63000 L		
30000 valent	94500 L		

Les 3 quarts	2 L	7 ſ	3 d
le demi	1 L	11 ſ	6 d
le quart		15 ſ	9 d
le huitiéme		7 ſ	10 d
Les 2 tiers	2 L	2 ſ	
le tiers	1 L	1 ſ	
le ſixiéme		10 ſ	6 d
le douziéme		5 ſ	3 d

A 3 L 3 ſ par Jour, pour 1 An revient à 1149 L 15 ſ

2 valent	6 L	8 ſ	
3 valent	9 L	12 ſ	
4 valent	12 L	16 ſ	
5 valent	16 L		
6 valent	19 L	4 ſ	
7 valent	22 L	8 ſ	
8 valent	25 L	12 ſ	
9 valent	28 L	16 ſ	
10 valent	32 L		
11 valent	35 L	4 ſ	
12 valent	38 L	8 ſ	
13 valent	41 L	12 ſ	
14 valent	44 L	16 ſ	
15 valent	48 L		
16 valent	51 L	4 ſ	
17 valent	54 L	8 ſ	
18 valent	57 L	12 ſ	
19 valent	60 L	16 ſ	
20 valent	64 L		
21 valent	67 L	4 ſ	
22 valent	70 L	8 ſ	
23 valent	73 L	12 ſ	
24 valent	76 L	16 ſ	
25 valent	80 L		
26 valent	83 L	4 ſ	
27 valent	86 L	8 ſ	
28 valent	89 L	12 ſ	
29 valent	92 L	16 ſ	
30 valent	96 L		
31 valent	99 L	4 ſ	
32 valent	102 L	8 ſ	
33 valent	105 L	12 ſ	
34 valent	108 L	16 ſ	
35 valent	112 L		
36 valent	115 L	4 ſ	
37 valent	118 L	8 ſ	
38 valent	121 L	12 ſ	
39 valent	124 L	16 ſ	
40 valent	128 L		
50 valent	160 L		
60 valent	192 L		
70 valent	224 L		
80 valent	256 L		
90 valent	288 L		
100 valent	320 L		
200 valent	640 L		
300 valent	960 L		
400 valent	1280 L		
500 valent	1600 L		
600 valent	1920 L		
700 valent	2240 L		
800 valent	2560 L		
900 valent	2880 L		
1000 valent	3200 L		
2000 valent	6400 L		
3000 valent	9600 L		
4000 valent	12800 L		
5000 valent	16000 L		
6000 valent	19200 L		
7000 valent	22400 L		
8000 valent	25600 L		
9000 valent	28800 L		
10000 valent	32000 L		
20000 valent	64000 L		
30000 valent	96000 L		
Les 3 quarts	2 L	8 ſ	
le demi	1 L	12 ſ	
le quart		16 ſ	
le huitiéme		8 ſ	
Les 2 tiers	2 L	2 ſ	8 d
le tiers	1 L	1 ſ	4 d
le ſixiéme		10 ſ	8 d
le douziéme		5 ſ	4 d

3 L 4 ſ par Jour, pour 1 An revient à 1168 L

A 3 Livres 5 Sols la choſe.

2 valent	6 L	10 ſ	
3 valent	9 L	15 ſ	
4 valent	13 L		
5 valent	16 L	5 ſ	
6 valent	19 L	10 ſ	
7 valent	22 L	15 ſ	
8 valent	26 L		
9 valent	29 L	5 ſ	
10 valent	32 L	10 ſ	
11 valent	35 L	15 ſ	
12 valent	39 L		
13 valent	42 L	5 ſ	
14 valent	45 L	10 ſ	
15 valent	48 L	15 ſ	
16 valent	52 L		
17 valent	55 L	5 ſ	
18 valent	58 L	10 ſ	
19 valent	61 L	15 ſ	
20 valent	65 L		
21 valent	68 L	5 ſ	
22 valent	71 L	10 ſ	
23 valent	74 L	15 ſ	
24 valent	78 L		
25 valent	81 L	5 ſ	
26 valent	84 L	10 ſ	
27 valent	87 L	15 ſ	
28 valent	91 L		
29 valent	94 L	5 ſ	
30 valent	97 L	10 ſ	
31 valent	100 L	15 ſ	
32 valent	104 L		
33 valent	107 L	5 ſ	
34 valent	110 L	10 ſ	
35 valent	113 L	15 ſ	
36 valent	117 L		
37 valent	120 L	5 ſ	
38 valent	123 L	10 ſ	
39 valent	126 L	15 ſ	
40 valent	130 L		
50 valent	162 L	10 ſ	
60 valent	195 L		
70 valent	227 L	10 ſ	
80 valent	260 L		
90 valent	292 L	10 ſ	
100 valent	325 L		
200 valent	650 L		
300 valent	975 L		
400 valent	1300 L		
500 valent	1625 L		
600 valent	1950 L		
700 valent	2275 L		
800 valent	2600 L		
900 valent	2925 L		
1000 valent	3250 L		
2000 valent	6500 L		
3000 valent	9750 L		
4000 valent	13000 L		
5000 valent	16250 L		
6000 valent	19500 L		
7000 valent	22750 L		
8000 valent	26000 L		
9000 valent	29250 L		
10000 valent	32500 L		
20000 valent	65000 L		
30000 valent	97500 L		

Les 3 quarts	2 L	8 ſ	9 d
le demi	1 L	12 ſ	6 d
le quart		16 ſ	3 d
le huitiéme		8 ſ	1 d
Les 2 tiers	2 L	3 ſ	4 d
le tiers	1 L	1 ſ	8 d
le ſixiéme		10 ſ	10 d
le douziéme		5 ſ	5 d

A 3 L 5 ſ par Jour, pour 1 An revient à 1186 L 5 ſ

A 3 Livres 6 Sols la chose.

2 valent	6 L	12 ſ	
3 valent	9 L	18 ſ	
4 valent	13 L	4 ſ	
5 valent	16 L	10 ſ	
6 valent	19 L	16 ſ	
7 valent	23 L	2 ſ	
8 valent	26 L	8 ſ	
9 valent	29 L	14 ſ	
10 valent	33 L		
11 valent	36 L	6 ſ	
12 valent	39 L	12 ſ	
13 valent	42 L	18 ſ	
14 valent	46 L	4 ſ	
15 valent	49 L	10 ſ	
16 valent	52 L	16 ſ	
17 valent	56 L	2 ſ	
18 valent	59 L	8 ſ	
19 valent	62 L	14 ſ	
20 valent	66 L		
21 valent	69 L	6 ſ	
22 valent	72 L	12 ſ	
23 valent	75 L	18 ſ	
24 valent	79 L	4 ſ	
25 valent	82 L	10 ſ	
26 valent	85 L	16 ſ	
27 valent	89 L	2 ſ	
28 valent	92 L	8 ſ	
29 valent	95 L	14 ſ	
30 valent	99 L		
31 valent	102 L	6 ſ	
32 valent	105 L	12 ſ	
33 valent	108 L	18 ſ	
34 valent	112 L	4 ſ	
35 valent	115 L	10 ſ	
36 valent	118 L	16 ſ	
37 valent	122 L	2 ſ	
38 valent	125 L	8 ſ	
39 valent	128 L	14 ſ	
40 valent	132 L		
50 valent	165 L		
60 valent	198 L		
70 valent	231 L		
80 valent	264 L		
90 valent	297 L		
100 valent	330 L		
200 valent	660 L		
300 valent	990 L		
400 valent	1320 L		
500 valent	1650 L		
600 valent	1980 L		
700 valent	2310 L		
800 valent	2640 L		
900 valent	2970 L		
1000 valent	3300 L		
2000 valent	6600 L		
3000 valent	9900 L		
4000 valent	13200 L		
5000 valent	16500 L		
6000 valent	19800 L		
7000 valent	23100 L		
8000 valent	26400 L		
9000 valent	29700 L		
10000 valent	33000 L		
20000 valent	66000 L		
30000 valent	99000 L		

Les 3 quarts	2 L	9 ſ	6 d
le demi	1 L	13 ſ	
le quart		16 ſ	6 d
le huitiéme		8 ſ	3 d
Les 2 tiers	2 L	4 ſ	
le tiers	1 L	2 ſ	
le ſixiéme		11 ſ	
le douziéme		5 ſ	6 d

A 3 L 6 ſ par Jour, pour 1 An revient à 1204 L 10 ſ

A 3 Livres 7 Sols la chose.

2 valent	6 L 14 ſ
3 valent	10 L 1 ſ
4 valent	13 L 8 ſ
5 valent	16 L 15 ſ
6 valent	20 L 2 ſ
7 valent	23 L 9 ſ
8 valent	26 L 16 ſ
9 valent	30 L 3 ſ
10 valent	33 L 10 ſ
11 valent	36 L 17 ſ
12 valent	40 L 4 ſ
13 valent	43 L 11 ſ
14 valent	46 L 18 ſ
15 valent	50 L 5 ſ
16 valent	53 L 12 ſ
17 valent	56 L 19 ſ
18 valent	60 L 6 ſ
19 valent	63 L 13 ſ
20 valent	67 L
21 valent	70 L 7 ſ
22 valent	73 L 14 ſ
23 valent	77 L 1 ſ
24 valent	80 L 8 ſ
25 valent	83 L 15 ſ
26 valent	87 L 2 ſ
27 valent	90 L [illegible] ſ
28 valent	93 L 16 ſ
29 valent	97 L 3 ſ
30 valent	100 L 10 ſ
31 valent	103 L 17 ſ
32 valent	107 L 4 ſ
33 valent	110 L 11 ſ
34 valent	113 L 18 ſ
35 valent	117 L 5 ſ
36 valent	120 L 12 ſ
37 valent	123 L 19 ſ
38 valent	127 L 6 ſ
39 valent	130 L 13 ſ
40 valent	134 L
50 valent	167 L 10 ſ
60 valent	201 L
70 valent	234 L 10 ſ
80 valent	268 L
90 valent	301 L 10 ſ
100 valent	335 L
200 valent	670 L
300 valent	1005 L
400 valent	1340 L
500 valent	1675 L
600 valent	2010 L
700 valent	2345 L
800 valent	2680 L
900 valent	3015 L
1000 valent	3350 L
2000 valent	6700 L
3000 valent	10050 L
4000 valent	13400 L
5000 valent	16750 L
6000 valent	20100 L
7000 valent	23450 L
8000 valent	26800 L
9000 valent	30150 L
10000 valent	33500 L
20000 valent	67000 L
30000 valent	100500 L

Les 3 quarts	2 L 10 ſ 3 d
le demi	1 L 13 ſ 6 d
le quart	16 ſ 9 d
le huitiéme	8 ſ 4 d
Les 2 tiers	2 L 4 ſ 8 d
le tiers	1 L 2 ſ 4 d
le ſixiéme	11 ſ 2 d
le douziéme	5 ſ 7 d

A 3 L 7 ſ par Jour, pour 1 An revient à 1222 L 15 ſ

A 3 Livres 8 Sols la chose.

2 valent	6 L 16 ſ	39 valent	132 L 12 ſ
3 valent	10 L 4 ſ	40 valent	136 L
4 valent	13 L 12 ſ	50 valent	170 L
5 valent	17 L	60 valent	204 L
6 valent	20 L 8 ſ	70 valent	238 L
7 valent	23 L 16 ſ	80 valent	272 L
8 valent	27 L 4 ſ	90 valent	306 L
9 valent	30 L 12 ſ	100 valent	340 L
10 valent	34 L	200 valent	680 L
11 valent	37 L 8 ſ	300 valent	1020 L
12 valent	40 L 16 ſ	400 valent	1360 L
13 valent	44 L 4 ſ	500 valent	1700 L
14 valent	47 L 12 ſ	600 valent	2040 L
15 valent	51 L	700 valent	2380 L
16 valent	54 L 8 ſ	800 valent	2720 L
17 valent	57 L 16 ſ	900 valent	3060 L
18 valent	61 L 4 ſ	1000 valent	3400 L
19 valent	64 L 12 ſ	2000 valent	6800 L
20 valent	68 L	3000 valent	10200 L
21 valent	71 L 8 ſ	4000 valent	13600 L
22 valent	74 L 16 ſ	5000 valent	17000 L
23 valent	78 L 4 ſ	6000 valent	20400 L
24 valent	81 L 12 ſ	7000 valent	23800 L
25 valent	85 L	8000 valent	27200 L
26 valent	88 L 8 ſ	9000 valent	30600 L
27 valent	91 L 16 ſ	10000 valent	34000 L
28 valent	95 L 4 ſ	20000 valent	68000 L
29 valent	98 L 12 ſ	30000 valent	102000 L
30 valent	102 L		
31 valent	105 L 8 ſ	Les 3 quarts	2 L 11 ſ
32 valent	108 L 16 ſ	le demi	1 L 14 ſ
33 valent	112 L 4 ſ	le quart	17 ſ
34 valent	115 L 12 ſ	le huitiéme	8 ſ 6 d
35 valent	119 L	Les 2 tiers	2 L 5 ſ 4 d
36 valent	122 L 8 ſ	le tiers	1 L 2 ſ 8 d
37 valent	125 L 16 ſ	le sixiéme	11 ſ 4 d
38 valent	129 L 4 ſ	le douziéme	5 ſ 8 d

A 3 L 8 ſ par Jour, pour 1 An revient à 1241 L

A 3 Livres 9 Sols la chose.

2 valent	6 L	18 ſ
3 valent	10 L	7 ſ
4 valent	13 L	16 ſ
5 valent	17 L	5 ſ
6 valent	20 L	14 ſ
7 valent	24 L	3 ſ
8 valent	27 L	12 ſ
9 valent	31 L	1 ſ
10 valent	34 L	10 ſ
11 valent	37 L	19 ſ
12 valent	41 L	8 ſ
13 valent	44 L	17 ſ
14 valent	48 L	6 ſ
15 valent	51 L	15 ſ
16 valent	55 L	4 ſ
17 valent	58 L	13 ſ
18 valent	62 L	2 ſ
19 valent	65 L	11 ſ
20 valent	69 L	
21 valent	72 L	9 ſ
22 valent	75 L	18 ſ
23 valent	79 L	7 ſ
24 valent	82 L	16 ſ
25 valent	86 L	5 ſ
26 valent	89 L	14 ſ
27 valent	93 L	3 ſ
28 valent	96 L	12 ſ
29 valent	100 L	1 ſ
30 valent	103 L	10 ſ
31 valent	106 L	19 ſ
32 valent	110 L	8 ſ
33 valent	113 L	17 ſ
34 valent	117 L	6 ſ
35 valent	120 L	15 ſ
36 valent	124 L	4 ſ
37 valent	127 L	13 ſ
38 valent	131 L	2 ſ

39 valent	134 L	11 ſ
40 valent	138 L	
50 valent	172 L	10
60 valent	207 L	
70 valent	241 L	10
80 valent	276 L	
90 valent	310 L	10
100 valent	345 L	
200 valent	690 L	
300 valent	1035 L	
400 valent	1380 L	
500 valent	1725 L	
600 valent	2070 L	
700 valent	2415 L	
800 valent	2760 L	
900 valent	3105 L	
1000 valent	3450 L	
2000 valent	6900 L	
3000 valent	10350 L	
4000 valent	13800 L	
5000 valent	17250 L	
6000 valent	20700 L	
7000 valent	24150 L	
8000 valent	27600 L	
9000 valent	31050 L	
10000 valent	34500 L	
20000 valent	69000 L	
30000 valent	103500 L	

Les 3 quarts	2 L	11 ſ	9 d
le demi	1 L	14 ſ	6 d
le quart		17 ſ	3 d
le huitéme		8 ſ	7 d
Les 2 tiers	2 L	6 ſ	
le tiers	1 L	3 ſ	
le ſixiéme		11 ſ	6 d
le douziéme		5 ſ	9 d

A 3 L 9 ſ par jour, pour 1 An revient à 1259 L 5 ſ

2 valent	7 L
3 valent	10 L 10 ſ
4 valent	14 L
5 valent	17 L 10 ſ
6 valent	21 L
7 valent	24 L 10 ſ
8 valent	28 L
9 valent	31 L 10 ſ
10 valent	35 L
11 valent	38 L 10 ſ
12 valent	42 L
13 valent	45 L 10 ſ
14 valent	49 L
15 valent	52 L 10 ſ
16 valent	56 L
17 valent	59 L 10 ſ
18 valent	63 L
19 valent	66 L 10 ſ
20 valent	70 L
21 valent	73 L 10 ſ
22 valent	77 L
23 valent	80 L 10 ſ
24 valent	84 L
25 valent	87 L 10 ſ
26 valent	91 L
27 valent	94 L 10 ſ
28 valent	98 L
29 valent	101 L 10 ſ
30 valent	105 L
31 valent	108 L 10 ſ
32 valent	112 L
33 valent	115 L 10 ſ
34 valent	119 L
35 valent	122 L 10 ſ
36 valent	126 L
37 valent	129 L 10 ſ
38 valent	133 L
39 valent	136 L 10 ſ
40 valent	140 L
50 valent	175 L
60 valent	210 L
70 valent	245 L
80 valent	280 L
90 valent	315 L
100 valent	350 L
200 valent	700 L
300 valent	1050 L
400 valent	1400 L
500 valent	1750 L
600 valent	2100 L
700 valent	2450 L
800 valent	2800 L
900 valent	3150 L
1000 valent	3500 L
2000 valent	7000 L
3000 valent	10500 L
4000 valent	14000 L
5000 valent	17500 L
6000 valent	21000 L
7000 valent	24500 L
8000 valent	28000 L
9000 valent	31500 L
10000 valent	35000 L
20000 valent	70000 L
30000 valent	105000 L

Les 3 quarts	2 L	12 ſ	6 d
le demi	1 L	15 ſ	
le quart		17 ſ	6 d
le huitiéme		8 ſ	9 d
Les 2 tiers	2 L	6 ſ	8 d
le tiers	1 L	3 ſ	4 d
le ſixiéme		11 ſ	8 d
le douziéme		5 ſ	10 d

A 3 L 10 ſ par Jour, pour 1 An revient à 1277 L 10 ſ

A 3 Livres 11 Sols la choſe.

2	valent	7 L	2 ſ
3	valent	10 L	13 ſ
4	valeut	14 L	4 ſ
5	valent	17 L	15 ſ
6	valent	21 L	6 ſ
7	valent	24 L	17 ſ
8	valent	28 L	8 ſ
9	valent	31 L	19 ſ
10	valent	35 L	10 ſ
11	valent	39 L	1 ſ
12	valent	42 L	12 ſ
13	valent	46 L	3 ſ
14	valent	49 L	14 ſ
15	valent	53 L	5 ſ
16	valent	56 L	16 ſ
17	valent	60 L	7 ſ
18	valent	63 L	18 ſ
19	valent	67 L	9 ſ
20	valent	71 L	
21	valent	74 L	11 ſ
22	valent	78 L	2 ſ
23	valent	81 L	13 ſ
24	valent	85 L	4 ſ
25	valent	88 L	15 ſ
26	valent	92 L	6 ſ
27	valent	95 L	17 ſ
28	valent	99 L	8 ſ
29	valent	102 L	19 ſ
30	valent	106 L	10 ſ
31	valent	110 L	1 ſ
32	valent	113 L	12 ſ
33	valent	117 L	3 ſ
34	valent	120 L	14 ſ
35	valent	124 L	5 ſ
36	valent	127 L	16 ſ
37	valent	131 L	7 ſ
38	valent	134 L	18 ſ
39	valent	138 L	9 ſ
40	valent	142 L	
50	valent	177 L	10 ſ
60	valent	213 L	
70	vrlent	248 L	10 ſ
80	valent	284 L	
90	valent	319 L	10 ſ
100	valent	355 L	
200	valent	710 L	
300	valent	1065 L	
400	valent	1420 L	
500	valent	1775 L	
600	valent	2130 L	
700	valent	2485 L	
800	valent	2840 L	
900	valent	3195 L	
1000	valent	3550 L	
2000	valent	7100 L	
3000	valent	10650 L	
4000	valent	14200 L	
5000	valent	17750 L	
6000	valent	21300 L	
7000	valent	24850 L	
8000	valent	28400 L	
9000	valent	31950 L	
10000	valent	35500 L	
20000	valent	71000 L	
30000	valent	106500 L	

Les 3 quarts	2 L	13 ſ	3 d
le demi	1 L	15 ſ	6 d
le quart		17 ſ	9 d
le huitiéme		8 ſ	10 d
Les 2 tiers	2 L	7 ſ	4 d
le tiers	1 L	3 ſ	8 d
le ſixiéme		11 ſ	10 d
le douziéme		5 ſ	11 d

A 3 L 11 ſ par Jour, pour 1 An revient à 1295 L 15 ſ.

A 3 Livres 12 sols la chose.

2 valent	7 L	4 ſ
3 valent	10 L	16 ſ
4 valent	14 L	8 ſ
5 valent	18 L	
6 valent	21 L	12 ſ
7 valent	25 L	4 ſ
8 valent	28 L	16 ſ
9 valent	32 L	8 ſ
10 valent	36 L	
11 valent	39 L	12 ſ
12 valent	43 L	4 ſ
13 valent	46 L	16 ſ
14 valent	50 L	8 ſ
15 valent	54 L	
16 valent	57 L	12 ſ
17 valent	61 L	4 ſ
18 valent	64 L	16 ſ
19 valent	68 L	8 ſ
20 valent	72 L	
21 valent	75 L	12 ſ
22 valent	79 L	4 ſ
23 valent	82 L	16 ſ
24 valent	86 L	8 ſ
25 valent	90 L	
26 valent	93 L	12 ſ
27 valent	97 L	4 ſ
28 valent	100 L	16 ſ
29 valent	104 L	8 ſ
30 valent	108 L	
31 valent	111 L	12 ſ
32 valent	115 L	4 ſ
33 valent	118 L	16 ſ
34 valent	122 L	8 ſ
35 valent	126 L	
36 valent	129 L	12 ſ
37 valent	133 L	4 ſ
38 valent	136 L	16 ſ
39 valent	140 L	8 ſ
40 valent	144 L	
50 valent	180 L	
60 valent	216 L	
70 valent	252 L	
80 valent	288 L	
90 valent	324 L	
100 valent	360 L	
200 valent	720 L	
300 valent	1080 L	
400 valent	1440 L	
500 valent	1800 L	
600 valent	2160 L	
700 valent	2520 L	
800 valent	2880 L	
900 valent	3240 L	
1000 valent	3600 L	
2000 valent	7200 L	
3000 valent	10800 L	
4000 valent	14400 L	
5000 valent	18000 L	
6000 valent	21600 L	
7000 valent	25200 L	
8000 valent	28800 L	
9000 valent	32400 L	
10000 valent	36000 L	
20000 valent	72000 L	
30000 valent	108000 L	
Les 3 quarts	2 L	14 ſ
le demi	1 L	16 ſ
le quart		18 ſ
le huitiéme		9 ſ
Les 2 tiers	2 L	8 ſ
le tiers	1 L	4 ſ
le ſixiéme		12 ſ
le douziéme		6 ſ

A 3 L 12 ſ par Jour, pour 1 An revient à 1314 L

2 valent	7 L	6 ſ
3 valent	10 L	19 ſ
4 valent	14 L	12 ſ
5 valent	18 L	5 ſ
6 valent	21 L	18 ſ
7 valent	25 L	11 ſ
8 valent	29 L	4 ſ
9 valent	32 L	17 ſ
10 valent	36 L	10 ſ
11 valent	40 L	3 ſ
12 valent	43 L	16 ſ
13 valent	47 L	9 ſ
14 valent	51 L	2 ſ
15 valent	54 L	15 ſ
16 valent	58 L	8 ſ
17 valent	62 L	1 ſ
18 valent	65 L	14 ſ
19 valent	69 L	7 ſ
20 valent	73 L	
21 valent	76 L	13 ſ
22 valent	80 L	6 ſ
23 valent	83 L	19 ſ
24 valent	87 L	12 ſ
25 valent	91 L	5 ſ
26 valent	94 L	18 ſ
27 valent	98 L	11 ſ
28 valent	102 L	4 ſ
29 valent	105 L	17 ſ
30 valent	109 L	10 ſ
31 valent	113 L	3 ſ
32 valent	116 L	16 ſ
33 valent	120 L	9 ſ
34 valent	124 L	2 ſ
35 valent	127 L	15 ſ
36 valent	131 L	8 ſ
37 valent	135 L	1 ſ
38 valent	138 L	14 ſ
39 valent	142 L	7 ſ
40 valent	146 L	
50 valent	182 L	10 ſ
60 valent	219 L	
70 valent	255 L	10 ſ
80 valent	292 L	
90 valent	328 L	10 ſ
100 valent	365 L	
200 valent	730 L	
300 valent	1095 L	
400 valent	1460 L	
500 valent	1825 L	
600 valent	2190 L	
700 valent	2555 L	
800 valent	2920 L	
900 valent	3285 L	
1000 valent	3650 L	
2000 valent	7300 L	
3000 valent	10950 L	
4000 valent	14600 L	
5000 valent	18250 L	
6000 valent	21900 L	
7000 valent	25550 L	
8000 valent	29200 L	
9000 valent	32850 L	
10000 valent	36500 L	
20000 valent	73000 L	
30000 valent	109500 L	

Les 3 quarts	2 L	14 ſ	9 d
le demi	1 L	16 ſ	6 d
le quart		18 ſ	3 d
le huitiéme		9 ſ	1 d
Les 2 tiers	2 L	8 ſ	8 d
le tiers	1 L	4 ſ	4 d
le ſixiéme		12 ſ	2 d
le douziéme		6 ſ	1 d

A 3 L 13 ſ par Jour, pour 1 An revient à 1332 L 5 ſ.

A 3 Livres 14 Sols la choſe.

2 valent	7 L 8 ſ	39 valent	144 L 6 ſ
3 valent	11 L 2 ſ	40 valent	148 L
4 valent	14 L 16 ſ	50 valent	185 L
5 valent	18 L 10 ſ	60 valent	222 L
6 valent	22 L 4 ſ	70 valent	259 L
7 valent	25 L 18 ſ	80 valent	296 L
8 valent	29 L 12 ſ	90 valent	333 L
9 valent	33 L 6 ſ	100 valent	370 L
10 valent	37 L	200 valent	740 L
11 valent	40 L 14 ſ	300 valent	1110 L
12 valent	44 L 8 ſ	400 valent	1480 L
13 valent	48 L 2 ſ	500 valent	1850 L
14 valent	51 L 16 ſ	600 valent	2220 L
15 valent	55 L 10 ſ	700 valent	2590 L
16 velent	59 L 4 ſ	800 valent	2960 L
17 valent	62 L 18 ſ	900 valent	3330 L
18 valent	66 L 12 ſ	1000 valent	3700 L
19 valent	70 L 6 ſ	2000 valent	7400 L
20 valent	74 L	3000 valent	11100 L
21 valent	77 L 14 ſ	4000 valent	14800 L
22 valent	81 L 8 ſ	5000 valent	18500 L
23 valent	85 L 2 ſ	6000 valent	22200 L
24 valent	88 L 16 ſ	7000 valent	25900 L
25 valent	92 L 10 ſ	8000 valent	29600 L
26 valent	96 L 4 ſ	9000 valent	33300 L
27 valent	99 L 18 ſ	10000 valent	37000 L
28 valent	103 L 12 ſ	20000 valent	74000 L
29 valent	107 L 6 ſ	30000 valent	111000 L
30 valent	111 L		
31 valent	114 L 14 ſ	Les 3 quarts	2 L 15 ſ 6 d
32 valent	118 L 8 ſ	le demi	1 L 17 ſ d
33 valent	122 L 2 ſ	le quart	18 ſ 6 d
34 valent	125 L 16 ſ	le huitiéme	9 ſ 3 d
35 valent	129 L 10 ſ	Les 2 tiers	2 L 9 ſ 4 d
36 valent	133 L 4 ſ	le tiers	1 L 4 ſ 8 d
37 valent	136 L 18 ſ	le ſixiéme	12 ſ 4
38 valent	140 L 12 ſ	le douziéme	6 ſ 2 d

A 3 L 14 ſ par Jour, pour 1 An revient à 1350 L 10 ſ

2 valent	7 L	10 ſ
3 valent	11 L	5 ſ
4 valent	15 L	
5 valent	18 L	15 ſ
6 valent	22 L	10 ſ
7 valent	26 L	5 ſ
8 valent	30 L	
9 valent	33 L	15 ſ
10 valent	37 L	10 ſ
11 valent	41 L	5 ſ
12 valent	45 L	
13 valent	48 L	15 ſ
14 valent	52 L	10 ſ
15 valent	56 L	5 ſ
16 valent	60 L	
17 valent	63 L	15 ſ
18 valent	67 L	10 ſ
19 valent	71 L	5 ſ
20 valent	75 L	
21 valent	78 L	15 ſ
22 valent	82 L	10 ſ
23 valent	86 L	5 ſ
24 valent	90 L	
25 valent	93 L	15 ſ
26 valent	97 L	10 ſ
27 valent	101 L	5 ſ
28 valent	105 L	
29 valent	108 L	15 ſ
30 valent	112 L	10 ſ
31 valent	116 L	5 ſ
32 valent	120 L	
33 valent	123 L	15 ſ
34 valent	127 L	10 ſ
35 valent	131 L	5 ſ
36 valent	135 L	
37 valent	138 L	15 ſ
38 valent	142 L	10 ſ
39 valent	146 L	5 ſ
40 valent	150 L	
50 valent	187 L	10 ſ
60 valent	225 L	
70 valent	262 L	10 ſ
80 valent	300 L	
90 valent	337 L	10 ſ
100 valent	375 L	
200 valent	750 L	
300 valent	1125 L	
400 valent	1500 L	
500 valent	1875 L	
600 valent	2250 L	
700 valent	2625 L	
800 valent	3000 L	
900 valent	3375 L	
1000 valent	3750 L	
2000 valent	7500 L	
3000 valent	11250 L	
4000 valent	15000 L	
5000 valent	18750 L	
6000 valent	22500 L	
7000 valent	26250 L	
8000 valent	30000 L	
9000 valent	33750 L	
10000 valent	37500 L	
20000 valent	75000 L	
30000 valent	112500 L	

Les 3 quarts	2 L	16 ſ	3 d
le demi	1 L	17 ſ	6 d
le quart		18 ſ	9 d
le huitiéme		9 ſ	4 d
Les 2 tiers	2 L	10 ſ	
le tiers	1 L	5 ſ	
le ſixiéme		12 ſ	6 d
le douziéme		6 ſ	3 d

A 3 L 15 ſ par Jour, pour 1 An revient à 1368 L 15 ſ

2 valent	7 L 12 ſ	39 valent	148 L 4 ſ
3 valent	11 L 8 ſ	40 valent	152 L
4 valent	15 L 4 ſ	50 valent	190 L
5 valent	19 L	60 valent	228 L
6 valent	22 L 16 ſ	70 valent	266 L
7 valent	26 L 12 ſ	80 valent	304 L
8 valent	30 L 8 ſ	90 valent	342 L
9 valent	34 L 4 ſ	100 valent	380 L
10 valent	38 L	200 valent	760 L
11 valent	41 L 16 ſ	300 valent	1140 L
12 valent	45 L 12 ſ	400 valent	1520 L
13 valent	49 L 8 ſ	500 valent	1900 L
14 valent	53 L 4 ſ	600 valent	2280 L
15 valent	57 L	700 valent	2660 L
16 valent	60 L 16 ſ	800 valent	3040 L
17 valent	64 L 12 ſ	900 valent	3420 L
18 valent	68 L 8 ſ	1000 valent	3800 L
19 valent	72 L 4 ſ	2000 valent	7600 L
20 valent	76 L	3000 valent	11400 L
21 valent	79 L 16 ſ	4000 valent	15200 L
22 valent	83 L 12 ſ	5000 valent	19000 L
23 valent	87 L 8 ſ	6000 valent	22800 L
24 valent	91 L 4 ſ	7000 valent	26600 L
25 valent	95 L	8000 valent	30400 L
26 valent	98 L 16 ſ	9000 valent	34200 L
27 valent	102 L 12 ſ	10000 valent	38000 L
28 valent	106 L 8 ſ	20000 valent	76000 L
29 valent	110 L 4 ſ	30000 valent	114000 L
30 valent	114 L		
31 valent	117 L 16 ſ	Les 3 quarts	2 L 17 ſ
32 valent	121 L 12 ſ	le demi	1 L 18 ſ
33 valent	125 L 8 ſ	le quart	19 ſ
34 valent	129 L 4 ſ	le huitiéme	9 ſ 6 d
35 valent	133 L	Les 2 tiers	2 L 10 ſ 8 d
36 valent	136 L 16 ſ	le tiers	1 L 5 ſ 4 d
37 valent	140 L 12 ſ	le ſixiéme	12 ſ 8 d
38 valent	144 L 8 ſ	le douziéme	6 ſ 4 d

A 3 L 16 ſ par Jour, pour 1 An revient à 1387 L.

A 3 Livres 17 Sols la chose.

2 valent	7 L 14 ſ
3 valent	11 L 11 ſ
4 valent	15 L 8 ſ
5 valent	19 L 5 ſ
6 valent	23 L 2 ſ
7 valent	26 L 19 ſ
8 valent	30 L 16 ſ
9 valent	34 L 13 ſ
10 valent	38 L 10 ſ
11 valent	42 L 7 ſ
12 valent	46 L 4 ſ
13 valent	50 L 1 ſ
14 valent	53 L 18 ſ
15 valent	57 L 15 ſ
16 valent	61 L 12 ſ
17 valent	65 L 9 ſ
18 valent	69 L 6 ſ
19 valent	73 L 3 ſ
20 valent	77 L
21 valent	80 L 17 ſ
22 valent	84 L 14 ſ
23 valent	88 L 11 ſ
24 valent	92 L 8 ſ
25 valent	96 L 5 ſ
26 valent	100 L 2 ſ
27 valent	103 L 19 ſ
28 valent	107 L 16 ſ
29 valent	111 L 13 ſ
30 valent	115 L 10 ſ
31 valent	119 L 7 ſ
32 valent	123 L 4 ſ
33 valent	127 L 1 ſ
34 valent	130 L 18 ſ
35 valent	134 L 15 ſ
36 valent	138 L 12 ſ
37 valent	142 L 9 ſ
38 valent	146 L 6 ſ
39 valent	150 L 3 ſ
40 valent	154 L
50 valent	192 L 10 ſ
60 valent	231 L
70 valent	269 L 10 ſ
80 valent	308 L
90 valent	346 L 10 ſ
100 valent	385 L
200 valent	770 L
300 velent	1155 L
400 valent	1540 L
500 valent	1925 L
600 valent	2310 L
700 valent	2695 L
800 valent	3080 L
900 valent	3465 L
1000 valent	3850 L
2000 valent	7700 L
3000 valent	11550 L
4000 valent	15400 L
5000 valent	19250 L
6000 valent	23100 L
7000 valent	26950 L
8000 valent	30800 L
9000 valent	34650 L
10000 valent	38500 L
20000 valent	77000 L
30000 valent	115500 L

Les 3 quarts	2 L	17 ſ	9 d
le demi	1 L	18 ſ	6 d
le quart		19 ſ	3 d
le huitiéme		9 ſ	7 d
Les 2 tiers	2 L	11 ſ	4 d
le tiers	1 L	5 ſ	8 d
le ſixiéme		12 ſ	10 d
le douziéme		6 ſ	5 d

A 3 L 17 ſ par Jour, pour 1 An revient à 1405 L 5 ſ

A 3 Livres 18 Sols la chose.

2 valent	7 L 16 ſ
3 valent	11 L 14 ſ
4 valent	15 L 12 ſ
5 valent	19 L 10 ſ
6 valent	23 L 8 ſ
7 valent	27 L 6 ſ
8 valent	31 L 4 ſ
9 valent	35 L 2 ſ
10 valent	39 L
11 valent	42 L 18 ſ
12 valent	46 L 16 ſ
13 valent	50 L 14 ſ
14 valent	54 L 12 ſ
15 valent	58 L 10 ſ
16 valent	62 L 8 ſ
17 valent	66 L 6 ſ
18 valent	70 L 4 ſ
19 valent	74 L 2 ſ
20 valent	78 L
21 valent	81 L 18 ſ
22 valent	85 L 16 ſ
23 valent	89 L 14 ſ
24 valent	93 L 12 ſ
25 valent	97 L 10 ſ
26 valent	101 L 8 ſ
27 valent	105 L 6 ſ
28 valent	109 L 4 ſ
29 valent	113 L 2 ſ
30 valent	117 L
31 valent	120 L 18 ſ
32 valent	124 L 16 ſ
33 valent	128 L 14 ſ
34 valent	132 L 13 ſ
35 valent	136 L 10 ſ
36 valent	140 L 8 ſ
37 valent	144 L 6 ſ
38 valent	148 L 4 ſ
39 valent	152 L 2 ſ
40 valent	156 L
50 valent	195 L
60 valent	234 L
70 valent	273 L
80 valent	312 L
90 valent	351 L
100 valent	390 L
200 valent	780 L
300 valent	1170 L
400 valent	1560 L
500 valent	1950 L
600 valent	2340 L
700 valent	2730 L
800 valent	3120 L
900 valent	3510 L
1000 valent	3900 L
2000 valent	7800 L
3000 valent	11700 L
4000 valent	15600 L
5000 valent	19500 L
6000 valent	23400 L
7000 valent	27300 L
8000 valent	31200 L
9000 valent	35100 L
10000 valent	39000 L
20000 valent	78000 L
30000 valent	117000 L

Les 3 quarts	2 L 18 ſ 6 d
le demi	1 L 19 ſ
le quart	19 ſ 6 d
le huitiéme	9 ſ 9 d
Les 2 tiers	2 L 12 ſ
le tiers	1 L 6 ſ
le ſixiéme	13 ſ
le douziéme	6 ſ 6 d

A 3 L 18 ſ par Jour, pour 1 An revient à 1423 L 10 ſ.

2 valent	7 L	18 ſ
3 valent	11 L	17 ſ
4 valent	15 L	16 ſ
5 valent	19 L	15 ſ
6 valent	23 L	14 ſ
7 valent	27 L	13 ſ
8 valent	31 L	12 ſ
9 valent	35 L	11 ſ
10 valent	39 L	10 ſ
11 valent	43 L	9 ſ
12 valent	47 L	8 ſ
13 valent	51 L	7 ſ
14 valent	55 L	6 ſ
15 valent	59 L	5 ſ
16 valent	63 L	4 ſ
17 valent	67 L	3 ſ
18 valent	71 L	2 ſ
19 valent	75 L	1 ſ
20 valent	79 L	
21 valent	82 L	19 ſ
22 valent	86 L	18 ſ
23 valent	90 L	17 ſ
24 valent	94 L	16 ſ
25 valent	98 L	15 ſ
26 valent	102 L	14 ſ
27 valent	106 L	13 ſ
28 valent	110 L	12 ſ
29 valent	114 L	11 ſ
30 valent	118 L	10 ſ
31 valent	122 L	9 ſ
32 valent	126 L	8 ſ
33 valent	130 L	7 ſ
34 valent	134 L	6 ſ
35 valent	138 L	5 ſ
36 valent	142 L	4 ſ
37 valent	146 L	3 ſ
38 valent	150 L	2 ſ
39 valent	154 L	1 ſ
40 valent	158 L	
50 valent	197 L	10 ſ
60 valent	237 L	
70 valent	276 L	10 ſ
80 valent	316 L	
90 valent	355 L	10 ſ
100 valent	395 L	
200 valent	790 L	
300 valent	1185 L	
400 valent	1580 L	
500 valent	1975 L	
600 valent	2370 L	
700 valent	2765 L	
800 valent	3160 L	
900 valent	3555 L	
1000 valent	3950 L	
2000 valent	7900 L	
3000 valent	11850 L	
4000 valent	15800 L	
5000 valent	19750 L	
6000 valent	23700 L	
7000 valent	27650 L	
8000 valent	31600 L	
9000 valent	35550 L	
10000 valent	39500 L	
20000 valent	79000 L	
30000 valent	118500 L	

Les 3 quarts	2 L	19 ſ	3 d
le demi	1 L	19 ſ	6 d
le quart		19 ſ	9 d
le huitiéme		9 ſ	10 d
Les 2 tiers	2 L	12 ſ	8 d
le tiers	1 L	6 ſ	4 d
le sixiéme		13 ſ	2 d
le douziéme		6 ſ	7 d

A 3 L 19 ſ par Jour, pour 1 An revient à 1441 L 15 ſ.

2 valent	8 L	39 valent	156 L
3 valent	12 L	40 valent	160 L
4 valent	16 L	50 valent	200 L
5 valent	20 L	60 valent	240 L
6 valent	24 L	70 valent	280 L
7 valent	28 L	80 valent	320 L
8 valent	32 L	90 valent	360 L
9 valent	36 L	100 valent	400 L
10 valent	40 L	200 valent	800 L
11 valent	44 L	300 valent	1200 L
12 valent	48 L	400 valent	1600 L
13 valent	52 L	500 valent	2000 L
14 valent	56 L	600 valent	2400 L
15 valent	60 L	700 valent	2800 L
16 valent	64 L	800 valent	3200 L
17 valent	68 L	900 valent	3600 L
18 valent	72 L	1000 valent	4000 L
19 valent	76 L	2000 valent	8000 L
20 valent	80 L	3000 valent	12000 L
21 valent	84 L	4000 valent	16000 L
22 valent	88 L	5000 valent	20000 L
23 valent	92 L	6000 valent	24000 L
24 valent	96 L	7000 valent	28000 L
25 valent	100 L	8000 valent	32000 L
26 valent	104 L	9000 valent	36000 L
27 valent	108 L	10000 valent	40000 L
28 valent	112 L	20000 valent	80000 L
29 valent	116 L	30000 valent	120000 L
30 valent	120 L		
31 valent	124 L	Les 3 quarts	3 L
32 valent	128 L	le demi	2 L
33 valent	132 L	le quart	1 L
34 valent	136 L	le huitiéme	10 ſ
35 valent	140 L	Les 2 tiers	2 L 13 ſ 4 d
36 valent	144 L	le tiers	1 L 6 ſ 8 d
37 valent	148 L	le ſixiéme	13 ſ 4 d
38 valent	152 L	le douziéme	6 ſ 8 d

A 4 L par Jour, pour 1 An revient à 1460 L

A 4 Livres 1 Sol la chose.

2 valent	8 L	2 ſ	
3 valent	12 L	3 ſ	
4 valent	16 L	4 ſ	
5 valent	20 L	5 ſ	
6 valent	24 L	6 ſ	
7 valent	28 L	7 ſ	
8 valent	32 L	8 ſ	
9 valent	36 L	9 ſ	
10 valent	40 L	10 ſ	
11 valent	44 L	11 ſ	
12 valent	48 L	12 ſ	
13 valent	52 L	13 ſ	
14 valent	56 L	14 ſ	
15 valent	60 L	15 ſ	
16 valent	64 L	16 ſ	
17 valent	68 L	17 ſ	
18 valent	72 L	18 ſ	
19 valent	76 L	19 ſ	
20 valent	81 L		
21 valent	85 L	1 ſ	
22 valent	89 L	2 ſ	
23 valent	93 L	3 ſ	
24 valent	97 L	4 ſ	
25 valent	101 L	5 ſ	
26 valent	105 L	6 ſ	
27 valent	109 L	7 ſ	
28 valent	113 L	8 ſ	
29 valent	117 L	9 ſ	
30 valent	121 L	10 ſ	
31 valent	125 L	11 ſ	
32 valent	129 L	12 ſ	
33 valent	133 L	13 ſ	
34 valent	137 L	14 ſ	
35 valent	141 L	15 ſ	
36 valent	145 L	16 ſ	
37 valent	149 L	17 ſ	
38 valent	153 L	18 ſ	
39 valent	157 L	19 ſ	
40 valent	162 L		
50 valent	202 L	10 ſ	
60 valent	243 L		
70 valent	283 L	10 ſ	
80 valent	324 L		
90 valent	364 L	10 ſ	
100 valent	405 L		
200 valent	810 L		
300 valent	1215 L		
400 valent	1620 L		
500 valent	2025 L		
600 valent	2430 L		
700 valent	2835 L		
800 valent	3240 L		
900 valent	3645 L		
1000 valent	4050 L		
2000 valent	8100 L		
3000 valent	12150 L		
4000 valent	16200 L		
5000 valent	20250 L		
6000 valent	24300 L		
7000 valent	28350 L		
8000 valent	32400 L		
9000 valent	36450 L		
10000 valent	40500 L		
20000 valent	81000 L		
30000 valent	121500 L		
Les 3 quarts	3 L		9 d
le demi	2 L		6 d
le quart	1 L		3 d
le huitiéme		10 ſ	1 d
Les 2 tiers	2 L	14 ſ	
le tiers	1 L	7 ſ	
le ſixiéme		13 ſ	6 d
le douziéme		6 ſ	9 d

A 4 L 1 ſ par Jour, pour 1 An revient à 1478 L 5 ſ.

2 valent	8 L	4 ſ	
3 valent	12 L	6 ſ	
4 valent	16 L	8 ſ	
5 valent	20 L	10 ſ	
6 valent	24 L	12 ſ	
7 valent	28 L	14 ſ	
8 valent	32 L	16 ſ	
9 valent	36 L	18 ſ	
10 valent	41 L		
11 valent	45 L	2 ſ	
12 valent	49 L	4 ſ	
13 valent	53 L	6 ſ	
14 valent	57 L	8 ſ	
15 valent	61 L	10 ſ	
16 valent	65 L	12 ſ	
17 valent	69 L	14 ſ	
18 valent	73 L	16 ſ	
19 valent	77 L	18 ſ	
20 valent	82 L		
21 valent	86 L	2 ſ	
22 valent	90 L	4 ſ	
23 valent	94 L	6 ſ	
24 valent	98 L	8 ſ	
25 valent	102 L	10 ſ	
26 valent	106 L	12 ſ	
27 valent	110 L	14 ſ	
28 valent	114 L	16 ſ	
29 valent	118 L	18 ſ	
30 valent	123 L		
31 valent	127 L	2 ſ	
32 valent	131 L	4 ſ	
33 valent	135 L	6 ſ	
34 valent	139 L	8 ſ	
35 valent	143 L	10 ſ	
36 valent	147 L	12 ſ	
37 valent	151 L	14 ſ	
38 valent	155 L	16 ſ	
39 valent	159 L	18 ſ	
40 valent	164 L		
50 valent	205 L		
60 valent	246 L		
70 valent	287 L		
80 valent	328 L		
90 valent	369 L		
100 valent	410 L		
200 valent	820 L		
300 valent	1230 L		
400 valent	1640 L		
500 valent	2050 L		
600 valent	2460 L		
700 valent	2870 L		
800 valent	3280 L		
900 valent	3690 L		
1000 valent	4100 L		
2000 valent	8200 L		
3000 valent	12300 L		
4000 valent	16400 L		
5000 valent	20500 L		
6000 valent	24600 L		
7000 valent	28700 L		
8000 valent	32800 L		
9000 valent	36900 L		
10000 valent	41000 L		
20000 valent	82000 L		
30000 valent	123000 L		

Les 3 quarts	3 L	1 ſ	6 d
le demi	2 L	1 ſ	
le quart	1 L		6 d
le huitiéme		10 ſ	3 d
Les 2 tiers	2 L	14 ſ	8 d
le tiers	1 L	7 ſ	4 d
le sixiéme		13 ſ	8 d
le douziéme		6 ſ	10 d

A 4 L 2 ſ par Jour, pour 1 An revient à 1496 L 10 ſ

2 valent	8 L	6 ſ	
3 valent	12 L	9 ſ	
4 valent	16 L	12 ſ	
5 valent	20 L	15 ſ	
6 valent	24 L	18 ſ	
7 valent	29 L	1 ſ	
8 valent	33 L	4 ſ	
9 valent	37 L	7 ſ	
10 valent	41 L	10 ſ	
11 valent	45 L	13 ſ	
12 valent	49 L	16 ſ	
13 valent	53 L	19 ſ	
14 valent	58 L	2 ſ	
15 valent	62 L	5 ſ	
16 valent	66 L	8 ſ	
17 valent	70 L	11 ſ	
18 valent	74 L	14 ſ	
19 valent	78 L	17 ſ	
20 valent	83 L		
21 valent	87 L	3 ſ	
22 valent	91 L	6 ſ	
23 valent	95 L	9 ſ	
24 valent	99 L	12 ſ	
25 valent	103 L	15 ſ	
26 valent	107 L	18 ſ	
27 valent	112 L	1 ſ	
28 valent	116 L	4 ſ	
29 valent	120 L	7 ſ	
30 valent	124 L	10 ſ	
31 valent	128 L	13 ſ	
32 valent	132 L	16 ſ	
33 valent	136 L	19 ſ	
34 valent	141 L	2 ſ	
35 valent	145 L	5 ſ	
36 valent	149 L	8 ſ	
37 valent	153 L	11 ſ	
38 valent	157 L	14 ſ	
39 valent	161 L	17 ſ	
40 valent	166 L		
50 valent	207 L	10 ſ	
60 valent	249 L		
70 valent	290 L	10 ſ	
80 valent	332 L		
90 valent	373 L	10 ſ	
100 valent	415 L		
200 valent	830 L		
300 valent	1245 L		
400 valent	1660 L		
500 valent	2075 L		
600 valent	2490 L		
700 valent	2905 L		
800 valent	3320 L		
900 valent	3735 L		
1000 valent	4150 L		
2000 valent	8300 L		
3000 valent	12450 L		
4000 valent	16600 L		
5000 valent	20750 L		
6000 valent	24900 L		
7000 valent	29050 L		
8000 valent	33200 L		
9000 valent	37350 L		
10000 valent	41500 L		
20000 valent	83000 L		
30000 valent	124500 L		
Les 3 quarts	3 L	2 ſ	3 d
le demi	2 L	1 ſ	6 d
le quart	1 L		9 d
le huitiéme		10 ſ	4 d
Les 2 tiers	2 L	15 ſ	4 d
le tiers	1 L	7 ſ	8 d
le sixiéme		13 ſ	10 d
le douziéme		6 ſ	11 d

A 4 L 3 ſ par Jour, pour 1 An revient à 1514 L 15 ſ

A 4 Livres 4 Sols la chose

2 valent	8 L	8 ſ	
3 valent	12 L	12 ſ	
4 valent	16 L	16 ſ	
5 valent	21 L		
6 valent	25 L	4 ſ	
7 valent	29 L	8 ſ	
8 valent	33 L	12 ſ	
9 valent	37 L	16 ſ	
10 valent	42 L		
11 valent	46 L	4 ſ	
12 valent	50 L	8 ſ	
13 valent	54 L	12 ſ	
14 valent	58 L	16 ſ	
15 valent	63 L		
16 valent	67 L	4 ſ	
17 valent	71 L	8 ſ	
18 valent	75 L	12 ſ	
19 valent	79 L	16 ſ	
20 valent	84 L		
21 valent	88 L	4 ſ	
22 valent	92 L	8 ſ	
23 valent	96 L	12 ſ	
24 valent	100 L	16 ſ	
25 valent	105 L		
26 valent	109 L	4 ſ	
27 valent	113 L	8 ſ	
28 valent	117 L	12 ſ	
29 valent	121 L	16 ſ	
30 valent	126 L		
31 valent	130 L	4 ſ	
32 valent	134 L	8 ſ	
33 valent	138 L	12 ſ	
34 valent	142 L	16 ſ	
35 valent	147 L		
36 valent	151 L	4 ſ	
37 valent	155 L	8 ſ	
38 valent	159 L	12 ſ	
39 valent	163 L	16 ſ	
40 valent	168 L		
50 valent	210 L		
60 valent	252 L		
70 valent	294 L		
80 valent	336 L		
90 valent	378 L		
100 valent	420 L		
200 valent	840 L		
300 valent	1260 L		
400 valent	1680 L		
500 valent	2100 L		
600 valent	2520 L		
700 valent	2940 L		
800 valent	3360 L		
900 valent	3780 L		
1000 valent	4200 L		
2000 valent	8400 L		
3000 valent	12600 L		
4000 valent	16800 L		
5000 valent	21000 L		
6000 valent	25200 L		
7000 valent	29400 L		
8000 valent	33600 L		
9000 valent	37800 L		
10000 valent	42000 L		
20000 valent	84000 L		
30000 valent	126000 L		

Les 3 quarts	3 L	3 ſ	
le demi	2 L	2 ſ	
le quart	1 L	1 ſ	
le huitiéme		10 ſ	6 d
Les 2 tiers	2 L	16 ſ	
le tiers	1 L	8 ſ	
le ſixiéme		14 ſ	
le douziéme		7 ſ	

A 4 L 4 ſ par Jour, pour 1 An revient à 1533 L

2 valent	8 L	10 ſ	
3 valent	12 L	15 ſ	
4 valent	17 L		
5 valent	21 L	5 ſ	
6 valent	25 L	10 ſ	
7 valent	29 L	15 ſ	
8 valent	34 L		
9 valent	38 L	5 ſ	
10 valent	42 L	10 ſ	
11 valent	46 L	15 ſ	
12 valent	51 L		
13 valent	55 L	5 ſ	
14 valent	59 L	10 ſ	
15 valent	63 L	15 ſ	
16 valent	68 L		
17 valent	72 L	5 ſ	
18 valent	76 L	10 ſ	
19 valent	80 L	15 ſ	
20 valent	85 L		
21 valent	89 L	5 ſ	
22 valent	93 L	10 ſ	
23 valent	97 L	15 ſ	
24 valent	102 L		
25 valent	106 L	5 ſ	
26 valent	110 L	10 ſ	
27 valent	114 L	15 ſ	
28 valent	119 L		
29 valent	123 L	5 ſ	
30 valent	127 L	10 ſ	
31 valent	131 L	15 ſ	
32 valent	136 L		
33 valent	140 L	5 ſ	
34 valent	144 L	10 ſ	
35 valent	148 L	15 ſ	
36 valent	153 L		
37 valent	157 L	5 ſ	
38 valent	161 L	10 ſ	
39 valent	165 L	15 ſ	
40 valent	170 L		
50 valent	212 L	10 ſ	
60 valent	255 L		
70 valent	297 L	10 ſ	
80 valent	340 L		
90 valent	382 L	10 ſ	
100 valent	425 L		
200 valent	850 L		
300 valent	1275 L		
400 valent	1700 L		
500 valent	2125 L		
600 valent	2550 L		
700 valent	2975 L		
800 valent	3400 L		
900 valent	3825 L		
1000 valent	4250 L		
2000 valent	8500 L		
3000 valent	12750 L		
4000 valent	17000 L		
5000 valent	21250 L		
6000 valent	25500 L		
7000 valent	29750 L		
8000 valent	34000 L		
9000 valent	38250 L		
10000 valent	42500 L		
20000 valent	85000 L		
30000 valent	127500 L		
Les 3 quarts	3 L	3 ſ	9 d
le demi	2 L	2 ſ	6 d
le quart	1 L	1 ſ	3 d
le huitiéme		10 ſ	7 d
Les 2 tiers	2 L	16 ſ	8 d
le tiers	1 L	8 ſ	4 d
le ſixiéme		14 ſ	2 d
le douziéme		7 ſ	1 d

A 4. L 5 ſ par Jour, pour 1 An revient a 1551 L 5 ſ

A 4 Livres 6 Sols la chose.

2	valent	8 L	12 ſ
3	valent	12 L	18 ſ
4	valent	17 L	4 ſ
5	valent	21 L	10 ſ
6	valent	25 L	16 ſ
7	valent	30 L	2 ſ
8	valent	34 L	8 ſ
9	valent	38 L	14 ſ
10	valent	43 L	
11	valent	47 L	6 ſ
12	valent	51 L	12 ſ
13	valent	55 L	18 ſ
14	valent	60 L	4 ſ
15	valent	64 L	10 ſ
16	valent	68 L	16 ſ
17	valent	73 L	2 ſ
18	valent	77 L	8 ſ
19	valent	81 L	14 ſ
20	valent	86 L	
21	valent	90 L	6 ſ
22	valent	94 L	12 ſ
23	valent	98 L	18 ſ
24	valent	103 L	4 ſ
25	valent	107 L	10 ſ
26	valent	111 L	16 ſ
27	valent	116 L	2 ſ
28	valent	120 L	8 ſ
29	valent	124 L	14 ſ
30	valent	129 L	
31	valent	133 L	6 ſ
32	valent	137 L	12 ſ
33	valent	141 L	18 ſ
34	valent	146 L	4 ſ
35	valent	150 L	10 ſ
36	valent	154 L	16 ſ
37	valent	159 L	2 ſ
38	valent	163 L	8 ſ

39	valent	167 L	14 ſ
40	valent	172 L	
50	valent	215 L	
60	valent	258 L	
70	valent	301 L	
80	valent	344 L	
90	valent	387 L	
100	valent	430 L	
200	valent	860 L	
300	valent	1290 L	
400	valent	1720 L	
500	valent	2150 L	
600	valent	2580 L	
700	valent	3010 L	
800	valent	3440 L	
900	valent	3870 L	
1000	valent	4300 L	
2000	valent	8600 L	
3000	valent	12900 L	
4000	valent	17200 L	
5000	valent	21500 L	
6000	valent	25800 L	
7000	valent	30100 L	
8000	valent	34400 L	
9000	valent	38700 L	
10000	valent	43000 L	
20000	valent	86000 L	
30000	valent	129000 L	

Les 3 quarts	3 L	4 ſ	6 d
Le demi	2 L	3 ſ	
Le quart	1 L	1 ſ	6 d
Le huitiéme		10 ſ	9 d
Les 2 tiers	2 L	17 ſ	4 d
Le tiers	1 L	8 ſ	8 d
Le sixiéme		14 ſ	4 d
Le douziéme		7 ſ	2 d

A 4 L 6 ſ par Jour, pour 1 An revient à 1569 L 10 ſ.

2 valent	8 L	14 ſ	
3 valent	13 L	1 ſ	
4 valent	17 L	8 ſ	
5 valent	21 L	15 ſ	
6 valent	26 L	2 ſ	
7 valent	30 L	9 ſ	
8 valent	34 L	16 ſ	
9 valent	39 L	3 ſ	
10 valent	43 L	10 ſ	
11 valent	47 L	17 ſ	
12 valent	52 L	4 ſ	
13 valent	56 L	11 ſ	
14 valent	60 L	18 ſ	
15 valent	65 L	5 ſ	
16 valent	69 L	12 ſ	
17 valent	73 L	19 ſ	
18 valent	78 L	6 ſ	
19 valent	82 L	13 ſ	
20 valent	87 L		
21 valent	91 L	7 ſ	
22 valent	95 L	14 ſ	
23 valent	100 L	1 ſ	
24 valent	104 L	8 ſ	
25 valent	108 L	15 ſ	
26 valent	113 L	2 ſ	
27 valent	117 L	9 ſ	
28 valent	121 L	16 ſ	
29 valent	126 L	3 ſ	
30 valent	130 L	10 ſ	
31 valent	134 L	17 ſ	
32 valent	139 L	4 ſ	
33 valent	143 L	11 ſ	
34 valent	147 L	18 ſ	
35 valent	152 L	5 ſ	
36 valent	156 L	12 ſ	
37 valent	160 L	19 ſ	
38 valent	165 L	6 ſ	

39 valent	169 L	13 ſ
40 valent	174 L	
50 valent	217 L	10 ſ
60 valent	261 L	
70 valent	304 L	10 ſ
80 valent	348 L	
90 valent	391 L	10 ſ
100 valent	435 L	
200 valent	870 L	
300 valent	1305 L	
400 valent	1740 L	
500 valent	2175 L	
600 valent	2610 L	
700 valent	3045 L	
800 valent	3480 L	
900 valent	3915 L	
1000 valent	4350 L	
2000 valent	8700 L	
3000 valent	13050 L	
4000 valent	17400 L	
5000 valent	21750 L	
6000 valent	26100 L	
7000 valent	30450 L	
8000 valent	34800 L	
9000 valent	39150 L	
10000 valent	43500 L	
20000 valent	87000 L	
30000 valent	130500 L	

Les 3 quarts	3 L	5 ſ	3 d
le demi	2 L	3 ſ	6 d
le quart	1 L	1 ſ	9 d
le huitiéme		10 ſ	10 d
Les 2 tiers	2 L	18 ſ	
le tiers	1 L	9 ſ	
le ſixiéme		14 ſ	6 d
le douziéme		7 ſ	3 d

A 4 L 7 ſ par Jour, pour 1 An revient à 1587 L 15 ſ

2 valent	8 L 16 ſ	39 valent	171 L 12 ſ
3 valent	13 L 4 ſ	40 valent	176 L
4 valent	17 L 12 ſ	50 valent	220 L
5 valent	22 L	60 valent	264 L
6 valent	26 L 8 ſ	70 valent	308 L
7 valent	30 L 16 ſ	80 valent	352 L
8 valent	35 L 4 ſ	90 valent	396 L
9 valent	39 L 12 ſ	100 valent	440 L
10 valent	44 L	200 valent	880 L
11 valent	48 L 8 ſ	300 valent	1320 L
12 valent	52 L 16 ſ	400 valent	1760 L
13 valent	57 L 4 ſ	500 valent	2200 L
14 valent	61 L 12 ſ	600 valent	2640 L
15 valent	66 L	700 valent	3080 L
16 valent	70 L 8 ſ	800 valent	3520 L
17 valent	74 L 16 ſ	900 valent	3960 L
18 valent	79 L 4 ſ	1000 valent	4400 L
19 valent	83 L 12 ſ	2000 valent	8800 L
20 valent	88 L	3000 valent	13200 L
21 valent	92 L 8 ſ	4000 valent	17600 L
22 valent	96 L 16 ſ	5000 valent	22000 L
23 valent	101 L 4 ſ	6000 valent	26400 L
24 valent	105 L 12 ſ	7000 valent	30800 L
25 valent	110 L	8000 valent	35200 L
26 valent	114 L 8 ſ	9000 valent	39600 L
27 valent	118 L 16 ſ	10000 valent	44000 L
28 valent	123 L 4 ſ	20000 valent	88000 L
29 valent	127 L 12 ſ	30000 valent	132000 L
30 valent	132 L		
31 valent	136 L 8 ſ	Les 3 quarts	3 L 6 ſ
32 valent	140 L 16 ſ	le demi	2 L 4 ſ
33 valent	145 L 4 ſ	le quart	1 L 2 ſ
34 valent	149 L 12 ſ	le huitiéme	11 ſ
35 valent	154 L	Les 2 tiers	2 L 18 ſ 8 d
36 valent	158 L 8 ſ	le tiers	1 L 9 ſ 4 d
37 valent	162 L 16 ſ	le ſixiéme	14 ſ 8 d
38 valent	167 L 4 ſ	le douziéme	7 ſ 4 d

A 4 L 8 ſ par Jour, pour 1 An revient à 1606 L.

2 valent	8 L	18 s	
3 valent	13 L	7 s	
4 valent	17 L	16 s	
5 valent	22 L	5 s	
6 valent	26 L	14 s	
7 valent	31 L	3 s	
8 valent	35 L	12 s	
9 valent	40 L	1 s	
10 valent	44 L	10 s	
11 valent	48 L	19 s	
12 valent	53 L	8 s	
13 valent	57 L	17 s	
14 valent	62 L	6 s	
15 valent	66 L	15 s	
16 valent	71 L	4 s	
17 valent	75 L	13 s	
18 valent	80 L	2 s	
19 valent	84 L	11 s	
20 valent	89 L		
21 valent	93 L	9 s	
22 valent	97 L	18 s	
23 valent	102 L	7 s	
24 valent	106 L	16 s	
25 valent	111 L	5 s	
26 valent	115 L	14 s	
27 valent	120 L	3 s	
28 valent	124 L	12 s	
29 valent	129 L	1 s	
30 valent	133 L	10 s	
31 valent	137 L	19 s	
32 valent	142 L	8 s	
33 valent	146 L	17 s	
34 valent	151 L	6 s	
35 valent	155 L	15 s	
36 valent	160 L	4 s	
37 valent	164 L	13 s	
38 valent	169 L	2 s	
39 valent	173 L	11 s	
40 valent	178 L		
50 valent	222 L	10 s	
60 valent	267 L		
70 valent	311 L	10 s	
80 valent	356 L		
90 valent	400 L	10 s	
100 valent	445 L		
200 valent	890 L		
300 valent	1335 L		
400 valent	1780 L		
500 valent	2225 L		
600 valent	2670 L		
700 valent	3115 L		
800 valent	3560 L		
900 valent	4005 L		
1000 valent	4450 L		
2000 valent	8900 L		
3000 valent	13350 L		
4000 valent	17800 L		
5000 valent	22250 L		
6000 valent	26700 L		
7000 valent	31150 L		
8000 valent	35600 L		
9000 valent	40050 L		
10000 valent	44500 L		
20000 valent	89000 L		
30000 valent	133500 L		

Les 3 quarts	3 L	6 s	9 d
le demi	2 L	4 s	6 d
le quart	1 L	2 s	3 d
le huitiéme		11 s	1 d
Les 2 tiers	2 L	19 s	4 d
le tiers	1 L	9 s	8 d
le sixiéme		14 s	10 d
le douziéme		7 s	5 d

A 4 L 9 s par Jour, pour 1 An revient à 1624 L 5 s

2 valent	9 L
3 valent	13 L 10 ſ
4 valent	18 L
5 valent	22 L 10 ſ
6 valent	27 L
7 valent	31 L 10 ſ
8 valent	36 L
9 valent	40 L 10 ſ
10 valent	45 L
11 valent	49 L 10 ſ
12 valent	54 L
13 valent	58 L 10 ſ
14 valent	63 L
15 valent	67 L 10 ſ
16 valent	72 L
17 valent	76 L 10 ſ
18 valent	81 L
19 valent	85 L 10 ſ
20 valent	90 L
21 valent	94 L 10 ſ
22 valent	99 L
23 valent	103 L 10 ſ
24 valent	108 L
25 valent	112 L 10 ſ
26 valent	117 L
27 valent	121 L 10 ſ
28 valent	126 L
29 valent	130 L 10 ſ
30 valent	135 L
31 valent	139 L 10 ſ
32 valent	144 L
33 valent	148 L 10 ſ
34 valent	153 L
35 valent	157 L 10 ſ
36 valent	162 L
37 valent	166 L 10 ſ
38 valent	171 L

39 valent	175 L 10 ſ
40 valent	180 L
50 valent	225 L
60 valent	270 L
70 valent	315 L
80 valent	360 L
90 valent	405 L
100 valent	450 L
200 valent	900 L
300 valent	1350 L
400 valent	1800 L
500 valent	2250 L
600 valent	2700 L
700 valent	3150 L
8[illegible]0 valent	3600 L
[illegible]0 valent	4050 L
1000 valent	4500 L
2000 valent	9000 L
3000 valent	13500 L
4000 valent	18000 L
5000 valent	22500 L
6000 valent	27000 L
7000 valent	31500 L
8000 valent	36000 L
9000 valent	40500 L
10000 valent	45000 L
20000 valent	90000 L
30000 valent	135000 L

Les 3 quarts	3 L 7 ſ 6 d
le demi	2 L 5 ſ
le quart	1 L 2 ſ 6 d
le huitiéme	11 ſ 3 d
Les 2 tiers	3 L
le tiers	1 L 10 ſ
le ſixiéme	15 ſ
le douziéme	7 ſ 6 d

A 4 L 10 ſ par Jour, pour 1 An revient à 1642 L 10 ſ

A 4 Livres 11 Sols la chose.

2 valent	9 L	2 ſ	39 valent	177 L	9 ſ
3 valent	13 L	13 ſ	40 valent	182 L	
4 valent	18 L	4 ſ	50 valent	227 L	10 ſ
5 valent	22 L	15 ſ	60 valent	273 L	
6 valent	27 L	6 ſ	70 valent	318 L	10 ſ
7 valent	31 L	17 ſ	80 valent	364 L	
8 valent	36 L	8 ſ	90 valent	409 L	10 ſ
9 valent	40 L	19 ſ	100 valent	455 L	
10 valent	45 L	10 ſ	200 valent	910 L	
11 valent	50 L	1 ſ	300 valent	1365 L	
12 valent	54 L	12 ſ	400 valent	1820 L	
13 valent	59 L	3 ſ	500 valent	2275 L	
14 valent	63 L	14 ſ	600 valent	2730 L	
15 valent	68 L	5 ſ	700 valent	3185 L	
16 valent	72 L	16 ſ	800 valent	3640 L	
17 valent	77 L	7 ſ	900 valent	4095 L	
18 valent	81 L	18 ſ	1000 valent	4550 L	
19 valent	86 L	9 ſ	2000 valent	9100 L	
20 valent	91 L		3000 valent	13650 L	
21 valent	95 L	11 ſ	4000 valent	18200 L	
22 valent	100 L	2 ſ	5000 valent	22750 L	
23 valent	104 L	13 ſ	6000 valent	27300 L	
24 valent	109 L	4 ſ	7000 valent	31850 L	
25 valent	113 L	15 ſ	8000 valent	36400 L	
26 valent	118 L	6 ſ	9000 valent	40950 L	
27 valent	122 L	17 ſ	10000 valent	45500 L	
28 valent	127 L	8 ſ	20000 valent	91000 L	
29 valent	131 L	19 ſ	30000 valent	136500 L	
30 valent	136 L	10 ſ			
31 valent	141 L	1 ſ	Les 3 quarts	3 L 8 ſ	3 d
32 valent	145 L	12 ſ	le demi	2 L 5 ſ	6 d
33 valent	150 L	3 ſ	le quart	1 L 2 ſ	9 d
34 valent	154 L	14 ſ	le huitiéme	11 ſ	4 d
35 valent	159 L	5 ſ	Les 2 tiers	3 L	8 d
36 valent	163 L	16 ſ	le tiers	1 L 10 ſ	4 d
37 valent	168 L	7 ſ	le sixiéme	15 ſ	2 d
38 valent	172 L	18 ſ	le douziéme	7 ſ	7 d

A 4 L 11 ſ par Jour, pour 1 An revient à 1660 L 15 ſ

A 4 Livres 12 Sols la chose.

2 valent	9 L	4 ſ
3 valent	13 L	16 ſ
4 valent	18 L	8 ſ
5 valent	23 L	
6 valent	27 L	12 ſ
7 valent	32 L	4 ſ
8 valent	36 L	16 ſ
9 valent	41 L	8 ſ
10 valent	46 L	
11 valent	50 L	12 ſ
12 valent	55 L	4 ſ
13 valent	59 L	16 ſ
14 valent	64 L	8 ſ
15 valent	69 L	
16 valent	73 L	12 ſ
17 valent	78 L	4 ſ
18 valent	82 L	16 ſ
19 valent	87 L	8 ſ
20 valent	92 L	
21 valent	96 L	12 ſ
22 valent	101 L	4 ſ
23 valent	105 L	16 ſ
24 valent	110 L	8 ſ
25 valent	115 L	
26 valent	119 L	12 ſ
27 valent	124 L	4 ſ
28 valent	128 L	16 ſ
29 valent	133 L	8 ſ
30 valent	138 L	
31 valent	142 L	12 ſ
32 valent	147 L	4 ſ
33 valent	151 L	16 ſ
34 valent	156 L	8 ſ
35 valent	161 L	
36 valent	165 L	12 ſ
37 valent	170 L	4 ſ
38 valent	174 L	16 ſ

39 valent	179 L	8 ſ
40 valent	184 L	
50 valent	230 L	
60 valent	276 L	
70 valent	322 L	
80 valent	368 L	
90 valent	414 L	
100 valent	460 L	
200 valent	920 L	
300 valent	1380 L	
400 valent	1840 L	
500 valent	2300 L	
600 valent	2760 L	
700 valent	3220 L	
800 valent	3680 L	
900 valent	4140 L	
1000 valent	4600 L	
2000 valent	9200 L	
3000 valent	13800 L	
4000 valent	18400 L	
5000 valent	23000 L	
6000 valent	27600 L	
7000 valent	32200 L	
8000 valent	36800 L	
9000 valent	41400 L	
10000 valent	46000 L	
20000 valent	92000 L	
30000 valent	138000 L	

Les 3 quarts	3 L	9 ſ	
le demi	2 L	6 ſ	
le quart	1 L	3 ſ	
le huitiéme		11 ſ	6 d
Les 2 tiers	3 L	1 ſ	4 d
le tiers	1 L	10 ſ	8 d
le ſixiéme		15 ſ	4 d
le douziéme		7 ſ	8 d

A 4 L 12 ſ par Jour, pour 1 An revient à 1679 L

A 4 Livres 13 Sols la chose.

2 valent	9 L	6 ſ	
3 valent	13 L	19 ſ	
4 valent	18 L	12 ſ	
5 valent	23 L	5 ſ	
6 valent	27 L	18 ſ	
7 valent	32 L	11 ſ	
8 valent	37 L	4 ſ	
9 valent	41 L	17 ſ	
10 valent	46 L	10 ſ	
11 valent	51 L	3 ſ	
12 valent	55 L	16 ſ	
13 valent	60 L	9 ſ	
14 valent	65 L	2 ſ	
15 valent	69 L	15 ſ	
16 valent	74 L	8 ſ	
17 valent	79 L	1 ſ	
18 valent	83 L	14 ſ	
19 valent	88 L	7 ſ	
20 valent	93 L		
21 valent	97 L	13 ſ	
22 valent	102 L	6 ſ	
23 valent	106 L	19 ſ	
24 valent	111 L	12 ſ	
25 valent	116 L	5 ſ	
26 valent	120 L	18 ſ	
27 valent	125 L	11 ſ	
28 valent	130 L	4 ſ	
29 valent	134 L	17 ſ	
30 valent	139 L	10 ſ	
31 valent	144 L	3 ſ	
32 valent	148 L	16 ſ	
33 valent	153 L	9 ſ	
34 valent	158 L	2 ſ	
35 valent	162 L	15 ſ	
36 valent	167 L	8 ſ	
37 valent	172 L	1 ſ	
38 valent	176 L	14 ſ	
39 valent	181 L	7 ſ	
40 valent	186 L		
50 valent	232 L	10 ſ	
60 valent	279 L		
70 valent	325 L	10 ſ	
80 valent	372 L		
90 valent	418 L	10 ſ	
100 valent	465 L		
200 valent	930 L		
300 valent	1395 L		
400 valent	1860 L		
500 valent	2325 L		
600 valent	2790 L		
700 valent	3255 L		
800 valent	3720 L		
900 valent	4185 L		
1000 valent	4650 L		
2000 valent	9300 L		
3000 valent	13950 L		
4000 valent	18600 L		
5000 valent	23250 L		
6000 valent	27900 L		
7000 valent	32550 L		
8000 valent	37200 L		
9000 valent	41850 L		
10000 valent	46500 L		
20000 valent	93000 L		
30000 valent	139500 L		
Les 3 quarts	3 L	9 ſ	9 d
le demi	2 L	6 ſ	6 d
le quart	1 L	3 ſ	3 d
le huitiéme		11 ſ	7 d
Les 2 tiers	3 L	2 ſ	
le tiers	1 L	11 ſ	
le ſixiéme		15 ſ	6 d
le douziéme		7 ſ	9 d

A 4 L 13 ſ par Jour, pour 1 An revient à 1697 L 5 ſ

A 4 Livres 14 Sols la choſe:

2 valent	9 L	8 ſ
3 valent	14 L	2 ſ
4 valent	18 L	16 ſ
5 valent	23 L	10 ſ
6 valent	28 L	4 ſ
7 valent	32 L	18 ſ
8 valent	37 L	12 ſ
9 valent	42 L	6 ſ
10 valent	47 L	
11 valent	51 L	14 ſ
12 valent	56 L	8 ſ
13 valent	61 L	2 ſ
14 valent	65 L	16 ſ
15 valent	70 L	10 ſ
16 valent	75 L	4 ſ
17 valent	79 L	18 ſ
18 valent	84 L	12 ſ
19 valent	89 L	6 ſ
20 valent	94 L	
21 valent	98 L	14 ſ
22 valent	103 L	8 ſ
23 valent	108 L	2 ſ
24 valent	112 L	16 ſ
25 valent	117 L	10 ſ
26 valent	122 L	4 ſ
27 valent	126 L	18 ſ
28 valent	131 L	12 ſ
29 valent	136 L	6 ſ
30 valent	141 L	
31 valent	145 L	14 ſ
32 valent	150 L	8 ſ
33 valent	155 L	2 ſ
34 valent	159 L	16 ſ
35 valent	164 L	10 ſ
36 valent	169 L	4 ſ
37 valent	173 L	18 ſ
38 valent	178 L	12 ſ
39 valent	183 L	6 ſ
40 valent	188 L	
50 valent	235 L	
60 valent	282 L	
70 valent	329 L	
80 valent	376 L	
90 valent	423 L	
100 valent	470 L	
200 valent	940 L	
300 valent	1410 L	
400 valent	1880 L	
500 valent	2350 L	
600 valent	2820 L	
700 valent	3290 L	
800 valent	3760 L	
900 valent	4230 L	
1000 valent	4700 L	
2000 valent	9400 L	
3000 valent	14100 L	
4000 valent	18800 L	
5000 valent	23500 L	
6000 valent	28200 L	
7000 valent	32900 L	
8000 valent	37600 L	
9000 valent	42300 L	
10000 valent	47000 L	
20000 valent	94000 L	
30000 valent	141000 L	

Les 3 quarts	3 L	10 ſ	6 d
le demi	2 L	7 ſ	
le quart	1 L	3 ſ	6 d
le huitiéme		11 ſ	9 d
Les 2 tiers	3 L	2 ſ	8 d
le tiers	1 L	11 ſ	4 d
le ſixiéme		15 ſ	8 d
le douziéme		7 ſ	10 d

A 4 L 14 ſ par Jour, pour 1 An revient à 1715 L 10 ſ

A 4 Livres 15 Sols la chose.

2 valent	9 L	10 ſ
3 valent	14 L	5 ſ
4 valent	19 L	
5 valent	23 L	15 ſ
6 valent	28 L	10 ſ
7 valent	33 L	5 ſ
8 valent	38 L	
9 valent	42 L	15 ſ
10 valent	47 L	10 ſ
11 valent	52 L	5 ſ
12 valent	57 L	
13 valent	61 L	15 ſ
14 valent	66 L	10 ſ
15 valent	71 L	5 ſ
16 valent	76 L	
17 valent	80 L	15 ſ
18 valent	85 L	10 ſ
19 valent	90 L	5 ſ
20 valent	95 L	
21 valent	99 L	15 ſ
22 valent	104 L	10 ſ
23 valent	109 L	5 ſ
24 valent	114 L	
25 valent	118 L	15 ſ
26 valent	123 L	10 ſ
27 valent	128 L	5 ſ
28 valent	133 L	
29 valent	137 L	15 ſ
30 valent	142 L	10 ſ
31 valent	147 L	5 ſ
32 valent	152 L	
33 valent	156 L	15 ſ
34 valent	161 L	10 ſ
35 valent	166 L	5 ſ
36 valent	171 L	
37 valent	175 L	15 ſ
38 valent	180 L	10 ſ
39 valent	185 L	5 ſ
40 valent	190 L	
50 valent	237 L	10 ſ
60 valent	285 L	
70 valent	332 L	10 ſ
80 valent	380 L	
90 valent	427 L	10 ſ
100 valent	475 L	
200 valent	950 L	
300 valent	1425 L	
400 valent	1900 L	
500 valent	2375 L	
600 valent	2850 L	
700 valent	3325 L	
800 valent	3800 L	
900 valent	4275 L	
1000 valent	4750 L	
2000 valent	9500 L	
3000 valent	14250 L	
4000 valent	19000 L	
5000 valent	23750 L	
6000 valent	28500 L	
7000 valent	33250 L	
8000 valent	38000 L	
9000 valent	42750 L	
10000 valent	47500 L	
20000 valent	95000 L	
30000 valent	142500 L	

Les 3 quarts	3 L	11 ſ	3 d
le demi	2 L	7 ſ	6 d
le quart	1 L	3 ſ	9 d
le huitiéme		11 ſ	10 d
Les 2 tiers	3 L	3 ſ	4 d
le tiers	1 L	11 ſ	8 d
le ſixiéme		15 ſ	10 d
le douziéme		7 ſ	11 d

A 4 L 15 ſ par Jour, pour 1 An revient à 1733 L 15 ſ

A 4 Livres 16 Sols la chose.

2 valent	9 L 12 ſ	39 valent	187 L 4 ſ
3 valent	14 L 8 ſ	40 valent	192 L
4 valent	19 L 4 ſ	50 valent	240 L
5 valent	24 L	60 valent	288 L
6 valent	28 L 16 ſ	70 valent	336 L
7 valent	33 L 12 ſ	80 valent	384 L
8 valent	38 L 8 ſ	90 valent	432 L
9 valent	43 L 4 ſ	100 valent	480 L
10 valent	48 L	200 valent	960 L
11 valent	52 L 16 ſ	300 valent	1440 L
12 valent	57 L 12 ſ	400 valent	1920 L
13 valent	62 L 8 ſ	500 valent	2400 L
14 valent	67 L 4 ſ	600 valent	2880 L
15 valent	72 L	700 valent	3360 L
16 valent	76 L 16 ſ	800 valent	3840 L
17 valent	81 L 12 ſ	900 valent	4320 L
18 valent	86 L 8 ſ	1000 valent	4800 L
19 valent	91 L 4 ſ	2000 valent	9600 L
20 valent	96 L	3000 valent	14400 L
21 valent	100 L 16 ſ	4000 valent	19200 L
22 valent	105 L 12 ſ	5000 valent	24000 L
23 valent	110 L 8 ſ	6000 valent	28800 L
24 valent	115 L 4 ſ	7000 valent	33600 L
25 valent	120 L	8000 valent	38400 L
26 valent	124 L 16 ſ	9000 valent	43200 L
27 valent	129 L 12 ſ	10000 valent	48000 L
28 valent	134 L 8 ſ	20000 valent	96000 L
29 valent	139 L 4 ſ	30000 valent	144000 L
30 valent	144 L		
31 valent	148 L 16 ſ	Les 3 quarts	3 L 12 ſ
32 valent	153 L 12 ſ	le demi	2 L 8 ſ
33 valent	158 L 8 ſ	le quart	1 L 4 ſ
34 valent	163 L 4 ſ	le huitiéme	12 ſ
35 valent	168 L	Les 2 tiers	3 L 4 ſ
36 valent	172 L 16 ſ	le tiers	1 L 12 ſ
37 valent	177 L 12 ſ	le ſixiéme	16 ſ
38 valent	182 L 8 ſ	le douziéme	8 ſ

A 4 L 16 ſ par Jour, pour 1 An revient à 1752 L.

A 4 Livres 17 Sols la choſe.

2 valent	9 L	14 ſ
3 valent	14 L	11 ſ
4 valent	19 L	8 ſ
5 valent	24 L	5 ſ
6 valent	29 L	2 ſ
7 valent	33 L	19 ſ
8 valent	38 L	16 ſ
9 valent	43 L	13 ſ
10 valent	48 L	10 ſ
11 valent	53 L	7 ſ
12 valent	58 L	4 ſ
13 valent	63 L	1 ſ
14 valent	67 L	18 ſ
15 valent	72 L	15 ſ
16 valent	77 L	12 ſ
17 valent	82 L	9 ſ
18 valent	87 L	6 ſ
19 valent	92 L	3 ſ
20 valent	97 L	
21 valent	101 L	17 ſ
22 valent	106 L	14 ſ
23 valent	111 L	11 ſ
24 valent	116 L	8 ſ
25 valent	121 L	5 ſ
26 valent	126 L	2 ſ
27 valent	130 L	19 ſ
28 valent	135 L	16 ſ
29 valent	140 L	13 ſ
30 valent	145 L	10 ſ
31 valent	150 L	7 ſ
32 valent	155 L	4 ſ
33 valent	160 L	1 ſ
34 valent	164 L	18 ſ
35 valent	169 L	15 ſ
36 valent	174 L	12 ſ
37 valent	179 L	9 ſ
38 valent	184 L	6 ſ
39 valent	189 L	3 ſ
40 valent	194 L	
50 valent	242 L	10 ſ
60 valent	291 L	
70 valent	339 L	10 ſ
80 valent	388 L	
90 valent	436 L	10 ſ
100 valent	485 L	
200 valent	970 L	
300 valent	1455 L	
400 valent	1940 L	
500 valent	2425 L	
600 valent	2910 L	
700 valent	3395 L	
800 valent	3880 L	
900 valent	4365 L	
1000 valent	4850 L	
2000 valent	9700 L	
3000 valent	14550 L	
4000 valent	19400 L	
5000 valent	24250 L	
6000 valent	29100 L	
7000 valent	33950 L	
8000 valent	38800 L	
9000 valent	43650 L	
10000 valent	48500 L	
20000 valent	97000 L	
30000 valent	145500 L	

Les 3 quarts	3 L	12 ſ	9 d
le demi	2 L	8 ſ	6 d
le quart	1 L	4 ſ	3 d
le huitiéme		12 ſ	1 d
Les 2 tiers	3 L	4 ſ	8 d
le tiers	1 L	12 ſ	4 d
le ſixiéme		16 ſ	2 d
le douziéme		8 ſ	1 d

A 4 L 17 ſ par Jour, pour 1 An revient à 1770 L 5 ſ

2 valent	9 L 16 ſ	39 valent	191 L 2 ſ
3 valent	14 L 14 ſ	40 valent	196 L
4 valent	19 L 12 ſ	50 valent	245 L
5 valent	24 L 10 ſ	60 valent	294 L
6 valent	29 L 8 ſ	70 valent	343 L
7 valent	34 L 6 ſ	80 valent	392 L
8 valent	39 L 4 ſ	90 valent	441 L
9 valent	44 L 2 ſ	100 valent	490 L
10 valent	49 L	200 valent	980 L
11 valent	53 L 18 ſ	300 valent	1470 L
12 valent	58 L 16 ſ	400 valent	1960 L
13 valent	63 L 14 ſ	500 valent	2450 L
14 valent	68 L 12 ſ	600 valent	2940 L
15 valent	73 L 10 ſ	700 valent	3430 L
16 valent	78 L 8 ſ	800 valent	3920 L
17 valent	83 L 6 ſ	900 valent	4410 L
18 valent	88 L 4 ſ	1000 valent	4900 L
19 valent	93 L 2 ſ	2000 valent	9800 L
20 valent	98 L	3000 valent	14700 L
21 valent	102 L 18 ſ	4000 valent	19600 L
22 valent	107 L 16 ſ	5000 valent	24500 L
23 valent	112 L 14 ſ	6000 valent	29400 L
24 valent	117 L 12 ſ	7000 valent	34300 L
25 valent	122 L 10 ſ	8000 valent	39200 L
26 valent	127 L 8 ſ	9000 valent	44100 L
27 valent	132 L 6 ſ	10000 valent	49000 L
28 valent	137 L 4 ſ	20000 valent	98000 L
29 valent	142 L 2 ſ	30000 valent	147000 L
30 valent	147 L		
31 valent	151 L 18 ſ	Les 3 quarts	3 L 13 ſ 6 d
32 valent	156 L 16 ſ	le demi	2 L 9 ſ
33 valent	161 L 14 ſ	le quart	1 L 4 ſ 6 d
34 valent	166 L 12 ſ	le huitiéme	12 ſ 3 d
35 valent	171 L 10 ſ	Les 2 tiers	3 L 5 ſ 4 d
36 valent	176 L 8 ſ	le tiers	1 L 12 ſ 8 d
37 valent	181 L 6 ſ	le ſixiéme	16 ſ 4 d
38 valent	186 L 4 ſ	le douziéme	8 ſ 2 d

A 4 L 18 ſ par Jour, pour 1 An revient à 1788 L 10 ſ

A 4 Livres 19 Sols la choſe.

2 valent	9 L 18 ſ
3 valent	14 L 17 ſ
4 valent	19 L 16 ſ
5 valent	24 L 15 ſ
6 valent	29 L 14 ſ
7 valent	34 L 13 ſ
8 valent	39 L 12 ſ
9 valent	44 L 11 ſ
10 valent	49 L 10 ſ
11 valent	54 L 9 ſ
12 valent	59 L 8 ſ
13 valent	64 L 7 ſ
14 valent	69 L 6 ſ
15 valent	74 L 5 ſ
16 valent	79 L 4 ſ
17 valent	84 L 3 ſ
18 valent	89 L 2 ſ
19 valent	94 L 1 ſ
20 valent	99 L
21 valent	103 L 19 ſ
22 valent	108 L 18 ſ
23 valent	113 L 17 ſ
24 valent	118 L 16 ſ
25 valent	123 L 15 ſ
26 valent	128 L 14 ſ
27 valent	133 L 13 ſ
28 valent	138 L 12 ſ
29 valent	143 L 11 ſ
30 valent	148 L 10 ſ
31 valent	153 L 9 ſ
32 valent	158 L 8 ſ
33 valent	163 L 7 ſ
34 valent	168 L 6 ſ
35 valent	173 L 5 ſ
36 valent	178 L 4 ſ
37 valent	183 L 3 ſ
38 valent	188 L 2 ſ

39 valent	193 L 1ſ
40 valent	198 L
50 valent	247 L 10ſ
60 valent	297 L
70 valent	346 L 10ſ
80 valent	396 L
90 valent	445 L 10ſ
100 valent	495 L
200 valent	990 L
300 valent	1485 L
400 valent	1980 L
500 valent	2475 L
600 valent	2970 L
700 valent	3465 L
800 valent	3960 L
900 valent	4455 L
1000 valent	4950 L
2000 valent	9900 L
3000 valent	14850 L
4000 valent	19800 L
5000 valent	24750 L
6000 valent	29700 L
7000 valent	34650 L
8000 valent	39600 L
9000 valent	44550 L
10000 valent	49500 L
20000 valent	99000 L
30000 valent	148500 L

Les 3 quarts	3 L 14 ſ 3 d
le demi	2 L 9 ſ 6 d
le quart	1 L 4 ſ 9 d
le huitiéme	12 ſ 4 d
Les 2 tiers	3 L 6 ſ
le tiers	1 L 13 ſ
le ſixiéme	16 ſ 6 d
le douziéme	8 ſ 3 d

A 4 L 19 ſ par Jour, pour 1 An revient à 1806 L 15 ſ.

2	valent	10	L
3	valent	15	L
4	valent	20	L
5	valent	25	L
6	valent	30	L
7	valent	35	L
8	valent	40	L
9	valent	45	L
10	valent	50	L
11	valent	55	L
12	valent	60	L
13	valent	65	L
14	valent	70	L
15	valent	75	L
16	valent	80	L
17	valent	85	L
18	valent	90	L
19	valent	95	L
20	valent	100	L
21	valent	105	L
22	valent	110	L
23	valent	115	L
24	valent	120	L
25	valent	125	L
26	valent	130	L
27	valent	135	L
28	valent	140	L
29	valent	145	L
30	valent	150	L
31	valent	155	L
32	valent	160	L
33	valent	165	L
34	valent	170	L
35	valent	175	L
36	valent	180	L
37	valent	185	L
38	valent	190	L
39	valent	195	L
40	valent	200	L
50	valent	250	L
60	valent	300	L
70	valent	350	L
80	valent	400	L
90	valent	450	L
100	valent	500	L
200	valent	1000	L
300	valent	1500	L
400	valent	2000	L
500	valent	2500	L
600	valent	3000	L
700	valent	3500	L
800	valent	4000	L
900	valent	4500	L
1000	valent	5000	L
2000	valent	10000	L
3000	valent	15000	L
4000	valent	20000	L
5000	valent	25000	L
6000	valent	30000	L
7000	valent	35000	L
8000	valent	40000	L
9000	valent	45000	L
10000	valent	50000	L
20000	valent	100000	L
30000	valent	150000	L

Les 3 quarts	3 L	15 ſ		
le demi	2 L	10 ſ		
le quart	1 L	5 ſ		
le huitiéme		12 ſ	6 d	
Les 2 tiers	3 L	6 ſ	8 d	
le tiers	1 L	13 ſ	4 d	
le ſixiéme		16 ſ	8 d	
le douziéme		8 ſ	4 d	

A 5 L par Jour, pour 1 An revient à 1825 L.

A 5 Livres 1 Sols la chose.

2 valent	10 L	2 ſ
3 valent	15 L	3 ſ
4 valent	20 L	4 ſ
5 valent	25 L	5 ſ
6 valent	30 L	6 ſ
7 valent	35 L	7 ſ
8 valent	40 L	8 ſ
9 valent	45 L	9 ſ
10 valent	50 L	10 ſ
11 valent	55 L	11 ſ
12 valent	60 L	12 ſ
13 valent	65 L	13 ſ
14 valent	70 L	14 ſ
15 valent	75 L	15 ſ
16 valent	80 L	16 ſ
17 valent	85 L	17 ſ
18 valent	90 L	18 ſ
19 valent	95 L	19 ſ
20 valent	101 L	
21 valent	106 L	1 ſ
22 valent	111 L	2 ſ
23 valent	116 L	3 ſ
24 valent	121 L	4 ſ
25 valent	126 L	5 ſ
26 valent	131 L	6 ſ
27 valent	136 L	7 ſ
28 valent	141 L	8 ſ
29 valent	146 L	9 ſ
30 valent	151 L	10 ſ
31 valent	156 L	11 ſ
32 valent	161 L	12 ſ
33 valent	166 L	13 ſ
34 valent	171 L	14 ſ
35 valent	176 L	15 ſ
36 valent	181 L	16 ſ
37 valent	186 L	17 ſ
38 valent	191 L	18 ſ

39 valent	196 L	19 ſ
40 valent	202 L	
50 valent	252 L	10 ſ
60 valent	303 L	
70 valent	353 L	10 ſ
80 valent	404 L	
90 valent	454 L	10 ſ
100 valent	505 L	
200 valent	1010 L	
300 valent	1515 L	
400 valent	2020 L	
500 valent	2525 L	
600 valent	3030 L	
700 valent	3535 L	
800 valent	4040 L	
900 valent	4545 L	
1000 valent	5050 L	
2000 valent	10100 L	
3000 valent	15150 L	
4000 valent	20200 L	
5000 valent	25250 L	
6000 valent	30300 L	
7000 valent	35350 L	
8000 valent	40400 L	
9000 valent	45450 L	
10000 valent	50500 L	
20000 valent	101000 L	
30000 valent	151500 L	

Les 3 quarts	3 L	15 ſ	9 d
le demi	2 L	10 ſ	6 d
le quart	1 L	5 ſ	3 d
le huitiéme		12 ſ	7 d
Les 2 tiers	3 L	7 ſ	4 d
le tiers	1 L	13 ſ	8 d
le ſixiéme		16 ſ	10 d
le douziéme		8 ſ	5 d

A 5 L 1 ſ par Jour, pour 1 An revient à 1843 L 5 ſ

A 5 Livres 2 Sols la chose.

2 valent	10 L	4 ſ
3 valent	15 L	6 ſ
4 valent	20 L	8 ſ
5 valent	25 L	10 ſ
6 valent	30 L	12 ſ
7 valent	35 L	14 ſ
8 valent	40 L	16 ſ
9 valent	45 L	18 ſ
10 valent	51 L	
11 valent	56 L	2 ſ
12 valent	61 L	4 ſ
13 valent	66 L	6 ſ
14 valent	71 L	8 ſ
15 valent	76 L	10 ſ
16 valent	81 L	12 ſ
17 valent	86 L	14 ſ
18 valent	91 L	16 ſ
19 valent	96 L	18 ſ
20 valent	102 L	
21 valent	107 L	2 ſ
22 valent	112 L	4 ſ
23 valent	117 L	6 ſ
24 valent	122 L	8 ſ
25 valent	127 L	10 ſ
26 valent	132 L	12 ſ
27 valent	137 L	14 ſ
28 valent	142 L	16 ſ
29 valent	147 L	18 ſ
30 valent	153 L	
31 valent	158 L	2 ſ
32 valent	163 L	4 ſ
33 valent	168 L	6 ſ
34 valent	173 L	8 ſ
35 valent	178 L	10 ſ
36 valent	183 L	12 ſ
37 valent	188 L	14 ſ
38 valent	193 L	16 ſ
39 valent	198 L	18 ſ
40 valent	204 L	
50 valent	255 L	
60 valent	306 L	
70 valent	357 L	
80 valent	408 L	
90 valent	459 L	
100 valent	510 L	
200 valent	1020 L	
300 valent	1530 L	
400 valent	2040 L	
500 valent	2550 L	
600 valent	3060 L	
700 valent	3570 L	
800 valent	4080 L	
900 valent	4590 L	
1000 valent	5100 L	
2000 valent	10200 L	
3000 valent	15300 L	
4000 valent	20400 L	
5000 valent	25500 L	
6000 valent	30600 L	
7000 valent	35700 L	
8000 valent	40800 L	
9000 valent	45900 L	
10000 valent	51000 L	
20000 valent	102000 L	
30000 valent	153000 L	

Les 3 quarts	3 L 16 ſ 6 d
le demi	2 L 11 ſ
le quart	1 L 5 ſ 6 d
le huitiéme	12 ſ 9 d
Les 2 tiers	3 L 8 ſ
le tiers	1 L 14 ſ
le ſixiéme	17 ſ
le douziéme	8 ſ 6 d

A 5 L 2 ſ par jour, pour 1 An revient à 1861 L 10 ſ

A 5 Livres 3 Sols la chose.

2 valent	10 L 6 ſ
3 valent	15 L 9 ſ
4 valent	20 L 12 ſ
5 valent	25 L 15 ſ
6 valent	30 L 18 ſ
7 valent	36 L 1 ſ
8 valent	41 L 4 ſ
9 valent	46 L 7 ſ
10 valent	51 L 10 ſ
11 valent	56 L 13 ſ
12 valent	61 L 16 ſ
13 valent	66 L 19 ſ
14 valent	72 L 2 ſ
15 valent	77 L 5 ſ
16 valent	82 L 8 ſ
17 valent	87 L 11 ſ
18 valent	92 L 14 ſ
19 valent	97 L 17 ſ
20 valent	103 L
21 valent	108 L 3 ſ
22 valent	113 L 6 ſ
23 valent	118 L 9 ſ
24 valent	123 L 12 ſ
25 valent	128 L 15 ſ
26 valent	133 L 18 ſ
27 valent	139 L 1 ſ
28 valent	144 L 4 ſ
29 valent	149 L 7 ſ
30 valent	154 L 10 ſ
31 valent	159 L 13 ſ
32 valent	164 L 16 ſ
33 valent	169 L 19 ſ
34 valent	175 L 2 ſ
35 valent	180 L 5 ſ
36 valent	185 L 8 ſ
37 valent	19[illegible] L 11 ſ
38 valent	195 L 14 ſ
39 valent	200 L 17 ſ
40 valent	206 L
50 valent	257 L 10 ſ
60 valent	309 L
70 valent	360 L 10 ſ
80 valent	412 L
90 valent	463 L 10 ſ
100 valent	515 L
200 valent	1030 L
300 valent	1545 L
400 valent	2060 L
500 valent	2575 L
600 valent	3090 L
700 valent	3605 L
800 valent	4120 L
900 valent	4635 L
1000 valent	5150 L
2000 valent	10300 L
3000 valent	15450 L
4000 valent	20600 L
5000 valent	25750 L
6000 valent	30900 L
7000 valent	36050 L
8000 valent	41200 L
9000 valent	46350 L
10000 valent	51500 L
20000 valent	103000 L
30000 valent	154500 L

Les 3 quarts	3 L 17 ſ		3 d
le demi	2 L 11 ſ		6 d
le quart	1 L 5 ſ		9 d
le huitiéme		12 ſ	10 d
Les 2 tiers	3 L 8 ſ		8 d
le tiers	1 L 14 ſ		4 d
le ſixiéme		17 ſ	2 d
le douziéme		8 ſ	7 d

A 5 L 3 ſ par Jour, pour 1 An revient à 1879 L 15 ſ.

A 5 Livres 4 Sols la choſe.

2 valent	10 L	8 ſ	
3 valent	15 L	12 ſ	
4 valent	20 L	16 ſ	
5 valent	26 L		
6 valent	31 L	4 ſ	
7 valent	36 L	8 ſ	
8 valent	41 L	12 ſ	
9 valent	46 L	16 ſ	
10 valent	52 L		
11 valent	57 L	4 ſ	
12 valent	62 L	8 ſ	
13 valent	67 L	12 ſ	
14 valent	72 L	16 ſ	
15 valent	78 L		
16 valent	83 L	4 ſ	
17 valent	88 L	8 ſ	
18 valent	93 L	12 ſ	
19 valent	98 L	16 ſ	
20 valent	104 L		
21 valent	109 L	4 ſ	
22 valent	114 L	8 ſ	
23 valent	119 L	12 ſ	
24 valent	124 L	16 ſ	
25 valent	130 L		
26 valent	135 L	4 ſ	
27 valent	140 L	8 ſ	
28 valent	145 L	12 ſ	
29 valent	150 L	16 ſ	
30 valent	156 L		
31 valent	161 L	4 ſ	
32 valent	166 L	8 ſ	
33 valent	171 L	12 ſ	
34 valent	176 L	16 ſ	
35 valent	182 L		
36 valent	187 L	4 ſ	
37 valent	192 L	8 ſ	
38 valent	197 L	12 ſ	
39 valent	202 L	16 ſ	
40 valent	208 L		
50 valent	260 L		
60 valent	312 L		
70 valent	364 L		
80 valent	416 L		
90 valent	468 L		
100 valent	520 L		
200 valent	1040 L		
300 valent	1560 L		
400 valent	2080 L		
500 valent	2600 L		
600 valent	3120 L		
700 valent	3640 L		
800 valent	4160 L		
900 valent	4680 L		
1000 valent	5200 L		
2000 valent	10400 L		
3000 valent	15600 L		
4000 valent	20800 L		
5000 valent	26000 L		
6000 valent	31200 L		
7000 valent	36400 L		
8000 valent	41600 L		
9000 valent	46800 L		
10000 valent	52000 L		
20000 valent	104000 L		
30000 valent	156000 L		
Les 3 quarts	3 L	18 ſ	
le demi	2 L	12 ſ	
le quart	1 L	6 ſ	
le huitiéme		13 ſ	
Les 2 tiers	3 L	9 ſ	4 d
le tiers	1 L	14 ſ	8 d
le ſixiéme		17 ſ	4 d
le douziéme		8 ſ	8 d

A 5 L 4 ſ par Jour, pour 1 An revient à 1898 L

A 5 Livres 5 Sols la choſe.

2 valent	10 L 10 ſ
3 valent	15 L 15 ſ
4 valent	21 L
5 valent	26 L 5 ſ
6 valent	31 L 10 ſ
7 valent	36 L 15 ſ
8 valent	42 L
9 valent	47 L 5 ſ
10 valent	52 L 10 ſ
11 valent	57 L 15 ſ
12 valent	63 L
13 valent	68 L 5 ſ
14 valent	73 L 10 ſ
15 valent	78 L 15 ſ
16 valent	84 L
17 valent	89 L 5 ſ
18 valent	94 L 10 ſ
19 valent	99 L 15 ſ
20 valent	105 L
21 valent	110 L 5 ſ
22 valent	115 L 10 ſ
23 valent	120 L 15 ſ
24 valent	126 L
25 valent	131 L 5 ſ
26 valent	136 L 10 ſ
27 valent	141 L 15 ſ
28 valent	147 L
29 valent	152 L 5 ſ
30 valent	157 L 10 ſ
31 valent	162 L 15 ſ
32 valent	168 L
33 valent	173 L 5 ſ
34 valent	178 L 10 ſ
35 valent	183 L 15 ſ
36 valent	189 L
37 valent	194 L 5 ſ
38 valent	199 L 10 ſ
39 valent	204 L 15 ſ
40 valent	210 L
50 valent	262 L 10 ſ
60 valent	315 L
70 valent	367 L 10 ſ
80 valent	420 L
90 valent	472 L 10 ſ
100 valent	525 L
200 valent	1050 L
300 valent	1575 L
400 valent	2100 L
500 valent	2625 L
600 valent	3150 L
700 valent	3675 L
800 valent	4200 L
900 valent	4725 L
1000 valent	5250 L
2000 valent	10500 L
3000 valent	15750 L
4000 valent	21000 L
5000 valent	26250 L
6000 valent	31500 L
7000 valent	36750 L
8000 valent	42000 L
9000 valent	47250 L
10000 valent	52500 L
20000 valent	105000 L
30000 valent	157500 L

Les 3 quarts	3 L 18 ſ 9 d
le demi	2 L 12 ſ 6 d
le quart	1 L 6 ſ 3 d
le huitiéme	13 ſ 1 d
Les 2 tiers	3 L 10 ſ
le tiers	1 L 15 ſ
le ſixiéme	17 ſ 6 d
le douziéme	8 ſ 9 d

A 5 L 5 ſ par Jour, pour 1 An revient à 1916 L 5 ſ

A 5 Livres 6 Sols la chose.

2 valent	10 L	12 ſ
3 valent	15 L	18 ſ
4 valent	21 L	4 ſ
5 valent	26 L	10 ſ
6 valent	31 L	16 ſ
7 valent	37 L.	2 ſ
8 valent	42 L	8 ſ
9 valent	47 L	14 ſ
10 valent	53 L	
11 valent	58 L	6 ſ
12 valent	63 L	12 ſ
13 valent	68 L	18 ſ
14 valent	74 L	4 ſ
15 valent	79 L	10 ſ
16 valent	84 L	16 ſ
17 valent	90 L	2 ſ
18 valent	95 L	8 ſ
19 valent	100 L	14 ſ
20 valent	106 L	
21 valent	111 L	6 ſ
22 valent	116 L	12 ſ
23 valent	121 L	18 ſ
24 valent	127 L	4 ſ
25 valent	132 L	10 ſ
26 valent	137 L	16 ſ
27 valent	143 L	2 ſ
28 valent	148 L	8 ſ
29 valent	153 L	14 ſ
30 valent	159 L.	
31 valent	164 L	6 ſ
32 valent	169 L	12 ſ
33 valent	174 L	18 ſ
34 valent	180 L	4 ſ
35 valent	185 L	10 ſ
36 valent	190 L	16 ſ
37 valent	196 L	2 ſ
38 valent	201 L	8 ſ
39 valent	206 L	14 ſ
40 valent	212 L	
50 valent	265 L	
60 valent	318 L	
70 valent	371 L	
80 valent	424 L	
90 valent	477 L	
100 valent	530 L	
200 valent	1060 L	
300 valent	1590 L	
400 valent	2120 L	
500 valent	2650 L	
600 valent	3180 L	
700 valent	3710 L	
800 valent	4240 L	
900 valent	4770 L	
1000 valent	5300 L	
2000 valent	10600 L	
3000 valent	15900 L	
4000 valent	21200 L	
5000 valent	26500 L	
6000 valent	31800 L	
7000 valent	37100 L	
8000 valent	42400 L	
9000 valent	47700 L	
10000 valent	53000 L	
20000 valent	106000 L	
30000 valent	159000 L	

Les 3 quarts	3 L	19 ſ	6 d
le demi	2 L	13 ſ	
le quart	1 L	6 ſ	6 d
le huitiéme		13 ſ	3 d
Les 2 tiers	3 L	10 ſ	8 d
le tiers	1 L	15 ſ	4 d
le ſixiéme		17 ſ	8 d
le douziéme		8 ſ	10 d

A 5 L 6 ſ par Jour, pour 1 An revient à 1934 L 10 ſ

2 valent	10 L	14 ſ	
3 valent	16 L	1 ſ	
4 valent	21 L	8 ſ	
5 valent	26 L	15 ſ	
6 valent	32 L	2 ſ	
7 valent	37 L	9 ſ	
8 valent	42 L	16 ſ	
9 valent	48 L	3 ſ	
10 valent	53 L	10 ſ	
11 valent	58 L	17 ſ	
12 valent	64 L	4 ſ	
13 valent	69 L	11 ſ	
14 valent	74 L	18 ſ	
15 valent	80 L	5 ſ	
16 valent	85 L	12 ſ	
17 valent	90 L	19 ſ	
18 valent	96 L	6 ſ	
19 valent	101 L	13 ſ	
20 valent	107 L		
21 valent	112 L	7 ſ	
22 valent	117 L	14 ſ	
23 valent	123 L	1 ſ	
24 valent	128 L	8 ſ	
25 valent	133 L	15 ſ	
26 valent	139 L	2 ſ	
27 valent	144 L	9 ſ	
28 valent	149 L	16 ſ	
29 valent	155 L	3 ſ	
30 valent	160 L	10 ſ	
31 valent	165 L	17 ſ	
32 valent	171 L	4 ſ	
33 valent	176 L	11 ſ	
34 valent	181 L	18 ſ	
35 valent	187 L	5 ſ	
36 valent	192 L	12 ſ	
37 valent	197 L	19 ſ	
38 valent	203 L	6 ſ	
39 valent	208 L	13 ſ	
40 valent	214 L		
50 valent	267 L	10 ſ	
60 valent	321 L		
70 valent	374 L	10 ſ	
80 valent	428 L		
90 valent	481 L	10 ſ	
100 valent	535 L		
200 valent	1070 L		
300 valent	1605 L		
400 valent	2140 L		
500 valent	2675 L		
600 valent	3210 L		
700 valent	3745 L		
800 valent	4280 L		
900 valent	4815 L		
1000 valent	5350 L		
2000 valent	10700 L		
3000 valent	16050 L		
4000 valent	21400 L		
5000 valent	26750 L		
6000 valent	32100 L		
7000 valent	37450 L		
8000 valent	42800 L		
9000 valent	48150 L		
10000 valent	53500 L		
20000 valent	107000 L		
30000 valent	160500 L		
Les 3 quarts	4 L		3 d
le demi	2 L	13 ſ	6 d
le quart	1 L	6 ſ	9 d
le huitiéme		13 ſ	4 d
Les 2 tiers	3 L	11 ſ	4 d
le tiers	1 L	15 ſ	8 d
le sixiéme		17 ſ	10 d
le douziéme		8 ſ	11 d

A 5 L 7 ſ par Jour, pour 1 An revient à 1952 L 15 ſ

A 5 Livres 8 Sols la chose.

2 valent	10 L	16 ſ
3 valent	16 L	4 ſ
4 valent	21 L	12 ſ
5 valent	27 L	
6 valent	32 L	8 ſ
7 valent	37 L	16 ſ
8 valent	43 L	4 ſ
9 valent	48 L	12 ſ
10 valent	54 L	
11 valent	59 L	8 ſ
12 valent	64 L	16 ſ
13 valent	70 L	4 ſ
14 valent	75 L	12 ſ
15 valent	81 L	
16 valent	86 L	8 ſ
17 valent	91 L	16 ſ
18 valent	97 L	4 ſ
19 valent	102 L	12 ſ
20 valent	108 L	
21 valent	113 L	8 ſ
22 valent	118 L	16 ſ
23 valent	124 L	4 ſ
24 valent	129 L	12 ſ
25 valent	135 L	
26 valent	140 L	8 ſ
27 valent	145 L	16 ſ
28 valent	151 L	4 ſ
29 valent	156 L	12 ſ
30 valent	162 L	
31 valent	167 L	8 ſ
32 valent	172 L	16 ſ
33 valent	178 L	4 ſ
34 valent	183 L	12 ſ
35 valent	189 L	
36 valent	194 L	8 ſ
37 valent	199 L	16 ſ
38 valent	205 L	4 ſ

39 valent	210 L	12 ſ
40 valent	216 L	
50 valent	270 L	
60 valent	324 L	
70 valent	378 L	
80 valent	432 L	
90 valent	486 L	
100 valent	540 L	
200 valent	1080 L	
300 valent	1620 L	
400 valent	2160 L	
500 valent	2700 L	
600 valent	3240 L	
700 valent	3780 L	
800 valent	4320 L	
900 valent	4860 L	
1000 valent	5400 L	
2000 valent	10800 L	
3000 valent	16200 L	
4000 valent	21600 L	
5000 valent	27000 L	
6000 valent	32400 L	
7000 valent	37800 L	
8000 valent	43200 L	
9000 valent	48600 L	
10000 valent	54000 L	
20000 valent	108000 L	
30000 valent	162000 L	

Les 3 quarts	4 L	1 ſ	
le demi	2 L	14 ſ	
le quart	1 L	7 ſ	
le huitiéme		13 ſ	6 d
Les 2 tiers	3 L	12 ſ	
le tiers	1 L	16 ſ	
le ſixiéme		18 ſ	
le douziéme		9 ſ	

A 5 L 8 ſ par Jour, pour 1 An revient à 1971 L.

2 valent	10 L	18 ſ
3 valent	16 L	7 ſ
4 valent	21 L	16 ſ
5 valent	27 L	5 ſ
6 valent	32 L	14 ſ
7 valent	38 L	3 ſ
8 valent	43 L	12 ſ
9 valent	49 L	1 ſ
10 valent	54 L	10 ſ
11 valent	59 L	19 ſ
12 valent	65 L	8 ſ
13 valent	70 L	17 ſ
14 valent	76 L	6 ſ
15 valent	81 L	15 ſ
16 valent	87 L	4 ſ
17 valent	92 L	13 ſ
18 valent	98 L	2 ſ
19 valent	103 L	11 ſ
20 valent	109 L	
21 valent	114 L	9 ſ
22 valent	119 L	18 ſ
23 valent	125 L	7 ſ
24 valent	130 L	16 ſ
25 valent	136 L	5 ſ
26 valent	141 L	14 ſ
27 valent	147 L	3 ſ
28 valent	152 L	12 ſ
29 valent	158 L	1 ſ
30 valent	163 L	10 ſ
31 valent	168 L	19 ſ
32 valent	174 L	8 ſ
33 valent	179 L	17 ſ
34 valent	185 L	6 ſ
35 valent	190 L	15 ſ
36 valent	196 L	4 ſ
37 valent	201 L	13 ſ
38 valent	207 L	2 ſ
39 valent	212 L	11 ſ
40 valent	218 L	
50 valent	272 L	10 ſ
60 valent	327 L	
70 valent	381 L	10 ſ
80 valent	436 L	
90 valent	490 L	10 ſ
100 valent	545 L	
200 valent	1090 L	
300 valent	1635 L	
400 valent	2180 L	
500 valent	2725 L	
600 valent	3270 L	
700 valent	3815 L	
800 valent	4360 L	
900 valent	4905 L	
1000 valent	5450 L	
2000 valent	10900 L	
3000 valent	16350 L	
4000 valent	21800 L	
5000 valent	27250 L	
6000 valent	32700 L	
7000 valent	38150 L	
8000 valent	43600 L	
9000 valent	49050 L	
10000 valent	54500 L	
20000 valent	109000 L	
30000 valent	163500 L	

Les 3 quarts	4 L	1 ſ	9 d
le demi	2 L	14 ſ	6 d
le quart	1 L	7 ſ	3 d
le huitiéme		13 ſ	7 d
Les 2 tiers	3 L	12 ſ	8 d
le tiers	1 L	16 ſ	4 d
le ſixiéme		18 ſ	2 d
le douziéme		9 ſ	1 d

A 5 L 9 ſ par Jour, pour 1 An revient à 1989 L 5 ſ.

A 5 Livres 10 Sols la chose.

2 valent	11 L	39 valent	214 L 10 ſ
3 valent	16 L 10 ſ	40 valent	220 L
4 valent	22 L	50 valent	275 L
5 valent	27 L 10 ſ	60 valent	330 L
6 valent	33 L	70 valent	385 L
7 valent	38 L 10 ſ	80 valent	440 L
8 valent	44 L	90 valent	495 L
9 valent	49 L 10 ſ	100 valent	550 L
10 valent	55 L	200 valent	1100 L
11 valent	60 L 10 ſ	300 valent	1650 L
12 valent	66 L	400 valent	2200 L
13 valent	71 L 10 ſ	500 valent	2750 L
14 valent	77 L	600 valent	3300 L
15 valent	82 L 10 ſ	700 valent	3850 L
16 valent	88 L	800 valent	4400 L
17 valent	93 L 10 ſ	900 valent	4950 L
18 valent	99 L	1000 valent	5500 L
19 valent	104 L 10 ſ	2000 valent	11000 L
20 valent	110 L	3000 valent	16500 L
21 valent	115 L 10 ſ	4000 valent	22000 L
22 valent	121 L	5000 valent	27500 L
23 valent	126 L 10 ſ	6000 valent	33000 L
24 valent	132 L	7000 valent	38500 L
25 valent	137 L 10 ſ	8000 valent	44000 L
26 valent	143 L	9000 valent	49500 L
27 valent	148 L 10 ſ	10000 valent	55000 L
28 valent	154 L	20000 valent	110000 L
29 valent	159 L 10 ſ	30000 valent	165000 L
30 valent	165 L		
31 valent	170 L 10 ſ	Les 3 quarts	4 L 2 ſ 6 d
32 valent	176 L	le demi	2 L 15 ſ
33 valent	181 L 10 ſ	le quart	1 L 7 ſ 6 d
34 valent	187 L	le huitiéme	13 ſ 9 d
35 valent	192 L 10 ſ	Les 2 tiers	3 L 13 ſ 4 d
36 valent	198 L	le tiers	1 L 16 ſ 8 d
37 valent	203 L 10 ſ	le ſixiéme	18 ſ 4 d
38 valent	209 L	le douziéme	9 ſ 2 d

A 5 L 10 ſ par Jour, pour 1 An revient à 2007 L 10 ſ

A 5 Livres 11 Sols la chose:

2 valent	11 L	2 ſ
3 valent	16 L	13 ſ
4 valent	22 L	4 ſ
5 valent	27 L	15 ſ
6 valent	33 L	6 ſ
7 valent	38 L	17 ſ
8 valent	44 L	8 ſ
9 valent	49 L	19 ſ
10 valent	55 L	10 ſ
11 valent	61 L	1 ſ
12 valent	66 L	12 ſ
13 valent	72 L	3 ſ
14 valent	77 L	14 ſ
15 valent	83 L	5 ſ
16 valent	88 L	16 ſ
17 valent	94 L	7 ſ
18 valent	99 L	18 ſ
19 valent	105 L	9 ſ
20 valent	111 L	
21 valent	116 L	11 ſ
22 valent	122 L	2 ſ
23 valent	127 L	13 ſ
24 valent	133 L	4 ſ
25 valent	138 L	15 ſ
26 valent	144 L	6 ſ
27 valent	149 L	17 ſ
28 valent	155 L	8 ſ
29 valent	160 L	19 ſ
30 valent	166 L	10 ſ
31 valent	172 L	1 ſ
32 valent	177 L	12 ſ
33 valent	183 L	3 ſ
34 valent	188 L	14 ſ
35 valent	194 L	5 ſ
36 valent	199 L	16 ſ
37 valent	205 L	7 ſ
38 valent	210 L	18 ſ
39 valent	216 L	9 ſ
40 valent	222 L	
50 valent	277 L	10 ſ
60 valent	333 L	
70 valent	388 L	10 ſ
80 valent	444 L	
90 valent	499 L	10 ſ
100 valent	555 L	
200 valent	1110 L	
300 valent	1665 L	
400 valent	2220 L	
500 valent	2775 L	
600 valent	3330 L	
700 valent	3885 L	
800 valent	4440 L	
900 valent	4995 L	
1000 valent	5550 L	
2000 valent	11100 L	
3000 valent	16650 L	
4000 valent	22200 L	
5000 valent	27750 L	
6000 valent	33300 L	
7000 valent	38850 L	
8000 valent	44400 L	
9000 valent	49950 L	
10000 valent	55500 L	
20000 valent	111000 L	
30000 valent	166500 L	

Les 3 quarts	4 L	3 ſ	3 d
le demi	2 L	15 ſ	6 d
le quart	1 L	7 ſ	9 d
le huitiéme		13 ſ	10 d
Les 2 tiers	3 L	14 ſ	
le tiers	1 L	17 ſ	
le ſixiéme		18 ſ	6 d
le douziéme		9 ſ	3 d

A 5 L 11 ſ par Jour, pour 1 An revient à 2025 L 15 ſ

A 5 Livres 12 Sols la choſe.

2 valent	11 L	4 ſ
3 valent	16 L	16 ſ
4 valent	22 L	8 ſ
5 valent	28 L	
6 valent	33 L	12 ſ
7 valent	39 L	4 ſ
8 valent	44 L	16 ſ
9 valent	50 L	8 ſ
10 valent	56 L	
11 valent	61 L	12 ſ
12 valent	67 L	4 ſ
13 valent	72 L	16 ſ
14 valent	78 L	8 ſ
15 valent	84 L	
16 valent	89 L	12 ſ
17 valent	95 L	4 ſ
18 valent	100 L	16 ſ
19 valent	106 L	8 ſ
20 valent	112 L	
21 valent	117 L	12 ſ
22 valent	123 L	4 ſ
23 valent	128 L	16 ſ
24 valent	134 L	8 ſ
25 valent	140 L	
26 valent	145 L	12 ſ
27 valent	151 L	4 ſ
28 valent	156 L	16 ſ
29 valent	162 L	8 ſ
30 valent	168 L	
31 valent	173 L	12 ſ
32 valent	179 L	4 ſ
33 valent	184 L	16 ſ
34 valent	190 L	8 ſ
35 valent	196 L	
36 valent	201 L	12 ſ
37 valent	207 L	4 ſ
38 valent	212 L	16 ſ
39 valent	218 L	8 ſ
40 valent	224 L	
50 valent	280 L	
60 valent	336 L	
70 valent	392 L	
80 valent	448 L	
90 valent	504 L	
100 valent	560 L	
200 valent	1120 L	
300 valent	1680 L	
400 valent	2240 L	
500 valent	2800 L	
600 valent	3360 L	
700 valent	3920 L	
800 valent	4480 L	
900 valent	5040 L	
1000 valent	5600 L	
2000 valent	11200 L	
3000 valent	16800 L	
4000 valent	22400 L	
5000 valent	28000 L	
6000 valent	33600 L	
7000 valent	39200 L	
8000 valent	44800 L	
9000 valent	50400 L	
10000 valent	56000 L	
20000 valent	112000 L	
30000 valent	168000 L	

Les 3 quarts	4 L	4 ſ	
le demi	2 L	16 ſ	
le quart	1 L	8 ſ	
le huitiéme		14 ſ	
Les 2 tiers	3 L	14 ſ	8 d
le tiers	1 L	17 ſ	4 d
le ſixiéme		18 ſ	8 d
le douziéme		9 ſ	4 d

A 5 L 12 ſ par Jour, pour 1 An revient à 2044 L.

A 5 Livres 13 Sols la choſe.

2 valent	11 L	6 ſ
3 valent	16 L	19 ſ
4 valent	22 L	12 ſ
5 valent	28 L	5 ſ
6 valent	33 L	18 ſ
7 valent	39 L	11 ſ
8 valent	45 L	4 ſ
9 valent	50 L	17 ſ
10 valent	56 L	10 ſ
11 valent	62 L	3 ſ
12 valent	67 L	16 ſ
13 valent	73 L	9 ſ
14 valent	79 L	2 ſ
15 valent	84 L	15 ſ
16 valent	90 L	8 ſ
17 valent	96 L	1 ſ
18 valent	101 L	14 ſ
19 valent	107 L	7 ſ
20 valent	113 L	
21 valent	118 L	13 ſ
22 valent	124 L	6 ſ
23 valent	129 L	19 ſ
24 valent	135 L	12 ſ
25 valent	141 L	5 ſ
26 valent	146 L	18 ſ
27 valent	152 L	11 ſ
28 valent	158 L	4 ſ
29 valent	163 L	17 ſ
30 valent	169 L	10 ſ
31 valent	175 L	3 ſ
32 valent	180 L	16 ſ
33 valent	186 L	9 ſ
34 valent	192 L	2 ſ
35 valent	197 L	15 ſ
36 valent	203 L	8 ſ
37 valent	209 L	1 ſ
38 valent	214 L	14 ſ

39 valent	220 L	7 ſ
40 valent	226 L	
50 valent	282 L	10 ſ
60 valent	339 L	
70 valent	395 L	10 ſ
80 valent	452 L	
90 valent	508 L	10 ſ
100 valent	565 L	
200 valent	1130 L	
300 valent	1695 L	
400 valent	2260 L	
500 valent	2825 L	
600 valent	3390 L	
700 valent	3955 L	
800 valent	4520 L	
900 valent	5085 L	
1000 valent	5650 L	
2000 valent	11300 L	
3000 valent	16950 L	
4000 valent	22600 L	
5000 valent	28250 L	
6000 valent	33900 L	
7000 valent	39550 L	
8000 valent	45200 L	
9000 valent	50850 L	
10000 valent	56500 L	
20000 valent	113000 L	
30000 valent	169500 L	

Les 3 quarts	4 L	4 ſ	9 d
le demi	2 L	16 ſ	6 d
le quart	1 L	8 ſ	3 d
le huitiéme		14 ſ	1 d
Les 2 tiers	3 L	15 ſ	4 d
le tiers	1 L	17 ſ	8 d
le ſixiéme		18 ſ	10 d
le douziéme		9 ſ	5 d

A 5 L 13 ſ par Jour, pour 1 An revient à 2062 L 5 ſ.

A 5 Livres 14 Sols la chose.

2 valent	11 L 8 ſ
3 valent	17 L 2 ſ
4 valent	22 L 16 ſ
5 valent	28 L 10 ſ
6 valent	34 L 4 ſ
7 valent	39 L 18 ſ
8 valent	45 L 12 ſ
9 valent	51 L 6 ſ
10 valent	57 L
11 valent	62 L 14 ſ
12 valent	68 L 8 ſ
13 valent	74 L 2 ſ
14 valent	79 L 16 ſ
15 valent	85 L 10 ſ
16 valent	91 L 4 ſ
17 valent	96 L 18 ſ
18 valent	102 L 12 ſ
19 valent	108 L 6 ſ
20 valent	114 L
21 valent	119 L 14 ſ
22 valent	125 L 8 ſ
23 valent	131 L 2 ſ
24 valent	136 L 16 ſ
25 valent	142 L 10 ſ
26 valent	148 L 4 ſ
27 valent	153 L 18 ſ
28 valent	159 L 12 ſ
29 valent	165 L 6 ſ
30 valent	171 L
31 valent	176 L 14 ſ
32 valent	182 L 8 ſ
33 valent	188 L 2 ſ
34 valent	193 L 16 ſ
35 valent	199 L 10 ſ
36 valent	205 L 4 ſ
37 valent	210 L 18 ſ
38 valent	216 L 12 ſ
39 valent	222 L 6 ſ
40 valent	228 L
50 valent	285 L
60 valent	342 L
70 valent	399 L
80 valent	456 L
90 valent	513 L
100 valent	570 L
200 valent	1140 L
300 valent	1710 L
400 valent	2280 L
500 valent	2850 L
600 valent	3420 L
700 valent	3990 L
800 valent	4560 L
900 valent	5130 L
1000 valent	5700 L
2000 valent	11400 L
3000 valent	17100 L
4000 valent	22800 L
5000 valent	28500 L
6000 valent	34200 L
7000 valent	39900 L
8000 valent	45600 L
9000 valent	51300 L
10000 valent	57000 L
20000 valent	114000 L
30000 valent	171000 L

Les 3 quarts	4 L 5 ſ 6 d
le demi	2 L 17 ſ
le quart	1 L 8 ſ 6 d
le huitiéme	14 ſ 3 d
Les 2 tiers	3 L 16 ſ
le tiers	1 L 18 ſ
le ſixiéme	19 ſ
le douziéme	9 ſ 6 d

A 5 L 14 ſ par Jour, pour 1 An revient à 2080 L 10 ſ

2 valent	11 L	10 ſ	
3 valent	17 L	5 ſ	
4 valent	23 L		
5 valent	28 L	15 ſ	
6 valent	34 L	10 ſ	
7 valent	40 L	5 ſ	
8 valent	46 L		
9 valent	51 L	15 ſ	
10 valent	57 L	10 ſ	
11 valent	63 L	5 ſ	
12 valent	69 L		
13 valent	74 L	15 ſ	
14 valent	80 L	10 ſ	
15 valent	86 L	5 ſ	
16 valent	92 L		
17 valent	97 L	15 ſ	
18 valent	103 L	10 ſ	
19 valent	109 L	5 ſ	
20 valent	115 L		
21 valent	120 L	15 ſ	
22 valent	126 L	10 ſ	
23 valent	132 L	5 ſ	
24 valent	138 L		
25 valent	143 L	15 ſ	
26 valent	149 L	10 ſ	
27 valent	155 L	5 ſ	
28 valent	161 L		
29 valent	166 L	15 ſ	
30 valent	172 L	10 ſ	
31 valent	178 L	5 ſ	
32 valent	184 L		
33 valent	189 L	15 ſ	
34 valent	195 L	10 ſ	
35 valent	201 L	5 ſ	
36 valent	207 L		
37 valent	212 L	15 ſ	
38 valent	218 L	10 ſ	
39 valent	224 L	5 ſ	
40 valent	230 L		
50 valent	287 L	10 ſ	
60 valent	345 L		
70 valent	402 L	10 ſ	
80 valent	460 L		
90 valent	517 L	10 ſ	
100 valent	575 L		
200 valent	1150 L		
300 valent	1725 L		
400 valent	2300 L		
500 valent	2875 L		
600 valent	3450 L		
700 valent	4025 L		
800 valent	4600 L		
900 valent	5175 L		
1000 valent	5750 L		
2000 valent	11500 L		
3000 valent	17250 L		
4000 valent	23000 L		
5000 valent	28750 L		
6000 valent	34500 L		
7000 valent	40250 L		
8000 valent	46000 L		
9000 valent	51750 L		
10000 valent	57500 L		
20000 valent	115000 L		
30000 valent	172500 L		

Les 3 quarts	4 L	6 ſ	3 d
le demi	2 L	17 ſ	6 d
le quart	1 L	8 ſ	9 d
le huitiéme		14 ſ	5 d
Les 2 tiers	3 L	16 ſ	8 d
le tiers	1 L	18 ſ	4 d
le sixiéme		19 ſ	2 d
le douziéme		9 ſ	7 d

A 5 L 15 ſ par Jour, pour 1 An revient à 2098 L 15 ſ

A 5 Livres Sols 16 la chose.

2 valent	11 L 12 ſ	39 valent	226 L 4 ſ
3 valent	17 L 8 ſ	40 valent	232 L
4 valent	23 L 4 ſ	50 valent	290 L
5 valent	29 L	60 valent	348 L
6 valent	34 L 16 ſ	70 valent	406 L
7 valent	40 L 12 ſ	80 valent	464 L
8 valent	46 L 8 ſ	90 valent	522 L
9 valent	52 L 4 ſ	100 valent	580 L
10 valent	58 L	200 valent	1160 L
11 valent	63 L 16 ſ	300 valent	1740 L
12 valent	69 L 12 ſ	400 valent	2320 L
13 valent	75 L 8 ſ	500 valent	2900 L
14 valent	81 L 4 ſ	600 valent	3480 L
15 valent	87 L	700 valent	4060 L
16 valent	92 L 16 ſ	800 valent	4640 L
17 valent	98 L 12 ſ	900 valent	5220 L
18 valent	104 L 8 ſ	1000 valent	5800 L
19 valent	110 L 4 ſ	2000 valent	11600 L
20 valent	116 L	3000 valent	17400 L
21 valent	121 L 16 ſ	4000 valent	23200 L
22 valent	127 L 12 ſ	5000 valent	29000 L
23 valent	133 L 8 ſ	6000 valent	34800 L
24 valent	139 L 4 ſ	7000 valent	40600 L
25 valent	145 L	8000 valent	46400 L
26 valent	150 L 16 ſ	9000 valent	52200 L
27 valent	156 L 12 ſ	10000 valent	58000 L
28 valent	162 L 8 ſ	20000 valent	116000 L
29 valent	168 L 4 ſ	30000 valent	174000 L
30 valent	174 L		
31 valent	179 L 16 ſ	Les 3 quarts	4 L 7 ſ
32 valent	185 L 12 ſ	le demi	2 L 18 ſ
33 valent	191 L 8 ſ	le quart	1 L 9 ſ
34 valent	197 L 4 ſ	le huitiéme	14 ſ 6 d
35 valent	203 L	Les 2 tiers	3 L 17 ſ 4 d
36 valent	208 L 16 ſ	le tiers	1 L 18 ſ 8 d
37 valent	214 L 12 ſ	le ſixiéme	19 ſ 4 d
38 valent	220 L 8 ſ	le douziéme	9 ſ 8 d

A 5 L 16 ſ par Jour, pour 1 An revient à 2117 L

2 valent	11 L	14 ſ	
3 valent	17 L	11 ſ	
4 valent	23 L	8 ſ	
5 valent	29 L	5 ſ	
6 valent	35 L	2 ſ	
7 valent	40 L	19 ſ	
8 valent	46 L	16 ſ	
9 valent	52 L	13 ſ	
10 valent	58 L	10 ſ	
11 valent	64 L	7 ſ	
12 valent	70 L	4 ſ	
13 valent	76 L	1 ſ	
14 valent	81 L	18 ſ	
15 valent	87 L	15 ſ	
16 valent	93 L	12 ſ	
17 valent	99 L	9 ſ	
18 valent	105 L	6 ſ	
19 valent	111 L	3 ſ	
20 valent	117 L		
21 valent	122 L	17 ſ	
22 valent	128 L	14 ſ	
23 valent	134 L	11 ſ	
24 valent	140 L	8 ſ	
25 valent	146 L	5 ſ	
26 valent	152 L	2 ſ	
27 valent	157 L	19 ſ	
28 valent	163 L	16 ſ	
29 valent	169 L	13 ſ	
30 valent	175 L	10 ſ	
31 valent	181 L	7 ſ	
32 valent	187 L	4 ſ	
33 valent	193 L	1 ſ	
34 valent	198 L	18 ſ	
35 valent	204 L	15 ſ	
36 valent	210 L	12 ſ	
37 valent	216 L	9 ſ	
38 valent	222 L	6 ſ	
39 valent	228 L	3 ſ	
40 valent	234 L		
50 valent	292 L	10 ſ	
60 valent	351 L		
70 valent	409 L	10 ſ	
80 valent	468 L		
90 valent	526 L	10 ſ	
100 valent	585 L		
200 valent	1170 L		
300 valent	1755 L		
400 valent	2340 L		
500 valent	2925 L		
600 valent	3510 L		
700 valent	4095 L		
800 valent	4680 L		
900 valent	5265 L		
1000 valent	5850 L		
2000 valent	11700 L		
3000 valent	17550 L		
4000 valent	23400 L		
5000 valent	29250 L		
6000 valent	35100 L		
7000 valent	40950 L		
8000 valent	46800 L		
9000 valent	52650 L		
10000 valent	58500 L		
20000 valent	117000 L		
30000 valent	175500 L		
Les 3 quarts	4 L	7 ſ	9 d
le demi	2 L	18 ſ	6 d
le quart	1 L	9 ſ	3 d
le huitiéme		14 ſ	7 d
Les 2 tiers	3 L	18 ſ	
le tiers	1 L	19 ſ	
le ſixiéme		19 ſ	6 d
le douziéme		9 ſ	9 d

A 5 L 17 ſ par Jour, pour 1 An revient à 2135 L 5 ſ

2 valent	11 L	16 ſ	
3 valent	17 L	14 ſ	
4 valent	23 L	12 ſ	
5 valent	29 L	10 ſ	
6 valent	35 L	8 ſ	
7 valent	41 L	6 ſ	
8 valent	47 L	4 ſ	
9 valent	53 L	2 ſ	
10 valent	59 L		
11 valent	64 L	18 ſ	
12 valent	70 L	16 ſ	
13 valent	76 L	14 ſ	
14 valent	82 L	12 ſ	
15 valent	88 L	10 ſ	
16 valent	94 L	8 ſ	
17 valent	100 L	6 ſ	
18 valent	106 L	4 ſ	
19 valent	112 L	2 ſ	
20 valent	118 L		
21 valent	123 L	18 ſ	
22 valent	129 L	16 ſ	
23 valent	135 L	14 ſ	
24 valent	141 L	12 ſ	
25 valent	147 L	10 ſ	
26 valent	153 L	8 ſ	
27 valent	159 L	6 ſ	
28 valent	165 L	4 ſ	
29 valent	171 L	2 ſ	
30 valent	177 L		
31 valent	182 L	18 ſ	
32 valent	188 L	16 ſ	
33 valent	194 L	14 ſ	
34 valent	200 L	12 ſ	
35 valent	206 L	10 ſ	
36 valent	212 L	8 ſ	
37 valent	218 L	6 ſ	
38 valent	224 L	4 ſ	
39 valent	230 L	2 ſ	
40 valent	236 L		
50 valent	295 L		
60 valent	354 L		
70 valent	413 L		
80 valent	472 L		
90 valent	531 L		
100 valent	590 L		
200 valent	1180 L		
300 valent	1770 L		
400 valent	2360 L		
500 valent	2950 L		
600 valent	3540 L		
700 valent	4130 L		
800 valent	4720 L		
900 valent	5310 L		
1000 valent	5900 L		
2000 valent	11800 L		
3000 valent	17700 L		
4000 valent	23600 L		
5000 valent	29500 L		
6000 valent	35400 L		
7000 valent	41300 L		
8000 valent	47200 L		
9000 valent	53100 L		
10000 valent	59000 L		
20000 valent	118000 L		
30000 valent	177000 L		

Les 3 quarts	4 L	8 ſ	6 d
le demi	2 L	19 ſ	
le quart	1 L	9 ſ	6 d
le huitiéme		14 ſ	9 d
Les 2 tiers	3 L	18 ſ	8 d
le tiers	1 L	19 ſ	4 d
le ſixiéme		19 ſ	8 d
le douziéme		9 ſ	10 d

A 5 L 18 ſ par Jour, pour 1 An revient à 2153 L 10 ſ

2 valent	11 L	18 ſ
3 valent	17 L	17 ſ
4 valent	23 L	16 ſ
5 valent	29 L	15 ſ
6 valent	35 L	14 ſ
7 valent	41 L	13 ſ
8 valent	47 L	12 ſ
9 valent	53 L	11 ſ
10 valent	59 L	10 ſ
11 valent	65 L	9 ſ
12 valent	71 L	8 ſ
13 valent	77 L	7 ſ
14 valent	83 L	6 ſ
15 valent	89 L	5 ſ
16 valent	95 L	4 ſ
17 valent	101 L	3 ſ
18 valent	107 L	2 ſ
19 valent	113 L	1 ſ
20 valent	119 L	
21 valent	124 L	19 ſ
22 valent	130 L	18 ſ
23 valent	136 L	17 ſ
24 valent	142 L	16 ſ
25 valent	148 L	15 ſ
26 valent	154 L	14 ſ
27 valent	160 L	13 ſ
28 valent	166 L	12 ſ
29 valent	172 L	11 ſ
30 valent	178 L	10 ſ
31 valent	184 L	9 ſ
32 valent	190 L	8 ſ
33 valent	196 L	7 ſ
34 valent	202 L	6 ſ
35 valent	208 L	5 ſ
36 valent	214 L	4 ſ
37 valent	220 L	3 ſ
38 valent	226 L	2 ſ

39 valent	232 L	1 ſ
40 valent	238 L	
50 valent	297 L	10 ſ
60 valent	357 L	
70 valent	416 L	10 ſ
80 valent	476 L	
90 valent	535 L	10 ſ
100 valent	595 L	
200 valent	1190 L	
300 valent	1785 L	
400 valent	2380 L	
500 valent	2975 L	
600 valent	3570 L	
700 valent	4165 L	
800 valent	4760 L	
900 valent	5355 L	
1000 valent	5950 L	
2000 valent	11900 L	
3000 valent	17850 L	
4000 valent	23800 L	
5000 valent	29750 L	
6000 valent	35700 L	
7000 valent	41650 L	
8000 valent	47600 L	
9000 valent	53550 L	
10000 valent	59500 L	
20000 valent	119000 L	
30000 valent	178500 L	

Les 3 quarts	4 L	9 ſ	3 d
le demi	2 L	19 ſ	6 d
le quart	1 L	9 ſ	9 d
le huitiéme		14 ſ	10 d
Les 2 tiers	3 L	19 ſ	4 d
le tiers	1 L	19 ſ	8 d
le ſixiéme		19 ſ	10 d
le douziéme		9 ſ	11 d

A 5 L 19 ſ par Jour, pour 1 An revient à 2171 L 15 ſ

2	valent	12 L	39	valent	234 L
3	valent	18 L	40	valent	240 L
4	valent	24 L	50	valent	300 L
5	valent	30 L	60	valent	360 L
6	valent	36 L	70	valent	420 L
7	valent	42 L	80	valent	480 L
8	valent	48 L	90	valent	540 L
9	valent	54 L	100	valent	600 L
10	valent	60 L	200	valent	1200 L
11	valent	66 L	300	valent	1800 L
12	valent	72 L	400	valent	2400 L
13	valent	78 L	500	valent	3000 L
14	valent	84 L	600	valent	3600 L
15	valent	90 L	700	valent	4200 L
16	valent	96 L	800	valent	4800 L
17	valent	102 L	900	valent	5400 L
18	valent	108 L	1000	valent	6000 L
19	valent	114 L	2000	valent	12000 L
20	valent	120 L	3000	valent	18000 L
21	valent	126 L	4000	valent	24000 L
22	valent	132 L	5000	valent	30000 L
23	valent	138 L	6000	valent	36000 L
24	valent	144 L	7000	valent	42000 L
25	valent	150 L	8000	valent	48000 L
26	valent	156 L	9000	valent	54000 L
27	valent	162 L	10000	valent	60000 L
28	valent	168 L	20000	valent	120000 L
29	valent	174 L	30000	valent	180000 L
30	valent	180 L			
31	valent	186 L	Les 3 quarts		4 L 10 ſ
32	valent	192 L	le demi		3 L
33	valent	198 L	le quart		1 L 10 ſ
34	valent	204 L	le huitiéme		15 ſ
35	valent	210 L	Les 2 tiers		4 L
36	valent	216 L	le tiers		2 L
37	valent	222 L	le ſixiéme		1 L
38	valent	228 L	le douziéme		10 ſ

A 6 L par Jour, pour 1 An revient à 2190 L.

2	valent	12 L	5 ſ	
3	valent	18 L	7 ſ	6
4	valent	24 L	10 ſ	
5	valent	30 L	12 ſ	6
6	valent	36 L	15 ſ	
7	valent	42 L	17 ſ	6
8	valent	49 L		
9	valent	55 L	2 ſ	6
10	valent	61 L	5 ſ	
11	valent	67 L	7 ſ	6
12	valent	73 L	10 ſ	
13	valent	79 L	12 ſ	6
14	valent	85 L	15 ſ	
15	valent	91 L	17 ſ	6
16	valent	98 L		
17	valent	104 L	2 ſ	6
18	valent	110 L	5 ſ	
19	valent	116 L	7 ſ	6
20	valent	122 L	10 ſ	
21	valent	128 L	12 ſ	6
22	valent	134 L	15 ſ	
23	valent	140 L	17 ſ	6
24	valent	147 L		
25	valent	153 L	2 ſ	6
26	valent	159 L	5 ſ	
27	valent	165 L	7 ſ	6
28	valent	171 L	10 ſ	
29	valent	177 L	12 ſ	6
30	valent	183 L	15 ſ	
31	valent	189 L	17 ſ	6
32	valent	196 L		
33	valent	202 L	2 ſ	6
34	valent	208 L	5 ſ	
35	valent	214 L	7 ſ	6
36	valent	220 L	10 ſ	
37	valent	226 L	12 ſ	6
38	valent	232 L	15 ſ	

39	valent	238 L	17 ſ	6
40	valent	245 L		
50	valent	306 L	5 ſ	
60	valent	367 L	10 ſ	
70	valent	428 L	15 ſ	
80	valent	490 L		
90	valent	551 L	5 ſ	
100	valent	612 L	10 ſ	
200	valent	1225 L		
300	valent	1837 L	10 ſ	
400	valent	2450 L		
500	valent	3062 L	10 ſ	
600	valent	3675 L		
700	valent	4287 L	10 ſ	
800	valent	4900 L		
900	valent	5512 L	10 ſ	
1000	valent	6125 L		
2000	valent	12250 L		
3000	valent	18375 L		
4000	valent	24500 L		
5000	valent	30625 L		
6000	valent	36750 L		
7000	valent	42875 L		
8000	valent	49000 L		
9000	valent	55125 L		
10000	valent	61250 L		
20000	valent	122500 L		
30000	valent	183750 L		

Les 3 quarts	4 L	11 ſ	10 d
le demi	3 L	1 ſ	3 d
le quart	1 L	10 ſ	7 d
le huitiéme		15 ſ	4 d
Les 2 tiers	4 L	1 ſ	8 d
le tiers	2 L		10 d
le ſixiéme	1 L		5 d
le douziéme		10 ſ	2 d

A 6 L 2 ſ 6d par Jour, pour 1 An revient à 2235 l. 12 ſ 6

A 6 Livres 5 Sols la chose.

2 valent	12 L	10 ſ	
3 valent	18 L	15 ſ	
4 valent	25 L		
5 valent	31 L	5 ſ	
6 valent	37 L	10 ſ	
7 valent	43 L	15 ſ	
8 valent	50 L		
9 valent	56 L	5 ſ	
10 valent	62 L	10 ſ	
11 valent	68 L	15 ſ	
12 valent	75 L		
13 valent	81 L	5 ſ	
14 valent	87 L	10 ſ	
15 valent	93 L	15 ſ	
16 valent	100 L		
17 valent	106 L	5 ſ	
18 valent	112 L	10 ſ	
19 valent	118 L	15 ſ	
20 valent	125 L		
21 valent	131 L	5 ſ	
22 valent	137 L	10 ſ	
23 valent	143 L	15 ſ	
24 valent	150 L		
25 valent	156 L	5 ſ	
26 valent	162 L	10 ſ	
27 valent	168 L	15 ſ	
28 valent	175 L		
29 valent	181 L	5 ſ	
30 valent	187 L	10 ſ	
31 valent	193 L	15 ſ	
32 valent	200 L		
33 valent	206 L	5 ſ	
34 valent	212 L	10 ſ	
35 valent	218 L	15 ſ	
36 valent	225 L		
37 valent	231 L	5 ſ	
38 valent	237 L	10 ſ	
39 valent	243 L	15 ſ	
40 valent	250 L		
50 valent	312 L	10 ſ	
60 valent	375 L		
70 valent	437 L	10 ſ	
80 valent	500 L		
90 valent	562 L	10 ſ	
100 valent	625 L		
200 valent	1250 L		
300 valent	1875 L		
400 valent	2500 L		
500 valent	3125 L		
600 valent	3750 L		
700 valent	4375 L		
800 valent	5000 L		
900 valent	5625 L		
1000 valent	6250 L		
2000 valent	12500 L		
3000 valent	18750 L		
4000 valent	25000 L		
5000 valent	31250 L		
6000 valent	37500 L		
7000 valent	43750 L		
8000 valent	50000 L		
9000 valent	56250 L		
10000 valent	62500 L		
20000 valent	125000 L		
30000 valent	187500 L		
Les 3 quarts	4 L	13 ſ	9 d
le demi	3 L	2 ſ	6 d
le quart	1 L	11 ſ	3 d
le huitiéme		15 ſ	7 d
Les 2 tiers	4 L	3 ſ	4 d
le tiers	2 L	1 ſ	8 d
le ſixiéme	1 L		10 d
le douziéme		10 ſ	5 d

A 6 L 5 ſ par Jour, pour 1 An revient à 2281 L 5 ſ

A 6 Livres 7 Sols 6 Deniers la choſe.

2 valent	12 L 15 ſ	
3 valent	19 L 2 ſ 6	
4 valent	25 L 10 ſ	
5 valent	31 L 17 ſ 6	
6 valent	38 L 5 ſ	
7 valent	44 L [illegible] ſ 6	
8 valent	51 L	
9 valent	57 L 7 ſ 6	
10 valent	63 L 15 ſ	
11 valent	70 L 2 ſ 6	
12 valent	76 L 10 ſ	
13 valent	82 L 17 ſ 6	
14 valent	89 L 5 ſ	
15 valent	95 L 12 ſ 6	
16 valent	102 L	
17 valent	108 L 7 ſ 6	
18 valent	114 L 15 ſ	
19 valent	121 L 2 ſ 6	
20 valent	127 L 10 ſ	
21 valent	133 L 17 ſ 6	
22 valent	140 L 5 ſ	
23 valent	146 L 12 ſ 6	
24 valent	153 L	
25 valent	159 L 7 ſ 6	
26 valent	165 L 15 ſ	
27 valent	172 L 2 ſ 6	
28 valent	178 L 10 ſ	
29 valent	184 L 17 ſ 6	
30 valent	191 L 5 ſ	
31 valent	197 L 12 ſ 6	
32 valent	204 L	
33 valent	210 L 7 ſ 6	
34 valent	216 L 15 ſ	
35 valent	223 L 2 ſ 6	
36 valent	229 L 10 ſ	
37 valent	235 L 17 ſ 6	
38 valent	242 L 5 ſ	
39 valent	248 L 12 ſ 6	
40 valent	255 L	
50 valent	318 L 15 ſ	
60 valent	382 L 10 ſ	
70 valent	446 L 5 ſ	
80 valent	510 L	
90 valent	573 L 15 ſ	
100 valent	637 L 10 ſ	
200 valent	1275 L	
300 valent	1912 L 10 ſ	
400 valent	2550 L	
500 valent	3187 L 10 ſ	
600 valent	3825 L	
700 valent	4462 L 10 ſ	
800 valent	5100 L	
900 valent	5737 L 10 ſ	
1000 valent	6375 L	
2000 valent	12750 L	
3000 valent	19125 L	
4000 valent	25500 L	
5000 valent	31875 L	
6000 valent	38250 L	
7000 valent	44625 L	
8000 valent	51000 L	
9000 valent	57375 L	
10000 valent	63750 L	
20000 valent	127500 L	
30000 valent	191250 L	

Les 3 quarts	4 L 15 ſ 7 d
le demi	3 L 3 ſ 9 d
le quart	1 L 11 ſ 10 d
le huitiéme	15 ſ 11 d
Les 2 tiers	4 L 5 ſ
le tiers	2 L 2 ſ 6 d
le ſixiéme	1 L 1 ſ 3 d
le douziéme	10 ſ 7 d

A 6 L 7 ſ 6 d par Jour, pour 1 An revient à 2326 L 17 ſ 6

A 6 Livres 10 Sols la chose.

2 valent	13 L	
3 valent	19 L	10 ſ
4 valent	26 L	
5 valent	32 L	10 ſ
6 valent	39 L	
7 valent	45 L	10 ſ
8 valent	52 L	
9 valent	58 L	10 ſ
10 valent	65 L	
11 valent	71 L	10 ſ
12 valent	78 L	
13 valent	84 L	10 ſ
14 valent	91 L	
15 valent	97 L	10 ſ
16 valent	104 L	
17 valent	110 L	10 ſ
18 valent	117 L	
19 valent	123 L	10 ſ
20 valent	130 L	
21 valent	136 L	10 ſ
22 valent	143 L	
23 valent	149 L	10 ſ
24 valent	156 L	
25 valent	162 L	10 ſ
26 valent	169 L	
27 valent	175 L	10 ſ
28 valent	182 L	
29 valent	188 L	10 ſ
30 valent	195 L	
31 valent	201 L	10 ſ
32 valent	208 L	
33 valent	214 L	10 ſ
34 valent	221 L	
35 valent	227 L	10 ſ
36 valent	234 L	
37 valent	240 L	10 ſ
38 valent	247 L	
39 valent	253 L	10 ſ
40 valent	260 L	
50 valent	325 L	
60 valent	390 L	
70 valent	455 L	
80 valent	520 L	
90 valent	585 L	
100 valent	650 L	
200 valent	1300 L	
300 valent	1950 L	
400 valent	2600 L	
500 valent	3250 L	
600 valent	3900 L	
700 valent	4550 L	
800 valent	5200 L	
900 valent	5850 L	
1000 valent	6500 L	
2000 valent	13000 L	
3000 valent	19500 L	
4000 valent	26000 L	
5000 valent	32500 L	
6000 valent	39000 L	
7000 valent	45500 L	
8000 valent	52000 L	
9000 valent	58500 L	
10000 valent	65000 L	
20000 valent	130000 L	
30000 valent	195000 L	

Les 3 quarts	4 L	17 ſ	6 d
le demi	3 L	5 ſ	
le quart	1 L	12 ſ	6 d
le huitiéme		16 ſ	3 d
Les 2 tiers	4 L	6 ſ	8 d
le tiers	2 L	3 ſ	4 d
le ſixiéme	1 L	1 ſ	8 d
le douziéme		10 ſ	10 d

A 6 L 10 ſ par Jour, pour 1 An revient à 2372 L 10 ſ

A 6 Livres 12 Sols 6 Deniers la chose.

2 valent	13 L 5 ſ	39 valent	258 L 7 ſ 6
3 valent	19 L 17 ſ 6	40 valent	265 L
4 valent	26 L 10 ſ	50 valent	331 L 5 ſ
5 valent	33 L 2 ſ 6	60 valent	397 L 10 ſ
6 valent	39 L 15 ſ	70 valent	463 L 15 ſ
7 valent	46 L 7 ſ 6	80 valent	530 L
8 valent	53 L	90 valent	596 L 5 ſ
9 valent	59 L 12 ſ 6	100 valent	662 L 10 ſ
10 valent	66 L 5 ſ	200 valent	1325 L
11 valent	72 L 17 ſ 6	300 valent	1987 L 10 ſ
12 valent	79 L 10 ſ	400 valent	2650 L
13 valent	86 L 2 ſ 6	500 valent	3312 L 10 ſ
14 valent	92 L 15 ſ	600 valent	3975 L
15 valent	99 L 7 ſ 6	700 valent	4637 L 10 ſ
16 valent	106 L	800 valent	5300 L
17 valent	112 L 12 ſ 6	900 valent	5962 L 10 ſ
18 valent	119 L 5 ſ	1000 valent	6625 L
19 valent	125 L 17 ſ 6	2000 valent	13250 L
20 valent	132 L 10 ſ	3000 valent	19875 L
21 valent	139 L 2 ſ 6	4000 valent	26500 L
22 valent	145 L 15 ſ	5000 valent	33125 L
23 valent	152 L 7 ſ 6	6000 valent	39750 L
24 valent	159 L	7000 valent	46375 L
25 valent	165 L 12 ſ 6	8000 valent	53000 L
26 valent	172 L 5 ſ	9000 valent	59625 L
27 valent	178 L 17 ſ 6	10000 valent	66250 L
28 valent	185 L 10 ſ	20000 valent	132500 L
29 valent	192 L 2 ſ 6	30000 valent	198750 L
30 valent	198 L 15 ſ		
31 valent	205 L 7 ſ 6	Les 3 quarts	4 L 19 ſ 4 d
32 valent	212 L	le demi	3 L 6 ſ 3 d
33 valent	218 L 12 ſ 6	le quart	1 L 13 ſ 1 d
34 valent	225 L 5 ſ	le huitiéme	16 ſ 7 d
35 valent	231 L 17 ſ 6	Les 2 tiers	4 L 8 ſ 4 d
36 valent	238 L 10 ſ	le tiers	2 L 4 ſ 2 d
37 valent	245 L 2 ſ 6	le ſixiéme	1 L 2 ſ 1 d
38 valent	251 L 15 ſ	le douziéme	11 ſ

A 6 L 12 ſ 6 d par Jour, pour 1 An revient à 2418 L 2 ſ 6

A 6 Livres 15 Sols la choſe.

2 valent	13 L 10 ſ	39 valent	263 L 5 ſ
3 valent	20 L 5 ſ	40 valent	270 L
4 valent	27 L	50 valent	337 L 10 ſ
5 valent	33 L 15 ſ	60 valent	405 L
6 valent	40 L 10 ſ	70 valent	472 L 10 ſ
7 valent	47 L 5 ſ	80 valent	540 L
8 valent	54 L	90 valent	607 L 10 ſ
9 valent	60 L 15 ſ	100 valent	675 L
10 valent	67 L 10 ſ	200 valent	1350 L
11 valent	74 L 5 ſ	300 valent	2025 L
12 valent	81 L	400 valent	2700 L
13 valent	87 L 15 ſ	500 valent	3375 L
14 valent	94 L 10 ſ	600 valent	4050 L
15 valent	101 L 5 ſ	700 valent	4725 L
16 valent	108 L	800 valent	5400 L
17 valent	114 L 15 ſ	900 valent	6075 L
18 valent	121 L 10 ſ	1000 valent	6750 L
19 valent	128 L 5 ſ	2000 valent	13500 L
20 valent	135 L	3000 valent	20250 L
21 valent	141 L 15 ſ	4000 valent	27000 L
22 valent	148 L 10 ſ	5000 valent	33750 L
23 valent	155 L 5 ſ	6000 valent	40500 L
24 valent	162 L	7000 valent	47250 L
25 valent	168 L 15 ſ	8000 valent	54000 L
26 valent	175 L 10 ſ	9000 valent	60750 L
27 valent	182 L 5 ſ	10000 valent	67500 L
28 valent	189 L	20000 valent	135000 L
29 valent	195 L 15 ſ	30000 valent	202500 L
30 valent	202 L 10 ſ		
31 valent	209 L 5 ſ	Les 3 quarts	5 L 1 ſ 3 d
32 valent	216 L	le demi	3 L 7 ſ 6 d
33 valent	222 L 15 ſ	le quart	1 L 13 ſ 9 d
34 valent	229 L 10 ſ	le huitiéme	16 ſ 10 d
35 valent	236 L 5 ſ	Les 2 tiers	4 L 10 ſ
36 valent	243 L	le tiers	2 L 5 ſ
37 valent	249 L 15 ſ	le ſixiéme	1 L 2 ſ 6 d
38 valent	256 L 10 ſ	le douziéme	11 ſ 3 d

A 6 L 15 ſ par Jour, pour 1 An revient à 2463 L 15 ſ

A 6 Livres 17 Sols 6 Deniers la chose.

2 valent	13 L 15 ſ		39 valent	268 L 2 ſ 6
3 valent	20 L 12 ſ 6		40 valent	275 L
4 valent	27 L 10 ſ		50 valent	343 L 15 ſ
5 valent	34 L 7 ſ 6		60 valent	412 L 10 ſ
6 valent	41 L 5 ſ		70 valent	481 L 5 ſ
7 valent	48 L 2 ſ 6		80 valent	550 L
8 valent	55 L		90 valent	618 L 15 ſ
9 valent	61 L 17 ſ 6		100 valent	687 L 10 ſ
10 valent	68 L 15 ſ		200 valent	1375 L
11 valent	75 L 12 ſ 6		300 valent	2062 L 10 ſ
12 valent	82 L 10 ſ		400 valent	2750 L
13 valent	89 L 7 ſ 6		500 valent	3437 L 10 ſ
14 valent	96 L 5 ſ		600 valent	4125 L
15 valent	103 L 2 ſ 6		700 valent	4812 L 10 ſ
16 valent	110 L		800 valent	5500 L
17 valent	116 L 17 ſ 6		900 valent	6187 L 10 ſ
18 valent	123 L 15 ſ		1000 valent	6875 L
19 valent	130 L 12 ſ 6		2000 valent	13750 L
20 valent	137 L 10 ſ		3000 valent	20625 L
21 valent	144 L 7 ſ 6		4000 valent	27500 L
22 valent	151 L 5 ſ		5000 valent	34375 L
23 valent	158 L 2 ſ 6		6000 valent	41250 L
24 valent	165 L		7000 valent	48125 L
25 valent	171 L 17 ſ 6		8000 valent	55000 L
26 valent	178 L 15 ſ		9000 valent	61875 L
27 valent	185 L 12 ſ 6		10000 valent	68750 L
28 valent	192 L 10 ſ		20000 valent	137500 L
29 valent	199 L 7 ſ 6		30000 valent	206250 L
30 valent	206 L 5 ſ			
31 valent	213 L 2 ſ 6		Les 3 quarts	5 L 3 ſ 1 d
32 valent	220 L		le demi	3 L 8 ſ 9 d
33 valent	226 L 17 ſ 6		le quart	1 L 14 ſ 4 d
34 valent	233 L 15 ſ		le huitiéme	17 ſ 2 d
35 valent	240 L 12 ſ 6		Les 2 tiers	4 L 11 ſ 8 d
36 valent	247 L 10 ſ		le tiers	2 L 5 ſ 10 d
37 valent	254 L 7 ſ 6		le sixiéme	1 L 2 ſ 11 d
38 [illegible]	L 5 ſ		le douziéme	11 ſ 5 d

A [illegible] par Jour, pour 1 An revient à 2509 L 7 ſ 6

A 7 Livres la chose.

2 valent	14 L
3 valent	21 L
4 valent	28 L
5 valent	35 L
6 valent	42 L
7 valent	49 L
8 valent	56 L
9 valent	63 L
10 valent	70 L
11 valent	77 L
12 valent	84 L
13 valent	91 L
14 valent	98 L
15 valent	105 L
16 valent	112 L
17 valent	119 L
18 valent	126 L
19 valent	133 L
20 valent	140 L
21 valent	147 L
22 valent	154 L
23 valent	161 L
24 valent	168 L
25 valent	175 L
26 valent	182 L
27 valent	189 L
28 valent	196 L
29 valent	203 L
30 valent	210 L
31 valent	217 L
32 valent	224 L
33 valent	231 L
34 valent	238 L
35 valent	245 L
36 valent	252 L
37 valent	259 L
38 valent	266 L
39 valent	273 L
40 valent	280 L
50 valent	350 L
60 valent	420 L
70 valent	490 L
80 valent	560 L
90 valent	630 L
100 valent	700 L
200 valent	1400 L
300 valent	2100 L
400 valent	2800 L
500 valent	3500 L
600 valent	4200 L
700 valent	4900 L
800 valent	5600 L
900 valent	6300 L
1000 valent	7000 L
2000 valent	14000 L
3000 valent	21000 L
4000 valent	28000 L
5000 valent	35000 L
6000 valent	42000 L
7000 valent	49000 L
8000 valent	56000 L
9000 valent	63000 L
10000 valent	70000 L
20000 valent	140000 L
30000 valent	210000 L

Les 3 quarts	5 L	5 ſ	
le demi	3 L	10 ſ	
le quart	1 L	15 ſ	
le huitiéme		17 ſ	6 d
Les 2 tiers	4 L	13 ſ	4 d
le tiers	2 L	6 ſ	8 d
le ſixiéme	1 L	3 ſ	4 d
le douziéme		11 ſ	8 d

A 7 L par Jour, pour 1 An revient à 2555 L.

A 7 Livres 2 Sols 6 Deniers la chose.

2 valent	14 L	5 ſ		39 valent 277 L 17 ſ 6
3 valent	21 L	7 ſ 6		40 valent 285 L
4 valent	28 L	10 ſ		50 valent 356 L 5 ſ
5 valent	35 L	12 ſ 6		60 valent 427 L 10 ſ
6 valent	42 L	15 ſ		70 valent 498 L 15 ſ
7 valent	49 L	17 ſ 6		80 valent 570 L
8 valent	57 L			90 valent 641 L 5 ſ
9 valent	64 L	2 ſ 6		100 valent 712 L 10 ſ
10 valent	71 L	5 ſ		200 valent 1425 L
11 valent	78 L	7 ſ 6		300 valent 2137 L 10 ſ
12 valent	85 L	10 ſ		400 valent 2850 L
13 valent	92 L	12 ſ 6		500 valent 3562 L 10 ſ
14 valent	99 L	15 ſ		600 valent 4275 L
15 valent	106 L	17 ſ 6		700 valent 4987 L 10 ſ
16 valent	114 L			800 valent 5700 L
17 valent	121 L	2 ſ 6		900 valent 6412 L 10 ſ
18 valent	128 L	5 ſ		1000 valent 7125 L
19 valent	135 L	7 ſ 6		2000 valent 14250 L
20 valent	142 L	10 ſ		3000 valent 21375 L
21 valent	149 L	12 ſ 6		4000 valent 28500 L
22 valent	156 L	15 ſ		5000 valent 35625 L
23 valent	163 L	17 ſ 6		6000 valent 42750 L
24 valent	171 L			7000 valent 49875 L
25 valent	178 L	2 ſ 6		8000 valent 57000 L
26 valent	185 L	5 ſ		9000 valent 64125 L
27 valent	192 L	7 ſ 6		10000 valent 71250 L
28 valent	199 L	10 ſ		20000 valent 142500 L
29 valent	206 L	12 ſ 6		30000 valent 213750 L
30 valent	213 L	15 ſ		
31 valent	220 L	17 ſ 6		Les 3 quarts 5 L 6 ſ 10 d
32 valent	228 L			le demi 3 L 11 ſ 3 d
33 valent	235 L	2 ſ 6		le quart 1 L 15 ſ 7 d
34 valent	242 L	5 ſ		le huitiéme 17 ſ 10 d
35 valent	249 L	7 ſ 6		Les 2 tiers 4 L 15 ſ
36 valent	256 L	10 ſ		le tiers 2 L 7 ſ 6 d
37 valent	263 L	12 ſ 6		le ſixiéme 1 L 3 ſ 9 d
38 valent	270 L	15 ſ		le douziéme 11 ſ 10 d

A 7 L 2 ſ 6 d par Jour, pour 1 An revient à 2600 L 12 ſ 6

A 7 Livres 5 Sols la chose.

2 valent	14 L 10 ſ
3 valent	21 L 15 ſ
4 valent	29 L
5 valent	36 L 5 ſ
6 valent	43 L 10 ſ
7 valent	50 L 15 ſ
8 valent	58 L
9 valent	65 L 5 ſ
10 valent	72 L 10 ſ
11 valent	79 L 15 ſ
12 valent	87 L
13 valent	94 L 5 ſ
14 valent	101 L 10 ſ
15 valent	108 L 15 ſ
16 valent	116 L
17 valent	123 L 5 ſ
18 valent	130 L 10 ſ
19 valent	137 L 15 ſ
20 valent	145 L
21 valent	152 L 5 ſ
22 valent	159 L 10 ſ
23 valent	166 L 15 ſ
24 valent	174 L
25 valent	181 L 5 ſ
26 valent	188 L 10 ſ
27 valent	195 L 15 ſ
28 valent	203 L
29 valent	210 L 5 ſ
30 valent	217 L 10 ſ
31 valent	224 L 15 ſ
32 valent	232 L
33 valent	239 L 5 ſ
34 valent	246 L 10 ſ
35 valent	253 L 15 ſ
36 valent	261 L
37 valent	268 L 5 ſ
38 valent	275 L 10 ſ
39 valent	282 L 15 ſ
40 valent	290 L
50 valent	362 L 10 ſ
60 valent	435 L
70 valent	507 L 10 ſ
80 valent	580 L
90 valent	652 L 10 ſ
100 valent	725 L
200 valent	1450 L
300 valent	2175 L
400 valent	2900 L
500 valent	3625 L
600 valent	4350 L
700 valent	5075 L
800 valent	5800 L
900 valent	6525 L
1000 valent	7025 L
2000 valent	14500 L
3000 valent	21750 L
4000 valent	29000 L
5000 valent	36250 L
6000 valent	43500 L
7000 valent	50750 L
8000 valent	58000 L
9000 valent	65250 L
10000 valent	72500 L
20000 valent	145000 L
30000 valent	217500 L

Les 3 quarts	5 L 8 ſ 9 d
le demi	3 L 12 ſ 6 d
le quart	1 L 16 ſ 3 d
le huitiéme	18 ſ 1 d
Les 2 tiers	4 L 16 ſ 8 d
le tiers	2 L 8 ſ 4 d
le ſixiéme	1 L 4 ſ 2 d
le douziéme	12 ſ 1 d

A 7 L 5 ſ par Jour, pour 1 An revient à 2646 L 5 ſ.

A 7 Livres 7 Sols 6 Deniers la choſe.

2	valent	14 L	15 ſ	
3	valent	22 L	2 ſ	6
4	valent	29 L	10 ſ	
5	valent	36 L	17 ſ	6
6	valent	44 L	5 ſ	
7	valent	51 L	12 ſ	6
8	valent	59 L		
9	valent	66 L	7 ſ	6
10	valent	73 L	15 ſ	
11	valent	81 L	2 ſ	6
12	valent	88 L	10 ſ	
13	valent	95 L	17 ſ	6
14	valent	103 L	5 ſ	
15	valent	110 L	12 ſ	6
16	valent	118 L		
17	valent	125 L	7 ſ	6
18	valent	132 L	15 ſ	
19	valent	140 L	2 ſ	6
20	valent	147 L	10 ſ	
21	valent	154 L	17 ſ	6
22	valent	162 L	5 ſ	
23	valent	169 L	12 ſ	6
24	valent	177 L		
25	valent	184 L	7 ſ	6
26	valent	191 L	15 ſ	
27	valent	199 L	2 ſ	6
28	valent	206 L	10 ſ	
29	valent	213 L	17 ſ	6
30	valent	221 L	5 ſ	
31	valent	228 L	12 ſ	6
32	valent	236 L		
33	valent	243 L	7 ſ	6
34	valent	250 L	15 ſ	
35	valent	258 L	2 ſ	6
36	valent	265 L	10 ſ	
37	valent	272 L	17 ſ	6
38	valent	280 L	5 ſ	
39	valent	287 L	12 ſ	6
40	valent	295 L		
50	valent	368 L	15 ſ	
60	valent	442 L	10 ſ	
70	valent	516 L	5 ſ	
80	valent	590 L		
90	valent	663 L	15 ſ	
100	valent	737 L	10 ſ	
200	valent	1475 L		
300	valent	2212 L	10 ſ	
400	valent	2950 L		
500	valent	3687 L	10 ſ	
600	valent	4425 L		
700	valent	5162 L	10 ſ	
800	valent	5900 L		
900	valent	6637 L	10 ſ	
1000	valent	7375 L		
2000	valent	14750 L		
3000	valent	22125 L		
4000	valent	29500 L		
5000	valent	36875 L		
6000	valent	44250 L		
7000	valent	51625 L		
8000	valent	59000 L		
9000	valent	66375 L		
10000	valent	73750 L		
20000	valent	147500 L		
30000	valent	221250 L		

Les 3 quarts	5 L	10 ſ	7 d
le demi	3 L	13 ſ	9 d
le quart	1 L	16 ſ	10 d
le huitiéme		18 ſ	5 d
Les 2 tiers	4 L	18 ſ	4 d
le tiers	2 L	9 ſ	2 d
le ſixiéme	1 L	4 ſ	7 d
le douziéme		12 ſ	3 d

A 7 L 7 ſ 6 d par Jour, pour 1 An revient à 2691 L 17 ſ 6

A 7 Livres 10 Sols la chose.

2 valent	15 L	
3 valent	22 L	10 ſ
4 valent	30 L	
5 valent	37 L	10 ſ
6 valent	45 L	
7 valent	52 L	10 ſ
8 valent	60 L	
9 valent	67 L	10 ſ
10 valent	75 L	
11 valent	82 L	10 ſ
12 valent	90 L	
13 valent	97 L	10 ſ
14 valent	105 L	
15 valent	112 L	10 ſ
16 valent	120 L	
17 valent	127 L	10 ſ
18 valent	135 L	
19 valent	142 L	10 ſ
20 valent	150 L	
21 valent	157 L	10 ſ
22 valent	165 L	
23 valent	172 L	10 ſ
24 valent	180 L	
25 valent	187 L	10 ſ
26 valent	195 L	
27 valent	202 L	10 ſ
28 valent	210 L	
29 valent	217 L	10 ſ
30 valent	225 L	
31 valent	232 L	10 ſ
32 valent	240 L	
33 valent	247 L	10 ſ
34 valent	255 L	
35 valent	262 L	10 ſ
36 valent	270 L	
37 valent	277 L	10 ſ
38 valent	285 L	

39 valent	292 L	10 ſ
40 valent	300 L	
50 valent	375 L	
60 valent	450 L	
70 valent	525 L	
80 valent	600 L	
90 valent	675 L	
100 valent	750 L	
200 valent	1500 L	
300 valent	2250 L	
400 valent	3000 L	
500 valent	3750 L	
600 valent	4500 L	
700 valent	5250 L	
800 valent	6000 L	
900 valent	6750 L	
1000 valent	7500 L	
2000 valent	15000 L	
3000 valent	22500 L	
4000 valent	30000 L	
5000 valent	37500 L	
6000 valent	45000 L	
7000 valent	52500 L	
8000 valent	60000 L	
9000 valent	67500 L	
10000 valent	75000 L	
20000 valent	150000 L	
30000 valent	225000 L	
Les 3 quarts	5 L 12 ſ 6 d	
le demi	3 L 15 ſ	
le quart	1 L 17 ſ 6 d	
le huitiéme	18 ſ 9 d	
Les 2 tiers	5 L	
le tiers	2 L 10 ſ	
le ſixiéme	1 L 5 ſ	
le douziéme	12 ſ 6 d	

A 7 L 10 ſ par Jour, pour 1 An revient à 2737 L 10 ſ

A 7 Livres 12 Sols 6 Deniers la choſe.

2	valent	15 L	5 ſ	
3	valent	22 L	17 ſ	6
4	valent	30 L	10 ſ	
5	valent	38 L	2 ſ	6
6	valent	45 L	15 ſ	
7	valent	53 L	7 ſ	6
8	valent	61 L		
9	valent	68 L	12 ſ	6
10	valent	76 L	5 ſ	
11	valent	83 L	17 ſ	6
12	valent	91 L	10 ſ	
13	valent	99 L	2 ſ	6
14	valent	106 L	15 ſ	
15	valent	114 L	7 ſ	6
16	valent	122 L		
17	valent	129 L	12 ſ	6
18	valent	137 L	5 ſ	
19	valent	144 L	17 ſ	6
20	valent	152 L	10 ſ	
21	valent	160 L	2 ſ	6
22	valent	167 L	15 ſ	
23	valent	175 L	7 ſ	6
24	valent	183 L		
25	valent	190 L	12 ſ	6
26	valent	198 L	5 ſ	
27	valent	205 L	17 ſ	6
28	valent	213 L	10 ſ	
29	valent	221 L	2 ſ	6
30	valent	228 L	15 ſ	
31	valent	236 L	7 ſ	6
32	valent	244 L		
33	valent	251 L	12 ſ	6
34	valent	259 L	5 ſ	
35	valent	266 L	17 ſ	6
36	valent	274 L	10 ſ	
37	valent	282 L	2 ſ	6
38	valent	289 L	15 ſ	
39	valent	297 L	7 ſ	6
40	valent	305 L		
50	valent	381 L	5 ſ	
60	valent	457 L	10 ſ	
70	valent	533 L	15 ſ	
80	valent	610 L		
90	valent	686 L	5 ſ	
100	valent	762 L	10 ſ	
200	valent	1525 L		
300	valent	2287 L	10 ſ	
400	valent	3050 L		
500	valent	3812 L	10 ſ	
600	valent	4575 L		
700	valent	5337 L	10 ſ	
800	valent	6100 L		
900	valent	6862 L	10 ſ	
1000	valent	7625 L		
2000	valent	15250 L		
3000	valent	22875 L		
4000	valent	30500 L		
5000	valent	38125 L		
6000	valent	45750 L		
7000	valent	53375 L		
8000	valent	61000 L		
9000	valent	68625 L		
10000	valent	76250 L		
20000	valent	152500 L		
30000	valent	228750 L		

Les 3 quarts	5 L	14 ſ	4 d
le demi	3 L	16 ſ	3 d
le quart	1 L	18 ſ	1 d
le huitiéme		19 ſ	1 d
Les 2 tiers	5 L	1 ſ	8 d
le tiers	2 L	10 ſ	10 d
le ſixiéme	1 L	5 ſ	5 d
le douziéme		12 ſ	8 d

A 7 L 12 ſ 6 d par Jour, pour 1 An revient à 2783 L 2 ſ 6

A 7 Livres 15 Sols la choſe.

2 valent	15 L 10 ſ
3 valent	23 L 5 ſ
4 valent	31 L
5 valent	38 L 15 ſ
6 valent	46 L 10 ſ
7 valent	54 L 5 ſ
8 valent	62 L
9 valent	69 L 15 ſ
10 valent	77 L 10 ſ
11 valent	85 L 5 ſ
12 valent	93 L
13 valent	100 L 15 ſ
14 valent	108 L 10 ſ
15 valent	116 L 5 ſ
16 valent	124 L
17 valent	131 L 15 ſ
18 valent	139 L 10 ſ
19 valent	147 L 5 ſ
20 valent	155 L
21 valent	162 L 15 ſ
22 valent	170 L 10 ſ
23 valent	178 L 5 ſ
24 valent	186 L
25 valent	193 L 15 ſ
26 valent	201 L 10 ſ
27 valent	209 L 5 ſ
28 valent	217 L
29 valent	224 L 15 ſ
30 valent	232 L 10 ſ
31 valent	240 L 5 ſ
32 valent	248 L
33 valent	255 L 15 ſ
34 valent	263 L 10 ſ
35 valent	271 L 5 ſ
36 valent	279 L
37 valent	286 L 15 ſ
38 valent	294 L 10 ſ

39 valent	302 L 5 ſ
40 valent	310 L
50 valent	387 L 10 ſ
60 valent	465 L
70 valent	542 L 10 ſ
80 valent	620 L
90 valent	697 L 10 ſ
100 valent	775 L
200 valent	1550 L
300 valent	2325 L
400 valent	3100 L
500 valent	3875 L
600 valent	4650 L
700 valent	5425 L
800 valent	6200 L
900 valent	6975 L
1000 valent	7750 L
2000 valent	15500 L
3000 valent	23250 L
4000 valent	31000 L
5000 valent	38750 L
6000 valent	46500 L
7000 valent	54250 L
8000 valent	62000 L
9000 valent	69750 L
10000 valent	77500 L
20000 valent	155000 L
30000 valent	232500 L

Les 3 quarts	5 L	16 ſ	3 d
le demi	3 L	17 ſ	6 d
le quart	1 L	18 ſ	9 d
le huitiéme		19 ſ	4 d
Les 2 tiers	5 L	3 ſ	4 d
le tiers	2 L	11 ſ	8 d
le ſixiéme	1 L	5 ſ	10 d
le douziéme		12 ſ	11 d

A 7 L 15 ſ par Jour, pour 1 An revient à 2828 L 15 ſ.

A 7 Livres 17 Sols 6 Deniers la choſe.

2 valent	15 L 15 ſ
3 valent	23 L 12 ſ 6
4 valent	31 L 10 ſ
5 valent	39 L 7 ſ 6
6 valent	47 L 5 ſ
7 valent	55 L 2 ſ 6
8 valent	63 L
9 valent	70 L 17 ſ 6
10 valent	78 L 15 ſ
11 valent	86 L 12 ſ 6
12 valent	94 L 10 ſ
13 valent	102 L 7 ſ 6
14 valent	110 L 5 ſ
15 valent	118 L 2 ſ 6
16 valent	126 L
17 valent	133 L 17 ſ 6
18 valent	141 L 15 ſ
19 valent	149 L 12 ſ 6
20 valent	157 L 10 ſ
21 valent	165 L 7 ſ 6
22 valent	173 L 5 ſ
23 valent	181 L 2 ſ 6
24 valent	189 L
25 valent	196 L 17 ſ 6
26 valent	204 L 15 ſ
27 valent	212 L 12 ſ 6
28 valent	220 L 10 ſ
29 valent	228 L 7 ſ 6
30 valent	236 L 5 ſ
31 valent	244 L 2 ſ 6
32 valent	252 L
33 valent	259 L 17 ſ 6
34 valent	267 L 15 ſ
35 valent	275 L 12 ſ 6
36 valent	283 L 10 ſ
37 valent	291 L 7 ſ 6
38 valent	299 L 5 ſ
39 valent	307 L 2 ſ 6
40 valent	315 L
50 valent	393 L 15 ſ
60 valent	472 L 10 ſ
70 valent	551 L 5 ſ
80 valent	630 L
90 valent	708 L 15 ſ
100 valent	787 L 10 ſ
200 valent	1575 L
300 valent	2362 L 10 ſ
400 valent	3150 L
500 valent	3937 L 10 ſ
600 valent	4725 L
700 valent	5512 L 10 ſ
800 valent	6300 L
900 valent	7087 L 10 ſ
1000 valent	7875 L
2000 valent	15750 L
3000 valent	23625 L
4000 valent	31500 L
5000 valent	39375 L
6000 valent	47250 L
7000 valent	55125 L
8000 valent	63000 L
9000 valent	70875 L
10000 valent	78750 L
20000 valent	157500 L
30000 valent	236250 L

Les 3 quarts	5 L 18 ſ 1 d
le demi	3 L 18 ſ 9 d
le quart	1 L 19 ſ 4 d
le huitiéme	19 ſ 8 d
Les 2 tiers	5 L 5 ſ
le tiers	2 L 12 ſ 6 d
le ſixiéme	1 L 6 ſ 3 d
le douziéme	13 ſ 1 d

A 7 L 17 ſ 6 d par Jour, pour 1 An revient à 2874 L 7 ſ 6

A 8 Livres la chose.

2	valent	16 L
3	valent	24 L
4	valent	32 L
5	valent	40 L
6	valent	48 L
7	valent	56 L
8	valent	64 L
9	valent	72 L
10	valent	80 L
11	valent	88 L
12	valent	96 L
13	valent	104 L
14	valent	112 L
15	valent	120 L
16	valent	128 L
17	valent	136 L
18	valent	144 L
19	valent	152 L
20	valent	160 L
21	valent	168 L
22	valent	176 L
23	valent	184 L
24	valent	192 L
25	valent	200 L
26	valent	208 L
27	valent	216 L
28	valent	224 L
29	valent	232 L
30	valent	240 L
31	valent	248 L
32	valent	256 L
33	valent	264 L
34	valent	272 L
35	valent	280 L
36	valent	288 L
37	valent	296 L
38	valent	304 L
39	valent	312 L
40	valent	320 L
50	valent	400 L
60	valent	480 L
70	valent	560 L
80	valent	640 L
90	valent	720 L
100	valent	800 L
200	valent	1600 L
300	valent	2400 L
400	valent	3200 L
500	valent	4000 L
600	valent	4800 L
700	valent	5600 L
800	valent	6400 L
900	valent	7200 L
1000	valent	8000 L
2000	valent	16000 L
3000	valent	24000 L
4000	valent	32000 L
5000	valent	40000 L
6000	valent	48000 L
7000	valent	56000 L
8000	valent	64000 L
9000	valent	72000 L
10000	valent	80000 L
20000	valent	160000 L
30000	valent	240000 L

Les 3 quarts	6 L		
le demi	4 L		
le quart	2 L		
le huitiéme	1 L		
Les 2 tiers	5 L	6 ſ	8 d
le tiers	2 L	13 ſ	4 d
le ſixiéme	1 L	6 ſ	8 d
le douziéme		13 ſ	4 d

A 8 L par Jour, pour 1 An revient à 2920 L

A 8 Livres 2 Sols 6 Deniers la choſe.

2 valent	16 L 5 ſ
3 valent	24 L 7 ſ 6
4 valent	32 L 10 ſ
5 valent	40 L 12 ſ 6
6 valent	48 L 15 ſ
7 valent	56 L 17 ſ 6
8 valent	65 L
9 valent	73 L 2 ſ 6
10 valent	81 L 5 ſ
11 valent	89 L 7 ſ 6
12 valent	97 L 10 ſ
13 valent	105 L 12 ſ 6
14 valent	113 L 15 ſ
15 valent	121 L 17 ſ 6
16 valent	130 L
17 valent	138 L 2 ſ 6
18 valent	146 L 5 ſ
19 valent	154 L 7 ſ 6
20 valent	162 L 10 ſ
21 valent	170 L 12 ſ 6
22 valent	178 L 15 ſ
23 valent	186 L 17 ſ 6
24 valent	195 L
25 valent	203 L 2 ſ 6
26 valent	211 L 5 ſ
27 valent	219 L 7 ſ 6
28 valent	227 L 10 ſ
29 valent	235 L 12 ſ 6
30 valent	243 L 15 ſ
31 valent	251 L 17 ſ 6
32 valent	260 L
33 valent	268 L 2 ſ 6
34 valent	276 L 5 ſ
35 valent	284 L 7 ſ 6
36 valent	292 L 10 ſ
37 valent	300 L 12 ſ 6
38 valent	308 L 15 ſ

39 valent	316 L 17 ſ 6
40 valent	325 L
50 valent	406 L 5 ſ
60 valent	487 L 10 ſ
70 valent	568 L 15 ſ
80 valent	650 L
90 valent	731 L 5 ſ
100 valent	812 L 10 ſ
200 valent	1625 L
300 valent	2437 L 10 ſ
400 valent	3250 L
500 valent	4062 L 10 ſ
600 valent	4875 L
700 valent	5687 L 10 ſ
800 valent	6500 L
900 valent	7312 L 10 ſ
1000 valent	8125 L
2000 valent	16250 L
3000 valent	24375 L
4000 valent	32500 L
5000 valent	40625 L
6000 valent	48750 L
7000 valent	56875 L
8000 valent	65000 L
9000 valent	73125 L
10000 valent	81250 L
20000 valent	162500 L
30000 valent	243750 L

Les 3 quarts	6 L	1 ſ	10 d
le demi	4 L	1 ſ	3 d
le quart	2 L		7 d
le huitiéme	1 L		4 d
Les 2 tiers	5 L	8 ſ	4 d
le tiers	2 L	14 ſ	2 d
le ſixiéme	1 L	7 ſ	1 d
le douziéme		13 ſ	6 d

A 8 L 2 ſ 6 d par Jour, pour 1 An revient à 2965 L 12 ſ 6

A 8 Livres 5 Sols la chose.

2 valent	16 L 10 ſ
3 valent	24 L 15 ſ
4 valent	33 L
5 valent	41 L 5 ſ
6 valent	49 L 10 ſ
7 valent	57 L 15 ſ
8 valent	66 L
9 valent	74 L 5 ſ
10 valent	82 L 10 ſ
11 valent	90 L 15 ſ
12 valent	99 L
13 valent	107 L 5 ſ
14 valent	115 L 10 ſ
15 valent	123 L 15 ſ
16 valent	132 L
17 valent	140 L 5 ſ
18 valent	148 L 10 ſ
19 valent	156 L 15 ſ
20 valent	165 L
21 valent	173 L 5 ſ
22 valent	181 L 10 ſ
23 valent	189 L 15 ſ
24 valent	198 L
25 valent	206 L 5 ſ
26 valent	214 L 10 ſ
27 valent	222 L 15 ſ
28 valent	231 L
29 valent	239 L 5 ſ
30 valent	247 L 10 ſ.
31 valent	255 L 15 ſ
32 valent	264 L
33 valent	272 L 5 ſ
34 valent	280 L 10 ſ
35 valent	288 L 15 ſ
36 valent	297 L
37 valent	305 L 5 ſ
38 valent	313 L 10 ſ
39 valent	321 L 15 ſ
40 valent	330 L
50 valent	412 L 10 ſ
60 valent	495 L
70 valent	577 L 10 ſ
80 valent	660 L
90 valent	742 L 10 ſ
100 valent	825 L
200 valent	1650 L
300 valent	2475 L
400 valent	3300 L
500 valent	4125 L
600 valent	4950 L
700 valent	5775 L
800 valent	6600 L
900 valent	7425 L
1000 valent	8250 L
2000 valent	16500 L
3000 valent	24750 L
4000 valent	33000 L
5000 valent	41250 L
6000 valent	49500 L
7000 valent	57750 L
8000 valent	66000 L
9000 valent	74250 L
10000 valent	82500 L
20000 valent	165000 L
30000 valent	247500 L

Les 3 quarts	6 L 3 ſ 9 d
le demi	4 L 2 ſ 6 d
le quart	2 L 1 ſ 3 d
le huitiéme	1 L 7 d
Les 2 tiers	5 L 10 ſ
le tiers	2 L 15 ſ
le ſixiéme	1 L 7 ſ 6 d
le douziéme	13 ſ 9 d

A 8 L 5 ſ par Jour, pour 1 An revient à 3011 L 5 ſ.

A 8 Livres 7 Sols 6 Deniers la chofe.

2 valent	16 L 15 ſ
3 valent	25 L 2 ſ 6
4 valent	33 L 10 ſ
5 valent	41 L 17 ſ 6
6 valent	50 L 5 ſ
7 valent	58 L 12 ſ 6
8 valent	67 L
9 valent	75 L 7 ſ 6
10 valent	83 L 15 ſ
11 valent	92 L 2 ſ 6
12 valent	100 L 10 ſ
13 valent	108 L 17 ſ 6
14 valent	117 L 5 ſ
15 valent	125 L 12 ſ 6
16 valent	134 L
17 valent	142 L 7 ſ 6
18 valent	150 L 15 ſ
19 valent	159 L 2 ſ 6
20 valent	167 L 10 ſ
21 valent	175 L 17 ſ 6
22 valent	184 L 5 ſ
23 valent	192 L 12 ſ 6
24 valent	201 L
25 valent	209 L 7 ſ 6
26 valent	217 L 15 ſ
27 valent	226 L 2 ſ 6
28 valent	234 L 10 ſ
29 valent	242 L 17 ſ 6
30 valent	251 L 5 ſ
31 valent	259 L 12 ſ 6
32 valent	268 L
33 valent	276 L 7 ſ 6
34 valent	284 L 15 ſ
35 valent	293 L 2 ſ 6
36 valent	301 L 10 ſ
37 valent	309 L 17 ſ 6
38 valent	318 L 5 ſ
39 valent	326 L 12 ſ 6
40 valent	335 L
50 valent	418 L 15 ſ
60 valent	502 L 10 ſ
70 valent	586 L 5 ſ
80 valent	670 L
90 valent	753 L 15 ſ
100 valent	837 L 10 ſ
200 valent	1675 L
300 valent	2512 L 10 ſ
400 valent	3350 L
500 valent	4187 L 10 ſ
600 valent	5025 L
700 valent	5862 L 10 ſ
800 valent	6700 L
900 valent	7537 L 10 ſ
1000 valent	8375 L
2000 valent	16750 L
3000 valent	25125 L
4000 valent	33500 L
5000 valent	41875 L
6000 valent	50250 L
7000 valent	58625 L
8000 valent	67000 L
9000 valent	75375 L
10000 valent	83750 L
20000 valent	167500 L
30000 valent	251250 L

Les 3 quarts	6 L 5 ſ 7 d
le demi	4 L 3 ſ 9 d
le quart	2 L 1 ſ 10 d
le huitiéme	1 L 11 d
Les 2 tiers	5 L 11 ſ 8 d
le tiers	2 L 15 ſ 10 d
le fixiéme	1 L 7 ſ 11 d
le douziéme	13 ſ 11 d

A 8 L 7 ſ 6 d par Jour, pour 1 An revient à 3056 L 17 ſ 6

2 valent	17 L	39 valent	331 L 10 ſ
3 valent	25 L 10 ſ	40 valent	340 L
4 valent	34 L	50 valent	425 L
5 valent	42 L 10 ſ	60 valent	510 L
6 valent	51 L	70 valent	595 L
7 valent	59 L 10 ſ	80 valent	680 L
8 valent	68 L	90 valent	765 L
9 valent	76 L 10 ſ	100 valent	850 L
10 valent	85 L	200 valent	1700 L
11 valent	93 L 10 ſ	300 valent	2550 L
12 valent	102 L	400 valent	3400 L
13 valent	110 L 10 ſ	500 valent	4250 L
14 valent	119 L	600 valent	5100 L
15 valent	127 L 10 ſ	700 valent	5950 L
16 valent	136 L	800 valent	6800 L
17 valent	144 L 10 ſ	900 valent	7650 L
18 valent	153 L	1000 valent	8500 L
19 valent	161 L 10 ſ	2000 valent	17000 L
20 valent	170 L	3000 valent	25500 L
21 valent	178 L 10 ſ	4000 valent	34000 L
22 valent	187 L	5000 valent	42500 L
23 valent	195 L 10 ſ	6000 valent	51000 L
24 valent	204 L	7000 valent	59500 L
25 valent	212 L 10 ſ	8000 valent	68000 L
26 valent	221 L	9000 valent	76500 L
27 valent	229 L 10 ſ	10000 valent	85000 L
28 valent	238 L	20000 valent	170000 L
29 valent	246 L 10 ſ	30000 valent	255000 L
30 valent	255 L		
31 valent	263 L 10 ſ	Les 3 quarts	6 L 7 ſ 6 d
32 valent	272 L	le demi	4 L 5 ſ
33 valent	280 L 10 ſ	le quart	2 L 2 ſ 6 d
34 valent	289 L	le huitiéme	1 L 1 ſ 3 d
35 valent	297 L 10 ſ	Les 2 tiers	5 L 13 ſ 4 d
36 valent	306 L	le tiers	2 L 16 ſ 8 d
37 valent	314 L 10 ſ	le ſixiéme	1 L 8 ſ 4 d
38 valent	323 L	le douziéme	14 ſ 2 d

A 8 L 10 ſ par Jour, pour 1 An revient à 3102 L 10 ſ.

2 valent	17 L 5 ſ	39 valent	336 L 7 ſ 6
3 valent	25 L 17 ſ 6	40 valent	345 L
4 valent	34 L 10 ſ	50 valent	431 L 5 ſ
5 valent	43 L 2 ſ 6	60 valent	517 L 10 ſ
6 valent	51 L 15 ſ	70 valent	603 L 15 ſ
7 valent	60 L 7 ſ 6	80 valent	690 L
8 valent	69 L	90 valent	776 L 5 ſ
9 valent	77 L 12 ſ 6	100 valent	862 L 10 ſ
10 valent	86 L 5 ſ	200 valent	1725 L
11 valent	94 L 17 ſ 6	300 valent	2587 L 10 ſ
12 valent	103 L 10 ſ	400 valent	3450 L
13 valent	112 L 2 ſ 6	500 valent	4312 L 10 ſ
14 valent	120 L 15 ſ	600 valent	5175 L
15 valent	129 L 7 ſ 6	700 valent	6037 L 10 ſ
16 valent	138 L	800 valent	6900 L
17 valent	146 L 12 ſ 6	900 valent	7762 L 10 ſ
18 valent	155 L 5 ſ	1000 valent	8625 L
19 valent	163 L 17 ſ 6	2000 valent	17250 L
20 valent	172 L 10 ſ	3000 valent	25875 L
21 valent	181 L 2 ſ 6	4000 valent	34500 L
22 valent	189 L 15 ſ	5000 valent	43125 L
23 valent	198 L 7 ſ 6	6000 valent	51750 L
24 valent	207 L	7000 valent	60375 L
25 valent	215 L 12 ſ 6	8000 valent	69000 L
26 valent	224 L 5 ſ	9000 valent	77625 L
27 valent	232 L 17 ſ 6	10000 valent	86250 L
28 valent	241 L 10 ſ	20000 valent	172500 L
29 valent	250 L 2 ſ 6	30000 valent	258750 L
30 valent	258 L 15 ſ		
31 valent	267 L 7 ſ 6	Les 3 quarts	6 L 9 ſ 4 d
32 valent	276 L	le demi	4 L 6 ſ 3 d
33 valent	284 L 12 ſ 6	le quart	2 L 3 ſ 1 d
34 valent	293 L 5 ſ	le huitiéme	1 L 1 ſ 7 d
35 valent	301 L 17 ſ 6	Les 2 tiers	5 L 15 ſ
36 valent	310 L 10 ſ	le tiers	2 L 17 ſ 6 d
37 valent	319 L 2 ſ 6	le ſixiéme	1 L 8 ſ 9 d
38 valent	327 L 15 ſ	le douziéme	14 ſ 4 d

A 8 L 12 ſ 6 d par Jour, pour 1 An revient à 3148 L 2 ſ 6 d

A 8 Livres 15 Sols la choſe.

2 valent	17 L	10 ſ
3 valent	26 L	5 ſ
4 valent	35 L	
5 valent	43 L	15 ſ
6 valent	52 L	10 ſ
7 valent	61 L	5 ſ
8 valent	70 L	
9 valent	78 L	15 ſ
10 valent	87 L	10 ſ
11 valent	96 L	5 ſ
12 valent	105 L	
13 valent	113 L	15 ſ
14 valent	122 L	10 ſ
15 valent	131 L	5 ſ
16 valent	140 L	
17 valent	148 L	15 ſ
18 valent	157 L	10 ſ
19 valent	166 L	5 ſ
20 valent	175 L	
21 valent	183 L	15 ſ
22 valent	192 L	10 ſ
23 valent	201 L	5 ſ
24 valent	210 L	
25 valent	218 L	15 ſ
26 valent	227 L	10 ſ
27 valent	236 L	5 ſ
28 valent	245 L	
29 valent	253 L	15 ſ
30 valent	262 L	10 ſ
31 valent	271 L	5 ſ
32 valent	280 L	
33 valent	288 L	15 ſ
34 valent	297 L	10 ſ
35 valent	306 L	5 ſ
36 valent	315 L	
37 valent	323 L	15 ſ
38 valent	332 L	10 ſ
39 valent	341 L	5 ſ
40 valent	350 L	
50 valent	437 L	10 ſ
60 valent	525 L	
70 valent	612 L	10 ſ
80 valent	700 L	
90 valent	787 L	10 ſ
100 valent	875 L	
200 valent	1750 L	
300 valent	2625 L	
400 valent	3500 L	
500 valent	4375 L	
600 valent	5250 L	
700 valent	6125 L	
800 valent	7000 L	
900 valent	7875 L	
1000 valent	8750 L	
2000 valent	17500 L	
3000 valent	26250 L	
4000 valent	35000 L	
5000 valent	43750 L	
6000 valent	52500 L	
7000 valent	61250 L	
8000 valent	70000 L	
9000 valent	78750 L	
10000 valent	87500 L	
20000 valent	175000 L	
30000 valent	262500 L	

Les 3 quarts	6 L	11 ſ	3 d
le demi	4 L	7 ſ	6 d
le quart	2 L	3 ſ	9 d
le huitiéme	1 L	1 ſ	10 d
Les 2 tiers	5 L	16 ſ	8 d
le tiers	2 L	18 ſ	4 d
le ſixiéme	1 L	9 ſ	2 d
le douziéme		14 ſ	7 d

A 8 L 15 ſ par Jour, pour 1 An revient à 3193 L 15 ſ.

A 8 Livres 17 Sols 6 Deniers la choſe.

2 valent	17 L 15 ſ
3 valent	26 L 12 ſ 6
4 valent	35 L 10 ſ
5 valent	44 L 7 ſ 6
6 valent	53 L 5 ſ
7 valent	62 L 2 ſ 6
8 valent	71 L
9 valent	79 L 17 ſ 6
10 valent	88 L 15 ſ
11 valent	97 L 12 ſ 6
12 valent	106 L 10 ſ
13 valent	115 L 7 ſ 6
14 valent	124 L 5 ſ
15 valent	133 L 2 ſ 6
16 valent	142 L
17 valent	150 L 17 ſ 6
18 valent	159 L 15 ſ
19 valent	168 L 12 ſ 6
20 valent	177 L 10 ſ
21 valent	186 L 7 ſ 6
22 valent	195 L 5 ſ
23 valent	204 L 2 ſ 6
24 valent	213 L
25 valent	221 L 17 ſ 6
26 valent	230 L 15 ſ
27 valent	239 L 12 ſ 6
28 valent	248 L 10 ſ
29 valent	257 L 7 ſ 6
30 valent	266 L 5 ſ
31 valent	275 L 2 ſ 6
32 valent	284 L
33 valent	292 L 17 ſ 6
34 valent	301 L 15 ſ
35 valent	310 L 12 ſ 6
36 valent	319 L 10 ſ
37 valent	328 L 7 ſ 6
38 valent	337 L 5 ſ
39 valent	346 L 2 ſ 6
40 valent	355 L
50 valent	443 L 15 ſ
60 valent	532 L 10 ſ
70 valent	621 L 5 ſ
80 valent	710 L
90 valent	798 L 15 ſ
100 valent	887 L 10 ſ
200 valent	1775 L
300 valent	2662 L 10 ſ
400 valent	3550 L
500 valent	4437 L 10 ſ
600 valent	5325 L
700 valent	6212 L 10 ſ
800 valent	7100 L
900 valent	7987 L 10 ſ
1000 valent	8875 L
2000 valent	17750 L
3000 valent	26625 L
4000 valent	35500 L
5000 valent	44375 L
6000 valent	53250 L
7000 valent	62125 L
8000 valent	71000 L
9000 valent	79875 L
10000 valent	88750 L
20000 valent	177500 L
30000 valent	266250 L

Les 3 quarts	6 L 13 ſ 1 d
le demi	4 L 8 ſ 9 d
le quart	2 L 4 ſ 4 d
le huitiéme	1 L 2 ſ 2 d
Les 2 tiers	5 L 18 ſ 4 d
le tiers	2 L 19 ſ 2 d
le ſixiéme	1 L 9 ſ 7 d
le douziéme	14 ſ 9 d

A 8 L 17 ſ 6 d par Jour, pour 1 An revient à 3239 L 7 ſ 6

A 9 Livres la chose.

2	valent	18 L
3	valent	27 L
4	valent	36 L
5	valent	45 L
6	valent	54 L
7	valent	63 L
8	valent	72 L
9	valent	81 L
10	valent	90 L
11	valent	99 L
12	valent	108 L
13	valent	117 L
14	valent	126 L
15	valent	135 L
16	valent	144 L
17	valent	153 L
18	valent	162 L
19	valent	171 L
20	valent	180 L
21	valent	189 L
22	valent	198 L
23	valent	207 L
24	valent	216 L
25	valent	225 L
26	valent	234 L
27	valent	243 L
28	valent	252 L
29	valent	261 L
30	valent	270 L
31	valent	279 L
32	valent	288 L
33	valent	297 L
34	valent	306 L
35	valent	315 L
36	valent	324 L
37	valent	333 L
38	valent	342 L
39	valent	351 L
40	valent	360 L
50	valent	450 L
60	valent	540 L
70	valent	630 L
80	valent	720 L
90	valent	810 L
100	valent	900 L
200	valent	1800 L
300	valent	2700 L
400	valent	3600 L
500	valent	4500 L
600	valent	5400 L
700	valent	6300 L
800	valent	7200 L
900	valent	8100 L
1000	valent	9000 L
2000	valent	18000 L
3000	valent	27000 L
4000	valent	36000 L
5000	valent	45000 L
6000	valent	54000 L
7000	valent	63000 L
8000	valent	72000 L
9000	valent	81000 L
10000	valent	90000 L
20000	valent	180000 L
30000	valent	270000 L

Les 3 quarts	6 L	15 ſ	
le demi	4 L	10 ſ	
le quart	2 L	5 ſ	
le huitiéme	1 L	2 ſ	6 d
Les 2 tiers	6 L		
le tiers	3 L		
le ſixiéme	1 L	10 ſ	
le douziéme		15 ſ	

A 9 L par Jour, pour 1 An revient à 3285 L.

2 valent	18 L 5 ſ
3 valent	27 L 7 ſ 6
4 valent	36 L 10 ſ
5 valent	45 L 12 ſ 6
6 valent	54 L 15 ſ
7 valent	63 L 17 ſ 6
8 valent	73 L
9 valent	82 L 2 ſ 6
10 valent	91 L 5 ſ
11 valent	100 L 7 ſ 6
12 valent	109 L 10 ſ
13 valent	118 L 12 ſ 6
14 valent	127 L 15 ſ
15 valent	136 L 17 ſ 6
16 valent	146 L
17 valent	155 L 2 ſ 6
18 valent	164 L 5 ſ
19 valent	173 L 7 ſ 6
20 valent	182 L 10 ſ
21 valent	191 L 12 ſ 6
22 valent	200 L 15 ſ
23 valent	209 L 17 ſ 6
24 valent	219 L
25 valent	228 L 2 ſ 6
26 valent	237 L 5 ſ
27 valent	246 L 7 ſ 6
28 valent	255 L 10 ſ
29 valent	264 L 12 ſ 6
30 valent	273 L 15 ſ
31 valent	282 L 17 ſ 6
32 valent	292 L
33 valent	301 L 2 ſ 6
34 valent	310 L 5 ſ
35 valent	319 L 7 ſ 6
36 valent	328 L 10 ſ
37 valent	337 L 12 ſ 6
38 valent	346 L 15 ſ
39 valent	355 L 17 ſ 6
40 valent	365 L
50 valent	456 L 5 ſ
60 valent	547 L 10 ſ
70 valent	638 L 15 ſ
80 valent	730 L
90 valent	821 L 5 ſ
100 valent	912 L 10 ſ
200 valent	1825 L
300 valent	2737 L 10 ſ
400 valent	3650 L
500 valent	4562 L 10 ſ
600 valent	5475 L
700 valent	6387 L 10 ſ
800 valent	7300 L
900 valent	8212 L 10 ſ
1000 valent	9125 L
2000 valent	18250 L
3000 valent	27375 L
4000 valent	36500 L
5000 valent	45625 L
6000 valent	54750 L
7000 valent	63875 L
8000 valent	73000 L
9000 valent	82125 L
10000 valent	91250 L
20000 valent	182500 L
30000 valent	273750 L

Les 3 quarts	6 L	16 ſ	10 d
le demi	4 L	11 ſ	3 d
le quart	2 L	5 ſ	7 d
le huitiéme	1 L	2 ſ	10 d
Les 2 tiers	6 L	1 ſ	8 d
le tiers	3 L		10 d
le sixiéme	1 L	10 ſ	5 d
le douziéme		15 ſ	2 d

A 9 L 2 ſ 6 d par Jour, pour 1 An revient à 3330 L 12 ſ 6

A 9 Livres 5 Sols la choſe.

2 valent	18 L 10 ſ
3 valent	27 L 15 ſ
4 valent	37 L
5 valent	46 L 5 ſ
6 valent	55 L 10 ſ
7 valent	64 L 15 ſ
8 valent	74 L
9 valent	83 L 5 ſ
10 valent	92 L 10 ſ
11 valent	101 L 15 ſ
12 valent	111 L
13 valent	120 L 5 ſ
14 valent	129 L 10 ſ
15 valent	138 L 15 ſ
16 valent	148 L
17 valent	157 L 5 ſ
18 valent	166 L 10 ſ
19 valent	175 L 15 ſ
20 valent	185 L
21 valent	194 L 5 ſ
22 valent	203 L 10 ſ
23 valent	212 L 15 ſ
24 valent	222 L
25 valent	231 L 5 ſ
26 valent	240 L 10 ſ
27 valent	249 L 15 ſ
28 valent	259 L
29 valent	268 L 5 ſ
30 valent	277 L 10 ſ
31 valent	286 L 15 ſ
32 valent	296 L
33 valent	305 L 5 ſ
34 valent	314 L 10 ſ
35 valent	323 L 15 ſ
36 valent	333 L
37 valent	342 L 5 ſ
38 valent	351 L 10 ſ
39 valent	360 L 15 ſ
40 valent	370 L
50 valent	462 L 10 ſ
60 valent	555 L
70 valent	647 L 10 ſ
80 valent	740 L
90 valent	832 L 10 ſ
100 valent	925 L
200 valent	1850 L
300 valent	2775 L
400 valent	3700 L
500 valent	4625 L
600 valent	5550 L
700 valent	6475 L
800 valent	7400 L
900 valent	8325 L
1000 valent	9250 L
2000 valent	18500 L
3000 valent	27750 L
4000 valent	37000 L
5000 valent	46250 L
6000 valent	55500 L
7000 valent	64750 L
8000 valent	74000 L
9000 valent	83250 L
10000 valent	92500 L
20000 valent	185000 L
30000 valent	277500 L

Les 3 quarts	6 L	18 ſ	9 d
le demi	4 L	12 ſ	6 d
le quart	2 L	6 ſ	3 d
le huitiéme	1 L	3 ſ	1 d
Les 2 tiers	6 L	3 ſ	4 d
le tiers	3 L	1 ſ	8 d
le ſixiéme	1 L	10 ſ	10 d
le douziéme		15 ſ	5 d

A 9 L 5 ſ par Jour, pour 1 An revient à 3376 L 5 ſ.

2 valent	18 L 15 ſ	39 valent	365 L 12 ſ 6
3 valent	28 L 2 ſ 6	40 valent	375 L
4 valent	37 L 10 ſ	50 valent	468 L 15 ſ
5 valent	46 L 17 ſ 6	60 valent	562 L 10 ſ
6 valent	56 L 5 ſ	70 valent	656 L 5 ſ
7 valent	65 L 12 ſ 6	80 valent	750 L
8 valent	75 L	90 valent	843 L 15 ſ
9 valent	84 L 7 ſ 6	100 valent	937 L 10 ſ
10 valent	93 L 15 ſ	200 valent	1875 L
11 valent	103 L 2 ſ 6	300 valent	2812 L 10 ſ
12 valent	112 L 10 ſ	400 valent	3750 L
13 valent	121 L 17 ſ 6	500 valent	4687 L 10 ſ
14 valent	131 L 5 ſ	600 valent	5625 L
15 valent	140 L 12 ſ 6	700 valent	6562 L 10 ſ
16 valent	150 L	800 valent	7500 L
17 valent	159 L 7 ſ 6	900 valent	8437 L 10 ſ
18 valent	168 L 15 ſ	1000 valent	9375 L
19 valent	178 L 2 ſ 6	2000 valent	18750 L
20 valent	187 L 10 ſ	3000 valent	28125 L
21 valent	196 L 17 ſ 6	4000 valent	37500 L
22 valent	206 L 5 ſ	5000 valent	46875 L
23 valent	215 L 12 ſ 6	6000 valent	56250 L
24 valent	225 L	7000 valent	65625 L
25 valent	234 L 7 ſ 6	8000 valent	75000 L
26 valent	243 L 15 ſ	9000 valent	84375 L
27 valent	253 L 2 ſ 6	10000 valent	93750 L
28 valent	262 L 10 ſ	20000 valent	187500 L
29 valent	271 L 17 ſ 6	30000 valent	281250 L
30 valent	281 L 5 ſ		
31 valent	290 L 12 ſ 6	Les 3 quarts	7 L 7 d
32 valent	300 L	le demi	4 L 13 ſ 9 d
33 valent	309 L 7 ſ 6	le quart	2 L 6 ſ 10 d
34 valent	318 L 15 ſ	le huitiéme	1 L 3 ſ 5 d
35 valent	328 L 2 ſ 6	Les 2 tiers	6 L 5 ſ
36 valent	337 L 10 ſ	le tiers	3 L 2 ſ 6 d
37 valent	346 L 17 ſ 6	le ſixiéme	1 L 11 ſ 3 d
38 valent	356 L 5 ſ	le douziéme	15 ſ 7 d

A 9 L 7 ſ 6 d par Jour, pour 1 An revient à 3421 L 17 ſ 6

A 9 Livres 10 Sols la choſe.

2 valent	19 L
3 valent	28 L 10 ſ
4 valent	38 L
5 valent	47 L 10 ſ
6 valent	57 L
7 valent	66 L 10 ſ
8 valent	76 L
9 valent	85 L 10 ſ
10 valent	95 L
11 valent	104 L 10 ſ
12 valent	114 L
13 valent	123 L 10 ſ
14 valent	133 L
15 valent	142 L 10 ſ
16 valent	152 L
17 valent	161 L 10 ſ
18 valent	171 L
19 valent	180 L 10 ſ
20 valent	190 L
21 valent	199 L 10 ſ
22 valent	209 L
23 valent	218 L 10 ſ
24 valent	228 L
25 valent	237 L 10 ſ
26 valent	247 L
27 valent	256 L 10 ſ
28 valent	266 L
29 valent	275 L 10 ſ
30 valent	285 L
31 valent	294 L 10 ſ
32 valent	304 L
33 valent	313 L 10 ſ
34 valent	323 L
35 valent	332 L 10 ſ
36 valent	342 L
37 valent	351 L 10 ſ
38 valent	361 L
39 valent	370 L 10 ſ
40 valent	380 L
50 valent	475 L
60 valent	570 L
70 valent	665 L
80 valent	760 L
90 valent	855 L
100 valent	950 L
200 valent	1900 L
300 valent	2850 L
400 valent	3800 L
500 valent	4750 L
600 valent	5700 L
700 valent	6650 L
800 valent	7600 L
900 valent	8550 L
1000 valent	9500 L
2000 valent	19000 L
3000 valent	28500 L
4000 valent	38000 L
5000 valent	47500 L
6000 valent	57000 L
7000 valent	66500 L
8000 valent	76000 L
9000 valent	85500 L
10000 valent	95000 L
20000 valent	190000 L
30000 valent	285000 L

Les 3 quarts	7 L	2 ſ	6 d
le demi	4 L	15 ſ	
le quart	2 L	7 ſ	6 d
le huitiéme	1 L	3 ſ	9 d
Les 2 tiers	6 L	6 ſ	8 d
le tiers	3 L	3 ſ	4 d
le ſixiéme	1 L	11 ſ	8 d
le douziéme		15 ſ	10 d

A 9 L 10 ſ par Jour, pour 1 An revient à 3467 L 10 ſ.

A 9 Livres 12 Sols 6 Deniers la chose.

2 valent	19 L	5 ſ	
3 valent	28 L	17 ſ	6
4 valent	38 L	10 ſ	
5 valent	48 L	2 ſ	6
6 valent	57 L	15 ſ	
7 valent	67 L	7 ſ	6
8 valent	77 L		
9 valent	86 L	12 ſ	6
10 valent	96 L	5 ſ	
11 valent	105 L	17 ſ	6
12 valent	115 L	10 ſ	
13 valent	125 L	2 ſ	6
14 valent	134 L	15 ſ	
15 valent	144 L	7 ſ	6
16 valent	154 L		
17 valent	163 L	12 ſ	6
18 valent	173 L	5 ſ	
19 valent	182 L	17 ſ	6
20 valent	192 L	10 ſ	
21 valent	202 L	2 ſ	6
22 valent	211 L	15 ſ	
23 valent	221 L	7 ſ	6
24 valent	231 L		
25 valent	240 L	12 ſ	6
26 valent	250 L	5 ſ	
27 valent	259 L	17 ſ	6
28 valent	269 L	10 ſ	
29 valent	279 L	2 ſ	6
30 valent	288 L	15 ſ	
31 valent	298 L	7 ſ	6
32 valent	308 L		
33 valent	317 L	12 ſ	6
34 valent	327 L	5 ſ	
35 valent	336 L	17 ſ	6
36 valent	346 L	10 ſ	
37 valent	356 L	2 ſ	6
38 valent	365 L	15 ſ	
39 valent	375 L	7 ſ	6
40 valent	385 L		
50 valent	481 L	5 ſ	
60 valent	577 L	10 ſ	
70 valent	673 L	15 ſ	
80 valent	770 L		
90 valent	866 L	5 ſ	
100 valent	962 L	10 ſ	
200 valent	1925 L		
300 valent	2887 L	10 ſ	
400 valent	3850 L		
500 valent	4812 L	10 ſ	
600 valent	5775 L		
700 valent	6737 L	10 ſ	
800 valent	7700 L		
900 valent	8662 L	10 ſ	
1000 valent	9625 L		
2000 valent	19250 L		
3000 valent	28875 L		
4000 valent	38500 L		
5000 valent	48125 L		
6000 valent	57750 L		
7000 valent	67375 L		
8000 valent	77000 L		
9000 valent	86625 L		
10000 valent	96250 L		
20000 valent	192500 L		
30000 valent	288750 L		

Les 3 quarts	7 L	4 ſ	4 d
le demi	4 L	16 ſ	3 d
le quart	2 L	8 ſ	1 d
le huitiéme	1 L	4 ſ	1 d
Les 2 tiers	6 L	8 ſ	4 d
le tiers	3 L	4 ſ	2 d
le ſixiéme	1 L	12 ſ	1 d
le douziéme		16 ſ	

A 9 L 12 ſ 6 d par Jour, pour 1 An revient à 3513 L 2 ſ 6.

A 9 Livres 15 Sols la chose.

2 valent	19 L	10 ſ
3 valent	29 L	5 ſ
4 valent	39 L	
5 valent	48 L	15 ſ
6 valent	58 L	10 ſ
7 valent	68 L	5 ſ
8 valent	78 L	
9 valent	87 L	15 ſ
10 valent	97 L	10 ſ
11 valent	107 L	5 ſ
12 valent	117 L	
13 valent	126 L	15 ſ
14 valent	136 L	10 ſ
15 valent	146 L	5 ſ
16 valent	156 L	
17 valent	165 L	15 ſ
18 valent	175 L	10 ſ
19 valent	185 L	5 ſ
20 valent	195 L	
21 valent	204 L	15 ſ
22 valent	214 L	10 ſ
23 valent	224 L	5 ſ
24 valent	234 L	
25 valent	243 L	15 ſ
26 valent	253 L	10 ſ
27 valent	263 L	5 ſ
28 valent	273 L	
29 valent	282 L	15 ſ
30 valent	292 L	10 ſ
31 valent	302 L	5 ſ
32 valent	312 L	
33 valent	321 L	15 ſ
34 valent	331 L	10 ſ
35 valent	341 L	5 ſ
36 valent	351 L	
37 valent	360 L	15 ſ
38 valent	370 L	10 ſ

39 valent	380 L	5 ſ
40 valent	390 L	
50 valent	487 L	10 ſ
60 valent	585 L	
70 valent	682 L	10 ſ
80 valent	780 L	
90 valent	877 L	10 ſ
100 valent	975 L	
200 valent	1950 L	
300 valent	2925 L	
400 valent	3900 L	
500 valent	4875 L	
600 valent	5850 L	
700 valent	6825 L	
800 valent	7800 L	
900 valent	8775 L	
1000 valent	9750 L	
2000 valent	19500 L	
3000 valent	29250 L	
4000 valent	39000 L	
5000 valent	48750 L	
6000 valent	58500 L	
7000 valent	68250 L	
8000 valent	78000 L	
9000 valent	87750 L	
10000 valent	97500 L	
20000 valent	195000 L	
30000 valent	292500 L	

Les 3 quarts	7 L	6 ſ	3 d
le demi	4 L	17 ſ	6 d
le quart	2 L	8 ſ	9 d
le huitiéme	1 L	4 ſ	4 d
Les 2 tiers	6 L	10 ſ	
le tiers	3 L	5 ſ	
le ſixiéme	1 L	12 ſ	6 d
le douziéme		16 ſ	3 d

A 9 L 15 ſ par Jour, pour 1 An revient à 3558 L 15 ſ.

A 9 Livres 17 Sols 6 Deniers la chose.

2 valent	19 L	15 ſ	
3 valent	29 L	12 ſ	6
4 valent	39 L	10 ſ	
5 valent	49 L	7 ſ	6
6 valent	59 L	5 ſ	
7 valent	69 L	2 ſ	6
8 valent	79 L		
9 valent	88 L	17 ſ	6
10 valent	98 L	15 ſ	
11 valent	108 L	12 ſ	6
12 valent	118 L	10 ſ	
13 valent	128 L	7 ſ	6
14 valent	138 L	5 ſ	
15 valent	148 L	2 ſ	6
16 valent	158 L		
17 valent	167 L	17 ſ	6
18 valent	177 L	15 ſ	
19 valent	187 L	12 ſ	6
20 valent	197 L	10 ſ	
21 valent	207 L	7 ſ	6
22 valent	217 L	5 ſ	
23 valent	227 L	2 ſ	6
24 valent	237 L		
25 valent	246 L	17 ſ	6
26 valent	256 L	15 ſ	
27 valent	266 L	12 ſ	6
28 valent	276 L	10 ſ	
29 valent	286 L	7 ſ	6
30 valent	296 L	5 ſ	
31 valent	306 L	2 ſ	6
32 valent	316 L		
33 valent	325 L	17 ſ	6
34 valent	335 L	15 ſ	
35 valent	345 L	12 ſ	6
36 valent	355 L	10 ſ	
37 valent	365 L	7 ſ	6
38 valent	375 L	5 ſ	
39 valent	385 L	2 ſ	6
40 valent	395 L		
50 valent	493 L	15 ſ	
60 valent	592 L	10 ſ	
70 valent	691 L	5 ſ	
80 valent	790 L		
90 valent	888 L	15 ſ	
100 valent	987 L	10 ſ	
200 valent	1975 L		
300 valent	2962 L	10 ſ	
400 valent	3950 L		
500 valent	4937 L	10 ſ	
600 valent	5925 L		
700 valent	6912 L	10 ſ	
800 valent	7900 L		
900 valent	8887 L	10 ſ	
1000 valent	9875 L		
2000 valent	19750 L		
3000 valent	29625 L		
4000 valent	39500 L		
5000 valent	49375 L		
6000 valent	59250 L		
7000 valent	69125 L		
8000 valent	79000 L		
9000 valent	88875 L		
10000 valent	98750 L		
20000 valent	197500 L		
30000 valent	296250 L		

Les 3 quarts	7 L	8 ſ	1 d
le demi	4 L	18 ſ	9 d
le quart	2 L	9 ſ	4 d
le huitiéme	1 L	4 ſ	8 d
Les 2 tiers	6 L	11 ſ	8 d
le tiers	3 L	5 ſ	10 d
le ſixiéme	1 L	12 ſ	11 d
le douziéme		16 ſ	5 d

A 9 L 17 ſ 6 d par Jour, pour 1 An revient à 3604 L 7 ſ 6

A 10 Livres la chose.

2	valent	20 L	39	valent	390 L
3	valent	30 L	40	valent	400 L
4	valent	40 L	50	valent	500 L
5	valent	50 L	60	valent	600 L
6	valent	60 L	70	valent	700 L
7	valent	70 L	80	valent	800 L
8	valent	80 L	90	valent	900 L
9	valent	90 L	100	valent	1000 L
10	valent	100 L	200	valent	2000 L
11	valent	110 L	300	valent	3000 L
12	valent	120 L	400	valent	4000 L
13	valent	130 L	500	valent	5000 L
14	valent	140 L	600	valent	6000 L
15	valent	150 L	700	valent	7000 L
16	valent	160 L	800	valent	8000 L
17	valent	170 L	900	valent	9000 L
18	valent	180 L	1000	valent	10000 L
19	valent	190 L	2000	valent	20000 L
20	valent	200 L	3000	valent	30000 L
21	valent	210 L	4000	valent	40000 L
22	valent	220 L	5000	valent	50000 L
23	valent	230 L	6000	valent	60000 L
24	valent	240 L	7000	valent	70000 L
25	valent	250 L	8000	valent	80000 L
26	valent	260 L	9000	valent	90000 L
27	valent	270 L	10000	valent	100000 L
28	valent	280 L	20000	valent	200000 L
29	valent	290 L	30000	valent	300000 L
30	valent	300 L			
31	valent	310 L	Les 3 quarts		7 L 10 ſ
32	valent	320 L	le demi		5 L
33	valent	330 L	le quart		2 L 10 ſ
34	valent	340 L	le huitiéme		1 L 5 ſ
35	valent	350 L	Les 2 tiers		6 L 13 ſ 4 d
36	valent	360 L	le tiers		3 L 6 ſ 8 d
37	valent	370 L	le ſixiéme		1 L 13 ſ 4 d
38	valent	380 L	le douziéme		16 ſ 8 d

A 10 L par Jour, pour 1 An revient à 3650 L

A 10 Livres 5 Sols la chose.

2 valent	20 L 10 ſ
3 valent	30 L 15 ſ
4 valent	41 L
5 valent	51 L 5 ſ
6 valent	61 L 10 ſ
7 valent	71 L 15 ſ
8 valent	82 L
9 valent	92 L 5 ſ
10 valent	102 L 10 ſ
11 valent	112 L 15 ſ
12 valent	123 L
13 valent	133 L 5 ſ
14 valent	143 L 10 ſ
15 valent	153 L 15 ſ
16 valent	164 L
17 valent	174 L 5 ſ
18 valent	184 L 10 ſ
19 valent	194 L 15 ſ
20 valent	205 L
21 valent	215 L 5 ſ
22 valent	225 L 10 ſ
23 valent	235 L 15 ſ
24 valent	246 L
25 valent	256 L 5 ſ
26 valent	266 L 10 ſ
27 valent	276 L 15 ſ
28 valent	287 L
29 valent	297 L 5 ſ
30 valent	307 L 10 ſ
31 valent	317 L 15 ſ
32 valent	328 L
33 valent	338 L 5 ſ
34 valent	348 L 10 ſ
35 valent	358 L 15 ſ
36 valent	369 L
37 valent	379 L 5 ſ
38 valent	389 L 10 ſ

39 valent	399 L 15 ſ
40 valent	410 L
50 valent	512 L 10 ſ
60 valent	615 L
70 valent	717 L 10 ſ
80 valent	820 L
90 valent	922 L 10 ſ
100 valent	1025 L
200 valent	2050 L
300 valent	3075 L
400 valent	4100 L
500 valent	5125 L
600 valent	6150 L
700 valent	7175 L
800 valent	8200 L
900 valent	9225 L
1000 valent	10250 L
2000 valent	20500 L
3000 valent	30750 L
4000 valent	41000 L
5000 valent	51250 L
6000 valent	61500 L
7000 valent	71750 L
8000 valent	82000 L
9000 valent	92250 L
10000 valent	102500 L
20000 valent	205000 L
30000 valent	307500 L

Les 3 quarts	7 L 13 ſ 9 d
le demi	5 L 2 ſ 6 d
le quart	2 L 11 ſ 3 d
le huitiéme	1 L 5 ſ 7 d
Les 2 tiers	6 L 16 ſ 8 d
le tiers	3 L 8 ſ 4 d
le ſixiéme	1 L 14 ſ 2 d
le douziéme	17 ſ 1 d

A 10 L 5 ſ par Jour, pour 1 An revient à 3741 L 5 ſ.

A 10 Livres 10 Sols la chose.

2 valent	21 L
3 valent	31 L 10 ſ
4 valent	42 L
5 valent	52 L 10 ſ
6 valent	63 L
7 valent	73 L 10 ſ
8 valent	84 L
9 valent	94 L 10 ſ
10 valent	105 L
11 valent	115 L 10 ſ
12 valent	126 L
13 valent	136 L 10 ſ
14 valent	147 L
15 valent	157 L 10 ſ
16 valent	168 L
17 valent	178 L 10 ſ
18 valent	189 L
19 valent	199 L 10 ſ
20 valent	210 L
21 valent	220 L 10 ſ
22 valent	231 L
23 valent	241 L 10 ſ
24 valent	252 L
25 valent	262 L 10 ſ
26 valent	273 L
27 valent	283 L 10 ſ
28 valent	294 L
29 valent	304 L 10 ſ
30 valent	315 L
31 valent	325 L 10 ſ
32 valent	336 L
33 valent	346 L 10 ſ
34 valent	357 L
35 valent	367 L 10 ſ
36 valent	378 L
37 valent	388 L 10 ſ
38 valent	399 L
39 valent	409 L 10 ſ
40 valent	420 L
50 valent	525 L
60 valent	630 L
70 valent	735 L
80 valent	840 L
90 valent	945 L
100 valent	1050 L
200 valent	2100 L
300 valent	3150 L
400 valent	4200 L
500 valent	5250 L
600 valent	6300 L
700 valent	7350 L
800 valent	8400 L
900 valent	9450 L
1000 valent	10500 L
2000 valent	21000 L
3000 valent	31500 L
4000 valent	42000 L
5000 valent	52500 L
6000 valent	63000 L
7000 valent	73500 L
8000 valent	84000 L
9000 valent	94500 L
10000 valent	105000 L
20000 valent	210000 L
30000 valent	315000 L

Les 3 quarts	7 L 17 ſ 6 d
le demi	5 L 5 ſ
le quart	2 L 12 ſ 6 d
le huitiéme	1 L 6 ſ 3 d
Les 2 tiers	7 L
le tiers	3 L 10 ſ
le ſixiéme	1 L 15 ſ
le douziéme	17 ſ 6 d

A 10 L 10 ſ par Jour, pour 1 An revient à 3832 L 10 ſ

2 valent	21 L 10 ſ	39 valent	419 L 5 ſ
3 valent	32 L 5 ſ	40 valent	430 L
4 valent	43 L	50 valent	537 L 10 ſ
5 valent	53 L 15 ſ	60 valent	645 L
6 valent	64 L 10 ſ	70 valent	752 L 10 ſ
7 valent	75 L 5 ſ	80 valent	860 L
8 valent	86 L	90 valent	967 L 10 ſ
9 valent	96 L 15 ſ	100 valent	1075 L
10 valent	107 L 10 ſ	200 valent	2150 L
11 valent	118 L 5 ſ	300 valent	3225 L
12 valent	129 L	400 valent	4300 L
13 valent	139 L 15 ſ	500 valent	5375 L
14 valent	150 L 10 ſ	600 valent	6450 L
15 valent	161 L 5 ſ	700 valent	7525 L
16 valent	172 L	800 valent	8600 L
17 valent	182 L 15 ſ	900 valent	9675 L
18 valent	193 L 10 ſ	1000 valent	10750 L
19 valent	204 L 5 ſ	2000 valent	21500 L
20 valent	215 L	3000 valent	32250 L
21 valent	225 L 15 ſ	4000 valent	43000 L
22 valent	236 L 10 ſ	5000 valent	53750 L
23 valent	247 L 5 ſ	6000 valent	64500 L
24 valent	258 L	7000 valent	75250 L
25 valent	268 L 15 ſ	8000 valent	86000 L
26 valent	279 L 10 ſ	9000 valent	96750 L
27 valent	290 L 5 ſ	10000 valent	107500 L
28 valent	301 L	20000 valent	215000 L
29 valent	311 L 15 ſ	30000 valent	322500 L
30 valent	322 L 10 ſ		
31 valent	333 L 5 ſ	Les 3 quarts	8 L 1 ſ 3 d
32 valent	344 L	le demi	5 L 7 ſ 6 d
33 valent	354 L 15 ſ	le quart	2 L 13 ſ 9 d
34 valent	365 L 10 ſ	le huitiéme	1 L 6 ſ 10 d
35 valent	376 L 5 ſ	Les 2 tiers	7 L 3 ſ 4 d
36 valent	387 L	le tiers	3 L 11 ſ 8 d
37 valent	397 L 15 ſ	le ſixiéme	1 L 15 ſ 10 d
38 valent	408 L 10 ſ	le douziéme	17 ſ 11 d

A 10 L 15 ſ par Jour, pour 1 An revient à 3923 L 15 ſ

2	valent	22 L	39	valent	429 L
3	valent	33 L	40	valent	440 L
4	valent	44 L	50	valent	550 L
5	valent	55 L	60	valent	660 L
6	valent	66 L	70	valent	770 L
7	valent	77 L	80	valent	880 L
8	valent	88 L	90	valent	990 L
9	valent	99 L	100	valent	1100 L
10	valent	110 L	200	valent	2200 L
11	valent	121 L	300	valent	3300 L
12	valent	132 L	400	valent	4400 L
13	valent	143 L	500	valent	5500 L
14	valent	154 L	600	valent	6600 L
15	valent	165 L	700	valent	7700 L
16	valent	176 L	800	valent	8800 L
17	valent	187 L	900	valent	9900 L
18	valent	198 L	1000	valent	11000 L
19	valent	209 L	2000	valent	22000 L
20	valent	220 L	3000	valent	33000 L
21	valent	231 L	4000	valent	44000 L
22	valent	242 L	5000	valent	55000 L
23	valent	253 L	6000	valent	66000 L
24	valent	264 L	7000	valent	77000 L
25	valent	275 L	8000	valent	88000 L
26	valent	286 L	9000	valent	99000 L
27	valent	297 L	10000	valent	110000 L
28	valent	308 L	20000	valent	220000 L
29	valent	319 L	30000	valent	330000 L
30	valent	330 L			
31	valent	341 L	Les 3 quarts		8 L 5 ſ
32	valent	352 L	le demi		5 L 10 ſ
33	valent	363 L	le quart		2 L 15 ſ
34	valent	374 L	le huitiéme		1 L 7 ſ 6 d
35	valent	385 L	Les 2 tiers		7 L 6 ſ 8 d
36	valent	396 L	le tiers		3 L 13 ſ 4 d
37	valent	407 L	le ſixiéme		1 L 16 ſ 8 d
38	valent	418 L	le douziéme		18 ſ 4 d

A 11 L par Jour, pour 1 An revient à 4015 L

2 valent	22 L 10 ſ	39 valent	438 L 15 ſ
3 valent	33 L 15 ſ	40 valent	450 L
4 valent	45 L	50 valent	562 L 10 ſ
5 valent	56 L 5 ſ	60 valent	675 L
6 valent	67 L 10 ſ	70 valent	787 L 10 ſ
7 valent	78 L 15 ſ	80 valent	900 L
8 valent	90 L	90 valent	1012 L 10 ſ
9 valent	101 L 5 ſ	100 valent	1125 L
10 valent	112 L 10 ſ	200 valent	2250 L
11 valent	123 L 15 ſ	300 valent	3375 L
12 valent	135 L	400 valent	4500 L
13 valent	146 L 5 ſ	500 valent	5625 L
14 valent	157 L 10 ſ	600 valent	6750 L
15 valent	168 L 15 ſ	700 valent	7875 L
16 valent	180 L	800 valent	9000 L
17 valent	191 L 5 ſ	900 valent	10125 L
18 valent	202 L 10 ſ	1000 valent	11250 L
19 valent	213 L 15 ſ	2000 valent	22500 L
20 valent	225 L	3000 valent	33750 L
21 valent	236 L 5 ſ	4000 valent	45000 L
22 valent	247 L 10 ſ	5000 valent	56250 L
23 valent	258 L 15 ſ	6000 valent	67500 L
24 valent	270 L	7000 valent	78750 L
25 valent	281 L 5 ſ	8000 valent	90000 L
26 valent	292 L 10 ſ	9000 valent	101250 L
27 valent	303 L 15 ſ	10000 valent	112500 L
28 valent	315 L	20000 valent	225000 L
29 valent	326 L 5 ſ	30000 valent	337500 L
30 valent	337 L 10 ſ		
31 valent	348 L 15 ſ	Les 3 quarts	8 L 8 ſ 9 d
32 valent	360 L	le demi	5 L 12 ſ 6 d
33 valent	371 L 5 ſ	le quart	2 L 16 ſ 3 d
34 valent	382 L 10 ſ	le huitiéme	1 L 8 ſ 1 d
35 valent	393 L 15 ſ	Les 2 tiers	7 L 10 ſ
36 valent	405 L	le tiers	3 L 15 ſ
37 valent	416 L 5 ſ	le ſixiéme	1 L 17 ſ 6 d
38 valent	427 L 10 ſ	le douziéme	18 ſ 9 d

A 11 L 5 ſ par Jour, pour 1 An revient à 4106 L 5 ſ

A 11 Livres 10 Sols la choſe.

2	valent	23 L
3	valent	34 L 10 ſ
4	valent	46 L
5	valent	57 L 10 ſ
6	valent	69 L
7	valent	80 L 10 ſ
8	valent	92 L
9	valent	103 L 10 ſ
10	valent	115 L
11	valent	126 L 10 ſ
12	valent	138 L
13	valent	149 L 10 ſ
14	valent	161 L
15	valent	172 L 10 ſ
16	valent	184 L
17	valent	195 L 10 ſ
18	valent	207 L
19	valent	218 L 10 ſ
20	valent	230 L
21	valent	241 L 10 ſ
22	valent	253 L
23	valent	264 L 10 ſ
24	valent	276 L
25	valent	287 L 10 ſ
26	valent	299 L
27	valent	310 L 10 ſ
28	valent	322 L
29	valent	333 L 10 ſ
30	valent	345 L
31	valent	356 L 10 ſ
32	valent	368 L
33	valent	379 L 10 ſ
34	valent	391 L
35	valent	402 L 10 ſ
36	valent	414 L
37	valent	425 L 10 ſ
38	valent	437 L

39	valent	448 L 10 ſ
40	valent	460 L
50	valent	575 L
60	valent	690 L
70	valent	805 L
80	valent	920 L
90	valent	1035 L
100	valent	1150 L
200	valent	2300 L
300	valent	3450 L
400	valent	4600 L
500	valent	5750 L
600	valent	6900 L
700	valent	8050 L
800	valent	9200 L
900	valent	10350 L
1000	valent	11500 L
2000	valent	23000 L
3000	valent	34500 L
4000	valent	46000 L
5000	valent	57500 L
6000	valent	69000 L
7000	valent	80500 L
8000	valent	92000 L
9000	valent	103500 L
10000	valent	115000 L
20000	valent	230000 L
30000	valent	345000 L

Les 3 quarts	8 L 12 ſ 6 d
le demi	5 L 15 ſ
le quart	2 L 17 ſ 6 d
le huitiéme	1 L 8 ſ 9 d
Les 2 tiers	7 L 13 ſ 4 d
le tiers	3 L 16 ſ 8 d
le ſixiéme	1 L 18 ſ 4 d
le douziéme	19 ſ 2 d

A 11 L 10 ſ par Jour, pour 1 An revient à 4197 L 10 ſ.

A 11 Livres 15 Sols la chose.

2 valent	23 L	10 ſ	
3 valent	35 L	5 ſ	
4 valent	47 L		
5 valent	58 L	15 ſ	
6 valent	70 L	10 ſ	
7 valent	82 L	5 ſ	
8 valent	94 L		
9 valent	105 L	15 ſ	
10 valent	117 L	10 ſ	
11 valent	129 L	5 ſ	
12 valent	141 L		
13 valent	152 L	15 ſ	
14 valent	164 L	10 ſ	
15 valent	176 L	5 ſ	
16 valent	188 L		
17 valent	199 L	15 ſ	
18 valent	211 L	10 ſ	
19 valent	223 L	5 ſ	
20 valent	235 L		
21 valent	246 L	15 ſ	
22 valent	258 L	10 ſ	
23 valent	270 L	5 ſ	
24 valent	282 L		
25 valent	293 L	15 ſ	
26 valent	305 L	10 ſ	
27 valent	317 L	5 ſ	
28 valent	329 L		
29 valent	340 L	15 ſ	
30 valent	352 L	10 ſ	
31 valent	364 L	5 ſ	
32 valent	376 L		
33 valent	387 L	15 ſ	
34 valent	399 L	10 ſ	
35 valent	411 L	5 ſ	
36 valent	423 L		
37 valent	434 L	15 ſ	
38 valent	446 L	10 ſ	
39 valent	458 L	5 ſ	
40 valent	470 L		
50 valent	587 L	10 ſ	
60 valent	705 L		
70 valent	822 L	10 ſ	
80 valent	940 L		
90 valent	1057 L	10 ſ	
100 valent	1175 L		
200 valent	2350 L		
300 valent	3525 L		
400 valent	4700 L		
500 valent	5875 L		
600 valent	7050 L		
700 valent	8225 L		
800 valent	9400 L		
900 valent	10575 L		
1000 valent	11750 L		
2000 valent	23500 L		
3000 valent	35250 L		
4000 valent	47000 L		
5000 valent	58750 L		
6000 valent	70500 L		
7000 valent	82250 L		
8000 valent	94000 L		
9000 valent	105750 L		
10000 valent	117500 L		
20000 valent	235000 L		
30000 valent	352500 L		
Les 3 quarts	8 L	16 ſ	3 d
le demi	5 L	17 ſ	6 d
le quart	2 L	18 ſ	9 d
le huitiéme	1 L	9 ſ	4 d
Les 2 tiers	7 L	16 ſ	8 d
le tiers	3 L	18 ſ	4 d
le ſixiéme	1 L	19 ſ	2 d
le douziéme		19 ſ	7 d

A 11 L 15 ſ par Jour, pour 1 An revient à 4288 L 15 ſ.

A 12 Livres la chose.

2 valent	24 L	39 valent	468 L
3 valent	36 L	40 valent	480 L
4 valent	48 L	50 valent	600 L
5 valent	60 L	60 valent	720 L
6 valent	72 L	70 valent	840 L
7 valent	84 L	80 valent	960 L
8 valent	96 L	90 valent	1080 L
9 valent	108 L	100 valent	1200 L
10 valent	120 L	200 valent	2400 L
11 valent	132 L	300 valent	3600 L
12 valent	144 L	400 valent	4800 L
13 valent	156 L	500 valent	6000 L
14 valent	168 L	600 valent	7200 L
15 valent	180 L	700 valent	8400 L
16 valent	192 L	800 valent	9600 L
17 valent	204 L	900 valent	10800 L
18 valent	216 L	1000 valent	12000 L
19 valent	228 L	2000 valent	24000 L
20 valent	240 L	3000 valent	36000 L
21 valent	252 L	4000 valent	48000 L
22 valent	264 L	5000 valent	60000 L
23 valent	276 L	6000 valent	72000 L
24 valent	288 L	7000 valent	84000 L
25 valent	300 L	8000 valent	96000 L
26 valent	312 L	9000 valent	108000 L
27 valent	324 L	10000 valent	120000 L
28 valent	336 L	20000 valent	240000 L
29 valent	348 L	30000 valent	360000 L
30 valent	360 L	Les 3 quarts	9 L
31 valent	372 L	le demi	6 L
32 valent	384 L	le quart	3 L
33 valent	396 L	le huitiéme	1 L 10 ſ
34 valent	408 L	Les 2 tiers	8 L
35 valent	420 L	le tiers	4 L
36 valent	432 L	le ſixiéme	2 L
37 valent	444 L	le douziéme	1 L
38 valent	456 L		

A 12 L par Jour, pour 1 An revient à 4380 L

A 12 Livres 5 Sols la chose.

2 valent	24 L 10 ſ	39 valent	477 L 15 ſ
3 valent	36 L 15 ſ	40 valent	490 L
4 valent	49 L	50 valent	612 L 10 ſ
5 valent	61 L 5 ſ	60 valent	735 L
6 valent	73 L 10 ſ	70 valent	857 L 10 ſ
7 valent	85 L 15 ſ	80 valent	980 L
8 valent	98 L	90 valent	1102 L 10 ſ
9 valent	110 L 5 ſ	100 valent	1225 L
10 valent	122 L 10 ſ	200 valent	2450 L
11 valent	134 L 15 ſ	300 valent	3675 L
12 valent	147 L	400 valent	4900 L
13 valent	159 L 5 ſ	500 valent	6125 L
14 valent	171 L 10 ſ	600 valent	7350 L
15 valent	183 L 15 ſ	700 valent	8575 L
16 valent	196 L	800 valent	9800 L
17 valent	208 L 5 ſ	900 valent	11025 L
18 valent	220 L 10 ſ	1000 valent	12250 L
19 valent	232 L 15 ſ	2000 valent	24500 L
20 valent	245 L	3000 valent	36750 L
21 valent	257 L 5 ſ	4000 valent	49000 L
22 valent	269 L 10 ſ	5000 valent	61250 L
23 valent	281 L 15 ſ	6000 valent	73500 L
24 valent	294 L	7000 valent	85750 L
25 valent	306 L 5 ſ	8000 valent	98000 L
26 valent	318 L 10 ſ	9000 valent	110250 L
27 valent	330 L 15 ſ	10000 valent	122500 L
28 valent	343 L	20000 valent	245000 L
29 valent	355 L 5 ſ	30000 valent	367500 L
30 valent	367 L 10 ſ		
31 valent	379 L 15 ſ	Les 3 quarts	9 L 3 ſ 9 d
32 valent	392 L	le demi	6 L 2 ſ 6 d
33 valent	404 L 5 ſ	le quart	3 L 1 ſ 3 d
34 valent	416 L 10 ſ	le huitiéme	1 L 10 ſ 7 d
35 valent	428 L 15 ſ	Les 2 tiers	8 L 3 ſ 4 d
36 valent	441 L	le tiers	4 L 1 ſ 8 d
37 valent	453 L 5 ſ	le ſixiéme	2 L 10 d
38 valent	465 L 10 ſ	le douziéme	1 L 5 d

A 12 L 5 ſ par Jour, pour 1 An revient à 4471 L 5 ſ.

A 12 Livres 10 Sols la chose.

2 valent	25 L	39 valent	487 L 10 ſ
3 valent	37 L 10 ſ	40 valent	500 L
4 valent	50 L	50 valent	625 L
5 valent	62 L 10 ſ	60 valent	750 L
6 valent	75 L	70 valent	875 L
7 valent	87 L 10 ſ	80 valent	1000 L
8 valent	100 L	90 valent	1125 L
9 valent	112 L 10 ſ	100 valent	1250 L
10 valent	125 L	200 valent	2500 L
11 valent	137 L 10 ſ	300 valent	3750 L
12 valent	150 L	400 valent	5000 L
13 valent	162 L 10 ſ	500 valent	6250 L
14 valent	175 L	600 valent	7500 L
15 valent	187 L 10 ſ	700 valent	8750 L
16 valent	200 L	800 valent	10000 L
17 valent	212 L 10 ſ	900 valent	11250 L
18 valent	225 L	1000 valent	12500 L
19 valent	237 L 10 ſ	2000 valent	25000 L
20 valent	250 L	3000 valent	37500 L
21 valent	262 L 10 ſ	4000 valent	50000 L
22 valent	275 L	5000 valent	62500 L
23 valent	287 L 10 ſ	6000 valent	75000 L
24 valent	300 L	7000 valent	87500 L
25 valent	312 L 10 ſ	8000 valent	100000 L
26 valent	325 L	9000 valent	112500 L
27 valent	337 L 10 ſ	10000 valent	125000 L
28 valent	350 L	20000 valent	250000 L
29 valent	362 L 10 ſ	30000 valent	375000 L
30 valent	375 L		
31 valent	387 L 10 ſ	Les 3 quarts	9 L 7 ſ 6 d
32 valent	400 L	le demi	6 L 5 ſ
33 valent	412 L 10 ſ	le quart	3 L 2 ſ 6 d
34 valent	425 L	le huitiéme	1 L 11 ſ 3 d
35 valent	437 L 10 ſ	Les 2 tiers	8 L 6 ſ 8 d
36 valent	450 L	le tiers	4 L 3 ſ 4 d
37 valent	462 L 10 ſ	le ſixiéme	2 L 1 ſ 8 d
38 valent	475 L	le douziéme	1 L 10 d

A 12 L 10 ſ par Jour, pour 1 An revient à 4562 L 10 ſ.

A 12 Livres 15 Sols la chose.

2 valent	25 L	10 ſ
3 valent	38 L	5 ſ
4 valent	51 L	
5 valent	63 L	15 ſ
6 valent	76 L	10 ſ
7 valent	89 L	5 ſ
8 valent	102 L	
9 valent	114 L	15 ſ
10 valent	127 L	10 ſ
11 valent	140 L	5 ſ
12 valent	153 L	
13 valent	165 L	15 ſ
14 valent	178 L	10 ſ
15 valent	191 L	5 ſ
16 valent	204 L	
17 valent	216 L	15 ſ
18 valent	229 L	10 ſ
19 valent	242 L	5 ſ
20 valent	255 L	
21 valent	267 L	15 ſ
22 valent	280 L	10 ſ
23 valent	293 L	5 ſ
24 valent	306 L	
25 valent	318 L	15 ſ
26 valent	331 L	10 ſ
27 valent	344 L	5 ſ
28 valent	357 L	
29 valent	369 L	15 ſ
30 valent	382 L	10 ſ
31 valent	395 L	5 ſ
32 valent	408 L	
33 valent	420 L	15 ſ
34 valent	433 L	10 ſ
35 valent	446 L	5 ſ
36 valent	459 L	
37 valent	471 L	15 ſ
38 valent	484 L	10 ſ
39 valent	497 L	5 ſ
40 valent	510 L	
50 valent	637 L	10 ſ
60 valent	765 L	
70 valent	892 L	10 ſ
80 valent	1020 L	
90 valent	1147 L	10 ſ
100 valent	1275 L	
200 valent	2550 L	
300 valent	3825 L	
400 valent	5100 L	
500 valent	6375 L	
600 valent	7650 L	
700 valent	8925 L	
800 valent	10200 L	
900 valent	11475 L	
1000 valent	12750 L	
2000 valent	25500 L	
3000 valent	38250 L	
4000 valent	51000 L	
5000 valent	63750 L	
6000 valent	76500 L	
7000 valent	89250 L	
8000 valent	102000 L	
9000 valent	114750 L	
10000 valent	127500 L	
20000 valent	255000 L	
30000 valent	382500 L	

Les 3 quarts	9 L	11 ſ	3 d
le demi	6 L	7 ſ	6 d
le quart	3 L	3 ſ	9 d
le huitiéme	1 L	11 ſ	10 d
Les 2 tiers	8 L	10 ſ	
le tiers	4 L	5 ſ	
le ſixiéme	2 L	2 ſ	6 d
le douziéme	1 L	1 ſ	3 d

A 12 L 15 ſ par Jour, pour 1 An revient à 4653 L 15 ſ.

2	valent	26 L	39	valent	507 L
3	valent	39 L	40	valent	520 L
4	valent	52 L	50	valent	650 L
5	valent	65 L	60	valent	780 L
6	valent	78 L	70	valent	910 L
7	valent	91 L	80	valent	1040 L
8	valent	104 L	90	valent	1170 L
9	valent	117 L	100	valent	1300 L
10	valent	130 L	200	valent	2600 L
11	valent	143 L	300	valent	3900 L
12	valent	156 L	400	valent	5200 L
13	valent	169 L	500	valent	6500 L
14	valent	182 L	600	valent	7800 L
15	valent	195 L	700	valent	9100 L
16	valent	208 L	800	valent	10400 L
17	valent	221 L	900	valent	11700 L
18	valent	234 L	1000	valent	13000 L
19	valent	247 L	2000	valent	26000 L
20	valent	260 L	3000	valent	39000 L
21	valent	273 L	4000	valent	52000 L
22	valent	286 L	5000	valent	65000 L
23	valent	299 L	6000	valent	78000 L
24	valent	312 L	7000	valent	91000 L
25	valent	325 L	8000	valent	104000 L
26	valent	338 L	9000	valent	117000 L
27	valent	351 L	10000	valent	130000 L
28	valent	364 L	20000	valent	260000 L
29	valent	377 L	30000	valent	390000 L
30	valent	390 L			
31	valent	403 L	Les 3 quarts		9 L 15 ſ
32	valent	416 L	le demi		6 L 10 ſ
33	valent	429 L	le quart		3 L 5 ſ
34	valent	442 L	le huitiéme		1 L 12 ſ 6 d
35	valent	455 L	Les 2 tiers		8 L 13 ſ 4 d
36	valent	468 L	le tiers		4 L 6 ſ 8 d
37	valent	481 L	le ſixiéme		2 L 3 ſ 4 d
38	valent	494 L	le douziéme		1 L 6 ſ 8 d

A 13 L par Jour, pour 1 An revient à 4745 L

A 13 Livres 5 Sols la choſe.

2 valent	26 L	10 ſ	
3 valent	39 L	15 ſ	
4 valent	53 L		
5 valent	66 L	5 ſ	
6 valent	79 L	10 ſ	
7 valent	92 L	15 ſ	
8 valent	106 L		
9 valent	119 L	5 ſ	
10 valent	132 L	10 ſ	
11 valent	145 L	15 ſ	
12 valent	159 L		
13 valent	172 L	5 ſ	
14 valent	185 L	10 ſ	
15 valent	198 L	15 ſ	
16 valent	212 L		
17 valent	225 L	5 ſ	
18 valent	238 L	10 ſ	
19 valent	251 L	15 ſ	
20 valent	265 L		
21 valent	278 L	5 ſ	
22 valent	291 L	10 ſ	
23 valent	304 L	15 ſ	
24 valent	318 L		
25 valent	331 L	5 ſ	
26 valent	344 L	10 ſ	
27 valent	357 L	15 ſ	
28 valent	371 L		
29 valent	384 L	5 ſ	
30 valent	397 L	10 ſ	
31 valent	410 L	15 ſ	
32 valent	424 L		
33 valent	437 L	5 ſ	
34 valent	450 L	10 ſ	
35 valent	463 L	15 ſ	
36 valent	477 L		
37 valent	490 L	5 ſ	
38 valent	503 L	10 ſ	

39 valent	516 L	15 ſ
40 valent	530 L	
50 valent	662 L	10 ſ
60 valent	795 L	
70 valent	927 L	10 ſ
80 valent	1060 L	
90 valent	1192 L	10 ſ
100 valent	1325 L	
200 valent	2650 L	
300 valent	3975 L	
400 valent	5300 L	
500 valent	6625 L	
600 valent	7950 L	
700 valent	9275 L	
800 valent	10600 L	
900 valent	11925 L	
1000 valent	13250 L	
2000 valent	26500 L	
3000 valent	39750 L	
4000 valent	53000 L	
5000 valent	66250 L	
6000 valent	79500 L	
7000 valent	92750 L	
8000 valent	106000 L	
9000 valent	119250 L	
10000 valent	132500 L	
20000 valent	265000 L	
30000 valent	397500 L	

Les 3 quarts	9 L	18 ſ	9 d
le demi	6 L	12 ſ	6 d
le quart	3 L	6 ſ	3 d
le huitiéme	1 L	13 ſ	1 d
Les 2 tiers	8 L	16 ſ	8 d
le tiers	4 L	8 ſ	4 d
le ſixiéme	2 L	4 ſ	2 d
le douziéme	1 L	2 ſ	1 d

A 13 L 5 ſ par Jour, pour 1 An revient à 4836 L 5 ſ.

2 valent	27 L	39 valent	526 L 10 ſ
3 valent	40 L 10 ſ	40 valent	540 L
4 valent	54 L	50 valent	675 L
5 valent	67 L 10 ſ	60 valent	810 L
6 valent	81 L	70 valent	945 L
7 valent	94 L 10 ſ	80 valent	1080 L
8 valent	108 L	90 valent	1215 L
9 valent	121 L 10 ſ	100 valent	1350 L
10 valent	135 L	200 valent	2700 L
11 valent	148 L 10 ſ	300 valent	4050 L
12 valent	162 L	400 valent	5400 L
13 valent	175 L 10 ſ	500 valent	6750 L
14 valent	189 L	600 valent	8100 L
15 valent	202 L 10 ſ	700 valent	9450 L
16 valent	216 L	800 valent	10800 L
17 valent	229 L 10 ſ	900 valent	12150 L
18 valent	243 L	1000 valent	13500 L
19 valent	256 L 10 ſ	2000 valent	27000 L
20 valent	270 L	3000 valent	40500 L
21 valent	283 L 10 ſ	4000 valent	54000 L
22 valent	297 L	5000 valent	67500 L
23 valent	310 L 10 ſ	6000 valent	81000 L
24 valent	324 L	7000 valent	94500 L
25 valent	337 L 10 ſ	8000 valent	108000 L
26 valent	351 L	9000 valent	121500 L
27 valent	364 L 10 ſ	10000 valent	135000 L
28 valent	378 L	20000 valent	270000 L
29 valent	391 L 10 ſ	30000 valent	405000 L
30 valent	405 L		
31 valent	418 L 10 ſ	Les 3 quarts	10 L 2 ſ 6 d
32 valent	432 L	le demi	6 L 15 ſ
33 valent	445 L 10 ſ	le quart	3 L 7 ſ 6 d
34 valent	459 L	le huitiéme	1 L 13 ſ 9 d
35 valent	472 L 10 ſ	Les 2 tiers	9 L
36 valent	486 L	le tiers	4 L 10 ſ
37 valent	499 L 10 ſ	le ſixiéme	2 L 5 ſ
38 valent	513 L	le douziéme	1 L 2 ſ 6 d

A 13 L 10 ſ par Jour, pour 1 An revient à 4927 L 10 ſ

A 13 Livres 15 Sols la choſe.

2 valent	27 L	10 ſ	
3 valent	41 L	5 ſ	
4 valent	55 L		
5 valent	68 L	15 ſ	
6 valent	82 L	10 ſ	
7 valent	96 L	5 ſ	
8 valent	110 L		
9 valent	123 L	15 ſ	
10 valent	137 L	10 ſ	
11 valent	151 L	5 ſ	
12 valent	165 L		
13 valent	178 L	15 ſ	
14 valent	192 L	10 ſ	
15 valent	206 L	5 ſ	
16 valent	220 L		
17 valent	233 L	15 ſ	
18 valent	247 L	10 ſ	
19 valent	261 L	5 ſ	
20 valent	275 L		
21 valent	288 L	15 ſ	
22 valent	302 L	10 ſ	
23 valent	316 L	5 ſ	
24 valent	330 L		
25 valent	343 L	15 ſ	
26 valent	357 L	10 ſ	
27 valent	371 L	5 ſ	
28 valent	385 L		
29 valent	398 L	15 ſ	
30 valent	412 L	10 ſ	
31 valent	426 L	5 ſ	
32 valent	440 L		
33 valent	453 L	15 ſ	
34 valent	467 L	10 ſ	
35 valent	481 L	5 ſ	
36 valent	495 L		
37 valent	508 L	15 ſ	
38 valent	522 L	10 ſ	
39 valent	536 L	5 ſ	
40 valent	550 L		
50 valent	687 L	10 ſ	
60 valent	825 L		
70 valent	962 L	10 ſ	
80 valent	1100 L		
90 valent	1237 L	10 ſ	
100 valent	1375 L		
200 valent	2750 L		
300 valent	4125 L		
400 valent	5500 L		
500 valent	6875 L		
600 valent	8250 L		
700 valent	9625 L		
800 valent	11000 L		
900 valent	12375 L		
1000 valent	13750 L		
2000 valent	27500 L		
3000 valent	41250 L		
4000 valent	55000 L		
5000 valent	68750 L		
6000 valent	82500 L		
7000 valent	96250 L		
8000 valent	110000 L		
9000 valent	123750 L		
10000 valent	137500 L		
20000 valent	275000 L		
30000 valent	412500 L		
Les 3 quarts	10 L	6 ſ	3 d
le demi	6 L	17 ſ	6 d
le quart	3 L	8 ſ	9 d
le huitiéme	1 L	14 ſ	4 d
Les 2 tiers	9 L	3 ſ	4 d
le tiers	4 L	11 ſ	8 d
le ſixiéme	2 L	5 ſ	10 d
le douziéme	1 L	2 ſ	11 d

A 13 L 15 ſ par Jour, pour 1 An revient à 5018 L 15 ſ

2	valent	28 L	39	valent	546 L
3	valent	42 L	40	valent	560 L
4	valent	56 L	50	valent	700 L
5	valent	70 L	60	valent	840 L
6	valent	84 L	70	valent	980 L
7	valent	98 L	80	valent	1120 L
8	valent	112 L	90	valent	1260 L
9	valent	126 L	100	valent	1400 L
10	valent	140 L	200	valent	2800 L
11	valent	154 L	300	valent	4200 L
12	valent	168 L	400	valent	5600 L
13	valent	182 L	500	valent	7000 L
14	valent	196 L	600	valent	8400 L
15	valent	210 L	700	valent	9800 L
16	valent	224 L	800	valent	11200 L
17	valent	238 L	900	valent	12600 L
18	valent	252 L	1000	valent	14000 L
19	valent	266 L	2000	valent	28000 L
20	valent	280 L	3000	valent	42000 L
21	valent	294 L	4000	valent	56000 L
22	valent	308 L	5000	valent	70000 L
23	valent	322 L	6000	valent	84000 L
24	valent	336 L	7000	valent	98000 L
25	valent	350 L	8000	valent	112000 L
26	valent	364 L	9000	valent	126000 L
27	valent	378 L	10000	valent	140000 L
28	valent	392 L	20000	valent	280000 L
29	valent	406 L	30000	valent	420000 L
30	valent	420 L			
31	valent	434 L	Les 3 quarts		10 L 10 ſ
32	valent	448 L	le demi		7 L
33	valent	462 L	le quart		3 L 10 ſ
34	valent	476 L	le huitiéme		1 L 15 ſ
35	valent	490 L	Les 2 tiers		9 L 6 ſ 8 d
36	valent	504 L	le tiers		4 L 13 ſ 4 d
37	valent	518 L	le ſixiéme		2 L 6 ſ 8 d
38	valent	532 L	le douziéme		1 L 3 ſ 4 d

A 14 L par Jour, pour 1 An revient à 5110 L

A 14 Livres 5 Sols la chose.

2 valent	28 L	10 ſ
3 valent	42 L	15 ſ
4 valent	57 L	
5 valent	71 L	5 ſ
6 valent	85 L	10 ſ
7 valent	99 L	15 ſ
8 valent	114 L	
9 valent	128 L	5 ſ
10 valent	142 L	10 ſ
11 valent	156 L	15 ſ
12 valent	171 L	
13 valent	185 L	5 ſ
14 valent	199 L	10 ſ
15 valent	213 L	15 ſ
16 valent	228 L	
17 valent	242 L	5 ſ
18 valent	256 L	10 ſ
19 valent	270 L	15 ſ
20 valent	285 L	
21 valent	299 L	5 ſ
22 valent	313 L	10 ſ
23 valent	327 L	15 ſ
24 valent	342 L	
25 valent	356 L	5 ſ
26 valent	370 L	10 ſ
27 valent	384 L	15 ſ
28 valent	399 L	
29 valent	413 L	5 ſ
30 valent	427 L	10 ſ
31 valent	441 L	15 ſ
32 valent	456 L	
33 valent	470 L	5 ſ
34 valent	484 L	10 ſ
35 valent	498 L	15 ſ
36 valent	513 L	
37 valent	527 L	5 ſ
38 valent	541 L	10 ſ

39 valent	555 L	15 ſ
40 valent	570 L	
50 valent	712 L	10 ſ
60 valent	855 L	
70 valent	997 L	10 ſ
80 valent	1140 L	
90 valent	1282 L	10 ſ
100 valent	1425 L	
200 valent	2850 L	
300 valent	4275 L	
400 valent	5700 L	
500 valent	7125 L	
600 valent	8550 L	
700 valent	9975 L	
800 valent	11400 L	
900 valent	12825 L	
1000 valent	14250 L	
2000 valent	28500 L	
3000 valent	42750 L	
4000 valent	57000 L	
5000 valent	71250 L	
6000 valent	85500 L	
7000 valent	99750 L	
8000 valent	114000 L	
9000 valent	128250 L	
10000 valent	142500 L	
20000 valent	285000 L	
30000 valent	427500 L	

Les 3 quarts	10 L	13 ſ	9 d
le demi	7 L	2 ſ	6 d
le quart	3 L	11 ſ	3 d
le huitiéme	1 L	15 ſ	7 d
Les 2 tiers	9 L	10 ſ	
le tiers	4 L	15 ſ	
le ſixiéme	2 L	7 ſ	6 d
le douziéme	1 L	3 ſ	9 d

A 14 L 5 ſ par Jour, pour 1 An revient à 5201 L 5 ſ

A 14 Livres 10 Sols la chose.

2	valent	29 L
3	valent	43 L 10 ſ
4	valent	58 L
5	valent	72 L 10 ſ
6	valent	87 L
7	valent	101 L 10 ſ
8	valent	116 L
9	valent	130 L 10 ſ
10	valent	145 L
11	valent	159 L 10 ſ
12	valent	174 L
13	valent	188 L 10 ſ
14	valent	203 L
15	valent	217 L 10 ſ
16	valent	232 L
17	valent	246 L 10 ſ
18	valent	261 L
19	valent	275 L 10 ſ
20	valent	290 L
21	valent	304 L 10 ſ
22	valent	319 L
23	valent	333 L 10 ſ
24	valent	348 L
25	valent	362 L 10 ſ
26	valent	377 L
27	valent	391 L 10 ſ
28	valent	406 L
29	valent	420 L 10 ſ
30	valent	435 L
31	valent	449 L 10 ſ
32	valent	464 L
33	valent	478 L 10 ſ
34	valent	493 L
35	valent	507 L 10 ſ
36	valent	522 L
37	valent	536 L 10 ſ
38	valent	551 L
39	valent	565 L 10 ſ
40	valent	580 L
50	valent	725 L
60	valent	870 L
70	valent	1015 L
80	valent	1160 L
90	valent	1305 L
100	valent	1450 L
200	valent	2900 L
300	valent	4350 L
400	valent	5800 L
500	valent	7250 L
600	valent	8700 L
700	valent	10150 L
800	valent	11600 L
900	valent	13050 L
1000	valent	14500 L
2000	valent	29000 L
3000	valent	43500 L
4000	valent	58000 L
5000	valent	72500 L
6000	valent	87000 L
7000	valent	101500 L
8000	valent	116000 L
9000	valent	130500 L
10000	valent	145000 L
20000	valent	290000 L
30000	valent	435000 L

Les 3 quarts	10 L 17 ſ 6 d
le demi	7 L 5 ſ
le quart	3 L 12 ſ 6 d
le huitiéme	1 L 16 ſ 3 d
Les 2 tiers	9 L 13 ſ 4 d
le tiers	4 L 16 ſ 8 d
le ſixiéme	2 L 8 ſ 4 d
le douziéme	1 L 4 ſ 2 d

A 14 L 10 ſ par Jour, pour 1 An revient à 5292 L 10 ſ

A 14 Livres 15 Sols la chose.

2 valent 29 L 10 ſ	39 valent 575 L 5 ſ
3 valent 44 L 5 ſ	40 valent 590 L
4 valent 59 L	50 valent 737 L 10 ſ
5 valent 73 L 15 ſ	60 valent 885 L
6 valent 88 L 10 ſ	70 valent 1032 L 10 ſ
7 valent 103 L 5 ſ	80 valent 1180 L
8 valent 118 L	90 valent 1327 L 10 ſ
9 valent 132 L 15 ſ	100 valent 1475 L
10 valent 147 L 10 ſ	200 valent 2950 L
11 valent 162 L 5 ſ	300 valent 4425 L
12 valent 177 L	400 valent 5900 L
13 valent 191 L 15 ſ	500 valent 7375 L
14 valent 206 L 10 ſ	600 valent 8850 L
15 valent 221 L 5 ſ	700 valent 10325 L
16 valent 236 L	800 valent 11800 L
17 valent 250 L 15 ſ	900 valent 13275 L
18 valent 265 L 10 ſ	1000 valent 14750 L
19 valent 280 L 5 ſ	2000 valent 29500 L
20 valent 295 L	3000 valent 44250 L
21 valent 309 L 15 ſ	4000 valent 59000 L
22 valent 324 L 10 ſ	5000 valent 73750 L
23 valent 339 L 5 ſ	6000 valent 88500 L
24 valent 354 L	7000 valent 103250 L
25 valent 368 L 15 ſ	8000 valent 118000 L
26 valent 383 L 10 ſ	9000 valent 132750 L
27 valent 398 L 5 ſ	10000 valent 147500 L
28 valent 413 L	20000 valent 295000 L
29 valent 427 L 15 ſ	30000 valent 442500 L
30 valent 442 L 10 ſ	
31 valent 457 L 5 ſ	Les 3 quarts 11 L 1 ſ 3 d
32 valent 472 L	le demi 7 L 7 ſ 6 d
33 valent 486 L 15 ſ	le quart 3 L 13 ſ 9 d
34 valent 501 L 10 ſ	le huitiéme 1 L 16 ſ 10 d
35 valent 516 L 5 ſ	Les 2 tiers 9 L 16 ſ 8 d
36 valent 531 L	le tiers 4 L 18 ſ 4 d
37 valent 545 L 15 ſ	le ſixiéme 2 L 9 ſ 2 d
38 valent 560 L 10 ſ	le douziéme 1 L 4 ſ 7 d

A 14 L 15 ſ par Jour, pour 1 An revient à 5383 L 15 ſ

A 15 Livres la chose.

2	valent	30 L
3	valent	45 L
4	valent	60 L
5	valent	75 L
6	valent	90 L
7	valent	105 L
8	valent	120 L
9	valent	135 L
10	valent	150 L
11	valent	165 L
12	valent	180 L
13	valent	195 L
14	valent	210 L
15	valent	225 L
16	valent	240 L
17	valent	255 L
18	valent	270 L
19	valent	285 L
20	valent	300 L
21	valent	315 L
22	valent	330 L
23	valent	345 L
24	valent	360 L
25	valent	375 L
26	valent	390 L
27	valent	405 L
28	valent	420 L
29	valent	435 L
30	valent	450 L
31	valent	465 L
32	valent	480 L
33	valent	495 L
34	valent	510 L
35	valent	525 L
36	valent	540 L
37	valent	555 L
38	valent	570 L
39	valent	585 L
40	valent	600 L
50	valent	750 L
60	valent	900 L
70	valent	1050 L
80	valent	1200 L
90	valent	1350 L
100	valent	1500 L
200	valent	3000 L
300	valent	4500 L
400	valent	6000 L
500	valent	7500 L
600	valent	9000 L
700	valent	10500 L
800	valent	12000 L
900	valent	13500 L
1000	valent	15000 L
2000	valent	30000 L
3000	valent	45000 L
4000	valent	60000 L
5000	valent	75000 L
6000	valent	90000 L
7000	valent	105000 L
8000	valent	120000 L
9000	valent	135000 L
10000	valent	150000 L
20000	valent	300000 L
30000	valent	450000 L

Les 3 quarts	11 L 5 ſ
le demi	7 L 10 ſ
le quart	3 L 15 ſ
le huitiéme	1 L 17 ſ 6 d
Les 2 tiers	10 L
le tiers	5 L
le ſixiéme	2 L 10 ſ
le douziéme	1 L 5 ſ

A 15 L par Jour, pour 1 An revient à 5475 L

A 15 Livres 5 Sols la choſe.

2 valent	30 L	10 ſ	
3 valent	45 L	15 ſ	
4 valent	61 L		
5 valent	76 L	5 ſ	
6 valent	91 L	10 ſ	
7 valent	106 L	15 ſ	
8 valent	122 L		
9 valent	137 L	5 ſ	
10 valent	152 L	10 ſ	
11 valent	167 L	15 ſ	
12 valent	183 L		
13 valent	198 L	5 ſ	
14 valent	213 L	10 ſ	
15 valent	228 L	15 ſ	
16 valent	244 L		
17 valent	259 L	5 ſ	
18 valent	274 L	10 ſ	
19 valent	289 L	15 ſ	
20 valent	305 L		
21 valent	320 L	5 ſ	
22 valent	335 L	10 ſ	
23 valent	350 L	15 ſ	
24 valent	366 L		
25 valent	381 L	5 ſ	
26 valent	396 L	10 ſ	
27 valent	411 L	15 ſ	
28 valent	427 L		
29 valent	442 L	5 ſ	
30 valent	457 L	10 ſ	
31 valent	472 L	15 ſ	
32 valent	488 L		
33 valent	503 L	5 ſ	
34 valent	518 L	10 ſ	
35 valent	533 L	15 ſ	
36 valent	549 L		
37 valent	564 L	5 ſ	
38 valent	579 L	10 ſ	
39 valent	594 L	15 ſ	
40 valent	610 L		
50 valent	762 L	10 ſ	
60 valent	915 L		
70 valent	1067 L	10 ſ	
80 valent	1220 L		
90 valent	1372 L	10 ſ	
100 valent	1525 L		
200 valent	3050 L		
300 valent	4575 L		
400 valent	6100 L		
500 valent	7625 L		
600 valent	9150 L		
700 valent	10675 L		
800 valent	12200 L		
900 valent	13725 L		
1000 valent	15250 L		
2000 valent	30500 L		
3000 valent	45750 L		
4000 valent	61000 L		
5000 valent	76250 L		
6000 valent	91500 L		
7000 valent	106750 L		
8000 valent	122000 L		
9000 valent	137250 L		
10000 valent	152500 L		
20000 valent	305000 L		
30000 valent	457500 L		
Les 3 quarts	11 L	8 ſ	9 d
le demi	7 L	12 ſ	6 d
le quart	3 L	16 ſ	3 d
le huitiéme	1 L	18 ſ	1 d
Les 2 tiers	10 L	3 ſ	4 d
le tiers	5 L	1 ſ	8 d
le ſixiéme	2 L	10 ſ	10 d
le douziéme	1 L	5 ſ	5 d

A 15 L 5 ſ par Jour, pour 1 An revient à 5566 L 5 ſ.

A 15 Livres 10 Sols la chose.

2 valent	31 L	
3 valent	46 L	10 ſ
4 valent	62 L	
5 valent	77 L	10 ſ
6 valent	93 L	
7 valent	108 L	10 ſ
8 valent	124 L	
9 valent	139 L	10 ſ
10 valent	155 L	
11 valent	170 L	10 ſ
12 valent	186 L	
13 valent	201 L	10 ſ
14 valent	217 L	
15 valent	232 L	10 ſ
16 valent	248 L	
17 valent	263 L	10 ſ
18 valent	279 L	
19 valent	294 L	10 ſ
20 valent	310 L	
21 valent	325 L	10 ſ
22 valent	341 L	
23 valent	356 L	10 ſ
24 valent	372 L	
25 valent	387 L	10 ſ
26 valent	403 L	
27 valent	418 L	10 ſ
28 valent	434 L	
29 valent	449 L	10 ſ
30 valent	465 L	
31 valent	480 L	10 ſ
32 valent	496 L	
33 valent	511 L	10 ſ
34 valent	527 L	
35 valent	542 L	10 ſ
36 valent	558 L	
37 valent	573 L	10 ſ
38 valent	589 L	
39 valent	604 L	10 ſ
40 valent	620 L	
50 valent	775 L	
60 valent	930 L	
70 valent	1085 L	
80 valent	1240 L	
90 valent	1395 L	
100 valent	1550 L	
200 valent	3100 L	
300 valent	4650 L	
400 valent	6200 L	
500 valent	7750 L	
600 valent	9300 L	
700 valent	10850 L	
800 valent	12400 L	
900 valent	13950 L	
1000 valent	15500 L	
2000 valent	31000 L	
3000 valent	46500 L	
4000 valent	62000 L	
5000 valent	77500 L	
6000 valent	93000 L	
7000 valent	108500 L	
8000 valent	124000 L	
9000 valent	139500 L	
10000 valent	155000 L	
20000 valent	310000 L	
30000 valent	465000 L	

Les 3 quarts	11 L	12 ſ	6 d
le demi	7 L	15 ſ	
le quart	3 L	17 ſ	6 d
le huitiéme	1 L	18 ſ	9 d
Les 2 tiers	10 L	6 ſ	8 d
le tiers	5 L	3 ſ	4 d
le ſixiéme	2 L	11 ſ	8 d
le douziéme	1 L	5 ſ	10 d

A 15 L 10 ſ par Jour, pour 1 An revient à 5657 L 10 ſ

2 valent	31 L 10 ſ		39 valent	614 L 5 ſ	
3 valent	47 L 5 ſ		40 valent	630 L	
4 valent	63 L		50 valent	787 L 10 ſ	
5 valent	78 L 15 ſ		60 valent	945 L	
6 valent	94 L 10 ſ		70 valent	1102 L 10 ſ	
7 valent	110 L 5 ſ		80 valent	1260 L	
8 valent	126 L		90 valent	1417 L 10 ſ	
9 valent	141 L 15 ſ		100 valent	1575 L	
10 valent	157 L 10 ſ		200 valent	3150 L	
11 valent	173 L 5 ſ		300 valent	4725 L	
12 valent	189 L		400 valent	6300 L	
13 valent	204 L 15 ſ		500 valent	7875 L	
14 valent	220 L 10 ſ		600 valent	9450 L	
15 valent	236 L 5 ſ		700 valent	11025 L	
16 valent	252 L		800 valent	12600 L	
17 valent	267 L 15 ſ		900 valent	14175 L	
18 valent	283 L 10 ſ		1000 valent	15750 L	
19 valent	299 L 5 ſ		2000 valent	31500 L	
20 valent	315 L		3000 valent	47250 L	
21 valent	330 L 15 ſ		4000 valent	63000 L	
22 valent	346 L 10 ſ		5000 valent	78750 L	
23 valent	362 L 5 ſ		6000 valent	94500 L	
24 valent	378 L		7000 valent	110250 L	
25 valent	393 L 15 ſ		8000 valent	126000 L	
26 valent	409 L 10 ſ		9000 valent	141750 L	
27 valent	425 L 5 ſ		10000 valent	157500 L	
28 valent	441 L		20000 valent	315000 L	
29 valent	456 L 15 ſ		30000 valent	472500 L	
30 valent	472 L 10 ſ				
31 valent	488 L 5 ſ		Les 3 quarts	11 L 16 ſ 3 d	
32 valent	504 L		le demi	7 L 17 ſ 6 d	
33 valent	519 L 15 ſ		le quart	3 L 18 ſ 9 d	
34 valent	535 L 10 ſ		le huitiéme	1 L 19 ſ 4 d	
35 valent	551 L 5 ſ		Les 2 tiers	10 L 10 ſ	
36 valent	567 L		le tiers	5 L 5 ſ	
37 valent	582 L 15 ſ		le ſixiéme	2 L 12 ſ 6 d	
38 valent	598 L 10 ſ		le douziéme	1 L 6 ſ 3 d	

A 15 L 15 ſ par Jour, pour 1 An revient à 5748 L 15 ſ

2	valent	32 L	39	valent	624 L
3	valent	48 L	40	valent	640 L
4	valent	64 L	50	valent	800 L
5	valent	80 L	60	valent	960 L
6	valent	96 L	70	valent	1120 L
7	valent	112 L	80	valent	1280 L
8	valent	128 L	90	valent	1440 L
9	valent	144 L	100	valent	1600 L
10	valent	160 L	200	valent	3200 L
11	valent	176 L	300	valent	4800 L
12	valent	192 L	400	valent	6400 L
13	valent	208 L	500	valent	8000 L
14	valent	224 L	600	valent	9600 L
15	valent	240 L	700	valent	11200 L
16	valent	256 L	800	valent	12800 L
17	valent	272 L	900	valent	14400 L
18	valent	288 L	1000	valent	16000 L
19	valent	304 L	2000	valent	32000 L
20	valent	320 L	3000	valent	48000 L
21	valent	336 L	4000	valent	64000 L
22	valent	352 L	5000	valent	80000 L
23	valent	368 L	6000	valent	96000 L
24	valent	384 L	7000	valent	112000 L
25	valent	400 L	8000	valent	128000 L
26	valent	416 L	9000	valent	144000 L
27	valent	432 L	10000	valent	160000 L
28	valent	448 L	20000	valent	320000 L
29	valent	464 L	30000	valent	480000 L
30	valent	480 L			
31	valent	496 L	Les 3 quarts		12 L
32	valent	512 L	le demi		8 L
33	valent	528 L	le quart		4 L
34	valent	544 L	le huitiéme		2 L
35	valent	560 L	Les 2 tiers		10 L 13 ſ 4 d
36	valent	576 L	le tiers		5 L 6 ſ 8 d
37	valent	592 L	le ſixiéme		2 L 13 ſ 4 d
38	valent	608 L	le douziéme		1 L 6 ſ 8 d

A 16 L par Jour, pour 1 An revient à 5840 L

2 valent	32 L	10 ſ	
3 valent	48 L	15 ſ	
4 valent	65 L		
5 valent	81 L	5 ſ	
6 valent	97 L	10 ſ	
7 valent	113 L	15 ſ	
8 valent	130 L		
9 valent	146 L	5 ſ	
10 valent	162 L	10 ſ	
11 valent	178 L	15 ſ	
12 valent	195 L		
13 valent	211 L	5 ſ	
14 valent	227 L	10 ſ	
15 valent	243 L	15 ſ	
16 valent	260 L		
17 valent	276 L	5 ſ	
18 valent	292 L	10 ſ	
19 valent	308 L	15 ſ	
20 valent	325 L		
21 valent	341 L	5 ſ	
22 valent	357 L	10 ſ	
23 valent	373 L	15 ſ	
24 valent	390 L		
25 valent	406 L	5 ſ	
26 valent	422 L	10 ſ	
27 valent	438 L	15 ſ	
28 valent	455 L		
29 valent	471 L	5 ſ	
30 valent	487 L	10 ſ	
31 valent	503 L	15 ſ	
32 valent	520 L		
33 valent	536 L	5 ſ	
34 valent	552 L	10 ſ	
35 valent	568 L	15 ſ	
36 valent	585 L		
37 valent	601 L	5 ſ	
38 valent	617 L	10 ſ	
39 valent	633 L	15 ſ	
40 valent	650 L		
50 valent	812 L	10 ſ	
60 valent	975 L		
70 valent	1137 L	10 ſ	
80 valent	1300 L		
90 valent	1462 L	10 ſ	
100 valent	1625 L		
200 valent	3250 L		
300 valent	4875 L		
400 valent	6500 L		
500 valent	8125 L		
600 valent	9750 L		
700 valent	11375 L		
800 valent	13000 L		
900 valent	14625 L		
1000 valent	16250 L		
2000 valent	32500 L		
3000 valent	48750 L		
4000 valent	65000 L		
5000 valent	81250 L		
6000 valent	97500 L		
7000 valent	113750 L		
8000 valent	130000 L		
9000 valent	146250 L		
10000 valent	162500 L		
20000 valent	325000 L		
30000 valent	487500 L		

Les 3 quarts	12 L	3 ſ	9 d
le demi	8 L	2 ſ	6 d
le quart	4 L	1 ſ	3 d
le huitiéme	2 L		7 d
Les 2 tiers	10 L	16 ſ	8 d
le tiers	5 L	8 ſ	4 d
le ſixiéme	2 L	14 ſ	2 d
le douziéme	1 L	7 ſ	1 d

A 16 L 5 ſ par Jour, pour 1 An revient à 5931 L 5 ſ

A 16 Livres 10 Sols la chose.

2 valent	33 L	
3 valent	49 L	10 ſ
4 valent	66 L	
5 valent	82 L	10 ſ
6 valent	99 L	
7 valent	115 L	10 ſ
8 valent	132 L	
9 valent	148 L	10 ſ
10 valent	165 L	
11 valent	181 L	10 ſ
12 valent	198 L	
13 valent	214 L	10 ſ
14 valent	231 L	
15 valent	247 L	10 ſ
16 valent	264 L	
17 valent	280 L	10 ſ
18 valent	297 L	
19 valent	313 L	10 ſ
20 valent	330 L	
21 valent	346 L	10 ſ
22 valent	363 L	
23 valent	379 L	10 ſ
24 valent	396 L	
25 valent	412 L	10 ſ
26 valent	429 L	
27 valent	445 L	10 ſ
28 valent	462 L	
29 valent	478 L	10 ſ
30 valent	495 L	
31 valent	511 L	10 ſ
32 valent	528 L	
33 valent	544 L	10 ſ
34 valent	561 L	
35 valent	577 L	10 ſ
36 valent	594 L	
37 valent	610 L	10 ſ
38 valent	627 L	
39 valent	643 L	10 ſ
40 valent	660 L	
50 valent	825 L	
60 valent	990 L	
70 valent	1155 L	
80 valent	1320 L	
90 valent	1485 L	
100 valent	1650 L	
200 valent	3300 L	
300 valent	4950 L	
400 valent	6600 L	
500 valent	8250 L	
600 valent	9900 L	
700 valent	11550 L	
800 valent	13200 L	
900 valent	14850 L	
1000 valent	16500 L	
2000 valent	33000 L	
3000 valent	49500 L	
4000 valent	66000 L	
5000 valent	82500 L	
6000 valent	99000 L	
7000 valent	115500 L	
8000 valent	132000 L	
9000 valent	148500 L	
10000 valent	165000 L	
20000 valent	330000 L	
30000 valent	495000 L	

Les 3 quarts	12 L	7 ſ	6 d
le demi	8 L	5 ſ	
le quart	4 L	2 ſ	6 d
le huitiéme	2 L	1 ſ	3 d
Les 2 tiers	11 L		
le tiers	5 L	10 ſ	
le ſixiéme	2 L	15 ſ	
le douziéme	1 L	7 ſ	6 d

A 16 L 10 ſ par Jour, pour 1 An revient à 6022 L 10 ſ

A 16 Livres 15 Sols la chose.

2 valent	33 L	10 ſ	
3 valent	50 L	5 ſ	
4 valent	67 L		
5 valent	83 L	15 ſ	
6 valent	100 L	10 ſ	
7 valent	117 L	5 ſ	
8 valent	134 L		
9 valent	150 L	15 ſ	
10 valent	167 L	10 ſ	
11 valent	184 L	5 ſ	
12 valent	201 L		
13 valent	217 L	15 ſ	
14 valent	234 L	10 ſ	
15 valent	251 L	5 ſ	
16 valent	268 L		
17 valent	284 L	15 ſ	
18 valent	301 L	10 ſ	
19 valent	318 L	5 ſ	
20 valent	335 L		
21 valent	351 L	15 ſ	
22 valent	368 L	10 ſ	
23 valent	385 L	5 ſ	
24 valent	402 L		
25 valent	418 L	15 ſ	
26 valent	435 L	10 ſ	
27 valent	452 L	5 ſ	
28 valent	469 L		
29 valent	485 L	15 ſ	
30 valent	502 L	10 ſ	
31 valent	519 L	5 ſ	
32 valent	536 L		
33 valent	552 L	15 ſ	
34 valent	569 L	10 ſ	
35 valent	586 L	5 ſ	
36 valent	603 L		
37 valent	619 L	15 ſ	
38 valent	636 L	10 ſ	
39 valent	653 L	5 ſ	
40 valent	670 L		
50 valent	837 L	10 ſ	
60 valent	1005 L		
70 valent	1172 L	10 ſ	
80 valent	1340 L		
90 valent	1507 L	10 ſ	
100 valent	1675 L		
200 valent	3350 L		
300 valent	5025 L		
400 valent	6700 L		
500 valent	8375 L		
600 valent	10050 L		
700 valent	11725 L		
800 valent	13400 L		
900 valent	15075 L		
1000 valent	16750 L		
2000 valent	33500 L		
3000 valent	50250 L		
4000 valent	67000 L		
5000 valent	83750 L		
6000 valent	100500 L		
7000 valent	117250 L		
8000 valent	134000 L		
9000 valent	150750 L		
10000 valent	167500 L		
20000 valent	335000 L		
30000 valent	502500 L		

Les 3 quarts	12 L	11 ſ	3 d
le demi	8 L	7 ſ	6 d
le quart	4 L	3 ſ	9 d
le huitiéme	2 L	1 ſ	10 d
Les 2 tiers	11 L	3 ſ	4 d
le tiers	5 L	11 ſ	8 d
le ſixiéme	2 L	15 ſ	10 d
le douziéme	1 L	7 ſ	11 d

A 16 L 15 ſ par Jour, pour 1 An revient à 6113 L 15 ſ

A 17 Livres la choſe.

2	valent	34 L
3	valent	51 L
4	valent	68 L
5	valent	85 L
6	valent	102 L
7	valent	119 L
8	valent	136 L
9	valent	153 L
10	valent	170 L
11	valent	187 L
12	valent	204 L
13	valent	221 L
14	valent	238 L
15	valent	255 L
16	valent	272 L
17	valent	289 L
18	valent	306 L
19	valent	323 L
20	valent	340 L
21	valent	357 L
22	valent	374 L
23	valent	391 L
24	valent	408 L
25	valent	425 L
26	valent	442 L
27	valent	459 L
28	valent	476 L
29	valent	493 L
30	valent	510 L
31	valent	527 L
32	valent	544 L
33	valent	561 L
34	valent	578 L
35	valent	595 L
36	valent	612 L
37	valent	629 L
38	valent	646 L
39	valent	663 L
40	valent	680 L
50	valent	850 L
60	valent	1020 L
70	valent	1190 L
80	valent	1360 L
90	valent	1530 L
100	valent	1700 L
200	valent	3400 L
300	valent	5100 L
400	valent	6800 L
500	valent	8500 L
600	valent	10200 L
700	valent	11900 L
800	valent	13600 L
900	valent	15300 L
1000	valent	17000 L
2000	valent	34000 L
3000	valent	51000 L
4000	valent	68000 L
5000	valent	85000 L
6000	valent	102000 L
7000	valent	119000 L
8000	valent	136000 L
9000	valent	153000 L
10000	valent	170000 L
20000	valent	340000 L
30000	valent	510000 L

Les 3 quarts	12 L 15 ſ
le demi	8 L 10 ſ
le quart	4 L 5 ſ
le huitiéme	2 L 2 ſ 6 d
Les 2 tiers	11 L 6 ſ 8 d
le tiers	5 L 13 ſ 4 d
le ſixiéme	2 L 16 ſ 8 d
le douziéme	1 L 8 ſ 4 d

A 17 L par Jour, pour 1 An revient à 6205 L

A 17 Livres 5 Sols la choſe.

2 valent	34 L 10 ſ
3 valent	51 L 15 ſ
4 valent	69 L
5 valent	86 L 5 ſ
6 valent	103 L 10 ſ
7 valent	120 L 15 ſ
8 valent	138 L
9 valent	155 L 5 ſ
10 valent	172 L 10 ſ
11 valent	189 L 15 ſ
12 valent	207 L
13 valent	224 L 5 ſ
14 valent	241 L 10 ſ
15 valent	258 L 15 ſ
16 valent	276 L
17 valent	293 L 5 ſ
18 valent	310 L 10 ſ
19 valent	327 L 15 ſ
20 valent	345 L
21 valent	362 L 5 ſ
22 valent	379 L 10 ſ
23 valent	396 L 15 ſ
24 valent	414 L
25 valent	431 L 5 ſ
26 valent	448 L 10 ſ
27 valent	465 L 15 ſ
28 valent	483 L
29 valent	500 L 5 ſ
30 valent	517 L 10 ſ
31 valent	534 L 15 ſ
32 valent	552 L
33 valent	569 L 5 ſ
34 valent	586 L 10 ſ
35 valent	603 L 15 ſ
36 valent	621 L
37 valent	638 L 5 ſ
38 valent	655 L 10 ſ
39 valent	672 L 15 ſ
40 valent	690 L
50 valent	862 L 10 ſ
60 valent	1035 L
70 valent	1207 L 10 ſ
80 valent	1380 L
90 valent	1552 L 10 ſ
100 valent	1725 L
200 valent	3450 L
300 valent	5175 L
400 valent	6900 L
500 valent	8625 L
600 valent	10350 L
700 valent	12075 L
800 valent	13800 L
900 valent	15525 L
1000 valent	17250 L
2000 valent	34500 L
3000 valent	51750 L
4000 valent	69000 L
5000 valent	86250 L
6000 valent	103500 L
7000 valent	120750 L
8000 valent	138000 L
9000 valent	155250 L
10000 valent	172500 L
20000 valent	345000 L
30000 valent	517500 L

Les 3 quarts	12 L 18 ſ 9 d
le demi	8 L 12 ſ 6 d
le quart	4 L 6 ſ 3 d
le huitiéme	2 L 3 ſ 1 d
Les 2 tiers	11 L 10 ſ
le tiers	5 L 15 ſ
le ſixiéme	2 L 17 ſ 6 d
le douziéme	1 L 8 ſ 0 d

A 17 L 5 ſ par Jour, pour 1 An revient à 6296 L 5 ſ

A 17 Livres 10 Sols la chose.

2 valent 35 L	39 valent 682 L 10 ſ
3 valent 52 L 10 ſ	40 valent 700 L
4 valent 70 L	50 valent 875 L
5 valent 87 L 10 ſ	60 valent 1050 L
6 valent 105 L	70 valent 1225 L
7 valent 122 L 10 ſ	80 valent 1400 L
8 valent 140 L	90 valent 1575 L
9 valent 157 L 10 ſ	100 valent 1750 L
10 valent 175 L	200 valent 3500 L
11 valent 192 L 10 ſ	300 valent 5250 L
12 valent 210 L	400 valent 7000 L
13 valent 227 L 10 ſ	500 valent 8750 L
14 valent 245 L	600 valent 10500 L
15 valent 262 L 10 ſ	700 valent 12250 L
16 valent 280 L	800 valent 14000 L
17 valent 297 L 10 ſ	900 valent 15750 L
18 valent 315 L	1000 valent 17500 L
19 valent 332 L 10 ſ	2000 valent 35000 L
20 valent 350 L	3000 valent 52500 L
21 valent 367 L 10 ſ	4000 valent 70000 L
22 valent 385 L	5000 valent 87500 L
23 valent 402 L 10 ſ	6000 valent 105000 L
24 valent 420 L	7000 valent 122500 L
25 valent 437 L 10 ſ	8000 valent 140000 L
26 valent 455 L	9000 valent 157500 L
27 valent 472 L 10 ſ	10000 valent 175000 L
28 valent 490 L	20000 valent 350000 L
29 valent 507 L 10 ſ	30000 valent 525000 L
30 valent 525 L	
31 valent 542 L 10 ſ	Les 3 quarts 13 L 2 ſ 6 d
32 valent 560 L	le demi 8 L 15 ſ
33 valent 577 L 10 ſ	le quart 4 L 7 ſ 6 d
34 valent 595 L	le huitiéme 2 L 3 ſ 9 d
35 valent 612 L 10 ſ	Les 2 tiers 11 L 13 ſ 4 d
36 valent 630 L	le tiers 5 L 16 ſ 8 d
37 valent 647 L 10 ſ	le ſixiéme 2 L 18 ſ 4 d
38 valent 665 L	le douziéme 1 L 9 ſ 2 d

A 17 L 10 ſ par Jour, pour 1 An revient à 6387 L 10 ſ.

2 valent	35 L	10 ſ
3 valent	53 L	5 ſ
4 valent	71 L	
5 valent	88 L	15 ſ
6 valent	106 L	10 ſ
7 valent	124 L	5 ſ
8 valent	142 L	
9 valent	159 L	15 ſ
10 valent	177 L	10 ſ
11 valent	195 L	5 ſ
12 valent	213 L	
13 valent	230 L	15 ſ
14 valent	248 L	10 ſ
15 valent	266 L	5 ſ
16 valent	284 L	
17 valent	301 L	15 ſ
18 valent	319 L	10 ſ
19 valent	337 L	5 ſ
20 valent	355 L	
21 valent	372 L	15 ſ
22 valent	390 L	10 ſ
23 valent	408 L	5 ſ
24 valent	426 L	
25 valent	443 L	15 ſ
26 valent	461 L	10 ſ
27 valent	479 L	5 ſ
28 valent	497 L	
29 valent	514 L	15 ſ
30 valent	532 L	10 ſ
31 valent	550 L	5 ſ
32 valent	568 L	
33 valent	585 L	15 ſ
34 valent	603 L	10 ſ
35 valent	621 L	5 ſ
36 valent	639 L	
37 valent	656 L	15 ſ
38 valent	674 L	10 ſ

39 valent	692 L	5 ſ
40 valent	710 L	
50 valent	887 L	10 ſ
60 valent	1065 L	
70 valent	1242 L	10 ſ
80 valent	1420 L	
90 valent	1597 L	10 ſ
100 valent	1775 L	
200 valent	3550 L	
300 valent	5325 L	
400 valent	7100 L	
500 valent	8875 L	
600 valent	10650 L	
700 valent	12425 L	
800 valent	14200 L	
900 valent	15975 L	
1000 valent	17750 L	
2000 valent	35500 L	
3000 valent	53250 L	
4000 valent	71000 L	
5000 valent	88750 L	
6000 valent	106500 L	
7000 valent	124250 L	
8000 valent	142000 L	
9000 valent	159750 L	
10000 valent	177500 L	
20000 valent	355000 L	
30000 valent	532500 L	

Les 3 quarts	13 L	6 ſ	3 d
le demi	8 L	17 ſ	6 d
le quart	4 L	8 ſ	9 d
le huitiéme	2 L	4 ſ	4 d
Les 2 tiers	11 L	16 ſ	8 d
le tiers	5 L	18 ſ	4 d
le ſixiéme	2 L	19 ſ	2 d
le douziéme	1 L	9 ſ	7 d

A 17 L 15 ſ par Jour, pour 1 An revient à 6478 L 15 ſ

A 18 Livres la chose.

2	valent	36 L
3	valent	54 L
4	valent	72 L
5	valent	90 L
6	valent	108 L
7	valent	126 L
8	valent	144 L
9	valent	162 L
10	valent	180 L
11	valent	198 L
12	valent	216 L
13	valent	234 L
14	valent	252 L
15	valent	270 L
16	valent	288 L
17	valent	306 L
18	valent	324 L
19	valent	342 L
20	valent	360 L
21	valent	378 L
22	valent	396 L
23	valent	414 L
24	valent	432 L
25	valent	450 L
26	valent	468 L
27	valent	486 L
28	valent	504 L
29	valent	522 L
30	valent	540 L
31	valent	558 L
32	valent	576 L
33	valent	594 L
34	valent	612 L
35	valent	630 L
36	valent	648 L
37	valent	666 L
38	valent	684 L
39	valent	702 L
40	valent	720 L
50	valent	900 L
60	valent	1080 L
70	valent	1260 L
80	valent	1440 L
90	valent	1620 L
100	valent	1800 L
200	valent	3600 L
300	valent	5400 L
400	valent	7200 L
500	valent	9000 L
600	valent	10800 L
700	valent	12600 L
800	valent	14400 L
900	valent	16200 L
1000	valent	18000 L
2000	valent	36000 L
3000	valent	54000 L
4000	valent	72000 L
5000	valent	90000 L
6000	valent	108000 L
7000	valent	126000 L
8000	valent	144000 L
9000	valent	162000 L
10000	valent	180000 L
20000	valent	360000 L
30000	valent	540000 L

Les 3 quarts	13 L	10 ſ
le demi	9 L	
le quart	4 L	10 ſ
le huitiéme	2 L	5 ſ
Les 2 tiers	12 L	
le tiers	6 L	
le ſixiéme	3 L	
le douziéme	1 L	10 ſ

A 18 L par Jour, pour 1 An revient à 6570 L

A 18 Livres 5 Sols la chose.

2 valent	36 L	10 ſ	
3 valent	54 L	15 ſ	
4 valent	73 L		
5 valent	91 L	5 ſ	
6 valent	109 L	10 ſ	
7 valent	127 L	15 ſ	
8 valent	146 L		
9 valent	164 L	5 ſ	
10 valent	182 L	10 ſ	
11 valent	200 L	15 ſ	
12 valent	219 L		
13 valent	237 L	5 ſ	
14 valent	255 L	10 ſ	
15 valent	273 L	15 ſ	
16 valent	292 L		
17 valent	310 L	5 ſ	
18 valent	328 L	10 ſ	
19 valent	346 L	15 ſ	
20 valent	365 L		
21 valent	383 L	5 ſ	
22 valent	401 L	10 ſ	
23 valent	419 L	15 ſ	
24 valent	438 L		
25 valent	456 L	5 ſ	
26 valent	474 L	10 ſ	
27 valent	492 L	15 ſ	
28 valent	511 L		
29 valent	529 L	5 ſ	
30 valent	547 L	10 ſ	
31 valent	565 L	15 ſ	
32 valent	584 L		
33 valent	602 L	5 ſ	
34 valent	620 L	10 ſ	
35 valent	638 L	15 ſ	
36 valent	657 L		
37 valent	675 L	5 ſ	
38 valent	693 L	10 ſ	
39 valent	711 L	15 ſ	
40 valent	730 L		
50 valent	912 L	10 ſ	
60 valent	1095 L		
70 valent	1277 L	10 ſ	
80 valent	1460 L		
90 valent	1642 L	10 ſ	
100 valent	1825 L		
200 valent	3650 L		
300 valent	5475 L		
400 valent	7300 L		
500 valent	9125 L		
600 valent	10950 L		
700 valent	12775 L		
800 valent	14600 L		
900 valent	16425 L		
1000 valent	18250 L		
2000 valent	36500 L		
3000 valent	54750 L		
4000 valent	73000 L		
5000 valent	91250 L		
6000 valent	109500 L		
7000 valent	127750 L		
8000 valent	146000 L		
9000 valent	164250 L		
10000 valent	182500 L		
20000 valent	365000 L		
30000 valent	547500 L		

Les 3 quarts	13 L	13 ſ	9 d
le demi	9 L	2 ſ	6 d
le quart	4 L	11 ſ	3 d
le huitiéme	2 L	5 ſ	7 d
Les 2 tiers	12 L	3 ſ	4 d
le tiers	6 L	1 ſ	8 d
le ſixiéme	3 L		10 d
le douziéme	1 L	10 ſ	5 d

A 18 L 5 ſ par Jour, pour 1 An revient à 6661 L 5 ſ.

A 18 Livres 10 Sols la chose.

2	valent	37 L
3	valent	55 L 10 ſ
4	valent	74 L
5	valent	92 L 10 ſ
6	valent	111 L
7	valent	129 L 10 ſ
8	valent	148 L
9	valent	166 L 10 ſ
10	valent	185 L
11	valent	203 L 10 ſ
12	valent	222 L
13	valent	240 L 10 ſ
14	valent	259 L
15	valent	277 L 10 ſ
16	valent	296 L
17	valent	314 L 10 ſ
18	valent	333 L
19	valent	351 L 10 ſ
20	valent	370 L
21	valent	388 L 10 ſ
22	valent	407 L
23	valent	425 L 10 ſ
24	valent	444 L
25	valent	462 L 10 ſ
26	valent	481 L
27	valent	499 L 10 ſ
28	valent	518 L
29	valent	536 L 10 ſ
30	valent	555 L
31	valent	573 L 10 ſ
32	valent	592 L
33	valent	610 L 10 ſ
34	valent	629 L
35	valent	647 L 10 ſ
36	valent	666 L
37	valent	684 L 10 ſ
38	valent	703 L
39	valent	721 L 10 ſ
40	valent	740 L
50	valent	925 L
60	valent	1110 L
70	valent	1295 L
80	valent	1480 L
90	valent	1665 L
100	valent	1850 L
200	valent	3700 L
300	valent	5550 L
400	valent	7400 L
500	valent	9250 L
600	valent	11100 L
700	valent	12950 L
800	valent	14800 L
900	valent	16650 L
1000	valent	18500 L
2000	valent	37000 L
3000	valent	55500 L
4000	valent	74000 L
5000	valent	92500 L
6000	valent	111000 L
7000	valent	129500 L
8000	valent	148000 L
9000	valent	166500 L
10000	valent	185000 L
20000	valent	370000 L
30000	valent	555000 L

Les 3 quarts	13 L	17 ſ	6 d
le demi	9 L	5 ſ	
le quart	4 L	12 ſ	6 d
le huitiéme	2 L	6 ſ	3 d
Les 2 tiers	12 L	6 ſ	8 d
le tiers	6 L	3 ſ	4 d
le ſixiéme	3 L	1 ſ	8 d
le douziéme	1 L	10 ſ	10 d

A 18 L 10 ſ par Jour, pour 1 An revient à 6752 L 10 ſ.

A 18 Livres 15 Sols la chose.

2 valent	37 L 10 ſ	
3 valent	56 L 5 ſ	
4 valent	75 L	
5 valent	93 L 15 ſ	
6 valent	112 L 10 ſ	
7 valent	131 L 5 ſ	
8 valent	150 L	
9 valent	168 L 15 ſ	
10 valent	187 L 10 ſ	
11 valent	206 L 5 ſ	
12 valent	225 L	
13 valent	243 L 15 ſ	
14 valent	262 L 10 ſ	
15 valent	281 L 5 ſ	
16 valent	300 L	
17 valent	318 L 15 ſ	
18 valent	337 L 10 ſ	
19 valent	356 L 5 ſ	
20 valent	375 L	
21 valent	393 L 15 ſ	
22 valent	412 L 10 ſ	
23 valent	431 L 5 ſ	
24 valent	450 L	
25 valent	468 L 15 ſ	
26 valent	487 L 10 ſ	
27 valent	506 L 5 ſ	
28 valent	525 L	
29 valent	543 L 15 ſ	
30 valent	562 L 10 ſ	
31 valent	581 L 5 ſ	
32 valent	600 L	
33 valent	618 L 15 ſ	
34 valent	637 L 10 ſ	
35 valent	656 L 5 ſ	
36 valent	675 L	
37 valent	693 L 15 ſ	
38 valent	712 L 10 ſ	
39 valent	731 L 5 ſ	
40 valent	750 L	
50 valent	937 L 10 ſ	
60 valent	1125 L	
70 valent	1312 L 10 ſ	
80 valent	1500 L	
90 valent	1687 L 10 ſ	
100 valent	1875 L	
200 valent	3750 L	
300 valent	5625 L	
400 valent	7500 L	
500 valent	9375 L	
600 valent	11250 L	
700 valent	13125 L	
800 valent	15000 L	
900 valent	16875 L	
1000 valent	18750 L	
2000 valent	37500 L	
3000 valent	56250 L	
4000 valent	75000 L	
5000 valent	93750 L	
6000 valent	112500 L	
7000 valent	131250 L	
8000 valent	150000 L	
9000 valent	168750 L	
10000 valent	187500 L	
20000 valent	375000 L	
30000 valent	562500 L	
Les 3 quarts	14 L 1 ſ	3 d
le demi	9 L 7 ſ	6 d
le quart	4 L 13 ſ	9 d
le huitiéme	2 L 6 ſ	10 d
Les 2 tiers	12 L 10 ſ	
le tiers	6 L 5 ſ	
le ſixiéme	3 L 2 ſ	6 d
le douziéme	1 L 11 ſ	3 d

A 18 L 15 ſ par Jour, pour 1 An revient à 6843 L 15 ſ

2	valent	38 L	39	valent	741 L
3	valent	57 L	40	valent	760 L
4	valent	76 L	50	valent	950 L
5	valent	95 L	60	valent	1140 L
6	valent	114 L	70	valent	1330 L
7	valent	133 L	80	valent	1520 L
8	valent	152 L	90	valent	1710 L
9	valent	171 L	100	valent	1900 L
10	valent	190 L	200	valent	3800 L
11	valent	209 L	300	valent	5700 L
12	valent	228 L	400	valent	7600 L
13	valent	247 L	500	valent	9500 L
14	valent	266 L	600	valent	11400 L
15	valent	285 L	700	valent	13300 L
16	valent	304 L	800	valent	15200 L
17	valent	323 L	900	valent	17100 L
18	valent	342 L	1000	valent	19000 L
19	valent	361 L	2000	valent	38000 L
20	valent	380 L	3000	valent	57000 L
21	valent	399 L	4000	valent	76000 L
22	valent	418 L	5000	valent	95000 L
23	valent	437 L	6000	valent	114000 L
24	valent	456 L	7000	valent	133000 L
25	valent	475 L	8000	valent	152000 L
26	valent	494 L	9000	valent	171000 L
27	valent	513 L	10000	valent	190000 L
28	valent	532 L	20000	valent	380000 L
29	valent	551 L	30000	valent	570000 L
30	valent	570 L			
31	valent	589 L	Les 3 quarts		14 L 5 ſ
32	valent	608 L	le demi		9 L 10 ſ
33	valent	627 L	le quart		4 L 15 ſ
34	valent	646 L	le huitiéme		2 L 7 ſ 6 d
35	valent	665 L	Les 2 tiers		12 L 13 ſ 4 d
36	valent	684 L	le tiers		6 L 6 ſ 8 d
37	valent	703 L	le ſixiéme		3 L 3 ſ 4 d
38	valent	722 L	le douziéme		1 L 11 ſ 8 d

A 19 L par Jour, pour 1 An revient à 6935 L

A 19 Livres 5 Sols la chose.

2 valent	38 L	10 ſ	
3 valent	57 L	15 ſ	
4 valent	77 L		
5 valent	96 L	5 ſ	
6 valent	115 L	10 ſ	
7 valent	134 L	15 ſ	
8 valent	154 L		
9 valent	173 L	5 ſ	
10 valent	192 L	10 ſ	
11 valent	211 L	15 ſ	
12 valent	231 L		
13 valent	250 L	5 ſ	
14 valent	269 L	10 ſ	
15 valent	288 L	15 ſ	
16 valent	308 L		
17 valent	327 L	5 ſ	
18 valent	346 L	10 ſ	
19 valent	365 L	15 ſ	
20 valent	385 L		
21 valent	404 L	5 ſ	
22 valent	423 L	10 ſ	
23 valent	442 L	15 ſ	
24 valent	462 L		
25 valent	481 L	5 ſ	
26 valent	500 L	10 ſ	
27 valent	519 L	15 ſ	
28 valent	539 L		
29 valent	558 L	5 ſ	
30 valent	577 L	10 ſ	
31 valent	596 L	15 ſ	
32 valent	616 L		
33 valent	635 L	5 ſ	
34 valent	654 L	10 ſ	
35 valent	673 L	15 ſ	
36 valent	693 L		
37 valent	712 L	5 ſ	
38 valent	731 L	10 ſ	
39 valent	750 L	15 ſ	
40 valent	770 L		
50 valent	962 L	10 ſ	
60 valent	1155 L		
70 valent	1347 L	10 ſ	
80 valent	1540 L		
90 valent	1732 L	10 ſ	
100 valent	1925 L		
200 valent	3850 L		
300 valent	5775 L		
400 valent	7700 L		
500 valent	9625 L		
600 valent	11550 L		
700 valent	13475 L		
800 valent	15400 L		
900 valent	17325 L		
1000 valent	19250 L		
2000 valent	38500 L		
3000 valent	57750 L		
4000 valent	77000 L		
5000 valent	96250 L		
6000 valent	115500 L		
7000 valent	134750 L		
8000 valent	154000 L		
9000 valent	173250 L		
10000 valent	192500 L		
20000 valent	385000 L		
30000 valent	577500 L		

Les 3 quarts	14 L	8 ſ	9 d
le demi	9 L	12 ſ	6 d
le quart	4 L	16 ſ	3 d
le huitiéme	2 L	8 ſ	1 d
Les 2 tiers	12 L	16 ſ	8 d
le tiers	6 L	8 ſ	4 d
le ſixiéme	3 L	4 ſ	2 d
le douziéme	1 L	12 ſ	1 d

A 19 L 5 ſ par Jour, pour 1 An revient à 7026 L 5 ſ

A 19 Livres 10 Sols la choſe.

2 valent	39 L
3 valent	58 L 10 ſ
4 valent	78 L
5 valent	97 L 10 ſ
6 valent	117 L
7 valent	136 L 10 ſ
8 valent	156 L
9 valent	175 L 10 ſ
10 valent	195 L
11 valent	214 L 10 ſ
12 valent	234 L
13 valent	253 L 10 ſ
14 valent	273 L
15 valent	292 L 10 ſ
16 valent	312 L
17 valent	331 L 10 ſ
18 valent	351 L
19 valent	370 L 10 ſ
20 valent	390 L
21 valent	409 L 10 ſ
22 valent	429 L
23 valent	448 L 10 ſ
24 valent	468 L
25 valent	487 L 10 ſ
26 valent	507 L
27 valent	526 L 10 ſ
28 valent	546 L
29 valent	565 L 10 ſ
30 valent	585 L
31 valent	604 L 10 ſ
32 valent	624 L
33 valent	643 L 10 ſ
34 valent	663 L
35 valent	682 L 10 ſ
36 valent	702 L
37 valent	721 L 10 ſ
38 valent	741 L

39 valent	760 L 10 ſ
40 valent	780 L
50 valent	975 L
60 valent	1170 L
70 valent	1365 L
80 valent	1560 L
90 valent	1755 L
100 valent	1950 L
200 valent	3900 L
300 valent	5850 L
400 valent	7800 L
500 valent	9750 L
600 valent	11700 L
700 valent	13650 L
800 valent	15600 L
900 valent	17550 L
1000 valent	19500 L
2000 valent	39000 L
3000 valent	58500 L
4000 valent	78000 L
5000 valent	97500 L
6000 valent	117000 L
7000 valent	136500 L
8000 valent	156000 L
9000 valent	175500 L
10000 valent	195000 L
20000 valent	390000 L
30000 valent	585000 L

Les 3 quarts	14 L 12 ſ 6 d
le demi	9 L 15 ſ
le quart	4 L 17 ſ 6 d
le huitiéme	2 L 8 ſ 9 d
Les 2 tiers	13 L
le tiers	6 L 10 ſ
le ſixiéme	3 L 5 ſ
le douziéme	1 L 12 ſ 6 d

A 19 L 10 ſ par Jour, pour 1 An revient à 7117 L 10 ſ

A 19 Livres 15 Sols la choſe.

2 valent	39 L	10 ſ	
3 valent	59 L	5 ſ	
4 valent	79 L		
5 valent	98 L	15 ſ	
6 valent	118 L	10 ſ	
7 valent	138 L	5 ſ	
8 valent	158 L		
9 valent	177 L	15 ſ	
10 valent	197 L	10 ſ	
11 valent	217 L	5 ſ	
12 valent	237 L		
13 valent	256 L	15 ſ	
14 valent	276 L	10 ſ	
15 valent	296 L	5 ſ	
16 valent	316 L		
17 valent	335 L	15 ſ	
18 valent	355 L	10 ſ	
19 valent	375 L	5 ſ	
20 valent	395 L		
21 valent	414 L	15 ſ	
22 valent	434 L	10 ſ	
23 valent	454 L	5 ſ	
24 valent	474 L		
25 valent	493 L	15 ſ	
26 valent	513 L	10 ſ	
27 valent	533 L	5 ſ	
28 valent	553 L		
29 valent	572 L	15 ſ	
30 valent	592 L	10 ſ	
31 valent	612 L	5 ſ	
32 valent	632 L		
33 valent	651 L	15 ſ	
34 valent	671 L	10 ſ	
35 valent	691 L	5 ſ	
36 valent	711 L		
37 valent	730 L	15 ſ	
38 valent	750 L	10 ſ	
39 valent	770 L	5 ſ	
40 valent	790 L		
50 valent	987 L	10 ſ	
60 valent	1185 L		
70 valent	1382 L	10 ſ	
80 valent	1580 L		
90 valent	1777 L	10 ſ	
100 valent	1975 L		
200 valent	3950 L		
300 valent	5925 L		
400 valent	7900 L		
500 valent	9875 L		
600 valent	11850 L		
700 valent	13825 L		
800 valent	15800 L		
900 valent	17775 L		
1000 valent	19750 L		
2000 valent	39500 L		
3000 valent	59250 L		
4000 valent	79000 L		
5000 valent	98750 L		
6000 valent	118500 L		
7000 valent	138250 L		
8000 valent	158000 L		
9000 valent	177750 L		
10000 valent	197500 L		
20000 valent	395000 L		
30000 valent	592500 L		

Les 3 quarts	14 L	16 ſ	3 d
le demi	9 L	17 ſ	6 d
le quart	4 L	18 ſ	9 d
le huitiéme	2 L	9 ſ	4 d
Les 2 tiers	13 L	3 ſ	4 d
le tiers	6 L	11 ſ	8 d
le ſixiéme	3 L	5 ſ	10 d
le douziéme	1 L	12 ſ	11 d

A 19 L 15 ſ par Jour, pour 1 An revient à 7208 L 15 ſ.

2	valent	40 L	39	valent	780 L
3	valent	60 L	40	valent	800 L
4	valent	80 L	50	valent	1000 L
5	valent	100 L	60	valent	1200 L
6	valent	120 L	70	valent	1400 L
7	valent	140 L	80	valent	1600 L
8	valent	160 L	90	valent	1800 L
9	valent	180 L	100	valent	2000 L
10	valent	200 L	200	valent	4000 L
11	valent	220 L	300	valent	6000 L
12	valent	240 L	400	valent	8000 L
13	valent	260 L	500	valent	10000 L
14	valent	280 L	600	valent	12000 L
15	valent	300 L	700	valent	14000 L
16	valent	320 L	800	valent	16000 L
17	valent	340 L	900	valent	18000 L
18	valent	360 L	1000	valent	20000 L
19	valent	380 L	2000	valent	40000 L
20	valent	400 L	3000	valent	60000 L
21	valent	420 L	4000	valent	80000 L
22	valent	440 L	5000	valent	100000 L
23	valent	460 L	6000	valent	120000 L
24	valent	480 L	7000	valent	140000 L
25	valent	500 L	8000	valent	160000 L
26	valent	520 L	9000	valent	180000 L
27	valent	540 L	10000	valent	200000 L
28	valent	560 L	20000	valent	400000 L
29	valent	580 L	30000	valent	600000 L
30	valent	600 L			
31	valent	620 L	Les 3 quarts		15 L
32	valent	640 L	le demi		10 L
33	valent	660 L	le quart		5 L
34	valent	680 L	le huitiéme		2 L 10 ſ
35	valent	700 L	Les 2 tiers		13 L 6 ſ 8 d
36	valent	720 L	le tiers		6 L 13 ſ 4 d
37	valent	740 L	le ſixiéme		3 L 6 ſ 8 d
38	valent	760 L	le douziéme		1 L 13 ſ 4 d

A 20 L par Jour, pour 1 An revient à 7300 L

2 valent	42 L	39 valent	819 L
3 valent	63 L	40 valent	840 L
4 valent	84 L	50 valent	1050 L
5 valent	105 L	60 valent	1260 L
6 valent	126 L	70 valent	1470 L
7 valent	147 L	80 valent	1680 L
8 valent	168 L	90 valent	1890 L
9 valent	189 L	100 valent	2100 L
10 valent	210 L	200 valent	4200 L
11 valent	231 L	300 valent	6300 L
12 valent	252 L	400 valent	8400 L
13 valent	273 L	500 valent	10500 L
14 valent	294 L	600 valent	12600 L
15 valent	315 L	700 valent	14700 L
16 valent	336 L	800 valent	16800 L
17 valent	357 L	900 valent	18900 L
18 valent	378 L	1000 valent	21000 L
19 valent	399 L	2000 valent	42000 L
20 valent	420 L	3000 valent	63000 L
21 valent	441 L	4000 valent	84000 L
22 valent	462 L	5000 valent	105000 L
23 valent	483 L	6000 valent	126000 L
24 valent	504 L	7000 valent	147000 L
25 valent	525 L	8000 valent	168000 L
26 valent	546 L	9000 valent	189000 L
27 valent	567 L	10000 valent	210000 L
28 valent	588 L	20000 valent	420000 L
29 valent	609 L	30000 valent	630000 L
30 valent	630 L		
31 valent	651 L	Les 3 quarts	15 L 15 ſ
32 valent	672 L	le demi	10 L 10 ſ
33 valent	693 L	le quart	5 L 5 ſ
34 valent	714 L	le huitiéme	2 L 12 ſ 6 d
35 valent	735 L	Les 2 tiers	14 L
36 valent	756 L	le tiers	7 L
37 valent	777 L	le ſixiéme	3 L 10 ſ
38 valent	798 L	le douziéme	1 L 15 ſ

A 21 L par Jour, pour 1 An revient à 7665 L.

A 22 Livres la chofe.

2	valent	44 L
3	valent	66 L
4	valent	88 L
5	valent	110 L
6	valent	132 L
7	valent	154 L
8	valent	176 L
9	valent	198 L
10	valent	220 L
11	valent	242 L
12	valent	264 L
13	valent	286 L
14	valent	308 L
15	valent	330 L
16	valent	352 L
17	valent	374 L
18	valent	396 L
19	valent	418 L
20	valent	440 L
21	valent	462 L
22	valent	484 L
23	valent	506 L
24	valent	528 L
25	valent	550 L
26	valent	572 L
27	valent	594 L
28	valent	616 L
29	valent	638 L
30	valent	660 L
31	valent	682 L
32	valent	704 L
33	valent	726 L
34	valent	748 L
35	valent	770 L
36	valent	792 L
37	valent	814 L
38	valent	836 L
39	valent	858 L
40	valent	880 L
50	valent	1100 L
60	valent	1320 L
70	valent	1540 L
80	valent	1760 L
90	valent	1980 L
100	valent	2200 L
200	valent	4400 L
300	valent	6600 L
400	valent	8800 L
500	valent	11000 L
600	valent	13200 L
700	valent	15400 L
800	valent	17600 L
900	valent	19800 L
1000	valent	22000 L
2000	valent	44000 L
3000	valent	66000 L
4000	valent	88000 L
5000	valent	110000 L
6000	valent	132000 L
7000	valent	154000 L
8000	valent	176000 L
9000	valent	198000 L
10000	valent	220000 L
20000	valent	440000 L
30000	valent	660000 L

Les 3 quarts	16 L 10 ſ
le demi	11 L
le quart	5 L 10 ſ
le huitiéme	2 L 15 ſ
Les 2 tiers	14 L 13 ſ 4 d
le tiers	7 L 6 ſ 8 d
le ſixiéme	3 L 13 ſ 4 d
le douziéme	1 L 16 ſ 8 d

A 22 L par Jour, pour 1 An revient à 8030 L.

A 23 Livres la chose.

2	valent	46	L
3	valent	69	L
4	valent	92	L
5	valent	115	L
6	valent	138	L
7	valent	161	L
8	valent	184	L
9	valent	207	L
10	valent	230	L
11	valent	253	L
12	valent	276	L
13	valent	299	L
14	valent	322	L
15	valent	345	L
16	valent	368	L
17	valent	391	L
18	valent	414	L
19	valent	437	L
20	valent	460	L
21	valent	483	L
22	valent	506	L
23	valent	529	L
24	valent	552	L
25	valent	575	L
26	valent	598	L
27	valent	621	L
28	valent	644	L
29	valent	667	L
30	valent	690	L
31	valent	713	L
32	valent	736	L
33	valent	759	L
34	valent	782	L
35	valent	805	L
36	valent	828	L
37	valent	851	L
38	valent	874	L

39	valent	897	L
40	valent	920	L
50	valent	1150	L
60	valent	1380	L
70	valent	1610	L
80	valent	1840	L
90	valent	2070	L
100	valent	2300	L
200	valent	4600	L
300	valent	6900	L
400	valent	9200	L
500	valent	11500	L
600	valent	13800	L
700	valent	16100	L
800	valent	18400	L
900	valent	20700	L
1000	valent	23000	L
2000	valent	46000	L
3000	valent	69000	L
4000	valent	92000	L
5000	valent	115000	L
6000	valent	138000	L
7000	valent	161000	L
8000	valent	184000	L
9000	valent	207000	L
10000	valent	230000	L
20000	valent	460000	L
30000	valent	690000	L

Les 3 quarts	17 L 5 ſ
le demi	11 L 10 ſ
le quart	5 L 15 ſ
le huitiéme	2 L 17 ſ 6 d
Les 2 tiers	15 L 6 ſ 8 d
le tiers	7 L 13 ſ 4 d
le ſixiéme	3 L 16 ſ 8 d
le douziéme	1 L 18 ſ 4 d

A 23 L par Jour, pour 1 An revient à 8395 L.

A 24 Livres la chose.

2	valent	48 L
3	valent	72 L
4	valent	96 L
5	valent	120 L
6	valent	144 L
7	valent	168 L
8	valent	192 L
9	valent	216 L
10	valent	240 L
11	valent	264 L
12	valent	288 L
13	valent	312 L
14	valent	336 L
15	valent	360 L
16	valent	384 L
17	valent	408 L
18	valent	432 L
19	valent	456 L
20	valent	480 L
21	valent	504 L
22	valent	528 L
23	valent	552 L
24	valent	576 L
25	valent	600 L
26	valent	624 L
27	valent	648 L
28	valent	672 L
29	valent	696 L
30	valent	720 L
31	valent	744 L
32	valent	768 L
33	valent	792 L
34	valent	816 L
35	valent	840 L
36	valent	864 L
37	valent	888 L
38	valent	912 L
39	valent	936 L
40	valent	960 L
50	valent	1200 L
60	valent	1440 L
70	valent	1680 L
80	valent	1920 L
90	valent	2160 L
100	valent	2400 L
200	valent	4800 L
300	valent	7200 L
400	valent	9600 L
500	valent	12000 L
600	valent	14400 L
700	valent	16800 L
800	valent	19200 L
900	valent	21600 L
1000	valent	24000 L
2000	valent	48000 L
3000	valent	72000 L
4000	valent	96000 L
5000	valent	120000 L
6000	valent	144000 L
7000	valent	168000 L
8000	valent	192000 L
9000	valent	216000 L
10000	valent	240000 L
20000	valent	480000 L
30000	valent	720000 L

Les 3 quarts	18 L
le demi	12 L
le quart	6 L
le huitiéme	3 L
Les 2 tiers	16 L
le tiers	8 L
le sixiéme	4 L
le douziéme	2 L

A 24 L par Jour, pour 1 An revient à 8760 L

A 25 Livres la chose.

2	valent	50	L
3	valent	75	L
4	valent	100	L
5	valent	125	L
6	valent	150	L
7	valent	175	L
8	valent	200	L
9	valent	225	L
10	valent	250	L
11	valent	275	L
12	valent	300	L
13	valent	325	L
14	valent	350	L
15	valent	375	L
16	valent	400	L
17	valent	425	L
18	valent	450	L
19	valent	475	L
20	valent	500	L
21	valent	525	L
22	valent	550	L
23	valent	575	L
24	valent	600	L
25	valent	625	L
26	valent	650	L
27	valent	675	L
28	valent	700	L
29	valent	725	L
30	valent	750	L
31	valent	775	L
32	valent	800	L
33	valent	825	L
34	valent	850	L
35	valent	875	L
36	valent	900	L
37	valent	925	L
38	valent	950	L
39	valent	975	L
40	valent	1000	L
50	valent	1250	L
60	valent	1500	L
70	valent	1750	L
80	valent	2000	L
90	valent	2250	L
100	valent	2500	L
200	valent	5000	L
300	valent	7500	L
400	valent	10000	L
500	valent	12500	L
600	valent	15000	L
700	valent	17500	L
800	valent	20000	L
900	valent	22500	L
1000	valent	25000	L
2000	valent	50000	L
3000	valent	75000	L
4000	valent	100000	L
5000	valent	125000	L
6000	valent	150000	L
7000	valent	175000	L
8000	valent	200000	L
9000	valent	225000	L
10000	valent	250000	L
20000	valent	500000	L
30000	valent	750000	L

Les 3 quarts	18 L	15 ſ	
le demi	12 L	10 ſ	
le quart	6 L	5 ſ	
le huitiéme	3 L	2 ſ	6 d
Les 2 tiers	16 L	13 ſ	4 d
le tiers	8 L	6 ſ	8 d
le ſixiéme	4 L	3 ſ	4 d
le douziéme	2 L	1 ſ	8 d

A 25 L par Jour, pour 1 An revient à 9125 L.

A 26 Livres la chose.

2	valent	52 L	39	valent	1014 L
3	valent	78 L	40	valent	1040 L
4	valent	104 L	50	valent	1300 L
5	valent	130 L	60	valent	1560 L
6	valent	156 L	70	valent	1820 L
7	valent	182 L	80	valent	2080 L
8	valent	208 L	90	valent	2340 L
9	valent	234 L	100	valent	2600 L
10	valent	260 L	200	valent	5200 L
11	valent	286 L	300	valent	7800 L
12	valent	312 L	400	valent	10400 L
13	valent	338 L	500	valent	13000 L
14	valent	364 L	600	valent	15600 L
15	valent	390 L	700	valent	18200 L
16	valent	416 L	800	valent	20800 L
17	valent	442 L	900	valent	23400 L
18	valent	468 L	1000	valent	26000 L
19	valent	494 L	2000	valent	52000 L
20	valent	520 L	3000	valent	78000 L
21	valent	546 L	4000	valent	104000 L
22	valent	572 L	5000	valent	130000 L
23	valent	598 L	6000	valent	156000 L
24	valent	624 L	7000	valent	182000 L
25	valent	650 L	8000	valent	208000 L
26	valent	676 L	9000	valent	234000 L
27	valent	702 L	10000	valent	260000 L
28	valent	728 L	20000	valent	520000 L
29	valent	754 L	30000	valent	780000 L
30	valent	780 L			
31	valent	806 L	Les 3 quarts		19 L 10 ſ
32	valent	832 L	le demi		13 L
33	valent	858 L	le quart		6 L 10 ſ
34	valent	884 L	le huitiéme		3 L 5 ſ
35	valent	910 L	Les 2 tiers		17 L 6 ſ 8 d
36	valent	936 L	le tiers		8 L 13 ſ 4 d
37	valent	962 L	le ſixiéme		4 L 6 ſ 8 d
38	valent	988 L	le douziéme		2 L 3 ſ 4 d

A 26 L par Jour, pour 1 An revient à 9490 L

A 27 Livres la chose.

2	valent	54 L
3	valent	81 L
4	valent	108 L
5	valent	135 L
6	valent	162 L
7	valent	189 L
8	valent	216 L
9	valent	243 L
10	valent	270 L
11	valent	297 L
12	valent	324 L
13	valent	351 L
14	valent	378 L
15	valent	405 L
16	valent	432 L
17	valent	459 L
18	valent	486 L
19	valent	513 L
20	valent	540 L
21	valent	567 L
22	valent	594 L
23	valent	621 L
24	valent	648 L
25	valent	675 L
26	valent	702 L
27	valent	729 L
28	valent	756 L
29	valent	783 L
30	valent	810 L
31	valent	837 L
32	valent	864 L
33	valent	891 L
34	valent	918 L
35	valent	945 L
36	valent	972 L
37	valent	999 L
38	valent	1026 L
39	valent	1053 L
40	valent	1080 L
50	valent	1350 L
60	valent	1620 L
70	valent	1890 L
80	valent	2160 L
90	valent	2430 L
100	valent	2700 L
200	valent	5400 L
300	valent	8100 L
400	valent	10800 L
500	valent	13500 L
600	valent	16200 L
700	valent	18900 L
800	valent	21600 L
900	valent	24300 L
1000	valent	27000 L
2000	valent	54000 L
3000	valent	81000 L
4000	valent	108000 L
5000	valent	135000 L
6000	valent	162000 L
7000	valent	189000 L
8000	valent	216000 L
9000	valent	243000 L
10000	valent	270000 L
20000	valent	540000 L
30000	valent	810000 L

Les 3 quarts	20 L 5 ſ
le demi	13 L 10 ſ
le quart	6 L 15 ſ
le huitiéme	3 L 7 ſ 6 d
Les 2 tiers	18 L
le tiers	9 L
le ſixiéme	4 L 10 ſ
le douziéme	2 L 5 ſ

A 27 L par Jour, pour 1 An revient à 9855 L

2	valent	56 L	39	valent	1092 L
3	valent	84 L	40	valent	1120 L
4	valent	112 L	50	valent	1400 L
5	valent	140 L	60	valent	1680 L
6	valent	168 L	70	valent	1960 L
7	valent	196 L	80	valent	2240 L
8	valent	224 L	90	valent	2520 L
9	valent	252 L	100	valent	2800 L
10	valent	280 L	200	valent	5600 L
11	valent	308 L	300	valent	8400 L
12	valent	336 L	400	valent	11200 L
13	valent	364 L	500	valent	14000 L
14	valent	392 L	600	valent	16800 L
15	valent	420 L	700	valent	19600 L
16	valent	448 L	800	valent	22400 L
17	valent	476 L	900	valent	25200 L
18	valent	504 L	1000	valent	28000 L
19	valent	532 L	2000	valent	56000 L
20	valent	560 L	3000	valent	84000 L
21	valent	588 L	4000	valent	112000 L
22	valent	616 L	5000	valent	140000 L
23	valent	644 L	6000	valent	168000 L
24	valent	672 L	7000	valent	196000 L
25	valent	700 L	8000	valent	224000 L
26	valent	728 L	9000	valent	252000 L
27	valent	756 L	10000	valent	280000 L
28	valent	784 L	20000	valent	560000 L
29	valent	812 L	30000	valent	840000 L
30	valent	840 L			
31	valent	868 L	Les 3 quarts		21 L
32	valent	896 L	le demi		14 L
33	valent	924 L	le quart		7 L
34	valent	952 L	le huitiéme		3 L 10 ſ
35	valent	980 L	Les 2 tiers		18 L 13 ſ 4 d
36	valent	1008 L	le tiers		9 L 6 ſ 8 d
37	valent	1036 L	le ſixiéme		4 L 13 ſ 4 d
38	valent	1064 L	le douziéme		2 L 6 ſ 8 d

A 28 L par Jour, pour 1 An revient à 10220 L

A 29 Livres la choſe.

2	valent	58 L
3	valent	87 L
4	valent	116 L
5	valent	145 L
6	valent	174 L
7	valent	203 L
8	valent	232 L
9	valent	261 L
10	valent	290 L
11	valent	319 L
12	valent	348 L
13	valent	377 L
14	valent	406 L
15	valent	435 L
16	valent	464 L
17	valent	493 L
18	valent	522 L
19	valent	551 L
20	valent	580 L
21	valent	609 L
22	valent	638 L
23	valent	667 L
24	valent	696 L
25	valent	725 L
26	valent	754 L
27	valent	783 L
28	valent	812 L
29	valent	841 L
30	valent	870 L
31	valent	899 L
32	valent	928 L
33	valent	957 L
34	valent	986 L
35	valent	1015 L
36	valent	1044 L
37	valent	1073 L
38	valent	1102 L
39	valent	1131 L
40	valent	1160 L
50	valent	1450 L
60	valent	1740 L
70	valent	2030 L
80	valent	2320 L
90	valent	2610 L
100	valent	2900 L
200	valent	5800 L
300	valent	8700 L
400	valent	11600 L
500	valent	14500 L
600	valent	17400 L
700	valent	20300 L
800	valent	23200 L
900	valent	26100 L
1000	valent	29000 L
2000	valent	58000 L
3000	valent	87000 L
4000	valent	116000 L
5000	valent	145000 L
6000	valent	174000 L
7000	valent	203000 L
8000	valent	232000 L
9000	valent	261000 L
10000	valent	290000 L
20000	valent	580000 L
30000	valent	870000 L

Les 3 quarts	21 L	15 ſ	
le demi	14 L	10 ſ	
le quart	7 L	5 ſ	
le huitiéme	3 L	12 ſ	6 d
Les 2 tiers	19 L	6 ſ	8 d
le tiers	9 L	13 ſ	4 d
le ſixiéme	4 L	16 ſ	8 d
le douziéme	2 L	8 ſ	4 d

A 29 L par Jour, pour 1 An revient à 10585 L.

2	valent	60 L	39	valent	1170 L
3	valent	90 L	40	valent	1200 L
4	valent	120 L	50	valent	1500 L
5	valent	150 L	60	valent	1800 L
6	valent	180 L	70	valent	2100 L
7	valent	210 L	80	valent	2400 L
8	valent	240 L	90	valent	2700 L
9	valent	270 L	100	valent	3000 L
10	valent	300 L	200	valent	6000 L
11	valent	330 L	300	valent	9000 L
12	valent	360 L	400	valent	12000 L
13	valent	390 L	500	valent	15000 L
14	valent	420 L	600	valent	18000 L
15	valent	450 L	700	valent	21000 L
16	valent	480 L	800	valent	24000 L
17	valent	510 L	900	valent	27000 L
18	valent	540 L	1000	valent	30000 L
19	valent	570 L	2000	valent	60000 L
20	valent	600 L	3000	valent	90000 L
21	valent	630 L	4000	valent	120000 L
22	valent	660 L	5000	valent	150000 L
23	valent	690 L	6000	valent	180000 L
24	valent	720 L	7000	valent	210000 L
25	valent	750 L	8000	valent	240000 L
26	valent	780 L	9000	valent	270000 L
27	valent	810 L	10000	valent	300000 L
28	valent	840 L	20000	valent	600000 L
29	valent	870 L	30000	valent	900000 L
30	valent	900 L			
31	valent	930 L	Les 3 quarts		22 L 10 ſ
32	valent	960 L	le demi		15 L
33	valent	990 L	le quart		7 L 10 ſ
34	valent	1020 L	le huitiéme		3 L 15 ſ
35	valent	1050 L	Les 2 tiers		20 L
36	valent	1080 L	le tiers		10 L
37	valent	1110 L	le ſixiéme		5 L
38	valent	1140 L	le douziéme		2 L 10 ſ

A 30 L par Jour, pour 1 An revient à 10950 L

2	valent	62 L
3	valent	93 L
4	valent	124 L
5	valent	155 L
6	valent	186 L
7	valent	217 L
8	valent	248 L
9	valent	279 L
10	valent	310 L
11	valent	341 L
12	valent	372 L
13	valent	403 L
14	valent	434 L
15	valent	465 L
16	valent	496 L
17	valent	527 L
18	valent	558 L
19	valent	589 L
20	valent	620 L
21	valent	651 L
22	valent	682 L
23	valent	713 L
24	valent	744 L
25	valent	775 L
26	valent	806 L
27	valent	837 L
28	valent	868 L
29	valent	899 L
30	valent	930 L
31	valent	961 L
32	valent	992 L
33	valent	1023 L
34	valent	1054 L
35	valent	1085 L
36	valent	1116 L
37	valent	1147 L
38	valent	1178 L
39	valent	1209 L
40	valent	1240 L
50	valent	1550 L
60	valent	1860 L
70	valent	2170 L
80	valent	2480 L
90	valent	2790 L
100	valent	3100 L
200	valent	6200 L
300	valent	9300 L
400	valent	12400 L
500	valent	15500 L
600	valent	18600 L
700	valent	21700 L
800	valent	24800 L
900	valent	27900 L
1000	valent	31000 L
2000	valent	62000 L
3000	valent	93000 L
4000	valent	124000 L
5000	valent	155000 L
6000	valent	186000 L
7000	valent	217000 L
8000	valent	248000 L
9000	valent	279000 L
10000	valent	310000 L
20000	valent	620000 L
30000	valent	930000 L

Les 3 quarts	23 L	5 ſ	
le demi	15 L	10 ſ	
le quart	7 L	15 ſ	
le huitiéme	3 L	17 ſ	6 d
Les 2 tiers	20 L	13 ſ	4 d
le tiers	10 L	6 ſ	8 d
le ſixiéme	5 L	3 ſ	4 d
le douziéme	2 L	11 ſ	8 d

A 31 L par Jour, pour 1 An revient à 11315 L

A 32 Livres la choſe.

2	valent	64 L
3	valent	96 L
4	valent	128 L
5	valent	160 L
6	valent	192 L
7	valent	224 L
8	valent	256 L
9	valent	288 L
10	valent	320 L
11	valent	352 L
12	valent	384 L
13	valent	416 L
14	valent	448 L
15	valent	480 L
16	valent	512 L
17	valent	544 L
18	valent	576 L
19	valent	608 L
20	valent	640 L
21	valent	672 L
22	valent	704 L
23	valent	736 L
24	valent	768 L
25	valent	800 L
26	valent	832 L
27	valent	864 L
28	valent	896 L
29	valent	928 L
30	valent	960 L
31	valent	992 L
32	valent	1024 L
33	valent	1056 L
34	valent	1088 L
35	valent	1120 L
36	valent	1152 L
37	valent	1184 L
38	valent	1216 L
39	valent	1248 L
40	valent	1280 L
50	valent	1600 L
60	valent	1920 L
70	valent	2240 L
80	valent	2560 L
90	valent	2880 L
100	valent	3200 L
200	valent	6400 L
300	valent	9600 L
400	valent	12800 L
500	valent	16000 L
600	valent	19200 L
700	valent	22400 L
800	valent	25600 L
900	valent	28800 L
1000	valent	32000 L
2000	valent	64000 L
3000	valent	96000 L
4000	valent	128000 L
5000	valent	160000 L
6000	valent	192000 L
7000	valent	224000 L
8000	valent	256000 L
9000	valent	288000 L
10000	valent	320000 L
20000	valent	640000 L
30000	valent	960000 L

Les 3 quarts	24 L		
le demi	16 L		
le quart	8 L		
le huitiéme	4 L		
Les 2 tiers	21 L	6 ſ	8 d
le tiers	10 L	13 ſ	4 d
le ſixiéme	5 L	6 ſ	8 d
le douziéme	2 L	13 ſ	4 d

A 32 L par Jour, pour 1 An revient à 11680 L

2	valent	66 L
3	valent	99 L
4	valent	132 L
5	valent	165 L
6	valent	198 L
7	valent	231 L
8	valent	264 L
9	valent	297 L
10	valent	330 L
11	valent	363 L
12	valent	396 L
13	valent	429 L
14	valent	462 L
15	valent	495 L
16	valent	528 L
17	valent	561 L
18	valent	594 L
19	valent	627 L
20	valent	660 L
21	valent	693 L
22	valent	726 L
23	valent	759 L
24	valent	792 L
25	valent	825 L
26	valent	858 L
27	valent	891 L
28	valent	924 L
29	valent	957 L
30	valent	990 L
31	valent	1023 L
32	valent	1056 L
33	valent	1089 L
34	valent	1122 L
35	valent	1155 L
36	valent	1188 L
37	valent	1221 L
38	valent	1254 L
39	valent	1287 L
40	valent	1320 L
50	valent	1650 L
60	valent	1980 L
70	valent	2310 L
80	valent	2640 L
90	valent	2970 L
100	valent	3300 L
200	valent	6600 L
300	valent	9900 L
400	valent	13200 L
500	valent	16500 L
600	valent	19800 L
700	valent	23100 L
800	valent	26400 L
900	valent	29700 L
1000	valent	33000 L
2000	valent	66000 L
3000	valent	99000 L
4000	valent	132000 L
5000	valent	165000 L
6000	valent	198000 L
7000	valent	231000 L
8000	valent	264000 L
9000	valent	297000 L
10000	valent	330000 L
20000	valent	660000 L
30000	valent	990000 L

Les 3 quarts	24 L 15 ſ
le demi	16 L 10 ſ
le quart	8 L 5 ſ
le huitiéme	4 L 2 ſ 6 d
Les 2 tiers	22 L
le tiers	11 L
le ſixiéme	5 L 10 ſ
le douziéme	2 L 15 ſ.

A 33 L par Jour, pour 1 An revient à 12045 L.

2 valent	68 L	39 valent	1326 L
3 valent	102 L	40 valent	1360 L
4 valent	136 L	50 valent	1700 L
5 valent	170 L	60 valent	2040 L
6 valent	204 L	70 valent	2380 L
7 valent	238 L	80 valent	2720 L
8 valent	272 L	90 valent	3060 L
9 valent	306 L	100 valent	3400 L
10 valent	340 L	200 valent	6800 L
11 valent	374 L	300 valent	10200 L
12 valent	408 L	400 valent	13600 L
13 valent	442 L	500 valent	17000 L
14 valent	476 L	600 valent	20400 L
15 valent	510 L	700 valent	23800 L
16 valent	544 L	800 valent	27200 L
17 valent	578 L	900 valent	30600 L
18 valent	612 L	1000 valent	34000 L
19 valent	646 L	2000 valent	68000 L
20 valent	680 L	3000 valent	102000 L
21 valent	714 L	4000 valent	136000 L
22 valent	748 L	5000 valent	170000 L
23 valent	782 L	6000 valent	204000 L
24 valent	816 L	7000 valent	238000 L
25 valent	850 L	8000 valent	272000 L
26 valent	884 L	9000 valent	306000 L
27 valent	918 L	10000 valent	340000 L
28 valent	952 L	20000 valent	680000 L
29 valent	986 L	30000 valent	1020000 L
30 valent	1020 L		
31 valent	1054 L	Les 3 quarts	25 L 10 ſ
32 valent	1088 L	le demi	17 L
33 valent	1122 L	le quart	8 L 10 ſ
34 valent	1156 L	le huitiéme	4 L 5 ſ
35 valent	1190 L	Les 2 tiers	22 L 13 ſ 4 d
36 valent	1224 L	le tiers	11 L 6 ſ 8 d
37 valent	1258 L	le ſixiéme	5 L 13 ſ 4 d
38 valent	1292 L	le douziéme	2 L 16 ſ 8 d

A 34 L par Jour, pour 1 An revient à 12410 L

A 35 Livres la chose.

2 valent	70 L
3 valent	105 L
4 valent	140 L
5 valent	175 L
6 valent	210 L
7 valent	245 L
8 valent	280 L
9 valent	315 L
10 valent	350 L
11 valent	385 L
12 valent	420 L
13 valent	455 L
14 valent	490 L
15 valent	525 L
16 valent	560 L
17 valent	595 L
18 valent	630 L
19 valent	665 L
20 valent	700 L
21 valent	735 L
22 valent	770 L
23 valent	805 L
24 valent	840 L
25 valent	875 L
26 valent	910 L
27 valent	945 L
28 valent	980 L
29 valent	1015 L
30 valent	1050 L
31 valent	1085 L
32 valent	1120 L
33 valent	1155 L
34 valent	1190 L
35 valent	1225 L
36 valent	1260 L
37 valent	1295 L
38 valent	1330 L
39 valent	1365 L
40 valent	1400 L
50 valent	1750 L
60 valent	2100 L
70 valent	2450 L
80 valent	2800 L
90 valent	3150 L
100 valent	3500 L
200 valent	7000 L
300 valent	10500 L
400 valent	14000 L
500 valent	17500 L
600 valent	21000 L
700 valent	24500 L
800 valent	28000 L
900 valent	31500 L
1000 valent	35000 L
2000 valent	70000 L
3000 valent	105000 L
4000 valent	140000 L
5000 valent	175000 L
6000 valent	210000 L
7000 valent	245000 L
8000 valent	280000 L
9000 valent	315000 L
10000 valent	350000 L
20000 valent	700000 L
30000 valent	1050000 L

Les 3 quarts	26 L 5 ſ
le demi	17 L 10 ſ
le quart	8 L 15 ſ
le huitiéme	4 L 7 ſ 6 d
Les 2 tiers	23 L 6 ſ 8 d
le tiers	11 L 13 ſ 4 d
le ſixiéme	5 L 16 ſ 8 d
le douziéme	2 L 18 ſ 4 d

A 35 L par Jour, pour 1 An revient à 12775 L.

2	valent	72 L
3	valent	108 L
4	valent	144 L
5	valent	180 L
6	valent	216 L
7	valent	252 L
8	valent	288 L
9	valent	324 L
10	valent	360 L
11	valent	396 L
12	valent	432 L
13	valent	468 L
14	valent	504 L
15	valent	540 L
16	valent	576 L
17	valent	612 L
18	valent	648 L
19	valent	684 L
20	valent	720 L
21	valent	756 L
22	valent	792 L
23	valent	828 L
24	valent	864 L
25	valent	900 L
26	valent	936 L
27	valent	972 L
28	valent	1008 L
29	valent	1044 L
30	valent	1080 L
31	valent	1116 L
32	valent	1152 L
33	valent	1188 L
34	valent	1224 L
35	valent	1260 L
36	valent	1296 L
37	valent	1332 L
38	valent	1368 L
39	valent	1404 L
40	valent	1440 L
50	valent	1800 L
60	valent	2160 L
70	valent	2520 L
80	valent	2880 L
90	valent	3240 L
100	valent	3600 L
200	valent	7200 L
300	valent	10800 L
400	valent	14400 L
500	valent	18000 L
600	valent	21600 L
700	valent	25200 L
800	valent	28800 L
900	valent	32400 L
1000	valent	36000 L
2000	valent	72000 L
3000	valent	108000 L
4000	valent	144000 L
5000	valent	180000 L
6000	valent	216000 L
7000	valent	252000 L
8000	valent	288000 L
9000	valent	324000 L
10000	valent	360000 L
20000	valent	720000 L
30000	valent	1080000 L

Les 3 quarts	27 L
le demi	18 L
le quart	9 L
le huitiéme	4 L 10 ſ
Les 2 tiers	24 L
le tiers	12 L
le sixiéme	6 L
le douziéme	3 L

A 36 L par Jour, pour l'An revient à 13140 L.

2 valent	74 L
3 valent	111 L
4 valent	148 L
5 valent	185 L
6 valent	222 L
7 valent	259 L
8 valent	296 L
9 valent	333 L
10 valent	370 L
11 valent	407 L
12 valent	444 L
13 valent	481 L
14 valent	518 L
15 valent	555 L
16 valent	592 L
17 valent	629 L
18 valent	666 L
19 valent	703 L
20 valent	740 L
21 valent	777 L
22 valent	814 L
23 valent	851 L
24 valent	888 L
25 valent	925 L
26 valent	962 L
27 valent	999 L
28 valent	1036 L
29 valent	1073 L
30 valent	1110 L
31 valent	1147 L
32 valent	1184 L
33 valent	1221 L
34 valent	1258 L
35 valent	1295 L
36 valent	1332 L
37 valent	1369 L
38 valent	1406 L
39 valent	1443 L
40 valent	1480 L
50 valent	1850 L
60 valent	2220 L
70 valent	2590 L
80 valent	2960 L
90 valent	3330 L
100 valent	3700 L
200 valent	7400 L
300 valent	11100 L
400 valent	14800 L
500 valent	18500 L
600 valent	22200 L
700 valent	25900 L
800 valent	29600 L
900 valent	33300 L
1000 valent	37000 L
2000 valent	74000 L
3000 valent	111000 L
4000 valent	148000 L
5000 valent	185000 L
6000 valent	222000 L
7000 valent	259000 L
8000 valent	296000 L
9000 valent	333000 L
10000 valent	370000 L
20000 valent	740000 L
30000 valent	1110000 L

Les 3 quarts	27 L	15 ſ	
le demi	18 L	10 ſ	
le quart	9 L	5 ſ	
le huitiéme	4 L	12 ſ	6 d
Les 2 tiers	24 L	13 ſ	4 d
le tiers	12 L	6 ſ	8 d
le ſixiéme	6 L	3 ſ	4 d
le douziéme	3 L	1 ſ	8 d

A 37 L par Jour, pour 1 An revient à 13505 L

A 38 Livres la chose.

2 valent	76 L
3 valent	114 L
4 valent	152 L
5 valent	190 L
6 valent	228 L
7 valent	266 L
8 valent	304 L
9 valent	342 L
10 valent	380 L
11 valent	418 L
12 valent	456 L
13 valent	494 L
14 valent	532 L
15 valent	570 L
16 valent	608 L
17 valent	646 L
18 valent	684 L
19 valent	722 L
20 valent	760 L
21 valent	798 L
22 valent	836 L
23 valent	874 L
24 valent	912 L
25 valent	950 L
26 valent	988 L
27 valent	1026 L
28 valent	1064 L
29 valent	1102 L
30 valent	1140 L
31 valent	1178 L
32 valent	1216 L
33 valent	1254 L
34 valent	1292 L
35 valent	1330 L
36 valent	1368 L
37 valent	1406 L
38 valent	1444 L
39 valent	1482 L
40 valent	1520 L
50 valent	1900 L
60 valent	2280 L
70 valent	2660 L
80 valent	3040 L
90 valent	3420 L
100 valent	3800 L
200 valent	7600 L
300 valent	11400 L
400 valent	15200 L
500 valent	19000 L
600 valent	22800 L
700 valent	26600 L
800 valent	30400 L
900 valent	34200 L
1000 valent	38000 L
2000 valent	76000 L
3000 valent	114000 L
4000 valent	152000 L
5000 valent	190000 L
6000 valent	228000 L
7000 valent	266000 L
8000 valent	304000 L
9000 valent	342000 L
10000 valent	380000 L
20000 valent	760000 L
30000 valent	1140000 L

Les 3 quarts	28 L	10 ſ	
le demi	19 L		
le quart	9 L	10 ſ	
le huitiéme	4 L	15 ſ	
Les 2 tiers	25 L	6 ſ	8 d
le tiers	12 L	13 ſ	4 d
le ſixiéme	6 L	6 ſ	8 d
le douziéme	3 L	3 ſ	4 d

A 38 L par Jour, pour 1 An revient à 13870 L

A 39 Livres la chose.

2 valent	78 L
3 valent	117 L
4 valent	156 L
5 valent	195 L
6 valent	234 L
7 valent	273 L
8 valent	312 L
9 valent	351 L
10 valent	390 L
11 valent	429 L
12 valent	468 L
13 valent	507 L
14 valent	546 L
15 valent	585 L
16 valent	624 L
17 valent	663 L
18 valent	702 L
19 valent	741 L
20 valent	780 L
21 valent	819 L
22 valent	858 L
23 valent	897 L
24 valent	936 L
25 valent	975 L
26 valent	1014 L
27 valent	1053 L
28 valent	1092 L
29 valent	1131 L
30 valent	1170 L
31 valent	1209 L
32 valent	1248 L
33 valent	1287 L
34 valent	1326 L
35 valent	1365 L
36 valent	1404 L
37 valent	1443 L
38 valent	1482 L

39 valent	1521 L
40 valent	1560 L
50 valent	1950 L
60 valent	2340 L
70 valent	2730 L
80 valent	3120 L
90 valent	3510 L
100 valent	3900 L
200 valent	7800 L
300 valent	11700 L
400 valent	15600 L
500 valent	19500 L
600 valent	23400 L
700 valent	27300 L
800 valent	31200 L
900 valent	35100 L
1000 valent	39000 L
2000 valent	78000 L
3000 valent	117000 L
4000 valent	156000 L
5000 valent	195000 L
6000 valent	234000 L
7000 valent	273000 L
8000 valent	312000 L
9000 valent	351000 L
10000 valent	390000 L
20000 valent	780000 L
30000 valent	1170000 L

Les 3 quarts	29 L 5 ſ
le demi	19 L 10 ſ
le quart	9 L 15 ſ
le huitiéme	4 L 17 ſ 6 d
Les 2 tiers	26 L
le tiers	13 L
le ſixiéme	6 L 10 ſ
le douziéme	3 L 5 ſ

A 39 L par Jour, pour 1 An revient à 14235 L

A 40 Livres la choſe.

2	valent	80 L
3	valent	120 L
4	valent	160 L
5	valent	200 L
6	valent	240 L
7	valent	280 L
8	valent	320 L
9	valent	360 L
10	valent	400 L
11	valent	440 L
12	valent	480 L
13	valent	520 L
14	valent	560 L
15	valent	600 L
16	valent	640 L
17	valent	680 L
18	valent	720 L
19	valent	760 L
20	valent	800 L
21	valent	840 L
22	valent	880 L
23	valent	920 L
24	valent	960 L
25	valent	1000 L
26	valent	1040 L
27	valent	1080 L
28	valent	1120 L
29	valent	1160 L
30	valent	1200 L
31	valent	1240 L
32	valent	1280 L
33	valent	1320 L
34	valent	1360 L
35	valent	1400 L
36	valent	1440 L
37	valent	1480 L
38	valent	1520 L
39	valent	1560 L
40	valent	1600 L
50	valent	2000 L
60	valent	2400 L
70	valent	2800 L
80	valent	3200 L
90	valent	3600 L
100	valent	4000 L
200	valent	8000 L
300	valent	12000 L
400	valent	16000 L
500	valent	20000 L
600	valent	24000 L
700	valent	28000 L
800	valent	32000 L
900	valent	36000 L
1000	valent	40000 L
2000	valent	80000 L
3000	valent	120000 L
4000	valent	160000 L
5000	valent	200000 L
6000	valent	240000 L
7000	valent	280000 L
8000	valent	320000 L
9000	valent	360000 L
10000	valent	400000 L
20000	valent	800000 L
30000	valent	1200000 L

Les 3 quarts	30 L
le demi	20 L
le quart	10 L
le huitiéme	5 L
Les 2 tiers	26 L 13 ſ 4 d
le tiers	13 L 6 ſ 8 d
le ſixiéme	6 L 13 ſ 4 d
le douziéme	3 L 6 ſ 8 d

A 40 L par Jour, pour 1 An revient à 14600 L.

A 41 Livres la chose.

2 valent	82 L
3 valent	123 L
4 valent	164 L
5 valent	205 L
6 valent	246 L
7 valent	287 L
8 valent	328 L
9 valent	369 L
10 valent	410 L
11 valent	451 L
12 valent	492 L
13 valent	533 L
14 valent	574 L
15 valent	615 L
16 valent	656 L
17 valent	697 L
18 valent	738 L
19 valent	779 L
20 valent	820 L
21 valent	861 L
22 valent	902 L
23 valent	943 L
24 valent	984 L
25 valent	1025 L
26 valent	1066 L
27 valent	1107 L
28 valent	1148 L
29 valent	1189 L
30 valent	1230 L
31 valent	1271 L
32 valent	1312 L
33 valent	1353 L
34 valent	1394 L
35 valent	1435 L
36 valent	1476 L
37 valent	1517 L
38 valent	1558 L
39 valent	1599 L
40 valent	1640 L
50 valent	2050 L
60 valent	2460 L
70 valent	2870 L
80 valent	3280 L
90 valent	3690 L
100 valent	4100 L
200 valent	8200 L
300 valent	12300 L
400 valent	16400 L
500 valent	20500 L
600 valent	24600 L
700 valent	28700 L
800 valent	32800 L
900 valent	36900 L
1000 valent	41000 L
2000 valent	82000 L
3000 valent	123000 L
4000 valent	164000 L
5000 valent	205000 L
6000 valent	246000 L
7000 valent	287000 L
8000 valent	328000 L
9000 valent	369000 L
10000 valent	410000 L
20000 valent	820000 L
30000 valent	1230000 L

Les 3 quarts	30 L	15 ſ		
le demi	20 L	10 ſ		
le quart	10 L	5 ſ		
le huitiéme	5 L	2 ſ	6 d	
Les 2 tiers	27 L	6 ſ	8 d	
le tiers	13 L	13 ſ	4 d	
le ſixiéme	6 L	16 ſ	8 d	
le douziéme	3 L	8 ſ	4 d	

A 41 L par Jour, pour 1 An revient à 14965 L

2 valent	84 L
3 valent	126 L
4 valent	168 L
5 valent	210 L
6 valent	252 L
7 valent	294 L
8 valent	336 L
9 valent	378 L
10 valent	420 L
11 valent	462 L
12 valent	504 L
13 valent	546 L
14 valent	588 L
15 valent	630 L
16 valent	672 L
17 valent	714 L
18 valent	756 L
19 valent	798 L
20 valent	840 L
21 valent	882 L
22 valent	924 L
23 valent	966 L
24 valent	1008 L
25 valent	1050 L
26 valent	1092 L
27 valent	1134 L
28 valent	1176 L
29 valent	1218 L
30 valent	1260 L
31 valent	1302 L
32 valent	1344 L
33 valent	1386 L
34 valent	1428 L
35 valent	1470 L
36 valent	1512 L
37 valent	1554 L
38 valent	1596 L
39 valent	1638 L
40 valent	1680 L
50 valent	2100 L
60 valent	2520 L
70 valent	2940 L
80 valent	3360 L
90 valent	3780 L
100 valent	4200 L
200 valent	8400 L
300 valent	12600 L
400 valent	16800 L
500 valent	21000 L
600 valent	25200 L
700 valent	29400 L
800 valent	33600 L
900 valent	37800 L
1000 valent	42000 L
2000 valent	84000 L
3000 valent	126000 L
4000 valent	168000 L
5000 valent	210000 L
6000 valent	252000 L
7000 valent	294000 L
8000 valent	336000 L
9000 valent	378000 L
10000 valent	420000 L
20000 valent	840000 L
30000 valent	1260000 L

Les 3 quarts	31 L	10 ſ
le demi	21 L	
le quart	10 L	10 ſ
le huitiéme	5 L	5 ſ
Les 2 tiers	28 L	
le tiers	14 L	
le ſixiéme	7 L	
le douziéme	3 L	10 ſ

A 42 L par Jour, pour 1 An revient à 15330 L

2 valent	86 L	39 valent	1677 L
3 valent	129 L	40 valent	1720 L
4 valent	172 L	50 valent	2150 L
5 valent	215 L	60 valent	2580 L
6 valent	258 L	70 valent	3010 L
7 valent	301 L	80 valent	3440 L
8 valent	344 L	90 valent	3870 L
9 valent	387 L	100 valent	4300 L
10 valent	430 L	200 valent	8600 L
11 valent	473 L	300 valent	12900 L
12 valent	516 L	400 valent	17200 L
13 valent	559 L	500 valent	21500 L
14 valent	602 L	600 valent	25800 L
15 valent	645 L	700 valent	30100 L
16 valent	688 L	800 valent	34400 L
17 valent	731 L	900 valent	38700 L
18 valent	774 L	1000 valent	43000 L
19 valent	817 L	2000 valent	86000 L
20 valent	860 L	3000 valent	129000 L
21 valent	903 L	4000 valent	172000 L
22 valent	946 L	5000 valent	215000 L
23 valent	989 L	6000 valent	258000 L
24 valent	1032 L	7000 valent	301000 L
25 valent	1075 L	8000 valent	344000 L
26 valent	1118 L	9000 valent	387000 L
27 valent	1161 L	10000 valent	[illegible]30000 L
28 valent	1204 L	20000 valent	860000 L
29 valent	1247 L	30000 valent	1290000 L
30 valent	1290 L		
31 valent	1333 L	Les 3 quarts	32 L 5 ſ
32 valent	1376 L	le demi	21 L 10 ſ
33 valent	1419 L	le quart	10 L 15 ſ
34 valent	1462 L	le huitiéme	5 L 7 ſ 6 d
35 valent	1505 L	Les 2 tiers	28 L 13 ſ 4 d
36 valent	1548 L	le tiers	14 L 6 ſ 8 d
37 valent	1591 L	le sixiéme	7 L 3 ſ 4 d
38 valent	1634 L	le douziéme	3 L 11 ſ 8 d

A 43 L par Jour, pour 1 An revient à 15695 L

2 valent	88 L
3 valent	132 L
4 valent	176 L
5 valent	220 L
6 valent	264 L
7 valent	308 L
8 valent	352 L
9 valent	396 L
10 valent	440 L
11 valent	484 L
12 valent	528 L
13 valent	572 L
14 valent	616 L
15 valent	660 L
16 valent	704 L
17 valent	748 L
18 valent	792 L
19 valent	836 L
20 valent	880 L
21 valent	924 L
22 valent	968 L
23 valent	1012 L
24 valent	1056 L
25 valent	1100 L
26 valent	1144 L
27 valent	1[illegible]8 L
28 valent	1232 L
29 valent	1276 L
30 valent	1320 L
31 valent	1364 L
32 valent	1408 L
33 valent	1452 L
34 valent	1496 L
35 valent	1540 L
36 valent	1584 L
37 valent	1628 L
38 valent	1672 L
39 valent	1716 L
40 valent	1760 L
50 valent	2200 L
60 valent	2640 L
70 valent	3080 L
80 valent	3520 L
90 valent	3960 L
100 valent	4400 L
200 valent	8800 L
300 valent	13200 L
400 valent	17600 L
500 valent	22000 L
600 valent	26400 L
700 valent	30800 L
800 valent	35200 L
900 valent	39600 L
1000 valent	44000 L
2000 valent	88000 L
3000 valent	132000 L
4000 valent	176000 L
5000 valent	220000 L
6000 valent	264000 L
7000 valent	308000 L
8000 valent	352000 L
9000 valent	396000 L
10000 valent	440000 L
20000 valent	880000 L
30000 valent	1320000 L

Les 3 quarts	33 L		
le demi	22 L		
le quart	11 L		
le huitiéme	5 L	10 ſ	
Les 2 tiers	29 L	6 ſ	8 d
le tiers	14 L	13 ſ	4 d
le ſixiéme	7 L	6 ſ	8 d
le douziéme	3 L	13 ſ	4 d

A 44 L par Jour, pour 1 An revient à 16060 L

2 valent	90 L
3 valent	135 L
4 valent	180 L
5 valent	225 L
6 valent	270 L
7 valent	315 L
8 valent	360 L
9 valent	405 L
10 valent	450 L
11 valent	495 L
12 valent	540 L
13 valent	585 L
14 valent	630 L
15 valent	675 L
16 valent	720 L
17 valent	765 L
18 valent	810 L
19 valent	855 L
20 valent	900 L
21 valent	945 L
22 valent	990 L
23 valent	1035 L
24 valent	1080 L
25 valent	1125 L
26 valent	1170 L
27 valent	1215 L
28 valent	1260 L
29 valent	1305 L
30 valent	1350 L
31 valent	1395 L
32 valent	1440 L
33 valent	1485 L
34 valent	1530 L
35 valent	1575 L
36 valent	1620 L
37 valent	1665 L
38 valent	1710 L
39 valent	1755 L
40 valent	1800 L
50 valent	2250 L
60 valent	2700 L
70 valent	3150 L
80 valent	3600 L
90 valent	4050 L
100 valent	4500 L
200 valent	9000 L
300 valent	13500 L
400 valent	18000 L
500 valent	22500 L
600 valent	27000 L
700 valent	31500 L
800 valent	36000 L
900 valent	40500 L
1000 valent	45000 L
2000 valent	90000 L
3000 valent	135000 L
4000 valent	180000 L
5000 valent	225000 L
6000 valent	270000 L
7000 valent	315000 L
8000 valent	360000 L
9000 valent	405000 L
10000 valent	450000 L
20000 valent	900000 L
30000 valent	1350000 L

Les 3 quarts	33 L 15 ſ
le demi	22 L 10 ſ
le quart	11 L 5 ſ
le huitiéme	5 L 12 ſ 6
Les 2 tiers	30 L
le tiers	15 L
le ſixiéme	7 L 10 ſ
le douziéme	3 L 15 ſ

A 45 L par Jour, pour 1 An revient à 16425 L

A 46 Livres la chose.

2	valent	92 L
3	valent	138 L
4	valent	184 L
5	valent	230 L
6	valent	276 L
7	valent	322 L
8	valent	368 L
9	valent	414 L
10	valent	460 L
11	valent	506 L
12	valent	552 L
13	valent	598 L
14	valent	644 L
15	valent	690 L
16	valent	736 L
17	valent	782 L
18	valent	828 L
19	valent	874 L
20	valent	920 L
21	valent	966 L
22	valent	1012 L
23	valent	1058 L
24	valent	1104 L
25	valent	1150 L
26	valent	1196 L
27	valent	1242 L
28	valent	1288 L
29	valent	1334 L
30	valent	1380 L
31	valent	1426 L
32	valent	1472 L
33	valent	1518 L
34	valent	1564 L
35	valent	1610 L
36	valent	1656 L
37	valent	1702 L
38	valent	1748 L
39	valent	1794 L
40	valent	1840 L
50	valent	2300 L
60	valent	2760 L
70	valent	3220 L
80	valent	3680 L
90	valent	4140 L
100	valent	4600 L
200	valent	9200 L
300	valent	13800 L
400	valent	18400 L
500	valent	23000 L
600	valent	27600 L
700	valent	32200 L
800	valent	36800 L
900	valent	41400 L
1000	valent	46000 L
2000	valent	92000 L
3000	valent	138000 L
4000	valent	184000 L
5000	valent	230000 L
6000	valent	276000 L
7000	valent	322000 L
8000	valent	368000 L
9000	valent	414000 L
10000	valent	460000 L
20000	valent	920000 L
30000	valent	1380000 L

Les 3 quarts	34 L	10 ſ	
le demi	23 L		
le quart	11 L	10 ſ	
le huitiéme	5 L	15 ſ	
Les 2 tiers	30 L	13 ſ	4 d
le tiers	15 L	6 ſ	8 d
le ſixiéme	7 L	13 ſ	4 d
le douziéme	3 L	16 ſ	8 d

A 46 L par Jour, pour 1 An revient à 16790 L

A 47 Livres la chose.

2	valent	94 L
3	valent	141 L
4	valent	188 L
5	valent	235 L
6	valent	282 L
7	valent	329 L
8	valent	376 L
9	valent	423 L
10	valent	470 L
11	valent	517 L
12	valent	564 L
13	valent	611 L
14	valent	658 L
15	valent	705 L
16	valent	752 L
17	valent	799 L
18	valent	846 L
19	valent	893 L
20	valent	940 L
21	valent	987 L
22	valent	1034 L
23	valent	1081 L
24	valent	1128 L
25	valent	1175 L
26	valent	1222 L
27	valent	1269 L
28	valent	1316 L
29	valent	1363 L
30	valent	1410 L
31	valent	1457 L
32	valent	1504 L
33	valent	1551 L
34	valent	1598 L
35	valent	1645 L
36	valent	1692 L
37	valent	1739 L
38	valent	1786 L
39	valent	1833 L
40	valent	1880 L
50	valent	2350 L
60	valent	2820 L
70	valent	3290 L
80	valent	3760 L
90	valent	4230 L
100	valent	4700 L
200	valent	9400 L
300	valent	14100 L
400	valent	18800 L
500	valent	23500 L
600	valent	28200 L
700	valent	32900 L
800	valent	37600 L
900	valent	42300 L
1000	valent	47000 L
2000	valent	94000 L
3000	valent	141000 L
4000	valent	188000 L
5000	valent	235000 L
6000	valent	282000 L
7000	valent	329000 L
8000	valent	376000 L
9000	valent	423000 L
10000	valent	470000 L
20000	valent	940000 L
30000	valent	1410000 L

Les 3 quarts	35 L 5 ſ
le demi	23 L 10 ſ
le quart	11 L 15 ſ
le huitiéme	5 L 17 ſ 6 d
Les 2 tiers	31 L 6 ſ 8 d
le tiers	15 L 13 ſ 4 d
le ſixiéme	7 L 16 ſ 8 d
le douziéme	3 L 18 ſ 4 d

A 47 L par Jour, pour 1 An revient à 17155 L

A 48 Livres la chose.

2 valent	96 L
3 valent	144 L
4 valent	192 L
5 valent	240 L
6 valent	288 L
7 valent	336 L
8 valent	384 L
9 valent	432 L
10 valent	480 L
11 valent	528 L
12 valent	576 L
13 valent	624 L
14 valent	672 L
15 valent	720 L
16 valent	768 L
17 valent	816 L
18 valent	864 L
19 valent	912 L
20 valent	960 L
21 valent	1008 L
22 valent	1056 L
23 valent	1104 L
24 valent	1152 L
25 valent	1200 L
26 valent	1248 L
27 valent	1296 L
28 valent	1344 L
29 valent	1392 L
30 valent	1440 L
31 valent	1488 L
32 valent	1536 L
33 valent	1584 L
34 valent	1632 L
35 valent	1680 L
36 valent	1728 L
37 valent	1776 L
38 valent	1824 L
39 valent	1872 L
40 valent	1920 L
50 valent	2400 L
60 valent	2880 L
70 valent	3360 L
80 valent	3840 L
90 valent	4320 L
100 valent	4800 L
200 valent	9600 L
300 valent	14400 L
400 valent	19200 L
500 valent	24000 L
600 valent	28800 L
700 valent	33600 L
800 valent	38400 L
900 valent	43200 L
1000 valent	48000 L
2000 valent	96000 L
3000 valent	144000 L
4000 valent	192000 L
5000 valent	240000 L
6000 valent	288000 L
7000 valent	336000 L
8000 valent	384000 L
9000 valent	432000 L
10000 valent	480000 L
20000 valent	960000 L
30000 valent	1440000 L

Les 3 quarts	36 L
le demi	24 L
le quart	12 L
le huitiéme	6 L
Les 2 tiers	32 L
le tiers	16 L
le sixiéme	8 L
le douziéme	4 L

A 48 L par Jour, pour 1 An revient à 17520 L

A 49 Livres la chose.

2 valent	98	L
3 valent	147	L
4 valent	196	L
5 valent	245	L
6 valent	294	L
7 valent	343	L
8 valent	392	L
9 valent	441	L
10 valent	490	L
11 valent	539	L
12 valent	588	L
13 valent	637	L
14 valent	686	L
15 valent	735	L
16 valent	784	L
17 valent	833	L
18 valent	882	L
19 valent	931	L
20 valent	980	L
21 valent	1029	L
22 valent	1078	L
23 valent	1127	L
24 valent	1176	L
25 valent	1225	L
26 valent	1274	L
27 valent	1323	L
28 valent	1372	L
29 valent	1421	L
30 valent	1470	L
31 valent	1519	L
32 valent	1568	L
33 valent	1617	L
34 valent	1666	L
35 valent	1715	L
36 valent	1764	L
37 valent	1813	L
38 valent	1862	L

39 valent	1911	L
40 valent	1960	L
50 valent	2450	L
60 valent	2940	L
70 valent	3430	L
80 valent	3920	L
90 valent	4410	L
100 valent	4900	L
200 valent	9800	L
300 valent	14700	L
400 valent	19600	L
500 valent	24500	L
600 valent	29400	L
700 valent	34300	L
800 valent	39200	L
900 valent	44100	L
1000 valent	49000	L
2000 valent	98000	L
3000 valent	147000	L
4000 valent	196000	L
5000 valent	245000	L
6000 valent	294000	L
7000 valent	343000	L
8000 valent	392000	L
9000 valent	441000	L
10000 valent	490000	L
20000 valent	980000	L
30000 valent	1470000	L

Les 3 quarts	36 L	15 ſ	
le demi	24 L	10 ſ	
le quart	12 L	5 ſ	
le huitiéme	6 L	2 ſ	6 d
Les 2 tiers	32 L	13 ſ	4 d
le tiers	16 L	6 ſ	8 d
le ſixiéme	8 L	3 ſ	4 d
le douziéme	4 L	1 ſ	8 d

A 49 L par Jour, pour 1 An revient à 17885 L

A 50 Livres la chose.

2	valent	100 L
3	valent	150 L
4	valent	200 L
5	valent	250 L
6	valent	300 L
7	valent	350 L
8	valent	400 L
9	valent	450 L
10	valent	500 L
11	valent	550 L
12	valent	600 L
13	valent	650 L
14	valent	700 L
15	valent	750 L
16	valent	800 L
17	valent	850 L
18	valent	900 L
19	valent	950 L
20	valent	1000 L
21	valent	1050 L
22	valent	1100 L
23	valent	1150 L
24	valent	1200 L
25	valent	1250 L
26	valent	1300 L
27	valent	1350 L
28	valent	1400 L
29	valent	1450 L
30	valent	1500 L
31	valent	1550 L
32	valent	1600 L
33	valent	1650 L
34	valent	1700 L
35	valent	1750 L
36	valent	1800 L
37	valent	1850 L
38	valent	1900 L
39	valent	1950 L
40	valent	2000 L
50	valent	2500 L
60	valent	3000 L
70	valent	3500 L
80	valent	4000 L
90	valent	4500 L
100	valent	5000 L
200	valent	10000 L
300	valent	15000 L
400	valent	20000 L
500	valent	25000 L
600	valent	30000 L
700	valent	35000 L
800	valent	40000 L
900	valent	45000 L
1000	valent	50000 L
2000	valent	100000 L
3000	valent	150000 L
4000	valent	200000 L
5000	valent	250000 L
6000	valent	300000 L
7000	valent	350000 L
8000	valent	400000 L
9000	valent	450000 L
10000	valent	500000 L
20000	valent	1000000 L
30000	valent	1500000 L

Les 3 quarts	37 L	10 ſ	
le demi	25 L		
le quart	12 L	10 ſ	
le huitiéme	6 L	5 ſ	
Les 2 tiers	33 L	6 ſ	8 d
le tiers	16 L	13 ſ	4 d
le ſixiéme	8 L	6 ſ	8 d
le douziéme	4 L	3 ſ	4 d

A 50 L par Jour, pour 1 An rèvient à 18250 L

A 51 Livres la chose.

2 valent	102 L	39 valent	1989 L
3 valent	153 L	40 valent	2040 L
4 valent	204 L	50 valent	2550 L
5 valent	255 L	60 valent	3060 L
6 valent	306 L	70 valent	3570 L
7 valent	357 L	80 valent	4080 L
8 valent	408 L	90 valent	4590 L
9 valent	459 L	100 valent	5100 L
10 valent	510 L	200 valent.	10200 L
11 valent	561 L	300 valent	15300 L
12 valent	612 L	400 valent	20400 L
13 valent	663 L	500 valent	25500 L
14 valent	714 L	600 valent	30600 L
15 valent	765 L	700 valent	35700 L
16 valent	816 L	800 valent	40800 L
17 valent	867 L	900 valent	45900 L
18 valent	918 L	1000 valent	51000 L
19 valent	969 L	2000 valent	102000 L
20 valent	1020 L	3000 valent	153000 L
21 valent	1071 L	4000 valent	204000 L
22 valent	1122 L	5000 valent	255000 L
23 valent	1173 L	6000 valent	306000 L
24 valent	1224 L	7000 valent	357000 L
25 valent	1275 L	8000 valent	408000 L
26 valent	1326 L	9000 valent	459000 L
27 valent	1377 L	10000 valent	510000 L
28 valent	1428 L	20000 valent	1020000 L
29 valent	1479 L	30000 valent	1530000 L
30 valent	1530 L	Les 3 quarts	38 L 5 ſ
31 valent	1581 L	le demi	25 L 10 ſ
32 valent	1632 L	le quart	12 L 15 ſ
33 valent	1683 L	le huitiéme	6 L 7 ſ 6 d
34 valent	1734 L	Les 2 tiers	34 L
35 valent	1785 L	le tiers	17 L
36 valent	1836 L	le ſixiéme	8 L 10 ſ
37 valent	1887 L	le douziéme	4 L 5 ſ
38 valent	1938 L		

A 51 L par Jour, pour 1 An revient à 18615 L

2 valent	104	L
3 valent	156	L
4 valent	208	L
5 valent	260	L
6 valent	312	L
7 valent	364	L
8 valent	416	L
9 valent	468	L
10 valent	520	L
11 valent	572	L
12 valent	624	L
13 valent	676	L
14 valent	728	L
15 valent	780	L
16 valent	832	L
17 valent	884	L
18 valent	936	L
19 valent	988	L
20 valent	1040	L
21 valent	1092	L
22 valent	1144	L
23 valent	1296	L
24 valent	1248	L
25 valent	1300	L
26 valent	1352	L
27 valent	1404	L
28 valent	1456	L
29 valent	1508	L
30 valent	1560	L
31 valent	1612	L
32 valent	1664	L
33 valent	1716	L
34 valent	1768	L
35 valent	1820	L
36 valent	1872	L
37 valent	1924	L
38 valent	1976	L
39 valent	2028	L
40 valent	2080	L
50 valent	2600	L
60 valent	3120	L
70 valent	3640	L
80 valent	4160	L
90 valent	4680	L
100 valent	5200	L
200 valent	10400	L
300 valent	15600	L
400 valent	20800	L
500 valent	26000	L
600 valent	31200	L
700 valent	36400	L
800 valent	41600	L
900 valent	46800	L
1000 valent	52000	L
2000 valent	104000	L
3000 valent	156000	L
4000 valent	208000	L
5000 valent	260000	L
6000 valent	312000	L
7000 valent	364000	L
8000 valent	416000	L
9000 valent	468000	L
10000 valent	520000	L
20000 valent	1040000	L
30000 valent	1560000	L

Les 3 quarts	39 L
le demi	26 L
le quart	13 L
le huitiéme	6 L 10 ſ
Les 2 tiers	34 L 13 ſ 4 d
le tiers	17 L 6 ſ 8 d
le ſixiéme	8 L 13 ſ 4 d
le douziéme	4 L 6 ſ 8 d

A 52 L par Jour, pour 1 An revient à 18980 L

2	valent	106 L
3	valent	159 L
4	valent	212 L
5	valent	265 L
6	valent	318 L
7	valent	371 L
8	valent	424 L
9	valent	477 L
10	valent	530 L
11	valent	583 L
12	valent	636 L
13	valent	689 L
14	valent	742 L
15	valent	795 L
16	valent	848 L
17	valent	901 L
18	valent	954 L
19	valent	1007 L
20	valent	1060 L
21	valent	1113 L
22	valent	1166 L
23	valent	1219 L
24	valent	1272 L
25	valent	1325 L
26	valent	1378 L
27	valent	1431 L
28	valent	1484 L
29	valent	1537 L
30	valent	1590 L
31	valent	1643 L
32	valent	1696 L
33	valent	1749 L
34	valent	1802 L
35	valent	1855 L
36	valent	1908 L
37	valent	1961 L
38	valent	2014 L
39	valent	2067 L
40	valent	2120 L
50	valent	2650 L
60	valent	3180 L
70	valent	3710 L
80	valent	4240 L
90	valent	4770 L
100	valent	5300 L
200	valent	10600 L
300	valent	15900 L
400	valent	21200 L
500	valent	26500 L
600	valent	31800 L
700	valent	37100 L
800	valent	42400 L
900	valent	47700 L
1000	valent	53000 L
2000	valent	106000 L
3000	valent	159000 L
4000	valent	212000 L
5000	valent	265000 L
6000	valent	318000 L
7000	valent	371000 L
8000	valent	424000 L
9000	valent	477000 L
10000	valent	530000 L
20000	valent	1060000 L
30000	valent	1590000 L

Les 3 quarts	39 L	15 ſ	
le demi	26 L	10 ſ	
le quart	13 L	5 ſ	
le huitiéme	6 L	12 ſ	6 d
Les 2 tiers	35 L	6 ſ	8 d
le tiers	17 L	13 ſ	4 d
le ſixiéme	8 L	16 ſ	8 d
le douziéme	4 L	8 ſ	4 d

A 53 L par Jour, pour 1 An revient à 19345 L

A 54 Livres la chose.

2 valent	108	L
3 valent	162	L
4 valent	216	L
5 valent	270	L
6 valent	324	L
7 valent	378	L
8 valent	432	L
9 valent	486	L
10 valent	540	L
11 valent	594	L
12 valent	648	L
13 valent	702	L
14 valent	756	L
15 valent	810	L
16 valent	864	L
17 valent	918	L
18 valent	972	L
19 valent	1026	L
20 valent	1080	L
21 valent	1134	L
22 valent	1188	L
23 valent	1242	L
24 valent	1296	L
25 valent	1350	L
26 valent	1404	L
27 valent	1458	L
28 valent	1512	L
29 valent	1566	L
30 valent	1620	L
31 valent	1674	L
32 valent	1728	L
33 valent	1782	L
34 valent	1836	L
35 valent	1890	L
36 valent	1944	L
37 valent	1998	L
38 valent	2052	L
39 valent	2106	L
40 valent	2160	L
50 valent	2700	L
60 valent	3240	L
70 valent	3760	L
80 valent	4320	L
90 valent	4860	L
100 valent	5400	L
200 valent	10800	L
300 valent	16200	L
400 valent	21600	L
500 valent	27000	L
600 valent	32400	L
700 valent	37800	L
800 valent.	43200	L
900 valent	48600	L
1000 valent	54000	L
2000 valent	108000	L
3000 valent	162000	L
4000 valent	216000	L
5000 valent	270000	L
6000 valent	324000	L
7000 valent	378000	L
8000 valent	432000	L
9000 valent	486000	L
10000 valent	540000	L
20000 valent	1080000	L
30000 valent	1620000	L

Les 3 quarts	40	L	10	ſ
le demi	27	L		
le quart	13	L	10	ſ
le huitiéme	6	L	15	ſ
Les 2 tiers	36	L		
le tiers	18	L		
le ſixiéme	9	L		
le douziéme	4	L	10	ſ

A 54 L par Jour, pour 1 An revient à 19710 L

2 valent	110 L
3 valent	165 L
4 valent	220 L
5 valent	275 L
6 valent	330 L
7 valent	385 L
8 valent	440 L
9 valent	495 L
10 valent	550 L
11 valent	605 L
12 valent	660 L
13 valent	715 L
14 valent	770 L
15 valent	825 L
16 valent	880 L
17 valent	935 L
18 valent	990 L
19 valent	1045 L
20 valent	1100 L
21 valent	1155 L
22 valent	1210 L
23 valent	1265 L
24 valent	1320 L
25 valent	1375 L
26 valent	1430 L
27 valent	1485 L
28 valent	1540 L
29 valent	1595 L
30 valent	1650 L
31 valent	1705 L
32 valent	1760 L
33 valent	1815 L
34 valent	1870 L
35 valent	1925 L
36 valent	1980 L
37 valent	2035 L
38 valent	2090 L
39 valent	2145 L
40 valent	2200 L
50 valent	2750 L
60 valent	3300 L
70 valent	3850 L
80 valent	4400 L
90 valent	4950 L
100 valent	5500 L
200 valent	11000 L
300 valent	16500 L
400 valent	22000 L
500 valent	27500 L
600 valent	33000 L
700 valent	38500 L
800 valent	44000 L
900 valent	49560 L
1000 valent	55000 L
2000 valent	110000 L
3000 valent	165000 L
4000 valent	220000 L
5000 valent	275000 L
6000 valent	330000 L
7000 valent	385000 L
8000 valent	440000 L
9000 valent	495000 L
10000 valent	550000 L
20000 valent	1100000 L
30000 valent	1650000 L

Les 3 quarts	41 L	5 ſ	
le demi	27 L	10 ſ	
le quart	13 L	15 ſ	
le huitiéme	6 L	17 ſ	6 d
Les 2 tiers	36 L	13 ſ	4 d
le tiers	18 L	6 ſ	8 d
le ſixiéme	9 L	3 ſ	4 d
le douziéme	4 L	11 ſ	8 d

A 55 L par Jour, pour 1 An revient à 20075 L

A 56 Livres la choſe.

2	valent	112 L
3	valent	168 L
4	valent	224 L
5	valent	280 L
6	valent	336 L
7	valent	392 L
8	valent	448 L
9	valent	504 L
10	valent	560 L
11	valent	616 L
12	valent	672 L
13	valent	728 L
14	valent	784 L
15	valent	840 L
16	valent	896 L
17	valent	952 L
18	valent	1008 L
19	valent	1064 L
20	valent	1120 L
21	valent	1176 L
22	valent	1232 L
23	valent	1288 L
24	valent	1344 L
25	valent	1400 L
26	valent	1456 L
27	valent	1512 L
28	valent	1568 L
29	valent	1624 L
30	valent	1680 L
31	valent	1736 L
32	valent	1792 L
33	valent	1848 L
34	valent	1904 L
35	valent	1960 L
36	valent	2016 L
37	valent	2072 L
38	valent	2128 L
39	valent	2184 L
40	valent	2240 L
50	valent	2800 L
60	valent	3360 L
70	valent	3920 L
80	valent	4480 L
90	valent	5040 L
100	valent	5600 L
200	valent	11200 L
300	valent	16800 L
400	valent	22400 L
500	valent	28000 L
600	valent	33600 L
700	valent	39200 L
800	valent	44800 L
900	valent	50400 L
1000	valent	56000 L
2000	valent	112000 L
3000	valent	168000 L
4000	valent	224000 L
5000	valent	280000 L
6000	valent	336000 L
7000	valent	392000 L
8000	valent	448000 L
9000	valent	504000 L
10000	valent	560000 L
20000	valent	1120000 L
30000	valent	1680000 L

Les 3 quarts	42 L		
le demi	28 L		
le quart	14 L		
le huitiéme	7 L		
Les 2 tiers	37 L	6 ſ	8 d
le tiers	18 L	13 ſ	4 d
le ſixiéme	9 L	6 ſ	8 d
le douziéme	4 L	13 ſ	4 d

A 56 L par Jour, pour 1 An revient à 20440 L

2 valent	114	L
3 valent	171	L
4 valent	228	L
5 valent	285	L
6 valent	342	L
7 valent	399	L
8 valent	456	L
9 valent	513	L
10 valent	570	L
11 valent	627	L
12 valent	684	L
13 valent	741	L
14 valent	798	L
15 valent	855	L
16 valent	912	L
17 valent	969	L
18 valent	1026	L
19 valent	1083	L
20 valent	1140	L
21 valent	1197	L
22 valent	1254	L
23 valent	1311	L
24 valent	1368	L
25 valent	1425	L
26 valent	1482	L
27 valent	1539	L
28 valent	1596	L
29 valent	1653	L
30 valent	1710	L
31 valent	1767	L
32 valent	1824	L
33 valent	1881	L
34 valent	1938	L
35 valent	1995	L
36 valent	2052	L
37 valent	2109	L
38 valent	2166	L
39 valent	2223	L
40 valent	2280	L
50 valent	2850	L
60 valent	3420	L
70 valent	3990	L
80 valent	4560	L
90 valent	5130	L
100 valent	5700	L
200 valent	11400	L
300 valent	17100	L
400 valent	22800	L
500 valent	28500	L
600 valent	34200	L
700 valent	39900	L
800 valent	45600	L
900 valent	51300	L
1000 valent	57000	L
2000 valent	114000	L
3000 valent	171000	L
4000 valent	228000	L
5000 valent	285000	L
6000 valent	342000	L
7000 valent	399000	L
8000 valent	456000	L
9000 valent	513000	L
10000 valent	570000	L
20000 valent	1140000	L
30000 valent	1710000	L

Les 3 quarts	42 L 15 ſ
le demi	28 L 10 ſ
le quart	14 L 5 ſ
le huitiéme	7 L 2 ſ 6 d
Les 2 tiers	38 L
le tiers	19 L
le ſixiéme	9 L 10 ſ
le douziéme	4 L 15 ſ

A 57 L par Jour, pour 1 An revient à 20805 L

A 58 Livres la chose.

2	valent	116 L
3	valent	174 L
4	valent	232 L
5	valent	290 L
6	valent	348 L
7	valent	406 L
8	valent	464 L
9	valent	522 L
10	valent	580 L
11	valent	638 L
12	valent	696 L
13	valent	754 L
14	valent	812 L
15	valent	870 L
16	valent	928 L
17	valent	986 L
18	valent	1044 L
19	valent	1102 L
20	valent	1160 L
21	valent	1218 L
22	valent	1276 L
23	valent	1334 L
24	valent	1392 L
25	valent	1450 L
26	valent	1508 L
27	valent	1566 L
28	valent	1624 L
29	valent	1682 L
30	valent	1740 L
31	valent	1798 L
32	valent	1856 L
33	valent	1914 L
34	valent	1972 L
35	valent	2030 L
36	valent	2088 L
37	valent	2146 L
38	valent	2204 L
39	valent	2262 L
40	valent	2320 L
50	valent	2900 L
60	valent	3480 L
70	valent	4060 L
80	valent	4640 L
90	valent	5220 L
100	valent	5800 L
200	valent	11600 L
300	valent	17400 L
400	valent	23200 L
500	valent	29000 L
600	valent	34800 L
700	valent	40600 L
800	valent	46400 L
900	valent	52200 L
1000	valent	58000 L
2000	valent	116000 L
3000	valent	174000 L
4000	valent	232000 L
5000	valent	290000 L
6000	valent	348000 L
7000	valent	406000 L
8000	valent	464000 L
9000	valent	522000 L
10000	valent	580000 L
20000	valent	1160000 L
30000	valent	1740000 L

Les 3 quarts	43 L 10 ſ
le demi	29 L
le quart	14 L 10 ſ
le huitiéme	7 L 5 ſ
Les 2 tiers	38 L 13 ſ 4 d
le tiers	19 L 6 ſ 8 d
le ſixiéme	9 L 13 ſ 4 d
le douziéme	4 L 16 ſ 8 d

A 58 L par Jour, pour 1 An revient à 21170 L

A 59 Livres la chose.

2 valent	118	L
3 valent	177	L
4 valent	236	L
5 valent	295	L
6 valent	354	L
7 valent	413	L
8 valent	472	L
9 valent	531	L
10 valent	590	L
11 valent	649	L
12 valent	708	L
13 valent	767	L
14 valent	826	L
15 valent	885	L
16 valent	944	L
17 valent	1003	L
18 valent	1062	L
19 valent	1121	L
20 valent	1180	L
21 valent	1239	L
22 valent	1298	L
23 valent	1357	L
24 valent	1416	L
25 valent	1475	L
26 valent	1534	L
27 valent	1593	L
28 valent	1652	L
29 valent	1711	L
30 valent	1770	L
31 valent	1829	L
32 valent	1888	L
33 valent	1947	L
34 valent	2006	L
35 valent	2065	L
36 valent	2124	L
37 valent	2183	L
38 valent	2242	L
39 valent	2301	L
40 valent	2360	L
50 valent	2950	L
60 valent	3540	L
70 valent	4130	L
80 valent	4720	L
90 valent	5310	L
100 valent	5960	L
200 valent	11800	L
300 valent	17700	L
400 valent	23600	L
500 valent	29500	L
600 valent	35400	L
700 valent	41300	L
800 valent	47200	L
900 valent	53100	L
1000 valent	59000	L
2000 valent	118000	L
3000 valent	177000	L
4000 valent	236000	L
5000 valent	295000	L
6000 valent	354000	L
7000 valent	413000	L
8000 valent	472000	L
9000 valent	531000	L
10000 valent	590000	L
20000 valent	1180000	L
30000 valent	1770000	L

Les 3 quarts	44 L	5 ſ	
le demi	29 L	10 ſ	
le quart	14 L	15 ſ	
le huitiéme	7 L	7 ſ	6 d
Les 2 tiers	39 L	6 ſ	8 d
le tiers	19 L	13 ſ	4 d
le ſixiéme	9 L	16 ſ	8 d
le douziéme	4 L	18 ſ	4 d

A 59 L par Jour, pour 1 An revient à 21535 L

A 60 Livres la chose.

2	valent	120 L
3	valent	180 L
4	valent	240 L
5	valent	300 L
6	valent	360 L
7	valent	420 L
8	valent	480 L
9	valent	540 L
10	valent	600 L
11	valent	660 L
12	valent	720 L
13	valent	780 L
14	valent	840 L
15	valent	900 L
16	valent	960 L
17	valent	1020 L
18	valent	1080 L
19	valent	1140 L
20	valent	1200 L
21	valent	1260 L
22	valent	1320 L
23	valent	1380 L
24	valent	1440 L
25	valent	1500 L
26	valent	1560 L
27	valent	1620 L
28	valent	1680 L
29	valent	1740 L
30	valent	1800 L
31	valent	1860 L
32	valent	1920 L
33	valent	1980 L
34	valent	2040 L
35	valent	2100 L
36	valent	2160 L
37	valent	2220 L
38	valent	2280 L
39	valent	2340 L
40	valent	2400 L
50	valent	3000 L
60	valent	3600 L
70	valent	4200 L
80	valent	4800 L
90	valent	5400 L
100	valent	6000 L
200	valent	12000 L
300	valent	18000 L
400	valent	24000 L
500	valent	30000 L
600	valent	36000 L
700	valent	42000 L
800	valent	48000 L
900	valent	54000 L
1000	valent	60000 L
2000	valent	120000 L
3000	valent	180000 L
4000	valent	240000 L
5000	valent	300000 L
6000	valent	360000 L
7000	valent	420000 L
8000	valent	480000 L
9000	valent	540000 L
10000	valent	600000 L
20000	valent	1200000 L
30000	valent	1800000 L

Les 3 quarts	45 L
le demi	30 L
le quart	15 L
le huitiéme	7 L 10 ſ
Les 2 tiers	40 L
le tiers	20 L
le ſixiéme	10 L
le douziéme	5 L

A 60 L par Jour, pour 1 An revient à 21900 L

A 61 Livres la choſe.

2	valent	122 L
3	valent	183 L
4	valent	244 L
5	valent	305 L
6	valent	366 L
7	valent	427 L
8	valent	488 L
9	valent	549 L
10	valent	610 L
11	valent	671 L
12	valent	732 L
13	valent	793 L
14	valent	854 L
15	valent	915 L
16	valent	976 L
17	valent	1037 L
18	valent	1098 L
19	valent	1159 L
20	valent	1220 L
21	valent	1281 L
22	valent	1342 L
23	valent	1403 L
24	valent	1464 L
25	valent	1525 L
26	valent	1586 L
27	valent	1647 L
28	valent	1708 L
29	valent	1769 L
30	valent	1830 L
31	valent	1891 L
32	valent	1952 L
33	valent	2013 L
34	valent	2074 L
35	valent	2135 L
36	valent	2196 L
37	valent	2257 L
38	valent	2318 L
39	valent	2379 L
40	valent	2440 L
50	valent	3050 L
60	valent	3660 L
70	valent	4270 L
80	valent	4880 L
90	valent	5490 L
100	valent	6100 L
200	valent	12200 L
300	valent	18300 L
400	valent	24400 L
500	valent	30500 L
600	valent	36600 L
700	valent	42700 L
800	valent	48800 L
900	valent	54900 L
1000	valent	61000 L
2000	valent	122000 L
3000	valent	183000 L
4000	valent	244000 L
5000	valent	305000 L
6000	valent	366000 L
7000	valent	427000 L
8000	valent	488000 L
9000	valent	549000 L
10000	valent	610000 L
20000	valent	1220000 L
30000	valent	1830000 L

Les 3 quarts	45 L 15 ſ
le demi	30 L 10 ſ
le quart	15 L 5 ſ
le huitiéme	7 L 12 ſ 6 d
Les 2 tiers	40 L 13 ſ 4 d
le tiers	20 L 6 ſ 8 d
le ſixiéme	10 L 3 ſ 4 d
le douziéme	5 L 1 ſ 8 d

A 61 L par Jour, pour 1 An revient à 22265 L

A 62 Livres la chose.

2	valent	124 L
3	valent	186 L
4	valent	248 L
5	valent	310 L
6	valent	372 L
7	valent	434 L
8	valent	496 L
9	valent	558 L
10	valent	620 L
11	valent	682 L
12	valent	744 L
13	valent	806 L
14	valent	868 L
15	valent	930 L
16	valent	992 L
17	valent	1054 L
18	valent	1116 L
19	valent	1178 L
20	valent	1240 L
21	valent	1302 L
22	valent	1364 L
23	valent	1426 L
24	valent	1488 L
25	valent	1550 L
26	valent	1612 L
27	valent	1674 L
28	valent	1736 L
29	valent	1798 L
30	valent	1860 L
31	valent	1922 L
32	valent	1984 L
33	valent	2046 L
34	valent	2108 L
35	valent	2170 L
36	valent	2232 L
37	valent	2294 L
38	valent	2356 L

39	valent	2418 L
40	valent	2480 L
50	valent	3100 L
60	valent	3720 L
70	valent	4340 L
80	valent	4960 L
90	valent	5580 L
100	valent	6200 L
200	valent	12400 L
300	valent	18600 L
400	valent	24800 L
500	valent	31000 L
600	valent	37200 L
700	valent	43400 L
800	valent	49600 L
900	valent	55800 L
1000	valent	62000 L
2000	valent	124000 L
3000	valent	186000 L
4000	valent	248000 L
5000	valent	310000 L
6000	valent	372000 L
7000	valent	434000 L
8000	valent	496000 L
9000	valent	558000 L
10000	valent	620000 L
20000	valent	1240000 L
30000	valent	1860000 L

Les 3 quarts	46	L	10	ſ		
le demi	31	L				
le quart	15	L	10	ſ		
le huitiéme	7	L	15	ſ		
Les 2 tiers	41	L	6	ſ	8	d
le tiers	20	L	13	ſ	4	d
le ſixiéme	10	L	6	ſ	8	d
le douziéme	5	L	3	ſ	4	d

A 62 L. par Jour, pour 1 An revient à 22630 L

A 63 Livres la chose.

2	valent	126 L
3	valent	189 L
4	valent	252 L
5	valent	315 L
6	valent	378 L
7	valent	441 L
8	valent	504 L
9	valent	567 L
10	valent	630 L
11	valent	693 L
12	valent	756 L
13	valent	819 L
14	valent	882 L
15	valent	945 L
16	valent	1008 L
17	valent	1071 L
18	valent	1134 L
19	valent	1197 L
20	valent	1260 L
21	valent	1323 L
22	valent	1386 L
23	valent	1449 L
24	valent	1512 L
25	valent	1575 L
26	valent	1638 L
27	valent	1701 L
28	valent	1764 L
29	valent	1827 L
30	valent	1890 L
31	valent	1953 L
32	valent	2016 L
33	valent	2079 L
34	valent	2142 L
35	valent	2205 L
36	valent	2268 L
37	valent	2331 L
38	valent	2394 L
39	valent	2457 L
40	valent	2520 L
50	valent	3150 L
60	valent	3780 L
70	valent	4410 L
80	valent	5040 L
90	valent	5670 L
100	valent	6300 L
200	valent	12600 L
300	valent	18900 L
400	valent	25200 L
500	valent	31500 L
600	valent	37800 L
700	valent	44100 L
800	valent	50400 L
900	valent	56700 L
1000	valent	63000 L
2000	valent	126000 L
3000	valent	189000 L
4000	valent	252000 L
5000	valent	315000 L
6000	valent	378000 L
7000	valent	441000 L
8000	valent	504000 L
9000	valent	567000 L
10000	valent	630000 L
20000	valent	1260000 L
30000	valent	1890000 L

Les 3 quarts	47 L 5 f
le demi	31 L 10 f
le quart	15 L 15 f
le huitiéme	7 L 17 f 6 d
Les 2 tiers	42 L
le tiers	21 L
le fixiéme	10 L 10 f
le douziéme	5 L 5 f

A 63 L par Jour, pour 1 An revient à 22995 L

A 64 Livres la chose.

2	valent	128 L
3	valent	192 L
4	valent	256 L
5	valent	320 L
6	valent	384 L
7	valent	448 L
8	valent	512 L
9	valent	576 L
10	valent	640 L
11	valent	704 L
12	valent	768 L
13	valent	832 L
14	valent	896 L
15	valent	960 L
16	valent	1024 L
17	valent	1088 L
18	valent	1152 L
19	valent	1216 L
20	valent	1280 L
21	valent	1344 L
22	valent	1408 L
23	valent	1472 L
24	valent	1536 L
25	valent	1600 L
26	valent	1664 L
27	valent	1728 L
28	valent	1792 L
29	valent	1856 L
30	valent	1920 L
31	valent	1984 L
32	valent	2048 L
33	valent	2112 L
34	valent	2176 L
35	valent	2240 L
36	valent	2304 L
37	valent	2368 L
38	valent	2432 L

39	valent	2496 L
40	valent	2560 L
50	valent	3200 L
60	valent	3840 L
70	valent	4480 L
80	valent	5120 L
90	valent	5760 L
100	valent	6400 L
200	valent	12800 L
300	valent	19200 L
400	valent	25600 L
500	valent	32000 L
600	valent	38400 L
700	valent	44800 L
800	valent	51200 L
900	valent	57600 L
1000	valent	64000 L
2000	valent	128000 L
3000	valent	192000 L
4000	valent	256000 L
5000	valent	320000 L
6000	valent	384000 L
7000	valent	448000 L
8000	valent	512000 L
9000	valent	576000 L
10000	valent	640000 L
20000	valent	1280000 L
30000	valent	1920000 L

Les 3 quarts	48 L
le demi	32 L
le quart	16 L
le huitiéme	8 L
Les 2 tiers	42 L 13 ſ 4 d
le tiers	21 L 6 ſ 8 d
le ſixiéme	10 L 13 ſ 4 d
le douziéme	5 L 6 ſ 8 d

A 64 L par Jour, pour 1 An revient à 23360 L

A 65 Livres la choſe.

2 valent	130 L
3 valent	195 L
4 valent	260 L
5 valent	325 L
6 valent	390 L
7 valent	455 L
8 valent	520 L
9 valent	585 L
10 valent	650 L
11 valent	715 L
12 valent	780 L
13 valent	845 L
14 valent	910 L
15 valent	975 L
16 valent	1040 L
17 valent	1105 L
18 valent	1170 L
19 valent	1235 L
20 valent	1300 L
21 valent	1365 L
22 valent	1430 L
23 valent	1495 L
24 valent	1560 L
25 valent	1625 L
26 valent	1690 L
27 valent	1755 L
28 valent	1820 L
29 valent	1885 L
30 valent	1950 L
31 valent	2015 L
32 valent	2080 L
33 valent	2145 L
34 valent	2210 L
35 valent	2275 L
36 valent	2340 L
37 valent	2405 L
38 valent	2470 L
39 valent	2535 L
40 valent	2600 L
50 valent	3250 L
60 valent	3900 L
70 valent	4550 L
80 valent	5200 L
90 valent	5850 L
100 valent	6500 L
200 valent	13000 L
300 valent	19500 L
400 valent	26000 L
500 valent	32500 L
600 valent	39000 L
700 valent	45500 L
800 valent	52000 L
900 valent	58500 L
1000 valent	65000 L
2000 valent	130000 L
3000 valent	195000 L
4000 valent	260000 L
5000 valent	325000 L
6000 valent	390000 L
7000 valent	455000 L
8000 valent	520000 L
9000 valent	585000 L
10000 valent	650000 L
20000 valent	1300000 L
30000 valent	1950000 L

Les 3 quarts	48 L	15 ſ		
le demi	32 L	10 ſ		
le quart	16 L	5 ſ		
le huitiéme	8 L	2 ſ	6 d	
Les 2 tiers	43 L	6 ſ	8 d	
le tiers	21 L	13 ſ	4 d	
le ſixiéme	10 L	16 ſ	8 d	
le douziéme	5 L	8 ſ	4 d	

A 65 L par Jour, pour 1 An revient à 23725 L

A 66 Livres la chose.

2 valent	132 L
3 valent	198 L
4 valent	264 L
5 valent	330 L
6 valent	396 L
7 valent	462 L
8 valent	528 L
9 valent	594 L
10 valent	660 L
11 valent	726 L
12 valent	792 L
13 valent	858 L
14 valent	924 L
15 valent	990 L
16 valent	1056 L
17 valent	1122 L
18 valent	1188 L
19 valent	1254 L
20 valent	1320 L
21 valent	1386 L
22 valent	1452 L
23 valent	1518 L
24 valent	1584 L
25 valent	1650 L
26 valent	1716 L
27 valent	1782 L
28 valent	1848 L
29 valent	1914 L
30 valent	1980 L
31 valent	2046 L
32 valent	2112 L
33 valent	2178 L
34 valent	2244 L
35 valent	2310 L
36 valent	2376 L
37 valent	2442 L
38 valent	2508 L
39 valent	2574 L
40 valent	2640 L
50 valent	3300 L
60 valent	3960 L
70 valent	4620 L
80 valent	5280 L
90 valent	5940 L
100 valent	6600 L
200 valent	13200 L
300 valent	19800 L
400 valent	26400 L
500 valent	33000 L
600 valent	39600 L
700 valent	46200 L
800 valent	52800 L
900 valent	59400 L
1000 valent	66000 L
2000 valent	132000 L
3000 valent	198000 L
4000 valent	264000 L
5000 valent	330000 L
6000 valent	396000 L
7000 valent	462000 L
8000 valent	528000 L
9000 valent	594000 L
10000 valent	660000 L
20000 valent	1320000 L
30000 valent	1980000 L

Les 3 quarts	49 L	10 ſ
le demi	33 L	
le quart	16 L	10 ſ
le huitiéme	8 L	5 ſ
Les 2 tiers	44 L	
le tiers	22 L	
le ſixiéme	11 L	
le douziéme	5 L	10 ſ

A 66 L par Jour, pour 1 An revient à 24090 L

2 valent	134 L
3 valent	201 L
4 valent	268 L
5 valent	335 L
6 valent	402 L
7 valent	469 L
8 valent	536 L
9 valent	603 L
10 valent	670 L
11 valent	737 L
12 valent	804 L
13 valent	871 L
14 valent	938 L
15 valent	1005 L
16 valent	1072 L
17 valent	1139 L
18 valent	1206 L
19 valent	1273 L
20 valent	1340 L
21 valent	1407 L
22 valent	1474 L
23 valent	1541 L
24 valent	1608 L
25 valent	1675 L
26 valent	1742 L
27 valent	1809 L
28 valent	1876 L
29 valent	1943 L
30 valent	2010 L
31 valent	2077 L
32 valent	2144 L
33 valent	2211 L
34 valent	2278 L
35 valent	2345 L
36 valent	2412 L
37 valent	2479 L
38 valent	2546 L
39 valent	2613 L
40 valent	2680 L
50 valent	3350 L
60 valent	4020 L
70 valent	4690 L
80 valent	5360 L
90 valent	6030 L
100 valent	6700 L
200 valent	13400 L
300 valent	20100 L
400 valent	26800 L
500 valent	33500 L
600 valent	40200 L
700 valent	46900 L
800 valent	53600 L
900 valent	60300 L
1000 valent	67000 L
2000 valent	134000 L
3000 valent	201000 L
4000 valent	268000 L
5000 valent	335000 L
6000 valent	402000 L
7000 valent	469000 L
8000 valent	536000 L
9000 valent	603000 L
10000 valent	670000 L
20000 valent	1340000 L
30000 valent	2010000 L

Les 3 quarts	50 L	5 ſ	
le demi	33 L	10 ſ	
le quart	16 L	15 ſ	
le huitiéme	8 L	7 ſ	6 d
Les 2 tiers	44 L	13 ſ	4 d
le tiers	22 L	6 ſ	8 d
le ſixiéme	11 L	3 ſ	4 d
le douziéme	5 L	11 ſ	8 d

A 67 L par Jour, pour 1 An revient à 24455 L

A 68 Livres la chose.

2	valent	136 L
3	valent	204 L
4	valent	272 L
5	valent	340 L
6	valent	408 L
7	valent	476 L
8	valent	544 L
9	valent	612 L
10	valent	680 L
11	valent	748 L
12	valent	816 L
13	valent	884 L
14	valent	952 L
15	valent	1020 L
16	valent	1088 L
17	valent	1156 L
18	valent	1224 L
19	valent	1292 L
20	valent	1360 L
21	valent	1428 L
22	valent	1496 L
23	valent	1564 L
24	valent	1632 L
25	valent	1700 L
26	valent	1768 L
27	valent	1836 L
28	valent	1904 L
29	valent	1972 L
30	valent	2040 L
31	valent	2108 L
32	valent	2176 L
33	valent	2244 L
34	valent	2312 L
35	valent	2380 L
36	valent	2448 L
37	valent	2516 L
38	valent	2584 L
39	valent	2652 L
40	valent	2720 L
50	valent	3400 L
60	valent	4080 L
70	valent	4760 L
80	valent	5440 L
90	valent	6120 L
100	valent	6800 L
200	valent	13600 L
300	valent	20400 L
400	valent	27200 L
500	valent	34000 L
600	valent	40800 L
700	valent	47600 L
800	valent	54400 L
900	valent	61200 L
1000	valent	68000 L
2000	valent	136000 L
3000	valent	204000 L
4000	valent	272000 L
5000	valent	340000 L
6000	valent	408000 L
7000	valent	476000 L
8000	valent	544000 L
9000	valent	612000 L
10000	valent	680000 L
20000	valent	1360000 L
30000	valent	2040000 L

Les 3 quarts	51 L		
le demi	34 L		
le quart	17 L		
le huitiéme	8 L	10 ſ	
Les 2 tiers	45 L	6 ſ	8 d
le tiers	22 L	13 ſ	4 d
le ſixiéme	11 L	6 ſ	8 d
le douziéme	5 L	13 ſ	4 d

A 68 L par Jour, pour 1 An revient à 24820 L

2 valent	138 L
3 valent	207 L
4 valent	276 L
5 valent	345 L
6 valent	414 L
7 valent	483 L
8 valent	552 L
9 valent	621 L
10 valent	690 L
11 valent	759 L
12 valent	828 L
13 valent	897 L
14 valent	966 L
15 valent	1035 L
16 valent	1104 L
17 valent	1173 L
18 valent	1242 L
19 valent	1311 L
20 valent	1380 L
21 valent	1449 L
22 valent	1518 L
23 valent	1587 L
24 valent	1656 L
25 valent	1725 L
26 valent	1794 L
27 valent	1863 L
28 valent	1932 L
29 valent	2001 L
30 valent	2070 L
31 valent	2139 L
32 valent	2208 L
33 valent	2277 L
34 valent	2346 L
35 valent	2415 L
36 valent	2484 L
37 valent	2553 L
38 valent	2622 L
39 valent	2691 L
40 valent	2760 L
50 valent	3450 L
60 valent	4140 L
70 valent	4830 L
80 valent	5520 L
90 valent	6210 L
100 valent	6900 L
200 valent	13800 L
300 valent	20700 L
400 valent	27600 L
500 valent	34500 L
600 valent	41400 L
700 valent	48300 L
800 valent	55200 L
900 valent	62100 L
1000 valent	69000 L
2000 valent	138000 L
3000 valent	207000 L
4000 valent	276000 L
5000 valent	345000 L
6000 valent	414000 L
7000 valent	483000 L
8000 valent	552000 L
9000 valent	621000 L
10000 valent	690000 L
20000 valent	1380000 L
30000 valent	2070000 L

Les 3 quarts	51 L 15 ſ
le demi	34 L 10 ſ
le quart	17 L 5 ſ
le huitiéme	8 L 12 ſ 6 d
Les 2 tiers	46 L
le tiers	23 L
le ſixiéme	11 L 10 ſ
le douziéme	5 L 15 ſ

A 69 L par Jour, pour 1 An revient à 25185 L

A 70 Livres la chose.

2	valent	140 L
3	valent	210 L
4	valent	280 L
5	valent	350 L
6	valent	420 L
7	valent	490 L
8	valent	560 L
9	valent	630 L
10	valent	700 L
11	valent	770 L
12	valent	840 L
13	valent	910 L
14	valent	980 L
15	valent	1050 L
16	valent	1120 L
17	valent	1190 L
18	valent	1260 L
19	valent	1330 L
20	valent	1400 L
21	valent	1470 L
22	valent	1540 L
23	valent	1610 L
24	valent	1680 L
25	valent	1750 L
26	valent	1820 L
27	valent	1890 L
28	valent	1960 L
29	valent	2030 L
30	valent	2100 L
31	valent	2170 L
32	valent	2240 L
33	valent	2310 L
34	valent	2380 L
35	valent	2450 L
36	valent	2520 L
37	valent	2590 L
38	valent	2660 L
39	valent	2730 L
40	valent	2800 L
50	valent	3500 L
60	valent	4200 L
70	valent	4900 L
80	valent	5600 L
90	valent	6300 L
100	valent	7000 L
200	valent	14000 L
300	valent	21000 L
400	valent	28000 L
500	valent	35000 L
600	valent	42000 L
700	valent	49000 L
800	valent	56000 L
900	valent	63000 L
1000	valent	70000 L
2000	valent	140000 L
3000	valent	210000 L
4000	valent	280000 L
5000	valent	350000 L
6000	valent	420000 L
7000	valent	490000 L
8000	valent	560000 L
9000	valent	630000 L
10000	valent	700000 L
20000	valent	1400000 L
30000	valent	2100000 L

Les 3 quarts	52 L 10 ſ
le demi	35 L
le quart	17 L 10 ſ
le huitiéme	8 L 15 ſ
Les 2 tiers	46 L 13 ſ 4 d
le tiers	23 L 6 ſ 8 d
le fixiéme	11 L 13 ſ 4 d
le douziéme	5 L 16 ſ 8 d

A 70 L par Jour, pour 1 An revient à 25550 L

A 71 Livres la choſe.

2 valent	142 L
3 valent	213 L
4 valent	284 L
5 valent	355 L
6 valent	426 L
7 valent	497 L
8 valent	568 L
9 valent	639 L
10 valent	710 L
11 valent	781 L
12 valent	852 L
13 valent	923 L
14 valent	994 L
15 valent	1065 L
16 valent	1136 L
17 valent	1207 L
18 valent	1278 L
19 valent	1349 L
20 valent	1420 L
21 valent	1491 L
22 valent	1562 L
23 valent	1633 L
24 valent	1704 L
25 valent	1775 L
26 valent	1846 L
27 valent	1917 L
28 valent	1988 L
29 valent	2059 L
30 valent	2130 L
31 valent	2201 L
32 valent	2272 L
33 valent	2343 L
34 valent	2414 L
35 valent	2485 L
36 valent	2556 L
37 valent	2627 L
38 valent	2698 L
39 valent	2769 L
40 valent	2840 L
50 valent	3550 L
60 valent	4260 L
70 valent	4970 L
80 valent	5680 L
90 valent	6390 L
100 valent	7100 L
200 valent	14200 L
300 valent	21300 L
400 valent	28400 L
500 valent	35500 L
600 valent	42600 L
700 valent	49700 L
800 valent	56800 L
900 valent	63900 L
1000 valent	71000 L
2000 valent	142000 L
3000 valent	213000 L
4000 valent	284000 L
5000 valent	355000 L
6000 valent	426000 L
7000 valent	497000 L
8000 valent	568000 L
9000 valent	639000 L
10000 valent	710000 L
20000 valent	1420000 L
30000 valent	2130000 L

Les 3 quarts	53 L 5 ſ
le demi	35 L 10 ſ
le quart	17 L 15 ſ
le huitiéme	8 L 17 ſ 6 d
Les 2 tiers	47 L 6 ſ 8 d
le tiers	23 L 13 ſ 4 d
le ſixiéme	11 L 16 ſ 8 d
le douziéme	5 L 18 ſ 4 d

A 71 L par Jour, pour 1 An revient à 25915 L.

A 72 Livres la chose.

2 valent	144 L
3 valent	216 L
4 valent	288 L
5 valent	360 L
6 valent	432 L
7 valent	504 L
8 valent	576 L
9 valent	648 L
10 valent	720 L
11 valent	792 L
12 valent	864 L
13 valent	936 L
14 valent	1008 L
15 valent	1080 L
16 valent	1152 L
17 valent	1224 L
18 valent	1296 L
19 valent	1368 L
20 valent	1440 L
21 valent	1512 L
22 valent	1584 L
23 valent	1656 L
24 valent	1728 L
25 valent	1800 L
26 valent	1872 L
27 valent	1944 L
28 valent	2016 L
29 valent	2088 L
30 valent	2160 L
31 valent	2232 L
32 valent	2304 L
33 valent	2376 L
34 valent	2448 L
35 valent	2520 L
36 valent	2592 L
37 valent	2664 L
38 valent	2736 L
39 valent	2808 L
40 valent	2880 L
50 valent	3600 L
60 valent	4320 L
70 valent	5040 L
80 valent	5760 L
90 valent	6480 L
100 valent	7200 L
200 valent	14400 L
300 valent	21600 L
400 valent	28800 L
500 valent	36000 L
600 valent	43200 L
700 valent	50400 L
800 valent	57600 L
900 valent	64800 L
1000 valent	72000 L
2000 valent	144000 L
3000 valent	216000 L
4000 valent	288000 L
5000 valent	360000 L
6000 valent	432000 L
7000 valent	504000 L
8000 valent	576000 L
9000 valent	648000 L
10000 valent	720000 L
20000 valent	1440000 L
30000 valent	2160000 L

Les 3 quarts	54 L
le demi	36 L
le quart	18 L
le huitiéme	9 L
Les 2 tiers	48 L
le tiers	24 L
le ſixiéme	12 L
le douziéme	6 L

A 72 L par Jour, pour 1 An revient à 26280 L

A 73 Livres la chose.

2 valent	146 L
3 valent	219 L
4 valent	292 L
5 valent	365 L
6 valent	438 L
7 valent	511 L
8 valent	584 L
9 valent	657 L
10 valent	730 L
11 valent	803 L
12 valent	876 L
13 valent	949 L
14 valent	1022 L
15 valent	1095 L
16 valent	1168 L
17 valent	1241 L
18 valent	1314 L
19 valent	1387 L
20 valent	1460 L
21 valent	1533 L
22 valent	1606 L
23 valent	1679 L
24 valent	1752 L
25 valent	1825 L
26 valent	1898 L
27 valent	1971 L
28 valent	2044 L
29 valent	2117 L
30 valent	2190 L
31 valent	2263 L
32 valent	2336 L
33 valent	2409 L
34 valent	2482 L
35 valent	2555 L
36 valent	2628 L
37 valent	2701 L
38 valent	2774 L

39 valent	2847 L
40 valent	2920 L
50 valent	3650 L
60 valent	4380 L
70 valent	5110 L
80 valent	5840 L
90 valent	6570 L
100 valent	7300 L
200 valent	14600 L
300 valent	21900 L
400 valent	29200 L
500 valent	36500 L
600 valent	43800 L
700 valent	51100 L
800 valent	58400 L
900 valent	65700 L
1000 valent	73000 L
2000 valent	146000 L
3000 valent	219000 L
4000 valent	292000 L
5000 valent	365000 L
6000 valent	438000 L
7000 valent	511000 L
8000 valent	584000 L
9000 valent	657000 L
10000 valent	730000 L
20000 valent	1460000 L
30000 valent	2190000 L

Les 3 quarts	54 L	15 ſ	
le demi	36 L	10 ſ	
le quart	18 L	5 ſ	
le huitiéme	9 L	2 ſ	6 d
Les 2 tiers	48 L	13 ſ	4 d
le tiers	24 L	6 ſ	8 d
le ſixiéme	12 L	3 ſ	4 d
le douziéme	6 L	1 ſ	8 d

A 73 L par Jour, pour 1 An revient à 26645 L

A 74 Livres la chose.

2	valent	148 L
3	valent	222 L
4	valent	296 L
5	valent	370 L
6	valent	444 L
7	valent	518 L
8	valent	592 L
9	valent	666 L
10	valent	740 L
11	valent	814 L
12	valent	888 L
13	valent	962 L
14	valent	1036 L
15	valent	1110 L
16	valent	1184 L
17	valent	1258 L
18	valent	1332 L
19	valent	1406 L
20	valent	1480 L
21	valent	1554 L
22	valent	1628 L
23	valent	1702 L
24	valent	1776 L
25	valent	1850 L
26	valent	1924 L
27	valent	1998 L
28	valent	2072 L
29	valent	2146 L
30	valent	2220 L
31	valent	2294 L
32	valent	2368 L
33	valent	2442 L
34	valent	2516 L
35	valent	2590 L
36	valent	2664 L
37	valent	2738 L
38	valent	2812 L
39	valent	2886 L
40	valent	2960 L
50	valent	3700 L
60	valent	4440 L
70	valent	5180 L
80	valent	5920 L
90	valent	6660 L
100	valent	7400 L
200	valent	14800 L
300	valent	22200 L
400	valent	29600 L
500	valent	37000 L
600	valent	44400 L
700	valent	51800 L
800	valent	59200 L
900	valent	66600 L
1000	valent	74000 L
2000	valent	148000 L
3000	valent	222000 L
4000	valent	296000 L
5000	valent	370000 L
6000	valent	444000 L
7000	valent	518000 L
8000	valent	592000 L
9000	valent	666000 L
10000	valent	740000 L
20000	valent	1480000 L
30000	valent	2220000 L

Les 3 quarts	55 L	10 ſ	
le demi	37 L		
le quart	18 L	10 ſ	
le huitiéme	9 L	5 ſ	
Les 2 tiers	49 L	6 ſ	8 d
le tiers	24 L	13 ſ	4 d
le ſixiéme	12 L	6 ſ	8 d
le douziéme	6 L	3 ſ	4 d

A 74 L par Jour, pour 1 An revient à 27010 L

A 75 Livres la chose.

2 valent	150 L
3 valent	225 L
4 valent	300 L
5 valent	375 L
6 valent	450 L
7 valent	525 L
8 valent	600 L
9 valent	675 L
10 valent	750 L
11 valent	825 L
12 valent	900 L
13 valent	975 L
14 valent	1050 L
15 valent	1125 L
16 valent	1200 L
17 valent	1275 L
18 valent	1350 L
19 valent	1425 L
20 valent	1500 L
21 valent	1575 L
22 valent	1650 L
23 valent	1725 L
24 valent	1800 L
25 valent	1875 L
26 valent	1950 L
27 valent	2025 L
28 valent	2100 L
29 valent	2175 L
30 valent	2250 L
31 valent	2325 L
32 valent	2400 L
33 valent	2475 L
34 valent	2550 L
35 valent	2625 L
36 valent	2700 L
37 valent	2775 L
38 valent	2850 L

39 valent	2925 L
40 valent	3000 L
50 valent	3750 L
60 valent	4500 L
70 valent	5250 L
80 valent	6000 L
90 valent	6750 L
100 valent	7500 L
200 valent	15000 L
300 valent	22500 L
400 valent	30000 L
500 valant	37500 L
600 valent	45000 L
700 valent	52500 L
800 valent	60000 L
900 valent	67500 L
1000 valent	75000 L
2000 valent	150000 L
3000 valent	225000 L
4000 valent	300000 L
5000 valent	375000 L
6000 valent	450000 L
7000 valent	525000 L
8000 valent	600000 L
9000 valent	675000 L
10000 valent	750000 L
20000 valent	1500000 L
30000 valent	2250000 L

Les 3 quarts	56 L 5 ſ
le demi	37 L 10 ſ
le quart	18 L 15 ſ
le huitiéme	9 L 7 ſ 6 d
Les 2 tiers	50 L
le tiers	25 L
le ſixiéme	12 L 10 ſ
le douziéme	6 L 5 ſ

A 75 L par Jour, pour 1 An revient à 27375 L.

A 76 Livres la chose.

2	valent	152 L
3	valent	228 L
4	valent	304 L
5	valent	380 L
6	valent	456 L
7	valent	532 L
8	valent	608 L
9	valent	684 L
10	valent	760 L
11	valent	836 L
12	valent	912 L
13	valent	988 L
14	valent	1064 L
15	valent	1140 L
16	valent	1216 L
17	valent	1292 L
18	valent	1368 L
19	valent	1444 L
20	valent	1520 L
21	valent	1596 L
22	valent	1672 L
23	valent	1748 L
24	valent	1824 L
25	valent	1900 L
26	valent	1976 L
27	valent	2052 L
28	valent	2128 L
29	valent	2204 L
30	valent	2280 L
31	valent	2356 L
32	valent	2432 L
33	valent	2508 L
34	valent	2584 L
35	valent	2660 L
36	valent	2736 L
37	valent	2812 L
38	valent	2888 L
39	valent	2964 L
40	valent	3040 L
50	valent	3800 L
60	valent	4560 L
70	valent	5320 L
80	valent	6080 L
90	valent	6840 L
100	valent	7600 L
200	valent	15200 L
300	valent	22800 L
400	valent	30400 L
500	valent	38000 L
600	valent	45600 L
700	valent	53200 L
800	valent	60800 L
900	valent	68400 L
1000	valent	76000 L
2000	valent	152000 L
3000	valent	228000 L
4000	valent	304000 L
5000	valent	380000 L
6000	valent	456000 L
7000	valent	532000 L
8000	valent	608000 L
9000	valent	684000 L
10000	valent	760000 L
20000	valent	1520000 L
30000	valent	2280000 L

Les 3 quarts	57 L
le demi	38 L
le quart	19 L
le huitiéme	9 L 10 ſ
Les 2 tiers	50 L 13 ſ 4 d
le tiers	25 L 6 ſ 8 d
le ſixiéme	12 L 13 ſ 4 d
le douziéme	6 L 6 ſ 8 d

A 76 L par Jour, pour 1 An revient à 27740 L

A 77 Livres la choſe.

2	valent	154 L
3	valent	231 L
4	valent	308 L
5	valent	385 L
6	valent	462 L
7	valent	539 L
8	valent	616 L
9	valent	693 L
10	valent	770 L
11	valent	847 L
12	valent	924 L
13	valent	1001 L
14	valent	1078 L
15	valent	1155 L
16	valent	1232 L
17	valent	1309 L
18	valent	1386 L
19	valent	1463 L
20	valent	1540 L
21	valent	1617 L
22	valent	1694 L
23	valent	1771 L
24	valent	1848 L
25	valent	1925 L
26	valent	2002 L
27	valent	2079 L
28	valent	2156 L
29	valent	2233 L
30	valent	2310 L
31	valent	2387 L
32	valent	2464 L
33	valent	2541 L
34	valent	2618 L
35	valent	2695 L
36	valent	2772 L
37	valent	2849 L
38	valent	2926 L
39	valent	3003 L
40	valent	3080 L
50	valent	3850 L
60	valent	4620 L
70	valent	5390 L
80	valent	6160 L
90	valent	6930 L
100	valent	7700 L
200	valent	15400 L
300	valent	23100 L
400	valent	30800 L
500	valent	38500 L
600	valent	46200 L
700	valent	53900 L
800	valent	61600 L
900	valent	69300 L
1000	valent	77000 L
2000	valent	154000 L
3000	valent	231000 L
4000	valent	308000 L
5000	valent	385000 L
6000	valent	462000 L
7000	valent	539000 L
8000	valent	616000 L
9000	valent	693000 L
10000	valent	770000 L
20000	valent	1540000 L
30000	valent	2310000 L

Les 3 quarts	57 L	15 ſ	
le demi	38 L	10 ſ	
le quart	19 L	5 ſ	
le huitiéme	9 L	12 ſ	6 d
Les 2 tiers	51 L	6 ſ	8 d
le tiers	25 L	13 ſ	4 d
le ſixiéme	12 L	16 ſ	8 d
le douziéme	6 L	8 ſ	4 d

A 77 L par Jour, pour 1 An revient à 28105 L

A 78 Livres la choſe,

2	valent	156 L
3	valent	234 L
4	valent	312 L
5	valent	390 L
6	valent	468 L
7	valent	546 L
8	valent	624 L
9	valent	702 L
10	valent	780 L
11	valent	858 L
12	valent	936 L
13	valent	1014 L
14	valent	1092 L
15	valent	1170 L
16	valent	1248 L
17	valent	1326 L
18	valent	1404 L
19	valent	1482 L
20	valent	1560 L
21	valent	1638 L
22	valent	1716 L
23	valent	1794 L
24	valent	1872 L
25	valent	1950 L
26	valent	2028 L
27	valent	2106 L
28	valent	2184 L
29	valent	2262 L
30	valent	2340 L
31	valent	2418 L
32	valent	2496 L
33	valent	2574 L
34	valent	2652 L
35	valent	2730 L
36	valent	2808 L
37	valent	2886 L
38	valent	2964 L
39	valent	3042 L
40	valent	3120 L
50	valent	3900 L
60	valent	4680 L
70	valent	5460 L
80	valent	6240 L
90	valent	7020 L
100	valent	7800 L
200	valent	15600 L
300	valent	23400 L
400	valent	31200 L
500	valent	39000 L
600	valent	46800 L
700	valent	54600 L
800	valent	62400 L
900	valent	70200 L
1000	valent	78000 L
2000	valent	156000 L
3000	valent	234000 L
4000	valent	312000 L
5000	valent	390000 L
6000	valent	468000 L
7000	valent	546000 L
8000	valent	624000 L
9000	valent	702000 L
10000	valent	780000 L
20000	valent	1560000 L
30000	valent	2340000 L

Les 3 quarts	58 L	10 ſ
le demi	39 L	
le quart	19 L	10 ſ
le huitiéme	9 L	15 ſ
Les 2 tiers	52 L	
le tiers	26 L	
le ſixiéme	13 L	
le douziéme	6 L	10 ſ

A 78 L par Jour, pour un An revient à 28470 L

2 valent	158 L
3 valent	237 L
4 valent	316 L
5 valent	395 L
6 valent	474 L
7 valent	553 L
8 valent	632 L
9 valent	711 L
10 valent	790 L
11 valent	869 L
12 valent	948 L
13 valent	1027 L
14 valent	1106 L
15 valent	1185 L
16 valent	1264 L
17 valent	1343 L
18 valent	1422 L
19 valent	1501 L
20 valent	1580 L
21 valent	1659 L
22 valent	1738 L
23 valent	1817 L
24 valent	1896 L
25 valent	1975 L
26 valent	2054 L
27 valent	2133 L
28 valent	2212 L
29 valent	2291 L
30 valent	2370 L
31 valent	2449 L
32 valent	2528 L
33 valent	2607 L
34 valent	2686 L
35 valent	2765 L
36 valent	2844 L
37 valent	2923 L
38 valent	3002 L
39 valent	3081 L
40 valent	3160 L
50 valent	3950 L
60 valent	4740 L
70 valent	5530 L
80 valent	6320 L
90 valent	7110 L
100 valent	7900 L
200 valent	15800 L
300 valent	23700 L
400 valent	31600 L
500 valent	39500 L
600 valent	47400 L
700 valent	55300 L
800 valent	63200 L
900 valent	71100 L
1000 valent	79000 L
2000 valent	158000 L
3000 valent	237000 L
4000 valent	316000 L
5000 valent	395000 L
6000 valent	474000 L
7000 valent	553000 L
8000 valent	632000 L
9000 valent	711000 L
10000 valent	790000 L
20000 valent	1580000 L
30000 valent	2370000 L

Les 3 quarts	59 L	5 ſ	
le demi	39 L	10 ſ	
le quart	19 L	15 ſ	
le huitiéme	9 L	17 ſ	6 d
Les 2 tiers	52 L	13 ſ	4 d
le tiers	26 L	6 ſ	8 d
le ſixiéme	13 L	3 ſ	4 d
le douziéme	6 L	11 ſ	8 d

A 79 L par Jour, pour 1 An revient à 28835 L

2	valent	160 L
3	valent	240 L
4	valent	320 L
5	valent	400 L
6	valent	480 L
7	valent	560 L
8	valent	640 L
9	valent	720 L
10	valent	800 L
11	valent	880 L
12	valent	960 L
13	valent	1040 L
14	valent	1120 L
15	valent	1200 L
16	valent	1280 L
17	valent	1360 L
18	valent	1440 L
19	valent	1520 L
20	valent	1600 L
21	valent	1680 L
22	valent	1760 L
23	valent	1840 L
24	valent	1920 L
25	valent	2000 L
26	valent	2080 L
27	valent	2160 L
28	valent	2240 L
29	valent	2320 L
30	valent	2400 L
31	valent	2480 L
32	valent	2560 L
33	valent	2640 L
34	valent	2720 L
35	valent	2800 L
36	valent	2880 L
37	valent	2960 L
38	valent	3040 L
39	valent	3120 L
40	valent	3200 L
50	valent	4000 L
60	valent	4800 L
70	valent	5600 L
80	valent	6400 L
90	valent	7200 L
100	valent	8000 L
200	valent	16000 L
300	valent	24000 L
400	valent	32000 L
500	valent	40000 L
600	valent	48000 L
700	valent	56000 L
800	valent	64000 L
900	valent	72000 L
1000	valent	80000 L
2000	valent	160000 L
3000	valent	240000 L
4000	valent	320000 L
5000	valent	400000 L
6000	valent	480000 L
7000	valent	560000 L
8000	valent	640000 L
9000	valent	720000 L
10000	valent	800000 L
20000	valent	1600000 L
30000	valent	2400000 L

Les 3 quarts	60 L
le demi	40 L
le quart	20 L
le huitiéme	10 L
Les 2 tiers	53 L 6 ſ 8 d
le tiers	26 L 13 ſ 4 d
le ſixiéme	13 L 6 ſ 8 d
le douziéme	6 L 13 ſ 4 d

A 80 L par Jour, pour 1 An revient à 29200 L

2 valent	162 L	39 valent	3159 L
3 valent	243 L	40 valent	3240 L
4 valent	324 L	50 valent	4050 L
5 valent	405 L	60 valent	4860 L
6 valent	486 L	70 valent	5670 L
7 valent	567 L	80 valent	6480 L
8 valent	648 L	90 valent	7290 L
9 valent	729 L	100 valent	8100 L
10 valent	810 L	200 valent	16200 L
11 valent	891 L	300 valent	24300 L
12 valent	972 L	400 valent	32400 L
13 valent	1053 L	500 valent	40500 L
14 valent	1134 L	600 valent	48600 L
15 valent	1215 L	700 valent	56700 L
16 valent	1296 L	800 valent	64800 L
17 valent	1377 L	900 valent	72900 L
18 valent	1458 L	1000 valent	81000 L
19 valent	1539 L	2000 valent	162000 L
20 valent	1620 L	3000 valent	243000 L
21 valent	1701 L	4000 valent	324000 L
22 valent	1782 L	5000 valent	405000 L
23 valent	1863 L	6000 valent	486000 L
24 valent	1944 L	7000 valent	567000 L
25 valent	2025 L	8000 valent	648000 L
26 valent	2106 L	9000 valent	729000 L
27 valent	2187 L	10000 valent	810000 L
28 valent	2268 L	20000 valent	1620000 L
29 valent	2349 L	30000 valent	2430000 L
30 valent	2430 L		
31 valent	2511 L	Les 3 quarts	60 L 15 ſ
32 valent	2592 L	le demi	40 L 10 ſ
33 valent	2673 L	le quart	20 L 5 ſ
34 valent	2754 L	le huitiéme	10 L 2 ſ 6 di
35 valent	2835 L	Les 2 tiers	54 L
36 valent	2916 L	le tiers	27 L
37 valent	2997 L	le ſixiéme	13 L 10 ſ
38 valent	3078 L	le douziéme	6 L 15 ſ

A 81 L par Jour, pour 1 An revient à 29565 L

2 valent	164 L
3 valent	246 L
4 valent	328 L
5 valent	410 L
6 valent	492 L
7 valent	574 L
8 valent	656 L
9 valent	738 L
10 valent	820 L
11 valent	902 L
12 valent	984 L
13 valent	1066 L
14 valent	1148 L
15 valent	1230 L
16 valent	1312 L
17 valent	1394 L
18 valent	1476 L
19 valent	1558 L
20 valent	1640 L
21 valent	1722 L
22 valent	1804 L
23 valent	1886 L
24 valent	1968 L
25 valent	2050 L
26 valent	2132 L
27 valent	2214 L
28 valent	2296 L
29 valent	2378 L
30 valent	2460 L
31 valent	2542 L
32 valent	2624 L
33 valent	2706 L
34 valent	1788 L
35 valent	2870 L
36 valent	2952 L
37 valent	3034 L
38 valent	3116 L

39 valent	3198 L
40 valent	3280 L
50 valent	4100 L
60 valent	4920 L
70 valent	5740 L
80 valent	6560 L
90 valent	7380 L
100 valent	8200 L
200 valent	16400 L
300 valent	24600 L
400 valent	32800 L
500 valent	41000 L
600 valent	49200 L
700 valent	57400 L
800 valent	65600 L
900 valent	73800 L
1000 valent	82000 L
2000 valent	164000 L
3000 valent	246000 L
4000 valent	328000 L
5000 valent	410000 L
6000 valent	492000 L
7000 valent	574000 L
8000 valent	656000 L
9000 valent	738000 L
10000 valent	820000 L
20000 valent	1640000 L
30000 valent	2460000 L

Les 3 quarts	61 L	10 ſ	
le demi	41 L		
le quart	20 L	10 ſ	
le huitiéme	10 L	5 ſ	
Les 2 tiers	54 L	13 ſ	4 d
le tiers	27 L	6 ſ	8 d
le ſixiéme	13 L	13 ſ	4 d
le douziéme	6 L	16 ſ	8 d

A 82 L par Jour, pour 1 An revient à 29930 L

A 83 Livres la choſe.

2 valent	166 L	39 valent	3237 L
3 valent	249 L	40 valent	3320 L
4 valent	332 L	50 valent	4150 L
5 valent	415 L	60 valent	4980 L
6 valent	498 L	70 valent	5810 L
7 valent	581 L	80 valent	6640 L
8 valent	664 L	90 valent	7470 L
9 valent	747 L	100 valent	8300 L
10 valent	830 L	200 valent	16600 L
11 valent	913 L	300 valent	24900 L
12 valent	996 L	400 valent	33200 L
13 valent	1079 L	500 valent	41500 L
14 valent	1162 L	600 valent	49800 L
15 valent	1245 L	700 valent	58100 L
16 valent	1328 L	800 valent	66400 L
17 valent	1411 L	900 valent	74700 L
18 valent	1494 L	1000 valent	83000 L
19 valent	1577 L	2000 valent	166000 L
20 valent	1660 L	3000 valent	249000 L
21 valent	1743 L	4000 valent	332000 L
22 valent	1826 L	5000 valent	415000 L
23 valent	1909 L	6000 valent	498000 L
24 valent	1992 L	7000 valent	581000 L
25 valent	2075 L	8000 valent	664000 L
26 valent	2158 L	9000 valent	747000 L
27 valent	2241 L	10000 valent	830000 L
28 valent	2324 L	20000 valent	1660000 L
29 valent	2407 L	30000 valent	2490000 L
30 valent	2490 L		
31 valent	2573 L	Les 3 quarts	62 L 5 ſ
32 valent	2656 L	le demi	41 L 10 ſ
33 valent	2739 L	le quart	20 L 15 ſ
34 valent	2822 L	le huitiéme	10 L 7 ſ 6 d
35 valent	2905 L	Les 2 tiers	55 L 6 ſ 8 d
36 valent	2988 L	le tiers	27 L 13 ſ 4 d
37 valent	3071 L	le ſixiéme	13 L 16 ſ 8 d
38 valent	3154 L	le douziéme	6 L 18 ſ 4 d

A 83 L par Jour, pour 1 An revient à 30295 L

A 84 Livres la chose.

2 valent	168 L
3 valent	252 L
4 valent	336 L
5 valent	420 L
6 valent	504 L
7 valent	588 L
8 valent	672 L
9 valent	756 L
10 valent	840 L
11 valent	924 L
12 valent	1008 L
13 valent	1092 L
14 valent	1176 L
15 valent	1260 L
16 valent	1344 L
17 valent	1428 L
18 valent	1512 L
19 valent	1596 L
20 valent	1680 L
21 valent	1764 L
22 valent	1848 L
23 valent	1932 L
24 valent	2016 L
25 valent	2100 L
26 valent	2184 L
27 valent	2268 L
28 valent	2352 L
29 valent	2436 L
30 valent	2520 L
31 valent	2604 L
32 valent	2688 L
33 valent	2772 L
34 valent	2856 L
35 valent	2940 L
36 valent	3024 L
37 valent	3108 L
38 valent	3192 L
39 valent	3276 L
40 valent	3360 L
50 valent	4200 L
60 valent	5040 L
70 valent	5880 L
80 valent	6720 L
90 valent	7560 L
100 valent	8400 L
200 valent	16800 L
300 valent	25200 L
400 valent	33600 L
500 valent	42000 L
600 valent	50400 L
700 valent	58800 L
800 valent	67200 L
900 valent	75600 L
1000 valent	84000 L
2000 valent	168000 L
3900 valent	252000 L
4000 valent	336000 L
5000 valent	420000 L
6000 valent	504000 L
7000 valent	588000 L
8000 valent	672000 L
9000 valent	756000 L
10000 valent	840000 L
20000 valent	1680000 L
30000 valent	2520000 L

Les 3 quarts	63 L
le demi	42 L
le quart	21 L
le huitiéme	10 L 10 ſ.
Les 2 tiers	56 L
le tiers	28 L
le ſixiéme	14 L
le douziéme	7 L

A 84 L par Jour, pour 1 An revient à 30660 L.

A 85 Livres la chose.

2 valent	170 L
3 valent	255 L
4 valent	340 L
5 valent	425 L
6 valent	510 L
7 valent	595 L
8 valent	680 L
9 valent	765 L
10 valent	850 L
11 valent	935 L
12 valent	1020 L
13 valent	1105 L
14 valent	1190 L
15 valent	1275 L
16 valent	1360 L
17 valent	1445 L
18 valent	1530 L
19 valent	1615 L
20 valent	1700 L
21 valent	1785 L
22 valent	1870 L
23 valent	1955 L
24 valent	2040 L
25 valent	2125 L
26 valent	2210 L
27 valent	2295 L
28 valent	2380 L
29 valent	2465 L
30 valent	2550 L
31 valent	2635 L
32 valent	2720 L
33 valent	2805 L
34 valent	2890 L
35 valent	2975 L
36 valent	3060 L
37 valent	3145 L
38 valent	3230 L
39 valent	3315 L
40 valent	3400 L
50 valent	4250 L
60 valent	5100 L
70 valent	5950 L
80 valent	6800 L
90 valent	7650 L
100 valent	8500 L
200 valent	17000 L
300 valent	25500 L
400 valent	34000 L
500 valent	42500 L
600 valent	51000 L
700 valent	59500 L
800 valent	68000 L
900 valent	76500 L
1000 valent	85000 L
2000 valent	170000 L
3000 valent	255000 L
4000 valent	340000 L
5000 valent	425000 L
6000 valent	510000 L
7000 valent	595000 L
8000 valent	680000 L
9000 valent	765000 L
10000 valent	850000 L
20000 valent	1700000 L
30000 valent	2550000 L

Les 3 quarts	63 L 15 ſ
le demi	42 L 10 ſ
le quart	21 L 5 ſ
le huitiéme	10 L 12 ſ 6 d
Les 2 tiers	56 L 13 ſ 4 d
le tiers	28 L 6 ſ 8 d
le ſixiéme	14 L 3 ſ 4 d
le douziéme	7 L 1 ſ 8 d

A 85 L par Jour, pour 1 An revient à 31025 L

A 86 Livres la chose.

2 valent	172 L	39 valent	3354 L.
3 valent	258 L	40 valent	3440 L.
4 valent	344 L	50 valent	4300 L.
5 valent	430 L	60 valent	5160 L.
6 valent	516 L	70 valent	6020 L.
7 valent	602 L	80 valent	6880 L.
8 valent	688 L	90 valent	7740 L.
9 valent	774 L	100 valent	8600 L.
10 valent	860 L	200 valent	17200 L.
11 valent	946 L	300 valent	25800 L.
12 valent	1032 L	400 valent	34400 L.
13 valent	1118 L	500 valent	43000 L.
14 valent	1204 L.	600 valent	51600 L.
15 valent	1290 L	700 valent	60200 L.
16 valent	1376 L.	800 valent	68800 L.
17 valent	1462 L	900 valent	77400 L.
18 valent	1548 L	1000 valent	86000 L.
19 valent	1634 L	2000 valent	172000 L.
20 valent	1720 L	3000 valent	258000 L.
21 valent	1806 L	4000 valent	344000 L.
22 valent	1892 L.	5000 valent	430000 L.
23 valent	1978 L	6000 valent	516000 L.
24 valent	2064 L	7000 valent	602000 L.
25 valent	2150 L	8000 valent	688000 L
26 valent	2236 L.	9000 valent	774000 L.
27 valent	2322 L	10000 valent	860000 L
28 valent	2408 L	20000 valent	1720000 L.
29 valent	2494 L.	30000 valent	2580000 L
30 valent	2580 L		
31 valent	2666 L.	Les 3 quarts	64 L. 10 ſ
32 valent	2752 L.	le demi	43 L
33 valent	2838 L	le quart	21 L 10 ſ
34 valent	2924 L.	le huitiéme	10 L 15 ſ
35 valent	3010 L.	Les 2 tiers	57 L 6 ſ 8 d
36 valent	3096 L.	le tiers	28 L 13 ſ 4 d
37 valent	3182 L	le sixiéme	14 L 6 ſ 8 d
38 valent	3268 L	le douziéme	7 L 3 ſ 4 d

A 86 L par Jour, pour 1 An revient à 31390 L.

2 valent	174 L
3 valent	261 L
4 valent	348 L
5 valent	435 L
6 valent	522 L
7 valent	609 L
8 valent	696 L
9 valent	783 L
10 valent	870 L
11 valent	957 L
12 valent	1044 L
13 valent	1131 L
14 valent	1218 L
15 valent	1305 L
16 valent	1392 L
17 valent	1479 L
18 valent	1566 L
19 valent	1653 L
20 valent	1740 L
21 valent	1827 L
22 valent	1914 L
23 valent	2001 L
24 valent	2088 L
25 valent	2175 L
26 valent	2262 L
27 valent	2349 L
28 valent	2436 L
29 valent	2523 L
30 valent	2610 L
31 valent	2697 L
32 valent	2784 L
33 valent	2871 L
34 valent	2958 L
35 valent	3045 L
36 valent	3132 L
37 valent	3219 L
38 valent	3306 L
39 valent	3393 L
40 valent	3480 L
50 valent	4350 L
60 valent	5220 L
70 valent	6090 L
80 valent	6960 L
90 valent	7830 L
100 valent	8700 L
200 valent	17400 L
300 valent	26100 L
400 valent	34800 L
500 valent	43500 L
600 valent	52200 L
700 valent	60900 L
800 valent	69600 L
900 valent	78300 L
1000 valent	87000 L
2000 valent	174000 L
3000 valent	261000 L
4000 valent	348000 L
5000 valent	435000 L
6000 valent	522000 L
7000 valent	609000 L
8000 valent	696000 L
9000 valent	783000 L
10000 valent	870000 L
20000 valent	1740000 L
30000 valent	2610000 L

Les 3 quarts	65 L 5 ſ
le demi	43 L 10 ſ
le quart	21 L 15 ſ
le huitiéme	10 L 17 ſ 6 d
Les 2 tiers	58 L
le tiers	29 L
le ſixiéme	14 L 10 ſ
le douziéme	7 L 5 ſ

A 87 L par Jour, pour 1 An revient à 31755 L

A 88 Livres la chose.

2	valent	176 L
3	valent	264 L
4	valent	352 L
5	valent	440 L
6	valent	528 L
7	valent	616 L
8	valent	704 L
9	valent	792 L
10	valent	880 L
11	valent	968 L
12	valent	1056 L
13	valent	1144 L
14	valent	1232 L
15	valent	1320 L
16	valent	1408 L
17	valent	1496 L
18	valent	1584 L
19	valent	1672 L
20	valent	1760 L
21	valent	1848 L
22	valent	1936 L
23	valent	2024 L
24	valent	2112 L
25	valent	2200 L
26	valent	2288 L
27	valent	2376 L
28	valent	2464 L
29	valent	2552 L
30	valent	2640 L
31	valent	2728 L
32	valent	2816 L
33	valent	2904 L
34	valent	2992 L
35	valent	3080 L
36	valent	3168 L
37	valent	3256 L
38	valent	3344 L
39	valent	3432 L
40	valent	3520 L
50	valent	4400 L
60	valent	5280 L
70	valent	6160 L
80	valent	7040 L
90	valent	7920 L
100	valent	8800 L
200	valent	17600 L
300	valent	26400 L
400	valent	35200 L
500	valent	44000 L
600	valent	52800 L
700	valent	61600 L
800	valent	70400 L
900	valent	79200 L
1000	valent	88000 L
2000	valent	176000 L
3000	valent	264000 L
4000	valent	352000 L
5000	valent	440000 L
6000	valent	528000 L
7000	valent	616000 L
8000	valent	704000 L
9000	valent	792000 L
10000	valent	880000 L
20000	valent	1760000 L
30000	valent	2640000 L

Les 3 quarts	66 L
le demi	44 L
le quart	22 L
le huitiéme	11 L
Les 2 tiers	58 L 13 ſ 4 d
le tiers	29 L 6 ſ 8 d
le ſixiéme	14 L 13 ſ 4 d
le douziéme	7 L 6 ſ 8 d

A 88 L par Jour, pour 1 An revient à 32120 L

A 89 Livres la chose.

2 valent	178	L
3 valent	267	L
4 valent	356	L
5 valent	445	L
6 valent	534	L
7 valent	623	L
8 valent	712	L
9 valent	801	L
10 valent	890	L
11 valent	979	L
12 valent	1068	L
13 valent	1157	L
14 valent	1246	L
15 valent	1335	L
16 valent	1424	L
17 valent	1513	L
18 valent	1602	L
19 valent	1691	L
20 valent	1780	L
21 valent	1869	L
22 valent	1958	L
23 valent	2047	L
24 valent	2136	L
25 valent	2225	L
26 valent	2314	L
27 valent	2403	L
28 valent	2492	L
29 valent	2581	L
30 valent	2670	L
31 valent	2759	L
32 valent	2848	L
33 valent	2937	L
34 valent	3026	L
35 valent	3115	L
36 valent	3204	L
37 valent	3293	L
38 valent	3382	L
39 valent	3471	L
40 valent	3560	L
50 valent	4450	L
60 valent	5340	L
70 valent	6230	L
80 valent	7120	L
90 valent	8010	L
100 valent	8900	L
200 valent	17800	L
300 valent	26700	L
400 valent	35600	L
500 valent	44500	L
600 valent	53400	L
700 valent	62300	L
800 valent	71200	L
900 valent	80100	L
1000 valent	89000	L
2000 valent	178000	L
3000 valent	267000	L
4000 valent	356000	L
5000 valent	445000	L
6000 valent	534000	L
7000 valent	623000	L
8000 valent	712000	L
9000 valent	801000	L
10000 valent	890000	L
20000 valent	1780000	L
30000 valent	2670000	L

Les 3 quarts	66 L	15 ſ	
le demi	44 L	10 ſ	
le quart	22 L	5 ſ	
le huitiéme	11 L	2 ſ	6 d
Les 2 tiers	59 L	6 ſ	8 d
le tiers	29 L	13 ſ	4 d
le ſixiéme	14 L	16 ſ	8 d
le douziéme	7 L	8 ſ	4 d

A 89 L par Jour, pour 1 An revient à 32485 L

2	valent	180 L
3	valent	270 L
4	valent	360 L
5	valent	450 L
6	valent	540 L
7	valent	630 L
8	valent	720 L
9	valent	810 L
10	valent	900 L
11	valent	990 L
12	valent	1080 L
13	valent	1170 L
14	valent	1260 L
15	valent	1350 L
16	valent	1440 L
17	valent	1530 L
18	valent	1620 L
19	valent	1710 L
20	valent	1800 L
21	valent	1890 L
22	valent	1980 L
23	valent	2070 L
24	valent	2160 L
25	valent	2250 L
26	valent	2340 L
27	valent	2430 L
28	valent	2520 L
29	valent	2610 L
30	valent	2700 L
31	valent	2790 L
32	valent	2880 L
33	valent	2970 L
34	valent	3060 L
35	valent	3150 L
36	valent	3240 L
37	valent	3330 L
38	valent	3420 L
39	valent	3510 L
40	valent	3600 L
50	valent	4500 L
60	valent	5400 L
70	valent	6300 L
80	valent	7200 L
90	valent	8100 L
100	valent	9000 L
200	valent	18000 L
300	valent	27000 L
400	valent	36000 L
500	valent	45000 L
600	valent	54000 L
700	valent	63000 L
800	valent	72000 L
900	valent	81000 L
1000	valent	90000 L
2000	valent	180000 L
3000	valent	270000 L
4000	valent	360000 L
5000	valent	450000 L
6000	valent	540000 L
7000	valent	630000 L
8000	valent	720000 L
9000	valent	810000 L
10000	valent	900000 L
20000	valent	1800000 L
30000	valent	2700000 L

Les 3 quarts	67 L	10 ſ
le demi	45 L	
le quart	22 L	10 ſ
le huitiéme	11 L	5 ſ
Les 2 tiers	60 L	
le tiers	30 L	
le ſixiéme	15 L	
le douziéme	7 L	10 ſ

A 90 L par Jour, pour un An revient à 32850 L.

2 valent	182 L
3 valent	273 L
4 valent	364 L
5 valent	455 L
6 valent	546 L
7 valent	637 L
8 valent	728 L
9 valent	819 L
10 valent	910 L
11 valent	1001 L
12 valent	1092 L
13 valent	1183 L
14 valent	1274 L
15 valent	1365 L
16 valent	1456 L
17 valent	1547 L
18 valent	1638 L
19 valent	1729 L
20 valent	1820 L
21 valent	1911 L
22 valent	2002 L
23 valent	2093 L
24 valent	2184 L
25 valent	2275 L
26 valent	2366 L
27 valent	2457 L
28 valent	2548 L
29 valent	2639 L
30 valent	2730 L
31 valent	2821 L
32 valent	2912 L
33 valent	3003 L
34 valent	3094 L
35 valent	3185 L
36 valent	3276 L
37 valent	3367 L
38 valent	3458 L
39 valent	3549 L
40 valent	3640 L
50 valent	4550 L
60 valent	5460 L
70 valent	6370 L
80 valent	7280 L
90 valent	8190 L
100 valent	9100 L
200 valent	18200 L
300 valent	27300 L
400 valent	36400 L
500 valent	45500 L
600 valent	54600 L
700 valent	63700 L
800 valent	72800 L
900 valent	81900 L
1000 valent	91000 L
2000 valent	182000 L
3000 valent	273000 L
4000 valent	364000 L
5000 valent	455000 L
6000 valent	546000 L
7000 valent	637000 L
8000 valent	728000 L
9000 valent	819000 L
10000 valent	910000 L
20000 valent	1820000 L
30000 valent	2730000 L

Les 3 quarts	68 L	5 ſ	
le demi	45 L	10 ſ	
le quart	22 L	15 ſ	
le huitiéme	11 L	7 ſ	6 d
Les 2 tiers	60 L	13 ſ	4 d
le tiers	30 L	6 ſ	8 d
le ſixiéme	15 L	3 ſ	4 d
le douziéme	7 L	11 ſ	8 d

A 91 L par Jour, pour 1 An revient à 33215 L.

A 92 Livres la choſe.

2	valent	184 L
3	valent	276 L
4	valent	368 L
5	valent	460 L
6	valent	552 L
7	valent	644 L
8	valent	736 L
9	valent	828 L
10	valent	920 L
11	valent	1012 L
12	valent	1104 L
13	valent	1196 L
14	valent	1288 L
15	valent	1380 L
16	valent	1472 L
17	valent	1564 L
18	valent	1656 L
19	valent	1748 L
20	valent	1840 L
21	valent	1932 L
22	valent	2024 L
23	valent	2116 L
24	valent	2208 L
25	valent	2300 L
26	valent	2392 L
27	valent	2484 L
28	valent	2576 L
29	valent	2668 L
30	valent	2760 L
31	valent	2852 L
32	valent	2944 L
33	valent	3036 L
34	valent	3128 L
35	valent	3220 L
36	valent	3312 L
37	valent	3404 L
38	valent	3496 L

39	valent	3588 L
40	valent	3680 L
50	valent	4600 L
60	valent	5520 L
70	valent	6440 L
80	valent	7360 L
90	valent	8280 L
100	valent	9200 L
200	valent	18400 L
300	valent	27600 L
400	valent	36800 L
500	valent	46000 L
600	valent	55200 L
700	valent	64400 L
800	valent	73600 L
900	valent	82800 L
1000	valent	92000 L
2000	valent	184000 L
3000	valent	276000 L
4000	valent	368000 L
5000	valent	460000 L
6000	valent	552000 L
7000	valent	644000 L
8000	valent	736000 L
9000	valent	828000 L
10000	valent	920000 L
20000	valent	1840000 L
30000	valent	2760000 L

Les 3 quarts	69 L
le demi	46 L
le quart	23 L
le huitiéme	11 L 10 ſ
Les 2 tiers	61 L 6 ſ 8 d
le tiers	30 L 13 ſ 4 d
le ſixiéme	15 L 6 ſ 8 d
le douziéme	7 L 13 ſ 4 d

A 92 L par Jour, pour 1 An revient à 33580 L

2 valent	186 L
3 valent	279 L
4 valent	372 L
5 valent	465 L
6 valent	558 L
7 valent	651 L
8 valent	744 L
9 valent	837 L
10 valent	930 L
11 valent	1023 L
12 valent	1116 L
13 valent	1209 L
14 valent	1302 L
15 valent	1395 L
16 valent	1488 L
17 valent	1581 L
18 valent	1674 L
19 valent	1767 L
20 valent	1860 L
21 valent	1953 L
22 valent	2046 L
23 valent	2139 L
24 valent	2232 L
25 valent	2325 L
26 valent	2418 L
27 valent	2511 L
28 valent	2604 L
29 valent	2697 L
30 valent	2790 L
31 valent	2883 L
32 valent	2976 L
33 valent	3069 L
34 valent	3162 L
35 valent	3255 L
36 valent	3348 L
37 valent	3441 L
38 valent	3534 L
39 valent	3627 L
40 valent	3720 L
50 valent	4650 L
60 valent	5580 L
70 valent	6510 L
80 valent	7440 L
90 valent	8370 L
100 valent	9300 L
200 valent	18600 L
300 valent	27900 L
400 valent	37200 L
500 valent	46500 L
600 valent	55800 L
700 valent	65100 L
800 valent	74400 L
900 valent	83700 L
1000 valent	93000 L
2000 valent	186000 L
3000 valent	279000 L
4000 valent	372000 L
5000 valent	465000 L
6000 valent	558000 L
7000 valent	651000 L
8000 valent	744000 L
9000 valent	837000 L
10000 valent	930000 L
20000 valent	1860000 L
30000 valent	2790000 L

Les 3 quarts	69 L 15 ſ
le demi	46 L 10 ſ
le quart	23 L 5 ſ
le huitiéme	11 L 12 ſ 6 d
Les 2 tiers	62 L
le tiers	31 L
le ſixiéme	15 L 10 ſ
le douziéme	7 L 15 ſ

A 93 L par Jour, pour 1 An revient à 33945 L.

A 94 Livres la chose.

2 valent	188 L
3 valent	282 L
4 valent	376 L
5 valent	470 L
6 valent	564 L
7 valent	658 L
8 valent	752 L
9 valent	846 L
10 valent	940 L
11 valent	1034 L
12 valent	1128 L
13 valent	1222 L
14 valent	1316 L
15 valent	1410 L
16 valent	1504 L
17 valent	1598 L
18 valent	1692 L
19 valent	1786 L
20 valent	1880 L
21 valent	1974 L
22 valent	2068 L
23 valent	2162 L
24 valent	2256 L
25 valent	2350 L
26 valent	2444 L
27 valent	2538 L
28 valent	2632 L
29 valent	2726 L
30 valent	2820 L
31 valent	2914 L
32 valent	3008 L
33 valent	3102 L
34 valent	3196 L
35 valent	3290 L
36 valent	3384 L
37 valent	3478 L
38 valent	3572 L
39 valent	3666 L.
40 valent	3760 L.
50 valent	4700 L.
60 valent	5640 L.
70 valent	6580 L.
80 valent	7520 L.
90 valent	8460 L.
100 valent	9400 L.
200 valent	18800 L.
300 valent	28200 L.
400 valent	37600 L.
500 valent	47000 L.
600 valent	56400 L.
700 valent	65800 L.
800 valent	75200 L.
900 valent	84600 L.
1000 valent	94000 L.
2000 valent	188000 L.
3000 valent	282000 L.
4000 valent	376000 L.
5000 valent	470000 L.
6000 valent	564000 L.
7000 valent	658000 L.
8000 valent	752000 L.
9000 valent	846000 L.
10000 valent	940000 L.
20000 valent	1880000 L.
30000 valent	2820000 L.

Les 3 quarts	70 L 10 ſ
le demi	47 L
le quart	23 L 10 ſ
le huitiéme	11 L 15 ſ
Les 2 tiers	62 L 13 ſ 4 d
le tiers	31 L 6 ſ 8 d
le ſixiéme	15 L 13 ſ 4 d
le douziéme	7 L 16 ſ 8 d

A 94 L par Jour, pour 1 An revient à 34310 L

A 95. Livres la chose.

2	valent	190 L
3	valent	285 L
4	valent	380 L
5	valent	475 L
6	valent	570 L
7	valent	665 L
8	valent	760 L
9	valent	855 L
10	valent	950 L
11	valent	1045 L
12	valent	1140 L
13	valent	1235 L
14	valent	1330 L
15	valent	1425 L
16	valent	1520 L
17	valent	1615 L
18	valent	1710 L
19	valent	1805 L
20	valent	1900 L
21	valent	1995 L
22	valent	2090 L
23	valent	2185 L
24	valent	2280 L
25	valent	2375 L
26	valent	2470 L
27	valent	2565 L
28	valent	2660 L
29	valent	2755 L
30	valent	2850 L
31	valent	2945 L
32	valent	3040 L
33	valent	3135 L
34	valent	3230 L
35	valent	3325 L
36	valent	3420 L
37	valent	3515 L
38	valent	3610 L
39	valent	3705 L
40	valent	3800 L
50	valent	4750 L
60	valent	5700 L
70	valent	6650 L
80	valent	7600 L
90	valent	8550 L
100	valent	9500 L
200	valent	19000 L
300	valent	28500 L
400	valent	38000 L
500	valent	47500 L
600	valent	57000 L
700	valent	66500 L
800	valent	76000 L
900	valent	85500 L
1000	valent	95000 L
2000	valent	190000 L
3000	valent	285000 L
4000	valent	380000 L
5000	valent	475000 L
6000	valent	570000 L
7000	valent	665000 L
8000	valent	760000 L
9000	valent	855000 L
10000	valent	950000 L
20000	valent	1900000 L
30000	valent	2850000 L

Les 3 quarts	71 L	5 ſ	
le demi	47 L	10 ſ	
le quart	23 L	15 ſ	
le huitiéme	11 L	17 ſ	6 d
Les 2 tiers	63 L	6 ſ	8 d
le tiers	31 L	13 ſ	4 d
le ſixiéme	15 L	16 ſ	8 d
le douziéme	7 L	18 ſ	4 d

A 95 L par Jour, pour 1 An revient à 34675 L.

2 valent	192 L	39 valent	3744 L
3 valent	288 L	40 valent	3840 L
4 valent	384 L	50 valent	4800 L
5 valent	480 L	60 valent	5760 L
6 valent	576 L	70 valent	6720 L
7 valent	672 L	80 valent	7680 L
8 valent	768 L	90 valent	8640 L
9 valent	864 L	100 valent	9600 L
10 valent	960 L	200 valent	19200 L
11 valent	1056 L	300 valent	28800 L
12 valent	1152 L	400 valent	38400 L
13 valent	1248 L	500 valent	48000 L
14 valent	1344 L	600 valent	57600 L
15 valent	1440 L	700 valent	67200 L
16 valent	1536 L	800 valent	76800 L
17 valent	1632 L	900 valent	86400 L
18 valent	1728 L	1000 valent	96000 L
19 valent	1824 L	2000 valent	192000 L
20 valent	1920 L	3000 valent	288000 L
21 valent	2016 L	4000 valent	384000 L
22 valent	2112 L	5000 valent	480000 L
23 valent	2208 L	6000 valent	576000 L
24 valent	2304 L	7000 valent	672000 L
25 valent	2400 L	8000 valent	768000 L
26 valent	2496 L	9000 valent	864000 L
27 valent	2592 L	10000 valent	960000 L
28 valent	2688 L	20000 valent	1920000 L
29 valent	2784 L	30000 valent	2880000 L
30 valent	2880 L		
31 valent	2976 L	Les 3 quarts	72 L
32 valent	3072 L	le demi	48 L
33 valent	3168 L	le quart	24 L
34 valent	3264 L	le huitiéme	12 L
35 valent	3360 L	Les 2 tiers	64 L
36 valent	3456 L	le tiers	32 L
37 valent	3552 L	le sixiéme	16 L
38 valent	3648 L	le douziéme	8 L

A 96 L par Jour, pour 1 An revient à 35040 L

A 97 Livres la choſe.

2	valent	194 L
3	valent	291 L
4	valent	388 L
5	valent	485 L
6	valent	582 L
7	valent	679 L
8	valent	776 L
9	valent	873 L
10	valent	970 L
11	valent	1067 L
12	valent	1164 L
13	valent	1261 L
14	valent	1358 L
15	valent	1455 L
16	valent	1552 L
17	valent	1649 L
18	valent	1746 L
19	valent	1843 L
20	valent	1940 L
21	valent	2037 L
22	valent	2134 L
23	valent	2231 L
24	valent	2328 L
25	valent	2425 L
26	valent	2522 L
27	valent	2619 L
28	valent	2716 L
29	valent	2813 L
30	valent	2910 L
31	valent	3007 L
32	valent	3104 L
33	valent	3201 L
34	valent	3298 L
35	valent	3395 L
36	valent	3492 L
37	valent	3589 L
38	valent	3686 L

39	valent	3783 L
40	valent	3880 L
50	valent	4850 L
60	valent	5820 L
70	valent	6790 L
80	valent	7760 L
90	valent	8730 L
100	valent	9700 L
200	valent	19400 L
300	valent	29100 L
400	valent	38800 L
500	valent	48500 L
600	valent	58200 L
700	valent	67900 L
800	valent	77600 L
900	valent	87300 L
1000	valent	97000 L
2000	valent	194000 L
3000	valent	291000 L
4000	valent	388000 L
5000	valent	485000 L
6000	valent	582000 L
7000	valent	679000 L
8000	valent	776000 L
9000	valent	873000 L
10000	valent	970000 L
20000	valent	1940000 L
30000	valent	2910000 L

Les 3 quarts	72 L	15 ſ	
le demi	48 L	10 ſ	
le quart	24 L	5 ſ	
le huitiéme	12 L	2 ſ	6 d
Les 2 tiers	64 L	13 ſ	4 d
le tiers	32 L	6 ſ	8 d
le ſixiéme	16 L	3 ſ	4 d
le douziéme	8 L	1 ſ	8 d

A 97 L par Jour, pour 1 An revient à 35405 L

À 98 Livres la choſe.

2 valent	196 L
3 valent	294 L
4 valent	392 L
5 valent	490 L
6 valent	588 L
7 valent	686 L
8 valent	784 L
9 valent	882 L
10 valent	980 L
11 valent	1078 L
12 valent	1176 L
13 valent	1274 L
14 valent	1372 L
15 valent	1470 L
16 valent	1568 L
17 valent	1666 L
18 valent	1764 L
19 valent	1862 L
20 valent	1960 L
21 valent	2058 L
22 valent	2156 L
23 valent	2254 L
24 valent	2352 L
25 valent	2450 L
26 valent	2548 L
27 valent	2646 L
28 valent	2744 L
29 valent	2842 L
30 valent	2940 L
31 valent	3038 L
32 valent	3136 L
33 valent	3234 L
34 valent	3332 L
35 valent	3430 L
36 valent	3528 L
37 valent	3626 L
38 valent	3724 L
39 valent	3822 L
40 valent	3920 L
50 valent	4900 L
60 valent	5880 L
70 valent	6860 L
80 valent	7840 L
90 valent	8820 L
100 valent	9800 L
200 valent	19600 L
300 valent	29400 L
400 valent	39200 L
500 valent	49000 L
600 valent	58800 L
700 valent	68600 L
800 valent	78400 L
900 valent	88200 L
1000 valent	98000 L
2000 valent	196000 L
3000 valent	294000 L
4000 valent	392000 L
5000 valent	490000 L
6000 valent	588000 L
7000 valent	686000 L
8000 valent	784000 L
9000 valent	882000 L
10000 valent	980000 L
20000 valent	1960000 L
30000 valent	2940000 L

Les 3 quarts	73 L	10 ſ	
le demi	49 L		
le quart	24 L	10 ſ	
le huitiéme	12 L	5 ſ	
Les 2 tiers	65 L	6 ſ	8 d
le tiers	32 L	13 ſ	4 d
le ſixiéme	16 L	6 ſ	8 d
le douziéme	8 L	3 ſ	4 d

A 98 L par Jour, pour 1 An revient à 35770 L.

2	valent	198 L
3	valent	297 L
4	valent	396 L
5	valent	495 L
6	valent	594 L
7	valent	693 L
8	valent	792 L
9	valent	891 L
10	valent	990 L
11	valent	1089 L
12	valent	1188 L
13	valent	1287 L
14	valent	1386 L
15	valent	1485 L
16	valent	1584 L
17	valent	1683 L
18	valent	1782 L
19	valent	1881 L
20	valent	1980 L
21	valent	2079 L
22	valent	2178 L
23	valent	2277 L
24	valent	2376 L
25	valent	2475 L
26	valent	2574 L
27	valent	2673 L
28	valent	2772 L
29	valent	2871 L
30	valent	2970 L
31	valent	3069 L
32	valent	3168 L
33	valent	3267 L
34	valent	3366 L
35	valent	3465 L
36	valent	3564 L
37	valent	3663 L
38	valent	3762 L

39	valent	3861 L
40	valent	3960 L
50	valent	4950 L
60	valent	5940 L
70	valent	6930 L
80	valent	7920 L
90	valent	8910 L
100	valent	9900 L
200	valent	19800 L
300	valent	29700 L
400	valent	39600 L
500	valent	49500 L
600	valent	59400 L
700	valent	69300 L
800	valent	79200 L
900	valent	89100 L
1000	valent	99000 L
2000	valent	198000 L
3000	valent	297000 L
4000	valent	396000 L
5000	valent	495000 L
6000	valent	594000 L
7000	valent	693000 L
8000	valent	792000 L
9000	valent	891000 L
10000	valent	990000 L
20000	valent	1980000 L
30000	valent	2970000 L

Les 3 quarts	74 L	5 ſ	
le demi	49 L	10 ſ	
le quart	24 L	15 ſ	
le huitiéme	12 L	7 ſ	6 d
Les 2 tiers	66 L	ſ	
le tiers	33 L	ſ	
le ſixiéme	16 L	10 ſ	
le douziéme	8 L	5 ſ	

A 99 L par Jour, pour 1 An revient à 36135 L.

2	valent	200 L
3	valent	300 L
4	valent	400 L
5	valent	500 L
6	valent	600 L
7	valent	700 L
8	valent	800 L
9	valent	900 L
10	valent	1000 L
11	valent	1100 L
12	valent	1200 L
13	valent	1300 L
14	valent	1400 L
15	valent	1500 L
16	valent	1600 L
17	valent	1700 L
18	valent	1800 L
19	valent	1900 L
20	valent	2000 L
21	valent	2100 L
22	valent	2200 L
23	valent	2300 L
24	valent	2400 L
25	valent	2500 L
26	valent	2600 L
27	valent	2700 L
28	valent	2800 L
29	valent	2900 L
30	valent	3000 L
31	valent	3100 L
32	valent	3200 L
33	valent	3300 L
34	valent	3400 L
35	valent	3500 L
36	valent	3600 L
37	valent	3700 L
38	valent	3800 L

39	valent	3900 L
40	valent	4000 L
50	valent	5000 L
60	valent	6000 L
70	valent	7000 L
80	valent	8000 L
90	valent	9000 L
100	valent	10000 L
200	valent	20000 L
300	valent	30000 L
400	valent	40000 L
500	valent	50000 L
600	valent	60000 L
700	valent	70000 L
800	valent	80000 L
900	valent	90000 L
1000	valent	100000 L
2000	valent	200000 L
3000	valent	300000 L
4000	valent	400000 L
5000	valent	500000 L
6000	valent	600000 L
7000	valent	700000 L
8000	valent	800000 L
9000	valent	900000 L
10000	valent	1000000 L
20000	valent	2000000 L
30000	valent	3000800 L

Les 3 quarts	75 L
le demi.	50 L
le quart	25 L
le huitiéme	12 L 10 ſ
Les 2 tiers	66 L 13 ſ 4 d
le tiers	33 L 6 ſ 8 d
le ſixiéme	16 L 13 ſ 4 d
le douziéme	6 L 6 ſ 8 d

A 100 L par Jour pour 1 An reviênt à 36500 L

2	valent	400 L
3	valent	600 L
4	valent	800 L
5	valent	1000 L
6	valent	1200 L
7	valent	1400 L
8	valent	1600 L
9	valent	1800 L
10	valent	2000 L
11	valent	2200 L
12	valent	2400 L
13	valent	2600 L
14	valent	2800 L
15	valent	3000 L
16	valent	3200 L
17	valent	3400 L
18	valent	3600 L
19	valent	3800 L
20	valent	4000 L
21	valent	4200 L
22	valent	4400 L
23	valent	4600 L
24	valent	4800 L
25	valent	5000 L
26	valent	5200 L
27	valent	5400 L
28	valent	5600 L
29	valent	5800 L
30	valent	6000 L
31	valent	6200 L
32	valent	6400 L
33	valent	6600 L
34	valent	6800 L
35	valent	7000 L
36	valent	7200 L
37	valent	7400 L
38	valent	7600 L
39	valent	7800 L
40	valent	8000 L
50	valent	10000 L
60	valent	12000 L
70	valent	14000 L
80	valent	16000 L
90	valent	18000 L
100	valent	20000 L
200	valent	40000 L
300	valent	60000 L
400	valent	80000 L
500	valent	100000 L
600	valent	120000 L
700	valent	140000 L
800	valent	160000 L
900	valent	180000 L
1000	valent	200000 L
2000	valent	400000 L
3000	valent	600000 L
4000	valent	800000 L
5000	valent	1000000 L
6000	valent	1200000 L
7000	valent	1400000 L
8000	valent	1600000 L
9000	valent	1800000 L
10000	valent	2000000 L
20000	valent	4000000 L
30000	valent	6000000 L

Les 3 quarts	150 L
le demi	100 L
le quart	50 L
le huitiéme	25 L
Les 2 tiers	133 L 6 ſ 8 d
le tiers	66 L 13 ſ 4 d
le ſixiéme	33 L 6 ſ 8 d
le douziéme	16 L 13 ſ 4 d

A 200 L par Jour, pour 1 An revient à 73000 L

2 valent	600 L
3 valent	900 L
4 valent	1200 L
5 valent	1500 L
6 valent	1800 L
7 valent	2100 L
8 valent	2400 L
9 valent	2700 L
10 valent	3000 L
11 valent	3300 L
12 valent	3600 L
13 valent	3900 L
14 valent	4200 L
15 valent	4500 L
16 valent	4800 L
17 valent	5100 L
18 valent	5400 L
19 valent	5700 L
20 valent	6000 L
21 valent	6300 L
22 valent	6600 L
23 valent	6900 L
24 valent	7200 L
25 valent	7500 L
26 valent	7800 L
27 valent	8100 L
28 valent	8400 L
29 valent	8700 L
30 valent	9000 L
31 valent	9300 L
32 valent	9600 L
33 valent	9900 L
34 valent	10200 L
35 valent	10500 L
36 valent	10800 L
37 valent	11100 L
38 valent	11400 L
39 valent	11700 L
40 valent	1200 L
50 valent	15000 L
60 valent	18000 L
70 valent	21000 L
80 valent	24000 L
90 valent	27000 L
100 valent	30000 L
200 valent	60000 L
300 valent	90000 L
400 valent	120000 L
500 valent	150000 L
600 valent	180000 L
700 valent	210000 L
800 valent	240000 L
900 valent	270000 L
1000 valent	300000 L
2000 valent	600000 L
3000 valent	900000 L
4000 valent	1200000 L
5000 valent	1500000 L
6000 valent	1800000 L
7000 valent	2100000 L
8000 valent	2400000 L
9000 valent	2700000 L
10000 valent	3000000 L
20000 valent	6000000 L
30000 valent	9000000 L

Les 3 quarts	225 L
le demi	150 L
le quart	75 L
le huitiéme	37 L 10 ſ
Les 2 tiers	200 L
le tiers	100 L
le ſixiéme	50 L
le douziéme	25 L

A 300 L par Jour, pour un An revient à 109500 L

A 400 Livres la choſe.

2 valent	800 L
3 valent	1200 L
4 valent	1600 L
5 valent	2000 L
6 valent	2400 L
7 valent	2800 L
8 valent	3200 L
9 valent	3600 L
10 valent	4000 L
11 valent	4400 L
12 valent	4800 L
13 valent	5200 L
14 valent	5600 L
15 valent	6000 L
16 valent	6400 L
17 valent	6800 L
18 valent	7200 L
19 valent	7600 L
20 valent	8000 L
21 valent	8400 L
22 valent	8800 L
23 valent	9200 L
24 valent	9600 L
25 valent	10000 L
26 valent	10400 L
27 valent	10800 L
28 valent	11200 L
29 valent	11600 L
30 valent	12000 L
31 valent	12400 L
32 valent	12800 L
33 valent	13200 L
34 valent	13600 L
35 valent	14000 L
36 valent	14400 L
37 valent	14800 L
38 valent	15200 L
39 valent	15600 L
40 valent	16000 L
50 valent	20000 L
60 valent	24000 L
70 valent	28000 L
80 valent	32000 L
90 valent	36000 L
100 valent	40000 L
200 valent	80000 L
300 valent	120000 L
400 valent	160000 L
500 valent	200000 L
600 valent	240000 L
700 valent	280000 L
800 valent	320000 L
900 valent	360000 L
1000 valent	400000 L
2000 valent	800000 L
3000 valent	1200000 L
4000 valent	1600000 L
5000 valent	2000000 L
6000 valent	2400000 L
7000 valent	2800000 L
8000 valent	3200000 L
9000 valent	3600000 L
10000 valent	4000000 L
20000 valent	8000000 L
30000 valent	12000000 L

Les 3 quarts	300 L
le demi	200 L
le quart	100 L
le huitiéme	50 L
Les 2 tiers	266 L 13 ſ 4 d
le tiers	133 L 6 ſ 8 d
le ſixiéme	66 L 13 ſ 4 d
le douziéme	33 L 6 ſ 8 d

A 400 L par Jour, pour 1 An revient à 146000 L

A 500 Livres la choſe.

2 valent	1000 L
3 valent	1500 L
4 valent	2000 L
5 valent	2500 L
6 valent	3000 L
7 valent	3500 L
8 valent	4000 L
9 valent	4500 L
10 valent	5000 L
11 valent	5500 L
12 valent	6000 L
13 valent	6500 L
14 valent	7000 L
15 valent	7500 L
16 valent	8000 L
17 valent	8500 L
18 valent	9000 L
19 valent	9500 L
20 valent	10000 L
21 valent	10500 L
22 valent	11000 L
23 valent	11500 L
24 valent	12000 L
25 valent	12500 L
26 valent	13000 L
27 valent	13500 L
28 valent	14000 L
29 valent	14500 L
30 valent	15000 L
31 valent	15500 L
32 valent	16000 L
33 valent	16500 L
34 valent	17000 L
35 valent	17500 L
36 valent	18000 L
37 valent	18500 L
38 valent	19000 L
39 valent	19500 L
40 valent	20000 L
50 valent	25000 L
60 valent	30000 L
70 valent	35000 L
80 valent	40000 L
90 valent	45000 L
100 valent	50000 L
200 valent	100000 L
300 valent	150000 L
400 valent	200000 L
500 valent	250000 L
600 valent	300000 L
700 valent	350000 L
800 valent	400000 L
900 valent	450000 L
1000 valent	500000 L
2000 valent	1000000 L
3000 valent	1500000 L
4000 valent	2000000 L
5000 valent	2500000 L
6000 valent	3000000 L
7000 valent	3500000 L
8000 valent	4000000 L
9000 valent	4500000 L
10000 valent	5000000 L
20000 valent	10000000 L
30000 valent	15000000 L

Les 3 quarts	375 L
le demi	250 L
le quart	125 L
le huitiéme	62 L 10 ſ
Les 2 tiers	333 L 6 ſ 8 d
le tiers	166 L 13 ſ 4 d
le ſixiéme	83 L 6 ſ 8 d
le douziéme	41 L 13 ſ 4 d

A 500 L par Jour, pour 1 An revient à 182500 L

A 600 Livres la chose.

2	valent	1200 L
3	valent	1800 L
4	valent	2400 L
5	valent	3000 L
6	valent	3600 L
7	valent	4200 L
8	valent	4800 L
9	valent	5400 L
10	valent	6000 L
11	valent	6600 L
12	valent	7200 L
13	valent	7800 L
14	valent	8400 L
15	valent	9000 L
16	valent	9600 L
17	valent	10200 L
18	valent	10800 L
19	valent	11400 L
20	valent	12000 L
21	valent	12600 L
22	valent	13200 L
23	valent	13800 L
24	valent	14400 L
25	valent	15000 L
26	valent	15600 L
27	valent	16200 L
28	valent	16800 L
29	valent	17400 L
30	valent	18000 L
31	valent	18600 L
32	valent	19200 L
33	valent	19800 L
34	valent	20400 L
35	valent	21000 L
36	valent	21600 L
37	valent	22200 L
38	valent	22800 L

39	valent	23400 L
40	valent	24000 L
50	valent	30000 L
60	valent	36000 L
70	valent	42000 L
80	valent	48000 L
90	valent	54000 L
100	valent	60000 L
200	valent	120000 L
300	valent	180000 L
400	valent	240000 L
500	valent	300000 L
600	valent	360000 L
700	valent	420000 L
800	valent	480000 L
900	valent	540000 L
1000	valent	600000 L
2000	valent	1200000 L
3000	valent	1800000 L
4000	valent	2400000 L
5000	valent	3000000 L
6000	valent	3600000 L
7000	valent	4200000 L
8000	valent	4800000 L
9000	valent	5400000 L
10000	valent	6000000 L
20000	valent	12000000 L
30000	valent	18000000 L

Les 3 quarts	450 L
le demi	300 L
le quart	150 L
le huitiéme	75 L
Les 2 tiers	400 L
le tiers	200 L
le sixiéme	100 L
le douziéme	50 L

A 600 L par Jour, pour 1 An revient à 219000 L

A 700 Livres la choſe.

2	valent	1400 L
3	valent	2100 L
4	valent	2800 L
5	valent	3500 L
6	valent	4200 L
7	valent	4900 L
8	valent	5600 L
9	valent	6300 L
10	valent	7000 L
11	valent	7700 L
12	valent	8400 L
13	valent	9100 L
14	valent	9800 L
15	valent	10500 L
16	valent	11200 L
17	valent	11900 L
18	valent	12600 L
19	valent	13300 L
20	valent	14000 L
21	valent	14700 L
22	valent	15400 L
23	valent	16100 L
24	valent	16800 L
25	valent	17500 L
26	valent	18200 L
27	valent	18900 L
28	valent	19600 L
29	valent	20300 L
30	valent	21000 L
31	valent	21700 L
32	valent	22400 L
33	valent	23100 L
34	valent	23800 L
35	valent	24500 L
36	valent	25200 L
37	valent	25900 L
38	valent	26600 L
39	valent	27300 L
40	valent	28000 L
50	valent	35000 L
60	valent	42000 L
70	valent	49000 L
80	valent	56000 L
90	valent	63000 L
100	valent	70000 L
200	valent	140000 L
300	valent	210000 L
400	valent	280000 L
500	valent	350000 L
600	valent	420000 L
700	valent	490000 L
800	valent	560000 L
900	valent	630000 L
1000	valent	700000 L
2000	valent	1400000 L
3000	valent	2100000 L
4000	valent	2800000 L
5000	valent	3500000 L
6000	valent	4200000 L
7000	valent	4900000 L
8000	valent	5600000 L
9000	valent	6300000 L
10000	valent	7000000 L
20000	valent	14000000 L
30000	valent	21000000 L

Les 3 quarts	525 L
le demi	350 L
le quart	175 L
le huitiéme	87 L 10 ſ
Les 2 tiers	466 L 13 ſ 4 d
le tiers	233 L 6 ſ 8 d
le ſixiéme	116 L 13 ſ 4 d
le douziéme	58 L 6 ſ 8 d

A 700 L par Jour, pour 1 An revient à 255500 L.

A 800 Livres la chose.

2 valent	1600 L	39 valent	31200 L
3 valent	2400 L	40 valent	32000 L
4 valent	3200 L	50 valent	40000 L
5 valent	4000 L	60 valent	48000 L
6 valent	4800 L	70 valent	56000 L
7 valent	5600 L	80 valent	64000 L
8 valent	6400 L	90 valent	72000 L
9 valent	7200 L	100 valent	80000 L
10 valent	8000 L	200 valent	160000 L
11 valent	8800 L	300 valent	240000 L
12 valent	9600 L	400 valent	320000 L
13 valent	10400 L	500 valent	400000 L
14 valent	11200 L	600 valent	480000 L
15 valent	12000 L	700 valent	560000 L
16 valent	12800 L	800 valent	640000 L
17 valent	13600 L	900 valent	720000 L
18 valent	14400 L	1000 valent	800000 L
19 valent	15200 L	2000 valent	1600000 L
20 valent	16000 L	3000 valent	2400000 L
21 valent	16800 L	4000 valent	3200000 L
22 valent	17600 L	5000 valent	4000000 L
23 valent	18400 L	6000 valent	4800000 L
24 valent	19200 L	7000 valent	5600000 L
25 valent	20000 L	8000 valent	6400000 L
26 valent	20800 L	9000 valent	7200000 L
27 valent	21600 L	10000 valent	8000000 L
28 valent	22400 L	20000 valent	16000000 L
29 valent	23200 L	30000 valent	24000000 L
30 valent	24000 L		
31 valent	24800 L	Les 3 quarts	600 L
32 valent	25600 L	le demi	400 L
33 valent	26400 L	le quart	200 L
34 valent	27200 L	le huitiéme	100 L
35 valent	28000 L	Les 2 tiers	533 L 6 ſ 8 d
36 valent	28800 L	le tiers	266 L 13 ſ 4 d
37 valent	29600 L	le ſixiéme	133 L 6 ſ 8 d
38 valent	30400 L	le douziéme	66 L 13 ſ 4 d

A 800 L par Jour, pour 1 An revient à 292000 L.

A 900 Livres la chose.

2 valent	1800 L
3 valent	2700 L
4 valent	3600 L
5 valent	4500 L
6 valent	5400 L
7 valent	6300 L
8 valent	7200 L
9 valent	8100 L
10 valent	9000 L
11 valent	9900 L
12 valent	10800 L
13 valent	11700 L
14 valent	12600 L
15 valent	13500 L
16 valent	14400 L
17 valent	15300 L
18 valent	16200 L
19 valent	17100 L
20 valent	18000 L
21 valent	18900 L
22 valent	19800 L
23 valent	20700 L
24 valent	21600 L
25 valent	22500 L
26 valent	23400 L
27 valent	24300 L
28 valent	25200 L
29 valent	26100 L
30 valent	27000 L
31 valent	27900 L
32 valent	28800 L
33 valent	29700 L
34 valent	30600 L
35 valent	31500 L
36 valent	32400 L
37 valent	33300 L
38 valent	34200 L
39 valent	35100 L
40 valent	36000 L
50 valent	45000 L
60 valent	54000 L
70 valent	63000 L
80 valent	72000 L
90 valent	81000 L
100 valent	90000 L
200 valent	180000 L
300 valent	270000 L
400 valent	360000 L
500 valent	450000 L
600 valent	540000 L
700 valent	630000 L
800 valent	720000 L
900 valent	810000 L
1000 valent	900000 L
2000 valent	1800000 L
3000 valent	2700000 L
4000 valent	3600000 L
5000 valent	4500000 L
6000 valent	5400000 L
7000 valent	6300000 L
8000 valent	7200000 L
9000 valent	8100000 L
10000 valent	9000000 L
20000 valent	18000000 L
30000 valent	27000000 L

Les 3 quarts	675 L
le demi	450 L
le quart	225 L
le huitiéme	112 L 10 ſ
Les 2 tiers	600 L
le tiers	300 L
le ſixiéme	150 L
le douziéme	75 L

A 900 L par Jour, pour un An revient à 328500 L

A 1000 Livres la chose.

2	valent	2000 L
3	valent	3000 L
4	valent	4000 L
5	valent	5000 L
6	valent	6000 L
7	valent	7000 L
8	valent	8000 L
9	valent	9000 L
10	valent	10000 L
11	valent	11000 L
12	valent	12000 L
13	valent	13000 L
14	valent	14000 L
15	valent	15000 L
16	valent	16000 L
17	valent	17000 L
18	valent	18000 L
19	valent	19000 L
20	valent	20000 L
21	valent	21000 L
22	valent	22000 L
23	valent	23000 L
24	valent	24000 L
25	valent	25000 L
26	valent	26000 L
27	valent	27000 L
28	valent	28000 L
29	valent	29000 L
30	valent	30000 L
31	valent	31000 L
32	valent	32000 L
33	valent	33000 L
34	valent	34000 L
35	valent	35060 L
36	valent	36000 L
37	valent	37000 L
38	valent	38000 L
39	valent	39000 L
40	valent	40000 L
50	valent	50000 L
60	valent	60000 L
70	valent	70000 L
80	valent	80000 L
90	valent	90000 L
100	valent	100000 L
200	valent	200000 L
300	valent	300000 L
400	valent	400000 L
500	valent	500000 L
600	valent	600000 L
700	valent	700000 L
800	valent	800000 L
900	valent	900000 L
1000	valent	1000000 L
2000	valent	2000000 L
3000	valent	3000000 L
4000	valent	4000000 L
5000	valent	5000000 L
6000	valent	6000000 L
7000	valent	7000000 L
8000	valent	8000000 L
9000	valent	9000000 L
10000	valent	10000000 L
20000	valent	20000000 L
30000	valent	30000000 L

Les 3 quarts	750 L
le demi	500 L
le quart	250 L
le huitiéme	125 L
Les 2 tiers	666 L 13 ſ 4 d
le tiers	333 L 6 ſ 8 d
le ſixiéme	166 L 13 ſ 4 d
le douziéme	83 L 6 ſ 8 d

A 1000 L par Jour, pour 1 An revient à 365000 L

A 2000 Livres la chose.

2	valent	4000 L
3	valent	6000 L
4	valent	8000 L
5	valent	10000 L
6	valent	12000 L
7	valent	14000 L
8	valent	16000 L
9	valent	18000 L
10	valent	20000 L
11	valent	22000 L
12	valent	24000 L
13	valent	26000 L
14	valent	28000 L
15	valent	30000 L
16	valent	32000 L
17	valent	34000 L
18	valent	36000 L
19	valent	38000 L
20	valent	40000 L
21	valent	42000 L
22	valent	44000 L
23	valent	46000 L
24	valent	48000 L
25	valent	50000 L
26	valent	52000 L
27	valent	54000 L
28	valent	56000 L
29	valent	58000 L
30	valent	60000 L
31	valent	62000 L
32	valent	64000 L
33	valent	66000 L
34	valent	68000 L
35	valent	70000 L
36	valent	72000 L
37	valent	74000 L
38	valent	76000 L
39	valent	78000 L
40	valent	80000 L
50	valent	100000 L
60	valent	120000 L
70	valent	140000 L
80	valent	160000 L
90	valent	180000 L
100	valent	200000 L
200	valent	400000 L
300	valent	600000 L
400	valent	800000 L
500	valent	1000000 L
600	valent	1200000 L
700	valent	1400000 L
800	valent	1600000 L
900	valent	1800000 L
1000	valent	2000000 L
2000	valent	4000000 L
3000	valent	6000000 L
4000	valent	8000000 L
5000	valent	10000000 L
6000	valent	12000000 L
7000	valent	14000000 L
8000	valent	16000000 L
9000	valent	18000000 L
10000	valent	20000000 L
20000	valent	40000000 L
30000	valent	60000000 L

Les 3 quarts	1500 L
le demi	1000 L
le quart	500 L
le huitiéme	250 L
Les 2 tiers	1333 L 6 ſ 8 d
le tiers	666 L 13 ſ 4 d
le ſixiéme	333 L 6 ſ 8 d
le douziéme	166 L 13 ſ 4 d

A 2000 L par Jour, pour 1 An revient à 730000 L

A 5000 Livres la chose.

2 valent	10000 L
3 valent	15000 L
4 valent	20000 L
5 valent	25000 L
6 valent	30000 L
7 valent	35000 L
8 valent	40000 L
9 valent	45000 L
10 valent	50000 L
11 valent	55000 L
12 valent	60000 L
13 valent	65000 L
14 valent	7000[illegible] L
15 valent	75000 L
16 valent	80000 L
17 valent	85000 L
18 valent	90000 L
19 valent	95000 L
20 valent	100000 L
21 valent	105000 L
22 valent	110000 L
23 valent	115000 L
24 valent	120000 L
25 valent	125000 L
26 valent	130000 L
27 valent	135000 L
28 valent	140000 L
29 valent	145000 L
30 valent	150000 L
31 valent	155000 L
32 valent	160000 L
33 valent	165000 L
34 valent	170000 L
35 valent	175000 L
36 valent	180000 L
37 valent	185000 L
38 valent	190000 L
39 valent	195000 L
40 valent	200000 L
50 valent	250000 L
60 valent	300000 L
70 valent	350000 L
80 valent	400000 L
90 valent	450000 L
100 valent	5[illegible]0000 L
200 valent	1000000 L
300 valent	1500000 L
400 valent	2000000 L
500 valent	2500000 L
600 valent	3000000 L
700 valent	3500000 L
800 valent	4000000 L
900 valent	4500000 L
1000 valent	5000000 L
2000 valent	10000000 L
3000 valent	15000000 L
4000 valent	20000000 L
5000 valent	25000000 L
6000 valent	30000000 L
7000 valent	35000000 L
8000 valent	40000000 L
9000 valent	45000000 L
10000 valent	50000000 L
20000 valent	100000000 L
30000 valent	150000000 L

Les 3 quarts	3750 L	
le demi	2500 L	
le quart	1250 L	
le huitiéme	625 L	
Les 2 tiers	3333 L	6 ſ 8 d
le tiers	1666 L	13 ſ 4 d
le ſixiéme	833 L	6 ſ 8 d
le douziéme	416 L	13 ſ 4 d

A 5000 L par Jour, pour 1 An revient à 1825000 L

A 10000 Livres la chose.

2	valent	20000 L
3	valent	30000 L
4	valent	40000 L
5	valent	50000 L
6	valent	60000 L
7	valent	70000 L
8	valent	80000 L
9	valent	90000 L
10	valent	100000 L
11	valent	110000 L
12	valent	120000 L
13	valent	130000 L
14	valent	140000 L
15	valent	150000 L
16	valent	160000 L
17	valent	170000 L
18	valent	180000 L
19	valent	190000 L
20	valent	200000 L
21	valent	210000 L
22	valent	220000 L
23	valent	230000 L
24	valent	240000 L
25	valent	250000 L
26	valent	260000 L
27	valent	270000 L
28	valent	280000 L
29	valent	290000 L
30	valent	300000 L
31	valent	310000 L
32	valent	320000 L
33	valent	330000 L
34	valent	340000 L
35	valent	350000 L
36	valent	360000 L
37	valent	370000 L
38	valent	380000 L
39	valent	390000 L
40	valent	400000 L
50	valent	500000 L
60	valent	600000 L
70	valent	700000 L
80	valent	800000 L
90	valent	900000 L
100	valent	1000000 L
200	valent	2000000 L
300	valent	3000000 L
400	valent	4000000 L
500	valent	5000000 L
600	valent	6000000 L
700	valent	7000000 L
800	valent	8000000 L
900	valent	9000000 L
1000	valent	10000000 L
2000	valent	20000000 L
3000	valent	30000000 L
4000	valent	40000000 L
5000	valent	50000000 L
6000	valent	60000000 L
7000	valent	70000000 L
8000	valent	80000000 L
9000	valent	90000000 L
10000	valent	100000000 L
20000	valent	200000000 L
30000	valent	300000000 L

Les 3 quarts	7500 L	
le demi	5000 L	
le quart	2500 L	
le huitiéme	1250 L	
Les 2 tiers	6666 L	13 ſ 4 d
le tiers	3333 L	6 ſ 8 d
le sixiéme	1666 L	13 ſ 4 d
le douziéme	833 L	6 ſ 8 d

A 10000 L par Jour, pour 1 An revient à 3650000 L

AVIS

DANS CE LIVRE ON TROUVE tous les Comptes en deux façons.

Ou par un regard, lorſqu'ils ſont tous faits ;
Ou par une Addition, lorſqu'il en faut joindre enſemble.

On y peut faire généralement toutes ſortes de Multiplications, SÇAVOIR ;

Par *Fraction de Deniers*,
Par *Deniers*,
Par *Sols & Deniers*,
Par *Livres & Sols*,
Par *Livres, Sols & Deniers*,
Et par *Fractions*,

Qui ſont toutes les ſortes de Multiplications qui peuvent ſurvenir dans les affaires de telle étendue qu'elles ſoient.

EXEMPLE par DENIERS.

A 1 Denier *la choſe*, combien valent 1000.
Voyez au feuillet à 1 Denier,
Et à la ligne où eſt 1000, vous y trouverez la valeur, ——— *qui eſt 4 livres 3 ſols 4 deniers.*

REDUCTION DE DENIERS.

Pour ſçavoir combien valent 400 Deniers, voyez au feüillet A 1 Denier, & à la ligne où eſt 400, vous y trouverez ——— 33 *ſols* 4 *deniers.*

POUR prendre les 3 deniers pour livre des Invalides ſur la paye des Troupes.

Cherchez A 3 *deniers la choſe.*

Voulant prendre les 3 deniers pour livre de 4000 livres qu'on doit payer à l'Officier des Troupes.

Voyez la ligne à 4000, vous trouverez 50 livres que le Tréſorier doit retenir ſur ladite ſomme pour l'entretien des Invalides.

POUR prendre les 5 deniers pour livre pour Meſſieurs les Tréſoriers des Guerres de 300000 Livres, dont ils ont quittance des Officiers.

Cherchez A 5 *deniers la choſe.*

Voyez à la ligne 300000 liv. vous trouverez qu'il leur revient pour eux ——— 6250 *livres.*

EXEMPLE.

PAR SOLS ET DENIERS.

A 3 sols 10 Deniers la chose.

Combien valent 29, Voyez le feuillet à 3 sols 10 deniers, & la ligne où est 29 vous y trouverez la valeur, *qui est 5 livres 11 sols 2 deniers.*

A 14 sols 9 Deniers la chose.

Combien valent 7331, Voyez la feuille A 14 f 9 d vous trouverez la valeur, SÇAVOIR;

qu'à la ligne	7000	qu'ils valent	5162 L 10 f
qu'à la ligne	300	qu'ils valent	221 L 5 f
& qu'à la ligne	31	qu'ils valent	22 L 17 f 3 d
Ainsi A 14 f 9 d	7331	valent	5406 L 12 f 3 d

POUR LES FINANCIERS.

J'ai à prendre les 7 sols 5 deniers pour livre, de 27000 livres.

Cherchez A *7 sols 5 deniers la chose*, vous trouverez la valeur, sçavoir;

qu'à la ligne	20000	qu'ils valent	7416 L 13 f 4 d
& qu'à la ligne	7000	qu'ils valent	2595 L 16 f 8 d
Ainsi A 7 f 5 d	27000 L	montent à	10012 L 10 f

EXEMPLE.

Par *Livres* & *Sols*.

A 13 Livres 15 Sols l'aune.

Combien 300 aunes, Voyez au feuillet A 13 L 15 f & à la ligne 300, vous y verrez la valeur qui est 4125 *livres.*

AUTRE EXEMPLE.

Par *Livres*, *ſols & deniers* & par *Fractions*.

A 53 livres 13 ſols 9 deniers la Toiſe.

Combien valent 327 *toiſes deux tiers*,
Voyez l'ordre ci-devant expliqué,

qu'à 53 L	que 300 valent	15900 L
	que 27 valent	1431 L
	que les deux tiers valent	35 L 6 ſ 8 d
& qu'A 13 ſ 9 d	que 300 valent	206 L 5 ſ
	que 27 valent	18 L 11 ſ 3 d
	que les deux tiers valent	9 ſ 2 d

Ainſi 53 L 13 ſ 9 d les $327\frac{2}{3}$ valent 17591 L 12 ſ 1 d

Pour les SOCIÉTÉS DES FINANCES.

Un Aſſocié a 7 deniers, obole & pite ſur la livre du fond de Compagnie, ou les 7 deniers $\frac{3}{4}$ ſur chaque livre.

L'on veut faire une avance de 390000 L. Sçavoir combien ledit Aſſocié en doit fournir, voyez de l'ordre ci-deſſus,

qu'A 7 d que 300000 valent	8750 L
& que 90000 valent	2625 L
& qu'A obole & pite la choſe	
que 300000 valent	937 L 10 ſ
& que 90000 valent	281 L 5 ſ

Ainſi A 7 d *obole & pite*, ou à 7 d $\frac{3}{4}$
Pour liv. de 390000 L on doit fournir 12593 L 15 ſ

APPLICATION
SUR
LES CHANGES ÉTRANGERS.

EXEMPLE.

J'ai à remettre 4500 L de France à Amsterdam. Le Change étant à 74 d. de gros pour 1 Ecu de 3 L de France; Sçavoir combien on fera toucher de livres, sols & deniers de gros en Hollande.

REPONSE, 462 L 10 sols de gros.

Voici ce qu'il faut faire sur ce Livre pour trouver ce produit.

Il faut premierement reduire en Ecu de 3 l. les 4500 L

Prenant le tiers, viendra 1500 Ecus.

Les 74 d ou 6 f 2 d c'est la même chose.

Cherchez à *6 sols 2 deniers la chose.*

Vous trouvez que 1000 valent 308 L 6 f 8 d
& que 500 valent 154 L 3 f 4 d

Ainsi 1500 valent 462 L 10 sols; c'est-à-dire, que 1500 Ecus de France valent en Hollande 462 L 10 f de gros. Le change étant à 74 deniers de gros pour un Ecu de 60 sols de France.

AUTRE APPLICATION
SUR
LES CHANGES ÉTRANGERS.
AVEC FRACTION.

J'ai 4600 Ecus de 3 L à remettre à Londres. Le Change étant à 43 den. $\frac{3}{4}$ Sterling, pour un Ecu de 60 sols.

L'on demande combien l'on fera toucher des Livres, sols & deniers sterling à Londres.

REPONSE, 838 L 10 sols 10 d. sterling.

Voici ce qu'il faut faire sur ce Livre, pour trouver ce produit.

Les 43 den. $\frac{3}{4}$ ou 3 sols 7 den. $\frac{3}{4}$ c'est la même chose.
Cherchez, premierement, sur ce Livre A 3 sols 7 den.

la chose, les	4000	valent	716 L 13 ſ 4 d.
& les	600	valent	107 L 10 ſ

Et A $\frac{3}{4}$ ou A *obole & pite la chose.*

Vous trouverez que	4000	valent 12 L 10 ſ
& que	600	valent 1 L 17 ſ 6 d.

L'addition de ces quatre produits,
Donnera 3 sols 7 d. $\frac{3}{4}$, les 4600 valent 838 L 10 ſ 10 d.
C'est-à-dire, A 43 den. $\frac{3}{4}$ sterling.
Les 4600 Ecus donnent.
En Angleterre 838 L 10 sols 10 deniers sterling.

Ainsi des autres Changes étrangers, qui se peuvent calculer par sols, deniers & fractions.

INSTRUCTION
POUR UN DÉCOMPTE:

Pour calculer toutes ſortes de Décomptes des Troupes de l'Armée, utile aux Officiers d'Armée, Tréſoriers & Commis, en ſe ſervant du préſent Livre.

Il faut commencer à mettre en ordre d'addition la valeur qu'il vient par jour à chacun, en mettant les livres ſous les livres, & les ſols ſous les ſols, tant du Capitaine, Lieutenant, &c. Mais à l'égard des trente-huit Soldats, il faut chercher le Tarif à 5 ſols la choſe.

Vous troverez que 38 valent 9 L 10 ſ que vous poſerez de l'ordre ci à côté, & 15 ſ pour les trois payes de gratification; enſuite faut faire l'addition en commençant par les ſols, en retenant 2 dixaines, ou 20 ſols pour une L & vous trouverez que ladite Compagnie revient au Roi à 16 L 5 ſols *par jour*.

Voyez enſuite le Tarif à 16 L 5 ſols *la choſe*, vous trouverez que 30 valent 487 L 10 ſ que ladite Compagnie coûte au Roi pour le mois de 30 jours.

Laquelle ſomme de 487 L 10 ſols, quoique dûe au Capitaine, elle ne lui eſt payée qu'après les déductions ou décomptes ci-à-côté.

Mais pour calculer les 3 *deniers* pour *Livre*, qui eſt le plus difficile, il faut chercher le Tarif à 3 deniers la *choſe*.

& vous trouverez que 400 valent		5 L
que 80 valent		1 L
& que 7 valent		1 ſ 9 d

Ainſi les 3 d pour L de 487 L montent à 6 L 1 ſ 9 d

Ainſi des autres Décomptes, en ſuivant l'ordre des dites deux pages ci-deſſus & ci-à-côté.

Exemples;

Modele du Décompte d'une Compagnie d'Infanterie.

Composée du Capitaine, du Lieutenant, de 45 hommes, & 3 payes de gratification, à raison de 50 s. par jour pour le Capitaine, 20 s. au Lieutenant, 10 s. à chacun des Sergens, 7 s. à chacun des Caporaux, 6 s. à l'Anspeçade, & 5 s. à chacun des Tambours & Soldats, paye de gratification.

Voici le Décompte.

Le Capitaine a par jour	2 L	10 s		
Le Lieutenant a	1 L			
Les 2 Sergens à 10 s à chacun	1 L			
Les 2 Caporaux à 7 s à chacun		14 s		
1 Anspeçade à		6 s		
2 Tambours à 5 s à chacun		10 s		
38 Soldats à 5 s à chacun	9 L	10 s		
45 Hommes.				
3 Payes de gratification à 5 s. chacune		15 s		
Total par jour	16 L	5 s		
Pour le mois de 30 jours montent	487 L	10 s		
Surquoi il faut ôter ou déduire pour payer la Solde, Sçavoir;				
Les 3 den. pour liv. pour les Invalides, montent à	6 L	1 s	9 d	
Plus pour l'a-bon compte, que je suppose de	200 L			
Rôle	1 L			
Masse	45 L			
Total à déduire	252 L	1 s	9 d	
Laquelle ôtée sur les 487 L 10 s ne reste à payer pour ledit mois que	235 L	8 s	3 d	
preuve	487 L	10 s		

EXEMPLE POUR UN BORDEREAU des Monnoyes.

Pour calculer par ce Livre tout l'ARGENT qui eſt dans une CAISSE, ſuppoſant que les Louis d'Or ſoient à 12 livres 15 ſols, les Ecus à 3 livres 8 ſols, & les autres pieces à proportion.

BORDEREAU.

77 Louis	à	12 L 15 ſ	montent à	981 L 15 ſ
35 Demi-Louis	à	6 L 7 ſ 6 d	montent à	223 L 2 ſ 6 d
91 Ecus	à	3 L 8 ſ	montent à	309 L 8 ſ
29 pieces	à	15 ſ	montent à	21 L 15 ſ
17 pieces	à	7 ſ 6 d	montent à	6 L 7 ſ 6 d
34 pieces	à	5 ſ 8 d	montent à	9 L 12 ſ 8 d
19 pieces	à	3 ſ 9 d	montent à	3 L 11 ſ 3 d
300 ſ. marqués	à	1 ſ 3 d	montent à	18 L 15 ſ
700 doubles ou liards	à	3 d	montent à	8 L 15 ſ
Total dudit Bordereau ou Argent qui eſt en Caiſſe				1583 L 1 ſ 11 d

Tous ces Calculs ſe trouvent faits tout d'un coup & dans un ſeul Tarif, à chaque différent prix.

Voyez les Tarifs, & vous trouverez, ſçavoir ;

A 12 L 15 ſ	les	77	valent	981 L 15 ſ
A 6 L 7 ſ 6 d	les	35	valent	223 L 2 ſ 6 d.
A 3 L 8 ſ	les	91	valent	309 L 8 ſ
A 15 ſ	les	29	valent	21 L 15 ſ
A 7 ſ 6 d	les	17	valent	6 L 7 ſ 6 d
A 5 ſ 8 d	les	34	valent	9 L 12 ſ 8 d.
A 3 ſ 9 d	les	19	valent	3 L 11 ſ 3 d.
A 1 ſ 3 d	les	300	valent	18 L 15 ſ
A 3 d	les	700	valent	8 L 15 ſ
Puis faire l'Addition qui donnera				1583 L 1 ſ 11 d

CI-APRES SUIVENT LES NOUVEAUX

TARIFS PARTICULIERS.

SÇAVOIR;

A tant par an, combien par Mois & par jour,

A tant le MUID de VIN de Paris, combien la Pinte,

A tant la DEMI-QUEUE de CHAMPAGNE, combien la Pinte,

A tant le MUID de BLED, combien le Septier & le Boisseau,

A tant le MUID d'AVOINE, combien le Septier & le Boisseau,

A tant le MARC d'ARGENT, combien l'Once & le Gros,

A tant l'ONCE d'OR, combien le Gros & le Grain,

A tant la LIVRE pesant de 16 Onces poids de Marc ou de DOUANNE, combien l'Once & le Gros,

A tant la LIVRE pesant de SOYE de 15 Onces, combien l'Once & le Gros,

A tant la DOUZAINE, combien la Piece ou combien Une,

A tant la TOISE de LONGUEUR, qui est de six pieds, combien le pied,

A tant la TOISE QUARRÉE, en superficie qui est de 36 pieds, combien le Pied,

A tant la TOISE CUBE, qui est de 216 pieds, combien le Pied,

A tant le CENT, combien un,

A tant le MILLIER, combien le Cent & combien Un,

A tant la DEMI-QUEUE d'ORLÉANS, combien le Septier ou la Pinte, ou bien à tant la BARIQUE d'Eau-de-Vie, combien la Velte & la Pinte,

RÉDUCTION des Septiers en Muids de 36 Septiers.

RÉDUCTION des Septiers ou Veltes en Bariques de 27 Septiers ou Veltes.

NOTEZ.

Pour l'intelligence des Tarifs suivans.

Il ne faut que lire le titre de chacun des Tarifs & la suite, vous trouverez toujours dans les premieres colonnes desdits Tarifs le prix de l'entier & dans les autres colonnes la valeur de ses parties.

L'on entend par le prix de l'entier.	*Et l'on entend par la valeur des parties de l'entier.*
le prix de l'ANNÉE, du MUID, de la DEMI-QUEUE, du MARC, de la LIVRE pesant, de la DOUZAINE, de la TOISE, &c.	la valeur du MOIS & du JOUR par rapport à l'ANNÉE. la valeur de la PINTE par rapport au MUID, ainsi des autres.

Quand vous verrez des points après les deniers, ce sont autant de QUARTS DE DENIERS.

TARIF.

A tant par AN combien par MOIS & par JOUR

L'Année de 12 Mois & le mois de 30 Jours.

Prix de l'Année.

A 1 L	par an	1 mois vaut	1 ſ 8 d	1 jour vaut	0 d
A 2 L	par an	1 mois vaut	3 ſ 4 d	1 jour vaut	1 d
A 3 L	par an	1 mois vaut	5 ſ	1 jour vaut	2 d
A 4 L	par an	1 mois vaut	6 ſ 8 d	1 jour vaut	2 d
A 5 L		1	8 ſ 4 d	1	3 d
A 6 L		1	10 ſ	1	4 d
A 7 L		1	11 ſ 8 d	1	4 d
A 8 L		1	13 ſ 4 d	1	5 d
A 9 L		1	15 ſ	1	6 d
A 10 L	par an	1 mois vaut	16 ſ 8 d	1 jour vaut	6 d
A 11 L		1	18 ſ 4 d	1	7 d
A 12 L		1	1 L	1	8 d
A 13 L		1	1 L 1 ſ 8 d	1	8 d
A 14 L		1	1 L 3 ſ 4 d	1	9 d
A 15 L		1	1 L 5 ſ	1	10 d
A 16 L		1	1 L 6 ſ 8 d	1	10 d
A 17 L		1	1 L 8 ſ 4 d	1	11 d
A 18 L		1	1 L 10 ſ	1	1 ſ
A 19 L		1	1 L 11 ſ 8 d	1	1 ſ
A 20 L	par an	1 mois	1 L 13 ſ 4 d	1 jour vaut	1 ſ 1 d
A 21 L		1	1 L 15 ſ	1	1 ſ 2 d
A 22 L		1	1 L 16 ſ 8 d	1	1 ſ 2 d
A 23 L		1	1 L 18 ſ 4 d	1	1 ſ 3 d
A 24 L		1	2 L	1	1 ſ 4 d
A 25 L		1	2 L 1 ſ 8 d	1	1 ſ 4 d
A 26 L		1	2 L 3 ſ 4 d	1	1 ſ 5 d
A 27 L		1	2 L 5 ſ	1	1 ſ 6 d
A 28 L		1	2 L 6 ſ 8 d	1	1 ſ 6 d
A 29 L		1	2 L 8 ſ 4 d	1	1 ſ 7 d
A 30 L	par an	1 mois	2 L 10 ſ	1 jour vaut	1 ſ 8 d
A 31 L		1	2 L 11 ſ 8 d	1	1 ſ 8 d
A 32 L		1	2 L 13 ſ 4 d	1	1 ſ 9 d
A 33 L		1	2 L 15 ſ	1	1 ſ 10 d
A 34 L		1	2 L 16 ſ 8 d	1	1 ſ 10 d
A 35 L	par an	1 mois	2 L 18 ſ 4 d	1 jour vaut	1 ſ 11 d

A 36 L par An	1 mois vaut	3 L	1 jour vaut	2 ſ
A 37 L par an	1 mois	3 L 1 ſ 8 d	1 jour vaut	2 ſ
A 38 L par an	1 mois	3 L 3 ſ 4 d	1 jour vaut	2 ſ 1 d
A 39 L par an	1 mois	3 L 5 ſ	1 jour vaut	2 ſ 2 d
A 40 L par an	1 mois	3 L 6 ſ 8 d	1	2 ſ 2 d
A 41 L	1	3 L 8 ſ 4 d	1	2 ſ 3 d
A 42 L	1	3 L 10 ſ	1	2 ſ 4 d
A 43 L	1	3 L 11 ſ 8 d	1	2 ſ 4 d
A 44 L	1	3 L 13 ſ 4 d	1	2 ſ 5 d
A 45 L	1	3 L 15 ſ	1	2 ſ 6 d
A 46 L	1	3 L 16 ſ 8 d	1	2 ſ 6 d
A 47 L	1	3 L 18 ſ 4 d	1	2 ſ 7 d
A 48 L	1	4 L	1	2 ſ 8 d
A 49 L	1	4 L 1 ſ 8 d	1	2 ſ 8 d
A 50 L par an	1 mois	4 L 3 ſ 4 d	1 jour vaut	2 ſ 9 d
A 51 L	1	4 L 5 ſ	1	2 ſ 10 d
A 52 L	1	4 L 6 ſ 8 d	1	2 ſ 10 d
A 53 L	1	4 L 8 ſ 4 d	1	2 ſ 11 d
A 54 L	1	4 L 10 ſ	1	3 ſ
A 55 L	1	4 L 11 ſ 8 d	1	3 ſ
A 56 L	1	4 L 13 ſ 4 d	1	3 ſ 1 d
A 57 L	1	4 L 15 ſ	1	3 ſ 2 d
A 58 L	1	4 L 16 ſ 8 d	1	3 ſ 2 d
A 59 L	1	4 L 18 ſ 4 d	1	3 ſ 3 d
A 60 L par an	1 mois	5 L	1 jour vaut	3 ſ 4 d
A 61 L	1	5 L 1 ſ 8 d	1	3 ſ 4 d
A 62 L	1	5 L 3 ſ 4 d	1	3 ſ 5 d
A 63 L	1	5 L 5 ſ	1	3 ſ 6 d
A 64 L	1	5 L 6 ſ 8 d	1	3 ſ 6 d
A 65 L	1	5 L 8 ſ 4 d	1	3 ſ 7 d
A 66 L	1	5 L 10 ſ	1	3 ſ 8 d
A 67 L	1	5 L 11 ſ 8 d	1	3 ſ 8 d
A 68 L	1	5 L 13 ſ 4 d	1	3 ſ 9 d
A 69 L	1	5 L 15 ſ	1	3 ſ 10 d
A 70 L par an	1 mois	5 L 16 ſ 8 d	1 jour vaut	3 ſ 10 d
A 71 L	1	5 L 18 ſ 4 d	1	3 ſ 11 d
A 72 L	1	6 L	1	4 ſ
A 73 L	1	6 L 1 ſ 8 d	1	4 ſ
A 74 L	1	6 L 3 ſ 4 d	1	4 ſ 1 d
A 75 L par an	1 mois	6 L 5 ſ	1 jour vaut	4 ſ 2 d

A 76 L	par An	1 mois vaut	6 L 6 ſ 8 d	1 jour vaut	4 ſ 2 d
A 77 L	par an	1 mois	6 L 8 ſ 4 d	1 jour vaut	4 ſ 3 d
78 L	par an	1 mois	6 L 10 ſ	1 jour vaut	4 ſ 4
79 L	par an	1 mois	6 L 11 ſ 8	1 jour vaut	4 ſ 4
80 L	par an	1 mois	6 L 13 ſ 4	1	4 ſ 5
81 L		1	6 L 15 ſ	1	4 ſ 6
82 L		1	6 L 16 ſ 8	1	4 ſ 6
83 L		1	6 L 18 ſ 4	1	4 ſ 7
84 L		1	7 L	1	4 ſ 8
85 L		1	7 L 1 ſ 8	1	4 ſ 8
86 L		1	7 L 3 ſ 4	1	4 ſ 9
87 L		1	7 L 5 ſ	1	4 ſ 10
88 L		1	7 L 6 ſ 8	1	4 ſ 10
89 L		1	7 L 8 ſ 4	1	4 ſ 11
90 L	par an	1 mois	7 L 10 ſ	1 jour vaut	5 ſ
91 L		1	7 L 11 ſ 8	1	5 ſ
92 L		1	7 L 13 ſ 4	1	5 ſ 1
93 L		1	7 L 15 ſ	1	5 ſ 2
94 L		1	7 L 16 ſ 8	1	5 ſ 2
95 L		1	7 L 18 ſ 4	1	5 ſ 3
96 L		1	8 L	1	5 ſ 4
97 L		1	8 L 1 ſ 8	1	5 ſ 4
98 L		1	8 L 3 ſ 4	1	5 ſ 5
99 L		1	8 L 5 ſ	1	5 ſ 6
100 L	par an	1 mois	8 L 6 ſ 8	1 jour vaut	5 ſ 6
200 L		1	16 L 13 ſ 4	1	11 ſ 1
300 L		1	25 L	1	16 ſ 8
400 L		1	33 L 6 ſ 8	1	1 L 2 ſ 2
500 L		1	41 L 13 ſ 4	1	1 L 7 ſ 9
600 L		1	50 L	1	1 L 13 ſ 4
700 L		1	58 L 6 ſ 8	1	1 L 18 ſ 10
800 L		1	66 L 13 ſ 4	1	2 L 4 ſ 5
900 L		1	75 L	1	2 L 10 ſ
1000 L		1	83 L 6 ſ 8	1	2 L 15 ſ 6
2000 L	par an	1 m	166 L 13 ſ 4	1 jour	5 L 11 ſ 1
3000 L		1	250 L	1	8 L 6 ſ 8
4000 L		1	333 L 6 ſ 8	1	11 L 2 ſ 2
5000 L		1	416 L 13 ſ 4	1	13 L 17 ſ 9
10000 L	par an	1 m	833 L 6 ſ 8	1 jour	27 L 15 ſ 6

Fin du Tarif à tant par An, combien par Mois & par Jour.

TARIF.

A tant le MUID de VIN de PARIS de 280 Pintes, combien la PINTE.

Prix du Muid de Vin.			
à 1 L le muid	1 pinte		0
2 L le muid	1 pinte		1 d
3 L le muid	1 pinte		2 d
4 L	1		3
5 L	1		4
6 L	1		5
7 L	1		6
8 L	1		6
9 L	1		7
10 L le muid	1 pinte		8
11 L	1		9
12 L	1		10
13 L	1		11
14 L	1	1 ſ	
15 L	1	1 ſ	
16 L	1	1 ſ	1
17 L	1	1 ſ	2
18 L	1	1 ſ	3
19 L	1	1 ſ	4
20 L le muid	1 pinte	1 ſ	5
21 L	1	1 ſ	6
22 L	1	1 ſ	6
23 L	1	1 ſ	7
24 L	1	1 ſ	8
25 L	1	1 ſ	9
26 L	1	1 ſ	10
27 L	1	1 ſ	11
28 L	1	2 ſ	
29 L	1	2 ſ	
30 L le muid	1 pinte	2 ſ	1
31 L	1	2 ſ	2
32 L	1	2 ſ	3
33 L	1	2 ſ	4
34 L	1	2 ſ	5
35 L le muid	1 pinte	2 ſ	6

Prix du Muid de Vin.			
A 36 L le muid	1 pinte	2 ſ	6 d
37 L le muid	1 pinte	2 ſ	7 d
38 L le muid	1 pinte	2 ſ	8
39 L	1	2 ſ	9
40 L	1	2 ſ	10
41 L	1	2 ſ	11
42 L	1	3 ſ	
43 L	1	3 ſ	
44 L	1	3 ſ	1
45 L	1	3 ſ	2
46 L	1	3 ſ	3
47 L	1	3 ſ	4
48 L	1	3 ſ	5
49 L	1	3 ſ	6
50 L le muid	1 pinte	3 ſ	6
51 L	1	3 ſ	7
52 L	1	3 ſ	8
53 L	1	3 ſ	9
54 L	1	3 ſ	10
55 L	1	3 ſ	11
56 L	1	4 ſ	
57 L	1	4 ſ	
58 L	1	4 ſ	1
59 L	1	4 ſ	2
60 L le muid	1 pinte	4 ſ	3
61 L	1	4 ſ	4
62 L	1	4 ſ	5
63 L	1	4 ſ	6
64 L	1	4 ſ	6
65 L	1	4 ſ	7
66 L	1	4 ſ	8
67 L	1	4 ſ	9
68 L	1	4 ſ	10
69 L	1	4 ſ	11
70 L le muid	1 pinte	5 ſ	

Suite du TARIF à tant le Muid de Vin de Paris, de 280 Pintes, combien la Pinte.

Prix du Muid de Vin.					*Prix du Muid de Vin.*					
à 71 L	le muid	1 pinte	5 ſ		à 140 L	le m	1 pinte		10 ſ	
72 L	le muid	1 pinte	5 ſ	1 d	145 L	le m	1 pinte		10 ſ	4 d
73 L	le muid	1 pinte	5 ſ	2	150 L	le m	1 pinte		10 ſ	8
74 L		1	5 ſ	3	155 L		1		11 ſ	
75 L		1	5 ſ	4	160 L		1		11 ſ	5
76 L		1	5 ſ	5	165 L		1		11 ſ	9
77 L		1	5 ſ	6	170 L		1		12 ſ	1
78 L		1	5 ſ	6	175 L		1		12 ſ	6
79 L		1	5 ſ	7	180 L		1		12 ſ	10
80 L	le muid	1 pinte	5 ſ	8	185 L		1		13 ſ	2
81 L		1	5 ſ	9	190 L		1		13 ſ	6
82 L		1	5 ſ	10	195 L		1		13 ſ	11
83 L		1	5 ſ	11	200 L	le m	1 pinte		14 ſ	3
84 L		1	6 ſ		205 L		1		14 ſ	7
85 L		1	6 ſ		210 L		1		15 ſ	
86 L		1	6 ſ	1	215 L		1		15 ſ	4
87 L		1	6 ſ	2	220 L		1		15 ſ	8
88 L		1	6 ſ	3	225 L		1		16 ſ	
89 L		1	6 ſ	4	230 L		1		16 ſ	5
90 L	le muid	1 pinte	6 ſ	5	235 L		1		16 ſ	9
91 L		1	6 ſ	6	240 L		1		17 ſ	1
92 L		1	6 ſ	6	245 L		1		17 ſ	6
93 L		1	6 ſ	7	250 L	le m	1 pinte		17 ſ	10
94 L		1	6 ſ	8	255 L		1		18 ſ	2
95 L		1	6 ſ	9	260 L		1		18 ſ	6
96 L		1	6 ſ	10	265 L		1		18 ſ	11
97 L		1	6 ſ	11	270 L		1		19 ſ	3
98 L		1	7 ſ		275 L		1		19 ſ	7
99 L		1	7 ſ		280 L		1	1 L		
100 L	le muid	1 pinte	7 ſ	1	285 L		1	1 L		4
105 L		1	7 ſ	6	290 L		1	1 L		8
110 L		1	7 ſ	10	295 L		1	1 L	1 ſ	
115 L		1	8 ſ	2	300 L	le m	1 p	1 L	1 ſ	5
120 L		1	8 ſ	6	400 L		1	1 L	8 ſ	6
125 L		1	8 ſ	11	500 L		1	1 L	15 ſ	8
130 L		1	9 ſ	3	1000 L		1	3 L	11 ſ	5
135 L	le muid	1 pinte	9 ſ	7						

Fin du TARIF à tant le Muid de Vin de 280 Pintes.

TARIF.

A tant la DEMI-QUEUE de CHAMPAGNE de 24 Septiers, combien la PINTE.

Prix de la Demi-Queue.		Prix de la Pinte.
A 1 L	la demi-queue la pinte vaut	1 d
2 L	la demi-queue la pinte vaut	2 d
3 L	la demi-queue la pinte vaut	3
4 L		5
5 L		6
6 L		7
7 L		8
8 L		10
9 L		11
10 L		1 ſ
11 L		1 ſ 1
12 L		1 ſ 3
13 L		1 ſ 4
14 L	la demi-queue la pinte vaut	1 ſ 5
15 L		1 ſ 6
16 L		1 ſ 8
17 L		1 ſ 9
18 L		1 ſ 10
19 L		1 ſ 11
20 L		2 ſ 1
21 L		2 ſ 2
22 L		2 ſ 3
23 L		2 ſ 4
24 L		2 ſ 6
25 L	la demi-queue la pinte vaut	2 ſ 7
26 L		2 ſ 8
27 L		2 ſ 9
28 L		2 ſ 11
29 L		3 ſ
30 L		3 ſ 1
31 L		3 ſ 2
32 L	la demi-queue la pinte vaut	3 ſ 4
33 L		3 ſ 5
34 L		3 ſ 6
35 L		3 ſ 7

Prix de la Demi-queue.			*Prix de la Pinte.*		
A 36	L	la demi-queue la pinte vaut	3	ſ	9 d
37	L	la demi-queue la pinte vaut	3	ſ	10 d
38	L	la demi-queue la pinte vaut	3	ſ	11
39	L		4	ſ	
40	L		4	ſ	2
41	L		4	ſ	3
42	L		4	ſ	4
43	L		4	ſ	5
44	L		4	ſ	7
45	L		4	ſ	8
46	L		4	ſ	9
47	L		4	ſ	10
48	L	la demi-queue la pinte vaut	5	ſ	
49	L		5	ſ	1
50	L		5	ſ	2
51	L		5	ſ	3
52	L		5	ſ	5
53	L		5	ſ	6
54	L		5	ſ	7
55	L		5	ſ	8
56	L		5	ſ	10
57	L		5	ſ	11
58	L		6	ſ	
59	L		6	ſ	1
60	L	la demi-queue la pinte vaut	6	ſ	3
61	L		6	ſ	4
62	L		6	ſ	5
63	L		6	ſ	6
64	L		6	ſ	8
65	L		6	ſ	9
66	L		6	ſ	10
67	L		6	ſ	11
68	L		7	ſ	1
69	L		7	ſ	2
70	L	la demi-queue la pinte vaut	7	ſ	3
71	L		7	ſ	4
72	L		7	ſ	6
73	L		7	ſ	7
74	L		7	ſ	8

 Suite du TARIF à tant la Demi-queue de Champagne ; combien la pinte.

	Prix de la Demi-queue.				*Prix de la Pinte.*
A	75 L	la demi-queue la pinte vaut		7 ſ	9 d
	76 L	la demi-queue la pinte vaut		7 ſ	11 d
	77 L	la demi-queue la pinte vaut		8 ſ	
	78 L			8 ſ	1
	79 L			8 ſ	2
	80 L			8 ſ	4
	81 L			8 ſ	5
	82 L			8 ſ	6
	83 L			8 ſ	7
	84 L			8 ſ	9
	85 L			8 ſ	10
	86 L			8 ſ	11
	87 L	la demi-queue la pinte vaut		9 ſ	
	88 L			9 ſ	2
	89 L			9 ſ	3
	90 L			9 ſ	4
	91 L			9 ſ	5
	92 L			9 ſ	7
	93 L			9 ſ	8
	94 L			9 ſ	9
	95 L			9 ſ	10
	96 L			10 ſ	
	97 L	la demi-queue la pinte vaut		10 ſ	1
	98 L			10 ſ	2
	99 L			10 ſ	3
	100 L			10 ſ	5
	110 L			11 ſ	5
	120 L			12 ſ	6
	130 L			13 ſ	6
	140 L			14 ſ	7
	150 L			15 ſ	7
	200 L		1 L		10
	250 L	la demi-queue la pinte vaut	1 L	6 ſ	
	300 L		1 L	11 ſ	3
	350 L		1 L	16 ſ	5
	400 L		2 L	1 ſ	8
	450 L	la demi-queue la pinte vaut	2 L	6 ſ	10
	500 L		2 L	12 ſ	1

Fin du TARIF de la Demi-queue de Champagne.

TARIF.

A tant le MUID de BLED ou de FARINE; combien le SEPTIER & le BOISSEAU.

Prix du Muid,		*du Septier,*		*du Boiſſeau.*
A 48 L le muid	1 ſeptier vaut	4 L	1 boiſſeau	6 ſ 8 d
A 51 L le muid	1 ſeptier	4 L 5 ſ	1 boiſſeau	7 ſ 1 d
54 L le muid	1 ſeptier	4 L 10 ſ	1 boiſſeau	7 ſ 6
57 L	1	4 L 15 ſ	1	7 ſ 11
60 L	1	5 L	1	8 ſ 4
63 L	1	5 L 5 ſ	1	8 ſ 9
66 L	1	5 L 10 ſ	1	9 ſ 2
69 L	1	5 L 15 ſ	1	9 ſ 7
72 L	1	6 L	1	10 ſ
75 L	1	6 L 5 ſ	1	10 ſ 5
78 L	1	6 L 10 ſ	1	10 ſ 10
81 L	1	6 L 15 ſ	1	11 ſ 3
84 L le muid	1 ſeptier	7 L	1 boiſſeau	11 ſ 8
87 L	1	7 L 5 ſ	1	12 ſ 1
90 L	1	7 L 10 ſ	1	12 ſ 6
93 L	1	7 L 15 ſ	1	12 ſ 11
96 L	1	8 L	1	13 ſ 4
99 L	1	8 L 5 ſ	1	13 ſ 9
102 L	1	8 L 10 ſ	1	14 ſ 2
105 L	1	8 L 15 ſ	1	14 ſ 7
108 L	1	9 L	1	15 ſ
111 L	1	9 L 5 ſ	1	15 ſ 5
114 L le muid	1 ſeptier	9 L 10 ſ	1 boiſſeau	15 ſ 10
117 L	1	9 L 15 ſ	1	16 ſ 3
120 L	1	10 L	1	16 ſ 8
123 L	1	10 L 5 ſ	1	17 ſ 1
126 L	1	10 L 10 ſ	1	17 ſ 6
129 L	1	10 L 15 ſ	1	17 ſ 11
132 L	1	11 L	1	18 ſ 4
135 L	1	11 L 5 ſ	1	18 ſ 9
138 L	1	11 L 10 ſ	1	19 ſ 2
141 L	1	11 L 15 ſ	1	19 ſ 7
144 L le muid	1 ſeptier	12 L	1 boi. 1 L	

Prix du Muid,		*du Septier,*		*du Boisseau.*
A 147 L	le muid 1 septier vaut	12 L 5 ſ	1 boisseau	1 L 5
A 150 L	le muid 1 septier	12 L 10 ſ	1 boisseau	1 L 10
153 L	le muid 1 septier	12 L 15 ſ	1 boisseau	1 L 1 ſ 3
156 L	1	13 L	1	1 L 1 ſ 8
159 L	1	13 L 5 ſ	1	1 L 2 ſ 1
162 L	1	13 L 10 ſ	1	1 L 2 ſ 6
165 L	2	13 L 15 ſ	1	1 L 2 ſ 11
168 L	1	14 L	1	1 L 3 ſ 4
171 L	1	14 L 5 ſ	1	1 L 3 ſ 9
174 L	1	14 L 10 ſ	1	1 L 4 ſ 2
177 L	1	14 L 15 ſ	1	1 L 4 ſ 7
180 L	1	15 L	1	1 L 5 ſ
183 L	le muid 1 septier	15 L 5 ſ	1 boisseau	1 L 5 ſ 5
186 L	1	15 L 10 ſ	1	1 L 5 ſ 10
189 L	1	15 L 15 ſ	1	1 L 6 ſ 3
192 L	1	16 L	1	1 L 6 ſ 8
195 L	1	16 L 5 ſ	1	1 L 7 ſ 1
198 L	1	16 L 10 ſ	1	1 L 7 ſ 6
201 L	1	16 L 15 ſ	1	1 L 7 ſ 11
204 L	1	17 L	1	1 L 8 ſ 4
207 L	1	17 L 5 ſ	1	1 L 8 ſ 9
210 L	1	17 L 10 ſ	1	1 L 9 ſ 2
213 L	le muid 1 septier	17 L 15 ſ	1 boisseau	1 L 9 ſ 7
216 L	1	18 L	1	1 L 10 ſ
219 L	1	18 L 5 ſ	1	1 L 10 ſ 5
222 L	1	18 L 10 ſ	1	1 L 10 ſ 10
225 L	1	18 L 15 ſ	1	1 L 11 ſ 3
228 L	1	19 L	1	1 L 11 ſ 8
231 L	1	19 L 5 ſ	1	1 L 12 ſ 1
234 L	1	19 L 10 ſ	1	1 L 12 ſ 6
237 L	1	19 L 15 ſ	1	1 L 12 ſ 11
240 L	1	20 L	1	1 L 13 ſ 4
243 L	le muid 1 septier	20 L 5 ſ	1 boisseau	1 L 13 ſ 9
246 L	1	20 L 10 ſ	1	1 L 14 ſ 2
249 L	1	20 L 15 ſ	1	1 L 14 ſ 7
252 L	1	21 L	1	1 L 15 ſ
255 L	1	21 L 5 ſ	1	1 L 15 ſ 5
258 L	1	21 L 10 ſ	1	1 L 15 ſ 10

Prix du Muid,		*du Septier,*		*du Boiſſeau.*
A261 L le muid	1 ſeptier vaut	21 L 15 ſ	1 boiſſeau	1 L 16 ſ 3
A264 L le muid	1 ſeptier	22 L	1 boiſſeau	1 L 16 ſ 8
267 L le muid	1 ſeptier	22 L 5 ſ	1 boiſſeau	1 L 17 ſ 1
270 L	1	22 L 10 ſ	1	1 L 17 ſ 6
273 L	1	22 L 15 ſ	1	1 L 17 ſ 11
276 L	1	23 L	1	1 L 18 ſ 4
279 L	1	23 L 5 ſ	1	1 L 18 ſ 9
282 L	1	23 L 10 ſ	1	1 L 19 ſ 2
285 L	1	23 L 15 ſ	1	1 L 19 ſ 7
288 L	1	24 L	1	2 L
291 L	1	24 L 5 ſ	1	2 L 5
294 L	1	24 L 10 ſ	1	2 L 10
297 L le muid	1 ſeptier	24 L 15 ſ	1 boiſſeau	2 L 1 ſ 3
300 L	1	25 L	1	2 L 1 ſ 8
303 L	1	25 L 5 ſ	1	2 L 2 ſ 1
306 L	1	25 L 10 ſ	1	2 L 2 ſ 6
309 L	1	25 L 15 ſ	1	2 L 2 ſ 11
312 L	1	26 L	1	2 L 3 ſ 4
315 L	1	26 L 5 ſ	1	2 L 3 ſ [illegible]
318 L	1	26 L 10 ſ	1	2 L 4 ſ 2
321 L	1	26 L 15 ſ	1	2 L 4 ſ 7
324 L	1	27 L	1	2 L 5 ſ
327 L le muid	1 ſeptier	27 L 5 ſ	1 boiſſeau	2 L 5 ſ 5
330 L	1	27 L 10 ſ	1	2 L 5 ſ 10
333 L	1	27 L 15 ſ	1	2 L 6 ſ 3
336 L	1	28 L	1	2 L 6 ſ 8
339 L	1	28 L 5 ſ	1	2 L 7 ſ 1
342 L	1	28 L 10 ſ	1	2 L 7 ſ 6
345 L	1	28 L 15 ſ	1	2 L 7 ſ 11
348 L	1	29 L	1	2 L 8 ſ 4
351 L	1	29 L 5 ſ	1	2 L 8 ſ 9
354 L	1	29 L 10 ſ	1	2 L 9 ſ 2
357 L le muid	1 ſeptier	29 L 15 ſ	1 boiſſeau	2 L 9 ſ 7
360 L	1	30 L	1	2 L 10 ſ
363 L	1	30 L 5 ſ	1	2 L 10 ſ 5
366 L	1	30 L 10 ſ	1	2 L 10 ſ 10
369 L	1	30 L 15 ſ	1	2 L 11 ſ 3
372 L	1	31 L	1	2 L 11 ſ 8

 Suite du TARIF à tant le MUID de BLED, combien le Septier & le Boisseau.

Prix du Muid,	*du Septier,*	*du Boisseau.*
A 375 L le muid 1 septier vaut	31 L 5 s	1 boisseau 2 L 12 s 1
A 378 L le muid 1 septier	31 L 10 s	1 boisseau 2 L 12 s 6
381 L le muid 1 septier	31 L 15 s	1 boisseau 2 L 12 s 11
384 L 1	32 L	1 2 L 13 s 4
387 L 1	32 L 5 s	1 2 L 13 s 9
390 L 1	32 L 10 s	1 2 L 14 s 2
393 L 1	32 L 15 s	1 2 L 14 s 7
396 L 1	33 L	1 2 L 15 s
399 L 1	33 L 5 s	1 2 L 15 s 5
402 L 1	33 L 10 s	1 2 L 15 s 10
405 L 1	33 L 15 s	1 2 L 16 s 3
408 L 1	34 L	1 2 L 16 s 8
411 L 1	34 L 5 s	1 2 L 17 s 1
414 L 1	34 L 10 s	1 2 L 17 s 6
4 7 L 1	34 L 15 s	1 2 L 17 s 11
420 L le muid 1 septier	35 L	1 boisseau 2 L 18 s 4
423 L 1	35 L 5 s	1 2 L 18 s 9
426 L 1	35 L 10 s	1 2 L 19 s 2
429 L 1	35 L 15 s	1 2 L 19 s 7
432 L 1	36 L	1 3 L
435 L 1	36 L 5 s	1 3 L 5
438 L 1	36 L 10 s	1 3 L 10
441 L 1	36 L 15 s	1 3 L 1 s 3.
444 L 1	37 L	1 3 L 1 s 8
447 L 1	37 L 5 s	1 3 L 2 s 1
450 L le muid 1 septier	37 L 10 s	1 boisseau 3 L 2 s 6
453 L 1	37 L 15 s	1 3 L 2 s 11
456 L 1	38 L	1 3 L 3 s 4
459 L 1	38 L 5 s	1 3 L 3 s 9
462 L 1	38 L 10 s	1 3 L 4 s 2
465 L 1	38 L 15 s	1 3 L 4 s 7
468 L 1	39 L	1 3 L 5 s
471 L 1	39 L 5 s	1 3 L 5 s 5
474 L 1	39 L 10 s	1 3 L 5 s 10
477 L 1	39 L 15 s	1 3 L 6 s 3
480 L le muid 1 septier	40 L	1 boisseau 3 L 6 s 8

Fin du TARIF du Muid de Bled ou de Farine.

TARIF.

A tant le MUID d'AVOINE, combien le SEPTIER & le BOISSEAU.

Prix du Muid,		*du Septier,*		*du Boisseau.*
A 48 L le muid	1 ſeptier vaut	4 L	1 boiſſeau	3 ſ 4 d
A 51 L le muid	1 ſeptier	4 L 5 ſ	1 boiſſeau	3 ſ 6 d
54 L le muid	1 ſeptier	4 L 10 ſ	1 boiſſeau	3 ſ 9
57 L le muid	1 ſeptier	4 L 15 ſ	1 boiſſeau	3 ſ 11
60 L	1	5 L	1	4 ſ 2
63 L	1	5 L 5 ſ	1	4 ſ 4
66 L	1	5 L 10 ſ	1	4 ſ 7
69 L	1	5 L 15 ſ	1	4 ſ 9
72 L	1	6 L	1	5 ſ
75 L	1	6 L 5 ſ	1	5 ſ 2
78 L	1	6 L 10 ſ	1	5 ſ 5
81 L	1	6 L 15 ſ	1	5 ſ 7
84 L	1	7 L	1	5 ſ 10
87 L	1	7 L 5 ſ	1	6 ſ
90 L le muid	1 ſeptier	7 L 10 ſ	1 boiſſeau	6 ſ 3
93 L	1	7 L 15 ſ	1	6 ſ 5
96 L	1	8 L	1	6 ſ 8
99 L	1	8 L 5 ſ	1	6 ſ 10
102 L	1	8 L 10 ſ	1	7 ſ 1
105 L	1	8 L 15 ſ	1	7 ſ 3
108 L	1	9 L	1	7 ſ 6
111 L	1	9 L 5 ſ	1	7 ſ 8
114 L	1	9 L 10 ſ	1	7 ſ 11
117 L	1	9 L 15 ſ	1	8 ſ 1
120 L le muid	1 ſeptier	10 L	1 boiſſeau	8 ſ 4
123 L	1	10 L 5 ſ	1	8 ſ 6
126 L	1	10 L 10 ſ	1	8 ſ 9
129 L	1	10 L 15 ſ	1	8 ſ 11
132 L	1	11 L	1	9 ſ 2
135 L	1	11 L 5 ſ	1	9 ſ 4
138 L	1	11 L 10 ſ	1	9 ſ 7
141 L	1	11 L 15 ſ	1	9 ſ 9
144 L le muid	1 ſeptier	12 L	1 boiſſeau	10 ſ

 Suite du TARIF à tant le MUID d'AVOINE, combien le Septier & le Boisseau.

Prix du Muid,		*du Septier*,	*du Boisseau.*
A 147 L le muid	1 septier vaut	12 L 5 s	1 boisseau 10 s 2 d
A 150 L le muid	1 septier	12 L 10 s	1 boisseau 10 s 5 d
153 L le muid	1 septier	12 L 15 s	1 boisseau 10 s 7
156 L le muid	1 septier	13 L	1 boisseau 10 s 10
159 L	1	13 L 5 s	1 11 s
162 L	1	13 L 10 s	1 11 s 3
165 L	1	13 L 15 s	1 11 s 5
168 L	1	14 L	1 11 s 8
171 L	1	14 L 5 s	1 11 s 10
174 L	1	14 L 10 s	1 12 s 1
177 L	1	14 L 15 s	1 12 s 3
180 L le muid	1 septier	15 L	1 boisseau 12 s 6
183 L	1	15 L 5 s	1 12 s 8
186 L	1	15 L 10 s	1 12 s 11
189 L	1	15 L 15 s	1 13 s 1
192 L	1	16 L	1 13 s 4
195 L	1	16 L 5 s	1 13 s 6
198 L	1	16 L 10 s	1 13 s 9
201 L	1	16 L 15 s	1 13 s 11
204 L	1	17 L	1 14 s 2
207 L	1	17 L 5 s	1 14 s 4
210 L le muid	1 septier	17 L 10 s	1 boisseau 14 s 7
213 L	1	17 L 15 s	1 14 s 9
216 L	1	18 L	1 15 s
219 L	1	18 L 5 s	1 15 s 2
222 L	1	18 L 10 s	1 15 s 5
225 L	1	18 L 15 s	1 15 s 7
228 L	1	19 L	1 15 s 10
231 L	1	19 L 5 s	1 16 s
234 L	1	19 L 10 s	1 16 s 3
237 L	1	19 L 15 s	1 16 s 5
240 L le muid	1 septier	20 L	1 boisseau 16 s 8
243 L	1	20 L 5 s	1 16 s 10
246 L	1	20 L 10 s	1 17 s 1
249 L	1	20 L 15 s	1 17 s 3
252 L	1	21 L	1 17 s 6
255 L	1	21 L 5 s	1 17 s 8
258 L le muid	1 septier	21 L 10 s	1 boisseau 17 s 11

Prix du Muid ,		*du Septier ,*		*du Boisseau.*
A 261 L le muid	1 septier vaut	21 L 15 ſ	1 boisseau	18 ſ 1
264 L le muid	1 septier	22 L	1 boisseau	18 ſ 4
267 L le muid	1 septier	22 L 5 ſ	1 boisseau	18 ſ 6
270 L le muid	1 septier	22 L 10 ſ	1 boisseau	18 ſ 9
273 L	1	22 L 15 ſ	1	18 ſ 11
276 L	1	23 L	1	19 ſ 2
279 L	1	23 L 5 ſ	1	19 ſ 4
282 L	1	23 L 10 ſ	1	19 ſ 7
285 L	1	23 L 15 ſ	1	19 ſ 9
288 L	1	24 L	1	1 L
291 L	1	24 L 5 ſ	1	1 L 2
294 L le muid	1 septier	24 L 10 ſ	1 boisseau	1 L 5
297 L	1	24 L 15 ſ	1	1 L 7
300 L	1	25 L	1	1 L 10
303 L	1	25 L 5 ſ	1	1 L 1 ſ
306 L	1	25 L 10 ſ	1	1 L 1 ſ 3
309 L	1	25 L 15 ſ	1	1 L 1 ſ 5
312 L	1	26 L	1	1 L 1 ſ 8
315 L	1	26 L 5 ſ	1	1 L 1 ſ 10
318 L	1	26 L 10 ſ	1	1 L 2 ſ 1
321 L	1	26 L 15 ſ	1	1 L 2 ſ 3
324 L le muid	1 septier	27 L	1 boisseau	1 L 2 ſ 6
327 L	1	27 L 5 ſ	1	1 L 2 ſ 8
330 L	1	27 L 10 ſ	1	1 L 2 ſ 11
333 L	1	27 L 15 ſ	1	1 L 3 ſ 1
336 L	1	28 L	1	1 L 3 ſ 4
339 L	1	28 L 5 ſ	1	1 L 3 ſ 6
342 L	1	28 L 10 ſ	1	1 L 3 ſ 9
345 L	1	28 L 15 ſ	1	1 L 3 ſ 11
348 L	1	29 L	1	1 L 4 ſ 2
351 L	1	29 L 5 ſ	1	1 L 4 ſ 4
354 L le muid	1 septier	29 L 10 ſ	1 boisseau	1 L 4 ſ 7
357 L	1	29 L 15 ſ	1	1 L 4 ſ 9
360 L	1	30 L	1	1 L 5 ſ
363 L	1	30 L 5 ſ	1	1 L 5 ſ 2
366 L	1	30 L 10 ſ	1	1 L 5 ſ 5
369 L	1	30 L 15 ſ	1	1 L 5 ſ 7
372 L le muid	1 septier	31 L	1 boisseau	1 L 5 ſ 10

Prix du Muid,	*du Septier,*	*du Boiſſeau.*
A 375 L le muid	1 ſeptier vaut 31 L 5 ſ	1 boiſſeau 1 L 6 ſ
378 L le muid	1 ſeptier 31 L 10 ſ	1 boiſſeau 1 L 6 ſ 3
381 L le muid	1 ſeptier 31 L 15 ſ	1 boiſſeau 1 L 6 ſ 5
384 L	1 32 L	1 1 L 6 ſ 8
387 L	1 32 L 5 ſ	1 1 L 6 ſ 10
390 L	1 32 L 10 ſ	1 1 L 7 ſ 1
393 L	1 32 L 15 ſ	1 1 L 7 ſ 3
396 L	1 33 L	1 1 L 7 ſ 6
399 L	1 33 L 5 ſ	1 1 L 7 ſ 8
402 L	1 33 L 10 ſ	1 1 L 7 ſ 11
405 L	1 33 L 15 ſ	1 1 L 8 ſ 1
408 L	1 34 L	1 1 L 8 ſ 4
411 L	1 34 L 5 ſ	1 1 L 8 ſ 6
414 L	1 34 L 10 ſ	1 1 L 8 ſ 9
417 L	1 34 L 15 ſ	1 1 L 8 ſ 11
420 L le muid	1 ſeptier 35 L	1 boiſſeau 1 L 9 ſ 2
423 L	1 35 L 5 ſ	1 1 L 9 ſ 4
426 L	1 35 L 10 ſ	1 1 L 9 ſ 7
429 L	1 35 L 15 ſ	1 1 L 9 ſ 9
432 L	1 36 L	1 1 L 10 ſ
435 L	1 36 L 5 ſ	1 1 L 10 ſ 2
438 L	1 36 L 10 ſ	1 1 L 10 ſ 5
441 L	1 36 L 15 ſ	1 1 L 10 ſ 7
444 L	1 37 L	1 1 L 10 ſ 10
447 L	1 37 L 5 ſ	1 1 L 11 ſ
450 L le muid	1 ſeptier 37 L 10 ſ	1 boiſſeau 1 L 11 ſ 3
453 L	1 37 L 15 ſ	1 1 L 11 ſ 5
456 L	1 38 L	1 1 L 11 ſ 8
459 L	1 38 L 5 ſ	1 1 L 11 ſ 10
462 L	1 38 L 10 ſ	1 1 L 12 ſ 1
465 L	1 38 L 15 ſ	1 1 L 12 ſ 3
468 L	1 39 L	1 1 L 12 ſ 6
471 L	1 39 L 5 ſ	1 1 L 12 ſ 8
474 L	1 39 L 10 ſ	1 1 L 12 ſ 11
477 L	1 39 L 15 ſ	1 1 L 13 ſ 1
480 L le muid	1 ſeptier 40 L	1 boiſſeau 1 L 13 ſ 4

Fin du TARIF *du Muid d'*AVOINE.

TARIF.

A tant la LIVRE pesant 16 ONCES poids de MARC ou de DOUANNE, combien l'ONCE & le GROS.

Prix de la Livre de 16 Onces.							
A 5 ſ la livre	pesant 1 once vaut		3 d	1 gros		
10 ſ la livre	1 once vaut		7	1 gros		
15 ſ	1		11	1		1 d
1 L	1	1 ſ	3	1		1
1 L 5 ſ	1	1 ſ	6	1		2
1 L 10 ſ	1	1 ſ	10	1		2
1 L 15 ſ	1	2 ſ	2	1		3
2 L	1	2 ſ	6	1		3
2 L 5 ſ	1	2 ſ	9	1		4
2 L 10 ſ	1	3 ſ	1	1		4
2 L 15 ſ	1	3 ſ	5	1		5
3 L	1	3 ſ	9	1		5
3 L 5 ſ la livre	1 once vaut	4 ſ		1 gros		6
3 L 10 ſ	1	4 ſ	4	1		6
3 L 15 ſ	1	4 ſ	8	1		7
4 L	1	5 ſ		1		7
4 L 5 ſ	1	5 ſ	3	1		7
4 L 10 ſ	1	5 ſ	7	1		8
4 L 15 ſ	1	5 ſ	11	1		8
5 L	1	6 ſ	3	1		9
5 L 5 ſ	1	6 ſ	6	1		9
5 L 10 ſ	1	6 ſ	10	1		10
5 L 15 ſ la livre	1 once vaut	7 ſ	2	1 gros		10
6 L	1	7 ſ	6	1		11
6 L 5 ſ	1	7 ſ	9	1		11
6 L 10 ſ	1	8 ſ	1	1	1 ſ	
6 L 15 ſ	1	8 ſ	5	1	1 ſ	
7 L	1	8 ſ	9	1	1 ſ	1
7 L 5 ſ	1	9 ſ		1	1 ſ	1
7 L 10 ſ	1	9 ſ	4	1	1 ſ	2
7 L 15 ſ	1	9 ſ	8	1	1 ſ	2
8 L	1	10 ſ		1	1 ſ	3
8 L 5 ſ la livre	1 once vaut	10 ſ	3	1 gros	1 ſ	3

Suite du TARIF à tant la Livre de 16 Onces, combien l'Once & le Gros.

Prix de la Livre de 16 Onces.

à 8 L 10 ſ la livre pesant

	1 once vaut	10 ſ 7 d	1 gros	1 ſ 3 d
8 L 15 ſ la livre	1 once vaut	10 ſ 11	1 gros	1 ſ 4
9 L	1	11 ſ 3	1	1 ſ 4
9 L 5 ſ	1	11 ſ 6	1	1 ſ 5
9 L 10 ſ	1	11 ſ 10	1	1 ſ 5
9 L 15 ſ	1	12 ſ 2	1	1 ſ 6
10 L	1	12 ſ 6	1	1 ſ 6
10 L 5 ſ	1	12 ſ 9	1	1 ſ 7
10 L 10 ſ	1	13 ſ 1	1	1 ſ 7
10 L 15 ſ	1	13 ſ 5	1	1 ſ 8
11 L	1	13 ſ 9	1	1 ſ 8
11 L 5 ſ la livre	1 once vaut	14 ſ	1 gros	1 ſ 9
11 L 10 ſ	1	14 ſ 4	1	1 ſ 9
11 L 15 ſ	1	14 ſ 8	1	1 ſ 10
12 L	1	15 ſ	1	1 ſ 10
12 L 5 ſ	1	15 ſ 3	1	1 ſ 10
12 L 10 ſ	1	15 ſ 7	1	1 ſ 11
12 L 15 ſ	1	15 ſ 11	1	1 ſ 11
13 L	1	16 ſ 3	1	2 ſ
13 L 5 ſ	1	16 ſ 6	1	2 ſ
13 L 10 ſ	1	16 ſ 10	1	2 ſ 1
13 L 15 ſ la livre	1 once vaut	17 ſ 2	1 gros	2 ſ 1
14 L	1	17 ſ 6	1	2 ſ 2
14 L 5 ſ	1	17 ſ 9	1	2 ſ 2
14 L 10 ſ	1	18 ſ 1	1	2 ſ 3
14 L 15 ſ	1	18 ſ 5	1	2 ſ 3
15 L	1	18 ſ 9	1	2 ſ 4
15 L 5 ſ	1	19 ſ	1	2 ſ 4
15 L 10 ſ	1	19 ſ 4	1	2 ſ 5
15 L 15 ſ	1	19 ſ 8	1	2 ſ 5
16 L	1	1 L	1	2 ſ 6
16 L 5 ſ la livre	1 once	1 L 3	1 gros	2 ſ 6
16 L 10 ſ	1	1 L 7	1	2 ſ 6
16 L 15 ſ	1	1 L 11	1	2 ſ 7
17 L	1	1 L 1 ſ 3	1	2 ſ 7
17 L 5 ſ	1	1 L 1 ſ 6	1	2 ſ 8
17 L 10 ſ	1	1 L 1 ſ 10	1	2 ſ 8

Prix de la Livre de 16 Onces.

Prix de la livre		Once	Valeur de l'once	Gros	Valeur du gros
à 17 L 15 ſ	la livre peſant	1 once vaut	1 L 2 ſ 2 d	1 gros.	2 ſ 9 d
18 L	la livre	1 once	1 L 2 ſ 6	1 gros	2 ſ 9
18 L 5 ſ		1	1 L 2 ſ 9	1	2 ſ 10
18 L 10 ſ		1	1 L 3 ſ 1	1	2 ſ 10
18 L 15 ſ		1	1 L 3 ſ 5	1	2 ſ 11
19 L		1	1 L 3 ſ 9	1	2 ſ 11
19 L 5 ſ		1	1 L 4 ſ	1	3 ſ
19 L 10 ſ		1	1 L 4 ſ 4	1	3 ſ
19 L 15 ſ		1	1 L 4 ſ 8	1	3 ſ 1
20 L		1	1 L 5 ſ	1	3 ſ 1
20 L 5 ſ		1	1 L 5 ſ 3	1	3 ſ 1
20 L 10 ſ		1	1 L 5 ſ 7	1	3 ſ 2
20 L 15 ſ	la livre	1 once	1 L 5 ſ 11	1 gros	3 ſ 2
21 L		1	1 L 6 ſ 3	1	3 ſ 3
21 L 5 ſ		1	1 L 6 ſ 6	1	3 ſ 3
21 L 10 ſ		1	1 L 6 ſ 10	1	3 ſ 4
21 L 15 ſ		1	1 L 7 ſ 2	1	3 ſ 4
22 L		1	1 L 7 ſ 6	1	3 ſ 5
22 L 5 ſ		1	1 L 7 ſ 9	1	3 ſ 5
22 L 10 ſ		1	1 L 8 ſ 1	1	3 ſ 6
22 L 15 ſ		1	1 L 8 ſ 5	1	3 ſ 6
23 L		1	1 L 8 ſ 9	1	3 ſ 7
23 L 5 ſ		1	1 L 9 ſ	1	3 ſ 7
23 L 10 ſ	la livre	1 once	1 L 9 ſ 4	1 gros	3 ſ 8
23 L 15 ſ		1	1 L 9 ſ 8	1	3 ſ 8
24 L		1	1 L 10 ſ	1	3 ſ 9
25 L		1	1 L 11 ſ 3	1	3 ſ 10
30 L		1	1 L 17 ſ 6	1	4 ſ 8
35 L		1	2 L 3 ſ 9	1	5 ſ 5
40 L		1	2 L 10 ſ	1	6 ſ 3
45 L		1	2 L 16 ſ 3	1	7 ſ
50 L		1	3 L 2 ſ 6	1	7 ſ 9
60 L		1	3 L 15 ſ	1	9 ſ 4
70 L		1	4 L 7 ſ 6	1	10 ſ 11
80 L	la livre	1 once	5 L	1 gros	12 ſ 6
90 L		1	5 L 12 ſ 6	1	14 ſ
100 L		1	6 L 5 ſ	1	15 ſ 7

Fin du TARIF de la Livre peſant de 16 Onces.

TARIF.

A tant la LIVRE de SOYE de 15 ONCES, combien l'Once & le Gros.

Prix de la Livre de 15 Onces.

A 5 ſ la livre de Soye	1 once vaut	4 d	1 gros		1 d
10 ſ la livre	1 once vaut	8	1 gros		1
15 ſ la livre	1 once vaut	1 ſ	1 gros		2
1 L	1	1 ſ 4	1		2
1 L 5 ſ	1	1 ſ 8	1		3
1 L 10 ſ	1	2 ſ	1		3
1 L 15 ſ	1	2 ſ 4	1		4
2 L	1	2 ſ 8	1		4
2 L 5 ſ	1	3 ſ	1		5
2 L 10 ſ	1	3 ſ 4	1		5
2 L 15 ſ	1	3 ſ 8	1		5
3 L	1	4 ſ	1		6
3 L 5 ſ la livre	1 once vaut	4 ſ 4	1 gros		6
3 L 10 ſ	1	4 ſ 8	1		7
3 L 15 ſ	1	5 ſ	1		7
4 L	1	5 ſ 4	1		8
4 L 5 ſ	1	5 ſ 8	1		8
4 L 10 ſ	1	6 ſ	1		9
4 L 15 ſ	1	6 ſ 4	1		9
5 L	1	6 ſ 8	1		10
5 L 5 ſ	1	7 ſ	1		10
5 L 10 ſ	1	7 ſ 4	1		11
5 L 15 ſ la livre	1 once vaut	7 ſ 8	1 gros		11
6 L	1	8 ſ	1	1 ſ	
6 L 5 ſ	1	8 ſ 4	1	1 ſ	
6 L 10 ſ	1	8 ſ 8	1	1 ſ	1
6 L 15 ſ	1	9 ſ	1	1 ſ	1
7 L	1	9 ſ 4	1	1 ſ	2
7 L 5 ſ	1	9 ſ 8	1	1 ſ	2
7 L 10 ſ	1	10 ſ	1	1 ſ	3
7 L 15 ſ	1	10 ſ 4	1	1 ſ	3
8 L	1	10 ſ 8	1	1 ſ	4
8 L 5 ſ la livre	1 once vaut	11 ſ	1 gros	1 ſ	4

Suite du TARIF à tant la Livre de Soye de 15 Onces ; combien l'Once & le Gros.

Prix de la Livre de 15 Onces.

A 8 L 10 ſ la livre de Soye	1 once vaut	11 ſ 4 d	1 gros	1 ſ 5 d
8 L 15 ſ la livre	1 once vaut	11 ſ 8	1 gros	1 ſ 5
9 L la livre	1 once vaut	12 ſ	1 gros	1 ſ 6
9 L 5 ſ	1	12 ſ 4	1	1 ſ 6
9 L 10 ſ	1	12 ſ 8	1	1 ſ 7
9 L 15 ſ	1	13 ſ	1	1 ſ 7
10 L la livre	1 once vaut	13 ſ 4	1 gros	1 ſ 8
10 L 5 ſ	1	13 ſ 8	1	1 ſ 8
10 L 10 ſ	1	14 ſ	1	1 ſ 9
10 L 15 ſ	1	14 ſ 4	1	1 ſ 9
11 L	1	14 ſ 8	1	1 ſ 10
11 L 5 ſ	1	15 ſ	1	1 ſ 10
11 L 10 ſ	1	15 ſ 4	1	1 ſ 11
11 L 15 ſ	1	15 ſ 8	1	1 ſ 11
12 L	1	16 ſ	1	2 ſ
12 L 5 ſ	1	16 ſ 4	1	2 ſ
12 L 10 ſ la livre	1 once vaut	16 ſ 8	1 gros	2 ſ 1
12 L 15 ſ	1	17 ſ	1	2 ſ 1
13 L	1	17 ſ 4	1	2 ſ 2
13 L 5 ſ	1	17 ſ 8	1	2 ſ 2
13 L 10 ſ	1	18 ſ	1	2 ſ 3
13 L 15 ſ	1	18 ſ 4	1	2 ſ 3
14 L	1	18 ſ 8	1	2 ſ 4
14 L 5 ſ	1	19 ſ	1	2 ſ 4
14 L 10 ſ	1	19 ſ 4	1	2 ſ 5
14 L 15 ſ	1	19 ſ 8	1	2 ſ 5
15 L la livre	1 once	1 L ſ	1 gros	2 ſ 6
15 L 5 ſ	1	1 L ſ 4	1	2 ſ 6
15 L 10 ſ	1	1 L ſ 8	1	2 ſ 7
15 L 15 ſ	1	1 L 1 ſ	1	2 ſ 7
16 L	1	1 L 1 ſ 4	1	2 ſ 8
16 L 5 ſ	1	1 L 1 ſ 8	1	2 ſ 8
16 L 10 ſ	1	1 L 2 ſ	1	2 ſ 9
16 L 15 ſ	1	1 L 2 ſ 4	1	2 ſ 9
17 L	1	1 L 2 ſ 8	1	2 ſ 10
17 L 5 ſ	1	1 L 3 ſ	1	2 ſ 10
17 L 10 ſ la livre	1 once	1 L 3 ſ 4	1 gros	2 ſ 11

Prix de la Livre de 15 Onces.

A 17 L 15 ſ la livre de Soye

		1 once vaut	1 L 3 ſ 8 d	1 gros	2 ſ 11 d
18 L	la livre	1 once	1 L 4 ſ	1 gros	3 ſ
18 L 5 ſ	la livre	1 once	1 L 4 ſ 4	1 gros	3 ſ
18 L 10 ſ		1	1 L 4 ſ 8	1	3 ſ 1
18 L 15 ſ		1	1 L 5 ſ	1	3 ſ 1
19 L		1	1 L 5 ſ 4	1	3 ſ 2
19 L 5 ſ		1	1 L 5 ſ 8	1	3 ſ 2
19 L 10 ſ		1	1 L 6 ſ	1	3 ſ 3
19 L 15 ſ		1	1 L 6 ſ 4	1	3 ſ 3
20 L		1	1 L 6 ſ 8	1	3 ſ 4
20 L 5 ſ		1	1 L 7 ſ	1	3 ſ 4
20 L 10 ſ		1	1 L 7 ſ 4	1	3 ſ 5
20 L 15 ſ	la livre	1 once	1 L 7 ſ 8	1 gros	3 ſ 5
21 L		1	1 L 8 ſ	1	3 ſ 6
21 L 5 ſ		1	1 L 8 ſ 4	1	3 ſ 6
21 L 10 ſ		1	1 L 8 ſ 8	1	3 ſ 7
21 L 15 ſ		1	1 L 9 ſ	1	3 ſ 7
22 L		1	1 L 9 ſ 4	1	3 ſ 8
22 L 5 ſ		1	1 L 9 ſ 8	1	3 ſ 8
22 L 10 ſ		1	1 L 10 ſ	1	3 ſ 9
22 L 15 ſ		1	1 L 10 ſ 4	1	3 ſ 9
23 L		1	1 L 10 ſ 8	1	3 ſ 10
23 L 5 ſ	la livre	1 once	1 L 11 ſ	1 gros	3 ſ 10
23 L 10 ſ		1	1 L 11 ſ 4	1	3 ſ 11
23 L 15 ſ		1	1 L 11 ſ 8	1	3 ſ 11
24 L		1	1 L 12 ſ	1	4 ſ
25 L		1	1 L 13 ſ 4	1	4 ſ 2
30 L		1	2 L	1	5 ſ
35 L		1	2 L 6 ſ 8	1	5 ſ 10
40 L		1	2 L 13 ſ 4	1	6 ſ 8
45 L		1	3 L	1	7 ſ 6
50 L		1	3 L 6 ſ 8	1	8 ſ 4
60 L	la livre	1 once	4 L	1 gros	10 ſ
70 L		1	4 L 13 ſ 4	1	11 ſ 8
80 L		1	5 L 6 ſ 8	1	13 ſ 4
90 L		1	6 L	1	15 ſ
100 L		1	6 L 13 ſ 4	1	16 ſ 8

Fin du TARIF de la Livre de Soye de 15 Onces.

TARIF.

A tant la DOUZAINE, combien UN.

Prix de la Douzaine.

A		1 ſ	la douzaine un vaut		1 d
		2 ſ	la douzaine un vaut		2
		3 ſ	la douzaine un vaut		3
		4 ſ			4
		5 ſ			5
		6 ſ			6
		7 ſ			7
		8 ſ			8
		9 ſ			9
		10 ſ			10
		11 ſ			11
		12 ſ		1 ſ	
		13 ſ		1 ſ	1
		14 ſ	la douzaine un vaut	1 ſ	2
		15 ſ		1 ſ	3
		16 ſ		1 ſ	4
		17 ſ		1 ſ	5
		18 ſ		1 ſ	6
		19 ſ		1 ſ	7
	1 L			1 ſ	8
	1 L	1 ſ		1 ſ	9
	1 L	2 ſ		1 ſ	10
	1 L	3 ſ		1 ſ	11
	1 L	4 ſ		2 ſ	
	1 L	5 ſ	la douzaine un vaut	2 ſ	1
	1 L	6 ſ		2 ſ	2
	1 L	7 ſ		2 ſ	3
	1 L	8 ſ		2 ſ	4
	1 L	9 ſ		2 ſ	5
	1 L	10 ſ		2 ſ	6
	1 L	11 ſ		2 ſ	7
	1 L	12 ſ		2 ſ	8
	1 L	13 ſ		2 ſ	9
	1 L	14 ſ	la douzaine un vaut	2 ſ	10

Suite du TARIF à tant la DOUZAINE; combien UN.

Prix de la Douzaine.

A 1 L 15 ſ	la douzaine un vaut	2 ſ 11 d
1 L 16 ſ	la douzaine un vaut	3 ſ
1 L 17 ſ	la douzaine un vaut	3 ſ 1
1 L 18 ſ		3 ſ 2
1 L 19 ſ		3 ſ 3
2 L		3 ſ 4
2 L 1 ſ		3 ſ 5
2 L 2 ſ		3 ſ 6
2 L 3 ſ		3 ſ 7
2 L 4 ſ		3 ſ 8
2 L 5 ſ		3 ſ 9
2 L 6 ſ		3 ſ 10
2 L 7 ſ		3 ſ 11
2 L 8 ſ	la douzaine un vaut	4 ſ
2 L 9 ſ		4 ſ 1
2 L 10 ſ		4 ſ 2
2 L 11 ſ		4 ſ 3
2 L 12 ſ		4 ſ 4
2 L 13 ſ		4 ſ 5
2 L 14 ſ		4 ſ 6
2 L 15 ſ		4 ſ 7
2 L 16 ſ		4 ſ 8
2 L 17 ſ		4 ſ 9
2 L 18 ſ		4 ſ 10
2 L 19 ſ	la douzaine un vaut	4 ſ 11
3 L		5 ſ
3 L 1 ſ		5 ſ 1
3 L 2 ſ		5 ſ 2
3 L 3 ſ		5 ſ 3
3 L 4 ſ		5 ſ 4
3 L 5 ſ		5 ſ 5
3 L 6 ſ		5 ſ 6
3 L 7 ſ		5 ſ 7
3 L 8 ſ		5 ſ 8
3 L 9 ſ		5 ſ 9
3 L 10 ſ	la douzaine un vaut	5 ſ 10

Suite du TARIF à tant la DOUZAINE, combien UN.

Prix de la Douzaine.		
A 3 L 11 ſ	la douzaine un vaut	5 ſ 11 d
3 L 12 ſ	la douzaine un vaut	6 ſ
3 L 13 ſ	la douzaine un vaut	6 ſ 1
3 L 14 ſ		6 ſ 2
3 L 15 ſ		6 ſ 3
3 L 16 ſ		6 ſ 4
3 L 17 ſ		6 ſ 5
3 L 18 ſ		6 ſ 6
3 L 19 ſ		6 ſ 7
4 L		6 ſ 8
4 L 1 ſ		6 ſ 9
4 L 2 ſ		6 ſ 10
4 L 3 ſ		6 ſ 11
4 L 4 ſ	la douzaine un vaut	7 ſ
4 L 5 ſ		7 ſ 1
4 L 6 ſ		7 ſ 2
4 L 7 ſ		7 ſ 3
4 L 8 ſ		7 ſ 4
4 L 9 ſ		7 ſ 5
4 L 10 ſ		7 ſ 6
4 L 11 ſ		7 ſ 7
4 L 12 ſ		7 ſ 8
4 L 13 ſ		7 ſ 9
4 L 14 ſ		7 ſ 10
4 L 15 ſ	la douzaine un vaut	7 ſ 11
4 L 16 ſ		8 ſ
4 L 17 ſ		8 ſ 1
4 L 18 ſ		8 ſ 2
4 L 19 ſ		8 ſ 3
5 L		8 ſ 4
5 L 5 ſ		8 ſ 9
5 L 10 ſ		9 ſ 2
5 L 15 ſ		9 ſ 7
6 L		10 ſ
6 L 5 ſ		10 ſ 5
6 L 10 ſ	la douzaine un vaut	10 ſ 10

Suite du TARIF à tant la DOUZAINE, combien UN.

Prix de la Douzaine.

A	6 L	15 ſ	la douzaine un vaut		11 ſ	3 d
	7 L		la douzaine un vaut		11 ſ	8
	7 L	5 ſ	la douzaine un vaut		12 ſ	1
	7 L	10 ſ			12 ſ	6
	7 L	15 ſ			12 ſ	11
	8 L				13 ſ	4
	8 L	5 ſ			13 ſ	9
	8 L	10 ſ			14 ſ	2
	8 L	15 ſ			14 ſ	7
	9 L				15 ſ	
	9 L	5 ſ			15 ſ	5
	9 L	10 ſ			15 ſ	10
	9 L	15 ſ			16 ſ	3
	10 L		la douzaine un vaut		16 ſ	8
	10 L	5 ſ			17 ſ	1
	10 L	10 ſ			17 ſ	6
	10 L	15 ſ			17 ſ	11
	11 L				18 ſ	4
	11 L	5 ſ			18 ſ	9
	11 L	10 ſ			19 ſ	2
	11 L	15 ſ			19 ſ	7
	12 L			1 L		
	12 L	5 ſ		1 L		5
	12 L	10 ſ		1 L		10
	12 L	15 ſ	la douzaine un vaut	1 L	1 ſ	3
	13 L			1 L	1 ſ	8
	13 L	5 ſ		1 L	2 ſ	1
	13 L	10 ſ		1 L	2 ſ	6
	13 L	15 ſ		1 L	2 ſ	11
	14 L			1 L	3 ſ	4
	14 L	5 ſ		1 L	3 ſ	9
	14 L	10 ſ		1 L	4 ſ	2
	14 L	15 ſ		1 L	4 ſ	7
	15 L			1 L	5 ſ	
	15 L	5 ſ		1 L	5 ſ	5
	15 L	10 ſ	la douzaine un vaut	1 L	5 ſ	10

Suite du TARIF à tant la DOUZAINE, combien UN.

Prix de la Douzaine.					
A 15 L 15 ſ	la douzaine un vaut	1 L	6 ſ	3 d
16 L	la douzaine un vaut	1 L	6 ſ	8
16 L 5 ſ	la douzaine un vaut	1 L	7 ſ	1
16 L 10 ſ		1 L	7 ſ	6
16 L 15 ſ		1 L	7 ſ	11
17 L		1 L	8 ſ	4
17 L 5 ſ		1 L	8 ſ	9
17 L 10 ſ		1 L	9 ſ	2
17 L 15 ſ		1 L	9 ſ	7
18 L		1 L	10 ſ	
18 L 5 ſ		1 L	10 ſ	5
18 L 10 ſ		1 L	10 ſ	10
18 L 15 ſ		1 L	11 ſ	3
19 L	la douzaine un vaut	1 L	11 ſ	8
19 L 5 ſ		1 L	12 ſ	1
19 L 10 ſ		1 L	12 ſ	6
19 L 15 ſ		1 L	12 ſ	11
20 L		1 L	13 ſ	4
21 L		1 L	15 ſ	
22 L		1 L	16 ſ	8
23 L		1 L	18 ſ	4
24 L		2 L		
25 L		2 L	1 ſ	8
26 L		2 L	3 ſ	4
27 L	la douzaine un vaut	2 L	5 ſ	
28 L		2 L	6 ſ	8
29 L		2 L	8 ſ	4
30 L		2 L	10 ſ	
31 L		2 L	11 ſ	8
32 L		2 L	13 ſ	4
33 L		2 L	15 ſ	
34 L		2 L	16 ſ	8
35 L		2 L	18 ſ	4
36 L		3 L		
37 L		3 L	1 ſ	8
38 L	la douzaine un vaut	3 L	3 ſ	4

Suite du TARIF à tant la DOUZAINE, combien UN.

Prix de la Douzaine.

A	39 L	la douzaine un vaut	3 L 5 ſ
	40 L	la douzaine un vaut	3 L 6 ſ 8 d
	41 L	la douzaine un vaut	3 L 8 ſ 4 d
	42 L		3 L 10 ſ
	43 L		3 L 11 ſ 8
	44 L		3 L 13 ſ 4
	45 L		3 L 15 ſ
	46 L		3 L 16 ſ 8
	47 L		3 L 18 ſ 4
	48 L		4 L
	49 L		4 L 1 ſ 8
	50 L		4 L 3 ſ 4
	55 L		4 L 11 ſ 8
	60 L	la douzaine un vaut	5 L
	65 L		5 L 8 ſ 4
	70 L		5 L 16 ſ 8
	75 L		6 L 5 ſ
	80 L		6 L 13 ſ 4
	85 L		7 L 1 ſ 8
	90 L		7 L 10 ſ
	95 L		7 L 18 ſ 4
	100 L		8 L 6 ſ 8
	150 L		12 L 10 ſ
	200 L		16 L 13 ſ 4
	250 L	la douzaine un vaut	20 L 16 ſ 8
	300 L		25 L
	350 L		29 L 3 ſ 4
	400 L		33 L 6 ſ 8
	450 L		37 L 10 ſ
	500 L		41 L 13 ſ 4
	1000 L	la douzaine un vaut	83 L 6 ſ 8

Fin du TARIF à tant la DOUZAINE, combien UN.

TARIF.

A tant la TOISE de LONGUEUR de ſix pieds combien le PIED.

Prix de la Toiſe de ſix Pieds.

A	1 ſ	la toiſe de longueur un pied vaut			2 d
	2 ſ				4
	3 ſ				6
	4 ſ				8
	5 ſ				10
	6 ſ		1	ſ	
	7 ſ		1	ſ	2
	8 ſ		1	ſ	4
	9 ſ		1	ſ	6
	10 ſ		1	ſ	8
	11 ſ		1	ſ	10
	12 ſ	la toiſe de longueur un pied vaut	2	ſ	
	13 ſ		2	ſ	2
	14 ſ		2	ſ	4
	15 ſ		2	ſ	6
	16 ſ		2	ſ	8
	17 ſ		2	ſ	10
	18 ſ		3	ſ	
	19 ſ		3	ſ	2
1 L			3	ſ	4
1 L	1 ſ		3	ſ	6
1 L	2 ſ		3	ſ	8
1 L	3 ſ	la toiſe de longueur un pied vaut	3	ſ	10
1 L	4 ſ		4	ſ	
1 L	5 ſ		4	ſ	2
1 L	6 ſ		4	ſ	4
1 L	7 ſ		4	ſ	6
1 L	8 ſ		4	ſ	8
1 L	9 ſ		4	ſ	10
1 L	10 ſ		5	ſ	
1 L	11 ſ		5	ſ	2
1 L	12 ſ		5	ſ	4
1 L	13 ſ	la toiſe de longueur un pied vaut	5	ſ	6

Suite du TARIF à tant la Toise de longueur de six pieds, combien le Pied.

Prix de la Toise de six Pieds.

A 1 L 14 ſ	la toiſe de longueur un pied vaut	5 ſ 8 d
1 L 15 ſ	la toiſe de longueur un pied vaut	5 ſ 10
1 L 16 ſ	la toiſe de longueur un pied vaut	6 ſ
1 L 17 ſ		6 ſ 2
1 L 18 ſ		6 ſ 4
1 L 19 ſ		6 ſ 6
2 L		6 ſ 8
2 L 1 ſ		6 ſ 10
2 L 2 ſ		7 ſ
2 L 3 ſ		7 ſ 2
2 L 4 ſ		7 ſ 4
2 L 5 ſ		7 ſ 6
2 L 6 ſ		7 ſ 8
2 L 7 ſ	la toiſe de longueur un pied vaut	7 ſ 10
2 L 8 ſ		8 ſ
2 L 9 ſ		8 ſ 2
2 L 10 ſ		8 ſ 4
2 L 11 ſ		8 ſ 6
2 L 12 ſ		8 ſ 8
2 L 13 ſ		8 ſ 10
2 L 14 ſ		9 ſ
2 L 15 ſ		9 ſ 2
2 L 16 ſ		9 ſ 4
2 L 17 ſ		9 ſ 6
2 L 18 ſ	la toiſe de longueur un pied vaut	9 ſ 8
2 L 19 ſ		9 ſ 10
3 L		10 ſ
3 L 1 ſ		10 ſ 2
3 L 2 ſ		10 ſ 4
3 L 3 ſ		10 ſ 6
3 L 4 ſ		10 ſ 8
3 L 5 ſ		10 ſ 10
3 L 6 ſ		11 ſ
3 L 7 ſ		11 ſ 2
3 L 8 ſ		11 ſ 4
3 L 9 ſ	la toiſe de longueur un pied vaut	11 ſ 6

Suite du TARIF à tant la Toise de longueur de six pieds, combien le Pied.

Prix de la Toise de six Pieds.

A 3 L 10 s	la toise de longueur un pied vaut	11 s 8 d
3 L 11 s	la toise de longueur un pied vaut	11 s 10
3 L 12 s	la toise de longueur un pied vaut	12 s
3 L 13 s		12 s 2
3 L 14 s		12 s 4
3 L 15 s		12 s 6
3 L 16 s		12 s 8
3 L 17 s		12 s 10
3 L 18 s		13 s
3 L 19 s		13 s 2
4 L		13 s 4
4 L 1 s		13 s 6
4 L 2 s		13 s 8
4 L 3 s	la toise de longueur un pied vaut	13 s 10
4 L 4 s		14 s
4 L 5 s		14 s 2
4 L 6 s		14 s 4
4 L 7 s		14 s 6
4 L 8 s		14 s 8
4 L 9 s		14 s 10
4 L 10 s		15 s
4 L 11 s		15 s 2
4 L 12 s		15 s 4
4 L 13 s		15 s 6
4 L 14 s	la toise de longueur un pied vaut	15 s 8
4 L 15 s		15 s 10
4 L 16 s		16 s
4 L 17 s		16 s 2
4 L 18 s		16 s 4
4 L 19 s		16 s 6
5 L		16 s 8
5 L 5 s		17 s 6
5 L 10 s		18 s 4
5 L 15 s		19 s 2
6 L		1 L
6 L 5 s	la toise de longueur un pied vaut	1 L 10

Suite du TARIF à tant la Toiſe de longueur de ſix pieds, combien le Pied.

Prix de la Toiſe de ſix Pieds.

A 6 L 10 ſ	la toiſe de longueur un pied vaut	1 L 1 ſ 8 d
6 L 15 ſ	la toiſe de longueur un pied vaut	1 L 2 ſ 6
7 L	la toiſe de longueur un pied vaut	1 L 3 ſ 4
7 L 5 ſ		1 L 4 ſ 2
7 L 10 ſ		1 L 5 ſ
7 L 15 ſ		1 L 5 ſ 10
8 L		1 L 6 ſ 8
8 L 5 ſ		1 L 7 ſ 6
8 L 10 ſ		1 L 8 ſ 4
8 L 15 ſ		1 L 9 ſ 2
9 L		1 L 10 ſ
9 L 5 ſ		1 L 10 ſ 10
9 L 10 ſ		1 L 11 ſ 8
9 L 15 ſ	la toiſe de longueur un pied vaut	1 L 12 ſ 6
10 L		1 L 13 ſ 4
10 L 5 ſ		1 L 14 ſ 2
10 L 10 ſ		1 L 15 ſ
10 L 15 ſ		1 L 15 ſ 10
11 L		1 L 16 ſ 8
11 L 5 ſ		1 L 17 ſ 6
11 L 10 ſ		1 L 18 ſ 4
11 L 15 ſ		1 L 19 ſ 2
12 L		2 L
12 L 5 ſ		2 L 10
12 L 10 ſ	la toiſe de longueur un pied vaut	2 L 1 ſ 8
12 L 15 ſ		2 L 2 ſ 6
13 L		2 L 3 ſ 4
13 L 5 ſ		2 L 4 ſ 2
13 L 10 ſ		2 L 5 ſ
13 L 15 ſ		2 L 5 ſ 10
14 L		2 L 6 ſ 8
14 L 5 ſ		2 L 7 ſ 6
14 L 10 ſ		2 L 8 ſ 4
14 L 15 ſ		2 L 9 ſ 2
15 L		2 L 10 ſ
15 L 5 ſ	la toiſe de longueur un pied vaut	2 L 10 ſ 10

Suite du TARIF à tant la Toiſe de longueur de ſix pieds, combien le pied.

Prix de la Toiſe de ſix Pieds.

A 15 L 10 ſ	la toiſe de longueur un pied vaut	2 L 11 ſ 8 d
15 L 15 ſ	la toiſe de longueur un pied vaut	2 L 12 ſ 6
16 L	la toiſe de longueur un pied vaut	2 L 13 ſ 4
16 L 5 ſ		2 L 14 ſ 2
16 L 10 ſ		2 L 15 ſ
16 L 15 ſ		2 L 15 ſ 10
17 L		2 L 16 ſ 8
17 L 5 ſ		2 L 17 ſ 6
17 L 10 ſ		2 L 18 ſ 4
17 L 15 ſ		2 L 19 ſ 2
18 L		3 L
18 L 5 ſ		3 L 10
18 L 10 ſ		3 L 1 ſ 8
18 L 15 ſ	la toiſe de longueur un pied vaut	3 L 2 ſ 6
19 L		3 L 3 ſ 4
19 L 5 ſ		3 L 4 ſ 2
19 L 10 ſ		3 L 5 ſ
19 L 15 ſ		3 L 5 ſ 10
20 L		3 L 6 ſ 8
21 L		3 L 10 ſ
22 L		3 L 13 ſ 4
23 L		3 L 16 ſ 8
24 L		4 L
25 L		4 L 3 ſ 4
26 L	la toiſe de longueur un pied vaut	4 L 6 ſ 8
27 L		4 L 10 ſ
28 L		4 L 13 ſ 4
29 L		4 L 16 ſ 8
30 L		5 L
31 L		5 L 3 ſ 4
32 L		5 L 6 ſ 8
33 L		5 L 10 ſ
34 L		5 L 13 ſ 4
35 L		5 L 16 ſ 8
36 L		6 L
37 L	la toiſe de longueur un pied vaut	6 L 3 ſ 4

Suite du TARIF à tant la Toiſe de longueur de ſix pieds, combien le pied.

Prix de la Toiſe de ſix Pieds.

A 38 L	la toiſe de longueur un pied vaut	6 L 6 ſ 8 d
39 L	la toiſe de longueur un pied vaut	6 L 10 ſ
40 L	la toiſe de longueur un pied vaut	6 L 13 ſ 4
41 L		6 L 16 ſ 8
42 L		7 L
43 L		7 L 3 ſ 4
44 L		7 L 6 ſ 8
45 L		7 L 10 ſ
46 L		7 L 13 ſ 4
47 L		7 L 16 ſ 8
48 L		8 L
49 L		8 L 3 ſ 4
50 L		8 L 6 ſ 8
55 L	la toiſe de longueur un pied vaut	9 L 3 ſ 4
60 L		10 L
65 L		10 L 16 ſ 8
70 L		11 L 13 ſ 4
75 L		12 L 10 ſ
80 L		13 L 6 ſ 8
85 L		14 L 3 ſ 4
90 L		15 L
95 L		15 L 16 ſ 8
100 L		16 L 13 ſ 4
150 L		25 L
200 L	la toiſe de longueur un pied vaut	33 L 6 ſ 8
250 L		41 L 13 ſ 4
300 L		50 L
350 L		58 L 6 ſ 8
400 L		66 L 13 ſ 4
450 L		75 L
500 L		83 L 6 ſ 8
1000 L	la toiſe de longueur un pied vaut	166 L 13 ſ 4

Fin du TARIF à tant la Toiſe de ſix pieds de longueur.

TARIF.

A tant la TOISE QUARRE'E de trente ſix Pieds, combien le PIED.

Prix de la Toiſe de 36 Pieds.

A		1 ſ	la toiſe quarrée un pied vaut	
		2 ſ	la toiſe quarrée un pied vaut	
		3 ſ	la toiſe quarrée un pied vaut	1 d
		4 ſ		1
		5 ſ		1
		6 ſ		2
		7 ſ		2
		8 ſ		2
		9 ſ		3
		10 ſ		3
		11 ſ		3
		12 ſ		4
		13 ſ	la toiſe quarrée un pied vaut	4
		14 ſ		4
		15 ſ		5
		16 ſ		5
		17 ſ		5
		18 ſ		6
		19 ſ		6
1	L			6
1	L	1 ſ		7
1	L	2 ſ		7
1	L	3 ſ	la toiſe quarrée un pied vaut	7
1	L	4 ſ		8
1	L	5 ſ		8
1	L	6 ſ		8
1	L	7 ſ		9
1	L	8 ſ		9
1	L	9 ſ		9
1	L	10 ſ		10
1	L	11 ſ		10
1	L	12 ſ		10
1	L	13 ſ	la toiſe quarrée un pied vaut	11

Suite du TARIF à tant la Toise quarrée de 36 pieds, combien le pied.

Prix de la Toise de 36 Pieds.

A 1 L 14 s	la toise quarrée un pied vaut		11 d
1 L 15 s	la toise quarrée un pied vaut		11
1 L 16 s	la toise quarrée un pied vaut	1 s	
1 L 17 s		1 s	
1 L 18 s		1 s	
1 L 19 s		1 s	1
2 L		1 s	1
2 L 1 s		1 s	1
2 L 2 s		1 s	2
2 L 3 s		1 s	2
2 L 4 s		1 s	2
2 L 5 s		1 s	3
2 L 6 s		1 s	3
2 L 7 s	la toise quarrée un pied vaut	1 s	3
2 L 8 s		1 s	4
2 L 9 s		1 s	4
2 L 10 s		1 s	4
2 L 11 s		1 s	5
2 L 12 s		1 s	5
2 L 13 s		1 s	5
2 L 14 s		1 s	6
2 L 15 s		1 s	6
2 L 16 s		1 s	6
2 L 17 s		1 s	7
2 L 18 s	la toise quarrée un pied vaut	1 s	7
2 L 19 s		1 s	7
3 L		1 s	8
3 L 1 s		1 s	8
3 L 2 s		1 s	8
3 L 3 s		1 s	9
3 L 4 s		1 s	9
3 L 5 s		1 s	9
3 L 6 s		1 s	10
3 L 7 s		1 s	10
3 L 8 s		1 s	10
3 L 9 s	la toise quarrée un pied vaut	1 s	11

Suite du TARIF à tant la Toiſe quarrée de 36 pieds, combien le pied.

Prix de la Toiſe de 36 pieds.		
A 3 L 10 ſ	la toiſe quarrée un pied vaut	1 ſ 11 d
3 L 11 ſ	la toiſe quarrée un pied vaut	1 ſ 11
3 L 12 ſ	la toiſe quarrée un pied vaut	2 ſ
3 L 13 ſ		2 ſ
3 L 14 ſ		2 ſ
3 L 15 ſ		2 ſ 1
3 L 16 ſ		2 ſ 1
3 L 17 ſ		2 ſ 1
3 L 18 ſ		2 ſ 2
3 L 19 ſ		2 ſ 2
4 L		2 ſ 2
4 L 1 ſ		2 ſ 3
4 L 2 ſ		2 ſ 3
4 L 3 ſ	la toiſe quarrée un pied vaut	2 ſ 3
4 L 4 ſ		2 ſ 4
4 L 5 ſ		2 ſ 4
4 L 6 ſ		2 ſ 4
4 L 7 ſ		2 ſ 5
4 L 8 ſ		2 ſ 5
4 L 9 ſ		2 ſ 5
4 L 10 ſ		2 ſ 6
4 L 11 ſ		2 ſ 6
4 L 12 ſ		2 ſ 6
4 L 13 ſ		2 ſ 7
4 L 14 ſ	la toiſe quarrée un pied vaut	2 ſ 7
4 L 15 ſ		2 ſ 7
4 L 16 ſ		2 ſ 8
4 L 17 ſ		2 ſ 8
4 L 18 ſ		2 ſ 8
4 L 19 ſ		2 ſ 9
5 L		2 ſ 9
5 L 5 ſ		2 ſ 11
5 L 10 ſ		3 ſ
5 L 15 ſ		3 ſ 2
6 L		3 ſ 4
6 L 5 ſ	la toiſe quarrée un pied vaut	3 ſ 5

Suite du TARIF à tant la Toiſe quarrée de 36 pieds, combien le pied.

Prix de la Toiſe de 36 Pieds.

A 6 L	10 ſ	la toiſe quarrée un pied vaut	3 ſ	7 d
6 L	15 ſ	la toiſe quarrée un pied vaut	3 ſ	9
7 L		la toiſe quarrée un pied vaut	3 ſ	10
7 L	5 ſ		4 ſ	
7 L	10 ſ		4 ſ	2
7 L	15 ſ		4 ſ	3
8 L			4 ſ	5
8 L	5 ſ		4 ſ	7
8 L	10 ſ		4 ſ	8
8 L	15 ſ		4 ſ	10
9 L			5 ſ	
9 L	5 ſ		5 ſ	1
9 L	10 ſ		5 ſ	3
9 L	15 ſ	la toiſe quarrée un pied vaut	5 ſ	5
10 L			5 ſ	6
10 L	5 ſ		5 ſ	8
10 L	10 ſ		5 ſ	10
10 L	15 ſ		5 ſ	11
11 L			6 ſ	1
11 L	5 ſ		6 ſ	3
11 L	10 ſ		6 ſ	4
11 L	15 ſ		6 ſ	6
12 L			6 ſ	8
12 L	5 ſ		6 ſ	9
12 L	10 ſ	la toiſe quarrée un pied vaut	6 ſ	11
12 L	15 ſ		7 ſ	1
13 L			7 ſ	2
13 L	5 ſ		7 ſ	4
13 L	10 ſ		7 ſ	6
13 L	15 ſ		7 ſ	7
14 L			7 ſ	9
14 L	5 ſ		7 ſ	11
14 L	10 ſ		8 ſ	
14 L	15 ſ		8 ſ	2
15 L			8 ſ	4
15 L	5 ſ	la toiſe quarrée un pied vaut	8 ſ	5

Suite du TARIF à tant la Toise quarrée de 36 pieds, combien le pied.

Prix de la Toise de 36 Pieds.

A 15 L 10 ſ	la toise quarrée un pied vaut	8 ſ 7 d
15 L 15 ſ	la toise quarrée un pied vaut	8 ſ 9
16 L	la toise quarrée un pied vaut	8 ſ 10
16 L 5 ſ		9 ſ
16 L 10 ſ		9 ſ 2
16 L 15 ſ		9 ſ 3
17 L		9 ſ 5
17 L 5 ſ		9 ſ 7
17 L 10 ſ		9 ſ 8
17 L 15 ſ		9 ſ 10
18 L		10 ſ
18 L 5 ſ		10 ſ 1
18 L 10 ſ		10 ſ 3
18 L 15 ſ	la toise quarrée un pied vaut	10 ſ 5
19 L		10 ſ 6
19 L 5 ſ		10 ſ 8
19 L 10 ſ		10 ſ 10
19 L 15 ſ		10 ſ 11
20 L		11 ſ 1
21 L		11 ſ 8
22 L		12 ſ 2
23 L		12 ſ 9
24 L		13 ſ 4
25 L		13 ſ 10
26 L	la toise quarrée un pied vaut	14 ſ 5
27 L		15 ſ
28 L		15 ſ 6
29 L		16 ſ 1
30 L		16 ſ 8
31 L		17 ſ 2
32 L		17 ſ 9
33 L		18 ſ 4
34 L		18 ſ 10
35 L		19 ſ 5
36 L		1 L
37 L	la toise quarrée un pied vaut	1 L 6

Suite du TARIF à tant la Toise quarrée de 36 pieds, combien le pied.

Prix de la Toise de 36 pieds.

A 38	L	la toiſe quarrée un pied vaut	1	L	1 ſ	1 d
39	L	la toiſe quarrée un pied vaut	1	L	1 ſ	8
40	L	la toiſe quarrée un pied vaut	1	L	2 ſ	2
41	L		1	L	2 ſ	9
42	L		1	L	3 ſ	4
43	L		1	L	3 ſ	10
44	L		1	L	4 ſ	5
45	L		1	L	5 ſ	
46	L		1	L	5 ſ	6
47	L		1	L	6 ſ	1
48	L		1	L	6 ſ	8
49	L		1	L	7 ſ	2
50	L		1	L	7 ſ	9
55	L	la toiſe quarrée un pied vaut	1	L	10 ſ	6
60	L		1	L	13 ſ	4
65	L		1	L	16 ſ	1
70	L		1	L	18 ſ	10
75	L		2	L	1 ſ	8
80	L		2	L	4 ſ	5
85	L		2	L	7 ſ	2
90	L		2	L	10 ſ	
95	L		2	L	12 ſ	9
100	L		2	L	15 ſ	6
150	L		4	L	3 ſ	4
200	L	la toiſe quarrée un pied vaut	5	L	11 ſ	1
250	L		6	L	18 ſ	10
300	L		8	L	6 ſ	8
350	L		9	L	14 ſ	5
400	L		11	L	2 ſ	2
450	L		12	L	10 ſ	
500	L		13	L	17 ſ	9
1000	L	la toiſe quarrée un pied vaut	27	L	15 ſ	6

Fin du TARIF de la Toiſe quarrée de trente-ſix pieds.

TARIF.

A tant la TOISE CUBE de 216 pieds combien un PIED.

Prix de la Toise de 216 Pieds.

A	1 ſ	la toiſe cube un pied vaut	o	
	2 ſ		o	
	3 ſ		o	
	4 ſ		o	
	5 ſ		o	d .
	6 ſ		o	d .
	7 ſ		o	d .
	8 ſ		o	d .
	9 ſ		o	d . .
	10 ſ		o	d . .
	11 ſ		o	d . .
	12 ſ	la toiſe cube un pied vaut	o	d . . .
	13 ſ		o	d . . .
	14 ſ		o	d . . .
	15 ſ		o	d . . .
	16 ſ		o	d . . .
	17 ſ		o	d
	18 ſ		1	d
	19 ſ		1	d
1 L			1	d
1 L	1 ſ		1	d
1 L	2 ſ		1	d .
1 L	3 ſ	la toiſe cube un pied vaut	1	d .
1 L	4 ſ		1	d .
1 L	5 ſ		1	d .
1 L	6 ſ		1	d . .
1 L	7 ſ		1	d . .
1 L	8 ſ		1	d . .
1 L	9 ſ		1	d . .
1 L	10 ſ		1	d . .
1 L	11 ſ		1	d . .
1 L	12 ſ		1	d . . .
1 L	13 ſ	la toiſe cube un pied vaut	1	d . . .

Suite du TARIF à tant la Toise cube de 216 pieds, combien un Pied.

Prix de la Toise de 216 Pieds.

A 1 L 14 ſ	la toiſe cube un pied vaut	1 d . . .
1 L 15 ſ	la toiſe cube un pied vaut	1 d . . .
1 L 16 ſ	la toiſe cube un pied vaut	2 d
1 L 17 ſ		2 d
1 L 18 ſ		2 d
1 L 19 ſ		2 d
2 L		2 d
2 L 1 ſ		2 d
2 L 2 ſ		2 d .
2 L 3 ſ		2 d .
2 L 4 ſ		2 d .
2 L 5 ſ		2 d . .
2 L 6 ſ		2 d . .
2 L 7 ſ	la toiſe cube un pied vaut	2 d . .
2 L 8 ſ		2 d . .
2 L 9 ſ		2 d . .
2 L 10 ſ		2 d . . .
2 L 11 ſ		2 d . . .
2 L 12 ſ		2 d . . .
2 L 13 ſ		2 d . . .
2 L 14 ſ		3 d
2 L 15 ſ		3 d
2 L 16 ſ		3 d
2 L 17 ſ		3 d .
2 L 18 ſ	la toiſe cube un pied vaut	3 d .
2 L 19 ſ		3 d .
3 L		3 d .
3 L 1 ſ		3 d . .
3 L 2 ſ		3 d . .
3 L 3 ſ		3 d . .
3 L 4 ſ		3 d . .
3 L 5 ſ		3 d . .
3 L 6 ſ		3 d . .
3 L 7 ſ		3 d . .
3 L 8 ſ		3 d . . .
3 L 9 ſ	la toiſe cube un pied vaut	3 d . . .

Suite du TARIF à tant la Toise cube de 216 pieds, combien un Pied.

Prix de la Toise de 216 Pieds.

A 3 L 10 s	la toise cube un pied vaut	3 d ...
3 L 11 s	la toise cube un pied vaut	3 d ...
3 L 12 s	la toise cube un pied vaut	4 d
3 L 13 s		4 d
3 L 14 s		4 d
3 L 15 s		4 d
3 L 16 s		4 d
3 L 17 s		4 d .
3 L 18 s		4 d .
3 L 19 s		4 d .
4 L		4 d .
4 L 1 s		4 d ..
4 L 2 s		4 d ..
4 L 3 s	la toise cube un pied vaut	4 d ..
4 L 4 s		4 d ..
4 L 5 s		4 d ..
4 L 6 s		4 d ...
4 L 7 s		4 d ...
4 L 8 s		4 d ...
4 L 9 s		4 d ...
4 L 10 s		5 d
4 L 11 s		5 d
4 L 12 s		5 d
4 L 13 s		5 d
4 L 14 s	la toise cube un pied vaut	5 d .
4 L 15 s		5 d .
4 L 16 s		5 d .
4 L 17 s		5 d .
4 L 18 s		5 d ..
4 L 19 s		5 d ..
5 L		5 d ..
5 L 5 s		5 d ..
5 L 10 s		6 d
5 L 15 s		6 d .
6 L		6 d ...
6 L 5 s	la toise cube un pied vaut	6 d ...

Suite du TARIF à tant la Toiſe cube de 216 pieds, combien un Pied.

Prix de la Toiſe de 216 Pieds.

A	6 L 10 ſ	la toiſe cube un pied vaut	7 d
	6 L 15 ſ	la toiſe cube un pied vaut	7 d . .
	7 L	la toiſe cube un pied vaut	7 d . .
	7 L 5 ſ		8 d
	7 L 10 ſ		8 d .
	7 L 15 ſ		8 d . .
	8 L		8 d . . .
	8 L 5 ſ		9 d
	8 L 10 ſ		9 d .
	8 L 15 ſ		9 d . .
	9 L		10 d
	9 L 5 ſ		10 d .
	9 L 10 ſ		10 d . .
	9 L 15 ſ	la toiſe cube un pied vaut	10 d . . .
	10 L		11 d
	10 L 5 ſ		11 d .
	10 L 10 ſ		11 d . .
	10 L 15 ſ		11 d . . .
	11 L		1 ſ
	11 L 5 ſ		1 ſ d . .
	11 L 10 ſ		1 ſ d . . .
	11 L 15 ſ		1 ſ 1 d
	12 L		1 ſ 1 d .
	12 L 5 ſ		1 ſ 1 d . .
	12 L 10 ſ	la toiſe cube un pied vaut	1 ſ 1 d . . .
	12 L 15 ſ		1 ſ 2 d
	13 L		1 ſ 2 d .
	13 L 5 ſ		1 ſ 2 d . .
	13 L 10 ſ		1 ſ 3 d
	13 L 15 ſ		1 ſ 3 d .
	14 L		1 ſ 3 d . .
	14 L 5 ſ		1 ſ 3 d . . .
	14 L 10 ſ		1 ſ 4 d
	14 L 15 ſ		1 ſ 4 d .
	15 L		1 ſ 4 d . .
	15 L 5 ſ	la toiſe cube un pied vaut	1 ſ 4 d . . .

Suite du TARIF à tant la Toiſe cube de 216 pieds, combien un pied.

Prix de la Toiſe de 216 Pieds.

A 15 L 10 ſ	la toiſe cube un pied vaut	1 ſ 5 d
15 L 15 ſ	la toiſe cube un pied vaut	1 ſ 5 d ..
16 L	la toiſe cube un pied vaut	1 ſ 5 d .
16 L 5 ſ		1 ſ 6 d
16 L 10 ſ		1 ſ 6 d .
16 L 15 ſ		1 ſ 6 d ..
17 L		1 ſ 6 d ...
17 L 5 ſ		1 ſ 7 d
17 L 10 ſ		1 ſ 7 d .
17 L 15 ſ		1 ſ 7 d ..
18 L		1 ſ 8 d
18 L 5 ſ		1 ſ 8 d .
18 L 10 ſ		1 ſ 8 d ..
18 L 15 ſ	la toiſe cube un pied vaut	1 ſ 8 d ...
19 L		1 ſ 9 d
19 L 5 ſ		1 ſ 9 d .
19 L 10 ſ		1 ſ 9 d ..
19 L 15 ſ		1 ſ 9 d ...
20 L		1 ſ 10 d
21 L		1 ſ 11 d .
22 L		2 ſ .
23 L		2 ſ 1 d ..
24 L		2 ſ 2 d ..
25 L		2 ſ 3 d ..
26 L	la toiſe cube un pied vaut	2 ſ 4 d ...
27 L		2 ſ 6 d
28 L		2 ſ 7 d
29 L		2 ſ 8 d
30 L		2 ſ 9 d .
31 L		2 ſ 10 d .
32 L		2 ſ 11 d ..
33 L		3 ſ ..
34 L		3 ſ 1 d ..
35 L		3 ſ 2 d ..
36 L		3 ſ 4 d
37 L	la toiſe cube un pied vaut	3 ſ 5 d .

Suite du TARIF à tant la Toiſe cube de 216 pieds ; combien un pied.

Prix de la Toiſe de 216 Pieds.

A 38 L	la toiſe cube un pied vaut		3 ſ	6 d
39 L	la toiſe cube un pied vaut		3 ſ	7 d .
40 L	la toiſe cube un pied vaut		3 ſ	8 d .
41 L			3 ſ	9 d . .
42 L			3 ſ	10 d . .
43 L			3 ſ	11 d . .
44 L			4 ſ	. . .
45 L			4 ſ	2 d
46 L			4 ſ	3 d
47 L			4 ſ	4 d
48 L			4 ſ	5 d .
49 L			4 ſ	6 d .
50 L			4 ſ	7 d . .
55 L	la toiſe cube un pied vaut		5 ſ	1 d
60 L			5 ſ	6 d .
65 L			6 ſ	
70 L			6 ſ	5 d . .
75 L			6 ſ	11 d .
80 L			7 ſ	4 d . . .
85 L			7 ſ	10 d .
90 L			8 ſ	4 d
95 L			8 ſ	9 d . .
100 L			9 ſ	3 d
150 L			13 ſ	10 d . .
200 L	la toiſe cube un pied vaut		18 ſ	6 d
250 L		1 L	3 ſ	1 d . .
300 L		1 L	7 ſ	9 d .
350 L		1 L	12 ſ	4 d . . .
400 L		1 L	17 ſ	
450 L		2 L	1 ſ	8 d
500 L		2 L	6 ſ	3 d .
1000 L	la toiſe cube un pied vaut	4 L	12 ſ	7 d .

Les points qui ſont après les deniers, ſont des quarts de deniers.

Fin du TARIF à tant la Toiſe cube de 216 pieds.

TARIF.

A tant le CENT, combien UN.

Prix du Cent.	
A 5 ſ le cent un vaut	0 d
10 ſ le cent un vaut	1
15 ſ le cent un vaut	1
1 L	2
1 L 5 ſ	3
1 L 10 ſ	3
1 L 15 ſ	4
2 L	4
2 L 5 ſ	5
2 L 10 ſ	6
2 L 15 ſ	6
3 L	7
3 L 5 ſ	7
3 L 10 ſ le cent un vaut	8
3 L 15 ſ	9
4 L	9
4 L 5 ſ	10
4 L 10 ſ	10
4 L 15 ſ	11
5 L	1 ſ
5 L 5 ſ	1 ſ
5 L 10 ſ	1 ſ 1
5 L 15 ſ	1 ſ 1
6 L	1 ſ 2
6 L 5 ſ le cent un	1 ſ 3
6 L 10 ſ	1 ſ 3
6 L 15 ſ	1 ſ 4
7 L	1 ſ 4
7 L 5 ſ	1 ſ 5
7 L 10 ſ	1 ſ 6
7 L 15 ſ	1 ſ 6
8 L	1 ſ 7
8 L 5 ſ	1 ſ 7
8 L 10 ſ	1 ſ 8
8 L 15 ſ	1 ſ 9
9 L le cent un	1 ſ 9

Prix du Cent.	
A 9 L 5 ſ le cent un vaut	1 ſ 10
9 L 10 ſ le cent un	1 ſ 10
9 L 15 ſ le cent un	1 ſ 11
10 L	2 ſ
10 L 5 ſ	2 ſ
10 L 10 ſ	2 ſ 1
10 L 15 ſ	2 ſ 1
11 L	2 ſ 2
11 L 5 ſ	2 ſ 3
11 L 10 ſ	2 ſ 3
11 L 15 ſ	2 ſ 4
12 L	2 ſ 4
12 L 5 ſ le cent un	2 ſ 5
12 L 10 ſ	2 ſ 6
12 L 15 ſ	2 ſ 6
13 L	2 ſ 7
13 L 5 ſ	2 ſ 7
13 L 10 ſ	2 ſ 8
13 L 15 ſ	2 ſ 9
14 L	2 ſ 9
14 L 5 ſ	2 ſ 10
14 L 10 ſ	2 ſ 10
14 L 15 ſ	2 ſ 11
15 L le cent un	3 ſ
16 L	3 ſ 2
17 L	3 ſ 4
18 L	3 ſ 7
19 L	3 ſ 9
20 L	4 ſ
21 L	4 ſ 2
22 L	4 ſ 4
23 L	4 ſ 7
24 L	4 ſ 9
25 L	5 ſ
26 L le cent un	5 ſ 2

Suite du TARIF à tant le CENT, combien UN.

Prix du Cent.		
A 27 L le cent	un vaut	5 ſ 4 d
28 L	le cent un	5 ſ 7
29 L		5 ſ 9
30 L		6 ſ
31 L		6 ſ 2
32 L		6 ſ 4
33 L		6 ſ 7
34 L		6 ſ 9
35 L		7 ſ
36 L		7 ſ 2
37 L		7 ſ 4
38 L		7 ſ 7
39 L		7 ſ 9
40 L	le cent un	8 ſ
41 L		8 ſ 2
42 L		8 ſ 4
43 L		8 ſ 7
44 L		8 ſ 9
45 L		9 ſ
46 L		9 ſ 2
47 L		9 ſ 4
48 L		9 ſ 7
49 L		9 ſ 9
50 L		10 ſ
51 L		10 ſ 2
52 L	le cent un	10 ſ 4
53 L		10 ſ 7
54 L		10 ſ 9
55 L		11 ſ
56 L		11 ſ 2
57 L		11 ſ 4
58 L		11 ſ 7
59 L		11 ſ 9
60 L		12 ſ
61 L		12 ſ 2
62 L		12 ſ 4
63 L	le cent un	12 ſ 7

Prix du Cent.		
A 64 L le cent	un vaut	12 ſ 9 d
65 L	le cent un	13 ſ
66 L		13 ſ 2
67 L		13 ſ 4
68 L		13 ſ 7
69 L		13 ſ 9
70 L		14 ſ
71 L		14 ſ 2
72 L		14 ſ 4
73 L		14 ſ 7
74 L		14 ſ 9
75 L		15 ſ
76 L		15 ſ 2
77 L	le cent un	15 ſ 4
78 L		15 ſ 7
79 L		15 ſ 9
80 L		16 ſ
81 L		16 ſ 2
82 L		16 ſ 4
83 L		16 ſ 7
84 L		16 ſ 9
85 L		17 ſ
86 L		17 ſ 2
87 L		17 ſ 4
88 L		17 ſ 7
89 L	le cent un	17 ſ 9
90 L		18 ſ
91 L		18 ſ 2
92 L		18 ſ 4
93 L		18 ſ 7
94 L		18 ſ 9
95 L		19 ſ
96 L		19 ſ 2
97 L		19 ſ 4
98 L		19 ſ 7
99 L		19 ſ 9
100 L	le cent un	1 L

Fin du TARIF à tant le CENT, combien UN.

TARIF.

A tant le MILLIER, combien le CENT & combien UN.

Prix du Millier.			
A 5 ſ le Millier			
	un cent vaut	6 d	un vaut o
10 ſ	le mil un cent vaut	1 ſ	un vaut o
15 ſ		1 ſ 6	o
1 L		2 ſ	o
1 L 5 ſ		2 ſ 6	o
1 L 10 ſ		3 ſ	o
1 L 15 ſ		3 ſ 6	o
2 L		4 ſ	o
2 L 5 ſ		4 ſ 6	o
2 L 10 ſ		5 ſ	o
2 L 15 ſ		5 ſ 6	o
3 L		6 ſ	o
3 L 5 ſ	le mil un cent vaut	6 ſ 6	un vaut o
3 L 10 ſ		7 ſ	o
3 L 15 ſ		7 ſ 6	o
4 L		8 ſ	o
4 L 5 ſ		8 ſ 6	1 d
4 L 10 ſ		9 ſ	1 d
4 L 15 ſ		9 ſ 6	1 d
5 L		10 ſ	1 d
5 L 5 ſ		10 ſ 6	1 d
5 L 10 ſ		11 ſ	1 d
5 L 15 ſ		11 ſ 6	1 d
6 L	le mil un cent vaut	12 ſ	un vaut 1 d
6 L 5 ſ		12 ſ 6	1 d
6 L 10 ſ		13 ſ	1 d
6 L 15 ſ		13 ſ 6	1 d
7 L		14 ſ	1 d
7 L 5 ſ		14 ſ 6	1 d
7 L 10 ſ		15 ſ	1 d
7 L 15 ſ		15 ſ 6	1 d
8 L		16 ſ	1 d
8 L 5 ſ		16 ſ 6	1 d
8 L 10 ſ		17 ſ	2 d
8 L 15 ſ	le mil un cent vaut	17 ſ 6	un vaut 2 d

Suite du TARIF à tant le MILLIER, combien le CENT & combien UN.

Prix du Millier.

A 9 L le Millier	un cent vaut	18 ſ	un vaut 2 d
9 L 5 ſ le mil	un cent vaut	18 ſ 6	un vaut 2
9 L 10 ſ le mil	un cent vaut	19 ſ	un vaut 2
9 L 15 ſ le mil	un cent vaut	19 ſ 6	un vaut 2
10 L		1 L	2
10 L 5 ſ		1 L 6	2
10 L 10 ſ		1 L 1 ſ	2
10 L 15 ſ		1 L 1 ſ 6	2
11 L		1 L 2 ſ	2
11 L 5 ſ		1 L 2 ſ 6	2
11 L 10 ſ		1 L 3 ſ	2
11 L 15 ſ		1 L 3 ſ 6	2
12 L		1 L 4 ſ	2
12 L 5 ſ		1 L 4 ſ 6	2
12 L 10 ſ le mil	un cent vaut	1 L 5 ſ	un vaut 3
12 L 15 ſ		1 L 5 ſ 6	3
13 L		1 L 6 ſ	3
13 L 5 ſ		1 L 6 ſ 6	3
13 L 10 ſ		1 L 7 ſ	3
13 L 15 ſ		1 L 7 ſ 6	3
14 L		1 L 8 ſ	3
14 L 5 ſ		1 L 8 ſ 6	3
14 L 10 ſ		1 L 9 ſ	3
14 L 15 ſ		1 L 9 ſ 6	3
15 L		1 L 10 ſ	3
16 L le mil	un cent vaut	1 L 12 ſ	un vaut 3
17 L		1 L 14 ſ	4
18 L		1 L 16 ſ	4
19 L		1 L 18 ſ	4
20 L		2 L	4
21 L		2 L 2 ſ	5
22 L		2 L 4 ſ	5
23 L		2 L 6 ſ	5
24 L		2 L 8 ſ	5
25 L		2 L 10 ſ	6
26 L		2 L 12 ſ	6
27 L le mil	un cent vaut	2 L 14 ſ	un vaut 6

Suite du TARIF à tant le MILLIER, combien le CENT & combien UN.

Prix du Millier.		
A 28 L le Millier		
un cent vaut	2 L 16 ſ	un vaut 6 d
29 L le mil un cent vaut	2 L 18 ſ	un vaut 6
30 L le mil un cent vaut	3 L	un vaut 7
31 L le mil un cent vaut	3 L 2 ſ	un vaut 7
32 L	3 L 4 ſ	7
33 L	3 L 6 ſ	7
34 L	3 L 8 ſ	8
35 L	3 L 10 ſ	8
36 L	3 L 12 ſ	8
37 L	3 L 14 ſ	8
38 L	3 L 16 ſ	9
39 L	3 L 18 ſ	9
40 L	4 L	9
41 L	4 L 2 ſ	9
42 L le mil un cent vaut	4 L 4 ſ	un vaut 10
43 L	4 L 6 ſ	10
44 L	4 L 8 ſ	10
45 L	4 L 10 ſ	10
46 L	4 L 12 ſ	11
47 L	4 L 14 ſ	11
48 L	4 L 16 ſ	11
49 L	4 L 18 ſ	11
50 L	5 L	1 ſ
51 L	5 L 2 ſ	1 ſ
52 L	5 L 4 ſ	1 ſ
53 L le mil un cent vaut	5 L 6 ſ	un vaut 1 ſ
54 L	5 L 8 ſ	1 ſ
55 L	5 L 10 ſ	1 ſ 1
56 L	5 L 12 ſ	1 ſ 1
57 L	5 L 14 ſ	1 ſ 1
58 L	5 L 16 ſ	1 ſ 1
59 L	5 L 18 ſ	1 ſ 2
60 L	6 L	1 ſ 2
61 L	6 L 2 ſ	1 ſ 2
62 L	6 L 4 ſ	1 ſ 2
63 L	6 L 6 ſ	1 ſ 3
64 L	6 L 8 ſ	1 ſ 3
65 L le mil un cent vaut	6 L 10 ſ	un vaut 1 ſ 3

Suite du TARIF à tant le MILLIER; combien le CENT & combien UN.

Prix du Millier.		
A 66 L le Millier un cent vaut	6 L 12 ſ	un vaut 1 ſ 3 d
67 L le mil un cent vaut	6 L 14 ſ	un vaut 1 ſ 4
68 L le mil un cent vaut	6 L 16 ſ	un vaut 1 ſ 4
69 L le mil un cent vaut	6 L 18 ſ	un vaut 1 ſ 4
70 L	7 L	1 ſ 4
71 L	7 L 2 ſ	1 ſ 5
72 L	7 L 4 ſ	1 ſ 5
73 L	7 L 6 ſ	1 ſ 5
74 L	7 L 8 ſ	1 ſ 5
75 L	7 L 10 ſ	1 ſ 6
76 L	7 L 12 ſ	1 ſ 6
77 L	7 L 14 ſ	1 ſ 6
78 L	7 L 16 ſ	1 ſ 6
79 L	7 L 18 ſ	1 ſ 6
80 L le mil un cent vaut	8 L	un vaut 1 ſ 7
81 L	8 L 2 ſ	1 ſ 7
82 L	8 L 4 ſ	1 ſ 7
83 L	8 L 6 ſ	1 ſ 7
84 L	8 L 8 ſ	1 ſ 8
85 L	8 L 10 ſ	1 ſ 8
86 L	8 L 12 ſ	1 ſ 8
87 L	8 L 14 ſ	1 ſ 8
88 L	8 L 16 ſ	1 ſ 9
89 L	8 L 18 ſ	1 ſ 9
90 L	9 L	1 ſ 9
91 L le mil un cent vaut	9 L 2 ſ	un vaut 1 ſ 9
92 L	9 L 4 ſ	1 ſ 10
93 L	9 L 6 ſ	1 ſ 10
94 L	9 L 8 ſ	1 ſ 10
95 L	9 L 10 ſ	1 ſ 10
96 L	9 L 12 ſ	1 ſ 11
97 L	9 L 14 ſ	1 ſ 11
98 L	9 L 16 ſ	1 ſ 11
99 L	9 L 18 ſ	1 ſ 11
100 L	10 L	2 ſ
200 L	20 L	4 ſ
300 L le mil un cent vaut	30 L	un vaut 6 ſ

Fin du TARIF du MILLIER.

TARIF.

A tant la BARRIQUE ou DEMI-QUEUE D'ORLEANS de 27 Septiers ou Veltes, combien la VELTE & la PINTE.

A 20 L	la velte un vaut	14 ſ 9d...	la pinte vaut	1 ſ 10 d.
21 L	la velte un vaut	15 ſ 6d..	la pinte vaut	1 ſ 11 d.
22 L		16 ſ 3d..		2 ſ d..
23 L		17 ſ d..		2 ſ 1 d..
24 L		17 ſ 9d.		2 ſ 2 d..
25 L		18 ſ 6d.		2 ſ 3 d..
26 L		19 ſ 3d		2 ſ 4 d...
27 L		20 ſ		2 ſ 6 d
28 L		20 ſ 8d...		2 ſ 7 d
29 L		21 ſ 5d...		2 ſ 8 d.
30 L	la velte un vaut	22 ſ 2d..	la pinte vaut	2 ſ 9 d.
31 L		22 ſ 11d..		2 ſ 10 d..
32 L		23 ſ 8d..		2 ſ 11 d..
33 L		24 ſ 5d.		3 ſ d..
34 L		25 ſ 2d.		3 ſ 1 d...
35 L		25 ſ 11d.		3 ſ 2 d..
36 L		26 ſ 8d		3 ſ 4 d
37 L		27 ſ 4d...		3 ſ 5 d
38 L		28 ſ 1d...		3 ſ 6 d.
39 L		28 ſ 10d..		3 ſ 7 d..
40 L	la velte un vaut	29 ſ 7d..	la pinte vaut	3 ſ 8 d..
41 L		30 ſ 4d..		3 ſ 9 d..
42 L		31 ſ 1d.		3 ſ 10 d...
43 L		31 ſ 10d.		3 ſ 11 d..
44 L		32 ſ 7d		4 ſ d..
45 L		33 ſ 4d		4 ſ 2 d
46 L		34 ſ d..		4 ſ 3 d
47 L		34 ſ 9d...		4 ſ 4 d.
48 L		35 ſ 6d..		4 ſ 5 d.
49 L	la velte un vaut	36 ſ 3d..	la pinte vaut	4 ſ 6 d..

Suite du TARIF

A tant la Barrique ou demi-queue d'Orléans, de 27 Veltes ou Septiers, combien revient la *Velte* & la *Pinte*.

A 50 L	la velte vaut	37 ſ ..	la pinte vaut	4 ſ 7 d..
51 L	la velte vaut	37 ſ 9 d	la pinte vaut	4 ſ 8 d..
52 L	la velte vaut	38 ſ 6 d.	la pinte vaut	4 ſ 9 d...
53 L		39 ſ 3 d		4 ſ 10 d...
54 L		40 ſ		5 ſ
55 L		40 ſ 8 d...		5 ſ 1 d
56 L		41 ſ 5 d...		5 ſ 2 d.
57 L		42 ſ 2 d..		5 ſ 3 d.
58 L		42 ſ 11 d..		5 ſ 4 d...
59 L		43 ſ 8 d..		5 ſ 5 d...
60 L		44 ſ 5 d.		5 ſ 6 d..
61 L		45 ſ 2 d.		5 ſ 7 d...
62 L		45 ſ 11 d		5 ſ 8 d..
63 L	la velte vaut	46 ſ 8 d	la pinte vaut	5 ſ 10 d
64 L		47 ſ 4 d...		5 ſ 11 d.
65 L		48 ſ 1 d..		6 ſ .
66 L		48 ſ 10 d..		6 ſ 1 d.
67 L		49 ſ 7 d..		6 ſ 2 d..
68 L		50 ſ 4 d.		6 ſ 3 d..
69 L		51 ſ 1 d.		6 ſ 4 d..
70 L		51 ſ 10 d.		6 ſ 5 d...
71 L		52 ſ 7 d		6 ſ 6 d...
72 L		53 ſ 4 d		6 ſ 8 d
73 L		54 ſ ...		6 ſ 9 d..
74 L	la velte vaut	54 ſ 9 d...	la pinte vaut	6 ſ 10 d.
75 L		55 ſ 6 d..		6 ſ 11 d..
76 L		56 ſ 3 d..		7 ſ ..
77 L		57 ſ .		7 ſ 1 d..
78 L		57 ſ 9 d		7 ſ 2 d..
79 L		58 ſ 6 d.		7 ſ 3 d...
80 L		59 ſ 3 d.		7 ſ 4 d...
81 L		60 ſ		7 ſ 6 d
82 L		60 ſ 8 d...		7 ſ 7 d
83 L		61 ſ 5 d...		7 ſ 8 d.
84 L		62 ſ 2 d..		7 ſ 9 d.
85 L	la velte vaut	62 ſ 11 d..	la pinte vaut	7 ſ 10 d.

Suite du TARIF

A tant le Barrique ou demi - queue d'Orléans de 27 Veltes ou Septiers, combien la *Velte* & la *Pinte*.

à 86 L	la velte vaut	3 L 3 ſ 8 d.	pinte vaut	7 ſ 11 d
87 L	la velte vaut	3 L 4 ſ 5 d.	pinte vaut	8 ſ
88 L	la velte vaut	3 L 5 ſ 2 d.	pinte vaut	8 ſ 1 d.
89 L		3 L 5 ſ 11 d		8 ſ 2 d.
90 L		3 L 6 ſ 8 d		8 ſ 4 d
91 L		3 L 7 ſ 4 d.		8 ſ 5 d
92 L		3 L 8 ſ 1 d.		8 ſ 6 d.
93 L		3 L 8 ſ 10 d.		8 ſ 7 d.
94 L		3 L 9 ſ 7 d.		8 ſ 8 d.
95 L		3 L 10 ſ 4 d.		8 ſ 9 d
96 L		3 L 11 ſ 1 d.		8 ſ 10 d
97 L		3 L 11 ſ 10 d		8 ſ 11 d
98 L		3 L 12 ſ 7 d		9 ſ
99 L	la velte vaut	3 L 13 ſ 4 d	pinte vaut	9 ſ 2
100 L		3 L 14 ſ		9 ſ 3 d.
101 L		3 L 14 ſ 9 d.		9 ſ 4 d.
102 L		3 L 15 ſ 6 d.		9 ſ 5 d.
103 L		3 L 16 ſ 3 d.		9 ſ 6 d.
104 L		3 L 17 ſ		9 ſ 7 d.
105 L		3 L 17 ſ 9 d		9 ſ 8 d.
106 L		3 L 18 ſ 6 d.		9 ſ 9 d.
107 L		3 L 19 ſ 3 d		9 ſ 10 d.
108 L		4 L		10 ſ
109 L		4 L 8 d.		10 ſ 1 d.
110 L	la velte vaut	4 L 1 ſ 5 d.	pinte vaut	10 ſ 2 d.
111 L		4 L 2 ſ 2 d.		10 ſ 3 d.
112 L		4 L 2 ſ 11 d.		10 ſ 4 d.
113 L		4 L 3 ſ 8 d.		10 ſ 5 d.
114 L		4 L 4 ſ 5 d.		10 ſ 6 d.
115 L		4 L 5 ſ 2 d.		10 ſ 7 d
116 L		4 L 5 ſ 11 d		10 ſ 8 d
117 L		4 L 6 ſ 8 d		10 ſ 10 d
118 L		4 L 7 ſ 4 d.		10 ſ 11 d.
119 L		4 L 8 ſ 1 d.		11 ſ
120 L		4 L 8 ſ 10 d.		11 ſ 1 d.
121 L	la velte vaut	4 L 9 ſ 7 d.	pinte vaut	11 ſ 2 d.

Suite du TARIF

A tant la Barrique ou demi-queue d'Orléans de 27 Veltes ou Septiers, combien revient la *Velte* & la *Pinte*.

122 L	la velte vaut 4 L 10 ſ 4 d..	pinte vaut 11 ſ 3 d.
123 L	la velte vaut 4 L 11 ſ 1 d.	pinte vaut 11 ſ 4 d..
124 L	la velte vaut 4 L 11 ſ 10 d.	pinte vaut 11 ſ 5 d..
125 L	4 L 12 ſ 7 d	11 ſ 6 d...
126 L	4 L 13 ſ 4 d	11 ſ 8 d
127 L	4 L 14 ſ ...	11 ſ 9 d
128 L	4 L 14 ſ 9 d...	11 ſ 10 d
129 L	4 L 15 ſ 6 d..	11 ſ 11 d.
130 L	4 L 16 ſ 3 d...	12 ſ .
131 L	4 L 17 ſ ..	12 ſ 1 d..
132 L	4 L 17 ſ 9 d.	12 ſ 2 d..
133 L	4 L 18 ſ 6 d.	12 ſ 3 d..
134 L	4 L 19 ſ 3 d	12 ſ 4 d...
135 L	la velte vaut 5 L	pinte vaut 12 ſ 6 d
136 L	5 L 8 d...	12 ſ 7 d
137 L	5 L 1 ſ 5 d...	12 ſ 8 d
138 L	5 L 2 ſ 2 d..	12 ſ 9 d.
139 L	5 L 2 ſ 11 d	12 ſ 10 d..
140 L	5 L 3 ſ 8 d..	12 ſ 11 d..
141 L	5 L 4 ſ 5 d.	13 ſ ..
142 L	5 L 5 ſ 2 d	13 ſ 1 d...
143 L	5 L 5 ſ 11 d.	13 ſ 2 d...
144 L	5 L 6 ſ 8 d...	13 ſ 4 d
145 L	5 L 7 ſ 4 d...	13 ſ 5 d
146 L	la velte vaut 5 L 8 ſ 1 d..	pinte vaut 13 ſ 6 d.
147 L	5 L 8 ſ 10 d..	13 ſ 7 d.
148 L	5 L 9 ſ 7 d..	13 ſ 8 d..
149 L	5 L 10 ſ 4 d	13 ſ 9 d..
150 L	5 L 11 ſ 1 d.	13 ſ 10 d..
151 L	5 L 11 ſ 10 d	13 ſ 11 d...
152 L	5 L 12 ſ 7 d	14 ſ ...
153 L	5 L 13 ſ 4 d..	14 ſ 2 d
154 L	5 L 14 ſ	14 ſ 3 d
155 L	5 L 14 ſ 9 d.	14 ſ 4 d.
156 L	5 L 15 ſ 6 d..	14 ſ 5 d.
157 L	la velte vaut 5 L 16 ſ 3 d..	pinte vaut 14 ſ 6 d..

Suite du TARIF

A tant la Barrique ou demi-queue d'Orléans de 27 Veltes ou Septiers, combien revient la *Velte* & la *Pinte*.

158 L	la velte vaut	5 L 17 ſ ..	pinte vaut	14 ſ 7 d..
159 L	la velte vaut	5 L 17 ſ 9 d..	pinte vaut	14 ſ 8 d.
160 L	la velte vaut	5 L 18 ſ 6 d.	pinte vaut	14 ſ 9 d...
161 L		5 L 19 ſ 3 d.		14 ſ 10 d...
162 L		6 L		15 ſ
163 L		6 L 8 d		15 ſ 1 d
164 L		6 L 1 ſ 5 d...		15 ſ 2 d.
165 L		6 L 2 ſ 2 d...		15 ſ 3 d.
166 L		6 L 2 ſ 11 d..		15 ſ 4 d..
167 L		6 L 3 ſ 8 d.		15 ſ 5 d..
168 L		6 L 4 ſ 5 d..		15 ſ 6 d..
169 L		6 L 5 ſ 2 d.		15 ſ 7 d...
170 L		6 L 5 ſ 11 d.		15 ſ 8 d..
171 L	la velte vaut	6 L 6 ſ 8 d	pinte vaut	15 ſ 10 d
172 L		6 L 7 ſ 4 d		15 ſ 11 d
173 L		6 L 8 ſ 1 d...		16 ſ d..
174 L		6 L 8 ſ 10 d...		16 ſ 1 d.
175 L		6 L 9 ſ 7 d..		16 ſ 2 d...
176 L		6 L 10 ſ 4 d.		16 ſ 3 d...
177 L		6 L 11 ſ 1 d..		16 ſ 4 d...
178 L		6 L 11 ſ 10 d		16 ſ 5 d...
179 L		6 L 12 ſ 7 d.		16 ſ 6 d...
180 L		6 L 13 ſ 4 d.		16 ſ 8 d
181 L		6 L 14 ſ ...		16 ſ 9 d
182 L	la velte vaut	6 L 14 ſ 9 d...	pinte vaut	16 ſ 10 d.
183 L		6 L 15 ſ 6 d..		16 ſ 11 d.
184 L		6 L 16 ſ 3 d..		17 ſ d..
185 L		6 L 17 ſ ..		17 ſ 1 d..
186 L		6 L 17 ſ 9 d.		17 ſ 2 d..
187 L		6 L 18 ſ 6 d.		17 ſ 3 d...
188 L		6 L 19 ſ 3 d		17 ſ 4 d..
189 L		7 L		17 ſ 6 d.
190 L		7 L 8 d...		17 ſ 7 d
191 L		7 L 1 ſ 5 d...		17 ſ 8 d.
192 L		7 L 2 ſ 2 d..		17 ſ 9 d.
193 L	la velte vaut	7 L 2 ſ 11 d..	pinte vaut	17 ſ 10 d..

Suite du TARIF

A tant la Barrique ou demi-queue d'Orléans de 27 Veltes ou Septiers, combien la *Velte* & la *Pinte*.

194 L	la velte vaut	7 L 3 ſ 8 d..	pinte vaut	17 ſ 11 d...
195 L	la velte vaut	7 L 4 ſ 5 d.	pinte vaut	18 ſ d..
196 L	la velte vaut	7 L 5 ſ 2 d.	pinte vaut	18 ſ 1 d...
197 L		7 L 5 ſ 11 d		18 ſ 2 d...
198 L		7 L 6 ſ 8 d		18 ſ 4 d
199 L		7 L 7 ſ 4 d...		18 ſ 5 d
200 L		7 L 8 ſ 1 d...		18 ſ 6 d.
201 L		7 L 8 ſ 10 d.		18 ſ 7 d.
202 L		7 L 9 ſ 7 d..		18 ſ 8 d..
203 L		7 L 10 ſ 4 d.		18 ſ 9 d..
204 L		7 L 11 ſ 1 d.		18 ſ 10 d..
205 L		7 L 11 ſ 10 d.		18 ſ 11 d...
206 L		7 L 12 ſ 7 d		19 ſ d..
207 L	la velte vaut	7 L 13 ſ 4 d	pinte vaut	19 ſ 2 d
208 L		7 L 14 ſ ...		19 ſ 3 d
209 L		7 L 14 ſ 9 d...		19 ſ 4 d.
210 L		7 L 15 ſ 6 d..		19 ſ 5 d.
211 L		7 L 16 ſ 3 d.		19 ſ 6 d..
212 L		7 L 17 ſ ..		19 ſ 7 d..
213 L		7 L 17 ſ 9 d.		19 ſ 8 d..
214 L		7 L 18 ſ 6 d.		19 ſ 9 d...
215 L		7 L 19 ſ 3 d		19 ſ 10 d...
216 L		8 L		20 ſ d...
217 L		8 L 8 d...		20 ſ 1 d
218 L	la velte vaut	8 L 1 ſ 5 d..	pinte vaut	20 ſ 2 d
219 L		8 L 2 ſ 2 d..		20 ſ 3 d
220 L		8 L 2 ſ 11 d		20 ſ 4 d.
221 L		8 L 3 ſ 8 d.		20 ſ 5 d..
222 L		8 L 4 ſ 5 d.		20 ſ 6 d..
223 L		8 L 5 ſ 2 d.		20 ſ 7 d...
224 L		8 L 5 ſ 11 d		20 ſ 8 d...
225 L		8 L 6 ſ 8 d		20 ſ 10 d
226 L		8 L 7 ſ 4 d		20 ſ 11 d
227 L		8 L 8 ſ 1 d...		21 ſ d.
228 L		8 L 8 ſ 10 d...		21 ſ 1 d.
229 L	la velte vaut	8 L 9 ſ 7 d..	pinte vaut	21 ſ 2 d..

Suite du TARIF

A tant la Barrique ou demi-queue d'Orléans de 27 Veltes ou Septiers, combien revient la *Velte* & la *Pinte*.

230 L	la velte vaut 8 L 10 ſ 4 d	pinte vaut 21 ſ 3 d
231 L	la velte vaut 8 L 11 ſ 1 d.	pinte vaut 21 ſ 4 d...
232 L	la velte vaut 8 L 11 ſ 10 d.	pinte vaut 21 ſ 5 d..
233 L	8 L 12 ſ 7 d	21 ſ 6 d.
234 L	8 L 13 ſ 4 d	21 ſ 8 d
235 L	8 L 14 ſ d...	21 ſ 9 d.
236 L	8 L 14 ſ 9 d...	21 ſ 10 d.
237 L	8 L 15 ſ 6 d..	21 ſ 11 d..
238 L	8 L 16 ſ 3 d..	22 ſ d..
239 L	8 L 17 ſ d..	22 ſ 1 d..
240 L	8 L 17 ſ 9 d.	22 ſ 2 d...
241 L	8 L 18 ſ 6 d.	22 ſ 3 d..
242 L	8 L 19 ſ 3 d	22 ſ 4 d
243 L	la velte vaut 9 L	22 ſ 6 d
244 L	9 L 8 d...	pinte vaut 22 ſ 7 d.
245 L	9 L 1 ſ 5 d...	22 ſ 8 d.
246 L	9 L 2 ſ 2 d..	22 ſ 9 d..
247 L	9 L 2 ſ 11 d..	22 ſ 10 d..
248 L	9 L 3 ſ 8 d..	22 ſ 11 d...
249 L	9 L 4 ſ 5 d.	23 ſ d...
250 L	9 L 5 ſ 2 d.	23 ſ 1 d..
251 L	9 L 5 ſ 11 d	23 ſ 2 d
252 L	9 L 6 ſ 8 d	23 ſ 4 d
253 L	9 L 7 ſ 4 d...	23 ſ 5 d
254 L	la velte vaut 9 L 8 ſ 1 d...	23 ſ 6 d.
255 L	9 L 8 ſ 10 d..	pinte vaut 23 ſ 7 d.
256 L	9 L 9 ſ 7 d..	23 ſ 8 d..
257 L	9 L 10 ſ 4 d.	23 ſ 9 d..
258 L	9 L 11 ſ 1 d	23 ſ 10 d...
259 L	9 L 11 ſ 10 d.	23 ſ 11 d...
260 L	9 L 12 ſ 7 d.	24 ſ d...
261 L	9 L 13 ſ 4 d.	24 ſ 2 d..
262 L	9 L 14 ſ ..	24 ſ 3 d..
263 L	9 L 14 ſ 9 d...	24 ſ 4 d..
264 L	9 L 15 ſ 6 d..	24 ſ 5 d.
265 L	la velte vaut 9 L 16 ſ 3 d..	pinte vaut 24 ſ 6 d..

Suite du TARIF

A tant la Barrique de 27 Veltes ou Septiers; combien revient la *Velte* & la *Pinte*.

266 L	la velte vaut	9 L 17 ſ d..	pinte vaut	24 ſ 7 d..
267 L	la velte vaut	9 L 17 ſ 9 d.	pinte vaut	24 ſ 8 d..
268 L		9 L 18 ſ 6 d.		24 ſ 9 d..
269 L		9 L 19 ſ 3 d		24 ſ 10 d..
270 L		10 L		25 ſ
271 L		10 L 8 d...		25 ſ 1 d
272 L		10 L 1 ſ 5 d...		25 ſ 2 d.
273 L		10 L 2 ſ 2 d.		25 ſ 3 d.
274 L		10 L 2 ſ 11 d..		25 ſ 4 d...
275 L		10 L 3 ſ 8 d..		25 ſ 5 d..
276 L		10 L 4 ſ 5 d.		25 ſ 6 d..
277 L		10 L 5 ſ 2 d.		25 ſ 7 d...
278 L	la velte vaut	10 L 5 ſ 11 d	pinte vaut	25 ſ 8 d
279 L		10 L 6 ſ 8 d		25 ſ 10 d
280 L		10 L 7 ſ 4 d...		25 ſ 11 d
281 L		10 L 8 ſ 1 d...		26 ſ d.
282 L		10 L 8 ſ 10 d..		26 ſ 1 d.
283 L		10 L 9 ſ 7 d..		26 ſ 2 d..
284 L		10 L 10 ſ 4 d..		26 ſ 3 d..
285 L		10 L 11 ſ 1 d.		26 ſ 4 d..
286 L		10 L 11 ſ 10 d.		26 ſ 5 d...
287 L		10 L 12 ſ 7 d		26 ſ 6 d...
288 L		10 L 13 ſ 4 d		26 ſ 8 d...
289 L	la velte vaut	10 L 14 ſ ..	pinte vaut	26 ſ 9 d
290 L		10 L 14 ſ 9 d..		26 ſ 10 d.
291 L		10 L 15 ſ 6 d.		26 ſ 11 d.
292 L		10 L 16 ſ 3 d..		27 ſ d..
293 L		10 L 17 ſ ..		27 ſ 1 d..
294 L		10 L 17 ſ 9 d.		27 ſ 2 d..
295 L		10 L 18 ſ 6 d.		27 ſ 3 d...
296 L		10 L 19 ſ 3 d		27 ſ 4 d...
297 L		11 L		27 ſ 6 d
298 L		11 L 8 d..		27 ſ 7 d
299 L		11 L 1 ſ 5 d..		27 ſ 8 d.
300 L	la velte vaut	11 L 2 ſ 2 d..	pinte vaut	27 ſ 9 d.

Fin du TARIF des Barriques ou demi-queue d'Orléans.

TARIF.

De Reduction des SEPTIERS en MUIDS de 36 SEPTIERS.

36	ſeptiers font	1 muid	ſeptiers
37	ſeptiers font	1 muid &	1 ſeptiers
38	ſeptiers font	1 muid &	2 ſeptiers
39	ſeptiers font	1 muid &	3 ſeptiers
40		1	4
41		1	5
42		1	6
43		1	7
44		1	8
45		1	9
46		1	10
47		1	11
48		1	12
49		1	13
50	ſeptiers font	1 muid &	14 ſeptiers
51		1	15
52		1	16
53		1	17
54		1	18
55		1	19
56		1	20
57		1	21
58		1	22
59		1	23
60	ſeptiers font	1 muid &	24 ſeptiers
61		1	25
62		1	26
63		1	27
64		1	28
65		1	29
66		1	30
67		1	31
68		1	32
69		1	33
70	ſeptiers font	1 muid &	34 ſeptiers

Suite du TARIF de Réduction des Septiers en Muid de 36 Septiers.

71	ſeptiers font	1	muid &	35	ſeptiers
72	ſeptiers font	2	muids &		ſeptiers
73		2		1	
74		2		2	
75		2		3	
76		2		4	
77		2		5	
78		2		6	
79		2		7	
80		2		8	
81	ſeptiers font	2	muids &	9	ſeptiers
82		2		10	
83		2		11	
84		2		12	
85		2		13	
86		2		14	
87		2		15.	
88		2		16	
89		2		17	
90		2		18	
91	ſeptiers font	2	muids &	19	ſeptiers
92		2		20	
93		2		21	
94		2		22	
95		2		23	
96		2		24	
97		2		25	
98		2		26	
99		2		27	
100	ſeptiers font	2	muids &	28	ſeptiers
200		5		20	
300		8		12	
400		11		4	
500		13		32	
600		16		24	
700		19		16	
800		22		8	
900		25			
1000	ſeptiers font	27	muids &	28	ſeptiers

Fin du TARIF de REDUCTION des SEPTIERS en MUIDS de 36 SEPTIERS.

TARIF.

De la Réduction des VELTES en BARRIQUE de 27 VELTES.

27	veltes font	1	barrique &		
28	veltes font	1	barrique &	1	velte
29		1		2	
30		1		3	
31		1		4	
32		1	—	5	
33		1		6	
34		1		7	
35		1		8	
36		1		9	
37		1		10	
38		1		11	
39	veltes font	1	barrique &	12	veltes
40		1		13	
41		1		14	
42		1		15	
43		1		16	
44		1		17	
45		1		18	
46		1		19	
47		1		20	
48		1		21	
49		1		22	
50	veltes font	1	barrique &	23	veltes
51		1		24	
52		1		25	
53		1		26	
54		2			
55		2		1	
56		2		2	
57		2		3	
58		2		4	
59		2		5	
60		2		6	
61	veltes font	2	barriques &	7	veltes

Suite du TARIF de Réduction des Veltes en Barrique de 27 Veltes.

62	veltes font	2	barriques	8	veltes
63	veltes font	2	barriques	9	veltes
64	veltes font	2	barriques	10	veltes
65	veltes font	2	barriques	11	veltes
66		2		12	
67		2		13	
68		2		14	
69		2		15	
70		2		16	
71		2		17	
72		2		18	
73		2		19	
74		2		20	
75	veltes font	2	barriques	21	veltes
76		2		22	
77		2		23	
78		2		24	
79		2		25	
80		2		26	
90		3		9	
100		3		19	
200		7		11	
300		11		3	
400	veltes font	14	barriques	22	veltes
500		18		14	
600		22		6	
700		25		25	
800		29		17	
900		33		9	
1000		37		1	
2000		74		2	
3000		111		3	
4000		148		4	
5000	veltes font	185	barriques	5	veltes

Fin du TARIF de Réduction des VELTES en BARRIQUES de 27 VELTES.

TARIF.

A tant l'ONCE d'OR, combien le GROS & le GRAIN.

Prix de l'Once.					
A 36 L	l'once d'or				
		1 gros vaut	4 L 10 ſ	1 grain	1 ſ 3 d
A 37 L	l'once	1 gros vaut	4 L 12 ſ 6 d	1 grain	1 ſ 3 d
38 L	l'once	1 gros vaut	4 L 15 ſ	1 grain	1 ſ 3
39 L		1	4 L 17 ſ 6 d	1	1 ſ 4
40 L		1	5 L	1	1 ſ 4
41 L		1	5 L 2 ſ 6	1	1 ſ 5
42 L		1	5 L 5 ſ	1	1 ſ 5
43 L		1	5 L 7 ſ 6	1	1 ſ 5
44 L		1	5 L 10 ſ	1	1 ſ 6
45 L		1	5 L 12 ſ 6	1	1 ſ 6
46 L		1	5 L 15 ſ	1	1 ſ 7
47 L		1	5 L 17 ſ 6	1	1 ſ 7
48 L	l'once	1 gros vaut	6 L	1 grain	1 ſ 8
49 L		1	6 L 2 ſ 6	1	1 ſ 8
50 L		1	6 L 5 ſ	1	1 ſ 8
50 L 10 ſ		1	6 L 6 ſ 3	1	1 ſ 9
51 L		1	6 L 7 ſ 6	1	1 ſ 9
51 L 10 ſ		1	6 L 8 ſ 9	1	1 ſ 9
52 L		1	6 L 10 ſ	1	1 ſ 9
52 L 10 ſ		1	6 L 11 ſ 3	1	1 ſ 9
53 L		1	6 L 12 ſ 6	1	1 ſ 10
53 L 10 ſ		1	6 L 13 ſ 9	1	1 ſ 10
54 L	l'once	1 gros vaut	6 L 15 ſ	1 grain	1 ſ 10
54 L 10 ſ		1	6 L 16 ſ 3	1	1 ſ 10
55 L		1	6 L 17 ſ 6	1	1 ſ 10
55 L 10 ſ		1	6 L 18 ſ 9	1	1 ſ 11
56 L		1	7 L	1	1 ſ 11
56 L 10 ſ		1	7 L 1 ſ 3	1	1 ſ 11
57 L		1	7 L 2 ſ 6	1	1 ſ 11
57 L 10 ſ		1	7 L 3 ſ 9	1	1 ſ 11
58 L		1	7 L 5 ſ	1	2 ſ
58 L 10 ſ		1	7 L 6 ſ 3	1	2 ſ
59 L	l'once	1 gros vaut	7 L 7 ſ 6	1 grain	2 ſ

Suite du TARIF à tant l'ONCE d'OR;
combien revient le Gros & le Grai

Prix de l'Once d'or.

A 59 L 10 ſ l'once

	1 gros vaut 7 L 8 ſ 9 d	1 grain 2 ſ	
A 60 L l'once	1 gros vaut 7 L 10 ſ	1 grain 2 ſ 1 d	
60 L 10 ſ l'once	1 gros vaut 7 L 11 ſ 3 d	1 grain 2 ſ 1 d	
61 L l'once	1 gros vaut 7 L 12 ſ 6	1 grain 2 ſ 1	
61 L 10 ſ	1 7 L 13 ſ 9	1 2 ſ 1	
62 L	1 7 L 15 ſ	1 2 ſ 1	
62 L 10 ſ	1 7 L 16 ſ 3	1 2 ſ 2	
63 L	1 7 L 17 ſ 6	1 2 ſ 2	
63 L 10 ſ	1 7 L 18 ſ 9	1 2 ſ 2	
64 L	1 8 L	1 2 ſ 2	
64 L 10 ſ	1 8 L 1 ſ 3	1 2 ſ 2	
65 L	1 8 L 2 ſ 6	1 2 ſ 3	
65 L 10 ſ	1 8 L 3 ſ 9	1 2 ſ 3	
66 L l'once	1 gros vaut 8 L 5 ſ	1 grain 2 ſ 3	
66 L 10 ſ	1 8 L 6 ſ 3	1 2 ſ 3	
67 L	1 8 L 7 ſ 6	1 2 ſ 3	
67 L 10 ſ	1 8 L 8 ſ 9	1 2 ſ 4	
68 L	1 8 L 10 ſ	1 2 ſ 4	
68 L 10 ſ	1 8 L 11 ſ 3	1 2 ſ 4	
69 L	1 8 L 12 ſ 6	1 2 ſ 4	
69 L 10 ſ	1 8 L 13 ſ 9	1 2 ſ 4	
70 L	1 8 L 15 ſ	1 2 ſ 5	
70 L 10 ſ	1 8 L 16 ſ 3	1 2 ſ 5	
71 L l'once	1 gros vaut 8 L 17 ſ 6	1 grain 2 ſ 5	
71 L 10 ſ	1 8 L 18 ſ 9	1 2 ſ 5	
72 L	1 9 L	1 2 ſ 6	
73 L	1 9 L 2 ſ 6	1 2 ſ 6	
74 L	1 9 L 5 ſ	1 2 ſ 6	
75 L	1 9 L 7 ſ 6	1 2 ſ 7	
76 L	1 9 L 10 ſ	1 2 ſ 7	
77 L	1 9 L 12 ſ 6	1 2 ſ 8	
78 L	1 9 L 15 ſ	1 2 ſ 8	
79 L	1 9 L 17 ſ 6	1 2 ſ 8	
80 L l'once	1 gros v. 10 L	1 grain 2 ſ 9	

Fin du TARIF de l'ONCE d'OR.

TARIF.

A tant le MARC d'ARGENT, combien l'ONCE & le GROS.

Prix du Marc.

A 25 L le Marc d'Argent

Prix du Marc		Once	Valeur	Gros	Valeur
		1 once vaut	3 L 2 ſ 6 d	1 gros	7 ſ 9 d
25 L 10 ſ	le marc	1 once	3 L 3 ſ 9 d	1 gros	7 ſ 11 d
26 L	le marc	1 once	3 L 5 ſ	1 gros	8 ſ 1
26 L 10 ſ		1	3 L 6 ſ 3	1	8 ſ 3
27 L		1	3 L 7 ſ 6	1	8 ſ 6
27 L 10 ſ		1	3 L 8 ſ 9	1	8 ſ 7
28 L		1	3 L 10 ſ	1	8 ſ 9
28 L 10 ſ		1	3 L 11 ſ 3	1	8 ſ 10
29 L		1	3 L 12 ſ 6	1	9 ſ
29 L 10 ſ		1	3 L 13 ſ 9	1	9 ſ 2
30 L		1	3 L 15 ſ	1	9 ſ 3
30 L 5 ſ		1	3 L 15 ſ 7	1	9 ſ 5
30 L 10 ſ		1	3 L 16 ſ 3	1	9 ſ 6
30 L 15 ſ	le marc	1 once	3 L 16 ſ 10	1 gros	9 ſ 7
31 L		1	3 L 17 ſ 6	1	9 ſ 8
31 L 5 ſ		1	3 L 18 ſ 1	1	9 ſ 9
31 L 10 ſ		1	3 L 18 ſ 9	1	9 ſ 10
31 L 15 ſ		1	3 L 19 ſ 4	1	9 ſ 11
32 L		1	4 L	1	10 ſ
32 L 5 ſ		1	4 L 7	1	10 ſ
32 L 10 ſ		1	4 L 1 ſ 3	1	10 ſ 1
32 L 15 ſ		1	4 L 1 ſ 10	1	10 ſ 2
33 L		1	4 L 2 ſ 6	1	10 ſ 3
33 L 5 ſ		1	4 L 3 ſ 1	1	10 ſ 4
33 L 10 ſ	le marc	1 once	4 L 3 ſ 9	1 gros	10 ſ 5
33 L 15 ſ		1	4 L 4 ſ 4	1	10 ſ 6
34 L		1	4 L 5 ſ	1	10 ſ 7
34 L 5 ſ		1	4 L 5 ſ 7	1	10 ſ 8
34 L 10 ſ		1	4 L 6 ſ 3	1	10 ſ 9
34 L 15 ſ		1	4 L 6 ſ 10	1	10 ſ 10
35 L		1	4 L 7 ſ 6	1	10 ſ 11
35 L 5 ſ		1	4 L 8 ſ 1	1	11 ſ
35 L 10 ſ		1	4 L 8 ſ 9	1	11 ſ 1
35 L 15 ſ		1	4 L 9 ſ 4	1	11 ſ 2
36 L		1	4 L 10 ſ	1	11 ſ 3
36 L 5 ſ	le marc	1 once	4 L 10 ſ 7	1 gros	11 ſ 3

Suite du TARIF à tant le MARC d'ARGENT, combien l'Once & le Gros.

Prix du Marc.				
A 36 L 10 ſ le marc				
	l'once vaut	4 L 11 ſ 3d	1 gros	11 ſ 4 d
36 L 15 ſ le marc	1 once	4 L 11 ſ 10d	1 gros	11 ſ 5 d
37 L le marc	1 once	4 L 12 ſ 6	1 gros	11 ſ 6
37 L 5 ſ	1	4 L 13 ſ 1	1	11 ſ 7
37 L 10 ſ	1	4 L 13 ſ 9	1	11 ſ 8
37 L 15 ſ	1	4 L 14 ſ 4	1	11 ſ 9
38 L	1	4 L 15 ſ	1	11 ſ 10
38 L 5 ſ	1	4 L 15 ſ 7	1	11 ſ 11
38 L 10 ſ	1	4 L 16 ſ 3	1	12 ſ
38 L 15 ſ	1	4 L 16 ſ 10	1	12 ſ 1
39 L	1	4 L 17 ſ 6	1	12 ſ 2
39 L 5 ſ	1	4 L 18 ſ 1	1	12 ſ 3
39 L 10 ſ	1	4 L 18 ſ 9	1	12 ſ 4
39 L 15 ſ le marc	1 once	4 L 19 ſ 4	1 gros	12 ſ 5
40 L	1	5 L	1	12 ſ 6
40 L 5 ſ	1	5 L 7	1	12 ſ 6
40 L 10 ſ	1	5 L 1 ſ 3	1	12 ſ 7
40 L 15 ſ	1	5 L 1 ſ 10	1	12 ſ 8
41 L	1	5 L 2 ſ 6	1	12 ſ 9
41 L 5 ſ	1	5 L 3 ſ 1	1	12 ſ 10
41 L 10 ſ	1	5 L 3 ſ 9	1	12 ſ 11
41 L 15 ſ	1	5 L 4 ſ 4	1	13 ſ
42 L	1	5 L 5 ſ	1	13 ſ 1
42 L 5 ſ	1	5 L 5 ſ 7	1	13 ſ 2
42 L 10 ſ	1	5 L 6 ſ 3	1	13 ſ 3
42 L 15 ſ le marc	1 once	5 L 6 ſ 10	1 gros	13 ſ 4
43 L	1	5 L 7 ſ 6	1	13 ſ 5
43 L 5 ſ	1	5 L 8 ſ 1	1	13 ſ 6
43 L 10 ſ	1	5 L 8 ſ 9	1	13 ſ 7
43 L 15 ſ	1	5 L 9 ſ 4	1	13 ſ 8
44 L	1	5 L 10 ſ	1	13 ſ 9
44 L 5 ſ	1	5 L 10 ſ 7	1	13 ſ 9
44 L 10 ſ	1	5 L 11 ſ 3	1	13 ſ 10
44 L 15 ſ	1	5 L 11 ſ 10	1	13 ſ 11
45 L	1	5 L 12 ſ 6	1	14 ſ
45 L 5 ſ	1	5 L 13 ſ 1	1	14 ſ 1
45 L 10 ſ	1	5 L 13 ſ 9	1	14 ſ 2
45 L 15 ſ le marc	1 once	5 L 14 ſ 4	1 gros	14 ſ 3

Suite du TARIF à tant le MARC, combien l'Once & le Gros.

Prix du Marc.				
A 46 L le marc	l'once vaut	5 L 15 ſ	1 gros	14 ſ 4 d
46 L 5 ſ le marc	1 once	5 L 15 ſ 7 d	1 gros	14 ſ 5 d
46 L 10 ſ le marc	1 once	5 L 16 ſ 3 d	1 gros	14 ſ 6 d
46 L 15 ſ le marc	1 once	5 L 16 ſ 10	1 gros	14 ſ 7
47 L	1	5 L 17 ſ 6	1	14 ſ 8
47 L 5 ſ	1	5 L 18 ſ 1	1	14 ſ 9
47 L 10 ſ	1	5 L 18 ſ 9	1	14 ſ 10
47 L 15 ſ	1	5 L 19 ſ 4	1	14 ſ 11
48 L	1	6 L	1	15 ſ
48 L 5 ſ	1	6 L 7	1	15 ſ
48 L 10 ſ	1	6 L 1 ſ 3	1	15 ſ 1
48 L 15 ſ	1	6 L 1 ſ 10	1	15 ſ 2
49 L	1	6 L 2 ſ 6	1	15 ſ 3
49 L 5 ſ le marc	1 once	6 L 3 ſ 1	1 gros	15 ſ 4
49 L 10 ſ	1	6 L 3 ſ 9	1	15 ſ 5
49 L 15 ſ	1	6 L 4 ſ 4	1	15 ſ 6
50 L	1	6 L 5 ſ	1	15 ſ 7
50 L 5 ſ	1	6 L 5 ſ 7	1	15 ſ 8
50 L 10 ſ	1	6 L 6 ſ 3	1	15 ſ 9
50 L 15 ſ	1	6 L 6 ſ 10	1	15 ſ 10
51 L	1	6 L 7 ſ 6	1	15 ſ 11
51 L 5 ſ	1	6 L 8 ſ 1	1	16 ſ
51 L 10 ſ	1	6 L 8 ſ 9	1	16 ſ 1
51 L 15 ſ	1	6 L 9 ſ 4	1	16 ſ 2
52 L	1	6 L 10 ſ	1	16 ſ 3
52 L 5 ſ le marc	1 once	6 L 10 ſ 7	1 gros	16 ſ 3
52 L 10 ſ	1	6 L 11 ſ 3	1	16 ſ 4
52 L 15 ſ	1	6 L 11 ſ 10	1	16 ſ 5
53 L	1	6 L 12 ſ 6	1	16 ſ 6
53 L 5 ſ	1	6 L 13 ſ 1	1	16 ſ 7
53 L 10 ſ	1	6 L 13 ſ 9	1	16 ſ 8
53 L 15 ſ	1	6 L 14 ſ 4	1	16 ſ 9
54 L	1	6 L 15 ſ	1	16 ſ 10
54 L 5 ſ	1	6 L 15 ſ 7	1	16 ſ 11
54 L 10 ſ	1	6 L 16 ſ 3	1	17 ſ
54 L 15 ſ	1	6 L 16 ſ 10	1	17 ſ 1
55 L	1	6 L 17 ſ 6	1	17 ſ 2
55 L 5 ſ le marc	1 once	6 L 18 ſ 1	1 gros	17 ſ 3

Suite du TARIF à tant le MARC, combien l'Once & le Gros.

Prix du Marc.				
A 55 L 10 ſ le marc	l'once vaut	6 L 18 ſ 9 d	1 gros	17 ſ 4 d
55 L 15 ſ le marc	1 once	6 L 19 ſ 4 d	1 gros	17 ſ 5 d
56 L le marc	1 once	7 L	1 gros	17 ſ 6
56 L 5 ſ le marc	1 once	7 L 7	1 gros	17 ſ 6
56 L 10 ſ	1	7 L 1 ſ 3	1	17 ſ 7
56 L 15 ſ	1	7 L 1 ſ 10	1	17 ſ 8
57 L	1	7 L 2 ſ 6	1	17 ſ 9
57 L 5 ſ	1	7 L 3 ſ 1	1	17 ſ 10
57 L 10 ſ	1	7 L 3 ſ 9	1	17 ſ 11
57 L 15 ſ	1	7 L 4 ſ 4	1	18 ſ
58 L	1	7 L 5 ſ	1	18 ſ 1
58 L 5 ſ	1	7 L 5 ſ 7	1	18 ſ 2
58 L 10 ſ	1	7 L 6 ſ 3	1	18 ſ 3
58 L 15 ſ le marc	1 once	7 L 6 ſ 10	1 gros	18 ſ 4
59 L	1	7 L 7 ſ 6	1	18 ſ 5
59 L 5 ſ	1	7 L 8 ſ 1	1	18 ſ 6
59 L 10 ſ	1	7 L 8 ſ 9	1	18 ſ 7
59 L 15 ſ	1	7 L 9 ſ 4	1	18 ſ 8
60 L	1	7 L 10 ſ	1	18 ſ 9
60 L 5 ſ	1	7 L 10 ſ 7	1	18 ſ 9
60 L 10 ſ	1	7 L 11 ſ 3	1	18 ſ 10
60 L 15 ſ	1	7 L 11 ſ 10	1	18 ſ 11
61 L	1	7 L 12 ſ 6	1	19 ſ
61 L 5 ſ	1	7 L 13 ſ 1	1	19 ſ 1
61 L 10 ſ	1	7 L 13 ſ 9	1	19 ſ 2
61 L 15 ſ le marc	1 once	7 L 14 ſ 4	1 gros	19 ſ 3
62 L	1	7 L 15 ſ	1	19 ſ 4
62 L 5 ſ	1	7 L 15 ſ 7	1	19 ſ 5
62 L 10 ſ	1	7 L 16 ſ 3	1	19 ſ 6
62 L 15 ſ	1	7 L 16 ſ 10	1	19 ſ 7
63 L	1	7 L 17 ſ 6	1	19 ſ 8
63 L 5 ſ	1	7 L 18 ſ 1	1	19 ſ 9
63 L 10 ſ	1	7 L 18 ſ 9	1	19 ſ 10
63 L 15 ſ	1	7 L 19 ſ 4	1	19 ſ 11
64 L	1	8 L	1	1 L
64 L 5 ſ	1	8 L 7	1	1 L
64 L 10 ſ	1	8 L 1 ſ 3	1	1 L 1
64 L 15 ſ le marc	1 once	8 L 1 ſ 10	1	1 L 2

Suite du TARIF à tant le MARC, combien l'Once & le Gros.

Prix du Marc.					
A 65 L	le marc l'once vaut	8 L 2 ſ 6 d	1 gros	1 L	3
65 L 5 ſ	le marc 1 once	8 L 3 ſ 1 d	1 gros	1 L	4
65 L 10 ſ	le marc 1 once	8 L 3 ſ 9	1 gros	1 L	5
65 L 15 ſ	le marc 1 once	8 L 4 ſ 4	1 gros	1 L	6
66 L	1	8 L 5 ſ	1	1 L	7
66 L 5 ſ	1	8 L 5 ſ 7	1	1 L	8
66 L 10 ſ	1	8 L 6 ſ 3	1	1 L	9
66 L 15 ſ	1	8 L 6 ſ 10	1	1 L	10
67 L	1	8 L 7 ſ 6	1	1 L	11
67 L 5 ſ	1	8 L 8 ſ 1	1	1 L 1 ſ	
67 L 10 ſ	1	8 L 8 ſ 9	1	1 L 1 ſ	1
67 L 15 ſ	1	8 L 9 ſ 4	1	1 L 1 ſ	2
68 L	1	8 L 10 ſ	1	1 L 1 ſ	3
68 L 5 ſ	le marc 1 once	8 L 10 ſ 7	1 gros	1 L 1 ſ	3
68 L 10 ſ	1	8 L 11 ſ 3	1	1 L 1 ſ	4
68 L 15 ſ	1	8 L 11 ſ 10	1	1 L 1 ſ	5
69 L	1	8 L 12 ſ 6	1	1 L 1 ſ	6
69 L 5 ſ	1	8 L 13 ſ 1	1	1 L 1 ſ	7
69 L 10 ſ	1	8 L 13 ſ 9	1	1 L 1 ſ	8
69 L 15 ſ	1	8 L 14 ſ 4	1	1 L 1 ſ	9
70 L	1	8 L 15 ſ	1	1 L 1 ſ	10
70 L 5 ſ	1	8 L 15 ſ 7	1	1 L 1 ſ	11
70 L 10 ſ	1	8 L 16 ſ 3	1	1 L 2 ſ	
70 L 15 ſ	1	8 L 16 ſ 10	1	1 L 2 ſ	1
71 L	1	8 L 17 ſ 6	1	1 L 2 ſ	2
71 L 5 ſ	le marc 1 once	8 L 18 ſ 1	1 gros	1 L 2 ſ	3
71 L 10 ſ	1	8 L 18 ſ 9	1	1 L 2 ſ	4
71 L 15 ſ	1	8 L 19 ſ 4	1	1 L 2 ſ	5
72 L	1	9 L	1	1 L 2 ſ	6
72 L 5 ſ	1	9 L 7	1	1 L 2 ſ	6
72 L 10 ſ	1	9 L 1 ſ 3	1	1 L 2 ſ	7
72 L 15 ſ	1	9 L 1 ſ 10	1	1 L 2 ſ	8
73 L	1	9 L 2 ſ 6	1	1 L 2 ſ	9
73 L 5 ſ	1	9 L 3 ſ 1	1	1 L 2 ſ	10
73 L 10 ſ	1	9 L 3 ſ 9	1	1 L 2 ſ	11
73 L 15 ſ	1	9 L 4 ſ 4	1	1 L 3 ſ	
74 L	1	9 L 5 ſ	1	1 L 3 ſ	1
74 L 5 ſ	le marc 1 once	9 L 5 ſ 7	1 gros	1 L 3 ſ	2

Suite du TARIF à tant le MARC, combien l'Once & le Gros.

Prix du Marc.

A 74 L 10 ſ le marc

	l'once vaut	9 L 6 ſ 3 d	1 gros	1 L 3 ſ 3
74 L 15 ſ le marc	1 once	9 L 6 ſ 10 d	1 gros	1 L 3 ſ 4
75 L le marc	1 once	9 L 7 ſ 6	1 gros	1 L 3 ſ 5
75 L 5 ſ le marc	1 once	9 L 8 ſ 1	1 gros	1 L 3 ſ 6
75 L 10 ſ	1	9 L 8 ſ 9	1	1 L 3 ſ 7
75 L 15 ſ	1	9 L 9 ſ 4	1	1 L 3 ſ 8
76 L	1	9 L 10 ſ	1	1 L 3 ſ 9
76 L 5 ſ	1	9 L 10 ſ 7	1	1 L 3 ſ 9
76 L 10 ſ	1	9 L 11 ſ 3	1	1 L 3 ſ 10
76 L 15 ſ	1	9 L 11 ſ 10	1	1 L 3 ſ 11
77 L	1	9 L 12 ſ 6	1	1 L 4 ſ
77 L 5 ſ	1	9 L 13 ſ 1	1	1 L 4 ſ 1
77 L 10 ſ	1	9 L 13 ſ 9	1	1 L 4 ſ 2
77 L 15 ſ le marc	1 once	9 L 14 ſ 4	1 gros	1 L 4 ſ 3
78 L	1	9 L 15 ſ	1	1 L 4 ſ 4
78 L 5 ſ	1	9 L 15 ſ 7	1	1 L 4 ſ 5
78 L 10 ſ	1	9 L 16 ſ 3	1	1 L 4 ſ 6
78 L 15 ſ	1	9 L 16 ſ 10	1	1 L 4 ſ 7
79 L	1	9 L 17 ſ 6	1	1 L 4 ſ 8
79 L 5 ſ	1	9 L 18 ſ 1	1	1 L 4 ſ 9
79 L 10 ſ	1	9 L 18 ſ 9	1	1 L 4 ſ 10
79 L 15 ſ	1	9 L 19 ſ 4	1	1 L 4 ſ 11
80 L	1	10 L	1	1 L 5 ſ
80 L 5 ſ	1	10 L 7	1	1 L 5 ſ
80 L 10 ſ	1	10 L 1 ſ 3	1	1 L 5 ſ 1
80 L 15 ſ le marc	1 once	10 L 1 ſ 10	1 gros	1 L 5 ſ 2
81 L	1	10 L 2 ſ 6	1	1 L 5 ſ 3
81 L 5 ſ	1	10 L 3 ſ 1	1	1 L 5 ſ 4
81 L 10 ſ	1	10 L 3 ſ 9	1	1 L 5 ſ 5
81 L 15 ſ	1	10 L 4 ſ 4	1	1 L 5 ſ 6
82 L	1	10 L 5 ſ	1	1 L 5 ſ 7
82 L 5 ſ	1	10 L 5 ſ 7	1	1 L 5 ſ 8
82 L 10 ſ	1	10 L 6 ſ 3	1	1 L 5 ſ 9
82 L 15 ſ	1	10 L 6 ſ 10	1	1 L 5 ſ 10
83 L	1	10 L 7 ſ 6	1	1 L 5 ſ 11
83 L 5 ſ	1	10 L 8 ſ 1	1	1 L 6 ſ
83 L 10 ſ	1	10 L 8 ſ 9	1	1 L 6 ſ 1
83 L 15 ſ le marc	1 once	10 L 9 ſ 4	1 gros	1 L 6 ſ 2

Suite du TARIF à tant le MARC, combien l'Once & le Gros.

Prix du Marc.				
A 84 L le marc	l'once vaut	10 L 10 ſ	1 gros	1 L 6 ſ 3
84 L 5 ſ le marc	1 once	10 L 10 ſ 7 d	1 gros	1 L 6 ſ 3
84 L 10 ſ le marc	1 once	10 L 11 ſ 3 d	1 gros	1 L 6 ſ 4
84 L 15 ſ le marc	1 once	10 L 11 ſ 10	1 gros	1 L 6 ſ 5
85 L	1	10 L 12 ſ 6	1	1 L 6 ſ 6
85 L 5 ſ	1	10 L 13 ſ 1	1	1 L 6 ſ 7
85 L 10 ſ	1	10 L 13 ſ 9	1	1 L 6 ſ 8
85 L 15 ſ	1	10 L 14 ſ 4	1	1 L 6 ſ 9
86 L	1	10 L 15 ſ	1	1 L 6 ſ 10
86 L 5 ſ	1	10 L 15 ſ 7	1	1 L 6 ſ 11
86 L 10 ſ	1	10 L 16 ſ 3	1	1 L 7 ſ
86 L 15 ſ	1	10 L 16 ſ 10	1	1 L 7 ſ 1
87 L	1	10 L 17 ſ 6	1	1 L 7 ſ 2
87 L 5 ſ le marc	1 once	10 L 18 ſ 1	1 gros	1 L 7 ſ 3
87 L 10 ſ	1	10 L 18 ſ 9	1	1 L 7 ſ 4
87 L 15 ſ	1	10 L 19 ſ 4	1	1 L 7 ſ 5
88 L	1	11 L	1	1 L 7 ſ 6
88 L 5 ſ	1	11 L 7	1	1 L 7 ſ 6
88 L 10 ſ	1	11 L 1 ſ 3	1	1 L 7 ſ 7
88 L 15 ſ	1	11 L 1 ſ 10	1	1 L 7 ſ 8
89 L	1	11 L 2 ſ 6	1	1 L 7 ſ 9
89 L 5 ſ	1	11 L 3 ſ 1	1	1 L 7 ſ 10
89 L 10 ſ	1	11 L 3 ſ 9	1	1 L 7 ſ 11
89 L 15 ſ	1	11 L 4 ſ 4	1	1 L 8 ſ
90 L	1	11 L 5 ſ	1	1 L 8 ſ 1
90 L 5 ſ le marc	1 once	11 L 5 ſ 7	1 gros	1 L 8 ſ 2
90 L 10 ſ	1	11 L 6 ſ 3	1	1 L 8 ſ 3
90 L 15 ſ	1	11 L 6 ſ 10	1	1 L 8 ſ 4
91 L	1	11 L 7 ſ 6	1	1 L 8 ſ 5
91 L 5 ſ	1	11 L 8 ſ 1	1	1 L 8 ſ 6
91 L 10 ſ	1	11 L 8 ſ 9	1	1 L 8 ſ 7
91 L 15 ſ	1	11 L 9 ſ 4	1	1 L 8 ſ 8
92 L	1	11 L 10 ſ	1	1 L 8 ſ 9
92 L 5 ſ	1	11 L 10 ſ 7	1	1 L 8 ſ 9
92 L 10 ſ	1	11 L 11 ſ 3	1	1 L 8 ſ 10
92 L 15 ſ	1	11 L 11 ſ 10	1	1 L 8 ſ 11
93 L	1	11 L 12 ſ 6	1	1 L 9 ſ
93 L 5 ſ le marc	1 once	11 L 13 ſ 1	1 gros	1 L 9 ſ 1

Suite du TARIF à tant le MARC, combien l'Once & le Gros.

Prix du Marc.					
A 93 L 10 ſ	le marc	l'once vaut	11 L 13 ſ 9d	1 gros	1 L 9 ſ 2
93 L 15 ſ	le marc	1 once	11 L 14 ſ 4d	1 gros	1 L 9 ſ 3
94 L	le marc	1 once	11 L 15 ſ	1 gros	1 L 9 ſ 4
94 L 5 ſ		1	11 L 15 ſ 7	1	1 L 9 ſ 5
94 L 10 ſ		1	11 L 16 ſ 3	1	1 L 9 ſ 6
94 L 15 ſ		1	11 L 16 ſ 10	1	1 L 9 ſ 7
95 L		1	11 L 17 ſ 6	1	1 L 9 ſ 8
95 L 5 ſ		1	11 L 18 ſ 1	1	1 L 9 ſ 9
95 L 10 ſ		1	11 L 18 ſ 9	1	1 L 9 ſ 10
95 L 15 ſ		1	11 L 19 ſ 4	1	1 L 9 ſ 11
96 L		1	12 L	1	1 L 10 ſ
96 L 5 ſ		1	12 L 7	1	1 L 10 ſ
96 L 10 ſ		1	12 L 1 ſ 3	1	1 L 10 ſ 1
96 L 15 ſ		1	12 L 1 ſ 10	1	1 L 10 ſ 2
97 L	le marc	1 once	12 L 2 ſ 6	1 gros	1 L 10 ſ 3
97 L 5 ſ		1	12 L 3 ſ 1	1	1 L 10 ſ 4
97 L 10 ſ		1	12 L 3 ſ 9	1	1 L 10 ſ 5
97 L 15 ſ		1	12 L 4 ſ 4	1	1 L 10 ſ 6
98 L		1	12 L 5 ſ	1	1 L 10 ſ 7
98 L 5 ſ		1	12 L 5 ſ 7	1	1 L 10 ſ 8
98 L 10 ſ		1	12 L 6 ſ 3	1	1 L 10 ſ 9
98 L 15 ſ		1	12 L 6 ſ 10	1	1 L 10 ſ 10
99 L		1	12 L 7 ſ 6	1	1 L 10 ſ 11
99 L 5 ſ		1	12 L 8 ſ 1	1	1 L 11 ſ
99 L 10 ſ		1	12 L 8 ſ 9	1	1 L 11 ſ 1
99 L 15 ſ		1	12 L 9 ſ 4	1	1 L 11 ſ 2
100 L	le marc	1 once	12 L 10 ſ	1 gros	1 L 11 ſ 3

Fin du TARIF de Fil d'Or ou de Fil d'Argent à tant le MARC, combien l'Once & le Gros.

VERIFICATION DES MESURES, Poids des Bleds & Avoines des Provinces ci-après énoncées par rapport à la mesure de Lyon.

Fait par ordre de Nosseigneurs les Intendans de Lyon & de Bourgogne, en présence des principaux Magistrats ou Juges des Lieux, & de leurs Mésureurs Jurez, très-utile pour ceux qui désirent faire ce Commerce en ces Provinces.

LA PRINCIPAUTE' DE DOMBES.

A TREVOUX.

A Quatre lieues de Lyon, la Nouvaine du bled est composée de neuf bichets, & rend à Lyon six bichets & deux tiers.

La Nouvaine rend à Lyon 111. 2. demi-tiers.

A TOYSSAY.

A cinq lieues de Trévoux, la mésure du bled pour l'âné il en faut dix-huit mesures rases, pésant vingt-quatre livres la mesure, & rend à Lyon huit bichets & un quart.

100. ânés rendent à Lyon 137. bichets 2. tiers.

EN BRESSE.

A une lieue de Bagé à Pondevelle, l'âné du bled est composée de vingt-une coupes pour vingt, & se mesure racle, & rend à Lyon huit bichets & un tiers, & la coupe pese vingt-une livres.

100. ânés rendent à Lyon 139. ânés.

L'âné de l'avoine est aussi composée de même quantité de mesures, & se mesure comme le bled, pésant treize livres & demi, & rend aussi huit bichets & un tiers.

M. Truchand, *Echevin.* Laforet, *Mesureur.*

A BAGE'.

A deux lieues de Pondevaux, l'âné du bled est composée de vingt-une coupe pour vingt, & se mesure rase, pésant vingt livres, & rend à Lyon huit bichets & une seiziéme partie de bichet.

100. ânés rendent à Lyon 134. ânés deux bichets.

L'avoine se mesure de même que le bled, & même quantité de mésure, pésant treize livres la coupe, & rend à Lyon huit bichets & une seiziéme partie de bichet.

M. Guinot, *Juge.* Flouvent, *Mesureur.*

A PONDEVAUX.

A ſix lieues de Bourg, l'âné de bled eſt compoſée de vingt-une coupe pour vingt, ſe meſure racle, & péſant vingt-une livre, elle rend à Lyon huit bichets & un tiers.

100. ânés rendent à Lyon 139.

L'avoine eſt compoſée de même quantité de meſures; elle ſe meſure comble péſant vingt-deux livres, & rend à Lyon dix bichets & deux tiers.

M. Valin, *Echevin & Maire*. Barboulad, *Méſureur*.

A BOURG.

A ſix lieues de Romanaix, tous les grains ſe meſurent à coupe; le bled ſe meſure racle, & la coupe péſant vingt-deux livres & demi, tellement que quatorze coupes rendent à Lyon ſix bichets.

L'avoine ſe meſure comme le bled, elle peſe treize livres & demi, & les vingt-une coupes rendent à Lyon neuf bichets.

M. Joſeph le Loup, *Avocat*. C. Perret, *Meſureur*.

A ROMANAIX.

A deux lieues de Tournu, l'âné du bled eſt compoſée de douze coupes, elle ſe meſure à grain ſur bord, & la premiere comble, péſant trente-une livres & demi, & rendent à Lyon ſept bichets & un quart.

100. ânés rendent à Lyon 125. ânés & 5. bichets.

L'avoine eſt de même quantité de meſures & ſe meſure comble, péſant vingt-quatre livres le comble, rend à Lyon neuf bichets.

M. Verriere, *Procureur Fiſcal*. C. Dodin, *Meſureur*.

A LOUANT ET MARVAN.

A trois lieues de Verdun, le bichet eſt compoſé de huit meſures raclées, & la derniere eſt comble; elles peſent quarante-deux liv. & demi la meſure, & rendent à Lyon ſix bichets & demi, & la vingt-quatriéme partie du bichet.

100. bichets rendent à Lyon 109.

L'avoine eſt de même quantité de méſures; elle ſe meſure comble & peſe trente livres, & rendent à Lyon huit bichets & un quart.

M. Brie, *Avocat*. Denis, *le vieux Meſureur*.

DANS LE MACONNOIS.

A MACON.

A cinq lieues de Tournu, l'âné du bled eſt compoſée de vingt-une coupes pour vingt; elles ſe meſurent raclées, & pesent dix-neuf livres & demi la coupe, & rendent à Lyon sept bichets trois quarts & demi.

100. ânés rendent à Lyon 131. ânés 3. bichets.

L'avoine est composée de même quantité de mesures que le bled, & se mesure raclée, la coupe pese onze livres, & rend à Lyon sept bichets trois quarts.

M. Vial, *Echevin.* Fortunet, *Mesureur.*

A TOURNU.

A quatre lieues de S. Jean-Goust, le bichet du bled est composé de 16. mesures raclées, & la premiere comblée, les autres à grains sur bord, la coupe pésant 23. liv. & demi, elles rendent à Lyon 7. bichets & un quart.

100. bichets rendent à Lyon 120. ânés & 5. bichets.

Le bichet de l'avoine est composé de même quantité de mesures, se mesure moitié comble & l'autre moitié racle, elles pesent 21. liv. l'une portant l'autre, & rendent à Lyon neuf bichets un tiers de coupe sexte.

M. Clairt, *Conseiller du Roi.* J. la Fontaine, *Mesureur.*

SAINT-JEAN-GOUST.

A trois lieues de Bussi, le bichet est composé de quatre boisseaux, & se mesure à fer découvert, & pese trente-six livres le boisseau; les deux bichets rendent à Lyon cinq bichets & demi.

100. bichets rendent à Lyon 45. ânés & 5. bichets.

L'avoine est composée de même quantité de mesures, elle se mesure comble, & la comble pésant vingt-huit liv. les deux bichets dudit lieu rendent à Lyon sept bichets & un quart.

M. Machero, *ancien Procureur.* Vermachet. *Mesureur.*

A BUSSI.

A quatre lieues de Châlon, le bichet est composé de quatre boisseaux, & se mesure à fer découvert, pésant trente-neuf livres; les deux bichets dudit lieu rendent à Lyon cinq bichets trois quarts & demi.

100. bichets rendent à Lyon 48. ânés & 5. bichets.

L'avoine est de même quantité de mesures & se mesure comble, & pese 29. liv. les deux bichets dudit lieu rendent à Lyon 7. bichets trois quarts & demi.

M. Fevre, *Echevin.* A. Batenet, *Mesureur.*

A CHALON.

A trois lieues de Chouveaux, le bichet est composé de huit mesures, la derniere comble, pésant 34. liv. les deux bichets dudit Châlon, rendent à Lyon dix bichets & un quart.

100. bichets rendent à Lyon 84. ânés & deux bichets.

L'avoine est composée de même quantité de mesures, & se mesure moitié comble & l'autre moitié racle, pésant les deux mesures ensemble quarante-six liv. & rendent à Lyon six bichets.

100. bichets rendent à Lyon 100. ânés.

M. de Monteraux, *Echevin*. Bouchaux, *Mesureur*.

A CHOUVEAUX.

A un quart de lieue de Verdun, le bichet est composé de huit mesures racles & la derniere comble, pésant trente-sept livres & demi; rendent à Lyon six bichets & dix parties de bichet.

100. bichets rendent à Lyon 101. ânés & 4. bichets.

L'avoine est composée de même quantité de mesures, elle se mesure la moitié comble & l'autre moitié raclée; les 2 mesures pesent 57. liv. & rendent à Lyon 7 bichets.

100. bichets rendent à Lyon 116. ânés & 4. bichets.

M. de Vilaire, *Greffier*. Toussaints Marmerai, *Mesureur*.

A VERDUN.

A trois lieues de Seurre, le bichet du bled est composé de huit boisseaux & le dernier comble, pésant trente-neuf livres & demi, & rend à Lyon six bichets & un quart de coupe quarte dudit Lyon.

100. bichets rendent à Lyon 101.

Le bichet de l'avoine est de même quantité de mesures, & se mesure moitié comble, & moitié racle, les 2. boisseaux pésant 57. liv. rendent à Lyon 7. bichets; 100. bichets rendent 116. ânés 4. bichets.

M. Dubros, *Juge*. C. Petit, *Mesureur*.

SEURRE.

A trois lieues de S. Jean de Laune, le bichet est composé de 8. boisseaux, & la mesure pese 40. liv. & demi, & rend à Lyon 6. bichets & un tiers, & se mesure raclé.

100. bichets rendent à Lyon 105. ânés 4. bichets.

L'avoine est de même quantité de mesures, & se mesure comble, & pese 33. liv. & rend à Lyon huit bichets & demi, 100. bichets rendent 141. ânés 4. bichets.

M. Marmier, *Echevin*. C. Turbot, *Mesureur*.

S. JEAN DE LAUNE.

A trois lieues d'Auxone, l'émine est composée de dix-sept mesures racles, pesant quarante livres, elle rend à Lyon treize bichets & un tiers.

100. émines rendent à Lyon 222. ânés 2. bichets.

L'émine de l'avoine est composée de vingt-six mesures à deux doigts d'hauteur sur bord, & pésant vingt-sept livres, rend vingt-deux bichets à Lyon; 100. émines rendent 366. ânés 4. bichets.

M. Claude Déchurpi, *Conseiller du Roi*. C. Baumont, *Mesureur*.

A AUXONNE.

A trois lieues de Pontallier l'émine du bled est composée de 25. mesures racles, & la derniere comble; elle pese vingt-sept livres, & rend à Lyon treize bichets.

100. émines rendent à Lyon 249. ânés 3. bichets.

L'émine de l'avoine est composée de 50. mesures, elle se mesure comble, pese 22. liv. & rend à Lyon 35. bichets; 100. émines rendent 355. ânés 4. bichets.

M. Peletier, *Conseiller du Roi*. F. Armedai, *Mesureur*.

A PONTALLIER.

A demi lieue de Marcilli, l'émine du bled est composée de 25. mesures racles, & la mesure pese 31. livres, & rend à Lyon 15. bichets moins la 32e. partie du bichet.

100. émines rendent à Lyon 249. ânés 3. bichets.

L'émine de l'avoine est composée de même quantité de mesures, elle se mesure comble, & pese 27. livres, & rend à Lyon 21. bichets & un tiers; 100. émines rendent 355. ânés 4. bichets.

M. Couvet, *Conseiller du Roi*. F. Lamerai, *Mesureur*.

A MARCILLY.

A trois lieues de Beaumont, l'émine du bled est composé de 25. mesures racles, & la mesure pese 31. liv. elle rend à Lyon quinze bichets moins la trente-deuxiéme partie du bichet de Lyon.

100. émines rendent à Lyon 249. ânés 3. bichets.

L'émine de l'avoine est composée de même quantité de mesures que le bled, & se mesure comble, & pese 27. liv. & rend à Lyon 21. bichets & un tiers.

100. émines rendent 355. ânés 4. bichets.

M. Huges Perrier, *Consul*. Guyot, *Mesureur*.

A BEAUMONT.

A trois lieues de Mantouche, l'émine du bled est composée de 25. mesures racles, pésant 27. liv. elle rend à Lyon 13. bichets & demi.

100. émines rendent à Lyon 225. ânés.

L'émine de l'avoine est composée de même quantité de mesures & se mesure comble, elle pese vingt-huit livres, & rend à Lyon vingt-un bichets & demi.

100. émines rendent 358. ânés 2. bichets.

M. Perrot, *Subſtitut du Procureur du Roi.* J. Berton, *Meſureur.*

EN COMTE'. A DOLE.

Les ſeize meſures du bled de Dole, rendent à Lyon huit bichets 3. quarts, & peſe ladite meſure 30. liv

La meſure de l'avoine eſt plus grande que celle du bled, elle peſe 28. liv. & demi, & les douze meſures combles, rendent à Lyon dix bichets.

M. Martenai, *Syndic*, Daniel Cuquier, *Meſureur.*

A MANTOUCHE.

A une lieue de Gray, la meſure de bled s'appelle penot, & le penot ſe meſure à fer découvert, & peſe 40. liv. & les quatre penots rendent à Lyon 3. bichets.

100. émines aux penots rendent à Lyon 251. ânés 3. bic.

L'avoine ſe meſure comble, & peſe trente-une liv. & rend à Lyon un bichet juſte.

100. penots rendent à Lyon 16. ânés 4. bichets.

Renaud & Davadon, *Habitans.* Guyot, *Meſureur.*

A GRAY.

A cinq lieues de Fayhybiliot, la meſure s'appelle penot, & ſe meſure à fer découvert, elle peſe quarante livres, & les quatorze penots ont rendus à Lyon dix bichets trois quarts.

100. émines aux penots rendent à Lyon 251. ânés 3 bic.

L'avoine ſe meſure comble, & peſe trente-une liv. & le penot fait le bichet juſte de Lyon.

100. penots rendent 16. ânés 4. bichets.

M. Mugnier, *Subdél. Conſ. du Roi.* A. Fonde, *Meſ.*

A FAYHYBILIOT.

A cinq lieues de Langre, l'émine du bled eſt compoſée de 16. meſures appellées cartes, qui eſt 8. meſures pour le bichet, & péſant 53. liv. & ſe meſure racle, & rend à Lyon 8. bichets & un quart.

100. émines rendent à Lyon 137. ânés 3. bichets.

L'émine de l'avoine eſt compoſée de même quantité de meſures; elle ſe meſure comble, & peſe quarante-deux liv. & rend à Lyon onze bichets.

100. émines rendent 183. ânés 2. bichets.

M. Termet, *Baill.* M. Clement, *Fiſc.* J. Bauniere. *Meſ.*

A LANGRE LA PUCELLE.

A huit lieues de Surtile, l'émine du bled eſt composée de 16. mesures qu'on appelle carte, qui font 8. bichets, qui pese 50. liv. & se mesure à fer découvert, & rendent à Lyon 7. bichets 3. quarts & demi.

100. émines rendent à Lyon 131. ânés 3. bichets.

L'émine de l'avoine est aussi de 16. mesures, & se mesure comble, & pese 18. liv. rend à Lyon dix bichets 2. tiers; 100. émines rendent 178. ânés.

M. Mugnier, *Subdélégué.* M. Boudeot, *Conseiller du Roi.* A. Fondet, *Mesureur.*

A ESSURTILLE.

A quatre lieues de Dijon l'émine du bled est composée de 24. mesures racles, & pese 30. liv. & rend à Lyon treize bichets trois quarts.

100. émines rendent à Lyon 224. ânés 3. bichets.

L'émine de l'avoine est composée de même quantité de mesures combles, & pese 29. liv. rendent à Lyon vingt-un bichets.

100. émines rendent 350. ânés.

M. Charmy, *Conseiller du Roi.* P. Teneur, *Mesureur.*

A DIJON.

A quatre lieues de Nuits, l'émine du bled est composée de seize mesures racles, & la mesure nouvelle pese 47. liv. elles rendent à Lyon treize bichets trois quarts & demi.

100. émines rendent à Lyon 231. ânés 3. bichets.

L'émine de l'avoine est composée de même quantité de mesures, & se mesure à un doigt grain sur bord, & pese 27. liv. & rendent à Lyon quatorze bichets.

100. émines rendent 233. ânés.

M. Baudai, *Avocat & Echevin.* E. Paillot, *Mesureur.*

A NUITS.

A trois lieues de Baune, l'émine du bled est composée de 25. mesures pour 24. & la derniere comble; la mesure pese 32. liv. & rend à Lyon 15. bichets.

100. émines rendent à Lyon 50. ânés.

L'émine de l'avoine est de 24. mesures; elle se mesure comble, & pese 27. liv. & rend à Lyon vingt-un bichets; 100. émines rendent 356. ânés.

M. Felix Sonnoirs, *Cons. du Roi.* F. Bouvillat, *Mes.*

A BEAUNE.

A trois lieues de Nuits, le bichet est composé de 12. mesures roulées à fer découvert, & la mesure pese 30. liv. tellement que 2, bichets dudit lieu composent vingt-cinq mesures, & rendent à Lyon 13. bichets & demi.

100. bichets rendent à Lyon 112. ânés 3. bichets.

Le bichet de l'avoine est composé de même quantité de mesures & pese 27. liv. elle est plus grande que celle du bled, se mesure avec le roulot, & rendent à Lyon 20. bichets trois quarts; 100. bichets rendent 345. ânés.

A BAIGNEU.

A trois lieues de Flavigny, on donne 17. boisseaux pour 16. & se mesure à grain sur bord, & la mesure pesé 39. liv. & rendent à Lyon 12. bichets & 2. tiers.

L'avoine est la méme mesure que le bled, 17. pour 16. & se mesure racle, & pese 24. livres, & rendent à Lyon 12. bichets & demi.

M. Gombeaux, *Procureur*. Claude Charly, *Mesureur*.

A FLAVIGNY.

A trois lieues de Visteaux, la mesure du bled se mesure racle à fer découvert, & pese 24. liv. & les 16. mesures rendent à Lyon 7. bichets.

La mesure de l'avoine est plus grande, que celle du bled, & se mesure grain sur bord, & les 16. mesures rendent à Lyon 8. bic. & demi, & la mesure pese 16 l. & demi.

M. Loyseau, *Echevin*, Claude Clemandaut, *Mesur.*

A VISTEAUX.

A quatre lieues de Semeur, la mesure du bled pésant 22. liv. se mesure à fer découvert, & les cinq mesures rendent à Lyon 2. bichets & une huitiéme partie de bic.

L'avoine se mesure comble, & la mesure pese 21. liv. & les huit mesures rendent à Lyon cinq bichets & demi.

M. Prudent Coultier, *Médec.* Etienne Grapin, *Mes.*

A SEMEUR.

A deux lieues de Moty-Saint-Jean, la mesure du bled est appellé boisseau, il se mesure à fer découvert, & le boisseau pésant 25. liv. & demi, & les huit boisseaux rendent à Lyon trois bichets trois quarts & demi.

L'avoine se mesure à un doigt d'hauteur sur le tour du bord, après avoir frappé trois fois le boisseau contre le plancher; & le boisseau pésant 17. liv. les 6. boisseaux rendent à Lyon 3. bichets & un huitiéme.

M. Guinaud, *Châtelain*, Paicelon, *Mesureur*.

A MOTY-SAINT-JEAN.

A neuf lieues de Tonnere, la mesure s'appelle boisseau & se mesure à fer découvert avec un roulot; le boisseau pese 22. liv. & demi, & les dix boisseaux rendent à Lyon quatre bichets & un quart.

L'avoine ſe meſure comble, & peſe 17. liv. & demi le boiſſeau, & 8 combles rendent à Lyon 4 bichets & demi.

M. Tibaut, *Syndic*. Pierre Petit, *Meſureur*.

A TONNERE.

A cinq lieues de Noyere, il faut cinq meſures pour compoſer deux bichets dudit lieu, & ſe meſure racle, péſant 35. liv. la meſure, & les deux bichets rendent à Lyon trois bichets un tiers.

A la Grenette dudit lieu on y laiſſe ſur le bord deux doigts ſur la meſure.

L'avoine ſe meſure racle ; & la meſure peſe 21. liv. & cinq meſures pour les deux bichets comme du bled rendent a Lyon trois bichets & un tiers.

M. Duchaſte, *Echevin*. Aimé Million, *Meſureur*.

A NOYERE.

A ſix lieues d'Epoiſſe, la meſure du bled appellée Mouttion, il en faut deux pour compoſer le bichet ; il ſe meſure à deux doigts ſur bord, & la meſure peſe 40. liv. & les trois bichets, compoſés de ſix mouttions, rendent à Lyon quatre bichets & demi.

Il faut faire mention du tems de la vérification, qui fut faite en l'année 1693.

La meſure de l'avoine eſt plus grande que celle du bled, & ſe meſure racle à fer découvert, & vingt-une moutions pour vingt ; la derniere comble, & les vingt-une montious compoſent dix bichets, & la meſure peſe vingt livres & demi, rendent à Lyon quatorze bichets un quart.

M. Renard, *Avocat*. Touſſin, *Meſureur*.

A ESPOISSE.

A ſix lieues de Saulieu, le bichet du bled eſt compoſé de 4. boiſſeaux, & ſe meſure à fer découvert avec un roulot, & péſant 21. liv. & demi, & les 5. bichets dudit lieu rendent à Lyon 8 bichets & un huitiéme.

L'avoine eſt compoſée de même quantité de meſures ; elle ſe meſure comble, péſant 16. liv. & demi le comble & les 6. bic. dudit lieu rendent à Lyon 12. bic. & demi.

M. Hugues Duray, *Notaire Royal*. C. Gubery, *Meſur.*

A SAULIEU.

A trois lieues du Mont-Saint-Jean, la meſure du bled s'appelle coupe, & peſe 22. liv. & demi, & ſe meſure racle, les dix coupes rendent à Lyon 4. bichets un quart.

L'avoine ſe meſure avec une autre coupe plus grande , & se mesure comble, & le comble pésant 16. liv. les 20. combles rendent à Lyon cinq bichets trois quarts.

M. Jarin, *Bourgeois*. Etienne Lemoine, *Mesureur*.

MONT-SAINT-JEAN.

A quatre lieues d'Arnai-Duc, la mesure s'apelle boisseau, & se mesure à fer découvert, pese 51. liv. & les sept boisseaux rendent à Lyon quatre bichets & une trente-deuxiéme partie de bichet.

L'avoine se mesure comble, & pese vingt-huit liv. les huit boisseaux, rendent à Lyon sept bichets.

M. Bauvillier, *Juge*. Jean Renier, *Mesureur*.

A ARNAI-DUC.

A cinq lieues d'Autun, la mesure s'appelle boisseau, se mesure à fer découvert, & pese 28. liv. les huit boisseaux rendent à Lyon quatre bichets un quart.

L'avoine se mesure comble, & pese 27. liv. les 16. combles, rendent à Lyon treize bichets & demi.

M. Clemenset, *Syndic*. André Pascot, *Mesureur*.

A AUTHUN.

A 7. lieues de Toulon la mesure s'appelle boisseau, & se mesure à fer découvert avec un roulot, & pese 36. liv. & demi, & les 4. boiss. rendent à Lyon 2. bic. 3. quarts.

L'avoine se mesure comble, & pese 27. liv. & les 4. combles, rendent à Lyon trois bichets & demi.

M. Dutrainot, *Echevin*. Nicolas Petit-Jean, *Mesur.*

A TOULON.

A six lieues de Charolle, le bichet est composé de quatre boisseaux, & se mesure racle, pésant trente-deux livres, & les huit boisseaux rendent à Lyon quatre bichets trois quarts & un huitiéme.

L'avoine est composée de même quantité de boisseaux, & se mesure racle, & pese 18. liv. les huit boisseaux rendent à Lyon quatre bichets trois quarts.

M. Montroubeau, *Juge*. Pierre Trousse, *Mesureur*.

A CHAROLLE.

A dix lieues de Mâcon, le bichet du bled est composé de quatre boisseaux, le boisseau pésant trente-trois livres, & rend à Lyon deux bichets & demi.

L'avoine est composée de même quantité de mesures pour le bic. & se mesure comme le bled roulé, pese 17. liv. & demi, & rendent à Lyon 2. bic. un quart & demi.

Assisté, M. Caret, *Maire & C. du Roi* N. Bourdeaux, *M.*

Fin de la matiere.

TARIFS
DES PRIX
DU TAIN
ET DES GLACES.

Tarif du Prix du Tain.

		liv.	ſ.	d.	liv.	ſol.			liv.	liv.	ſol.
N°	8		10			6	25	20	27	4	10
N°	10		12	6		7	26	21	33	5	
N°	12	1				8	27	21	36	5	10
N°	17	1	8	4		10	28	22	41	6	
N°	20	1	13	4		12	29	23	46	7	
N°	30	3				15	30	24	52	8	
N°	40	4				18	31	24	57	9	
N°	50	5			1		32	25	68	10	
14	12	6			1	5	33	25	80	11	
15	12	7			1	5	34	26	90	12	
16	13	8			1	10	35	26	100	13	
17	14	10			2		36	26	110	14	
18	15	12			2	10	37	27	120	15	
19	16	14			3		38	28	130	16	
20	16	15			3		39	29	140	17	
21	17	17			3		40	30	150	18	
22	18	19			3	10	41	31	160	19	
23	18	21			3	15	42	32	170	20	
24	19	23			4		43	33	180	24	

		liv.	liv.			liv.	liv.
44	33	190	25	73	47	720	110
45	33	200	26	74	47	735	120
46	34	215	27	75	48	765	130
47	34	222	29	76	48	780	150
48	34	230	33	77	49	840	160
49	35	246	35	78	49	880	170
50	35	255	36	79	50	960	180
51	36	268	38	80	50	1000	190
52	36	275	40	81	51	1115	200
53	37	293	42	82	51	1200	220
54	37	305	44	83	52	1315	250
55	38	325	46	84	52	1400	270
56	38	340	48	85	53	1515	290
57	39	360	50	86	53	1600	340
58	39	370	53	87	54	1715	380
59	40	390	55	88	54	1800	400
60	40	400	57	89	55	1915	400
61	41	430	59	90	55	2000	400
62	41	440	63	91	56	2120	450
63	42	470	65	92	56	2200	450
64	42	480	67	93	57	2320	450
65	43	510	69	94	57	2400	450
66	43	520	71	95	58	2520	450
67	44	560	76	96	58	2600	500
68	44	580	78	97	59	2720	500
69	45	600	80	98	59	2800	500
70	45	620	85	99	60	2920	500
71	46	660	90	100	60	3000	500
72	46	680	100				

Avis pour le Tarif des Glaces.

La premiere colonne marque les pouces de largeur ; & les nombres qui ſont au haut des autres colonnes, les pouces de hauteur : les prix ſont au-deſſous. Exemple, 10 pouces ſur 14 pouces, 5 liv. 5 ſ. 16 pouces ſur 16 pouces, 11 liv. ainſi des autres.

TARIF

DU PRIX DES GLACES.

	14	15	16	17	18	19	20	21
10	5 l. 5	5 l. 10	5 l. 15	6 l.	7 l.	8 l.	9 l.	10 l.
11	5 10	6	6 10	7	8	9	10	11
12	6	7	7 10	8	9	10	11	12
13	7	7 10	8	9	10	11	12	13
14	8	8 10	9	10	11	12	13	14
15		9	10	11	12	13	14	15
16			11	12	13	14	15	16
17				13	14	15	16	17
18					15	16	17	18
19						17	18	19
20							19	20
21								21

	22	23	24	25	26	27	28	29
10	11	12 l.	13 l.	14 l.	15 l.	16 l.	17 l.	18 l.
11	12	13	14	15	16	17	18	19
12	13	14	15	16	17	18	19	20
13	14	15	16	17	18	19	20	21
14	15	16	17	18	19	20	21	23
15	16	17	18	19	20	21	23	25
16	17	18	19	20	21	23	25	27
17	18	19	20	21	23	25	27	29
18	19	20	22	23	25	27	29	31
19	20	22	23	25	27	29	32	34
20	21	23	25	27	30	32	35	37
21	23	25	27	29	33	36	38	40
22	25	27	29	31	36	38	41	43
23		29	31	33	38	40	43	46
24			33	35	40	43	46	49
25				37	43	46	49	52
26					46	49	52	55
27						52	55	58
28							58	61
29								64

	30	31	32	33	34	35	36	37
10	19	20	21	22	23	24	26	28
11	20	21	22	24	26	28	29	31
12	21	23	25	27	29	30	32	34
13	23	25	27	29	31	33	35	37
14	25	27	29	32	34	36	38	41
15	27	29	32	35	37	40	42	45
16	29	32	35	38	41	44	47	50
17	31	35	38	41	44	48	52	55
18	34	38	41	44	47	51	55	60
19	37	41	44	47	50	54	58	64
20	40	44	47	50	53	58	63	69
21	43	47	50	53	57	63	68	75
22	46	50	53	57	62	70	76	81
23	49	53	57	64	70	76	84	88
24	52	57	62	72	78	83	92	96
25	55	62	68	80	85	90	100	104
26	58	65	73	83	90	100	110	113
27	61	68	76	86	94	104	114	120
28	64	71	79	89	98	108	118	124
29	67	74	82	92	102	112	122	128
30	70	77	85	95	106	116	126	132
31		80	88	98	110	120	130	136
32			92	102	114	124	134	140
33				105	118	128	138	144
34					122	132	142	148
35						135	146	152
36							150	157
37								165

	38	39	40	41	42	43	44	45
10	30	32	34	36	38	40	42	44
11	33	35	37	39	41	44	46	48
12	36	38	40	43	45	48	50	53
13	39	41	44	46	49	52	55	57
14	43	45	48	50	53	56	59	62
15	47	49	52	54	57	60	63	66
16	52	54	57	59	62	65	68	72

	38	39	40	41	42	43	44	45
17	57	59	62	64	67	70	73	77
18	62	64	67	70	73	76	79	82
19	67	70	73	76	79	82	86	89
20	72	75	78	82	85	88	92	95
21	76	80	84	88	91	95	99	103
22	84	88	91	95	99	103	107	111
23	92	96	99	102	106	111	115	120
24	100	103	106	110	114	119	124	129
25	108	111	114	118	122	128	133	138
26	116	119	122	126	130	136	141	146
27	124	128	131	134	138	144	149	154
28	130	134	138	142	146	152	157	162
29	134	140	145	150	153	160	165	170
30	138	144	150	155	160	165	171	177
31	142	148	154	160	165	170	175	184
32	146	152	158	165	170	175	182	190
33	150	156	163	170	175	180	190	200
34	154	160	167	175	182	190	198	206
35	158	164	172	180	190	197	205	213
36	164	172	180	185	197	204	212	220
37	172	180	186	193	204	211	219	227
38	180	186	193	200	211	218	226	234
39		195	200	208	218	225	234	242
40			210	216	225	232	242	250
41				225	232	240	250	258
42					240	247	257	264
43						255	263	272
44							270	280
45								290

	46	47	48	49	50	51	52	53
10	46	48	50	52	54	56	58	60
11	51	53	55	58	60	62	64	66
12	55	58	60	63	65	68	70	72
13	60	63	66	68	71	74	75	78
14	65	68	71	74	77	80	82	84
15	69	73	76	79	83	86	88	91

	46	47	48	49	50	51	52	53
16	75	79	82	86	89	92	94	97
17	81	84	88	91	95	98	100	103
18	86	90	94	97	101	104	106	109
19	93	96	100	103	107	110	113	116
20	99	102	106	109	113	116	119	123
21	107	111	115	119	123	126	129	133
22	116	120	124	128	133	136	139	143
23	124	129	133	138	143	146	149	153
24	133	138	143	148	153	156	159	163
25	143	148	153	158	163	166	169	173
26	151	156	161	167	171	175	179	183
27	159	164	169	175	180	184	189	194
28	167	172	177	184	190	195	200	205
29	175	180	185	194	200	205	210	217
30	183	188	194	202	210	215	220	230
31	191	196	202	210	220	225	230	240
32	200	205	212	220	230	235	240	250
33	208	215	222	230	240	245	250	260
34	215	222	230	240	250	255	260	270
35	222	229	237	246	255	260	270	280
36	223	236	244	252	260	268	275	285
37	235	244	251	259	267	275	284	293
38	242	251	258	266	275	284	293	302
39	250	258	265	274	283	292	301	310
40	258	265	272	281	290	300	310	320
41	266	273	281	290	300	310	320	330
42	274	282	290	300	310	320	330	340
43	282	290	300	310	320	330	340	350
44	290	300	310	320	330	340	350	360
45	300	310	320	330	340	350	360	370
46	310	320	330	340	350	360	370	380
47		330	340	350	360	370	380	390
48			350	360	370	380	390	405
49				370	380	390	405	425
50					390	405	425	440
51						425	440	455
52							455	470
53								485

	54	55	56	57	58	59	60	61
10	62	64	66	68	70	72	75	77
11	68	70	72	75	77	80	82	85
12	74	76	79	82	84	87	90	93
13	80	83	86	88	91	94	97	100
14	87	89	92	95	98	101	105	108
15	93	96	99	102	105	1-8	112	116
16	99	102	106	110	114	118	122	125
17	106	108	113	117	122	127	131	135
18	112	115	120	125	130	135	141	145
19	119	122	127	133	138	144	150	155
20	126	130	136	142	143	154	160	165
21	136	140	146	152	158	164	170	175
22	146	150	156	162	168	174	180	185
23	156	160	166	172	178	184	190	195
24	166	170	176	182	188	194	200	205
25	176	180	186	192	200	205	210	216
26	187	192	198	205	214	219	224	230
27	199	204	210	218	228	233	238	245
28	210	216	223	232	242	247	252	259
29	223	228	236	246	256	261	266	273
30	235	240	250	260	270	275	280	285
31	245	250	260	270	280	285	290	295
32	255	260	270	280	290	295	300	310
33	265	270	280	290	300	305	315	325
34	275	280	296	300	310	320	330	340
35	285	290	300	310	325	335	345	355
36	295	300	320	330	340	350	360	370
37	305	315	330	340	350	360	370	385
38	315	325	340	350	360	370	380	395
39	325	335	350	360	370	380	390	405
40	335	345	360	370	380	390	400	420
41	345	355	370	380	390	405	415	430
42	355	365	380	390	400	415	430	445
43	365	375	390	400	410	425	440	455
44	375	385	400	410	425	440	455	470
45	385	395	410	425	440	455	470	485
46	395	405	425	440	455	470	485	500
47	405	425	440	455	470	485	500	515
48	425	440	455	470	485	500	515	530

	54	55	56	57	58	59	60	61
49	440	455	470	485	500	515	530	545
50	455	470	485	500	515	530	545	560
51	470	485	500	515	530	545	560	580
52	485	500	515	530	545	560	580	600
53	500	515	530	545	560	580	600	620
54	515	530	545	560	580	600	620	640
55		545	560	580	600	620	640	660
56			580	600	620	640	660	680
57				620	640	660	680	700
58					660	680	700	720
59						700	720	740
60							740	760

	62	63	64	65	66	67	68	69
10	80	82	85	87	90	92	95	97
11	88	90	93	96	99	101	104	107
12	96	99	102	105	108	111	114	117
13	104	107	110	113	117	120	123	126
14	112	115	119	122	126	129	133	136
15	120	123	127	131	135	138	142	146
16	130	134	138	142	145	150	154	158
17	140	144	148	152	157	161	165	169
18	150	154	159	163	168	172	177	181
19	160	164	169	174	179	183	188	193
20	170	175	180	185	190	195	200	205
21	180	185	190	196	201	206	211	216
22	190	196	201	207	212	217	223	228
23	201	206	212	218	223	229	234	240
24	211	217	223	229	234	240	246	252
25	222	228	234	240	246	252	258	264
26	237	243	250	257	263	270	276	283
27	252	259	266	274	281	288	295	302
28	267	274	280	290	298	306	314	322
29	280	285	295	305	315	324	333	341
30	290	300	310	320	330	340	350	360
31	305	315	325	335	345	355	365	375
32	320	330	340	350	360	370	380	390
33	335	345	355	365	375	385	395	405

	62	63	64	65	66	67	68	69
34	350	360	370	380	390	400	410	420
35	365	375	385	395	405	415	425	435
36	380	390	400	410	420	430	440	450
37	395	405	415	425	435	445	455	465
38	410	420	430	440	450	460	470	480
39	420	430	440	455	465	475	485	500
40	430	445	455	470	480	490	505	520
41	440	460	470	485	495	510	525	540
42	455	470	480	500	510	525	540	560
43	470	480	495	510	520	540	560	580
44	485	500	515	530	540	560	580	590
45	500	515	530	545	560	580	590	600
46	515	530	545	560	580	595	605	620
47	530	545	560	580	600	615	625	640
48	545	560	580	600	620	635	645	660
49	560	580	600	620	640	655	665	680
50	580	600	620	640	660	675	685	700
51	600	620	640	660	680	695	705	720
52	620	640	660	680	700	715	725	740
53	640	660	680	700	720	735	745	760
54	660	680	700	720	740	755	765	780
55	680	700	720	740	760	775	785	800
56	700	720	740	760	780	795	805	810
57	720	740	760	780	800	815	825	840
58	740	760	780	800	820	835	845	880
59	760	780	800	810	840	855	880	920
60	780	800	820	840	860	880	920	960

	70	71	72	73	74	25	76	77
10	100	103	106	109	112	115	118	121
11	110	113	116	120	123	127	130	133
12	120	123	127	131	135	139	142	146
13	130	134	138	142	146	151	155	159
14	140	144	149	153	158	163	167	172
15	150	155	160	165	170	175	180	185
16	162	167	172	177	182	188	193	198
17	174	179	184	190	195	201	206	211
18	186	191	197	202	208	214	219	225
19	198	203	209	215	221	227	232	238
20	210	216	222	228	234	240	246	252

	70	71	72	73	74	75	76	77
21	222	228	235	241	248	255	261	268
22	234	241	248	255	262	270	277	284
23	246	253	261	269	277	285	292	300
24	258	266	274	283	291	300	308	316
25	270	279	288	297	306	315	324	333
26	290	299	308	317	326	336	345	354
27	310	319	328	338	347	357	366	375
28	330	339	349	358	368	378	387	397
29	350	359	369	379	389	399	408	418
30	370	380	390	400	410	420	430	440
31	385	396	407	418	429	440	451	462
32	400	412	424	436	448	461	473	485
33	415	428	441	454	468	481	494	508
34	430	444	458	472	486	501	515	530
35	445	460	475	490	505	520	535	550
36	460	475	490	505	520	540	555	570
37	475	490	505	520	540	560	575	590
38	490	505	520	540	560	580	595	610
39	510	525	540	560	580	600	615	630
40	530	545	560	580	600	620	635	650
41	550	565	580	600	620	640	655	670
42	570	585	600	620	640	660	675	690
43	590	605	620	640	660	680	695	710
44	600	620	640	660	680	700	710	725
45	620	640	660	680	700	710	720	740
46	640	660	680	700	715	725	740	760
47	660	680	700	720	735	745	760	780
48	680	700	720	740	755	765	780	800
49	700	720	740	760	775	785	800	840
50	720	740	760	780	795	805	840	880
51	740	760	780	800	820	840	880	920
52	760	780	800	820	840	880	920	960
53	780	800	820	840	880	920	960	1000
54	800	820	840	880	920	960	1000	1030
55	820	840	880	920	960	1000	1030	1060
56	840	880	920	960	1000	1030	1060	1090
57	880	920	960	1000	1030	1060	1090	1120
58	920	960	1000	1030	1060	1090	1120	1150
59	960	1000	1030	1060	1090	1120	1150	1170
60	1000	1030	1060	1090	1120	1150	1170	1190

	78	79	80	81	82	83	84	85
10	124	127	133	145	156	168	179	190
11	137	140	147	159	174	189	204	216
12	150	154	162	175	193	211	228	242
13	163	167	176	192	212	232	253	268
14	176	181	190	209	232	255	278	295
15	190	195	205	225	251	277	302	321
16	203	208	220	242	271	299	328	348
17	217	222	235	259	290	322	353	375
18	230	236	250	276	310	345	379	402
19	244	250	265	293	330	367	405	429
20	258	264	280	310	350	390	430	456
21	274	281	295	330	373	416	459	487
22	291	298	312	351	397	443	489	518
23	308	316	330	372	421	469	518	549
24	325	333	350	393	444	496	547	580
25	342	351	370	414	468	522	576	611
26	363	372	390	440	498	556	614	652
27	385	394	410	466	528	590	653	692
28	406	416	430	492	558	624	691	733
29	428	438	450	518	588	658	729	773
30	450	460	475	544	618	692	767	813
31	473	484	500	572	649	725	802	850
32	497	509	525	600	679	758	837	888
33	521	534	550	629	710	791	872	925
34	545	559	575	657	740	823	907	962
35	565	580	600	685	771	856	942	999
36	585	600	620	707	794	881	969	1028
37	605	620	640	729	818	907	996	1056
38	625	640	660	750	841	932	1023	1085
39	645	660	680	772	864	957	1049	1113
40	665	680	700	794	888	982	1076	1142
41	685	700	720	815	911	1007	1103	1170
42	705	720	740	837	935	1033	1130	1199
43	725	740	760	859	958	1058	1157	1227
44	740	760	780	881	982	1083	1184	1256
45	760	780	800	902	1005	1108	1211	1285
46	780	800	840	939	1039	1138	1238	1313
47	800	840	880	976	1072	1169	1265	1342
48	840	880	920	1013	1106	1199	1292	1370

	78	79	80	81	82	83	84	85.
49	880	920	960	1049	1139	1229	1319	1399
50	920	960	1000	1086	1173	1259	1346	1428
51	960	1000	1030	1115	1200	1287	1373	1457
52	1000	1030	1060	1145	1230	1315	1400	1486
53	1030	1060	1090	1174	1258	1342	1426	1515
54	1060	1090	1120	1203	1286	1370	1453	1543
55	1090	1120	1150	1232	1315	1398	1480	1571
56	1120	1150	1170	1254	1338	1423	1507	1599
57	1150	1170	1190	1276	1362	1448	1534	1627.
58	1170	1190	1210	1297	1385	1473	1561	1656
59	1190	1210	1230	1319	1409	1498	1588	1684
60	1210	1230	1250	1341	1432	1523	1615	1713

	86	87	88	89	90	91	92	93.
10	201	211	222	232	242	252	261	271
11	228	240	252	264	275	286	297	308
12	256	269	283	296	309	321	333	345
13	284	299	313	328	342	356	369	383
14	311	328	344	360	375	390	405	420
15	339	357	375	392	409	425	441	457
16	368	387	406	425	443	461	479	496
17	396	417	438	458	478	497	516	535
18	425	447	469	491	512	533	553	573
19	454	477	501	524	547	569	591	612
20	483	508	533	557	581	605	628	651
21	515	542	569	595	621	646	671	695
22	548	577	605	633	660	687	713	739
23	581	611	641	671	700	728	756	783
24	614	646	678	708	739	769	799	827
25	646	680	714	746	779	810	831	872
26	689	725	761	796	830	864	897	929
27	732	770	808	845	882	917	952	987
28	775	815	855	894	933	971	1008	1044
29	817	860	902	943	984	1024	1064	1102
30	860	905	950	993	1036	1078	1119	1159
31	899	946	993	1038	1083	1127	1170	1212
32	938	987	1036	1083	1130	1176	1221	1265
33	978	1028	1079	1129	1178	1225	1272	1318

	86	87	88	89	90	91	92	93
34	1017	1069	1123	1174	1225	1274	1323	1371
35	1056	1111	1166	1219	1272	1323	1375	1424
36	1086	1143	1200	1254	1309	1361	1414	1465
37	1116	1175	1233	1289	1345	1399	1453	1505
38	1147	1206	1266	1324	1381	1437	1492	1546
39	1177	1238	1300	1359	1418	1475	1532	1587
40	1207	1270	1333	1393	1454	1513	1571	1627
41	1237	1302	1366	1428	1490	1550	1610	1668
42	1267	1333	1400	1463	1527	1588	1650	1709
43	1298	1365	1433	1498	1563	1626	1689	1749
44	1328	1397	1466	1533	1600	1664	1728	1790
45	1358	1429	1500	1568	1636	1702	1767	1831
46	1388	1461	1533	1603	1672	1739	1807	1872
47	1418	1492	1566	1637	1709	1777	1846	1912
48	1449	1524	1600	1672	1745	1815	1885	1953
49	1479	1556	1633	1707	1781	1853	1925	1994
50	1509	1588	1666	1742	1818	1891	1964	2034
51	1539	1619	1700	1777	1854	1929	2003	2075
52	1569	1651	1733	1812	1890	1966	2042	2116
53	1600	1683	1766	1846	1927	2004	2082	2156
54	1630	1715	1800	1881	1963	2042	2121	2197
55	1660	1746	1833	1915	2000	2081	2160	2238
56	1690	1778	1866	1951	2036	2120	2200	2279
57	1720	1810	1900	1986	2072	2156	2239	2320
58	1750	1842	1933	2021	2109	2193	2278	2361
59	1781	1873	1966	2056	2145	2231	2317	2401
60	1811	1905	2000	2090	2181	2269	2357	2441

	94	95	96	97	98	99	100
10	280	289	298	307	316	324	333
11	319	329	339	349	359	369	379
12	357	369	381	392	403	414	424
13	396	409	422	434	446	458	470
14	435	449	463	476	490	503	516
15	473	489	504	519	533	5[illegible]8	562
16	513	530	546	562	578	594	610
17	553	571	589	606	623	640	657
18	593	612	632	650	669	687	705
19	633	654	674	694	714	733	752
20	673	695	717	938	759	779	800

	94	95	96	97	98	99	100
21	719	742	765	788	810	832	854
22	765	789	814	838	862	885	908
23	810	837	863	888	913	938	962
24	856	884	911	938	965	991	1017
25	902	931	960	988	1016	1044	1071
26	961	992	1024	1054	1084	1113	1142
27	1021	1054	1087	1119	1151	1181	1212
28	1080	1115	1150	1184	1218	1250	1283
29	1140	1177	1214	1249	1285	1319	1354
30	1200	1238	1277	1315	1352	1388	1425
31	1254	1295	1335	1375	1414	1452	1490
32	1309	1351	1394	1435	1475	1515	1555
33	1364	1408	1452	1495	1537	1578	1620
34	1418	1464	1510	1555	1599	1642	1685
35	1473	1521	1568	1615	1661	1705	1750
36	1515	1564	1613	1661	1708	1754	1800
37	1557	1608	1658	1707	1755	1802	1850
38	1600	1651	1703	1753	1803	1851	1900
39	1642	1695	1748	1799	1850	1900	1950
40	1684	1738	1793	1845	1898	1949	2000
41	1726	1782	1837	1891	1945	1997	2050
42	1768	1825	1882	1938	1993	2046	2100
43	1810	1869	1927	1984	2040	2095	2150
44	1852	1912	1972	2030	2088	2144	2200
45	1894	1956	2017	2076	2135	2192	2250
46	1936	1999	2062	2122	2183	2241	2300
47	1978	2042	2106	2168	2230	2290	2350
48	2021	2086	2151	2214	2278	2338	2400
49	2063	2129	2196	2261	2325	2387	2450
50	2105	2173	2241	2307	2372	2436	2500
51	2147	2216	2286	2353	2420	2484	2550
52	2189	2260	2331	2399	2467	2532	2600
53	2231	2303	2375	2445	2515	2581	2650
54	2273	2347	2420	2491	2562	2630	2700
55	2315	2390	2465	2537	2610	2679	2750
56	2357	2434	2510	2584	2657	2727	2800
57	2400	2477	2555	2630	2705	2776	2850
58	2442	2520	2600	3675	2752	2825	2900
59	2484	2564	2644	2720	2800	2873	2950
60	2526	2608	2689	2768	2847	2920	3000